"十二五"国家重点图书出版规划项目

中国社会科学院创新工程学术出版资助项目

总主编：金 碚

经济管理学科前沿研究报告系列丛书

THE FRONTIER RESEARCH REPORT ON
DISCIPLINE OF
AGRICULTURAL ECONOMICS

周应恒 等 主编

农业经济学学科前沿研究报告

经济管理出版社
ECONOMY & MANAGEMENT PUBLISHING HOUSE

图书在版编目（CIP）数据

农业经济学学科前沿研究报告 2013/周应恒等主编 . —北京：经济管理出版社，2016. 10
ISBN 978 - 7 - 5096 - 4598 - 7

Ⅰ . ①农…　Ⅱ . ①周…　Ⅲ . ①农业经济学—研究报告—世界—2013　Ⅳ . ①F30

中国版本图书馆 CIP 数据核字（2016）第 212541 号

组稿编辑：张永美
责任编辑：王格格
责任印制：黄章平
责任校对：雨　千

出版发行：经济管理出版社
　　　　　（北京市海淀区北蜂窝 8 号中雅大厦 A 座 11 层　100038）
网　　　址：www. E - mp. com. cn
电　　　话：（010）51915602
印　　　刷：三河市延风印装有限公司
经　　　销：新华书店
开　　　本：787mm × 1092mm/16
印　　　张：27. 25
字　　　数：613 千字
版　　　次：2016 年 11 月第 1 版　　2016 年 11 月第 1 次印刷
书　　　号：ISBN 978 - 7 - 5096 - 4598 - 7
定　　　价：89. 00 元

《经济管理学科前沿研究报告》
编辑委员会

序　言

为了落实中国社会科学院哲学社会科学创新工程的实施，加快建设哲学社会科学创新体系，实现中国社会科学院成为马克思主义的坚强阵地、党中央国务院的思想库和智囊团、哲学社会科学的最高殿堂的定位要求，提升中国社会科学院在国际、国内哲学社会科学领域的话语权和影响力，加快中国社会科学院哲学社会科学学科建设，推进哲学社会科学的繁荣发展具有重大意义。

旨在准确把握经济和管理学科前沿发展状况，评估各学科发展近况，及时跟踪国内外学科发展的最新动态，准确把握学科前沿，引领学科发展方向，积极推进学科建设，特组织中国社会科学院和全国重点大学的专家学者研究撰写《经济管理学科前沿研究报告》。本系列报告的研究和出版得到了国家新闻出版广电总局的支持和肯定，特将本系列报告丛书列为"十二五"国家重点图书出版项目。

《经济管理学科前沿研究报告》包括经济学和管理学两大学科。经济学包括能源经济学、旅游经济学、服务经济学、农业经济学、国际经济合作、世界经济、资源与环境经济学、区域经济学、财政学、金融学、产业经济学、国际贸易学、劳动经济学、数量经济学、统计学。管理学包括工商管理学科、公共管理学科、管理科学与工程三个学科。工商管理学科包括管理学、创新管理、战略管理、技术管理与技术创新、公司治理、会计与审计、财务管理、市场营销、人力资源管理、组织行为学、企业信息管理、物流供应链管理、创业与中小企业管理等学科及研究方向；公共管理学科包括公共行政学、公共政策学、政府绩效管理学、公共部门战略管理学、城市管理学、危机管理学、公共部门经济学、电子政务学、社会保障学、政治学、公共政策与政府管理等学科及研究方向；管理科学与工程包括工程管理、电子商务、管理心理与行为、管理系统工程、信息系统与管理、数据科学、智能制造与运营等学科及研究方向。

《经济管理学科前沿研究报告》依托中国社会科学院独特的学术地位和超前的研究优势，撰写出具有一流水准的哲学社会科学前沿报告，致力于体现以下特点：

（1）前沿性。本系列报告能体现国内外学科发展的最新前沿动态，包括各学术领域内的最新理论观点和方法、热点问题及重大理论创新。

（2）系统性。本系列报告囊括学科发展的所有范畴和领域。一方面，学科覆盖具有全面性，包括本年度不同学科的科研成果、理论发展、科研队伍的建设，以及某学科发展过程中具有的优势和存在的问题；另一方面，就各学科而言，还将涉及该学科下的各个二级学科，既包括学科的传统范畴，也包括新兴领域。

（3）权威性。本系列报告由各个学科内长期从事理论研究的专家、学者主编和组织本领域内一流的专家、学者进行撰写，无疑将是各学科内的权威学术研究。

（4）文献性。本系列报告不仅系统总结和评价了每年各个学科的发展历程，还提炼了各学科学术发展进程中的重大问题、重大事件及重要学术成果，因此具有工具书式的资料性，为哲学社会科学研究的进一步发展奠定了新的基础。

《经济管理学科前沿研究报告》全面体现了经济、管理学科及研究方向本年度国内外的发展状况、最新动态、重要理论观点、前沿问题、热点问题等。该系列报告包括经济学、管理学一级学科和二级学科以及一些重要的研究方向，其中经济学科及研究方向 15 个，管理学科及研究方向 45 个。该系列丛书按年度撰写出版 60 部学科前沿报告，成为系统研究的年度连续出版物。这项工作虽然是学术研究的一项基础工作，但意义十分重大。要想做好这项工作，需要大量的组织、协调、研究工作，更需要专家学者付出大量的时间和艰苦的努力，在此，特向参与本研究的院内外专家、学者和参与出版工作的同仁表示由衷的敬意和感谢。相信在大家的齐心努力下，会进一步推动中国对经济学和管理学学科建设的研究，同时，也希望本系列报告的连续出版能提升我国经济和管理学科的研究水平。

金 碚

2014 年 5 月

目　录

第一章 农业经济学学科 2013 年国内外研究综述

第一节 国内文献综述

本书以农业经济学理论结构为划分基础，对 2013 年国内与农业经济学理论相关的文献资料进行梳理和内容划分。考虑到篇幅与质量问题，笔者从《中国社会科学》、《经济研究》、《经济学（季刊）》、《管理世界》、《中国农村经济》、《中国农村观察》、《农业经济问题》、《农业技术经济》等学术期刊中精选出 100 多篇论文，对此进行综述及评价。本次文献资料整理的国内期刊主要来源于 CSSCI。文献综述包括农业经济理论与政策、农业资源与环境、食物经济与管理、营养与健康经济、农产品市场与贸易、农村与区域发展、农村金融与保险等方面。

一、农业经济理论与政策

由于农业部门在中国的特殊性和重要性，农业政策一直是国内外专家学者研究的热点。国内关于农业政策的研究主要包括合作社、土地政策、"新农保"政策等方面。

在合作社方面已有一系列研究。吴彬、徐旭初（2013）基于浙江、四川和黑龙江三省实地调查数据，分析了中国农民专业合作社的状态特性对合作社治理结构类型的影响。研究发现，合作社产品的生产属性、交易属性、市场属性和自然属性等技术环境特征以及相关制度环境特征对合作社治理结构类型的选择具有显著影响。吴晨（2013）基于 2012 年粤皖两省农民合作社问卷调查，综合分析了六种模式的农民合作社效率及相关问题。结果表明，农产品加工营销企业型的合作社效率最高，其次为供销社型的合作社，而效率最低的为"说不清楚"的合作社。

在土地政策方面，惠献波（2013）以河南省四个试点县调查数据为依据，对农户土地承包经营权抵押贷款的潜在需求及其影响因素进行分析发现，正规信贷经历、主要收入来源、性别和年龄对农户土地承包经营权抵押贷款意愿有显著影响。闫小欢、霍学喜（2013）对农民非农就业、农村社会保障与土地流转的关系进行了实证分析。结果表明，在不完全劳动力市场下，农民工就业机会和农村社会保障决定了农村土地流转；农户的土地流出程度与其劳动力非农就业及地权稳定性成正比；土地的社会保障功能促进农户转入土地从事专业化农业生产。兰庆高等（2013）对金融机构开展土地经营权抵押贷款意愿及其影响因素进行了实证分析。结果表明，农村土地生存保障功能强、权利赎回难度大等原因使得金融机构筛选和监督农户变得更加困难，对农村土地经营权抵押贷款意愿产生了负面影响。钱忠好、牟燕（2013）分析了中国土地市场化改革的特征。研究表明，中国土地市场化改革是当事人在一定的制度环境约束下围绕外部利润相互博弈的结果，而外部利润的产生又与制度环境的变化有关，中国土地市场化改革具有显著的路径依赖特性，市场机制在配置土地资源的过程中发挥着越来越重要的作用。易小燕等（2013）分析江苏省泗洪县土地整理政策试点区和非试点区农民集中居住前后生活支出状况。分析表明，土地整理政策下集中居住增加了农户生活负担。

在"新农保"政策方面，程令国等（2013）利用中国老年健康影响因素跟踪调查2008～2011年面板数据，评估了新农保对农村居民养老模式的影响。结果发现，参保老人对社会正式照料的需求有所增加；同时，提高了参保老人在居住意愿和实际居住安排上与子女分开居住的可能性，赵绍阳等（2013）研究了医保夹心层人群的健康及其医疗服务利用情况。研究发现，在控制了个人特征、就业状况、保险状态以及家庭经济状况后，医保夹心层职工的健康状况较差；医保夹心层更少接受住院服务，但一旦住院，夹心层住院花费及其负担都会更重；夹心层人群在了解医疗保健知识、定期身体健康检查方面缺乏积极性。陈华帅、曾毅（2013）利用2008年与2011年"中国老年健康影响因素跟踪调查"数据，评估新农保与家庭代际支持的互动关系。研究发现，新农保在增进农村老人福利水平的同时，对于家庭代际经济支持有着显著的"挤出效应"，主要政策绩效是减轻了子女的养老负担。钟涨宝、聂建亮（2013）从农民参保行为选择的视角出发探讨了中国新农保制度的可持续性。研究表明，基于农民的理性判断，农民参保行为发生的概率将长时间在高位保持稳步增长。

在其他政策方面，涵盖"培训工程"、"新农合"、粮食竞价销售政策、家禽保险、沼气补贴、扶贫等。李静等（2013）基于2006年和2009年农村固定观察点数据，检验了培训工程对农民收入增长效果的作用。研究结果表明，培训初期培训工程确实带来了显著的收入效应，但随着时间的推移这一效果呈现明显的下降态势。方黎明（2013）考察了新型农村合作医疗和农村医疗救助制度对农村贫困居民就医经济负担的影响。研究结果表明，新型农村合作医疗和农村医疗救助制度的实际报销比例太低，农村贫困居民的灾难性医疗支出仍然较大，自付医疗费用超过了大部分农村贫困居民的承受能力。王士海、李先德（2013）以小麦为例，对政策性粮食竞价销售政策的有效性进行了考察。研究发现，竞价销售的拍卖价格与现货价格和期货价格之间存在协整关系，而且可以利用拍卖价格来解释现货价格的变化。林光华、汪斯洁（2013）利用浙江省家禽保险试点地区农户调查数据，分析家禽保险对农户养殖行为的影响。分析表明，参加家禽保险对疫病防控要素投入有负向影响，并且统计上显著，说明参加家禽保险养殖户存在减少疫病防控要素投入的道德风险问题。仇焕广等（2013）利用五省实地调查数据对我国农户沼气使用效率及补贴政策影响进行分析。研究发现，沼气池补贴比例提高 1%，会使全社会的沼气使用率提高 0.12%。张彬斌（2013）利用中国 1998~2009 年分县数据，考察了新时期农村扶贫政策的目标选择问题和农民增收效果。研究发现，新时期国定扶贫重点县的选择主要依据该县的初期经济水平，革命老区、少数民族聚居区受到了照顾；新时期扶贫政策对国定扶贫重点县农民收入具有干预效应，但效应的大小因初期收入水平的不同而存在差异。此外，扶贫项目对农民增收效果还有一定时期的滞后性。

二、农业资源与环境

在我国农业现代化程度不断提高的同时，国民经济的快速增长也带来了诸多环境问题，农业环境污染问题愈发严重，且呈逐年加大趋势。宋燕平、费玲玲（2013）对我国农业环境政策进行了系统性分析，将农业环境政策发展分为三个阶段，指出我国农业环境政策的演进特征为政策指导思想从末端治理向综合治理转变、政策从指导性向可操作性转变、政策工具从控制型向多种手段转变，并针对环境政策的脆弱性为有关部门提出了农业环境保护的政策建议。农村生活垃圾的无序是造成环境污染的原因之一，传统的有机垃圾还田有利于农村生态环境保护，而这一模式正随着经济发展而逐渐削弱，刘莹、黄季焜（2013）对农户有机垃圾还田的影响因素进行了实证分析，研究发现，目前我国农村有机垃圾的还田比例较低，随着农村经济水平的提高、交通条件和垃圾处理服务的改善以及部分农户由种植业向非种植业的转移，农村有机垃圾还田比例还将持续下降，因此，制定激励机制来提高有机垃圾利用率是一种可持续发展策略。

关注农村环境，首先要研究农户行为，我国学者对此做了大量的相关研究。邓正华等（2013）以洞庭湖湿地保护区水稻主产区为例，分析了在农村生活环境综合整治过程中农户的认知与行为响应的特点，他认为，在农村生活环境综合整治工程中，农户已经充分认识到农村生活环境的重要性，但农户普遍存在依赖思想和观望情绪，主动采取行动参与不够，并且农户收入水平与农户认知及行为响应显著正相关，而民众受教育程度与农户认知不相关，但其与农户行为响应显著相关。此外，女性对农村生活环境认知与行为响应程度明显高于男性，从认知到行动响应过程中，农户认知与行动响应正相关，而农村生活环境基础设施建设、区域集体行动、激励与监督制度是刺激农户行为响应的外部因素。罗小娟等（2013）基于太湖流域农户的调查数据，构建了农户生物经济模型，模拟了教育与培训、税收、补贴等多种农业与环境政策对不同类型农户作物种植行为和环境友好型技术选择行为的影响，以及相应的经济、社会和环境效应。许朗、刘金金（2013）研究了农户节水灌溉技术选择行为的影响因素，发现农户对节水灌溉技术的认知程度、家庭收入来源及其中农业收入所占比重、耕地面积、有效灌溉面积、政府对节水灌溉技术的宣传力度、农户对节水灌溉政策的满意度、农户对节水灌溉技术投资方式的满意度以及水价认知都是影响农户节水灌溉技术选择行为的重要因素。

"低碳农业"是低碳经济在农业的延伸，要求农业在生产、经营、流通、消费过程中实现碳能源的低消耗、环境的低污染、温室气体的低排放，并同时获得最大社会效益。发展低碳农业是对现有农业发展方式的一种升华，符合建设资源节约型、环境友好型社会的科学发展理念，是统筹人与自然和谐发展的必然选择。虞祎、刘俊杰（2013）构建了农业产业链利益最大化及碳排放最小化的均衡分析框架，以长江三角洲及周边地区猪肉生产流通为例，试算了产业链的整体减排空间及所需的补贴。研究结果表明，在不改变现有生产技术及运输效率的条件下，整体减排方案仍然有巨大潜力，从而为减排策略的选择提供依据。刘华军等（2013）对中国农业碳排放的地区差距及其分布动态演进进行了实证研究，研究发现，中国农业碳排放空间分布的总体差距在样本考察期内呈现下降趋势但并不明显。从整体来看，中国农业碳排放有上升的趋势，低水平农业碳排放区域将不再存在，总体会向着中高和高水平的趋势发展，为农业碳减排提供了政策建议。

土地历来被视为农民的"命根子"，人地关系的严酷性决定了土地对于农民兼具生产资料及社会保障双重功能，土地问题的解决更是有效处理"三农"问题的基础。钟文晶、罗必良（2013）构建了"农户土地产权—农地禀赋效应—农地流转行为"的概念模型，研究了禀赋效应、产权强度与农地流转抑制之间的关系。聂英、王守臣（2013）以层次分析法构建农地开发整理效益评价的层次结构和指标体系，运用多层次综合模糊评价模型计算了农地整理综合效益。翟研宁（2013）针对目前农地承包经营权流转价格偏低的现象，关注农村土地承包经营权流转价格，运用收益还原法测算农地流转的应然价格，通过其与实际交易价格的对比来分析造成实际价格偏低的原因。张成玉（2013）关注农村土地流转中的意愿价格，研究发现引起转出意愿价格高的原因是较高的土地质量、家庭外出务工人员比例低、非粮化、较好的基础设施和便利的交通条件等，引起转入意愿价格较高的因素是较高的土地质量、非粮化、较好的基础设施等，并指出，政府要想促进土地流转需要用补贴的方式弥补转出户和转入户意愿价格之间的落差，同时做好创造非农就业机会、提高社会保障水平、提高土地质量、改善农业基础设施等工作。田先红、陈玲（2013）从社会学的视角分析了土地流转价格的形成机制，提出了地租的形成不仅受土地的自然条件、资本投入、供求关系、产权结构等因素的影响，还深深地嵌入各个相关利益主体之间的"关系"中，受社会结构、社会规范、行政干预、风险分担等多重社会逻辑的交互作用，因此地租不仅是各个相关利益主体达成的经济性合约，更是一种"社会性合约"。

三、食物经济与管理

2013 年学界关于食物经济与管理领域的讨论聚焦于食品安全问题，从企业生产安全管控、消费者风险认知与购买行为层面分析食品安全问题的成因、影响因素和解决措施。

生产者质量决策不仅体现在企业内部质量控制，还关系到企业的供应链质量决策。王夏阳等（2013）认为当缺乏最基本的价格一致性承诺与表现为质量一致性承诺的企业社会责任约束时，消费者理性选择的结果会导致生产商的质量投入水平较低；当生产商能够保持价格一致性承诺时，产品的质量水平会得到有限的改善；当生产商同时保持价格和质量一致性承诺时，消费者的选择行为会促使市场达到质价相符、质量水平提升的均衡状态。方伟等（2013）以 300 家国家级食品龙头企业为样本，分析后发现品牌影响提升、产品销售额增加、产品单价上升、谈判实力增强是当前农业龙头企业质量控制行为的主要动机和成效。处于不同经营状态的农业龙头企业在是否实现"优质优价"问题上存在显著差异，销售总额、原料控制模式、企业产品出口与否、高管层年龄和学识、企业产品质量竞争压力是影响企业能否达到"优质优价"的关键因素。王菁（2013）以食品生产企业为研究对象，基于质量风险监管的角度，选择企业理念、质量管理、资源配置、产品质量、技术创新进行指标分解，建立了食品生产企业分类指标体系，进而从定性与定量两个角度，从完备性、冗余度、有效性和稳定性等方面对指标体系进行评价，以提高对食品生产企业监管的有效性。陈卫平（2013）以四川安龙村高家农户为例，分析了在社区支持农业中生产者如何建立消费者食品信任，研究结果表明，生产者通过关怀理念、开放的生产方式、与消费者的频繁互动、共享的第三方关系、高质量食品的供应来建立消费者食品信任。这五种途径通过信息、嵌入关系和生产者绩效三个中介机制发挥作用。

风险认知是影响消费者购买意愿和购买行为的重要因素。吴林海等（2013）基于江苏省苏州市 209 个城市居民对食品添加剂风险感知的调查，分析了公众在添加剂滥用引发食品安全恐慌的情景下影响其食品添加剂风险感知的主要因素。结果显示，行为态度、主观规范和知觉行为控制对公众的食品添加剂风险感知都具有显著的影响，且主观规范中媒体对食品添加剂事件的相关报道对公众的风险感知影响最大。张文胜（2013）对天津市大中小型超市、社区、市场等不同地点进行调查，认为企业品牌宣传及规模扩张并不会增加消费者对乳制品安全风险认知的信赖度，相反只会增加消费者对乳制品安全风险认知的不信任，消费者对乳制品安全信息存在普遍的不信任，食品安全知识及政府监管对消费者乳制品安全风险认知也具有一定的影响。杨依依等（2013）以有机食品为研究对象，实证研究了消费者对有机食品的感知风险，有机食品感知风险由功能风险、渠道风险、身心健康风险和个人形象风险四个维度组成，而消费者的人口统计变量、消费者风险态度、消费者对食品安全关注程度和对有机食品的熟悉程度对有机食品感知风险有不同程度的影响。

关于购买意愿和购买行为方面的研究进一步深化。张振等（2013）提出消费者对食品安全属性的偏好存在异质性，并运用选择实验（Choice Experiments）的方法研究消费者对食品安全属性的偏好行为。研究发现消费者对政府认证的支付意愿最高，第三方机构认证和政府认证之间具有互补性，企业的品牌化建设与养殖场质量安全保证间存在互补性，政府认证与企业品牌化建设间存在替代性。消费者风险感知度的提高会影响其消费行为，高风险感知组的消费者愿意对同一安全属性支付更高的价格。姜百臣等（2013）通过实验经济法实证分析了优质食用农产品的消费者支付意愿及其溢价，相对于内地标准而言，消费者更信任"供港标准"。其平均溢价水平在 44% 左右，低于市场实际溢价，但明显高于国内一些学者得出的国内其他认证标准产品的溢价水平，影响消费者对安全食品的支付意愿及其溢价水平的主要因素是消费者对优质食用农产品质量标准的认知、信任和消费者收入水平。刘宇翔（2013）实证分析了河南省 381 名消费者有机粮食溢价支付行为，提出消费者对有机食品的认知程度、对食品安全与健康的关心程度、有机生活理念、口碑和品牌、信息成本降低及养育婴儿都会提高消费者对有机粮食的溢价支付意愿；消费者的收入和知识水平、政府职能部门的认证及较高信息成本则会提高消费者对有机粮食的溢价支付水平；有机粮食的价格适宜定在普通粮食的 1.5～1.8 倍。陈超等（2013）基于 7 个城市 991 份消费者的调研数据，检验了转基因食品陈述性偏好与购买行为之间偏差的存在性及其影响因素。消费者陈述性偏好与购买行为的偏差表现为购买意愿与购买行为之间的认知失调现象；购买意愿与购买行为是否一致受消费者收入、对转基因食品的认知及标识政策等因素的影响，转基因食品的价格优势、消费者对转基因食品认知水平较低及对转基因食品标识政策缺乏关注是两者出现偏差的主要原因。

信息不对称不仅存在于消费者群体，也是规制者面临的困境。龚强等（2013）提出，在现有的制度环境下，由于受到行政资源的局限，规制者在检测和监管方面存在技术及人为的偏差，企业有机会采用成本更低的不良生产技术。揭示信息会增加单个企业的成本，但是整个行业的可信度得以提升，消费者支付意愿增加，最终行业利润提升，激励企业向更安全转型。徐立成等（2013）构建了"一家两制"的食品生产者和消费者的分析框架，提出家计经济条件下食品安全"社会共保"机制被破坏。作为"双重运动"的一种社会自我保护形式，农户和城市消费者逐渐转向"个体自保"：农户进行"一家两制"的食品差别化生产；城市消费者进行"一家两制"的食品差别化消费。全世文等（2013）从需求层面讨论了我国消费者获取食品安全信息的现状和在搜寻食品安全信息过程中面临的主要问题。我国消费者对各类食品安全信息的了解水平都明显低于其需求水平，风险厌恶程度越高和受教育水平越高的消费者对食品安全信息的搜寻量也越高，不同年龄段的消费者获取食品安全信息的渠道有显著差异。

四、营养与健康经济

国民营养与健康状况是反映一个国家或地区经济与社会发展、卫生保健水平和人口素质的重要指标。良好的营养和健康状况既是社会经济发展的基础，也是社会经济发展的重要目标。关于营养与健康经济的研究主要包括城镇化对农民的健康影响、农民健康意识与农作物用药选择、卫生服务可及性与农村居民健康关联性、中国西南贫困地区的营养与人力资本状况、发达地区的家庭食品消费研究、健康人力资本与经济增长的关系等。

朱玲（2013）在对藏区农牧民的研究中发现，传统生育方式和婴儿喂养习惯在牧民家庭中根深蒂固，同时由于卫生激励制度的扭曲和项目经费的欠缺，知识、信息和服务为充分传达到户，有必要矫正激励机制，强化村庄卫生服务网络，改进农牧民健康教育方式，并且有针对性地培训卫生系统的官员和服务供给队伍。常芳等（2013）通过对贫困地区学生健康状况的研究发现信息干预对父母至少有一方在家的学生的身体健康改善状况显著优于父母都外出的学生；与父母都外出的非住校学生相比较，信息干预对父母至少有一方在家的非住校生身体健康状况有显著的正向影响。农民是国民的重要组成部分，也是重要的分析对象。李静、谭清香（2013）在利用2012年山东、河南、陕西三省农户数据全面考察农民的健康状况时发现：农民的健康水平不仅受个人疾病、健康状况、患病因素等的影响还受外界环境因素的影响，为了提高农民的健康水平，应该努力改善农民的健康认知，提高农民的健康水平。王曙光、董香书（2013）运用微观调研数据对农村民主与农民的健康进行实证分析，发现农户民主参与对其自评健康的提高有显著的作用，公共品的改进可以改善村民的健康水平。

消费者的购买行为和购买意向也对健康有着至关重要的影响作用。刘宇翔（2013）通过对河南381名消费者的调研，利用Iogistic模型和Pearson相关分析研究了消费者溢价支付意愿和水平的影响因素，发现消费者对有机食品的认知程度、对食品安全与健康的关心程度等都会提高消费者对有机粮食溢价的支付意愿。王文智、武拉平（2013）通过RPL模型和LC模型分析城镇居民对猪肉的品牌、绿色认证等的偏好及支付意愿，结果表明：城市居民对绿色认证具有最高的支付意愿，对动物福利的支付意愿是最低的，基于需求驱动的保证质量安全的市场措施是非常重要的。李玉勤、张蕙杰（2013）通过武汉消费者的杂粮消费行为分析发现，消费者对杂粮消费的重要性有一定的了解，同时家庭收入、消费者年龄、杂粮价格等对消费者行为有重要影响。居民收入对居民的购买力有直接的相关性，从而对居民的营养需求产生直接的影响。刘华、胡雪枝（2013）利用中国城镇居民的微观调查数据，运用直接估计法估算主要营养素的收入弹性。研究发现，虽然中国城镇居民主要营养素缺乏收入弹性，但由动物性食物提供的主要营养素的收入弹性均明显高于主要营养素总的收入弹性。收入增加对城镇居民优质蛋白摄入量的增加具有积极作用，对居民营养状况改善具有重要作用。

医疗是居民健康必不可少的环节，对居民健康有着至关重要的作用。李华、俞卫（2013）依据全国30省"千村"现场调查数据，采用国际通用健康SF—8自测健康，分析公共卫生、基本医疗服务可及性和新农合对居民健康的影响得出：村卫生诊疗水平对生理健康影响十分重要，新农合对居民健康没有影响。潘杰等（2013）利用2007～2010年国务院城镇居民基本医疗保险试点评估入户调查数据，利用OLS模型和FE模型估计城镇居民基本医疗保险对城镇居民健康的影响。研究显示：医疗保险有助于参保人个人的健康，且对社会经济状态较差的人的影响更大，相对而言，弱势群体有更大的优势。赵绍阳等（2013）利用2007～2010年国务院城镇居民基本医疗保险试点评估入户调查数据进行研究发现：在控制了个人特征、就业状况、保险状态以及家庭经济状况后，医疗保险夹心层职工的健康状态较差，夹心层人员在了解医疗保健知识、定期身体健康检查方面缺乏积极性。

中国城乡人口的流动非常频繁，而人口的流动对健康也有一定的影响。牛建林（2013）通过研究发现人口初期流动时，一般是年轻、健康的个体流出户籍所在地，在末期时一般是健康状况比较差的个体流回户籍所在地，这加大了农村的健康风险和疾病负担，制约了农村地区社会经济的发展和居民生活质量的提高，一定程度上加深了城乡卫生资源配置与需求的矛盾。健康的经济增长也离不开健康的社会环境，杨继生、徐娟（2013）等构建了经济增长的环境和社会健康成本测度模型，借以分析经济增长模式与社会健康问题，结果显示居民健康支出对经济增长的长期弹性为1.66，明显大于1，表明经济增长对居民健康的替代效应远远大于收入效应，总体上降低了社会健康水平。

五、农产品市场与贸易

农产品流通环节是维系农产品贸易的重要纽带，农产品现代流通体系更是服务农产品流通的重要平台，它以市场变革、技术扩散为拉动力，以政府调控为诱导力，采用先进的理论、技术手段，采取现代组织方式对传统农产品流通进行全面整合，是由现代化市场主体、市场体系、物流体系、支撑产业及规章制度组成的具有内部联系的统一体，并能够实现农产品流通的安全化、平价化、标准化、敏捷化。我国农产品市场组织正在发生深刻变化，加快现代农产品流通体系建设，是新时期深化流通体制改革、推动现代农业发展的突破口。因此，农产品现代流通体系建设机制创新，对改变农产品流通方式、提高农产品流通效率、发展现代农业具有重要的战略意义（刘天军等，2013）。

近年来，我国农产品流通暴露出的流通不畅、流通效率低下等问题严重损害了生产者和消费者的利益。朱华友、谢恩奇（2013）通过在浙江省金华市实地调研，归纳出金华市的主要农产品流通模式，分析流通模式内部存在的问题，并在此基础上对流通模式进行优化，以期从整体上提升金华市农产品的流通效率。欧阳小迅、黄福华（2013）研究了"入世"对我国农村农产品流通效率的影响并分析了其作用机制。目前，我国的农产品流通主体和生产经营主体已形成了多样化的产销对接模式，但农产品产销对接的覆盖面还不够广，李建平等（2013）结合我国农产品产销情况和经济学分析，构建了以合作社和龙头企业为核心的农产品产销对接新模式，并提出应培育专业化产销主体、提高信息化程度、推进社会化服务和加大政府支持力度等政策建议。

改革开放以来，中国农业对外开放取得了举世瞩目的成就，农产品贸易规模不断扩大，贸易总额不断攀升，推动农业贸易健康发展、提升其国际竞争力，对于有效利用国际国内两种资源、两个市场，增加农民就业收入，提高农业产业安全保障水平具有重要战略意义。国内众多学者以开放的视角对我国农产品贸易发展的整体情况进行研究。尹宗成、田甜（2013）基于出口技术复杂度的视角对中国农产品的国际竞争力进行了比较分析。田维明等（2013）分析了"入世"以来我国农业和农产品贸易的发展情况及其存在的突出问题。高颖、田维明、张宁宁（2013）研究了扩大农产品市场开放对中国农业生产和粮食安全的影响，并提出可以借助于一些非贸易措施缓解扩大农产品市场开放可能带来的消极效应，或强化其积极效应。

"入世"以来，随着中国经济的持续稳定增长，中国同世界各国的经济联系持续加强，农产品贸易伙伴遍布世界。谭晶荣等（2013）通过进行中越农产品出口增长的二元边际分析，发现了集约边际和扩展边际对中越农产品出口增长均有拉动作用，相比之下，扩展边际的拉动作用更为明显。宋海英（2013）运用扩展的引力模型，分析了中国—拉美农产品贸易的影响因素，提出中国应密切关注金融危机影响下拉美国家和中国的汇率变动给双方农产品贸易带来的潜在影响，积极推进与拉美主要贸易伙伴的区域经济一体化进程，通过加强经贸合作力争在发展农产品贸易方面实现共赢。

金砖国家作为重要的新兴市场和农业大国，农产品贸易是金砖国家对外贸易中极其重要的一部分，中国与其他金砖国家的农产品贸易既有竞争性又有互补性。随着金砖国家作为新兴经济体在世界经济中开始发挥重要作用，中国与金砖国家的贸易结构与发展趋势越来越受到学界的重视。刘雪娇（2013）运用 G－L 指数及 GHM 指数，测算了 2000～2011 年中国与其他金砖国家农产品产业内的贸易水平及结构，并对产业内贸易的影响因素进行了实证研究。周友梅（2013）研究了金砖五国合作机制下的中印农产品贸易，剖析印度对华农产品的贸易救济特点，探讨应对印度对华农产品贸易救济调查的瓶颈与路径，提出中国应对印度的贸易救济调查需要搭建一个贸易救济会计信息平台，同时建立农产品出口贸易救济预警机制。

国际贸易的变化和发展会直接影响我国的农产品贸易。蔡海龙、刘艺卓（2013）运用 GTAP 模型，就跨太平洋伙伴关系协议（TPP）对中国贸易规模、GDP、福利水平、农产品贸易及国内农业产出等方面的影响进行了一般均衡模拟研究，表明中国可能会受到贸易转移效应的影响而出口减少，福利也会因贸易规模缩减而下降。孙林、倪卡卡（2013）分析了东盟贸易便利化措施对中国和国际农产品出口的影响及其差异程度，发现东盟的贸易便利化对农产品出口的影响存在明显的地域差异。此外，提高东盟海关效率、提升港口质量等级、减少贸易壁垒流行程度以及增加互联网的普及率都对国际农产品出口东盟有显著的促进作用。

由于农业部门在中国的特殊性和重要性，在农业贸易政策方面，农业保护支持政策一直备受国内外学术界关注。吴国松、朱晶、林大燕（2013）基于不同类型政策工具的贸易限制指数方法衡量和比较了不同类别农业保护支持政策的实施对农产品贸易的保护效应。研究发现，不同类别的农业保护支持政策对生产者层面或消费者层面的贸易量和贸易福利的影响存在差异；不同时期不同类别农业保护支持政策的相互作用与贡献也存在差异；中国现有农业边境措施对农产品贸易影响较小，国内支持政策对农产品贸易的保护效应在所考察的国家（地区）中是最低的。此外，农业部农业贸易促进中心课题组（2013）对农业贸易政策选择要注意把握的问题进行了探讨，提出国情决定了我国必须立足国内实现大宗农产品基本供给，必须保障国内大宗农产品最基本的生产和供给能力，同时必须更加充分有效地利用国际市场和资源，在国内外农业关联度不断提高、相互影响不断加深的情况下，农业贸易政策选择必须着眼于我国农产品市场高度开放、小规模农业基础竞争力薄弱的现实，加强对国际国内两个市场、两种资源的统筹，平衡好进口需要和国内农业发展需要，促进贸易与国内产业的协调发展。

六、农村与区域发展

城乡收入差距扩大是我国面临的重要难题，缓解农村贫困问题是首要任务。探究新时期背景下农户属性变迁是了解农村和寻求农村发展的前提条件，学界关于农村区域与管理领域的探索主要集中在描述并解释城乡收入差距、农村贫困问题、农户变迁与乡村治理等方面。

我国城乡收入差距位于世界前列，已有研究表明政府偏向于城市发展的政策是导致城乡收入差距较大并迅速扩大的主要原因。陈斌开、林毅夫（2013）认为重工业优先发展程度越高，城乡收入差距越大。通过实证分析发现，旨在鼓励资本密集型部门优先发展的政府战略，造成城市部门就业需求的相对下降，进而延缓了城市化进程，农村居民不能有效地向城市转移，城乡收入差距扩大。李燕凌、刘远风等（2013）基于公共服务资本化视角来探讨城乡差距的内生机制。公共服务资本化是公共服务受益连续性和差别化在市场条件下进入资产价格的表现。从城市财政支出资本化到房地产价格、农村财政支农支出资本化到土地流转价格，城乡公共服务资本化程度的差距不断扩大是产生城乡差距的内生机制。彭长生（2013）认为农民的迁居选择行为直接影响中国城市化的进程和方向。通过对安徽省6县1413户农户的问卷调查的统计分析发现，户主的年龄越大、居住地为山区、从事农业为主、在城镇中没有房屋、家庭年收入越高、户主选择中心村居住的家庭选择较大城市的比例较小；不同样本特征的户主在选择小城镇居住方面没有明显差异。

贫富差距的扩大阻碍了经济增长对减贫的边际效应，政府干预的扶贫政策是解决贫困问题行之有效的方法。张伟宾、汪三贵（2013）认为经济增长在一定程度上表现出"益贫困地区"大于"益贫困户"的特征。农村扶贫政策的实施从生产能力、市场参与和缓解脆弱性等角度改善了贫困地区农民分享经济增长的机会和能力。扶贫政策的实施促进了中国农村减贫的进程，缓解了收入分配对减贫的负面影响，使经济增长表现出一定的益贫性。但扶贫政策实施过程中存在的瞄准偏差，是导致"益贫困地区"大于"益贫困户"的原因之一。刘轶芳、罗文博（2013）通过对我国农村贫困指标的分解分析了近20年农村贫困的演变规律。结果显示，1989~2000年人均收入显著增长、贫困率逐年下降，减贫成效显著；1997~2000年不同收入水平群体所享受的减贫效果不对等，极端贫困群体更少享受到经济增长所带来的减贫效应；2000年后我国农村极端贫困者的贫困缺口率增加，处于更加劣势地位；2004~2006年涓流效应被显著削弱。陈卫洪、谢晓英（2013）认为扶贫资金的投入和财政支农支出在很大程度上缓解了贫困农户的生活状况，对于农户的增收也产生了一定的作用。他们基于贵州省扶贫数据，实证分析了扶贫资金对农户家庭收入的影响，发现贵州省扶贫资金投入和财政支农支出分别与农户家庭人均纯收入存在长期稳定的正向均衡关系。

农户理论包括农户微观主体的决策以及家庭内部资源利用的冲突，新时期农户属性的再界定和农户行为分化是研究农户理论的核心问题。马志雄、丁士军（2013）比较分析了各种主要农户理论的差异性和统一性，探讨了基于农户理论的农户类型划分方法，从利润最大化程度、劳役规避程度和风险规避程度三个维度考察了农户行为决策的多目标性，并以湖北省红安县 3043 个农户为例，将其划分为六类农户。杨继瑞等（2013）认为回归农民职业属性是新型工业化、新型城镇化及农业现代化发展的必然趋势，农民职业是社会分工的必然抉择，回归农民职业属性是"否定之否定"规律的再现，职业农民就是一种基础性的职业分工，农民职业化是中国农业现代化进程中农业社会化大生产发展的结果。李宪宝、高强（2013）对 1978 年以来我国农户分化行为进行梳理，农户分化过程中，家庭承包制改革对农户理性的释放构成了分化的基础，农村要素市场建设带动的劳动力流动及土地流转为分化创造了条件，城镇化及工业化吸纳农村劳动力为分化提供了途径，改革以后农户分化呈现纯农户比重下降、兼业农户及非农户比重上升的态势。

乡村治理是协调农户与社区关系的过程，内源式发展与外源式干预是两种乡村治理方式。孔德斌、刘祖云（2013）指出在国家强力推进新农村社区建设的政策背景下，"社区—村民"比之传统的"国家—社会"理论框架更具有现实解释力。农村社区与村民之间本质上是一种"服务—奉献"关系，这种关系模式适应了社区民主化、生活伦理化的时代潮流，对现阶段农村社区从熟人社会向陌生人社会转变具有较强的现实解释力。徐勇（2013）以俄罗斯和印度的村社传统作为参照，讨论了中国家户制传统下的农村发展道路，认为尽管家户制一度被抛弃，但仍构成当下及未来农村发展的制度底色。在当下及未来的中国农村发展中，需要高度重视和深入挖掘这一基础性制度和本源型传统，在传统与现代之间建立起必要的关联，才能形成具有中国特色的发展道路。方劲（2013）提出"技术—现代化"逻辑的外源性干预呈现出效应递减趋势的背景下，探索通过内源性能力建设来促进贫困地区发展具有重要的现实意义。以西南田村为例进行分析，认为内源性能力建设对地方性知识予以重视但不进行本质化强调，关注发展的实践效应而不刻意宣称"权力倒置"，它是一个非线性的动态干预过程。

七、农村金融与保险

中国是一个农业大国，农业在国民经济中具有基础性地位，农村金融对农业经济发展进而对整体国民经济发展的意义自不待言。金融生态是我国学者基于中国各地区金融发展状况的差异而提出的一个新概念，金融生态概念的提出为我们分析金融运行质量提供了一个全新的视角。农村金融生态是农村金融赖以存在和发展的基础，准确评估农村金融生态发展水平，对于探讨有针对性的、切实有效加快农村金融发展的对策是十分必要的。熊学萍、何劲、陶建平（2013）运用因子分析法对湖北省汉川市 2007～2009 年的金融生态环境进行了实际测评，认为法治环境和经济发展环境是影响金融生态环境最主要的因素，并构建了一套农村金融生态环境评价指标体系。吴韡（2013）以湖北省为例，从经济背景、农村金融发展、制度环境与社会文化三个方面对农村金融生态环境进行了系统考察，运用基于层次分析的模糊综合分析法及数据包络分析法对农村金融生态水平进行了实证分析，并提出了改善农村金融生态的出路在于建立有竞争性的多元农村金融体系，推进城镇化以消除"二元结构"，加强农村基础设施建设，提高农业科技创新和转化能力。朱红根、康兰媛（2013）进一步考察了金融环境、政策支持与农民创业意愿之间的逻辑联系，研究发现，农村地区良好的金融环境能增强农民信贷的可获性，减少资金约束，从而激发农民的创业意愿。

国家和社会对农村建设的关注持续升温，农村金融持续健康发展的重要作用也日益显现，很多国内学者对目前我国农村金融的发展做了相关探讨。潘海英、顾超超、黄梓薇、郭瑞（2013）基于1995～2011年的统计数据对长江三角洲区域农村金融系统的协调程度进行了测算和评价，发现农村金融发展规模—效率子系统表现出较强的调整的协调性特征且明显处于不协调甚至失调状态，其规模—结构子系统的协调发展系数尽管保持在协调水平之上但显现逐渐下降的趋势。王玉峰、蒋远胜（2013）从系统学视角，以协同学为基础，构建了包括财政、金融、乡镇企业和农户四个子系统的新农村建设投融资系统协同度测度模型，并对我国2003～2011年新农村建设投融资系统的协同度进行了实证分析。张宇青、周应恒、易中懿（2013），采用空间计量方法对农村金融发展水平、农业经济增长在省域间的空间相关性和异质性进行测度发现，我国农村金融发展空间异质性有扩大的趋势，农业经济增长对农民收入的影响作用均比较显著，但在方向上由负转正，而农村金融发展水平对农民收入的影响由显著变为不显著。顾宁、余孟阳（2013）测度了我国主要省份的农业现代化发展水平，运用Pagano模型对农业现代化发展过程的金融支持路径进行了识别，并在此基础上实证检验了不同金融路径对农业现代化发展的影响。

改革开放以来，伴随着城乡经济的迅速发展，城乡差异渐趋扩大，城乡金融市场也呈现出发展中失衡的状态。冯林、王家传、蔡超（2013）对城乡经济发展影响因素进行回归分析及O－B分解，结果表明，投资、贷款对城乡经济发展均具有显著促进作用，城乡贷款及投资差异是导致城乡经济发展差距的主要因素，城乡金融资源配置差异在一定时期内仍将持续，优化农村信贷投入是直接有效手段。胡振华、陈恒智（2013）采用误差修正模型对1978～2011年的相关数据进行实证分析，探讨城镇化进程中农村金融发展与城乡居民收入差距之间的关系，指出农村金融规模的发展扩大了城乡居民收入差距，而农村金融效率的提高和城镇化进程则有助于缩小城乡居民收入差距。因此，着力提高农村金融发展效率，优化金融资源配置，并通过大力推进城镇化建设提高农民整体收入水平，是缩小城乡居民收入差距的有效途径。

农村金融对农民的生产生活产生了各方面的影响，曲小刚、池建宇、罗剑朝（2013）研究了正规借贷与民间借贷对农户生产的影响。孙颖、林万龙（2013）考察了市场化进程中社会资本对农户融资的影响。张兵、刘丹、郑斌（2013）检验了农村金融发展与农村居民内部收入差距的非线性关系，探讨了农村金融发展缓解农村居民内部收入差距的内在机理。此外，刘玉春、修长柏（2013）采用协整分析、格兰杰因果检验、脉冲响应函数和方差分解等方法对1980～2011年我国农村金融发展、农业科技进步贡献率和农民收入增长率的相互关系及动态演进进行了实证检验。检验结果表明，我国农村金融发展和农业科技进步特别是农业科技进步显著促进了农民收入增长。苏静等（2013）利用面板平滑转换模型研究了中国农村非正规金融发展减贫效应的门槛特征与地区差异。研究结果表明，农村非正规金融发展对农村贫困发生率、贫困深度和贫困强度都存在非线性影响，中国农村非正规金融发展减贫效应地区差异显著，在东部沿海和经济相对发达地区，农村非正规金融发展的减贫效应更加明显。

第二节　国外文献综述

本书以农业经济学理论结构为划分基础，对 2013 年国外与农业经济学理论相关的文献资料进行梳理和内容划分。考虑到篇幅与质量问题，笔者从这些资料中精选出来自"Food Policy"、"Applied Economic Perspectives and Policy"、"Journal of Agricultural Economics"、"American Economic Review"、"European Review of Agricultural Economics"、"American Journal of Agricultural Economics"、"Australian Journal of Agricultural and Resource Economics"、"Agricultural Economics"、"Australian Journal of Agricultural and Resource Economics"、"Journal of Political Economy"、"Agribusiness"、"China Agricultural Economic Review"等学术期刊中的 100 多篇论文，对此进行综述评价。本次文献资料整理的国外期刊主要来源于 SSCI。文献综述包括农业生产、食品经济、农业资源与环境、农业组织与产业链、农村发展等方面。

一、农业生产

农户生产行为是农业生产的核心，农户的风险偏好对农业生产有重要影响。Nielsen 等（2013）采用八个假设启发方法和一个彩票游戏，应用于越南边缘山地环境的小农户，以考察一致性的风险偏好。通过这些措施，识别出了风险厌恶的影响因素，与以往的研究不同，这一研究采用社会网络和规范等指标来衡量社会资本，数据是从随机抽取的 300 户家庭中由户主和配偶独立回答得到的。虽然大部分的各类风险偏好指标之间高度相关，但也有很多是不相关的。平均而言，受访者具有高度的风险厌恶，具体特征如性别、年龄、异质性冲击、教育、社会规范、网络依赖与大家庭、与地方当局有联系在多种启发式方法中都被认为是决定风险偏好的显著因素，而家庭抚养比、财富、冲击协方差则只是在部分方法中显著。该模型的解释力是有限的，这表明存在更重要的其他因素影响风险偏好。研究结果有助于开发出更多为发展中国家小农户评估风险偏好的适用方法。

对农民决策行为的理解对于充分预测以及制定关于结构变化的政策建议非常重要。Maart-Noelck 和 Musshoff（2013）通过实验分析真实农户的投资行为，指出投资决策与古典投资理论的理论基准和实物期权方法是相反的。研究结果表明，这两种理论都难以准确解释投资行为。然而，农民会从以往的投资决策中学习，并会考虑时间价值。Mcintosh 等（2013）研究了埃塞俄比亚小农在农业生产中对天气指数保险的需求与化肥使用的关系，发现保险需求意愿和实际需求是不一样的，高边际回报的农民购买意愿高，但只有低边际回报的农民才真正购买。

Rosegrant 等（2013）讨论了全球农业是否进入新常态，指出全球农业供给和需求关系趋紧，并指出了粮食安全保障政策方面的启示意义。

二、食品经济

食品价值链会影响居民对食品的营养选择。Gomez 和 Ricketts（2013）研究发展中国家食品价值链（FVCs）的转型如何影响三重营养不良负担（营养不足、微量元素缺乏和营养过剩）。文中提出了一个包含参与者、目标市场、提供的产品的 FVC 类型学（现代、传统、现代到传统，以及传统到现代）。然后，提出了不同 FVC 类别与三重营养不良负担构成之间关系的选择假说。研究发现，发展中国家的 FVCs 转型为增加营养创造了机遇和挑战。例如，现代 FVCs 对城市高收入群体可能增加营养过剩的问题，并减轻微量营养素缺乏问题。但是，它们对农村居民和城镇困难群众的营养影响很小，因为这些人仍然依靠传统的 FVCs 渠道获得足够的热量和微量营养素。另外，现代食品制造商正在利用传统的分销网络（现代到传统 FVCs），大大增加了农村地区和城市低收入者对低价处理/包装食品的可获得性，对三重营养不良负担有混合影响。进一步的研究应着眼于 FVC 转型对减少微量营养素缺乏的影响、不同食品类别之间的需求替代性的建模，以及随之而来对营养不良的政策启示。

不仅在发展中国家，发达国家的农业产业链也会影响居民的食品营养选择。Volpe 等（2013）研究美国超级购物中心的市场份额对消费者在家就餐食品的购买习惯的影响。该研究衡量了健康性的几种不同方式，以确保稳健性，但所有的测量都认为新鲜的水果和蔬菜，以及全谷物比富含高糖和钠的加工食品的价值更大。研究发现，1998～2006 年，一般消费者在超级购物中心购买的健康食物比在超市少。此外，超级购物中心的当地市场份额增长了 1%，导致选购的日用品的健康性下降 0.10～0.46 个百分点。这种关系是统计显著且稳健的。

如何有效利用食品营养减少肥胖等负面作用，已成为一些国家政府的重要政策内容。丹麦出台的对食品中饱和脂肪征税的措施从 2011 年 10 月开始生效。Jensen 和 Smed（2013）有效评价了这一税收对黄油、奶油共混物、人造黄油和油等产品的影响。该研究评估对从 2008 年 1 月起至 2012 年 7 月期间的大样本家庭面板数据（GfK 丹麦面板服务）中的家庭每周食品购买数据进行计量经济分析。经济计量分析表明，对食品中饱和脂肪的征税对这些食品已经产生影响，脂肪消费量下降 10%～15%。此外，该分析指出从低价格的折扣店到高价超市，需求都有变化——至少对于某些类型的油脂是这样。折扣连锁店对黄油和人造黄油的涨价幅度已经超过了纯税收增幅。由于税收实施时间不长，现有的数据周期较短,这些发现从长远角度来看需要谨慎对待。因此,当这一税收实施较长时间后,有更长时间的数据可以利用,建议重复并扩大这一分析。Dixon 和 Isaacs(2013)则以悉尼为例,从人们日常生活和公共政策的道德艺术角度讨论了政府为何不把可持续和营养纠正食物提上日程。

过去 30 年对卡路里与收入的关系研究并没有得出一致性结论。Ogundari 和 Abdulai(2013)回顾了这些研究,并采用元回归分析研究了热量收入弹性的潜在发表偏误,以及实证研究中具体研究属性对弹性的影响。该研究共分析了 40 个实证研究取得的 99 估计弹性。结果表明报道弹性的发表偏误是存在的。此外,来自经验研究揭示的收入对卡路里的摄入量有正向显著影响的估计超越了发表偏误。杂志排名、在分析中面板数据的使用、支出是否被用作收入的代理变量、调查年份、样本大小、主要数据的年数等研究属性,都被发现对报道热量的收入弹性有显著影响。

为了应对国内日益关注的食品安全问题,新的中国食品安全法强制要求在食品行业建立可追溯系统,但如何建立监督和认证体系以确保实际采用和管制的有效性仍不确定。Bai 等(2013)分析了消费者的偏好牛奶可追溯,特别有兴趣在研究消费者偏好是如何被监督和认证体系影响的,通过基于选择的联合试验调查数据来实现这一目标。在实验中,牛奶由一组属性来定义,假定牛奶可追溯性可由三个主体认证:政府、行业协会和第三方机构。然后使用条件逻辑(麦克法登选择)模式的具体替代形式来分析这一数据。结果发现,中国城市消费者对可追溯牛奶的需求强烈,但他们对牛奶的可追踪性偏好与认证机构显著相关。目前,由政府认证的可追溯牛奶的支付意愿最高,其次是行业协会认证和第三方认证牛奶。但是,在未来随着收入和知识的增长,消费者很可能会给予第三方认证机构更高的信任。

三、农业资源与环境

农业的温室气体排放占全球排放量的 17% ~ 35%,其中畜牧业生产的贡献占全球的 18% ~ 22%。由于减少排放量有高昂的监督成本和低技术潜力,相比直接基于生产中的排放量征税,消费税可能是一个减少农业排放量的更有效的政策工具。Edjabou 和 Smed(2013)分析了通过基于二氧化碳当量为 23 种不同食品的温室气体排放的社会成本内在化的税收效果。该研究也比较了不同的税收情景下的消费者剩余损失和饮食结构变化。在最有效率的情景中,发现平均每户食品中的碳足迹下降 2.3% ~ 8.8%,其成本为每公斤二氧化碳当量 0.15 ~ 1.73 丹麦克朗;而在最有效果的情景中,碳足迹减少 10.4% ~ 19.4%,其成本为每公斤二氧化碳当量 3.53 ~ 6.90 丹麦克朗。对于健康的派生后果显示,在消费者没有从增加税收获得补偿的情景中,消费者每天总消费热量在下降;而在消费者得到补偿的情境下其热量消费则会增加。大多数情景下,饱和脂肪消耗会减少。补偿情景会导致添加糖的消耗提高,而无补偿情景下则几乎没有变化或下降。总的来说,结果显示利用消费税促进气候友好型的饮食结构成本较低。Brodt 等(2013)以加工西红柿为例,研究了区域和国家层面的食物供应链对环境的影响。

农药在农业中用于保护作物远离病虫害，但是不加区别地使用农药也会对环境和人类健康带来负面影响。一个重要的问题是农药的环境溢出效应是否也影响了农民的生产环境。Skevas 等（2013）使用一个最佳农药使用模型，明确考虑了农药的环境溢出效应对作物产量的对称和非对称的效果。该研究应用来自荷兰经济作物生产者的面板数据。研究表明，农药对产出有正面直接影响，并通过其对生产环境的破坏而对产量有间接负面影响。

实验方法在农业资源与环境中有越来越多的应用，但是，选择实验调查的受访者并不考虑选择组提出的所有属性。不考虑这些属性缺席会导致参数估计值有偏，因此得到的支付意愿也是有偏的。已有多种方法考虑到选择数据分析中的这种缺失，但是并没有得出公认的最好办法。Kragt（2013）比较了可以考虑缺失因素的建模方法。受访者的陈述缺失已经纳入多项和混合 Logit 模型的设定中。缺失的推理基于相等的约束潜类别模型。结果表明，当考虑到属性缺失，模型的拟合显著提高，当纳入缺失后的福利估计是较低的。存在极少陈述和推断缺失的一致性，表明受访者可能没有如实回答。

四、农业组织与产业链

尽管发展中国家非政府组织和政府采取促进农民参与高价值农产品市场的活动已经超过十年，关于这些举措对家庭福利影响的证据是有限的。Michelson（2013）分析了 2000~2008 年在尼加拉瓜超市供应链的区域布局，使用对供应商和非供应商测量的双重差分设定来估计小农参与的福利效应。结果表明，虽然把产品出售给超市可以增加家庭生产性资产，但是只有在地理位置和水资源方面有优势禀赋的农民才有可能参与。Aubry 和 Kebir（2013）以法国巴黎都市圈为例，研究了缩短食物供应链在城市近郊保留农业的影响，发现其对土地稀缺、劳动和环境的影响仍是有争议的。

关于农民合作社是否在促进农业技术推广中发挥作用一直存在争议。Abebaw 和 Haile（2013）使用横截面数据和倾向得分匹配技术，考察了合作社对农业采纳技术的影响。分析表明，合作社成员更可能是男性户主家庭，能更好地获得农业推广服务，拥有牛，能参加非农工作，并有领导经验。研究还发现，地理位置和户主年龄与合作成员密切相关。估计结果表明，合作社成员对化肥采用有很强的正向影响。关于使用农药的影响，只有考虑到农业合作社，使用农药的影响才会在统计上显著。进一步的分析还表明，合作社成员使用化肥的影响在不同成员之间具有异质性。结果表明，合作社在促进埃塞俄比亚小农采用农业技术中发挥了重要作用。

农业合作社在近几十年发生了很大变化。在目睹这些结构变化后，学者们提出了非传统的所有权模式，专注于剩余索取权的分析。但是，合作社控制权分配的关键信息是缺失的。Chaddad 和 Iliopoulos（2013）揭示了在世界各地不同地区的农业合作社采用了其他所有制控制模式。在每个模型中，描述了一个专注于决策管理和决策控制权的正式控制权的分配。因此，该研究提供了农业合作社中所有权和控制权分离的经验证据。同时，这一研究也分析了各治理模式的相关成本，包括风险承担成本、控制经营者的成本、集体决策成本。这样就能更好地了解影响每种合作模式的组织效率的力量。Mujawamariya 等（2013）以卢旺达咖啡合作社为例，研究了双边销售合作社情况。Rao 和 Qaim（2013）以肯尼亚为例，研究了超市和农业劳动力需求的关系。

五、农村发展

投入品补贴项目已再次成为非洲农业发展战略的一大支柱。10 个非洲国家政府每年花费约 60 亿美元的投入品补贴项目，占农业财政公共支出的 28.6%。Jayne 和 Rashid（2013）回顾了自 2000 年以来开展的投入品补贴项目的微观证据。该研究考察了补贴受益者的特征、农作物对化肥使用的反应率，它对补贴项目绩效的影响、补贴项目对全国化肥使用和商业投入品配送体系发展的影响以及最终对食品价格和贫困率的影响。证据表明，这一项目的成本一般超过其收益。从其他作物灌溉面积比例较高和较低的肥料价格的发展中地区发现，那些应该提供比非洲更高回报的化肥投入补贴的因素显示，至少把化肥补贴的部分支出重新分配给研发和基础设施建设，将给农业发展和扶贫带来更大回报。然而，由于投入品补贴项目使政府能够给选民展示有形的支持，在可预见的未来非洲很可能会继续保留。因此，该研究在一个整体的农业集约化战略中确定可以通过改变实施方式和补充投资来增强收益的方法。其中最重要的方法包括努力减少对商业化肥分配体系的挤出，促进农民有效使用化肥的土壤肥力改进项目。实现这些收益所面临的挑战很可能是巨大的。

政府补贴项目内的化肥有时会转移并按市场或接近市场的价格卖给农民。如果不考虑这种泄漏，在计量估计政府化肥补贴项目对总化肥使用的影响时会存在高估。Mason 和 Jayne（2013）扩展了早期研究化肥补贴项目对商业化肥购买的挤入/挤占效应的分析框架，以考虑漏出因素，然后将其应用到赞比亚。结果表明，注入到系统中的补贴化肥每增加 1 千克，会使总体化肥使用增加 0.54 千克。如果没有控制漏出，估计将是 0.87 千克，因此有 61% 的高估。Ricker - Gilbert 等（2013）以马拉维和赞比亚为例，研究了农业投入品补贴项目对玉米价格的影响。

欧洲共同农业政策是全球重要的农业政策。Gocht 等（2013）分析了不同层次的共同农业政策（CAP）脱钩支付合并在三种情景下对跨地区和不同类型农场收入分布的影响。研究使用拓展了农场类型的共同农业政策影响（CAPRI）模型，它可以反映欧盟的异质性农场类型。第一种情景（NUTS1）假定每公顷支付统一按 NUTS1 水平。第二种情景（MS - CONV）假定各会员国（MS）内每公顷的支付率相等，并根据 2011 年委员会提案部分合并各会员国单一支付计划（SPS）。第三种情景模拟在欧盟层面统一的每公顷付款。根据 SPS 的实施，NUTS1 定额支付导致不同类型农场之间和 NUST2 地区之间支付的重大再分配，尤其是申请历史 SPS 的地区影响尤为显著。MS - CONV 和欧盟的统一费率方案在欧盟范围内有更显著的影响。较低的土地租赁费用可以部分抵消欧盟 15 国的农业收入从支付再分配中的损失。在欧盟 15 国统一费率方案情景下，土地租金在大多数部门和农场规模下都下降。在生产力较低的新的会员国，地主的租金收入在引入定额支付情景下基本上不受影响。随着中国经济发展水平的提高和城镇化的推进，中国农业补贴力度在不断提高。Huang 等（2013）系统分析了中国 2004 年以来的农业补贴政策，并分析了不同补贴政策的效率。

国际市场对食品质量和安全标准的重要性日益增加，正在影响全世界农民的生产和销售条件。这种发展对发展中国家小规模农户的影响在科学辩论中是有争议的。虽然小规模农户可以通过遵守标准获得更好的市场准入和技术升级，但是违规也可能导致被市场排斥和边缘化。Handschuch 等（2013）研究了智利食品安全和质量标准认证的影响因素，并分析了其对外向型树莓农民的农场管理和收入的影响。该本研究调查分析了 57 认证和 169 非认证的智利小农树莓生产者。认证分析表明，小农不太可能实施食品安全和质量标准。一旦农民能够克服这些障碍并达到要求的食品标准，就会对他们的质量绩效和净收入产生积极的影响。

第二章 农业经济学学科 2013 年期刊论文精选

第一节

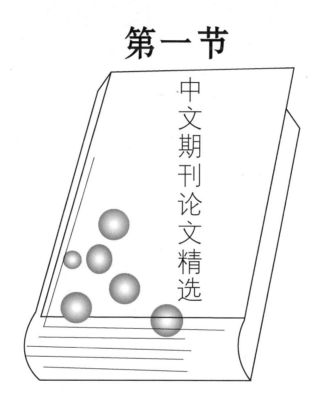

中文期刊论文精选

不同模式的农民合作社效率比较分析[*]

——基于 2012 年粤皖两省 440 个样本农户的调查

吴 晨

【摘 要】基于 2012 年粤皖两省农民合作社问卷调查，构建了相应的考核指标体系，采用比较分析法综合分析六种模式的农民合作社的效率及相关问题。分析结果表明，不同模式的农民合作社在帮助成员家庭实现收入、控制农产品价格波动幅度、成员利益需求及实现程度以及成员对合作社的满意度等方面均存在显著差异，其中，以农产品加工营销企业型的合作社效率最高，其次为供销社型的合作社，而效率最低的为说不清楚的合作社。政府应优先考虑主体明确的合作社并帮助其做好产权界定工作；在财政、信贷、用地等方面重点支持农产品加工营销企业型合作社，帮助其扩大业务范围，形成规模经济；加强信息渠道等基础设施建设和提供配套服务，以促进供销社型合作社的发展；对说不清楚的合作社进行产权结构改造。

【关键词】农民合作社；合作模式；效率；因素分析；差异

一、问题的提出及相关文献回顾

家庭承包责任制使农户家庭充分享受农业生产领域内的剩余控制权和剩余索取权，这种良好的激励机制有效地调动了亿万农民的生产积极性。然而，家庭承包责任制下单家独户的生产方式却以牺牲农民组织化程度为代价，农户生产效率的提升往往被市场风险无情地冲淡，农户增产不增收、农民组织化程度偏低成为制约农民融入市场经济的重要因素，

* 本文选自《农业经济问题》2013 年第 3 期。

作者简介：吴晨，仲恺农业工程学院经贸学院教授。

项目来源：本文系教育部人文社会科学规划一般项目"异化的农民合作社及其组织治理研究"（编号：11YJAZH099）和广州市哲学社会科学发展"十二五"规划 2011 年度课题（编号：11B24）的阶段性研究成果。

从而引发了一系列社会问题，其中，农户小规模与专业化、小生产与大市场、分散化与社会化的矛盾尤其突出。要解决农户家庭生产经营与大市场之间的矛盾，靠一家一户不行，单靠政府也不行。国际经验表明，发展农民专业合作经济组织，不断提升农民组织化程度，提高农民抵御各种风险的能力，逐步引导农民参与市场竞争和获取相对稳定的收益是一种较为理想的现实选择。

事实上，从世界范围来看，农民合作社具有良好的组织绩效并集中反映在较大的产出、较高的生产价格、最低成本的产出水平和消除买方垄断利润四个方面（Knutson，1966）。Warren 等（1976）从消除组织内外环境变化对其带来的不利影响以及不存在不同组织之间、子组织之间的紧张与冲突关系等方面论证了合作组织的效率。Lerman 和 Parliament（1990）以美国食品行业的合作社为例，并与投资者私人所有制企业（IOF）做了对比分析，发现合作社的绩效主要表现在拥有较强的盈利能力、杠杆调节和利息保障措施。此外，Mauget 等（1998）以欧洲农业合作社为例分析了合作社结构、战略和绩效三者之间的关系，其中，丹麦的专业合作社发展最为成功，而在爱尔兰却以多元化发展的合作社效果最好；Ariyaratne（2000）通过实证方法测量了农民合作社的绩效，认为影响农民合作社绩效的因素主要集中在外部环境和合作社内部的组织结构上；Boyle（2004）通过实证研究发现农民合作社在促进农产品市场化绩效方面有着明显的提升作用。然而，由于合作社明显地存在着产权不明晰的客观事实，组织内成员往往容易产生"搭便车"的现象（Cook，1995），因此，长时间运行的合作社在税收增长率、资本报酬率和利润率三方面均可能呈现出下降的不利趋势（Fulton，1995）。

国内学者大多数从合作社外部环境变化和内部结构等方面研究农民合作组织绩效问题。如黄祖辉等（2011）以浙江省的调查数据为例实证研究了国内农民合作社绩效的影响因素，影响因素主要反映在地区经济发展水平、合作社经营水平、管理水平、合作社规模以及合作社负责人的企业家才能和成员的人力资本状况等方面。郭红东等（2009）以浙江省的调查数据为研究样本，从合作社的物质资本资源、组织资本资源和人力资本资源三个因素实证分析其对我国农民合作社绩效的影响，其中，合作社的物质资本资源对合作社的成长影响最大，其次是组织资本资源，而人力资本资源对当前合作社成长的影响并不明显。孙亚范、余海鹏（2009）结合对江苏省的实地调查，从社员认知、利益需求的角度构建起合作社的制度激励机制，并提出了农民专业合作经济组织利益机制构建的思路与对策。徐旭初、吴彬（2010）以浙江省农民合作社的发展实践为样本研究发现，合作社股权结构、牵头人情况和理事会结构是影响农民合作社绩效的三大主要因素。

综上所述，国内外学者针对农民合作社绩效的研究成果比较丰富，构成了本项研究的基础。然而，笔者在梳理文献时发现，针对由不同牵头人（单位）组织发起和成立的不同模式的农民合作社效率比较研究鲜见。因此，笔者希望对广东和安徽两个不同经济发展水平省份的农民合作社实地调查，通过建立相应的统计指标体系，运用比较分析方法回答不同模式的农民合作社效率的优劣，以期为进一步研判我国农民合作组织未来可能的发展趋势提供经验性的数据支撑。

二、不同模式的农民合作社界定及其效率评价指标

（一）不同模式的农民合作社界定

目前国际合作社联盟有来自 120 多个国家的 240 多个成员组织，代表着 7 亿多合作社社员，社员遍布全世界。我国农民合作社发展历史可以追溯到 20 世纪初，但真正迎来快速发展的时期却始于改革开放之后。2007 年《农民专业合作社法》颁布实施，赋予专业合作社独立的法人资质和市场主体地位，开启了我国农民合作社发展的新纪元。截至 2012 年 6 月底，全国共有依法登记的合作社 60 余万家，入社农户 4600 多万户，约占全国农户总数的 18.6%，合作社涵盖了粮、棉、油、肉、蛋、油、茶等主要农产品的生产，其中种植业约占 44.5%、养殖业占 28.2%，农民合作社正在从传统合作向新型合作演变，从横向合作向纵向合作深化，从单一功能向多种功能拓展，从单一要素的合作向劳动、技术、资金、土地等多要素合作转变（孙中华，2012）。与此同时，广东和安徽两省农民合作社也呈现出快速发展之势，截至 2012 年 9 月底，广东全省农民合作社 13353 家，入社成员 35.4 万户，带动农户 123.5 万户，合作社成员的产品效益比非社员高 15% 以上，有的甚至高出 50% 以上（叶青，2012）；同期安徽全省共有各种形式的农民合作社 28533 个，成员 260 多万人（户），约占全省农户总数的 18%，合作社成员户与当地同类型非成员户相比增收 23% 左右（胡旭，2012）。

然而，自 20 世纪 70 年代开始，由于受到内外部环境因素变化的影响，西方发达国家农民合作社呈现出重大变化，主要在三个方面偏离了"罗虚代尔原则"：一是由"一人一票"制向承认差别制发展，二是由公共积累的不可分割性向产权明晰化方向发展，三是由对资本报酬率的严格限制向外来资本实行按股分红的方向发展（应瑞瑶，2002）。和世界上大多数国家的情形一样，我国农民合作社在其自身发展历史进程中也呈现出明显的异化现象，异化主要体现在合作社的章程、产权结构、目标、民主管理和利益分配等诸多方面（黄胜忠，2008）。已有少量文献关注不同模式的农民合作社对盈余分配的影响，但基本上都是以合作社的股本结构为基础对合作社模式进行划分。由于我国各地在资源、经济、人文、社会等诸多方面存在着显著的差异性，农民合作社模式也不尽相同。若按牵头人（单位）的特征划分，目前我国各地组建的农民合作社主要有社区集体组织型、农产品加工营销企业型、政府主导型、农村专业大户型、供销社型和说不清楚型六种不同模式。本项研究主要比较六种不同模式的农民合作社的效率问题。

（二）不同模式的农民合作社效率考核指标

从经济学角度分析，"效率"是指在给定投入和技术的约束条件下最有效地使用社会

资源以满足人类的愿望和需要；若从管理学角度看，"效率"则指在特定时间内组织的各种投入与产出之间的比率关系。通常而言，效率与投入成反比，与产出成正比。涉及农民合作社效率方面的因素比较复杂，应该建立一个综合性的考核指标体系。笔者认为，第一要有能够考核农民合作社帮助成员家庭控制农业生产风险和实现收入方面的指标，因为农业生产风险严重影响到农户家庭增收的现实问题，本项研究选择农民加入合作社的难易程度、合作社帮助成员家庭控制农产品价格波动幅度和帮助成员家庭实现收入等指标；第二要有能够反映成员对合作社的认知度的指标，认知度的提升必然增强成员对合作社的认同感和归属感，从而增强组织的稳定性，本项研究主要选择成员获得会员资格比例、合作社性质、盈余（利润）分配和对合作社章程了解情况等指标；第三要有能够体现成员对是否加入合作社的自由选择权的指标，因为农民是否加入合作社在一定程度上是个人理性行为的选择结果，当合作社所提供服务或帮助成员家庭实现收入增长幅度不能满足成员预期或需求时，成员可能会做出退出合作社的选择，进而影响合作社发展的稳定性和效率的进一步提升，本项研究主要选择成员对合作社提供服务满意度、成员对合作社执行购销合同满意度和成员对合作社帮助成员家庭实现收入增长幅度满意度等指标。因此，从成员的投入和产出以及组织的稳定性等视角分析，农民合作社必定存在着效率问题。

三、问卷设计与样本特征数据统计分析

（一）问卷设计

问卷设计主要包括两大部分：第一部分为农民合作社成员的信息情况，主要包括四方面内容：①成员及家庭基本信息；②成员家庭生产经营基本信息；③成员对合作社的认知度；④成员利益需求及实现程度。第二部分为农民合作社管理者的信息情况，主要包括七方面内容：①农民合作社基本信息；②管理者个人基本信息；③合作社提供的服务形式及经营状况；④合作社战略；⑤合作组织结构和治理机制；⑥合作社绩效评价；⑦管理者对担任合作社管理者期间的感受与期望。上述两部分内容均包括若干项分考核指标。

（二）样本数据统计分析

本项研究主要采用重点调查的方法，在实际调查过程中综合运用实地访谈和发放调查问卷相结合的方式收集数据。调查范围涉及广东和安徽两省，其中涉及广东 18 个市 42 个县（区），涉及安徽 13 个市 26 个县（区）。2012 年 1～3 月，课题组成员对上述两省相关地区 170 个农民合作社进行了访谈和发放调查问卷，收集 2011 年农民合作社效率等方面的数据，共收回调查问卷 148 份，其中有效问卷 127 份，有效回收率 85.81%，涉及六种模式的农民合作社样本农户成员 440 人。

1. 农民合作社发展情况

统计数据显示，调查涉及广东和安徽两省农民合作社数量分别为 93 个和 34 个，分别占总样本量的 73.23% 和 26.77%；两省农民合作社平均成立年限分别为 10.19 年和 5.56 年；广东农民合作社人数范围为 6~3238 人，而安徽为 4~2400 人，两省合作社平均人数分别为 351 人和 251 人；两省合作社管理者平均年龄分别为 48.0 岁和 43.9 岁，学历层次分别为 3.10 和 2.76；两省会员平均交易量占全部交易总量的 63.54% 和 58.60%。总体而言，广东农民合作社的成立时间、合作社平均人数、合作社管理者年龄和学历层次、会员交易量占全部交易量的比例值均普遍高于安徽，但合作社在帮助成员实现收入方面不及安徽（见表 1）。

表 1　2011 年广东、安徽两省 31 个市 68 个县（区）127 户农民合作社基本情况

省份	合作社数量（个）	平均成立年限（年）	平均成员人数（人）	管理者年龄（岁）	管理者学历层次	会员交易量占全部交易量比例（%）	帮助成员实现收入（元）
广东	93	10.19	351	48.0	3.10	63.54	3756
安徽	34	5.56	251	43.9	2.76	58.60	4106
合计	127	9.03	321.7	46.98	3.01	62.29	3850

注：合作社管理学历层次界定：文盲 =1；小学 =2；初中 =3；高中 =4；大专及以上 =5。下同。

2. 农民合作社成员及家庭经营特征

（1）在 127 个农民合作社中，调查涉及合作社成员共计 440 人，其中男性 359 人，女性 81 人，分别占总样本的 81.59% 和 18.41%，表明男性参与合作社的积极性较女性高，而且有 143 名成员参与农村专业大户型的合作社，占总样本的 32.5%，比例最高；而供销社型的合作社成员有 44 人，占总样本的 10%，比例最低。

（2）样本总体成员的平均年龄为 46.41 岁，其中社区集体组织型合作社的成员年龄普遍高于其他类型，因为社区集体组织型合作社基本上是早期农村集体经济组织的"蜕变"，所以成员入社时间较早。

（3）各种不同模式合作社成员的学历层次普遍不高，平均学历层次仅为 2.05，基本为小学毕业，这表明当前我国农村劳动力整体素质仍需要进一步提升。

（4）成员家庭平均人口为 5.18 人，其中，农产品加工营销企业型的合作社成员家庭人口数量最多，而政府主导型的合作社成员家庭人口数量最少。

（5）成员身份平均值为 3.57，总体而言，成员基本属于普通农民，而且加入各种不同模式合作社的成员身份差异较小。

（6）家庭平均经营土地面积 12.79 亩，其中农产品加工营销企业型的合作社农户家庭经营土地面积最多，而说不清楚型的合作社农户家庭经营土地面积最少，因为加工营销企业有能力对农产品实施深加工处理，延伸了农产品的产业链，提升了农产品的附加值，深得农民喜爱，极易吸引经营土地面积较大的农户参与。

（7）家庭成员平均外出务工比例为23.64%，其中，政府主导型的合作社家庭成员外出务工比例最高，而农村专业大户型合作社的家庭成员外出务工比例最低。随着我国城市化进程进一步加快，农民选择外出务工成为必然趋势，为应对农民外出务工后可能对当地农业生产造成的不利影响，地方政府主动牵头组建农民合作社，以此帮助农户扩大农业生产经营规模（见表2）。

表2　不同模式的农民合作社成员的描述性统计

合作社主要模式（牵头组织或单位）	性别		平均年龄（岁）	平均学历层次	家庭平均人口（人）	户主平均个人身份	家庭平均经营土地面积（亩）	家庭成员平均外出务工比例（%）
	男性	女性						
社区集体组织型	61	13	48.08	2.14	5.19	13.35	13.35	24.32
农产品加工营销企业型	52	11	46.27	1.97	5.52	17.57	17.57	25.40
政府主导型	57	8	44.75	2.22	4.80	12.28	12.28	26.15
农村专业大户型	116	27	45.94	2.09	5.10	13.98	13.98	20.98
供销社型	33	11	45.95	2.00	5.32	8.41	8.41	25.00
说不清楚型	40	11	47.96	1.75	5.35	7.33	7.33	23.53
样本总体	359	81	46.41	2.05	5.18	13.09	12.79	23.64

注：户主个人身份界定：农村技术能手＝1；农村专业大户＝2；村干部＝3；普通农民＝4；农民经纪人＝5；农村民营企业家＝6；其他＝7。

四、不同模式的农民合作社效率对比分析

（一）合作社帮助成员实现收入与控制农产品价格波动风险比较分析

1. 成员参与合作社的难易程度

目前我国各地农民加入各种模式的合作社均需要办理相关手续，有的还需要缴纳数额不等的入社股金。农村专业大户型的合作社成员需要缴纳一定数额的股本金，有的高达20万元之多（主要是生猪养殖等）；而社区集体组织型的合作社成员基本不需要缴纳任何股本金，因为社区集体组织型合作社基本分布在城乡结合部，当地经济发展基础较好，成员参与的目的就是为了分享城镇化发展给当地村集体经济组织带来的红利。

2. 帮助成员家庭控制农产品价格波动风险

说不清楚型的合作社所面临的农产品市场价格风险最大，而供销社型的合作社成员家庭面临的价格风险最小。由于说不清楚型的合作社主体模糊，成员对合作社的认知也不清楚，成员之间的联系必然松散；而历经多年发展起来的供销合作社，由于建成了较为稳定

的农业生产资料和农产品销售系统，能够较便捷地帮助成员家庭完成农业生产资料采购和实现农产品销售，因此，成员家庭农产品销售面临的市场价格波动风险自然较小。

3. 帮助成员家庭实现收入

农产品加工营销企业型合作社帮助成员家庭年实现收入水平最高，户均达 11.49 万元；其次为农村专业大户型合作社；而说不清楚型合作社帮助成员家庭年实现收入水平最低，仅为 5.86 万元（见表 3）。

表 3　不同模式的合作社成员入社手续、农产品价格波动幅度、农户家庭实现收入情况

合作社主要模式（牵头组织或单位）	参与合作社办理手续	农产品价格波动幅度	成员家庭年实现收入（万元）
社区集体组织型	2.42	2.16	6.81
农产品加工营销企业型	2.56	2.19	11.49
政府主导型	2.85	1.88	7.07
农村专业大户型	3.10	1.88	7.67
供销社型	2.30	1.48	6.39
说不清楚型	2.94	2.24	5.86
样本总体平均值	2.77	1.97	7.63

注：①成员参与合作社办理手续：写了书面申请 = 1；提出了口头申请 = 2；缴纳会费 = 3；缴纳社员身份股本金 = 4；协会或合作社发给您会员证 = 5；没有以上手续 = 6。②农产品价格波动情况：1 = 价格基本稳定，上下浮动 10% 以内；2 = 价格波动较小，上下浮动 10% ~ 20%；3 = 价格波动较大，上下浮动 20% ~ 50%；4 = 价格波动很大，上下浮动 50% 以上。

（二）成员对合作社的认知程度比较分析

1. 成员获得会员资格

统计结果表明，农村专业大户型的合作社会员比例最高，达 91.61%，而政府主导型的合作社会员比例最低，仅为 80%，样本总体比例平均值为 86.82%。前文中已经阐述了加入农村专业大户型的合作社时往往需要缴纳一定数额的股本金，成员自然希望通过获得会员资格参与合作社的日常经营和管理活动，以期维护自身的合法权益；而政府主导型的合作社，通常情况下是上级政府点名需要重点帮扶的对象，政府往往给予该类合作社以资金注入和税收优惠等政策支持，因此，政府必然绝对地控制着该种模式的合作社，农民获得会员资格的比例自然较低。

2. 农民合作社性质

按照罗虚代尔原则，农民合作社的性质主要体现在"民办、民有、民受益"的办社宗旨（Rhodes，1983），农民加入合作社不是单纯地为了获利，而是为避免生产过程中原材料采购和农产品销售环节被过度盘剥的不利地位。统计结果表明，供销社型的合作社成员对合作社的认知度较准确；而政府主导型的合作社成员对合作社的性质认知水平最低。

政府主导型的合作社往往是为了完成上级主管部门下达的政治任务，在组建合作社的过程中会表现出"拉郎配"的迹象（王曙光，2008），这种措施背离了建立农民合作社的最初宗旨，农民被动地被拉入合作社，因而成员对合作社的认知程度不高；而供销社型的合作社却能凭借其完善的销售网络系统赢得广大参与者的喜爱，成员参与合作社的同时获得相应的投资回报，因而对合作社的认知程度较高。

3. 农民合作社盈余（利润）分配

在所调查的样本中，成员针对合作社盈余到底如何分配的了解情况均不理想，其中，社区集体组织型的合作社成员对合作社盈利分配情况的了解程度相对较高，而其他模式合作社成员对盈余分配的了解程度最低。究其原因，首先，本次调查的 440 个样本中，广东为 343 个农户，安徽仅为 97 个农户，广东样本占据着绝对的份额；其次，广东经济相对发达，尤其是珠江三角洲的工业化和城市化发展水平较高，农村集体经济发展较快，村集体经济中来源于物业出租、土地出让等项的收益水平较高，村集体经济组织每年都会定期向股民发放一定数额的红利，村民对此项红利分配制度的关注度也比较高，因此，社区集体组织型的合作社成员对盈余分配情况自然了解程度较全面。而说不清楚型的合作社成员对自己的身份界定不甚清楚，更谈不上对合作社盈余分配的制度安排，其回答的结果较低就不难理解。

4. 农民合作社章程

农产品加工营销企业型的合作社对合作社章程的了解情况最好，其次为政府主导型的合作社，而加入说不清楚型的合作社成员对合作社章程的了解程度最低。因为成员了解合作社章程可以有效地保证成员自身的各项权利以及所应承担的义务。因为当成员将自己家庭生产经营的农副产品交给加工营销型合作社销售时，其必然要充分掌握合作社章程以确保自身相关利益充分实现。而参加一些说不清楚型的合作社时，其组织目标必定模糊，组织管理能力十分薄弱，成员对组织的认同度自然较低（见表4）。

表4　不同模式的合作社成员对合作组织的认知度

合作社主要模式 （牵头组织或单位）	成员获得会员 资格比例（%）	合作社性质	合作社盈余 分配	合作社章程
社区集体组织型	86.49	1.93	2.82	2.58
农产品加工营销企业型	88.89	1.86	2.63	2.89
政府主导型	80.00	2.05	2.47	2.80
农村专业大户型	91.61	1.96	2.64	2.71
供销社型	81.82	1.75	2.52	2.66
说不清楚型	84.31	2.02	2.02	1.86
样本总体平均值	86.82	1.94	2.50	2.62

注：①合作社性质界定：和别的企业一样，以赚农民的钱为目的 =1；为农民提供服务的互助组织，不是以赚钱为目的 =2；说不清楚 =3。②合作社盈余分配按照惠顾额返还原则界定：不了解 =1；了解一些 =2；说不清 =3；比较了解 =4；很了解 =5。③针对每一项问题的回答，若有回答两个或两个以上答案的，均以第一个答案为准。

（三）成员利益需求及实现程度比较分析

1. 对合作社提供的服务满意度

不同模式的农民合作社成员对组织所提供服务的满意程度差异性不大，其中最为满意的为农产品加工营销企业型合作社，其次为社区集体组织型合作社，而其他模式合作社的成员满意度均表现在平均值以下。由于农产品加工营销型合作社具备为成员提供农产品深加工的能力，延伸了农产品的产业链，较好地避免了农产品因季节性等原因而造成的价格波动，降低了成员从事农业生产经营的风险，而其他模式的合作社均不具备这种特性。

2. 对合作社执行购销合同的满意度

农产品加工营销企业型的合作社成员对与合作社签订的购销合同执行情况最为满意，其次为农村专业大户型合作社。出现这种情况的原因与成员对合作社提供服务满意程度的分析原因相似，由于农产品加工营销企业型合作社具备相对完善的农产品深加工产业链和规模化的生产基地，容易获得银行方面的贷款支持，能够及时收贮成员所提供的农产品，认真履行与成员签订的收购合同。而农村专业大户型合作社基本上吸纳当地村民，基于村庄熟人社会的约束机制，对与成员签订的收购合同执行效果也比较好。而其他模式的合作社对成员收购合同执行的效果相对较差。

3. 对合作社帮助成员家庭实现收入增长幅度的满意度

农村专业大户型合作社帮助成员家庭实现收入增长幅度满意度最高，其次是农产品加工营销企业型合作社。究其原因，虽然经历了三十多年的改革开放实践，我国整体科技水平上了一个新台阶，但不可否认的事实是目前我国农业生产领域的科技进步速度仍然缓慢，虽然涉及农业生产中许多新技术、新工艺的种子、农药和化肥等被研发出来，但农民真正使用的却不多，因为农业生产的风险较高，在当前我国农业生产保险机制仍不完善的前提下，农户家庭真正承担农业生产的风险能力有限。为了尽量规避农业生产风险，农户家庭所选择的种植方式仍以过去经验为主，或农户大多从农村专业大户那里学习技术和经验，因此，农村专业大户对其成员的示范和带动作用较强；农产品加工营销型合作社对新的农业科技推广方面能够提供力所能及的资金支持和示范、带动作用，能够较好地帮助成员进一步扩大生产规模和增加收入（见表5）。

表5　不同模式合作社成员的利益需求及实现程度

合作社主要模式 （牵头组织或单位）	对合作社提供 服务满意度	对合作社执行购销 合同满意度	对合作社帮助成员家庭 实现收入增长幅度满意度
社区集体组织型	3.60	3.42	3.14
农产品加工营销企业型	3.81	3.83	3.38
政府主导型	3.58	3.68	3.12
农村专业大户型	3.57	3.69	3.39

续表

合作社主要模式 （牵头组织或单位）	对合作社提供 服务满意度	对合作社执行购销 合同满意度	对合作社帮助成员家庭 实现收入增长幅度满意度
供销社型	3.45	3.36	3.32
说不清楚型	3.47	3.33	2.90
样本总体平均值	3.59	3.58	3.24

注：针对成员的利益需求及实现程度满意度界定，主要采用五级考核指标，其中，很不满意 =1；不满意 2；一般 =3；比较满意 =4；很满意 =5。

（四）六种模式农民合作社效率综合得分值分析

每一种模式的合作社均得到十项不同计量单位的统计数据，为此，需要对每一项考核指标作无量纲化处理，因为只有经过处理后的数据才具有可比性。本研究处理的方法是根据每一项指标数据大小与组织效率的相互关系来确定，如合作社帮助成员家庭实现收入水平越高，则该种模式合作社效率越高，具体处理办法是将该项考核指标所有样本总体平均值对应的数据转化为100，然后再用每一种模式的合作社样本均值数据与其总体样本平均值相比，从而可得到对应模式合作社的效率得分值。而合作社帮助成员控制农产品价格波动幅度却与合作社效率呈反向关系，即控制农产品价格波动幅度越小则合作社的效率越高。以此类推，最终可得到每一种模式的合作社十项指标标准化后的得分值，并以其平均值作为考察该种模式合作社效率综合得分值，其中，农产品加工营销企业型合作社效率最高，其次是供销社型合作社，而效率最低的为说不清楚型合作社（见表6）。

表6　六种模式农民合作社效率综合得分值及其排名情况

考核指标	社区集体 组织型	农产品加工 营销企业型	政府 主导型	农村专业 大户型	供销 社型	说不 清楚型
成员家庭实现收入	89.253	150.590	92.661	100.524	83.748	76.802
控制农产品价格波动幅度	91.203	89.954	104.787	104.787	133.108	87.946
参与合作社办理手续	114.463	108.203	97.193	89.355	120.434	94.218
成员获得会员资格比例	99.620	102.384	92.145	105.517	94.241	97.109
合作社性质	100.518	104.301	94.634	98.980	110.857	96.040
合作社盈余分配	112.800	105.200	98.800	105.600	100.800	80.800
对合作社章程了解	98.473	110.305	106.870	103.435	101.527	70.992
对合作社提供服务满意度	100.279	106.128	99.721	99.443	96.100	96.657
对合作社执行购销合同满意度	95.531	106.983	102.793	103.073	93.855	93.017
对合作社帮助成员家庭实现收入增长幅度满意度	96.914	104.321	96.296	104.630	102.469	89.506
合作社效率综合得分	99.905	108.837	98.590	101.534	103.714	88.309
合作社效率综合排名	4	1	5	3	2	6

五、结论与对策建议

本研究主要从投入、产出以及合作社长期稳定性三个层面设计了十项考察农民合作社效率的指标体系，基于 2012 年粤皖两省农民合作社的问卷调查，采用比较分析法综合分析六种模式农民合作社效率及相关问题。分析结果表明，各种模式的农民合作社在帮助成员家庭实现收入水平、控制农产品价格波动幅度、成员利益需求及实现程度以及成员对合作社的满意度等主要方面均存在显著差异。六种模式农民合作社效率综合得分值以农产品加工营销企业型农民合作社最高，其次为供销社型合作社，而说不清楚型合作社最低。通过对六种模式农民合作社的效率综合比较分析发现，有明确牵头人（单位）组建的农民合作社具备良好的组织效率。

本着服务于"三农"的宗旨，也为使农民合作社在农村得到更广泛发展，必须做好以下工作：首先，政府相关职能部门在审批农民合作社时应优先考虑那些各方主体明确的农民合作社，帮助合作社做好产权界定工作，避免因主体缺失可能引发的有损于合作社发展的机会主义事件。其次，在主体明确的前提下，农产品加工营销企业型合作社效率最高，因此，各级政府应当在政策和制度层面上逐步营造起有利于农产品加工营销企业型合作社发展的良好环境，甚至可在财政、信贷、用地等方面有所作为，帮助扩大其业务范围并形成规模经济；对于供销社型合作社，政府应加强信息渠道等基础设施建设，提供相应的配套服务，使其在控制农产品价格波动幅度等方面发挥更大作用。最后，针对说不清楚型合作社，政府应在政策上逐步引导其进行产权结构改造，完善规章制度，理清各方利益关系，甚至可在不损害成员根本利益的前提下由效率较高的合作社取而代之。

参考文献

［1］Knutson R. D.. Cooperatives and the Competitive Ideal. Journal of Farm Economics, 1966, 48（3）.

［2］Warren R. D., Mulford C. L., Yetley M. J.. Analysis of Cooperative Organisational Effectiveness. Raral Sociology, 1976, 41（3）.

［3］Lerman Z., Parliament C.. Comparative Performance of Cooperatives and Investor – Owned Firms in US Food Industries. Agribusiness, 1990, 6（6）.

［4］Mauget R., Declkerck F.. Structures, Strategies, and Performance of EC Agricultural Cooperatives. Agribusiness, 1998, 12（3）.

［5］Ariyaratne C. B., Featherstone A. M., Langemeier M. R., Bartone D. G.. Measuring X – Efficiency and Scale Efficiency for a Sample of Agricultural Cooperatives. Agricultural Resource Economics Review, 2000, 29（2）.

［6］Boyle G. E.. The Economic Efficiency of Irish Dairy Marketing Cooperatives. Agribusiness, 2004, 20（2）.

［7］Cook M. L. . The Future of U. S. Agricultural Cooperatives：A Neo – Institutional Approach. American Journal of Agricultural Economics，1995（77）.

［8］Fulton M. , et al. Cooperative Growth：Is it Constrained? Agribusiness，1995，11（3）.

［9］Rhodes V. J. . The Large Agricultural Cooperative as a Competitor. American Journal of Agricultural Economics，1983（65）.

［10］郭红东，楼栋等. 影响农民专业合作社成长的因素分析. 中国农村经济，2009（8）.

［11］孙亚范，余海鹏. 社员认知、利益需求与农民合作的制度安排分析. 南京农业大学学报（社会科学版），2009（6）.

［12］孙中华. 在中国农民合作社理事长大会上的发言. http：//znzg. xynu. edu. cn/Html/？10455. html.

［13］叶青. 我省全面推进农民专业合作社信息化建设. 广东科技报，2012 – 12 – 21.

［14］胡旭. 安徽省加大财税支持力度促进农民专业合作社发展. 安徽日报，2012 – 12 – 03.

［15］徐旭初，吴彬. 治理机制对农民专业合作社绩效的影响. 中国农村经济，2010（5）.

［16］应瑞瑶. 合作社的异化与异化的合作社——兼论中国农业合作社的定位. 江海学刊，2002（6）.

［17］黄胜忠. 转型时期农民专业合作社的组织行为研究：基于成员异质性的视角. 杭州：浙江大学出版社，2008.

［18］王曙光. 农民合作社的全要素合作、自生能力与可持续发展. 浙江大学出版社，2008.

［19］姜松，王钊等. 粮食生产中科技进步速度及贡献率研究. 农业技术经济，2012（10）.

［20］牛宝俊. 农业技术经济学. 广州：广东高等教育出版社，2007.

农户土地承包经营权抵押贷款潜在需求及其影响因素研究[*]
——基于河南省四个试点县的实证分析

惠献波

【摘 要】 本文以河南省四个试点县（濮阳县、杞县、固始县、汝阳县）调查材料为依据，运用二元 Logistic 回归模型，对农户土地承包经营权抵押贷款潜在需求及其影响因素进行分析，认为农村土地承包经营权抵押贷款存在融资成本高、潜在需求低等问题，正规信贷经历、主要收入来源、性别和年龄对农户土地承包经营权抵押贷款意愿有显著影响。本文提出了开展农村土地承包经营权抵押贷款试点、加速推进农村社会保障体系建设等建议。

【关键词】 土地承包经营权；抵押贷款；潜在需求；影响因素；Logistic 模型

一、引　言

近年来我国农村金融市场发展比较缓慢，其中融资渠道狭窄是一个重要原因。为解决农村资金供给与需求矛盾，充分发挥农村土地的融资功能、满足农村资金的多层次需求，开展农村土地承包经营权抵押贷款势在必行。农村土地承包经营权抵押贷款的顺利开展也

* 本文选自《农业经济问题》2013 年第 2 期。

项目来源：本文系国家自然科学基金青年科学基金项目"农村土地经营权抵押贷款跟踪研究：供需、效果与机制分析"（编号：71203147）、教育部人文社科青年基金项目"农村土地承包经营权抵押贷款运行机制与绩效评价"（编号：11YJC790249）、河南省软科学研究项目"河南省村镇银行可持续发展运行机制研究"（编号：112400420073）的阶段性成果。作者系沈阳农业大学经济管理学院在读博士，河南农业职业学院教师。论文写作过程中得到了王春平、兰庆高、于丽红老师的大力帮助，谨致谢意。

将盘活农户土地资产，带动农村土地要素的优化配置和有效利用，从而促进农村经济的繁荣与发展。然而，农村土地抵押贷款融资行为的产生是诸多因素共同作用的结果，农户土地抵押贷款意愿对于土地融资业务的开展将产生根本性的影响。因此，深入分析农村土地承包经营权抵押贷款潜在需求，对研究农村信贷供给与需求规律、稳妥推进农村土地抵押贷款的健康发展具有重要意义。

目前，对于农村土地承包经营权抵押贷款的研究尚处于探索阶段，学者从不同角度对土地承包经营权抵押贷款的必要性、可行性、机制进行了研究。高圣平、刘萍（2009）从法理的视角对农村土地承包经营权抵押贷款业务开展的可行性及必要性进行了系统分析；厉以宁（2008）基于统筹城乡发展的战略层面指出要打破城乡二元体制、增加农户的土地财产权益就必须赋予农村土地抵押权；尹云松（1995）认为农村土地承包经营权作为他物权的一种重要形式，完全可以充当土地抵押贷款业务标的物。李爱喜（2005）依据我国农村土地金融体系现存的制度缺陷，提出了完善土地承包经营权抵押贷款相关制度的建议。宋磊（2005）认为要构建我国新型农村土地金融制度体系，宜采取"自上而下"的模式，给予农村信用社必要的政策、资金支持，以充分发挥农村信用社在筹措农村生产建设资金方面的优势。王选庆（2003）认为建立相互配套、同步推进的农村社会保障体系是推动农村土地经营权抵押贷款制度顺利开展的必要步骤。宋文献（2004）指出，除了处于核心支配地位的所有权之外，土地产权还可以派生出使用权、收益权等各自独立的权利。只有土地承包经营权成为独立于土地所有权的一项财产权时，在法律允许的范围内，土地承包经营权才可以开展转让、抵押等诸多融资方式。罗剑朝等（2003，2005）指出，要指定农村信用社作为开展农村土地承包经营权融资业务的金融机构，就必须在各级农村信用社内部成立"农村土地承包经营权抵押贷款办公室"，主要负责农村土地承包经营权抵押贷款相关资料的审查与核对、贷款资金的发放与回收工作。相对于其他形式的抵押贷款业务而言，农村土地承包经营权作为抵押物的融资活动更加可靠也更加安全，在资金聚集、风险分散方面有着其独特的功效，在缓解农业资金的供求矛盾方面具有不可忽视的作用。

综上所述，学者们基于制度建设与配套机制改革的视角，从不同层面和角度对农户土地承包经营权抵押贷款问题进行了分析，为本文提供了重要参考。然而，农户的性别、年龄、文化程度、收入水平、主要收入来源等因素在农户土地承包经营权抵押贷款决策中扮演着重要的角色，对农户土地承包权抵押贷款潜在需求及其因素研究、对农村土地承包权抵押贷款政策的制定和促进农村金融市场繁荣具有重要参考价值。因此，本文从农户借贷需求的视角分析土地承包经营权抵押贷款潜在需求的特点及其影响因素，无疑有着重要的现实与理论意义。

二、数据来源与分析

（一）数据来源

本文使用的数据资料来源于沈阳农业大学农地金融课题组于2012年3～5月对河南省四个改革试点县（濮阳县、杞县、固始县、汝阳县）的实地问卷调查。本次调查共发放问卷300份，收回问卷293份，其中有效问卷281份。样本涵盖河南省4个县，6个乡镇，15个自然村，281个农户（见表1）。样本中，女性42人，占14.9%；男性239人，占85.1%。村干部39人，占13.9%；农信社成员107人，占38.1%；加入合作经济组织19人，占6.76%。调查发现，农户兼业经营已成为一种常态，专业或兼业从事一定技能或手艺的工作者（如烹饪、开车、修理等）占60%以上。

表1 调查样本分布   单位：个，户

项目	乡镇数	村数	农户数
濮阳县	2	4	70
汝阳县	2	7	118
杞县	1	2	50
固始县	1	2	43
合计	6	15	281

（二）统计分析

1. 高成本信贷约束下农户贷款意愿偏低

在回答"如果正规金融机构能提供简单、方便、快捷的贷款服务时，您借贷途径首选民间借贷还是正规借贷？"这一问题时，有58.3%（见表2）的农户表示倾向于正规借贷，他们普遍反映获得正规信贷需要关系、手续繁杂且利息高，这说明农户面临着严重的正规金融机构信贷约束。281个有效样本中，无土地承包经营权抵押贷款潜在需求的农户共176个，占总体样本的62.6%；具有土地承包经营权抵押贷款潜在需求的农户共105个，占37.4%。这表明农户对于土地承包经营权抵押贷款潜在需求意愿比较低。调查发现，42%的农户表示没有听说过土地承包经营权抵押贷款这项业务，占没有土地承包经营权抵押贷款需求意愿农户的67%。这说明农户对土地承包经营权抵押贷款的详细内容及其具体操作流程不了解是造成土地承包经营权抵押潜在需求意愿低的重要原因。

2. 生产性消费构成抵押贷款的主要需求

在具有土地承包经营权抵押贷款需求意愿的农户中，46.4%的农户（见表2）希望把

所获贷款（其中，具有 10 万元以上土地承包经营权抵押贷款潜在需求的农户占 68%）投入到农业生产中，27.3% 的农户希望把贷款用于个人创业，26.3% 的农户希望把贷款用于子女上学、家庭医疗、购买房产、生活消费等。这说明农户的这种土地承包经营权抵押贷款潜在需求主要来源于农业生产性需求刺激。

3. 相对于保证（担保）更多农户选择土地抵押

在回答"贷款通常要求抵押或者保证，您认为土地承包经营权抵押好还是找保证好？"这一问题时，有 40.8% 的农户（见表 2）明确表示喜欢土地承包经营权抵押，30.2% 的农户更偏好于保证，表明 40% 左右的农户明确偏好土地承包经营权抵押贷款，主要原因在于土地承包经营权抵押贷款具有明显的隐私保障和节约"面子"成本的优势。农户在选择保证时必须支付一定的保证费用，虽说有时找熟人可以免费保证，但找人保证不仅欠人情债，一旦出现纠纷可能伤害彼此感情，还会使保证人承受或有债务。可见，虽然保证对抵押品有一定的替代性，但保证并非土地承包经营权抵押贷款模式的完全替代品。

表 2　农户土地承包经营权抵押贷款需求调查汇总情况　　　单位：户，%

调查项目		频数	比例
您是否有贷款需求？	有需求	105	37.4
	无需求	176	62.6
如果正规金融机构能提供方便、快捷的贷款服务时，您借贷途径首选民间借贷还是正规借贷？	民间	117	41.7
	正规	164	58.3
如果未来需要资金你愿意用土地承包经营权申请抵押贷款吗？	愿意	120	42.7
	不愿意	161	57.3
土地承包经营权抵押贷款的意愿来自生产性需求、创业需求、消费性需求？	生产需求	130	46.4
	创业需求	77	27.3
	消费需求	74	26.3
土地承包经营权抵押贷款用于大额融资（10 万以上）还是小额融资？	大额融资	191	68.0
	小额融资	90	32.0
你听说过土地承包经营权抵押贷款吗？	听过	163	58.0
	没听过	118	42.0
贷款抵押时，你认为土地抵押好还是找保证（担保）好？	抵押	115	40.8
	保证	85	30.2
	其他	81	29.0

4. 经商打工农户抵押贷款意愿高于纯农户

在调查中课题组按照家庭主要收入来源及经济状况，将全部受访的 281 个农户分为经商、打工、务农三个阶层。经商阶层中，58.4% 的农户表示在未来需要资金时愿意用土地承包经营权进行抵押贷款,打工阶层中有32.3%的农户表示愿意用土地承包经营权抵押贷款,务农阶层中有17.7%的农户表示在需要时愿意采用土地承包经营权抵押申请贷款(见表3)。可见,打工阶层土地承包经营权抵押需求比例比经商阶层低了近一半,而务农阶层的比例又远低于打工阶层。

表3　不同阶层农户土地承包经营权抵押贷款需求情况　　　　单位:户,%

项目	频数合计	有意愿户		无意愿户		态度模糊户	
		频数	比例	频数	比例	频数	比例
经商为主	77	45	58.4	32	41.6	0	0.0
打工为主	160	52	32.3	98	61.3	10	6.5
小农兼业	44	8	17.7	36	82.3	0	0.0
全部样本	281	105	37.6	165	58.7	10	3.7

5. 财产状况分别与生产性和生活性贷款成正比

调查中对财产等级的判定由被调查农户根据其财产状况自我判断。281个有效样本中财产状况为下等的有52户,有土地承包经营权抵押贷款需求的13户;财产状况为中下等的有8户,有土地承包经营权抵押贷款需求的24户;财产状况中等的98个农户中,有土地承包经营权抵押贷款需求的30户;财产状况为中上等的有44户,有土地承包经营权抵押贷款需求的26户;财产状况为上等的19户中有土地承包经营权贷款需求的12户(见表4)。可以看出,土地承包经营权抵押贷款需求发生率与农户家庭财产状况的好坏密切相关。财产状况较好的家庭生活性贷款需求较低、生产性贷款需求比较强烈,土地承包经营权抵押贷款需求比较强。

表4　不同财产状况农户土地承包经营权抵押贷款需求情况　　　　单位:户,%

贷款用途	下等(52户)		中下等(68户)		中等(98户)		中上等(44户)		上等(19户)	
	频数	比例	频数	比例	频数	比例	频数	比例	频数	比例
生产性贷款需求	3	23.1	7	29.2	11	36.7	10	38.5	6	50.0
生活性贷款需求	6	46.2	13	54.2	16	53.3	7	26.9	4	33.3
同时具有两种需求	4	30.7	4	16.6	3	10	9	34.6	2	16.7
合计	13	100.0	24	100.0	30	100.0	26	100.0	12	100.0

(三) 农户土地承包经营权抵押贷款潜在需求影响因素实证分析

1. 模型设定

农户是否拥有土地承包经营权抵押贷款潜在需求是一个二分变量,本文选取 Logistic

回归分析模型，其公式为：$Ln\left(\dfrac{p}{1-p}\right) = \beta_0 + \beta_1 X_1 + \cdots + \beta_{10} X_{10} + u$，其中，P 代表农户有土地承包经营权抵押贷款潜在需求的概率，$1-P$ 代表农户没有土地承包经营权抵押贷款潜在需求的概率；β_0 为常数项；X 为解释变量；β 分别代表解释变量的回归系数；u 为随机误差项。

2. 变量选取

（1）个人特征变量。主要包括性别、年龄、文化程度。理论上而言，男性思想趋于活跃，土地承包经营权抵押贷款的意愿较强，女性则相反。随着年龄增长，其相应的经营投资活动减少，对新生事物的接受能力也逐渐降低，因此对土地承包经营权抵押贷款业务的需求意愿也会减弱。通常文化程度较高的农户有较强的经营意识与能力，视野会更开阔，对制度创新所蕴含的盈利机会的认识和把握会更准确，对土地承包经营权抵押贷款的预期会更高，从而会增加土地承包经营权抵押贷款需求。

（2）家庭特征变量。选择家庭总人口、收入水平、主要收入来源、对小额信贷的了解、信贷经历五个变量。一般而言，以经商或外出务工为主要收入来源及家庭收入水平处于中等以上、家庭总人口较多的农户有较大经营规模，对生产性信贷的需求较强，因此对土地承包经营权抵押贷款方式融资意愿比较高。有信贷经历、对小额信贷了解的农户对土地承包经营权抵押贷款交易费用具有较合理的预期，他们普遍拥有较强的土地承包经营权抵押意愿。

（3）土地特征变量。选取耕地规模、土地流转情况两个变量。一般而言，对于有耕地流入、耕地规模较大的农户而言，必须有更多生产经营投入，于是对土地承包经营权抵押贷款需求规模就更大，土地承包经营权抵押贷款意愿会更强烈。

因此，本文选取土地承包经营权抵押贷款潜在需求为被解释变量，将被解释变量（Y）的取值限制在 [0，1]，其中，$Y=0$ 表示农户没有土地承包经营权抵押贷款潜在需求，$Y=1$ 表示农户有土地承包经营权抵押贷款潜在需求。模型中各变量的定义、特征及预期影响如表 5 所示。

表 5　变量的定义及其预期影响

变量	定义	均值	标准差	预期影响
农户潜在需求（Y）	0 = 没有潜在需求；1 = 有潜在需求			
性别（X_1）	0 = 女；1 = 男	0.85	0.36	+
年龄（X_2）		47.28	8.81	−
文化程度（X_3）	1 = 文盲；2 = 小学；3 = 初中；4 = 高中；5 = 中专；6 = 大专及以上	2.61	0.61	+
主要收入来源（X_4）	1 = 经商；2 = 打工；3 = 务农	1.89	0.67	−
收入水平（X_5）	1 = 上等；2 = 中上等；3 = 中等；4 = 中下等；5 = 下等	2.71	1.30	−

变量	定义	均值	标准差	预期影响
信贷经历（X_6）	0＝没有获贷；1＝曾经获贷	0.14	0.35	+
对小额信贷的了解（X_7）	0＝没了解；1＝了解	0.46	0.50	+
耕地规模（X_8）	0＝1 亩以下；1＝1～10 亩；2＝10～20 亩；3＝10～20 亩；4＝30～40 亩；5＝40 亩以上	2.73	3.88	+
家庭总人口（X_9）	0＝2 人以下；1＝2～5 人；2＝5 人以上	4.34	1.71	+
土地流转情况（X_{10}）	0＝有土地转出；1＝无土地流转；2＝有土地转入	0.43	0.53	+

3. 结果分析

本文使用 Eviews 6.0 统计分析软件，采用极大似然估计法进行模型估计，分析结果如表 6 所示。

表 6　Logistic 模型运行结果

Variable	模型 I		模型 II	
	Coefficient	z－Statistic	Coefficient	z－Statistic
C	1.387297	0.937430	1.298385	0.913756
X_1	0.844797 *	1.896850	0.825601 *	1.877186
X_2	－0.036217 **	－2.060404	－0.036354 **	－2.074285
X_3	－0.098461	－0.382557	－0.068928	－0.279143
X_4	－0.407981	－1.470964	－0.4667757 *	－1.944426
X_5	－0.0072177	－0.525446	—	—
X_6	1.302499 ***	2.580185 **	1.340809 ***	2.678166
X_7	0.109453	0.343639	0.083375	0.280937
X_8	0.040807	0.798611	0.030008	0.784624
X_9	0.079361	0.941042	0.073396	0.933343
X_{10}	0.157924	0.355765	—	—
McFadden R－squared	0.255472		0.22436	
Logikelihood	－56.26426		－56.083112	
LR statistic	32.96769		32.55396	
Total obs	281		281	

注：*、**、***分别表示在 10%、5%、1% 水平下显著。

模型 I 是对所有变量进行回归的结果，为了避免诸多指标间的多重共线性问题，本文计算了指标之间的相关系数，发现主要收入来源（X_4）与收入水平（X_5）的相关系数为 0.625514，耕地规模（X_8）与土地流转情况（X_{10}）的相关系数为 0.747646，属于中度相关。依据 X_7 的系数和显著性，在模型 Ⅱ 中剔除了 X_5、X_{10}，从计量结果看，模型 Ⅰ、模型 Ⅱ 都通过了似然比显著性检验。文化程度（X_3）、收入水平（X_5）、对小额信贷的了解（X_7）、耕地规模（X_8）、家庭总人口（X_9）、土地流转情况（X_{10}）没有通过显著性检验，其对农户土地承包经营权抵押贷款意愿的影响不显著。显著影响因素主要包括性别（X_1）、年龄（X_2）、信贷经历（X_6）、家庭收入来源（X_4）。

（1）性别。性别（X_1）变量统计显著水平为 10%，符号为正。这说明男性比女性具有更强的土地承包经营权抵押贷款需求。调查过程中发现"男主外、女主内"这种传统模式在农村依然普遍，相对女性而言，男性具有较强的开拓思维能力，对改革政策的认知水平普遍高于女性，更容易接受新事物，对家庭信贷需求有更清晰的判断，因此土地承包经营权抵押贷款意愿较强。

（2）年龄。年龄（X_2）变量的统计显著水平为 5%，符号为负，说明年龄对土地承包经营权抵押意愿具有负向影响，也就是说，随着年龄增长，农户对土地承包经营权抵押贷款需求的意愿逐渐降低，这与本文预期的结果相吻合。调查发现，由于受传统观念"无债一身轻"的影响，再加上其对新政策的理解比较困难，年龄较大的农户一般不愿意再扩大生产，其土地承包经营权抵押贷款需求就会降低。相对而言，年轻者处于生产活跃的阶段，思想比较开放，接受新事物的能力较强，对这种新型的抵押贷款方式有较强的需求意愿。

（3）家庭收入来源。家庭收入来源（X_4）变量系数符号为负，显著性水平为 10%。这与前面的描述性分析相吻合，即经商农户土地承包经营权抵押贷款需求意愿较高，打工农户次之，务农阶层最弱。由于经商和打工农户已经离土离农，不再直接经营农业，土地的农业要素功能逐步弱化，资产要素特性则日渐凸显，抵押贷款恰好迎合了其经营土地资产的愿望。相比之下，以经商为主的农户，其非农生产经营活动的规模较大，生产性信贷需求较旺盛，一些数额较小的民间借贷已不能解决较大的资金缺口，他们更愿意选择土地承包经营权抵押贷款。而以外出务工为主要收入来源的农户，一般不需要较大规模的生产资金投入，同时对土地经营的依赖也不如纯农户。对于以农业为主要收入来源的农户来说，其小规模的土地经营通常靠其自身的积累就能够解决资金缺口，通过数额相对较大的土地融资扩大经营，既面临还贷压力又增加了一旦到期不能偿还贷款本息就要失去一定时间内土地经营权的风险，没有较高预期收益的项目或者较强风险偏好的农户是不愿意做的。

（4）正规信贷经历。正规信贷经历（X_6）变量显著水平为 1%，估计系数为 1.3，符号为正，这说明正规信贷经历对农户土地承包经营权抵押贷款需求是最重要的影响因素，即曾经有过正规信贷经历的农户更倾向于土地承包经营权抵押贷款融资。调查发现，由于受信息成本和交易成本的影响，不少农户对正规信贷持有消极预期，形成了"无信心的非借款者"。相比而言，曾经有过正规信贷经历的农户信息传递与获取效率较高，对正规信贷的交易成本具有较合理的分析与判断，更有助于形成对正规信贷的正确预期，他们普遍拥有较强的土地承包经营权抵押贷款需求意愿。

三、政策建议与进一步研究方向

本文分析结果表明，我国农村土地承包经营权抵押贷款业务的开展存在着融资成本高、潜在需求低等一系列问题，但是土地承包经营权抵押贷款较好地契合了农民正规信贷需求，为此，有步骤地放开农村土地承包经营权抵押贷款业务已是大势所趋，根据实地调查资料及回归分析结果，本文提出以下政策建议：

（1）开展农村土地承包经营权抵押贷款试点。土地承包经营权抵押贷款金融产品的创新应与我国现阶段农户的实际需求相结合，选择有条件的地区（比如经济发达）、农民经商创业较活跃并且正规信贷覆盖较好的村镇进行土地承包经营权抵押贷款试点，通过差异化的金融产品供给（如差异化的贷款用途、额度、利率等）来满足农户多样化的借贷需求，试点成功后逐步推开。

（2）加速推进农村社会保障体系建设。对于占农户比例大多数的打工农户与纯农户而言，土地在现阶段依然具有较强的保障性资产作用，失去土地在某种意义上意味着失去生活保障。虽说农户收入来源日趋多元化，但仍然有相当部分农民对土地有着经济上、精神上的依赖，农户对土地抵押融资的态度相当谨慎，其实质就是农户对于农村社会保障体系缺失下的自我保护。只有完善的农村社会保障制度才能把更多农户从依附土地保障的地位下解放出来，真正还农村土地以资产要素的原本属性，更好地发挥农村土地的经营价值。

（3）完善土地承包经营权抵押贷款相关制度。一是逐步放开农业龙头企业参与农村土地经营。土地承包经营权抵押贷款全面实施后，部分农民无法如期还贷将会失去抵押物的土地的承包经营权，金融机构直接参与经营土地不符合经济理性，其必然会通过土地流转实现其土地价值，更多的农业龙头企业就会以租地的形式直接参与经营。二是从已有正规信贷经历的农户中开展示范户培植，通过示范带动促进土地承包经营权抵押贷款业务开展。三是对农户进行抵押融资业务相关知识培训，特别要加强对年长、女性农户的宣传力度，促使其转变意识，形成对土地承包经营权抵押贷款的正确预期。

土地承包经营权抵押贷款行为的产生是供需双方作用的结果，抵押贷款行为的产生不仅取决于农户需求意愿，还受金融机构是否存在有效贷款供给的影响。那么，在供需双方共同作用下，农户土地承包经营权抵押贷款需求存在哪些变化？其形成机理是什么？这是需要进一步研究的方向。

参考文献

[1] 高圣平，刘萍. 农村金融制度中的信贷担保物：困境与出路. 金融研究，2009（2）.

[2] 厉以宁. 论城乡二元体制改革. 北京大学学报（哲学社会科学版），2008（3）.

［3］尹云松．论以农地使用权抵押为特征的农地金融制度．中国农村经济，1995（6）．

［4］李爱喜．农地金融制度构建与农村信用社业务拓展——我国农地金融业务承担主体的可行性研究．农业经济问题，2005，26（5）．

［5］宋磊．构建我国新型农地金融制度的思考．海南金融，2005（7）．

［6］王选庆．中国农地金融制度管理创新研究．中国农村观察，2003（3）．

［7］宋文献．论中国农地金融的特殊性．经济论坛，2004（5）．

［8］罗剑朝．中国农地金融制度研究．北京：中国农业出版社，2005.

［9］陈家泽．土地资本化的制度障碍与改革路径．财经科学，2008，89（3）．

［10］陈建新．三种农户信贷技术的绩效比较研究．金融研究，2008（6）．

［11］韩俊等．中国农村金融调查．上海：上海远东出版社，2009.

［12］肖诗顺，高锋．农村金融机构农户贷款模式研究——基于农村土地产权的视角．农业经济问题，2010（4）．

［13］朱喜，马晓青，史清华．信誉、财富与农村信贷配给——欠发达地区不同农村金融机构的供给行为研究．财经研究，2009（8）．

The Analysis of Potential Demands and Influential Factors of Farmers' Land Contracted Management Right Mortgage Loan: Based on the Empirical Analysis of Four Pilot Counties in Henan Province

HUI Xianbo

Abstract: Based on the investigation in four pilot counties (Puyang, Qixian, Gushi, Ruyang) in Henan Province, the author made an statistical analysis on the potential demands and influential factors of farmers' land contracted right mortgage loan by using the binary logistic regression analysis model. The results showed high financing costs and low potential demands in farmers' land contracted right mortgage loan. And formal credit experience, family income, gender and age have great influence on the farmers' potential demands to the land contracted right mortgage loan. Finally, the author put forward some proposals, such as Conducting the pilot of farmers' land contracted right mortgage loan and advancing the construction of rural social security system etc.

"新农保"改变了中国农村居民的养老模式吗？*

程令国　张　晔　刘志彪

【摘　要】 2009 年，国家开始试点新型农村社会养老保险，以解决我国农村的养老问题。然而新农保是否达到了预期效果，还有待评估和验证。本文利用中国老年健康影响因素跟踪调查（CLHLS）2008～2011 年两期面板数据，使用倾向分值匹配基础上的差分内差分方法（PSMDD），评估了新农保对农村居民养老模式的影响。结果发现，新农保提高了参保老人的经济独立性，降低了老人在经济来源和照料方面对子女的依赖，参保老人对社会正式照料的需求有所增加；同时，提高了参保老人在居住意愿和实际居住安排上与子女分开居住的可能性。因此尽管新农保的实施期限不长，但已对我国农村传统的养老模式产生了重要影响。

【关键词】 新农保；农村居民；养老模式

一、引　言

为了解决农村居民日益严重的养老问题，中国政府于 2009 年开展了新型农村社会养老保险制度（简称"新农保"）的试点工作。自 2009 年新农保在各地区试点以来，发展

---

　*　本文选自《经济研究》2013 年第 8 期。

　　本研究得到曾毅教授主持的教育部人文社会科学研究项目"老年照料成本与照料者负担的人口经济学分析"（项目号：2009JJD790001）、国家自然科学基金国际合作重大项目"健康老龄发展趋势和影响因素研究"（项目批准号 71110107025）的资助，以及国家社会科学基金青年项目"新型农村社会养老保险制度对农村居民养老模式与养老质量的影响研究"（项目批准号 13CJY028）、"江苏高校优势学科建设工程资助项目"的资助。作者感谢匿名审稿意见。文责自负。程令国，南京大学经济学院，邮政编码210093，电子信箱：chenglingguo@ gmail. com；张晔，南京大学经济学院国际经济贸易系，南京大学国际经济研究所，电子信箱：zhangye@ nju. edu. cn；刘志彪，江苏省社会科学院，南京大学经济学院产业经济系，电子信箱：zbliu@ nju. edu. cn。

非常迅速。当年参保人数为7277.3万人，占农村总人口的10.21%；2011年参保人数迅猛增长为32643.5万人，参保率飙升至49.72%。[①] 根据规划，新农保将在2020年之前基本实现对农村适龄居民的全覆盖，实现农村居民都享有养老保险。为此，各级政府和学界对新农保寄予厚望，认为新农保"是实现广大农村居民老有所养、促进家庭和谐、增加农民收入的重大惠民政策"（国务院，2009）。

在制度设计上，中央政府规定，年满16周岁、不是在校学生、未参加城镇养老保险的农村居民均可参加新农保（国务院，2009）。新农保采取了个人缴费、集体补助、政府补贴相结合的筹资方式，为参保者提供财政补贴。相应地，参保居民的养老金账户分为基础养老金和个人账户两个部分。其中基础养老金由国家财政支付，年龄在60岁以上的农村居民只要参保或其符合参保条件的子女参保，都将自动获得每月最低55元的基础养老金。对于16~59周岁缴纳养老费的农村居民，达到60岁退休年龄后，除了基础养老金外，还可领取个人缴费账户的养老金，其月计发标准为个人账户全部储存额除以139。

由于数据采集的困难和滞后，目前仅有少量文献涉及对新农保政策的研究，且主要集中在两个方面：一是对新农保参保意愿和影响因素的研究（石绍宾等，2009；吴玉锋，2011；钟涨宝、李飞，2012）；二是对新农保制度的介绍（Giles 等，2010；Shen，Williamson，2010），或是新农保发展状况的调研报告（崔红志，2012；李冬研，2011）。而对新农保政策效果的研究几乎还是空白，更缺乏严肃的学术论证和系统性的政策评估。

不仅如此，新农保还可能对中国农村居民养老模式产生深远影响。新农保改变了农村家庭的预算约束，从而可能影响到包括老人的经济来源、居住安排、照料模式等在内的整个养老模式，继而可能对中国农村社会的家庭关系、家庭结构与规模产生重要影响。从国际经验来看，任何正式的公共养老政策都可能改变或削弱已存在的私人养老安排。事实上很多发展中国家和地区，在经济发展过程中都陆续开展了覆盖低收入群体的养老金计划，比如我国台湾的"台湾农民保险"、墨西哥的"老年营养计划"（Pension Alimentaria para Adultos Mayores）、南非的"老年养老金计划"（Old Age Pension）等。研究发现，这些养老金计划均在不同程度上动摇了传统的家庭养老模式，推动了社会化养老的进程（Fan，Liu，2012；Juarez，2009）。因此，开展新农保对中国养老模式影响的研究非常必要。为此，本文使用最新的中国老年健康影响因素跟踪调查（CLHLS）的2008~2011年两期数据，探讨新农保对中国农村居民养老模式的影响。

二、文 献 回 顾

从现有文献来看，关于养老金对养老模式影响的研究主要集中在老年人的居住安排、

---

① 相关数据见各年份《中国统计年鉴》（中华人民共和国国家统计局）。

照料模式，以及子女对老年人的经济赡养或代际转移等方面（刘宏等，2011）。

在几个方面当中，养老金对老年居住安排的影响最受西方学者关注。大多数研究都发现养老金计划对老人独居具有正向影响。有观点认为，老人珍视独居的隐私和自主权，只要经济和健康状况允许，人们就倾向于和子女分开居住（Soldo 等，1990）。有文献表明，社会养老保险是导致当今美国老人独居率上升的重要原因。如 McGarry 和 Schoeni（2000）利用美国 1940～1990 年人口普查微观数据中的丧偶老人样本，发现养老保险金越高，老人与子女同住的可能性越低，独居以及住养老院的可能性越高。类似地，Costa（1997，1999）以及 Engelhardt 等（2005）使用工具变量估计，均发现社会保障收入提高了美国老年人的独居率。但在某些发展中国家如南非，大额养老金的发放并未造成老人独居率的升高，反而吸引了贫困的子女搬来与相对富裕的父母居住，从而增加了父母与子女同住的可能性（Edmonds 等，2005；Keller，2004；Jensen，2003）。这就意味着养老金对老年人居住安排的影响可能有多种结果。

从养老金对老年照料安排来看，大多数文献都发现养老金计划增加了老年人从家庭外部购买正式照料服务的可能性。如 Liu 等（1985）发现，拥有足够生活来源的老年人通过购买正式服务减少了对子女的依赖。类似地，Soldo 等（1990）发现，健康和经济收入是决定老年人居住安排和照料模式的关键变量，拥有养老金使得老年人可以购买正式照料服务以补充子女提供的非正式照料的不足，从而减少了住养老院的可能性。然而，养老金制度也可能对照料模式产生一种逆向的影响。比如有养老金的老年人可以用部分收入向子女提供补偿，以吸引子女提供市场缺失的照料服务（Kohli，1999；Kohli 等，2005；Künemund 和 Rein，1999；Lowenstein 等，2001）。也有一些文献对居住安排和照料模式分别进行了研究，如 Pezzin 等（1996）发现政府提供的金融支持并没有减少子女非正式照料的提供，但增加了老人独居的可能性。

从养老金对老年经济来源的影响来看，由于养老金对传统的子女赡养方式造成了冲击，因此养老金是否会替代或挤出子女向老人的转移支付成为研究的重点。有观点认为，如果子女赡养父母是为了满足父母的生活需要，那么父母养老金的增加会导致子女对父母的转移支付减少（Barro，1974；Becker，1974）；但如果子女向老人的转移支付是交换性质的，如老人帮助子女带小孩或做家务等，那么即使老人有了养老金，子女向老人的转移支付也不会减少（Bernheim 等，1985；Cox，1987）。许多实证研究发现，公共养老金计划会部分替代子女的转移支付。如 Jensen（2003）研究了南非国家样本，发现社会养老金增加一个单位，非同居子女的经济赡养就缩减 0.25～0.3 个单位。Fan（2010）、Fan 和 Liu（2012）则考察了中国台湾地区农民养老金计划对非同居成年子女转移支付的影响，发现养老金的发放降低了成年子女转移支付的可能性。然而，Künemund 和 Rein（1999）得出了不同的结论，他研究了德国、美国、日本、加拿大和英国这 5 个国家的样本，并未发现养老金对子女的转移支付具有替代效应；但父母为子女提供的服务增加了从子女那里接受帮助的可能性。

国外相关文献为本文的研究提供了重要的参考价值。由于我国和其他国家在经济发展阶段、生活方式和文化传统等方面都存在一定差异，因此新农保的政策效果以及对中国农村几千年来的传统家庭养老模式产生何种影响，还需要进行深入的探讨和研究。

三、理论框架和实证方法

（一）理论框架

类似于 Becker（1981），我们构建了一个新古典家庭决策模型。其中，家庭由老年父母和成年子女组成，两者共同构成效用函数的主体。在给定的家庭预算约束下，父母和子女一起决定居住安排、老年照料以及各自的消费水平，从而达到整个家庭的效用最大化。该家庭在决定居住安排时面临三种选择：父母独居（living independently，i）、父母与子女同住（living together，t）以及机构养老（institutional living，s）。不同的居住安排下家庭面临不同的预算约束，会有不同的老年照料模式和代际转移水平，从而有不同的效用水平。具体来看，第 j（= i，t，s）种居住安排下的效用函数为：

$$U^j(F, I, C^P, C^K; \tau, D) \tag{1}$$

其中，F 指正式照料，即按照市场价格购买的老年照料，如雇佣保姆或商业性养老机构提供的照料。I 为子女提供的非正式照料，C^P 是父母除照料以外的其他消费，C^K 是子女消费。τ 是反映家庭成员对隐私和独立生活空间偏好的参数（Pezzin 等，1996）。D 是一个环境参数，代表决策时点老年父母既定的健康状况，在很大程度上决定了该家庭对照料（正式或非正式）的需求和由此产生的效用。值得指出的是，不同居住安排下的效用函数 U^j（·）不必完全相同（Hoerger 等，1996；Ermisch，1981）。比如说同等条件下，家庭成员可能更偏好隐私和生活的独立空间从而可能选择分开居住，即给定消费集 X_0，$U^i(X_0; \tau, D) \geq U^t(X_0; \tau, D)$。

第 j 种居住安排下家庭面临的预算约束为：

$$P^F F + P_j^I I + C^P + C^K = Y^P + Y^K(I, w) + S \tag{2}$$

其中，P^F 即为雇人照料的市场价格，P_j^I 是子女提供非正式照料的机会成本。不同居住模式下 P_j^I 会有所不同，比如父母与子女合住能比分开居住减少交通成本和时间损耗，从而降低非正式照料的成本。父母消费 C^P 和子女消费 C^K，两者的价格皆标准化为 1。Y^P 和 Y^K 分别为父母和子女的收入，其中 $Y^K(I, w)$ 是子女所提供的非正式照料 I 与子女工资 w 的函数，可以合理地假定子女收入分别是 I 的一个减函数和其小时工资收入的增函数，即 $Y_I^K(\cdot, w) < 0$，$Y_w^K(I, \cdot) > 0$。S 是老年人的养老金收入，$S \geq 0$。在本文中 S 对应着新农保实施后参保老人所获得的养老金收入。

家庭的最优化问题可以分解为两个阶段：第一步，在既定的居住安排 j 下选择最优的消费集 $(F^*, I^*, C^{P*}, C^{K*})_j$，从而可以得到该居住安排下的最大化效用水平：

$$\psi_j = \psi_j(P^F, P^I, w, S; \tau, D) \equiv U^j(F^*, I^*, C^{P*}, C^{K*}; \tau, D) \qquad (3)$$

其中，ψ_j 是第 j 种居住安排下家庭的间接效应函数。

第二步，家庭通过比较不同居住安排下的效应水平，选择使家庭效用最大化的居住安排，即

$$j^* = \underset{j \in \{i,t,s\}}{\arg\max} \{\psi_j(P^F, P^I, w, S; \tau, D)\} \qquad (4)$$

由此对应着不同居住安排 j^* 下相应的消费组合 $(F^*, I^*, C^{P*}, C^{K*})_j^*$。

于是根据（4）式可以得知，当老年人领取养老金后，会有一项收入上的增项 S，从而可能会带来居住安排 j^*（$=i$, t, or s）的改变，以及伴随着正式照料 F^* 和非正式照料水平 I^* 的变化、老年人其他消费水平 C^P 和子女其他消费水平 C^K 以及各自在家庭消费中所占比重的变化，而这种变化在很大程度上体现了代际之间转移支付的结果。

（二）实证方法

由于是否参保是农村居民自愿选择的结果，因而在评估新农保对养老模式的影响时，必须考虑由此造成的选择性偏误（selection bias），这种偏误可能基于可观测特征，如年龄、收入、存活子女数等；也可能基于不可观测特征，如参保时的健康状况、预期寿命、风险偏好、折现系数、预期未来收入流的稳定性等。为减少选择性偏误，我们采用了倾向分值匹配基础上的差分内差分方法（Propensity Score，Matching with Difference - in - Differences，PSMDD）进行估计。一方面，通过"倾向分值匹配"，我们可以有效控制参保组和控制组在"可观测特征"上的差别，从而尽量满足"条件独立假设"（conditional independence assumption）；另一方面，通过差分内差分，可以有效消除"不随时间改变"的不可观测的个体异质性，同时也可以消除参保组和控制组个体在 2008 ~ 2011 年所经历的共同趋势。本文中我们所关注的政策效应为参保组的处理效应（Average Treatment effect on the Treated，ATT）。正式地，ATT 可表达为：

$$ATT = E(Y^P_{i,post} - Y^P_{i,pre} \mid D_i = 1) - E(Y^{NP}_{i,post} - Y^{NP}_{i,pre} \mid D_i = 1) \qquad (5)$$

其中，$Y^P_{i,pre}$ 和 $Y^P_{i,post}$ 分别表示参保组（P）个体 i 参保前后（pre - and post - treatment）的潜在结果（如居住安排、老年照料、代际转移等）；$Y^{NP}_{i,pre}$ 和 $Y^{NP}_{i,post}$ 分别表示控制组（NP）的个体 i 参保前后的潜在结果；D_i 是一个二元哑变量，$D_i = 1$ 表示参保，反之未参保。在实际估计时，由于 $E(Y^{NP}_{i,post} - Y^{NP}_{i,pre} \mid D_i = 1)$ 不可观测，而简单使用 $E(Y^{NP}_{i,post} - Y^{NP}_{i,pre} \mid D_i = 0)$ 来替代会带来选择性偏误。Rosenbaum 和 Rubin（1985）与 Heckman 等（1998）证明可以基于下式来估计 ATT：

$$ATT = E_{P(X_i) \mid D_i = 1} \{E[Y^P_{i,post} - Y^P_{i,pre} \mid P(X_i), D_i = 1] - E[Y^{NP}_{i,post} - Y^{NP}_{i,pre} \mid P(X_i), D_i = 0]\} \qquad (6)$$

其中，$P(X_i) = Pr(D_i = 1 \mid X_i)$ 为倾向分值函数（propensity score function），即给定"一组可观察的特征 X"情况下个体 i 参加新农保的概率。

在估计倾向分值函数时，我们选择了 Probit 模型：被解释变量为 D_i，而解释变量为同

时影响参保状态 D_i 和养老模式 Y_i 的变量（详见本文第四部分）。估得每个个体的倾向分值以后，据此对样本进行匹配。方法是选择落在"共同支持"倾向分值区间的个体，对每个参保者选取一个或多个倾向分值与他"足够接近"的非参保者与之匹配。本文采用了常见的 kernel 匹配方法（kernel matching）。kernel 匹配的结果取决于两个选择：一是 kernel 函数的选择，本文选用了文献中最常用的 Gaussian 函数；二是区间间隔（bandwidth）的选择，本文使用了文献中最常用的 0.06，同时对 bandwidth 的选取（0.1、0.08、0.04、0.02）进行了敏感性检验。

同时，我们检验了 PSMDD 方法所需的"共同支持（common support）假设"[①] 和样本匹配质量[②]。更进一步，对于 PSMDD 估计策略有效性所暗含的假设，我们在下文进行了安慰剂检验。

四、数据来源及描述性统计

（一）数据来源与变量定义

本文使用了中国老年健康影响因素跟踪调查（Chinese Longitudinal Healthy Longevity Survey，CLHLS）2008 年和 2011 年两期数据合成的一个面板数据。在 2008 年接受调查的 10202 名 60 岁以上农村老人中，共有 5206 人（占样本总量的 51.03%）存活到了 2011～2012 调查年度并再次接受调查。[③] 我们使用了截至 2011 年底调查时点的 4409 名样本个体。[④] 同时，为了把新农保效应与其他类型养老金或退休金的效应相分离，我们对样本做进一步限定，排除了"2008 年或 2011 年有退休金或商业养老保险"及"2008 年已经参加老农保"的个体（共计 225 名，占 5.4%），另外排除养老保险信息缺失的个体 423 名。最后的样本包括 3761 个受访老人，其中参保老人和未参保老人分别为 803 人（占 19.2%）和 2958 人（占 80.8%）。

本文的被解释变量分为三大类。第一类指标反映老年人的居住意愿和实际居住安排。包括（愿意）与子女合住（其他 = 0）、（愿意）自己或与配偶同住（其他 = 0）、（愿意）住在养老机构（其他 = 0）。第二类指标反映老年人的照料安排，包括日常生活照料和生

---

① 共同支持检验表明，匹配前参保组和控制组的倾向分值分布非常相近，由此有充足的样本来匹配。限于篇幅，未列出具体检验结果。

② 样本匹配质量检验表明，完成匹配后，参保组和控制组在所有的可观测特征上不再存在统计上的显著差异，由此表明样本的匹配质量是非常高的。限于篇幅，未列出具体检验结果。

③ 另有 3743 人（占 36.7%）在调查时点前去世，1253 人（占 12.28%）由于迁徙等原因未能跟踪调查。

④ 由于 2012 年样本的数据采集时间主要是在 6 月以后，考虑到两批样本的采集时间间隔较长，时间可比性差，且 2012 年样本数较少，我们仅使用了 2011 年底调查时点的样本个体。

病时照料两类。按照料来源具体细分为：（生病时）配偶照料（其他人＝0）、（生病时）子女照料（其他人＝0）、（生病时）雇人照料（其他人＝0）。第三类被解释变量则反映老年人的经济来源和老人与子女间的代际转移情况。主要包括：主要生活来源来自自己或配偶（其他＝0）、子女（其他＝0）或社会救济（其他＝0）；成年子女向老人的代际转移（对数）、老人向子女的代际转移（对数），以及老人向子女的净代际转移，这里的转移包括现金和实物折算，均以2008年的不变价格计算。

本文解释变量为"是否加入新农保"。该变量为哑变量，"加入新农保"赋值为1，否则取0。根据国家政策，老年人获得养老金有两种类型：一类是自己曾经参保缴费而获得养老金（这类样本的平均年龄相对年轻）；另一类是老人虽然未正式参保缴费，但依据现行政策能获得基础养老金。2011年调查问卷直接询问了受访老人"是否参加养老保险"，对于回答"是"的老年人进一步询问了参保时间。对于参保时间在2009年以后，且此保险不属于商业养老保险的老人（627人），我们认为其参加了新农保。同时，问卷还在另一处询问了老年人"目前有哪些社会保障和商业保险"，其中一个选项为"社会养老金"。对于2008年调查时没有养老金而2011年有养老金，且该养老金不属于退休金或商业养老保险的农村老人（176人），我们也认为其参加了新农保。

在估计倾向分值函数时，我们尽可能控制了同时影响参保决策和养老模式的基期变量，包括：①人口社会学特征，包括男性（女性＝0）、年龄、汉族（少数民族＝0）、教育年限、退休前职业（技术或管理类＝1，其他＝0）、婚姻状况（有偶＝1，其他＝0）；②社会经济条件，主要用家庭人均收入（对数）和老人有房产（无房产＝0）来衡量；③家庭和社会支持，包括存活子女个数、是否与子女同住、是否有子女就近居住（同村或同街道）、子女对老年人转移支付（对数）；④健康长寿情况，包括父母亲长寿、器具性生活自理能力（IADL）[1]和自评健康[2]。

（二）描述性统计

表1给出了按照参保状态和调查年份分组的相关变量的描述性统计。其中，前两列给出了2008年参保前参保组与控制组相比较的特征描述，后面两列则给出了2011年参保后参保组与控制组相比较的特征描述。由此我们可以比较两组之间的差距以及此差距在参保前后的变化情况。

---

[1] 器具性生活自理能力（Instrumental Activities of Daily Living, IADL）主要测量老年人外出活动及日常生活中借助器械进行活动的能力。共包含8项活动，即做饭、洗衣、外出串门、购物、走远路、提重物、下蹲、乘公交车。如果老人在这八个方面均能自理，则视作"IADL完好"（IADL＝1）；若至少一项活动需借助他人帮助才能完成，则视为"IADL受损"（IADL＝0）。

[2] 这一指标基于对问卷中"您觉得现在您自己的健康状况怎么样"的回答。我们将"很好"与"好"归并为"自评健康良好"（赋值为1），"一般"、"不好"和"很不好"归并为"自评健康较差"（赋值为0），"无法回答"视为缺失。

表1　描述性统计

变量	2008 年		2011 年	
	参保组	控制组	参保组	控制组
1. 居住安排和意愿				
居住安排				
（1）独居或与配偶居住	0.45 ** （0.50）	0.41 （0.49）	0.39 *** （0.49）	0.33 （0.47）
（2）与子女同住	0.49 *** （0.50）	0.56 （0.50）	0.54 *** （0.50）	0.62 （0.48）
（3）养老机构	0.003 （0.06）	0.01 （0.09）	0.01 （0.10）	0.01 （0.10）
居住意愿				
（1）独居或与配偶居住	0.50 *** （0.50）	0.43 （0.50）	0.49 *** （0.50）	0.38 （0.49）
（2）与子女同住	0.49 *** （0.50）	0.55 （0.50）	0.48 *** （0.50）	0.60 （0.49）
（3）养老机构	0.01 （0.11）	0.02 （0.13）	0.02 （0.15）	0.02 （0.13）
2. 老年照料				
日常生活照料				
（1）配偶照料	0.09 （0.29）	0.08 （0.28）	0.20 *** （0.40）	0.11 （0.31）
（2）子女照料	0.85 （0.36）	0.84 （0.37）	0.64 （0.48）	0.77 （0.42）
（3）雇人照料	0.03 （0.17）	0.03 （0.18）	0.04 （0.20）	0.03 （0.16）
生病时照料				
（1）配偶照料	0.34 *** （0.47）	0.26 （0.44）	0.29 *** （0.46）	0.19 （0.39）
（2）子女照料	0.61 *** （0.49）	0.69 （0.46）	0.67 *** （0.47）	0.77 （0.42）
（3）雇人照料	0.01 （0.07）	0.01 （0.10）	0.02 （0.12）	0.01 （0.11）
3. 经济来源与代际转移				
主要经济来源				
（1）自己或配偶	0.27 *** （0.44）	0.19 （0.39）	0.22 *** （0.42）	0.13 （0.34）
（2）子女供养	0.67 *** （0.47）	0.76 （0.43）	0.61 *** （0.49）	0.77 （0.42）
（3）政府或集体补助	0.05 （0.22）	0.04 （0.21）	0.07 （0.25）	0.07 （0.26）
代际转移支付（元）				
（1）子女向父母	1678 * （1790）	1833 （2414）	1912 （2975）	1887 （3460）
（2）父母向子女	127 （626）	116 （960）	309 （2104）	213 （2532）
（3）子女向父母的净转移	1551 *	（1863） 1717 （2565）	1603 （3616）	1674 （4253）

注：①由于问卷中各被解释变量均有"其他"选项，因此将变量中各选项的比例加总得到的值并不一定为1。②表中报告的是变量均值，括号内为样本标准差。③ *** 、 ** 、 * 分别表示1%、5%和10%的显著度水平；此处 p 值是对给定年份的各个变量进行两组差别的 t 检验得到的。

表1 显示，相比较控制组老人，2008 年参保组老人无论是在居住意愿还是实际居住安排上都较少选择与子女合住，更多选择独居或与配偶居住；在参保后的 2011 年，由于

年龄增长和健康状况恶化，无论是参保组还是控制组老人都更多选择与子女同住，但两组之间选择与子女同住的比例差距进一步扩大。在老年照料方面，参保前参保组的老人生病时更少依赖子女照料而较多依赖配偶，2011 年这一比例差距同样有所扩大。而在经济来源方面，参保前参保老人较少依赖子女供养，参保后这一比例差距由 9 个百分点扩大至 16 个百分点。由此显示，新农保似乎在增强参保老人的经济独立性，减少老人对子女在居住、照料、经济供养等方面的依赖，起了一定的作用。

然而需要强调的是，尽管新农保在增强参保老人经济独立性方面起了一定作用，但子女依然是老人日常生活的最主要经济来源。在参保以后的 2011 年，主要经济来源来自子女的参保组老人的比例仍然高达 61%，而控制组老人这一比例则高达 77%。同样，无论是日常生活照料还是生病时照料，子女仍然是最主要的照料提供者。这就说明，家庭养老仍然是农村居民的主要养老模式。

五、实证结果与分析

（一）新农保对养老模式的影响

表 2 给出了新农保对养老模式影响的估计。[①] 结果显示，新农保提高了老年人独立居住的意愿以及实际独立居住的比例。具体来说，新农保使得参保老人与子女居住的可能性下降了 3.7 个百分点，独立居住的可能性上升了 4.5 个百分点；两者均在 0.05 的水平上显著。同时，新农保提高了老年人独立居住的愿望。新农保使得参保老人与子女居住的意愿下降了 7.5 个百分点，而希望独居的意愿则上升了 6.7 个百分点；两者均在 0.01 的水平上显著。这说明，新农保确实在一定程度上提高了老年人的独居意愿和实际的独居率。另外，不管是居住意愿还是实际居住安排，参加新农保对机构养老的影响都不大。

表 2　新农保对养老模式的影响

1. 居住安排/意愿		2. 老年照料		3. 经济来源与代际转移	
其中：居住安排		其中：生活照料		其中：主要经济来源	
（1）独居或与配偶居住	0.045 ** （0.021）	（1）配偶照料	− 0.035 （0.044）	（1）自己或配偶	0.013 （0.020）

---

① 我们同时对 Bandwidth 的选取（0.1、0.08、0.04、0.02）进行敏感性检验，结果发现估计结果非常稳健；限于篇幅，结果未报告。

续表

1. 居住安排/意愿		2. 老年照料		3. 经济来源与代际转移	
其中：居住安排		其中：生活照料		其中：主要经济来源	
（2）与子女同住	−0.037** (0.019)	（2）子女照料	−0.107** (0.046)	（2）子女供养	−0.081*** (0.022)
（3）养老机构	0.004 (0.004)	（3）雇人照料	0.101** (0.049)	（3）政府或集体补助	0.001 (0.013)
居住意愿		生病时照料		代际转移支付	
（1）独居或与配偶居住	0.067*** (0.023)	（1）配偶照料	0.037** (0.015)	（1）子女向父母（log）	0.138 (0.162)
（2）与子女同住	−0.075*** (0.025)	（2）子女照料	−0.038** (0.018)	（2）父母向子女（log）	−0.001 (0.124)
（3）养老机构	0.008 (0.006)	（3）雇人照料	0.010** (0.004)	（3）子女向父母净转移（元）	58.0 (172.6)

注：括号中报告了由 Bootstrap 产生的稳健性标准误；***、**、*分别表示1%、5%和10%的显著度水平，下表同。

在老年照料方面，我们看到参保老人对子女的依赖性明显下降，雇人照料的可能性增加。其中日常照料主要依赖子女的概率大幅下降了10.7个百分点，而生病时子女照料的概率下降了3.8个百分点；同时，日常生活照料主要由雇请保姆提供的概率上升了10.1个百分点，而生病时雇人照料的概率上升了1个百分点。以上结果均在0.05的水平上显著。

在老年人的经济来源方面，参保老人对子女的经济依赖有了明显下降。具体来看，参保老人的经济来源主要由子女提供的概率明显下降了8.1个百分点，且在0.01的水平上显著。同时，老人的主要经济来源为自己和配偶的可能性增加了1.3个百分点，但不具有统计显著性。有趣的是，在代际转移方面，子女对参保老人的代际转移反而略有增加，虽然统计上不显著。

正如我们的理论模型所指出的，养老金不仅会直接影响，同时也会通过改变居住安排来间接影响老年照料与代际转移。由于老人和子女同住可以实现家庭生产和消费的规模经济效应（Becker，1981），并从子女处获得许多隐性经济支援如食物分享、家务分担，以及非正式照料等，但这种隐性经济支援和照顾有时不一定被人们察觉。而参保以后，原本与子女合住的老人有可能选择独居，使得这部分代际转移显性化，因此表面上来看，子女对老年人的代际转移可能不降反增。为了隔离掉居住模式变化的影响，我们根据参保前后居住安排的变化情况分组，重新估计了新农保对老年照料和代际转移的影响，相关结果如表3所示。

经济管理学科前沿研究报告

表3 新农保对不同居住安排下照料模式和经济来源的影响

	居住安排未改变			居住安排改变	
	一直独居 (N=1006)	一直合居 (N=1737)	合计 (N=2743)	独居变合居 (N=502)	合居变独居 (N=236)
1. 老年照料					
日常生活照料					
（1）配偶照料	—	0.035 (0.031)	0.031* (0.018)	—	—
（2）子女照料	—	-0.051 (0.042)	-0.063** (0.032)	—	—
（3）雇人照料	—	—	0.019 (0.013)		
生病时照料					
（1）配偶照料	0.028 (0.048)	0.020 (0.023)	0.021 (0.022)	0.020 (0.054)	0.026 (0.086)
（2）子女照料	-0.021 (0.052)	-0.026 (0.024)	-0.020 (0.025)	0.005 (0.065)	-0.027 (0.092)
（3）雇人照料	0.000 (0.003)	0.004 (0.004)	0.002 (0.003)	0.004 (0.002)	0.003 (0.025)
2. 经济来源与代际转移					
主要经济来源					
（1）自己或配偶	0.041 (0.040)	0.001 (0.029)	0.015 (0.025)	0.054 (0.048)	-0.124 (0.092)
（2）子女供养	-0.095** (0.040)	-0.076** (0.034)	-0.081*** (0.026)	-0.205*** (0.069)	-0.006 (0.114)
（3）政府或集体补助	-0.008 (0.026)	-0.007 (0.018)	-0.006 (0.015)	0.095** (0.042)	0.008 (0.055)
代际转移					
（1）子女向父母（log）	-0.320 (0.259)	0.293 (0.237)	0.029 (0.206)	0.202 (0.394)	1.033 (0.689)
（2）父母向子女（log）	0.287 (0.263)	-0.133 (0.229)	0.074 (0.164)	-0.346 (0.383)	-0.215 (0.626)
（3）子女向父母净转移（元）	-464.1 (404.6)	234.7 (279.7)	-78.7 (210.7)	-140.1 (375.1)	1880.7* (1151)

注：仅健康不佳的老人需日常照料，故一些组中日常生活照料模型的样本数较少，未能进行有效估计，用"—"表示。下表同。

可以看出，对于居住模式未发生改变，以及由独居变成与子女合居的组别，参保老年人的经济独立性都明显增强，对子女的经济依赖性显著下降。相应地在代际转移方面，一直独立居住的老年人在参保后子女向父母的代际转移下降，同时，父母向子女的代际转移则有所上升，虽然两者在统计上并不显著。与此同时我们也注意到，当父母与子女由合住转为分开居住后，参保老人的经济独立性反而有所下降，子女对父母的净代际转移也有所增加，虽然后者只是边际水平上显著。这也部分验证了我们的直觉：参保增强了父母的经济独立性和独立居住的意愿；分开居住后，许多隐含在居住模式中的老年照料和代际转移显性化了，由此表现在代际转移的货币折算额上子女反而增加了对老人的代际转移。

（二）新农保对不同群体老年人养老模式的影响

为了探讨新农保对不同群体老年人养老模式的影响，我们进一步按健康状况、性别、年龄（80 岁以下及以上）、收入（中位数以下及以上）对老年人进行了分组估计，相关结果见表4。正如我们前面所分析的，由于相当一部分的经济转移和非正式照料隐含在居住安排当中，因此对于年龄较大、健康状况较差、经济状况不好的老年人而言，他们对与子女一起居住的需求较为刚性，因而我们期望看到新农保对这部分老年人的居住安排影响较小。表4 的结果显示，新农保对于 IADL 受限、年龄在 80 岁以上、经济收入在中位数以下的参保老年人的居住安排则几乎没有影响，不但系数接近于 0 而且统计上高度不显著。相反，对于 IADL 完好、年龄在 80 岁以下、收入超过中位数的参保老人与子女合住的概率分别大幅下降了 7.4 个、6.7 个和 8.3 个百分点。与之相应的，是独居或与配偶居住的概率显著增加了。同时我们看到，在居住意愿方面分组估计也显示出类似的结果。健康状况好、经济状况较好的参保老年人更倾向于分开居住。而分性别的估计结果显示，养老金对居住意愿的影响具有性别差异，参保后女性老年人与子女分开居住的意愿更强。

表 4　新农保对养老模式的影响（分组估计）

	按健康分组		按性别分组		按年龄分组		按收入分组	
	IADL 完好（N = 1598）	IADL 受限（N = 2163）	男性（N = 1559）	女性（N = 2202）	< 80（N = 1447）	80 +（N = 2314）	50%（N = 1681）	50% ~ 100%（N = 1778）
1. 居住安排/意愿								
居住安排								
（1）独居或与配偶居住	0.106 ***	– 0.023	0.064	0.023	0.097 ***	– 0.003	0.009	0.077 **
（2）与子女同住	– 0.074 ***	0.004	– 0.036	– 0.033	– 0.067 **	– 0.008	0.014	– 0.083 ***
（3）养老机构	0.004	0.004	0.004	0.004	0.002	0.010	0.005	0.004
居住意愿								
（1）独居或与配偶居住	0.076 *	0.053	0.051	0.082 **	0.068 *	0.061 *	0.068 *	0.066 *

	按健康分组		按性别分组		按年龄分组		按收入分组	
	IADL 完好 (N = 1598)	IADL 受限 (N = 2163)	男性 (N = 1559)	女性 (N = 2202)	<80 (N = 1447)	80 + (N = 2314)	50% (N = 1681)	50% ~ 100% (N = 1778)
(2) 与子女同住	− 0.080 **	− 0.063 *	− 0.054 *	− 0.094 ***	− 0.064 *	− 0.080 **	− 0.068 *	− 0.081 **
(3) 养老机构	0.005	0.010	0.003	0.011	− 0.005	0.019	− 0.001	0.015 *
2. 老年照料								
日常生活照料								
(1) 配偶照料	–	− 0.035	− 0.063	− 0.000	0.001	− 0.038	–	− 0.091
(2) 子女照料	–	− 0.108 ***	− 0.185 *	− 0.114 *	− 0.501	− 0.087 *	− 0.038	− 0.166
(3) 雇人照料	–	0.102 *	0.189 **	0.071 *		0.095 *	–	0.209 *
生病时照料								
(1) 配偶照料	0.067 **	0.002	0.047 *	0.026	0.066 *	0.012	0.044 *	0.029
(2) 子女照料	− 0.057 *	− 0.015	− 0.060 *	− 0.017	− 0.045	− 0.031	− 0.060 **	− 0.018
(3) 雇人照料	0.005	0.017 *	0.009	0.010	0.004	0.016 *	0.009	0.012 *
3. 经济来源、代际转移								
主要经济来源								
(1) 自己或配偶	0.014	0.017	0.016	0.004	0.002	0.026	0.006	0.018
(2) 子女供养	− 0.087 **	− 0.080 ***	− 0.081 ***	− 0.077 **	− 0.075 **	− 0.089 ***	− 0.082 **	− 0.080 **
(3) 政府或集体补助	− 0.016 **	0.019	− 0.014	0.017	− 0.025	0.024	0.016	− 0.011
代际转移								
(1) 子女向父母（log）	− 0.112	0.452 **	0.436 **	− 0.111	0.047	0.235	− 0.213	0.443 *
(2) 父母向子女（log）	0.063	− 0.067	− 0.004	0.010	− 0.049	0.039	− 0.017	0.012
(3) 子女向父母净转移(元)	− 343.3	509.1 **	316.6	− 202.9	− 137.3	254.3	− 273.2	336.0

在照料安排方面，不论健康、年龄、收入状况如何，参保老人由子女照料的可能性都在下降，而雇人照料的可能性上升。尤其是那些 IADL 受损、年龄在 80 岁以上、收入超过中位数的老年人组别，雇人照料的趋势更加明显。同样，参保对照料模式的影响也具有性别差异。参保的男性老人由子女提供照料的可能性下降更大、更显著。这或许与中国的农村养老模式有关，一般老年人都跟儿子居住，由于儿子照顾比较粗心，而儿媳照料又有诸多不便之处，因此若经济上允许，男性老年人往往倾向于配偶照料或雇人照料。

在经济来源方面，分组估计的结果比较一致。不论健康、性别、年龄和收入状况如何，参保后老年人对子女的依赖度都有所下降，且估计值十分稳健。参保老人主要经济来源来自子女的可能性降低了大约 7 ~ 9 个百分点。在代际转移方面，分组估计显示出比较有趣的结果：参保以后，子女对健康状况不好的老年人的转移支付无论是从比例还是净额上反而显著增加；同样子女对经济状况较好的老年人转移支付也有所增加。其内在机制我们会在下文做进一步探讨。

（三）稳健性检验

1. 安慰剂检验（placebo test）

PSMDD 方法的一个弱点是不能很好地控制随时间改变的异质性所造成的估计偏误。虽然我们控制了尽可能多的可观测特征，且匹配质量检验也显示样本匹配质量很高，但为了稳健起见，我们进一步做了安慰剂检验。其基本思想是：利用 2005 年、2008 年两期数据构造一个新的面板数据，使用上文参保组中 2005 年受访的老年人（388 人）作为 Placebo 检验的参保组，使用其他 2005～2008 年两期存活老人（4448 人）作为控制组，采用上述 PSMDD 方法重新估计新农保对养老模式的影响（由于 2005～2008 年新农保尚未实施，因此称为"安慰剂检验"）。如果上文中新农保的影响是因为随时间改变的异质性所带来的，那么这种效应会持续存在，因此在新结果中我们应该看到类似的效应。相反，如果看不到类似效应，那么我们可以判断随时间改变的异质性不太可能存在。

表5　新农保对养老模式的影响（安慰剂检验）

1. 居住安排/意愿		2. 老年照料		3. 经济来源与代际转移	
其中：居住安排		其中：生活照料		其中：主要经济来源	
（1）独居或与配偶居住	0.017 (0.031)	（1）配偶照料	−0.055 (0.064)	（1）自己或配偶	−0.014 (0.031)
（2）与子女同住	−0.003 (0.032)	（2）子女照料	0.232* (0.127)	（2）子女供养	0.013 (0.032)
（3）养老机构	0.012 (0.009)	（3）雇人照料	0.053 (0.055)	（3）政府或集体补助	0.012 (0.018)
居住意愿		生病时照料		代际转移支付	
（1）独居或与配偶居住	−0.029 (0.043)	（1）配偶照料	0.020 (0.028)	（1）子女向父母（log）	−0.148 (0.171)
（2）与子女同住	0.029 (0.043)	（2）子女照料	−0.039 (0.029)	（2）父母向子女（log）	0.272 (0.207)
（3）养老机构	−0.000 (0.007)	（3）雇人照料	0.006* (0.003)	（3）子女向父母净转移（元）	−174.8 (132.7)

表5 的估计结果显示，对于绝大多数被解释变量而言，利用新样本所估得的 ATT 均不显著。仅有极个别变量在统计上边际显著，但影响系数的符号不正确或接近于 0。这就说明表 2 中我们看到的参保对养老模式的影响不太可能是遗漏掉的随时间改变的异质性所带来的影响，这就进一步验证了表 2 结果的稳健性。

2. 样本损耗问题

我们还需要考虑因受访老人死亡可能导致的样本损耗偏误（attrition bias）问题。如果参保组和控制组老人的死亡率有差异，由此具有不同程度的样本损耗，且两个组老人在临终前养老模式上有差异，那么忽视样本损耗问题有可能给上文的结果带来偏误。利用该调查2011年死亡老人的数据，我们用老人临终前的养老模式对是否参保进行了Probit回归。[①] 结果显示，是否参保对老人临终前的居住安排没有显著影响，参保老人对机构养老的需求略有增加，但系数很小且控制"省"哑变量后变得不再显著。两个组别在老人临终前照料方面几乎没有任何差异，但在经济来源方面，参保老人对子女的经济依赖程度有一定程度的下降。由此我们大致可以推断，样本损耗问题不会影响甚至部分加强了我们前面的结论。[②] 限于篇幅，我们没有汇报估计结果。

（四）分析与讨论

如何理解本文的结果？首先，我们看到参加新农保增强了老年人与子女分开居住的意愿，并提高了老年人的实际独居率。这也进一步证明了文献中（Mc Garry 和 Schoeni，2000；Costa，1997，1999；Engelhardt 等，2005）所发现的，独居带来的隐私和自主权是一种"正常品"，当预算约束放松后，老年人对独立居住的需求就会相应增加。同时，我们的结果也表明在决定老年人的居住安排方面，健康状况和经济收入起了决定性作用（Soldo 等，1990）。新农保提高了健康状况较好、较年轻、经济收入较高的参保老年人独居的可能性。而对于IADL受限、年龄较大、经济条件不好的老年人来说，参保后其独立居住的意愿和实际居住安排几乎没有变化。

其次，我们看到，参保老年人对子女照料的依赖度显著下降，而从外部市场购买服务的可能性显著增加。这与国外文献（Pezzin 等，1996；Stabile 等，2006）中所看到的养老金计划增加了老年人对正式照料服务的购买，并相应减少子女非正式照料的结论相一致。我们分组估计的结果显示，那些健康状况不佳、年龄较大的参保老年人尤其倾向于雇人照料。正如Bonsang（2009）所指出的，对于健康状况较好的老年人因其需要的照料较少，子女可以较好承担；然而对于健康状况较差的父母，照料任务变得繁重，同时对专业化照料的需求增加，在此情形下家庭会倾向于增加购买社会化的照料服务。同时，我们看到经济状况较好的参保老人对雇人照料的需求增加，但收入较低的参保老人则不敏感。这说明老人的收入必须达到一定水平才能购买外部正式照料服务，对很多农村老年人而言雇人照料还是一种奢侈品。

从老年人的经济来源来看，养老金使得参保老人的经济独立性有了明显提高，主要经济来源来自子女的可能性下降。这说明新农保在一定程度上改变了中国农村传统的子女赡

---

① 由于老人死亡时间不一致，不符合PSMDD方法要求的 pre - and post - treatment 设定，故使用Probit模型进行估计。

② 控制组较高的死亡率，会给前面的估计结果带来"零值偏向"偏误（attenuation bias），但这只会加强我们前面的结论。

养的养老模式。但在代际转移方面，参保对代际转移的内在作用机制可能较为复杂。具体说来，我们看到全样本的估计结果不显著，而分样本的估计结果则显示，参保后子女对由合居变独居、健康不佳、男性，以及收入较高的参保老人的代际转移增加，且统计显著；相反则代际转移减少，但不具有统计显著性。这与利他主义模型中父母养老金会导致子女的经济奉养减少（Barro，1974；Becker，1974）的观点不符。我们试图给出一些可能的解释。首先，合居变独居的老年人的子女转移支付增加了。这可能是因为当老人的预算约束放松，希望独立居住却无力独自支付相应成本（如单独的房子、保姆费用等）时，利他主义的子女将部分收入转移给老人，从而导致子女向老人的转移支付增加。其次，我们也看到，对于健康不佳、男性，以及收入较高的参保老人，其子女的转移支付也增加了。这可能是因为健康状况不好的老年人在参保后提高了雇人照料的概率（见表4），以及更多使用医疗服务，[①] 从而在一定程度上使得子女对健康不佳老年人的转移支付增加。类似地，由于男性参保老人雇人照料的概率增加，而收入状况较好的参保老人独立居住和雇人照料的概率均在增加，从而导致了子女转移支付的增加。因此我们的研究说明，即使是基于利他主义模型，养老金增加后子女的转移支付也有可能上升，这一点结论与国外文献不同。

然而从估计结果来看，表2中大部分模型的估计系数在 3% ~ 8%，这意味着新农保对养老模式的影响仍然是有限的。从上文的描述性统计来看，大部分参保老年人仍然选择与子女居住，成年子女仍然是参保老人的主要经济来源以及老年照料的主要承担者。因此总的来说，尽管新农保对农村居民的养老模式产生了一定程度的影响，但并没有根本改变传统的养老模式。

六、结　论

本文利用中国老年健康影响因素跟踪调查的最新数据，使用 PSMDD 方法，首次系统评估了新农保对农村居民养老模式的影响。结果显示，新农保提高了老人的经济独立性，降低了老人在经济来源和照料方面对子女的依赖，对社会正式照料的需求有所增加；同时，提高了参保老人在居住意愿和实际居住安排上与子女分开居住的可能性。本文的安慰剂检验显示该结果是稳健的。

因此我们的研究说明，新农保的实施对缓解中国农村养老困境，实现农村居民的"老有所养，老有所依"具有重要作用。同时，新农保也影响了包括老人的经济来源、居住安排、照料模式等在内的整个养老模式，使得农村居民从家庭养老向社会化养老迈出了试探性的一步。

---

① 根据 CLHLS 数据计算，2011 年参保老人比未参保老人的医疗服务利用率高出约 3 个百分点。

尽管如此，新农保仍未根本性动摇农村居民的家庭养老模式。这或许是由于原有传统养老安排的惯性，但更与目前国家政策确定的新农保的养老金标准较低、难以完全替代子女赡养有关。为了在大力推广新农保的同时能保证其发展"与经济发展及各方面承受能力相适应"，中央政府将新农保的政策目标谨慎定位于"保障农村居民老年基本生活"。可以预见，在未来的一段时期内，新农保的政策重点仍然是在国家财力允许的情况下尽可能扩大新农保的覆盖面，并小幅增加养老金，使得更多的农村居民受惠。因此在未来一二十年内，农村居民的养老还将以子女养老为主。中国农村居民养老模式的彻底转型，还取决于国家财政承受能力，以及农村养老政策的根本性转变。

参考文献

［1］崔红志．对完善新型农村社会养老保险制度若干问题的探讨．经济研究参考，2012（45）．

［2］封进．人口转变与社会保障，上海：上海人民出版社，2005.

［3］国务院．关于开展新型农村社会养老保险试点的指导意见（国发〔2009〕32号），2009.

［4］李冬妍．"新农保"制度：现状评析与政策建议．南京大学学报，2011（1）．

［5］刘宏，高松，王俊．养老模式对健康的影响．经济研究，2011（4）．

［6］石绍宾，樊丽明，王媛．影响农民参加新型农村社会养老保险的因素——来自山东省入户调查的证据．财贸经济，2009（11）．

［7］吴玉锋．新型农村社会养老保险参与行为实证分析——以村域社会资本为视角．中国农村经济，2009（10）．

［8］钟涨宝，李飞．动员效力与经济理性：农户参与新农保的行为逻辑研究——基于武汉市新洲区双柳街的调查，社会学研究，2012（3）．

［9］Barro R. J.. Are Government Bonds Net Wealth? Journal of Political Economy, 1974, 82 (6): 1095 - 1117.

［10］Becker G. S.. A Theory of Social Interactions. Journal of Political Economy, 1974, 82 (6): 1063 - 1093.

［11］Becker G. S.. A Treatise on the Family. Cambridge: Harvard University Press, 1981.

［12］Bernheim B. D., A. Shleifer, L. H. Summers. The Strategic Bequest Motive. Journal of Political Economy, 1985, 93 (6): 1045 - 1076.

［13］Bonsang E.. Does Informal Care from Children to Their Elderly Parents Substitute for Formal Care in Europe? . Journal of Health Economics, 2009, 28 (1): 143 - 154.

［14］Costa D. L.. Displacing the Family: Union Army Pensions and Elderly Living Arrangements. Journal of Political Economy, 1997, 105 (6): 1269 - 1292.

［15］Costa D. L.. A House of Her Own: Old Age Assistance and Living Arrangements of Older Nonmarried Women. Journal of Public Economics, 1999, 72 (1): 39 - 60.

［16］Cox D.. Motives for Private Income Transfers. Journal of Political Economy, 1987, 95 (3): 508 - 546.

［17］Edmonds E., K. Mammen, D. L. Miller. Rearranging the Family? Income Support and Elderly Living Arrangements in a Low Income Country. Journal of Human Resources, 2005, 40 (1): 186 - 207.

［18］Engelhardt. G. V. , J. Gruber, C. D. Perry. Social Security and Elderly Living Arrangements: Evidence from the Social Security Notch. Journal of Human Resources, 2005, 40 (2): 354 – 372.

［19］Ermisch J. F.. An Economic Theory of Household Formation: Theory and Evidence from the General Household Survey. Scottish Journal of Political Economy, 1981, 28 (1): 1 – 19.

［20］Fan E.. Who Benefits from Public Old Age Pensions? Evidence from a Targeted Program. Economic Development and Cultural Change, 2010, 58 (2): 297 – 322.

［21］Fan E. , J. – T. Liu. Revisiting Public Income Replacing Private Transfers: A Regression Discontinuity Design with Specification Errors. Working Paper, 2010.

［22］Giles J. , D. Wang, C. Zhao. Can China's Rural Elderly Count on Support from Adult Children? Implications of Rural – to – Urban Migration. Journal of Population Ageing, 2010, 3 (3 – 4): 183 – 204.

［23］Heckman J. J. , H. Ichimura, P. Todd. Matching as An Econometric Evaluation Estimator. Review of Economic Studies, 1998, 65 (223): 261 – 294.

［24］Hoerger T. J. , G. A. Picone, F. A. Sloan. Public Subsidies, Private Provision of Care and Living Arrangements of the Elderly. Review of Economics and Statistics, 1996, 78 (3): 428 – 440.

［25］Jensen R. T.. Do Private Transfers 'Displace' the Benefits of Public Transfers? Evidence from South Africa. Journal of Public Economics, 2003, 88 (1 – 2): 89 – 112.

［26］Juarez L.. Crowding out of Private Support to the Elderly: Evidence from a Demogrant in Mexico. Journal of Public Economics, 2009, 93 (3 – 4): 454 – 463.

［27］Keller S.. Household Formation, Poverty and Unemployment—The Case of Rural Households in South Africa. South African Journal of Economics, 2004, 72 (3): 437 – 483.

［28］Kohli M.. Private and Public Transfers between Generations: Linking the Family and the State. European Societies, 1999, 1 (1): 81 – 104.

［29］Kohli M. , H. Künemund, C. Vogel. Intergenerational Family Transfers in Europe – A Comparative Analysis. The Research Network on Ageing at the 7th European Sociological Association (ESA) Conference, Torun, Poland, 2005.

［30］Künemund H. , M. Rein. There is More to Receiving than Needing: Theoretical Arguments and Empirical Explorations of Crowding in and Crowding Out. Ageing and Society, 1999, 19 (1): 93 – 121.

［31］Liu K. , K. G. Manton, B. M. Liu. Home Care Expenses for the Disabled Elderly. Health Care Financing Review, 1985, 7 (2): 51 – 58.

［32］Lowenstein A. , R. Katz, D. Mehlhausen – Hassoen, D. Prilutzky. The Research Instruments in the OASIS Project, Haifa, Israel: Center for Research and Study of Aging, Faculty of Welfare and Health Studies, University of Haifa, 2001.

［33］McGarry K. , R. F. Schoeni. Social Security, Economic Growth, and the Rise in Elderly Widows' Independence in the Twentieth Century. Demography, 2000, 37 (2): 221 – 236.

［34］Pezzin L. E. , P. Kemper, J. Reschovsky. Does Publicly Provided Home Care Substitute for Family Care? Experimental Evidence with Endogenous Living Arrangements. Journal of Human Resources, 1996, 31 (3): 650 – 676.

［35］Rosenbaum P. R. , D. B. Rubin. Constructing a Control Group Using Multivariate Matched Sampling Methods that Incorporate the Propensity Score. American Statistician, 1985, 39 (1): 33 – 38.

[36] Shen C. , J. B. Williamson. China's New Rural Pension Scheme: Can It be Improved? . International Journal of Sociology and Social Policy, 2010, 30 (5 /6): 239 – 250.

[37] Soldo. B. J. , D. A. Wolf, E. M. Agree. Family, Households, and Care Arrangements of Frail Older Women A Structural Analysis. Journal of Gerontology, 1990, 45 (6): S238 – S249.

[38] Stabile M. , A. Laporte, P. C. Coyte. Household Responses to Public Home Care Programs. Journal of Health Economics, 2006, 25 (4): 674 – 701.

Does the New Rural Pension Scheme Remold the Eldercare Patterns in Rural China?

Cheng Lingguo, Zhang Ye and Liu Zhibiao

Abstract: This paper investigates the influence of China's New Rural Pension Scheme (NRPS) on the elder care patterns in rural China. Using panel data from 2005 and 2008 waves of Chinese Longitudinal Healthy Longevity Survey (CLHLS), we adopt an empirical strategy that combines propensity score matching with difference – in – differences approach to correct thepotential selection bias. It shows that enrollees were more likely to live independently rather than co – reside with their adultchildren. And enrollees became less dependent on children in terms of financial resource and informal care. We also findthat participation in NRPS increases the utilization of the formal care among enrollees. Hence, although the adult children continue to be the most important source of the elderly care and financial support, NRPS has become an important supplement to the traditional eldercare patterns in rural China.

Key Words: New Rural Pension Scheme; Rural Residents; Eldercare Patterns

发展战略、城市化与中国城乡收入差距[*]

陈斌开　　林毅夫

【摘　要】从政府发展战略的视角，研究中国城市化滞后、城乡收入差距持续扩大的原因，结果发现，旨在鼓励资本密集型部门优先发展的政府战略，造成城市部门就业需求的相对下降，进而延缓城市化进程，农村居民不能有效地向城市转移，城乡收入差距扩大。以技术选择指数作为政府对资本密集性部门政策倾斜程度的度量指标，利用 1978 ~ 2008 年中国省级面板数据，对理论假说进行了实证检验。研究还发现，中国城乡收入差距在经济发展过程中呈现出先下降后上升的 U 型规律。

【关键词】发展战略；重工业；城市化；城乡收入差距

一、引　言

城乡收入差距扩大和城市化滞后是当前中国面临的两大重要挑战。改革开放以来，中国城乡收入比由 1985 年的 2.1 上升至 2009 年的 3.3，上升幅度超过 50%。如果把实物性收入和补贴都算作个人收入的一部分，中国可能属于世界上城乡收入差距最大的国家之一。与此同时，中国城市化进程远远滞后于其经济发展水平和工业化进程。2009 年，中国第一产业增加值占 GDP 的比重为 10.3%，但农村人口占总人口的比重却依然高达53.4%。中国城乡收入差距持续恶化的原因何在？城市化水平为何远远滞后于经济发展水平？城乡收入差距扩大与城市化滞后的关系是什么？本文试图基于中国的现实数据，为这

作者简介：陈斌开，中央财经大学经济学院副教授（北京 100081）；林毅夫，北京大学国家发展研究院教授（北京 100871）。

* 本文选自《中国社会科学》2013 年第 4 期。本文得到国家自然科学基金（批准号：71003112，71273289）、教育部"新世纪优秀人才支持计划"、国家社科基金重大招标项目（批准号：09&ZD020，12&ZD028）、北京市社会科学基金项目（批准号：12JGB069）以及中央财经大学"青年科研创新团队"的资助。作者感谢匿名审稿人的建设性建议。文责自负。

些问题提供一个逻辑一致的解释。

关于中国城乡收入差距的文献汗牛充栋，大量研究都表明，城市偏向的政府政策是城乡收入差距快速扩大的主要原因之一。陆铭和陈钊（2004）将引起中国城乡收入差距扩大的原因归结为城乡分割的行政管理制度、城市偏向型的经济和社会政策。陈斌开等（2010）研究发现，近年来我国城乡收入差距扩大与城市偏向的教育经费投入政策有很大关系。同时，政府农副产品价格控制、不合理的税费负担、城乡劳动力市场分割、歧视性的社会福利和保障体系等城市偏向型政策，也是城乡收入扩大的重要影响因素。然而，为什么政府要推行城市偏向型的歧视性政策？

林毅夫等（1994）的研究发现，中国众多城市偏向型政策都根源于政府优先发展重工业的战略。蔡昉和杨涛（2003）以及 Kanbur 和 Zhang 等（2005）的研究也发现，这一战略及其衍生的一整套政府干预政策是中国城乡收入差距扩大的重要原因。林毅夫和刘明兴（2003）利用中国省级面板数据，对改革开放以来发展战略与城乡消费差距二者关系的实证研究发现，中国各地区所选择的经济发展战略直接影响本地区的城乡消费差距。林毅夫和刘培林（2003）利用跨国数据，实证检验了发展战略与收入分配的关系，发现重工业优先发展战略将导致更高的收入不平等。遗憾的是，这些文献都没有对重工业优先发展战略影响收入差距的机制进行深入探讨。[①]

本文基于 1978～2008 年中国 29 个省、市、自治区的纵列数据样本，不仅着力于研究政府发展战略与城乡收入差距的关系，还将进一步分析重工业优先发展战略影响收入差距的机制。我们认为，如果政府推行重工业优先发展战略，资本密集型产业的发展将导致城市就业需求的相对下降，进而延缓城市化进程。与此同时，城市吸纳劳动力的减少将导致农村居民无法有效向城市转移，在土地规模报酬递减的经济约束下，这意味着农村收入水平下降，城乡收入差距扩大。虽然 Lin 和 Chen（2011）从理论上对上述机制进行了分析，但尚未有文献对这个理论框架展开实证研究。本文将在综述理论文献的基础上，从实证角度系统地研究政府发展战略和城乡收入差距的关系，并分析其核心作用机制——城市化。

现有城市化研究的文献主要强调城市规模报酬递增的特性，侧重于分析城市化、产业集聚与经济增长之间的关系，对城市化与收入差距的关系则相对关注较少。陆铭、陈钊（2004）研究了城市化对城乡收入差距的影响，发现城市化推进有利于缩小城乡收入差距，城市化水平滞后、城乡收入差距扩大的主要原因在于城市偏向的经济和社会政策。他们还从政治经济学角度，研究了城市偏向型政策持续存在的原因。然而，现有文献尚未对这些政策产生的原因进行深入探讨。本文认为，政府的重工业优先发展战略是中国城市化滞后、城乡收入差距居高不下的根本原因，影响中国城市化和城乡收入差距的一系列制度安排与政策措施（如户籍制度等）都内生于这一发展战略。需要指出的是，中国政府在新中国成立初期选择重工业优先发展战略有其特定的国际环境和历史条件。在战争威胁尚

---

① 重工业优先发展战略主要是指政府优先发展钢铁及其他金属冶炼、汽车等交通运输设备制造、采矿、石油化工、电力生产等资本密集型重工业。

未完全消除的国际大环境下，国防建设是关乎国家兴衰存亡的重要问题，大力发展与国防密切相关的重工业产业有其历史合理性。然而，重工业优先发展也在客观上造成了国内农业、轻工业与重工业在结构上的紧张关系，进而影响到中国的城市化进程和城乡收入分配。

本文结构安排如下：第二部分基于历史视角探讨政府发展战略、城市化与城乡收入差距的关系，分析影响中国城市化、城乡收入差距的各种制度安排和政策措施产生的历史原因，并在此基础上提出本文的理论假说；第三部分构建检验理论假说的实证模型；第四部分利用 1978～2008 年中国 29 个省、市、自治区的纵列数据样本，实证检验重工业优先发展战略与城乡收入差距的关系；第五部分进一步研究政府发展战略、城市化与城乡收入差距的逻辑关系，分析其作用机制；第六部分是结束语。

二、发展战略、城市化与城乡收入差距：理论假说

新中国成立初期，在西方国家经济封锁和政治孤立的背景下，出于国防等方面需要，中国选择了重工业优先发展战略。然而，重工业的核心特征是资本需求大、劳动需求少，这与中国劳动力富余、资本稀缺的资源禀赋特征不匹配。经典国际贸易理论表明，发展重工业不符合当时中国经济的比较优势。因此，重工业产业难以在市场经济的方式下发展起来，要实现重工业优先发展就必须通过政府干预的方式来进行。在劳动力市场上，由于重工业吸纳劳动力较少，城市就业压力很大。

为缓解城市就业压力、维护社会稳定，同时考虑到农业对重工业优先发展的基础性作用，政府通过建立城乡隔绝的户籍管理制度，严格控制农村人口向城市转移。在 1954 年中国颁布的第一部宪法中，公民依然享有"迁徙和居住的自由"，然而，随着重工业优先发展战略的快速推进，居民城乡间自由迁徙的权利被逐步取消。1955 年 6 月，国务院发布《关于建立经常户口登记制度的指示》，规定全国城市、集镇、乡村都要建立户口登记制度，开始统一全国城乡的户口登记工作。在"赶英超美"的 1956 年和 1957 年，国家连续颁发 9 个限制和控制农民流入城市的文件。自 1958 年开始"大跃进"后，中国颁布了《中华人民共和国户口登记条例》，政府开始对人口自由流动实行严格管制，明确将城乡居民区分为"农业户口"和"非农业户口"两种不同户籍，1975 年修改宪法，正式取消有关迁徙自由的规定，建立了城乡分割的户籍制度。

重工业企业高度资本密集的特征决定了其吸纳就业能力的有限性，不仅无法带动农村劳动力向城市转移，甚至连城市居民就业都无法保证。在此背景下，政府不得不向受保护的国有企业安排冗员，以缓解城市就业压力。然而，仅依赖国有重工业企业难以解决农业社会加速工业化进程中大规模的城市就业问题，为此，中国政府从 20 世纪 50 年代中期开

始，以知识青年"上山下乡"的方式不断把城市人口转移到农村。① 在重工业优先发展战略的推行过程中，有近两千万名青年劳动力以这种方式转移到了农村。

重工业优先发展战略导致的这种逆向的城市化运动，对中国城市化进程和城乡收入差距产生了深远的影响。重工业优先发展直接导致城市就业吸纳能力的下降，阻碍了城市化进程，导致中国城市化水平严重滞后于工业化水平。同时，由于重工业企业不符合本国比较优势，在自由竞争的市场上，重工业企业无法获得正常利润，缺乏自生能力，② 其生存只能依赖政府补贴，也就难以有效地带动相关产业的发展，形成产业集聚。在这种情形下，城市最核心的优势——在生产专业化水平不断提高的基础上形成的规模经济基本丧失，城市的"向心力"小于"离心力"，城市化进程缓慢。改革开放以来，这两种作用机制依然持续存在，但由于不同地区受重工业优先发展战略影响程度不同，其城市化进程也有所差异。

重工业优先发展战略导致中国城市化进程受阻，这意味着农村人口难以向城市转移，造成大量劳动力不得不滞留农村。然而，农业生产依赖于土地，土地的基本经济特性是规模报酬递减，当大量劳动力滞留在农村时，土地的边际产出和平均产出必然下降，农村的平均收入水平也将因此而下降，这正是刘易斯二元经济的基本逻辑。③ 因此，城市化进程缓慢将导致农村居民收入水平下降，城乡收入差距扩大。重工业优先发展战略还可能通过其他渠道影响到城乡收入差距。首先，因重工业优先发展战略而形成的城乡分割行政管理制度，阻碍了农村居民向城市转移，扩大了城乡收入差距。其次，计划经济时期为支持城市重工业发展所形成的一整套城市偏向的经济和社会政策，对缩小城乡收入差距存在持续的负面影响。这些由重工业优先发展战略所衍生的制度和政策，由于其可持续性，对中国当前城乡收入差距依然存在长期的影响。

从以上理论分析中可知，重工业优先发展战略导致城市吸纳就业能力的相对降低，延缓了城市化进程；同时，由于重工业企业缺乏自生能力，无法有效带动其他相关产业发展，城市规模经济特性难以发挥，产业集聚无法形成，进一步阻碍了城市化。城市化水平降低将导致农村居民无法有效地向城市转移，农业从业人员增加，农村收入水平下降，城乡收入差距扩大；由重工业优先发展战略衍生的一系列城市偏向型制度和政策，进一步恶化了城乡收入差距。基于以上分析，本文提出以下可供检验的理论假说：

假说1：重工业优先发展程度越大，城乡收入差距越大。

假说2：重工业优先发展程度越大，城市化水平越低。

① 参见温铁军：《我们是怎样失去迁徙自由的》，《中国改革》2002年第4期。1968年《人民日报》发表《我们都有两只手，不在城市吃闲饭》的文章，鼓励知识青年"上山下乡"，从侧面印证了当时城市就业困难的现实。

② 关于企业自生能力的详细定义和研究，参见 J. Y. Lin. Development Strategy, Viability, and Economic Convergence. Economic Development and Cultural Change, 2103, 51（1）：277 – 308.

③ W. A. Lewis. Economic Development with Unlimited Supplies of Labour. The Manchester School, 1954, 22（2）：139 – 191. 从这个逻辑而言，农村收入水平提高不可能完全依赖于农业，土地规模报酬递减特性决定农业难以支撑经济的持续增长，这被认为是前工业化社会经济增长速度缓慢的重要原因，即经济增长的"马尔萨斯陷阱"。

假说3：城市化水平越低，城乡收入差距越大。

三、指标构建和实证模型

考虑到中国各地区受重工业优先发展战略影响程度不同，本文将利用中国省级面板数据对理论假说1至假说3进行实证检验。要对上述假说进行验证，首先必须为发展战略寻找一个合理的度量指标。Lin和Liu（2004）构造了一个技术选择指数（TCI）来度量重工业优先发展程度。其基本思想是：一国的禀赋结构决定了该国的最优产业结构，重工业优先发展战略是对最优产业结构的扭曲，从而，产业结构的扭曲程度可以作为发展战略的一个合理度量指标。t时期i地区的技术选择指数（TCI_{it}）定义如下：

$$TCI_{it} = \frac{\dfrac{AVM_{it}}{GDP_{it}}}{\dfrac{LM_{it}}{L_{it}}} \tag{1}$$

其中 AVM_{it} 是指 t 时期 i 地区的工业增加值；GDP_{it} 是指 t 时期 i 地区的国内生产总值；LM_{it} 是指 t 时期 i 地区的工业就业人数；L_{it} 是指 t 时期 i 地区的总就业人数。

如果一个经济体的发展战略违背比较优势，那么其技术选择指数（TCI_{it}）将比符合比较优势的经济体大。这是因为，在其他条件不变的情况下，重工业优先发展战略下的工业部门资本更为密集，吸纳劳动力相对较少，方程（1）的分母会更小。同时，若政府推行重工业优先发展战略，政府为了解决优先发展部门企业的自生能力问题，需要通过信贷补贴和压低投入品价格来支持这些企业，并给予这些企业垄断地位，使它们能对其产品制定很高的价格。上述政策措施会导致一个更大的工业增加值（AVM_{it}）。因此，对于那些发展战略违背比较优势的地区来说，（1）式的分子会更大。这样，在收入水平和其他条件给定的情况下，技术选择指数（TCI_{it}）对最优技术选择指数（TCI_{it}^*）的偏离可被作为一个地区重工业优先发展程度的度量（TCI_{it}），即：

$$DS_{it} = |TCI_{it} - TCI_{it}^*| \tag{2}$$

经济体遵循比较优势，则 $DS_{it} = 0$。如果实际的 TCI_{it} 高于（低于）最优水平，则 $DS_{it} > 0$（<0）。DS_{it} 的绝对值衡量了实际的产业/技术选择与符合比较优势的最优产业/技术选择之间的偏离。在中国，违背比较优势发展战略的基本特征是，通过政府保护或补贴优先发展资本密集型重工业，所以本文计量分析仅考虑 $DS_{it} > 0$ 的情形。这种情况下，DS_{it} 就进一步演变为：

$$DS_{it} = TCI_{it} - TCI_{it}^* \tag{3}$$

然而，在现实数据中，我们只能观察到实际技术选择指数（TCI_{it}），却观察不到最优技术选择指数（TCI_{it}^*）。Lin 和 Liu（2004）采用泰勒展开法，对最优技术选择指数进行了处理。假设最优技术选择指数 TCI_{it}^* 为常数，则最优技术选择指数进入回归方程的常数项，使得估计重工业优先发展战略的影响成为可能。然而，在某些情形下，TCI_{it}^* 为常数的假设条件偏强。鉴于此，本文尝试对该假设进行放松，以考察估计结果对模型假设的稳健性。具体地，我们分别考虑以下三个假设。

假设 1：最优的技术选择指数 TCI_{it}^*，为一个正常数。

假设 2：最优的技术选择指数 TCI_{it}^*，在给定时间点上，为一个正常数。

假设 3：最优的技术选择指数 TCI_{it}^*，在给定时间点和给定区域上，为一个正常数。

假设 1 与现有文献相一致，假设 TCI_{it}^* 为一个正常数，即所有样本的最优技术选择相同。假设 2 是对假设 1 条件的放松，允许 TCI_{it}^* 在不同时点上取不同的值，即样本在同一时点上的最优技术选择相同。假设 3 则是对假设 2 的进一步放松，允许 TCI_{it}^* 在同一时点和不同区域上取不同的值，即样本在同一时点和同一区域内的最优技术选择相同。

基于经济发展战略的度量指标，本文构造的基准线性计量模型如下：

$$Y_{it} = C + \alpha DS_{it} + \beta X_{it} + \varepsilon_{it} \tag{4}$$

在（4）式中，Y_{it} 代表被解释变量，C 为常数项，ε_{it} 是残差项，DS_{it} 为重工业优先发展程度的度量，α 为待估计系数，X_{it} 为控制变量，β 为这些变量的系数。如前文所述，重工业优先发展程度 DS_{it} 由真实技术选择指数（TCI_{it}）对最优技术选择指数（TCI_{it}^*）的偏离程度决定，即 $DS_{it} = TCI_{it} - TCI_{it}^*$。从而计量模型可以写为：

$$Y_{it} = C + \alpha(TCI_{it} - TCI_{it}^*) + \beta X_{it} + \varepsilon_{it} = C + \alpha TCI_{it} + \beta X_{it} - \alpha TCI_{it}^* + \varepsilon_{it} \tag{5}$$

估计（5）式的难点在于 TCI_{it}^* 是不可观测的，这是计量中常见的缺失变量问题（omited variable），如果忽略缺失变量，而对计量方程直接进行回归，可能带来 α 估计的不一致性。本文将基于不同假设，对最优技术选择指数进行处理，以验证本文结果的稳健性。

在假设 1 满足的情形下，αTCI_{it}^* 为常数，从而可以与常数项 C 合并，计量模型为：

$$Y_{it} = C_1 + \alpha TCI_{it} + \beta X_{it} + \varepsilon_{it} \tag{6}$$

在假设 2 满足的情形下，αTCI_{it}^* 是时间的函数，我们引入时间虚拟变量 D_τ，以控制最优技术选择指数变化的影响。计量模型为：

$$Y_{it} = C + \alpha TCI_{it} - \alpha TCI_{it}^* + \beta X_{it} + \varepsilon_{it} \tag{7}$$

$$\Rightarrow Y_{it} = C_2 + \alpha TCI_{it} + \sum_{\tau=1}^{T-1} \gamma_t D_\tau + \beta X_{it} + \varepsilon_{it} \tag{8}$$

其中，$\gamma_t = C - \alpha TCI_{it}^* - C_2$，若 $\tau = t$，则 $D_\tau = 1$，否则 $D_\tau = 0$。从而，在假设 2 满足的前提下，我们可以通过引入时间虚拟变量 D_τ，以一致地估计 α。

在假设 3 满足的情形下，αTCI_{it}^* 同时是时间和区域的函数。根据中国资源禀赋的分布，我们将中国分为东部、中部和西部三大区域，并假设各区域内部在给定时间点上的最优技术选择指数是相同的。东部地区包括北京、天津、河北、辽宁、上海、江苏、浙江、福建、山东、广东、广西、海南；中部地区包括山西、内蒙古、吉林、黑龙江、安徽、江西、河南、湖南、湖北；西部地区包括重庆、四川、贵州、云南、西藏、陕西、甘肃、宁夏、青海、新疆。我们引入区域虚拟变量 D_s，以控制最优技术选择指数随区域变化的影响。计量模型为：

$$Y_{it} = C + \alpha TCI_{it} - \alpha TCI_{it}^* + \beta X_{it} + \varepsilon_{it} \tag{9}$$

$$\Rightarrow Y_{it} = C_3 + \alpha TCI_{it} + \sum_{\tau=1}^{T-1} \sum_{S=1}^{2} \gamma_{jt} D_\tau \times D_s + \beta X_{it} + \varepsilon_{it} \tag{10}$$

其中，j = 1，2，3 分别代表中国东部、中部和西部。$\gamma_{jt} = C - \alpha TCI_{jt}^* - C_3$。若 $\tau = t$，则 $D_\tau = 1$，否则 $D_\tau = 0$；若 s = j，则 $D_s = 1$，否则 $D_s = 0$。从而，在假设 3 满足的前提下，我们可以通过引入时间虚拟变量 D_τ 和区域虚拟变量 D_s，一致地估计 α。

综上所述，我们可以利用模型（6）、模型（8）、模型（10）式分别估计在假设 1、假设 2 和假设 3 下，重工业优先发展战略对城市化、城乡收入差距的影响。

四、重工业优先发展战略与城乡收入差距的实证检验

基于上文构建的技术选择指数，本部分利用 1978～2008 年中国 29 个省、市、自治区的纵列数据样本，[①] 对发展战略与城乡收入差距的关系进行实证检验，数据详细说明见表 1。为检验重工业优先发展战略对城乡收入差距的影响，我们构建以下计量模型：

$$inc\_ratio_{it} = C + \alpha DS_{it} + \beta X_{it} + \varepsilon_{it} \tag{11}$$

inc_ratio_{it} 为城乡收入差距，DS_{it} 为重工业优先发展程度的度量，α 是我们关心的待估计系数。按照理论推断，重工业优先发展程度越大，城乡收入差距越大，我们预期 α 为正值。X 为其他控制变量，β 是这些变量的系数。基于现有文献，本文控制了其他可能影响城乡收入差距的变量，具体如下。

经济发展程度。城乡收入差距与经济发展程度紧密相关，库兹涅茨通过对发达国家经济发展过程中收入分配变化的统计研究，发现一国在经济发展过程中收入差距表现为先上升后下降的"倒 U 型"过程。为检验库兹涅茨"倒 U 型"假说在中国是否成立，我们在模型中引入人均真实 GDP（realpergdp）及其平方项（gdp2）。如果该假说成立，那么，人均真实 GDP 系数的符号应该显著为正，而其平方项的符号应该显著为负。

国有企业比重。中国经济改革进程中一个最为令人瞩目的变化，就是经济的非国有化。非国有单位就业份额的上升是由城镇地区国有企业非国有化和农村地区乡镇企业发展造成的。乡镇企业的发展有效地吸纳了农业剩余劳动力，有利于提高农村居民收入。城镇地区的非国有化改变了城镇部门的工资决定方式，非国有部门的人力资本边际回报往往高

① 与现有文献一致，早期数据缺失的重庆市和数据质量问题较大的西藏自治区没有包含在回归样本中。如 B. Chen，Y. Yao. The Cursed Virtue：Government Infrastructural Investment and Household Consumption in Chinese Provinces. Oxford Buletin of Economics and Statistics，2011，73（6）：856－877.

于国有部门，提高了人力资本水平的城镇居民收入水平。因此，所有制结构变迁对于城乡收入差距的净影响，要通过实证结果来估计。我们以国有企业职工人数占职工总人数的比重来度量该地区经济国有化程度，记为 soe_ratio。

经济开放程度。1978 年以来，中国对外开放政策对中国经济产生了深远的影响。2010 年中国的贸易依存度已经超过了 70%，大大推动了中国制造业以及与贸易相关服务业的发展。由于贸易相关产业集中在城镇地区，主要有利于提高城镇居民收入，因此我们预期经济开放程度将扩大城乡收入差距。本文使用贸易依存度（进出口总额/GDP）度量地区的对外开放程度，记为 opennes。

政府行为。中国地方政府在经济生活中始终扮演着重要的角色，它不仅是实行收入再分配的主体，同时也直接影响初次分配。陆铭和陈钊（2004）考察了政府财政支出对城乡收入差距的影响。由于地方政府以经济增长为首要目标，因此地方财政支出可能带有城镇倾向，地方财政支出占 GDP 的比重越高，城镇地区从地方政府支出中所得的好处越多，城乡收入差距就越大。本文使用政府财政支出占 GDP 的比重来衡量政府在地方经济中的重要程度，记为 govexp_ratio。最后，考虑到各地区初始不平等程度可能对该地区后期城乡收入差距产生持续的影响，我们还控制了各地区 1978 年的不平等程度（inc_ratio1978）。

（一）基准回归

我们首先利用最小二乘法（OLS）对重工业优先发展战略与城乡收入差距的关系进行估计。为考察不同假设条件对实证结果的影响，表 1 分别汇报了（6）、（8）、（10）三个模型的估计结果。

表 1　发展战略与城乡收入差距：基准回归

	模型 1	模型 2	模型 3
TCI	0.232 *** [0.024]	0.151 *** [0.015]	0.132 *** [0.014]
realpergdp	0.661 *** [0.076]	− 0.905 *** [0.067]	− 0.824 *** [0.062]
gdp2	− 0.125 *** [0.017]	0.106 *** [0.012]	0.085 *** [0.011]
soe_ratio	− 0.035 [0.260]	0.181 [0.179]	0.126 [0.156]
openness	− 0.115 [0.090]	0.377 *** [0.061]	0.418 *** [0.056]
govexp_ratio	3.242 *** [0.359]	2.736 *** [0.260]	0.892 *** [0.307]

	模型 1	模型 2	模型 3
inc_ ratio1978	0. 319 ***	0. 206 ***	0. 120 ***
	[0. 035]	[0. 021]	[0. 019]
Constant	0. 521 **	2. 756 ***	3. 350 ***
	[0. 216]	[0. 156]	[0. 159]
样本量	801	801	801
模型假设	假设 1	假设 2	假设 3
R – squared	0. 346	0. 780	0. 852

注：＊、＊＊和＊＊＊分别表示参数估计值在 10%、5% 和 1% 的水平上显著异于零。

从表 1 中可以看出，在不同模型设定下，发展战略对城乡收入差距的影响，始终在 1% 的显著性水平上高度显著为正。这个结论支持了我们的理论假说 1，即重工业优先发展战略将导致更高的城乡收入差距。在不同最优技术选择指数假设条件下，发展战略对城乡收入差距的影响是稳健的，说明最优技术选择指数假设对本文结果没有根本性的影响。但是，在不同假设条件下，TCI 系数存在明显差异，说明最优技术选择指数假设会影响到定量的系数估计值。比较不同假设条件下的系数估计值可见，不考虑最优技术选择指数时间和区域差异前提下（模型 1）的回归系数最大，而同时考虑其时间和区域差异前提下（模型 3）的回归系数最小，说明各地区最优技术选择指数与真实技术选择指数可能存在显著的正相关关系。这个结果是符合直觉的，1978~2008 年中国禀赋结构升级较快，根据比较优势理论，最优技术选择指数也会随时间而变得越来越大，不考虑最优技术选择指数的时间变化会导致 TCI 回归系数的高估；同样，即使在同一时间，中国区域间禀赋结构也存在差异，东部资本更为充裕，中部劳动力比较充足，而西部自然资源丰裕，这会导致各地区比较优势不同，不考虑禀赋结构差异也会导致回归系数高估。

从回归结果中可以看出，人均真实 GDP 及其平方项系数都与库兹涅茨"倒 U 型"假说预测相反（除模型 1 外），说明中国城乡收入差距随着经济发展不存在先上升后下降的规律。相反，与陆铭等（2005）的发现相同，中国城乡收入差距在经济发展过程中呈现 U 型规律，即城乡收入差距随着经济发展先下降后上升。从模型 3 的回归系数中可以计算出 U 型曲线的顶点为人均 GDP 4. 85 万元/年，在所有样本中，只有 3 个样本点超过这个点①，即绝大部分样本点都位于 U 型曲线的下降阶段。换而言之，目前中国城乡收入差距基本都处于随着经济发展而下降的阶段。陈斌开和林毅夫（2010）对这个现象提供了一个理论解释：在经济增长过程中，城市部门对劳动力需求不断增加，农村劳动力持续向城市部门转移，农业部门人均土地不断增加，农村居民人均收入也相应增加，城乡收入差距下降。

---

① 仅上海 2006 年后的人均 GDP 超过了 4. 85 万元/年。

这个结果似乎与我国整体经济增长过程中城乡收入差距上升的现象相矛盾。事实上，改革开放以来中国城乡收入差距扩大与众多城市偏向型的经济和社会政策有关，包括城市偏向的教育经费投入政策、农副产品价格管制、不合理的税费负担、城乡劳动力市场分割、歧视性的社会福利和社会保障政策等。这些歧视性政策直接导致了城乡收入差距的扩大，但这些因素难以在时间序列计量模型中得到有效的控制。然而，若城市偏向型政策在各地区间是相近的，则当我们在计量模型中控制时间因素的影响后，就可以看到中国城乡收入差距随着经济发展的变动趋势。换言之，当这些城市偏向型政策消除后，中国城乡收入差距将随着经济发展而下降。这也是在没有控制时间因素的情形下（模型1）城乡收入差距与人均 GDP 呈现"倒 U 型"关系的原因。这个实证结果的政策含义在于，经济发展并不会让城乡收入差距自然地扩大或弥合，政府选择合适的发展战略和经济、社会政策，才能真正有效地缓解中国收入差距持续扩大的现状。

在其他控制变量中，经济开放程度对城乡收入差距影响为正，这说明对外贸易主要有利于提高城镇居民的收入，经济开放将扩大城乡收入差距。政府行为显著影响城乡收入差距：地方政府支出占 GDP 比重越高，城乡收入差距越大，说明政府财政支出主要是城市偏向的，这种城市偏向的投入政策拉大了城乡收入差距。国有企业比重对城乡收入差距的影响不显著，说明市场化不是中国城乡收入差距扩大的主要原因。

总之，实证结果很好地支持了本文的理论假说1：重工业优先发展程度越大，城乡收入差距越大。当控制了时间趋势因素后，中国城乡收入差距在经济发展过程中呈现 U 型规律，即城乡收入差距随着经济发展先下降后上升。经济开放和城市偏向的政府干预将导致中国城乡收入差距扩大，但国有企业比重对收入分配没有显著影响。

（二）稳健性检验

本节对模型的主要结论进行稳健性检验，由于最优技术选择指数假设3对模型的约束最松，也更符合现实，稳健性检验均基于假设3。考虑到重工业优先发展战略对城乡收入差距的影响未必表现在当期，其影响可能存在滞后效应，同时为缓解反向因果的可能性，表2第1列和第2列分别报告了解释变量滞后一期和滞后三期的回归结果。从回归结果中不难看出，滞后的技术选择指数对收入差距的影响依然高度显著，说明重工业优先发展战略对收入差距的影响是持续的；同时，滞后一期技术选择指数的回归系数大于基准回归情形（表1模型3），说明重工业优先发展战略的滞后影响可能更为重要。为控制经济周期因素的影响，第3列汇报了经五年平均后的回归结果，发现 TCI 的系数依然高度显著，且回归系数大于基准回归，进一步说明重工业优先发展战略对收入分配的长期负面影响更大。为检验模型设定是否会影响到本文的实证结果，第4列和第5列分别使用固定效应模型和随机效应模型进行估计，发现回归结果依然稳健，说明模型设定对本文结果没有根本性影响。在 TCI 的构造中，我们使用了从业人员数据，但从业人员统计数据可能存在较大误差，导致了 TCI 的测量误差，使回归系数低估。在中国就业统计中，下岗职工和农民工就业是统计误差的重要来源，一般认为，这种统计误差在 2000 年以后的趋于缩小。为考察测量误差的可能影响，模型 6 使用 2000 年以后的样本进行回归，发现 TCI 的系数依然高度显著为正，且回归系数比基准模型（表 1 第 3 列）大大提高，这说明测量误差可能是很重要的，它导致基准模型低估了 TCI 对城乡收入差距的影响。最后，由于城乡之间在生产结构上存在较大差异，以及政府对工农业产品相对价格一直存在扭曲性干预，收入差距未必能真实反映城乡之间生活水平间的差异，模型 7 采用城镇家庭人均消费水平和农村家庭人均消费水平之比作为城乡差距的度量，以检验实证结论的稳健性。结果发现，重工业优先发展战略导致城乡消费差距显著扩大。

表 2　发展战略与城乡收入差距：稳健性检验

	模型 1	模型 2	模型 3	模型 4	模型 5	模型 6	模型 7
	解释变量滞后一期	解释变量滞后三期	解释变量5 年平均	固定效应模型	随机效应模型	使用 2000 年以后的样本	城乡居民消费差距为被解释变量
TCI	0. 336 *** [0. 019]	0. 125 *** [0. 014]	0. 255 *** [0. 037]	0. 027 ** [0. 012]	0. 040 *** [0. 012]	0. 395 *** [0. 039]	0. 085 *** [0. 015]
realpergdp	− 0. 649 *** [0. 063]	− 1. 080 *** [0. 079]	− 0. 937 *** [0. 158]	− 0. 150 * [0. 090]	− 0. 316 *** [0. 083]	− 0. 625 *** [0. 097]	− 0. 789 *** [0. 067]
gdp2	0. 064 *** [0. 013]	0. 157 *** [0. 019]	0. 131 *** [0. 039]	0. 004 [0. 012]	0. 022 * [0. 011]	0. 046 *** [0. 015]	0. 075 *** [0. 012]
soe_ ratio	0. 080 [0. 140]	0. 419 ** [0. 162]	0. 249 [0. 289]	− 0. 385 * [0. 222]	− 0. 404 * [0. 211]	− 0. 086 [0. 282]	0. 819 *** [0. 171]
openness	0. 456 *** [0. 050]	0. 499 *** [0. 058]	0. 483 *** [0. 110]	0. 125 ** [0. 061]	0. 158 *** [0. 060]	0. 538 *** [0. 103]	0. 457 *** [0. 061]
govexp_ ratio	1. 049 *** [0. 278]	0. 371 [0. 317]	0. 860 [0. 562]	2. 844 *** [0. 373]	2. 560 *** [0. 363]	1. 680 *** [0. 545]	0. 588 * [0. 340]
inc_ ratio1978	0. 077 *** [0. 017]	0. 086 *** [0. 020]	0. 103 *** [0. 035]	— —	— —	0. 064 * [0. 033]	0. 141 *** [0. 021]
Constant	0. 833 *** [0. 162]	0. 960 *** [0. 159]	2. 587 *** [0. 254]	1. 827 *** [0. 202]	3. 115 *** [0. 216]	1. 910 *** [0. 270]	1. 116 *** [0. 175]
样本量	776	763	167	812	812	232	797
R − squared	0. 888	0. 860	0. 892	0. 845	0. 790	0. 85	0. 782

注：*、**和***分别表示参数估计值在 10%、5%和 1%的水平上显著异于零。

在其他控制变量中，人均 GDP 与收入差距的关系呈现非常稳健的 U 型规律，说明库兹涅茨"倒 U 型"假说在中国不成立，这意味着中国城乡收入差距持续扩大并非经济发展的结果，经济的进一步发展也无法自动弥合城乡收入差距。对外开放和城市偏向的政府干预将导致城乡收入差距扩大，国有企业比重对城乡收入差距的影响则是不确定的，与基准回归结果基本一致。由此可见，本文主要结论对模型设定、测量误差、城乡收入差距度量、技术选择指数的滞后效应都是稳健的。

（三）重工业优先发展战略形成与工具变量回归

技术选择指数是重工业优先发展战略的一个代理变量，但它本身也是政府重工业优先发展战略的结果，可能是具有内生性的变量，技术选择指数的内生性可能导致 OLS 回归结果产生偏误。首先，如前文所述，技术选择指数可能存在测量误差，这将导致 OLS 回归结果低估技术选择指数的影响。其次，可能存在某些同时影响技术选择和收入差距且不可观察的遗漏变量（如地方政府激励机制等），遗漏变量对回归系数的影响取决于该变量与技术选择指数的相关性，需要通过实证来检验。[1] 为尽量缓解内生性问题对回归结果的影响，同时检验本文结论的稳健性，本节将引入工具变量，并使用两阶段最小二乘法对模型进行估计。

如前文所指出，我国各地区的技术选择指数与该地区历史上的重工业优先发展程度有关，因此，历史上的重工业布局是当期技术选择指数的一个潜在工具变量。新中国成立以后就开始推行重工业优先发展战略，然而对中国经济发展影响深远的是从 1964 年开始的"三线建设"，因为其重工业布局直接影响到改革开放以后的中国经济发展。1964 ~ 1978年，在中国中西部的十三个省、自治区进行了一场以备战为指导思想的大规模国防、科技、工业和交通基础设施建设，称为"三线建设"。它历经三个"五年计划"，投入资金2052 亿元，投入人力高峰时达 400 多万人，安排了 1100 个建设项目，对以后的国民经济结构和布局产生了深远的影响。[2]

所谓"三线"的范围，一般概念是指由沿海、边疆地区向内地收缩划分三道线。一线指位于沿海和边疆的前线地区；三线则包括四川、贵州、云南、陕西、甘肃、宁夏、青海等西部省区及山西、河南、湖南、湖北、广东、广西等省区的后方地区，共 13 个省区；二线指介于一线、三线之间的中间地带。其中，川、贵、云和陕、甘、宁、青俗称"大三线"，一线、二线的腹地俗称"小三线"。根据当时中央有关文件，从地理环境上划分的三线地区是：甘肃乌鞘岭以东、京广铁路以西、山西雁门关以南、广东韶关以北。这一地区位于我国腹地，离海岸线最近的也在 700 公里以上，距西面国土边界上千公里，加之四面分别有青藏高原、云贵高原、太行山、大别山、贺兰山、吕梁山等连绵山脉作天然屏障，在备战的特定形势下，成为较理想的战略后方。

---

① 另外一种内生性的来源是联立性偏误，但本文解释变量为技术选择指数，被解释变量为城乡收入差距，技术选择一般被认为是收入的前定变量（predetermined variable），因此，收入差距影响技术选择的可能性比较小，产生联立性偏误的可能性也比较低，在此不再详细讨论。

② 需要指出的是，"三线建设"时期的产业布局并非导致当前各地区产业结构偏离最优产业结构的唯一因素。陆铭和欧海军研究了财政分权背景下，地方政府行为对产业结构和就业弹性的影响，陈斌开和林毅夫强调金融抑制对产业结构的影响，本文则主要刻画历史条件对产业结构的影响，与现有文献形成互补。对于当前产业结构扭曲影响因素的全面分析是一个值得进一步深入研究的方向。参见陆铭，欧海军. 高增长与低就业：政府干预与就业弹性的经验研究. 世界经济，2011（12）；陈斌开，林毅夫. 金融抑制、产业结构与收入分配. 世界经济，2012（1）.

出于国防目的，"三线建设"通过新建和搬迁的方式，将我国的重工业逐步转移到内地，客观上造成了"三线"地区重工业优先发展的格局。表 3 汇报了全国各地区 1978～2008 年技术选择指数的平均值。

表 3　"三线建设"与技术选择指数

地区	全国	山西	河南	湖北	湖南	广东	广西	四川	贵州	云南	陕西	甘肃	青海	宁夏	三线
TCI	1.9	1.8	2.4	2.1	2.1	1.6	2.8	2.3	3.2	3.6	2.0	2.5	1.8	1.8	2.2
TCI	1.0	1.1	1.9	1.7	2.1	1.6	1.8	1.1	1.5	1.5	2.3	1.7	1.8	2.1	1.7

从表 3 可以看出，"三线建设"省份的技术选择指数大大高于非"三线建设"地区，说明"三线建设"导致了部分地区重工业优先发展程度高于其他地区，中国各地区的重工业优先发展程度与"三线建设"的历史高度相关。中国"三线建设"的目的在于防御外敌入侵，而 20 世纪 60 年代中国的威胁主要来自苏联、美国和中国台湾地区。因此，重工业部门一般选址在离三者都比较远的地方，如四川、贵州、云南等地。从而，本文使用"离受威胁边境最短距离"，作为技术选择指数的一个工具变量。"离受威胁地最短距离"定义为各地区省会城市离北部边界线、东部海岸线或南部海岸线的最短距离。[①] 图 1 描述了"离受威胁地最短距离"与 1978～2008 年平均技术选择指数的关系。

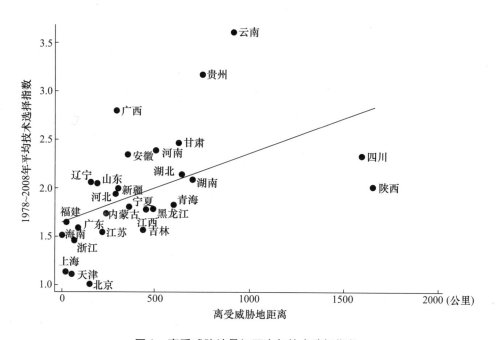

图 1　离受威胁地最短距离与技术选择指数

---

① 相关数据基于中国地图和谷歌地图测算得到，边界线以中国地图中的边界线为准。

从图 1 中可以看出，技术选择指数与离受威胁地距离正相关，离受威胁地距离越远，重工业优先发展程度越大，这充分反映了"三线建设"基于备战的基本选址原则。鉴于此，我们使用"离受威胁地最短距离"对数，作为技术选址指数的工具变量，以缓解内生性问题。表 4 汇报了两阶段最小二乘回归第二阶段的结果。[①]

表 4　发展战略与城乡收入差距：工具变量回归

	模型 1	模型 2	模型 3	模型 4	模型 5
	基于假设 1 的 2SLS 回归	基于假设 2 的 2SLS 回归	基于假设 3 的 2SLS 回归	以 1963 年人口死亡率为工具变量	同时使用两个工具变量
TCI	1.453 *** [0.263]	0.657 *** [0.135]	0.365 *** [0.091]	0.374 *** [0.052]	0.372 *** [0.050]
realpergdp	1.127 *** [0.186]	− 0.334 * [0.182]	− 0.566 *** [0.121]	− 0.557 *** [0.089]	− 0.558 *** [0.087]
gdp2	− 0.213 *** [0.039]	0.022 [0.029]	0.047 ** [0.019]	0.045 *** [0.015]	0.045 *** [0.015]
soe_ ratio	− 0.200 [0.544]	− 0.278 [0.298]	− 0.097 [0.194]	− 0.106 [0.182]	− 0.104 [0.181]
openness	0.539 ** [0.234]	0.389 *** [0.093]	0.414 *** [0.062]	0.414 *** [0.063]	0.414 *** [0.063]
govexp_ ratio	0.836 [0.905]	2.767 *** [0.397]	1.330 *** [0.382]	1.345 *** [0.359]	1.343 *** [0.357]
inc_ ratio1978	0.059 [0.092]	0.125 *** [0.039]	0.097 *** [0.023]	0.096 *** [0.022]	0.096 *** [0.022]
Constant	− 1.134 ** [0.570]	1.564 *** [0.395]	2.754 *** [0.290]	2.732 *** [0.220]	2.736 *** [0.216]
Hausman P – Value	0.0000	0.0000	0.0036	0.0000	0.0000
SarganP – Value	—	—	—	—	0.9247
样本量	801	801	801	801	801
R – squared	—	0.462	0.791	0.786	0.787

注：Hausman Test 原假设为：技术选择指数不存在内生性；Sargan Test 原假设为：不存在过度识别。*、** 和 *** 分别表示参数估计值在 10%、5% 和 1% 的水平上显著异于零。

模型 1～模型 3 分别报告了在理论假设 1～假设 3 情形下的回归结果。从回归结果中

---

① 限于篇幅，我们没有报告第一阶段的回归结果，在第一阶段的回归中，离受威胁地最短距离对技术选择指数的影响显著为正，说明工具变量是有效的。

可以看出，考虑技术选择指数的内生性并不影响本文的基本结论。在不同假设条件下，重工业优先发展战略对城乡收入差距的影响都显著为正，即重工业优先发展程度越大，城乡收入差距越大。Hausman 检验结果表明，技术选择指数的内生性显著存在，因此工具变量回归结果更加准确。为进一步检验两阶段回归结果的稳健性，模型 4 在假设 3 的基础上以"1963 年人口死亡率"作为技术选择指数的工具变量。以"1963 年人口死亡率"作为工具变量的原因在于，"三线建设"选址遵循"靠山、分散、隐蔽"的原则，这些地方往往生存条件恶劣，有利于抵御外敌入侵。作为"三线建设"的初始条件，1963 年人口死亡率将影响到"三线建设"选址，是技术选择指数一个合理的工具变量。为检验工具变量的有效性，模型 5 同时引入 1963 年人口死亡率和离受威胁地最短距离两个工具变量，并利用 Sargan 统计值，检验工具变量的外生性和有效性。Sargan 检验结果表明，模型不存在过度识别问题，即两个工具变量都是有效的。比较模型 3 ~ 模型 5 可以发现，基于不同工具变量的 TCI 系数估计值非常接近，进一步说明了工具变量的有效性。

从模型 5 的回归系数中可以看出，技术选择指数上升 1 个百分点，将导致城乡收入差距上升 0.372 个百分点，这意味着，重工业优先发展战略对城乡收入差距的影响是很大的。1978 ~ 2008 年，技术选择指数的标准差为 0.9，城乡收入差距的标准差为 0.7，技术选择指数变化 1 倍标准差，将导致城乡收入差距上升 0.335，占城乡收入差距标准差的 48%。我们还可以从另外一个角度理解回归系数的含义，2008 年技术选择指数的最大、最小值分别为 3.28 和 0.96，城乡收入差距的最大、最小值分别为 4.27 和 2.32，技术选择指数差异可以解释城乡收入差距的 40%[1]，这说明重工业优先发展战略对城乡收入差距的影响是非常重要的。

在其他控制变量中，人均 GDP 与城乡收入差距依然呈现 U 型特征，城市偏向的政府干预和对外开放将导致城乡收入差距扩大，国有企业比重对城乡收入差距没有显著影响，进一步支持了基础模型的回归结果。

五、重工业优先发展战略、城市化与城乡 收入差距：影响机制与分析

上文研究发现，重工业优先发展战略是中国城乡收入差距扩大的重要影响因素，本部分将进一步检验其核心影响机制——城市化进程。为全面刻画重工业优先发展战略、城市化和城乡收入差距的逻辑关系，本部分首先研究重工业优先发展战略对城市化进程的影响，然后在此基础上研究城市化进程与城乡收入差距的关系。

---

[1] $(3.28 - 0.96) \times 0.335 / (4.27 - 2.32) = 0.4$。

（一） 重工业优先发展战略与城市化

理论分析表明，重工业优先发展战略将导致城市吸纳就业能力的相对下降，以及城市化水平的相对下降；同时，由于重工业企业缺乏自生能力，无法有效地带动其他相关产业发展，城市规模经济特性难以发挥，产业集聚难以形成，进一步阻碍了城市化。为检验重工业优先发展战略对城市化的影响，我们以城镇从业人数占总从业人数的比例，作为城市化水平的度量，构造计量模型如下：

$$urpop\_ratio_{it} = C + \alpha DS_{it} + \beta X_{it} + \varepsilon_{it} \tag{12}$$

在 （12） 式中，$urpop\_ratio_{it}$ 为 t 时期 i 地区的城市化水平，DS_{it} 为重工业优先发展程度的度量，C 为常数项，ε_{it} 是残差项，α 是我们关心的待估计系数。按照理论推断，重工业优先发展程度越大，城市化水平相对越低，我们预期 α 为负值。与计量模型 （11） 相同，X 为其他控制变量，包括经济发展程度、国有企业比重、对外开放程度、政府城市偏向的干预程度和初始城市化水平等，β 是这些变量的系数。

表5 发展战略与城市化

	模型 1	模型 2	模型 3	模型 4	模型 5	模型 6
	基于假设 1 的 OLS 回归	基于假设 2 的 OLS 回归	基于假设 3 的 OLS 回归	解释变量滞后一期	固定效应模型	随机效应模型
TCI	− 0. 011 ***	− 0. 009 ***	− 0. 009 ***	− 0. 007 ***	− 0. 007 ***	− 0. 007 ***
	[0. 002]	[0. 002]	[0. 002]	[0. 002]	[0. 001]	[0. 001]
realpergdp	− 0. 021 ***	0. 051 ***	0. 077 ***	0. 092 ***	0. 008	0. 013
	[0. 005]	[0. 008]	[0. 009]	[0. 011]	[0. 009]	[0. 008]
gdp2	0. 005 ***	− 0. 004 ***	− 0. 008 ***	− 0. 011 ***	− 0. 001	− 0. 001
	[0. 001]	[0. 001]	[0. 001]	[0. 002]	[0. 001]	[0. 001]
soe_ratio	− 0. 013	− 0. 027	− 0. 008	0. 000	− 0. 198 ***	− 0. 166 ***
	[0. 018]	[0. 019]	[0. 019]	[0. 019]	[0. 027]	[0. 025]
openness	0. 052 ***	0. 022 ***	0. 025 ***	0. 022 ***	0. 036 ***	0. 035 ***
	[0. 006]	[0. 006]	[0. 006]	[0. 007]	[0. 007]	[0. 007]
govexp_ratio	− 0. 146 ***	− 0. 048 *	− 0. 058	− 0. 050	− 0. 005	− 0. 001
	[0. 022]	[0. 026]	[0. 036]	[0. 037]	[0. 041]	[0. 037]
inc_ratio1978	0. 970 ***	0. 913 ***	0. 892 ***	0. 893 ***	—	0. 959 ***
	[0. 010]	[0. 011]	[0. 012]	[0. 013]		[0. 026]
Constant	0. 078 ***	0. 076 ***	0. 061 ***	0. 062 ***	0. 479 ***	0. 118 ***
	[0. 013]	[0. 015]	[0. 018]	[0. 018]	[0. 023]	[0. 021]
样本量	820	820	820	761	820	820
R − squared	0. 953	0. 962	0. 966	0. 967	0. 391	0. 959

注：* 、* * 和 * * * 分别表示参数估计值在 10% 、5% 和 1% 的水平上显著异于零。

模型 1～模型 3 分别在理论假设 1～假设 3 的条件下，对计量模型（12）进行了估计。从回归结果中可以看出，在不同假设条件下，重工业优先发展战略对城市化水平的影响都显著为负，这个结论很好地支持了本文理论假说 2，即重工业优先发展战略将导致相对更低的城市化水平。为检验重工业优先发展战略是否存在滞后效应，同时缓解技术选择指数内生性问题，表 5 第 4 列报告了所有解释变量滞后 1 期的回归结果；为检验实证结果对模型设定的稳健性，第 5 列和第 6 列分别报告了固定效应模型和随机效应模型的回归结果。从表 5 可以看出，使用滞后变量和不同计量模型对主要结果基本没有影响，说明本文结论是稳健的。

在其他控制变量中，经济发展程度与城市化呈现"倒 U 型"关系（除模型 1 外），"倒 U 型"曲线顶点出现在人均真实 GDP 达 5 万元/年左右，说明中国目前还处于经济发展推动城市化的过程中。国有企业比重对城市化的影响在大部分模型中显著为负，其可能原因包括：国有企业多为重工业企业，吸纳就业能力相对低，对产品市场和劳动力市场的垄断，减少了城市就业渠道等。经济开放程度对城市化水平影响为正，说明对外开放有利于推动中国城市化进程。其可能原因是国际贸易创造了大量就业机会，使得农村居民能够不断向城市集聚，推动城市化进程。城市偏向的政府干预在所有回归模型中系数都为负，说明这一偏向不仅无法有效推动城市化，而且可能阻碍城市化进程。

（二）城市化与城乡收入差距

上一部分研究发现，重工业优先发展战略将相对降低城市化水平，延缓城市化进程。为全面刻画发展战略、城市化与城乡收入差距的逻辑关系，本部分将进一步研究城市化对城乡收入差距的影响，对理论假说 3 进行实证检验。为检验城市化水平与城乡收入差距的关系，我们构建计量模型如下：

$$\text{inc\_ratio}_{it} = C + \alpha \text{urpop\_ratio}_{it} + \beta X_{it} + \varepsilon_{it} \tag{13}$$

与上文相同，inc_ratio_{it} 表示 t 时期 i 地区的城乡收入比，urpop_ratio_{it} 表示 t 时期 i 地区的城市化水平，X 为其他控制变量。若理论假说 3 成立，我们预期 α 为负值，即城市化水平越高，城乡收入差距越小。

表 6 报告了城市化与城乡收入差距的回归结果。模型 1 为基准回归模型，基于混合最小二乘法对计量方程（13）进行估计。从回归结果中可以看出，城市化水平对城乡收入差距的影响显著为负，说明城市化水平越高，城乡收入差距越小，很好地支持了本文理论假说 3。为检验模型设定是否会影响实证结果，模型 2 和模型 3 分别使用固定效应（FE）模型和随机效应（RE）模型进行了稳健性检验，发现城市化对城乡收入差距的影响依然显著为负，说明基准回归结果对模型设定是稳健的。考虑到城乡收入差距可能存在测量误差问题，模型 4 以城乡消费差距作为被解释变量，发现城市化水平的系数显著为负，且系数值变得更大了。模型 5 将所有解释变量滞后一期，以考察城市化对城乡收入差距的滞后影响，同时缓解城市化水平的内生性问题。回归结果表明，城市化水平对城乡收入差距的影响存在明显的滞后效应，说明城市化对城乡收入差距存在持续影响。

表 6 城市化与城乡收入差距

	模型 1	模型 2	模型 3	模型 4	模型 5	模型 6
	基准回归模型	固定效应模型	随机效应模型	城乡居民消费差距为被解释变量	解释变量滞后一期	同时包含发展战略与城市化
urpop_ ratio	−1.206 *** [0.118]	−0.822 ** [0.328]	−0.829 *** [0.226]	−0.951 *** [0.109]	−1.133 *** [0.336]	−0.984 *** [0.324]
realpergdp	−0.493 *** [0.085]	−0.532 *** [0.075]	−0.534 *** [0.075]	−0.394 *** [0.085]	−0.636 *** [0.083]	−0.502 *** [0.074]
gdp2	0.065 *** [0.013]	0.061 *** [0.011]	0.063 *** [0.011]	0.043 *** [0.013]	0.075 *** [0.013]	0.056 *** [0.010]
soe_ ratio	0.982 *** [0.187]	−0.290 [0.250]	−0.066 [0.232]	1.348 *** [0.188]	−0.529 ** [0.252]	−0.528 ** [0.246]
openness	0.312 *** [0.062]	0.141 ** [0.066]	0.138 ** [0.065]	0.452 *** [0.063]	0.197 *** [0.066]	0.114 * [0.065]
govexp_ ratio	3.082 *** [0.264]	0.847 ** [0.359]	1.428 *** [0.349]	2.379 *** [0.277]	0.957 ** [0.383]	1.195 *** [0.365]
inc_ ratio1978	0.178 *** [0.022]	—	0.252 *** [0.074]	0.180 *** [0.023]	0.208 *** [0.073]	0.219 *** [0.070]
TCI	—	—	—	—	—	0.030 ** [0.013]
Constant	2.400 *** [0.163]	4.026 *** [0.250]	3.190 *** [0.282]	1.873 *** [0.166]	4.083 *** [0.453]	2.214 *** [0.440]
样本量	808	819	808	805	783	795
R − squared	0.779	0.776	0.736	0.72	0.900	0.897

注: *、**和***分别表示参数估计值在10%、5%和1%的水平上显著异于零。

如前文所述,城市化水平可能内生地决定于政府发展战略,模型 6 引入技术选择指数作为控制变量,以考察城市化水平对城乡收入差距的净影响。比较模型 6 和基准回归结果(模型 1)可以发现,在控制了技术选择指数后,城市化水平的回归系数依然高度显著为负,但系数值有所下降,说明发展战略和城市化是高度相关的,在控制了政府发展战略后,城市化水平对城乡收入差距的净影响有所下降。同时,技术选择指数的回归系数显著为正,可能说明了发展战略影响城乡收入差距的渠道不限于城市化,由重工业优先发展战略衍生的一系列制度、政策(如城乡分割的户籍制度,城市偏向型教育经费投入政策等),都有可能导致城乡收入差距扩大,这也是值得进一步深入研究的方向。

在其他控制变量中,经济发展过程中城乡收入差距依然呈现出先下降后上升的 U 型规律,与库兹涅茨假说相反。对外开放程度和城市偏向的政府干预将导致城乡差距扩大,国有企业比重对城乡收入差距的影响依然不稳健，与表1的回归结果一致。

总体而言，本部分的实证研究表明，政府优先发展重工业的战略将导致城市化水平的相对下降，城市化水平的相对下降将导致城乡收入差距扩大，实证结果很好地支持了本文理论假说2和假说3。

六、结束语

本文利用中国1978～2008年的省级面板数据，对发展战略、城市化和城乡收入差距的关系进行了实证检验。研究发现，重工业优先发展战略将导致城市化水平的相对下降、城乡收入差距扩大。重工业企业的基本特性是资本密集度高、就业吸纳能力低，发展中国家的现实条件却是资本稀缺、劳动力丰裕，发展中国家的重工业优先发展战略不能在世界市场充分利用本国的比较优势，导致工业部门吸纳就业能力的相对下降，城市化水平的相对降低，这解释了中国城市化进程远远落后于工业化进程的现实。在二元经济的现实条件下，城市化水平的相对下降，意味着大量劳动力不得不滞留农村，在土地规模报酬递减的现实约束下，农村平均收入水平的提高因此受阻，城乡收入差距扩大。

从历史的视角来看，中国计划经济时期的重工业优先发展战略导致工业部门就业需求下降，给城市就业带来了巨大的压力。为维护社会稳定、缓解城市就业压力，政府不得不逐步建立了城乡隔绝的户籍管理制度，以控制农村劳动力向城市转移。为了支持城市重工业的发展，政府还建立了一系列城市偏向型的制度和政策，进一步阻碍了城市化进程，扩大了城乡收入差距。改革开放以来，政府逐步放弃了重工业优先发展战略，然而，本文实证研究表明，重工业优先发展战略对中国当前城市化和城乡收入差距依然有着重要的影响。2000年以来，中国重工业的比重持续上升，服务业发展则趋于停滞。[①] 资本深化直接造成了中国近年来城市化进程落后于经济发展水平、工资上升幅度跟不上劳动生产率提高等一系列现象。

目前，我国城镇化率远低于发达国家的平均水平，也落后于中国的经济发展水平。本文研究表明，城镇化滞后将导致城乡收入差距居高不下，改善城乡收入分配需要以推进城镇化为主要抓手。城镇化"不是简单的人口比例增加和城市面积扩张，更重要的是实现产业结构、就业方式、人居环境、社会保障等一系列由'乡'到'城'的重要转变"。[②] 本文研究表明，提高城镇化质量的关键在于优化产业结构，增加就业机会，实现工业化和

---

① "'十一五'期间，第三产业增加值占国内生产总值的比重低于预期目标，重工业占工业总产值比重由68.1%上升到70.9%，高耗能、高排放产业增长过快，结构节能目标没有实现。"（《国务院关于印发节能减排"十二五"规划的通知》，国发〔2012〕40号，http：//www.gov.cn/zwgk/2012－08/21/content_ 2207867. htm）。

② 参见李克强. 认真学习深刻领会全面贯彻党的十八大精神 促进经济持续健康发展和社会全面进步. 人民日报，2012年11月21日，第3版。

城镇化的协调发展。

本文的实证研究还表明,库兹涅茨"倒U型"曲线在中国不成立,经济发展本身并不是城乡收入差距扩大的原因,因此也不能期待城乡收入差距会随着经济发展而自动弥合。有效推动城市化,降低城乡收入差距,需要从发展战略和由此衍生的制度、政策入手。第一,大力发展符合比较优势的劳动密集型企业,提供更多的就业岗位,加快城市化进程,缩小城乡收入差距。第二,鼓励多渠道多形式就业,提高城市就业吸纳能力。第三,加快城市部门改革,逐步放弃城乡分割的户籍制度。第四,逐步放弃因重工业优先发展战略所形成的一系列城市偏向的制度安排,包括城市偏向的教育经费投入政策和歧视性的社会福利政策等。

附表　实证研究中的变量定义与说明

变量	变量含义	定义
TCI	技术选择指数	见 (1) 式
inc_ ratio	城乡收入差距	城镇居民家庭平均每人全年可支配收入/农村居民家庭平均每人全年纯收入
con_ ratio	城乡消费差距	城镇居民家庭平均每人全年生活性消费支出/农村居民家庭平均每人全年生活性消费支出
urpop_ ratio	城市化水平	城镇就业人口/总就业人口
realpergdp	人均真实 GDP (万元)	地区人均真实产值
gdp2	人均真实 GDP 平方项	(地区人均真实产值)^2
soe_ ratio	国有企业比重	国有企业职工人数/职工总人数
openness	贸易依存度	(进口额 + 出口额)/地区 GDP
govexp_ ratio	政府干预程度	地方政府财政支出/地区生产总值

资料来源:国家统计局国民经济综合统计司编:《新中国六十年统计资料汇编》,北京:中国统计出版社,2010 年。

参考文献

[1] 中华人民共和国国家统计局编. 中国统计年鉴2010. 北京:中国统计出版社,2010.

[2] 李实. 中国个人收入分配研究回顾与展望. 经济学季刊,2003,2 (2).

[3] 杨宜勇. 城市化创造就业机会与城市就业空间分析. 管理世界,2000 (2).

[4] 陆铭,陈钊. 城市化、城市倾向的经济政策与城乡收入差距. 经济研究,2004 (7).

[5] 陈斌开,张鹏飞,杨汝岱. 政府教育投入、人力资本投资与中国城乡收入差距. 管理世界,2010 (1).

[6] D. T. Yang. Urban – Biased Policies and Rising Income Inequality in China. The American Economic Review,1999,89 (2). 306 – 310.

[7] 林毅夫,蔡昉,李周. 中国的奇迹:发展战略与经济改革. 上海:上海三联书店、上海人民出版社,1994.

[8] 蔡昉,杨涛. 城乡收入差距的政治经济学. 中国社会科学,2000 (4).

［9］蔡昉．城乡收入差距与制度变革的临界点．中国社会科学，2003（5）．

［10］R. Kanbur, X. Zhang, "Fifty Years of Regional Inequality in China: A Journey through Central Planning, Reform and Openness. Review of Development Economics, 2005, 9（1）: 87 – 106.

［11］林毅夫，刘明兴．中国经济的增长收敛与收入分配．世界经济，2003（8）．

［12］林毅夫，刘培林．经济发展战略与公平、效率的关系．经济学季刊，2003（2）．

［13］J. Y. Lin, B. Chen. Urbanization and Urban – Rural Inequality in China: A New Perspective from the Government's Development Strategy. Frontiers of Economics in China, 2011, 6（1）: 1 – 21.

［14］C. C. Au, J. V. Henderson. Are Chinese Cities Too Small? The Review of Economic Studies, 2006, 73（3）: 549 – 576.

［15］陆铭，陈钊．中国区域经济发展中的市场整合与工业集聚．上海：上海三联书店、上海人民出版社，2006.

［16］陈钊，陆铭．从分割到融合：城乡经济增长与社会和谐的政治经济学．经济研究，2008（1）．

［17］赵德馨．中华人民共和国经济专题大事记（1949—1966 年）．郑州：河南人民出版社，1985.

［18］张玉林．迁徙的自由是如何失去的——关于 1950 年代中期的农民流动与户籍制度．王思明．20 世纪中国农业与农村变迁研究．北京：中国农业出版社，2003.

［19］陆铭，向宽虎，陈钊．中国的城市化和城市体系调整：基于文献的评论．世界经济，2011（6）．

［20］J. Y. Lin., M. Liu. Development Strategy: Transition and Chalenges of Development in Lagging Regions. in F. Bourguignon and B. Pleskovic, eds., Annual World Bank Conference on Development Economics 2004: Acelerating Development, Bangalore Conference Procedings, Washington D. C.: World Bank, 2004.

［21］陆铭，陈钊，万广华．因患寡而患不均：中国的收入差距、投资、教育和增长的相互影响．经济研究，2005（12）．

［22］陈斌开，林毅夫．重工业优先发展战略、城市化与城乡收入差距．南开经济研究，2010（1）．

Development Strategy, Urbanization and the Rural – urban Income Disparity in China

Chen Binkai　Lin Yifu

Abstract: This study takes a perspective from governmental development strategy to examinethe causes for the underdevelopment of Chinese urbanization and the rising inequalityin rural – urban income. The results show that the governmental strategies that aim to encourage the prior development of capital – intensive sectors have led to a relative decrease in the employment demand in urban sectors, which in turn retards the urbanization course, bans the effective migration of rural residents into cities, and increases the rural – urban income disparity. Our study uses the

Technology Choice Index （TCI） as a measure of the extent of governmental policy support for capital – intensive sectors， and employs the provincial panel data in 1978 – 2008 to test the theoretical hypothesis. The study also reveals a U – shaped tendency of Chinese rural – urban income disparity in the course of economic development.

行为逻辑、分化结果与发展前景[*]

——对 1978 年以来我国农户分化行为的考察

李宪宝　高　强

【摘　要】农村改革以来我国农户发生了显著分化，影响了农村政策实施的有效性。如何在农户分化背景下制定更具针对性的政策、使其对差异化凸显且不断分化的异质性农户产生积极的作用是解决"三农"问题的关键。农户分化过程中，家庭承包制改革对农户理性的释放构成了分化的基础，农村要素市场建设带动的劳动力流动及土地流转为分化创造了条件，城镇化及工业化吸纳农村劳动力为分化提供了途径。改革以来农户分化呈现纯农户比重下降、兼业农户及非农户比重上升的态势。在现有分化条件下，纯农户及兼业户向非农户转化缓慢、兼业农户将持续占据较大比重，应当结合农户分化特点做出针对性政策安排，以避免对农业生产及城乡发展产生负面影响。

【关键词】农户；纯农户；非农户；兼业户；农户分化

一、引　言

农户是研究中国"三农"问题的重要视角，1978 年家庭承包制改革以来，伴随着各项权利的获得，农户作为生产及消费决策主体的地位日益加强。以农户为分析对象研究其投资（郭敏等，2002）、消费（朱信凯，2004）、借贷（李锐等，2004）以及风险规避（马小勇等，2009）等行为成为诸多学者关注的焦点。以户为研究对象有其内在的逻辑基础，家庭成员间的特殊血缘关系决定了其决策过程（不管是户主独自的决策行为还是家

　　* 本文选自《农业经济问题》2013 年第 2 期。作者单位：中国海洋大学管理学院。项目来源：本文为国家自然科学基金项目"沿海地区小规模兼业农业向适度规模现代农业转化的体制机制研究——基于农户分化的实证分析"（编号：70973116）的阶段性研究成果，同时受到教育部人文社科项目"农户兼业化对农业生产效率的影响及提升农业生产效率的机制研究"（编号：09YJA790190）、山东省科技发展计划项目"山东省新农村建设关键性技术问题分析及机制模式研究"（编号：2010GNC10957）的资助。感谢审稿人的修改意见，文责自负。

庭成员的协商行为）中所考量的成本收益对象是各成员构成的家庭，而不是决策者个人。

围绕农户行为，国内外农户理论的相关研究取得了众多的成果，李光兵（1992）、张林秀（1996）、宋圭武（2002）、陈春生（2007）、翁贞林（2008）等对国内外农户理论的相关研究进行了回顾与展望。通过以上学者对国内农户理论研究的总结，可以发现现有农户研究的一个显著特点是把农户作为同质性的研究对象，从普遍意义上分析其决策行为及影响因素。这种研究思路，针对农村改革初期由均分土地所形成的同质性农户进行分析具有较强的意义与可操作性。而随着农户发展环境的改变，特别是农村市场化改革的推进，农户各种生产要素参与生产所面临的制度性障碍逐步化解，特别是劳动力要素在城乡间、产业间的流动性显著增强。农户通过种植多样化、农业产业化、非农务工等要素配置行为，实现了在人为限制条件下所不能达到的家庭积累。同时由于农户技术水平、市场参与能力等方面的差异导致农户的收入结构及劳动力就业结构出现较大的差异，而且这种差异性通过自我积累的循环使得农户间逐渐发生分化。

农户不断分化的现状使得农户行为的研究面临着新的挑战，特别是在一些农民增收及农业发展的政策制定过程中，如何使新的政策对差异化凸显且不断分化的异质性农户产生积极效果是一个不可回避的问题。由此，系统分析我国改革开放以来农户分化的形成逻辑、分化结果及发展前景，探讨农户分化背景下我国农业及农村发展政策制定及实施的选择方向，具有一定的理论及实践意义。

二、农户经营角色变迁

农户是迄今为止最古老、最基本的集经济与社会功能于一体的单位和组织，是农民生产、生活、交往的基本组织单元。在中国漫长的封建社会里，以户为单位的耕作方式一直是农业生产中占绝对统治地位的耕作方式，农户是农民生产、生活、交往的基本组织单元。农民与社会、农民与国家、农民与市场的联系都是以户为单位进行，中国经济社会及国家变动都可以从农户动机和行为中寻找内在逻辑，可以说农户是认识中国农民和农村社会的一把钥匙（徐勇等，2006）。

新中国成立以后我国农户的经营形式短时间内经历了剧烈的变化。1952 年完成的以"耕者有其田"为目标的土地改革，使农户经营走上了土地私有、分散经营的道路，与土改前"土地地主私有、农户租佃经营"的形式有了显著的区别，农户成为土地所有者并享有独立的经营决策权。1953 年开始的农业社会主义改造以及后来的人民公社化运动却又重新剥夺了农户的决策主体地位，农业经营形式变成了"土地集体所有，集体统一经营"，尽管 1963 年实施的"三级所有、队为基础"政策使得土地所有者及经营主体由公社缩小为生产小队，但是农户依然缺乏土地所有权及经营决策权。土地所有权及经营决策权的缺失使农户沦为集体统一支配下的农业生产"操作者"，即使是农户拥有所有权的家庭劳动力资源也受制于严格的人口流动制度而失去了充分的就业选择。在这种特殊的制度安排下，绝大多数农户的劳动力只能配置于农业生产中，因此这一阶段的农户是高度同质的，农户即使有经营其他产业的意愿与能力，也受制于强制性的制度安排而无从施展。1978 年开始的家庭联产承包责任制改革使得农户被剥夺的经营决策权逐渐得到恢复，尽管农户仍不具备完整的土地所有权，但"集体所有、农户使用"的土地制度安排已经能够保障农户经营决策权的实现。特别是 2003 年实施的《中国农村土地承包法》明确指出对农户承包地予以物权保护并赋予农地转让的权利，中共十七届三中全会提出的"现有土地承包关系保持稳定并长久不变，且鼓励土地承包经营权流转"政策，进一步强化了农户土地的经营决策权。农户经营决策权逐步完善的另一个重要体现在于农户劳动力就业产业及地域空间的不断拓展，1982 年开始连续五年的中央一号文件中均提出了鼓励农户劳动力就业领域由农业向非农业、就业地域由农村向城市拓展的政策，而 21 世纪以来的中央一号文件则提出了更为具体的推动农户劳动力向非农产业、向城镇转移的政策措施。由此，农户对其所支配的两个主要生产要素（土地及劳动力）已基本具有了充分的经营决策权，农户成为独立的经营决策主体。

三、农户分化原因探究

农户分化是指一定区域内的农户由同质性的经营农业户分化为经营农工商等异质性农户的过程，具体表现为农户由经营农业的纯农户逐渐分化出亦工亦农的兼业户及非农户，从而形成纯农户、兼业户、非农户并存且不断演化的局面。就农户分化的表现形式而言，既可以从农户劳动力从业领域的变动进行观察，也可从其家庭收入结构的角度进行划分，只要有家庭成员涉足非农产业并获得非农收入就可以断定其同传统农户发生了分化。

农户分化并非 1978 年农村改革以后才出现的行为，黄宗智（1986）认为中国的小农经济远在中国接触近代世界经济之前就经历了显著变化。商业化的农业和家庭手工业以及人口的递增和流动，在小农经济内推动了一个延续不断的社会分化过程。新中国建立以后，为了保障重工业优先发展战略的有效实施，人民公社制度和户籍制度将农业生产要素集中于农业之中，人口迁移和农业劳动力转移受到严格限制。农户劳动力被排斥在非农就业之外，失去了经营非农产业的机会，农户分化行为受到限制，因此，1978 年农村改革前的农户是以高度同质的纯农户为主的。这种农户被强行"同质化"的过程严重扭曲了农户的要素配置结构。家庭承包制的实施使这一要素配置扭曲的局面得以大大改观，它通过调动积极性以及给予农户自主安排劳动时间、劳动方式和劳动内容的自主权，解放了劳动力，对于农户劳动力的重新配置产生了重要影响（蔡昉，2009）。劳动力要素配置自由度的提升使得农户分化行为得以重生，而随后一系列配套政策的实施则使得农户分化得到了快速发展。因此，1978 年农村改革前后的制度变革为研究农户分化的逻辑提供了天然试验田，使我们得以在更加完整的平台上探析农户分化的形成机理。

（一）农村改革为农户分化奠定了基础

关于农民及农户行为理性的判断一直是国内外学者争论的焦点之一，巴德汉（2002）对此问题的一个总结性观点认为，即使一个农民对于市场价格不是十分敏感或者这些市场本身也未必充分发展起来时，仍然可能存在充分的行为一致性证据，表明农民所做的努力是试图在给定的约束条件下增进自身的福利。特别是考虑到传统社会中的贫困农民也有相当的聪明才智对物质激励做出反应时，理性化假设未必是一个坏的操作性假设或进行问题分析的起点。本文对农户理性的界定是与此一致的，而且本文认为农村改革前经营活动高度同质的农户之所以发生分化，恰恰是农户理性行为的一种表现。

以家庭联产承包责任制为核心的农村改革赋予了农户充分的要素配置决策权及收益分享权。获得生产经营决策权的农户的一个理性选择是抛弃集体生产体制下的低效率生产行为，转而充分增加劳动力、肥料、技术等要素的投入以增加农业产出，从而获取更多的生产收益。林毅夫（2008）的分析表明，1978～1984年的农业产出增长中有45.79%来源于投入的增加，农村改革对农业产出增长做出了48.64%的贡献。而在农业生产结构的调整方面，农户也开始积极探索效益更高的作物品种以充分发挥其土地及劳动力资源的产出能力。家庭农作的恢复和给予农民的市场自由的增加，促使农民按利润边际来调整他们的生产活动。经济作物面积进一步增加而谷物面积下降，动物饲养、养鱼和副业生产也以更快的速度增加（林毅夫，2008）。由此可见，在具有充分的要素配置决策权的情况下，为获取更高的家庭收益，农户必然要对其要素的投入及配置做出理性选择，而农村改革为集体化体制下被压抑的农户理性创造了释放的空间。

值得注意的是，如果农户的生产要素特别是劳动力要素仅能配置于种植、养殖等农业生产领域，农户间仍不可能发生显著分化，而无非是出现种植户、养殖户等农业范围之内农户的区别。因此，要产生更深的农户分化，要求农户的部分生产要素跳出农业，以实现"农民理性的优质因素与现代工商业社会的优质因素有机结合"（徐勇，2010）；同时，人地资源禀赋及土地人口均分制度使得户均土地经营规模异常狭小，家庭承包制导致农户劳动力投入密集度与投入质量上升，由此导致现有人地比例条件下大部分农户出现剩余劳动力，而且农业机械应用日益广泛使得劳动力闲置的可能性越来越强，劳动力要素出于家庭要素收益最大化的考虑必然产生流入其他行业参与生产的需求。因此，家庭承包制对农户理性的释放还体现于其对农户劳动力再配置中的显著作用，它通过调动积极性以及给予农户自主安排劳动时间、方式和内容的自主权，成为劳动力流动政策改革的出发点（蔡昉等，2008）。

在拥有充分的要素配置决策权的情况下，农户成为独立的商品性生产者且投资理性越来越强，其投资取向的基本原则是追求利益的最大化（郭敏等，2002）。在投资理性支配下的农户必然要充分拓展要素的作业空间以获得更高的家庭收益，特别是对于流动性强且收益率高的劳动力而言，向生产率及收益率更高的非农产业转移便成了农户理性选择的必然结果。与此同时，农户在生产能力、经营意识等方面的人力资本差异以及信息、社会网络等方面的社会资本差异等逐渐显现出来，特别是一些自我积累能力较强或劳动力非农就业比重较大的家庭逐渐脱离农业生产活动，分化为兼业农户或非农户。另外，从农户风险规避角度来看，实行家庭联产承包责任制以来农户已经成为收入风险承担和应对的独立主体，承担着自然、市场、政策等多重收入风险（马小勇等，2009）。出于规避风险的考虑，农户的理性选择是在有效拓展劳动力要素收益空间的同时，充分利用土地要素在规避家庭收益风险中的保障性作用。由此形成的一个普遍现象是，农户中非农产业就业能力较强的劳动力纷纷选择到非农产业就业或在本地创办工商业，同时非农就业能力较弱的家庭其他劳动力仍然与土地要素相结合，进而成为兼业农户。因此，家庭承包制改革对农户理性的释放有效驱动了农户充分探索其土地、劳动力等要素的作用及收益空间，使其决策行为多样化，为农户分化局面的形成奠定了基础。

（二）农村要素市场逐步完善为农户分化创造了条件

农户理性行为的发生是通过对生产要素的合理配置实现的，因此要素市场是否完善构成了农户行为发生从而产生分化的重要条件。完全不存在土地及劳动力市场的情况下，农户的劳动力只能与土地要素相结合，农户的生产行为表现为多样化的农产品种植结构以满足家庭的多样化需求，农户劳动力参与生产的全过程以实现充分利用劳动力的目标。而受人多地少资源禀赋结构及生物生长自然规律的限制，即使劳动力在边际收益小于边际成本下的"过密化"投入，仍然难以在有限的土地资源上实现高水平的产出。因此家庭的农产品剩余量是有限的，从而难以形成较大规模的农产品交易市场。依据斯密定理的逻辑，市场规模在有限的情况下是难以实现高水平社会分工的，而农业生产的低分工水平必然导致大量自给自足同质化农户并存的局面。

关于农业要素市场的完善程度对农户行为的影响，巴德汉（2002）论证证明，在存在完善要素市场的情况下，一个最大化效用的家庭会在其生产行为中选择利润最大化，也称作实现家庭生产决策与消费决策的分离特性。土地及劳动力要素市场的完善会推动生产消费分离特性的上升，由此农户劳动力将获得更多参与市场分工的机会。劳动力要素市场的完善为劳动力顺利转移出农业创造了条件，农户劳动力向非农产业的转移带动了家庭收入结构的变化，由此实现了农户由纯农户向兼业户乃至非农户的转化。同时，土地要素市场的完善为农户分化提供了保障条件，特别是土地流转政策的实施为农户合理配置土地要素提供了充分的空间。非农就业能力较强的农户可以将土地出租给效率更高的专业化农户，既补偿了农户过去对土地的投资又为农户保留了未来土地增值的收益权，大大消除了农户向非农户转化的后顾之忧。而且土地要素向种植大户的集中也推动了农业社会服务及合作行为的发展，有助于优化纯农户的经营环境，帮助其发展壮大。由此可知，农村要素市场的逐步完善是农户分化的形成与深化的必要条件。

1978年农村改革开始以后，我国又陆续在劳动力及土地市场领域出台了一系列的政策，农村劳动力城乡流动的藩篱打开了缺口（John Knight, Lina Song, 2003），而这一过程同时也是不断为农户分化创造条件的过程。在劳动力流动政策方面经历了几个显著的发展阶段（如表 1 所示）。

表 1　我国劳动力流动阶段性特点

1979～1983 年	1984～1988 年	1989～1991 年	1992～2000 年	2000 年以后
控制流动阶段	允许流动阶段	控制盲目流动阶段	规范流动阶段	公平流动阶段

资料来源：宋洪远等. 改革以来中国农业和农村经济政策的演变. 北京：中国经济出版社，2000.

改革后农村劳动力的流动主要体现在从农村向城镇流动、从农业向非农业流动，对比分析不同阶段的劳动力流动政策可以看出，改革后农村劳动力流动表现出空间逐渐释放、限制逐渐消除、服务逐渐完善等特点。特别是 2000 年以后，实施的针对农民进城务工人员管理服务、权益保障、子女教育、培训工程等一系列政策为进城农民工的公平流动创造了更好的条件。流动政策的演变使得农村劳动力要素市场得以逐步完善，优化了农村劳动力在不同产业、不同地域间参与生产并获取收益的环境。而出于最大化家庭收入水平的考虑，农户必然要对其自身的劳动力资源在不同产业间进行理性配置，由此而产生了农户差异化家庭收入结构的可能性，即农户分化的基础性条件之一。

土地要素市场建设方面，1978 年开始的以土地均分为主要内容的家庭承包制改革将土地要素的承包经营权分配到农户，但并未设定土地要素在农户间流动的严格限制。恰恰相反，为了避免土地过于细碎化对农业生产效率的负面冲击，1984 年中共中央在《关于1984 年农村工作的通知》中明确指出"鼓励土地逐步向种田能手集中"。其后关于土地流转的政策取向延续了这一基调，有关土地流转的相关政策日趋完善。1993 年 11 月，中共中央、国务院《关于当前农业和农村经济发展的若干政策措施》延长耕地承包期限至 30年的同时，进一步强调了"在坚持土地集体所有和不改变土地用途的前提下，经发包方同意，允许土地使用权依法有偿转让"。2001 年中共中央颁布《关于做好农户承包地使用权流转工作的通知》，针对承包地使用权流转的相关内容做出了明确规定。2003 年颁布的《中华人民共和国农村土地承包法》明确提出"国家保护承包方依法、自愿、有偿地进行土地承包经营权流转"。2008 年《中共中央关于推进农村改革发展若干重大问题的决定》中明确提出"加强土地承包经营权流转管理和服务，建立健全土地承包经营权流转市场，按照依法自愿有偿原则，允许农民以转包、出租、互换、转让、股份合作等形式流转土地承包经营权"。由以上政策演变的逻辑可以看出，土地要素市场也处于不断完善的过程中，而这一点对于解除农户分化的后顾之忧将产生积极的影响。

农村劳动力及土地要素市场的日趋完善以及与之相关的农户经营活动的多样化趋势、农产品流通市场建设、农业社会化服务体系建设等进一步释放了农户分化的空间，为农户分化行为的产生与深化创造了条件。

值得注意的是，土地要素在农业及农村发展中扮演着特殊角色，人地资源禀赋结构、土地产权结构及用途限制等因素决定了绝大多数农户仅靠现有的土地要素是难以实现家庭富裕的，即土地要素的生产性功能尽管重要但其影响力是有限的。尽管如此，对农户而言土地要素有限的生产性功能并不能体现土地的全部价值。一方面，现阶段农村缺乏完善的社会保障体系，而在劳动力非农就业仍存在较大风险的情况下，土地要素的社会保障功能对农户而言是不可忽视的；另一方面，持续快速推进的城镇化、工业化为土地要素实现功能转换从而获取更高收益创造了机会，特别是对城镇郊区的农户而言土地要素的资产性功能日益凸显。农户对土地要素保障性功能的依赖以及资产性功能的期待，使其倍加珍视现有土地要素的各项权益，使得一些农户即使有了较稳定的非农就业机会甚至在可以举家迁移至城镇的情况下也不会放弃现有土地的各项权利，结果导致"兼业凝固化"，阻碍其向非农户的分化。

（三）城镇化、工业化快速推进为农户分化提供了途径

城镇化最直接的表现为居住于城镇的人口数量上升[1]，城镇人口数量的增加一方面源自原城镇人口婚育与子女出生，另一方面源自城镇以外人口的流入。从统计的角度而言，城镇人口在不同城市间的流动并不影响城镇化水平，因此，通过流动对城镇化水平产生影响的群体主要来自农村。城镇化为农村劳动力提供了非农就业岗位，改变了劳动力的就业领域及其家庭收入结构。特别是非农收入差异成为农户收入差异的主要源泉（Khan，Riskin，1998），由此，同质化的纯农户中的部分农户因其劳动力进城务工而发生了分化。因此，城镇化对农业劳动力的吸纳特别是对进城务工劳动力及其家庭的接受是推动农户分化的重要因素。我国改革开放以来城镇化的快速发展对我国农户分化产生了显著影响，图1列出了1978~2010年我国城镇及乡村人口比重的变动情况。改革开放以来城镇人口比重呈现持续上升的态势，特别是1996年以后增长的幅度更加显著。但值得注意的是，现有的城镇人口统计口径中将以农民工为主体的在城镇居住6个月以上的外来人口统计为城镇人口。据《中国流动人口发展报告2010》的统计，这部分人口占城镇总人口的26%。以第六次人口普查数据，按1/4的比重估计，城镇人口中"被城镇化"的农民工数量为1.66亿人。这1.66亿农民工所在的家庭已经从纯农户中分化出来，完全或部分进入了非农就业领域。显然这部分有城镇就业劳动力的农户在家庭收入结构上已经显著异于纯农户，其生产投资决策也将因此发生改变。

工业化对农业劳动力的吸纳一方面表现在城镇化过程中，另一方面表现在农村非农产业发展吸引了大量的农村劳动力。特别是对于受非农就业能力限制或照顾家庭需要等因素的影响而难以实现离乡非农就业的劳动力而言，农闲时节在本村附近的非农产业中打工在许多农村非农产业较发达的地区已成为普遍现象。这种非农就业行为同样也会对家庭的收入结构产生影响，农户也会因此而产生分化。农村非农产业的发展带动劳动力就业非农化产生了积极影响，图2列出了1978~2010年乡村就业人员的构成变动情况。

---

① 城镇化水平衡量最常用的指标是城市化率，指城镇常住人口数量占总人口数量的比重，中国的统计数据中只要当年在城镇居住6个月以上均统计为城镇常住人口。

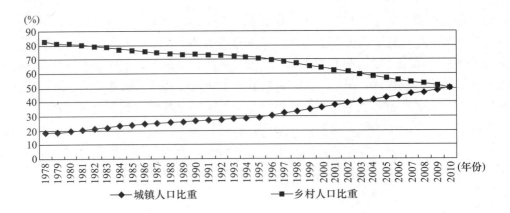

图1 1978～2010年城镇及乡村人口比重的变动情况

资料来源：《中国统计年鉴2011》。

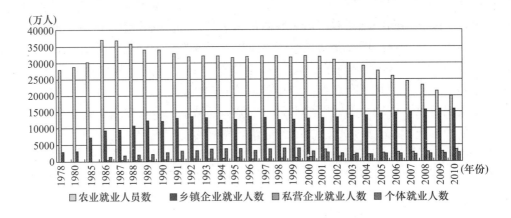

图2 1978～2010年乡村就业人员的构成变动情况

资料来源：《中国统计年鉴2011》。

由图2可知，20世纪80年代的大部分时期，农村个体私营企业尚未发展起来，非农就业主要依靠乡村两级集体所有的乡镇企业的发展，80年代后期到90年代乡镇企业增长趋缓，农村个体和私营企业加快发展填补了乡镇企业就业吸纳的不足，使得农村非农就业得以持续扩大。进入21世纪以来，乡镇就业人数呈现出持续上升的态势，私营企业及个体就业人数也显著增长，再加上转移至城镇非农就业劳动力的增长，农业就业人员自2000年开始呈现出显著的持续性下降态势。因此，城镇化、工业化对农村劳动力的吸纳为农户配置其劳动力要素提供了途径，有效推动了农业生产为主的农户向非农户、兼业户的分化。

值得注意的是，现阶段城镇化、工业化对农业劳动力吸纳的过程大多是劳动力就业向非农领域的转移，并没有实现其家庭由纯农户向非农户的彻底转化。究其原因，一方面，城镇的非农就业领域中，不管是知识及技术含量需求较高的制造业、服务业，还是对劳动者体力需求较高的建筑业，均对从业劳动力的就业能力（脑力或体力）提出了一定的最低要求。这种最低要求会产生具有筛选作用的"门槛效应"，而农户中的人口代际分布及性别结构决定了劳动力非农就业能力的差异。在农业劳动力进入城镇就业的过程中，"门槛效应"往往筛选非农就业能力较强的青年男性劳动力进入城镇就业，而非农就业能力较弱的老人、妇女等被排除在城镇就业之外。另一方面，尽管从统计上看近年来举家外出的农民工持续增加（国务院研究室课题组，2006），但现阶段城镇社会保障水平难以满足所有城镇就业人口需求，特别是进城务工的农民工保障水平非常低，而且现有进城农民工的收入水平也难以支撑其家庭全部人口迁移至城镇的生活成本。由此导致农户家庭内部出现劳动分工，最为常见的状态是农户家庭中的青壮年劳动力进城务工，而其他非农就业能力较差的劳动力则继续留在农村务农，形成一种典型的兼业农户，由此更容易形成纯农户向兼业农户分化的局面。

综合以上分析，在外部市场及社会条件发生变动的情况下，农户自身选择理性的充分释放，通过其劳动力要素由农业领域向非农领域的配置，实现了由同质化农户向异质性农户分化的过程。

四、农户分化结果分析

在对农户分化结果的评价中，依据家庭收入结构的差异，常用纯农户、农业兼业户、非农兼业户与非农户的划分指标。在农村固定观察点公布的数据中，1993 年开始统计按家庭收入结构进行划分的不同类型农户的构成情况，这一结果可以作为观察农户分化的重要指标，图 3 列出了 1993～2009 年全国农户分化的变动情况。纯农户比重呈现先下降后上升再下降的趋势，1993 年市场经济体制的正式确立带动了大量农村劳动力外出务工，与此同时，中共中央正式提出了土地使用权转让政策，因而此后几年中纯农户比重持续下降，1997 年下降到最低值；1998 年开始纯农户比重上升，一是与当时第一轮土地承包期到期、开始进行土地延包政策有关，农户可能担心延包过程中的土地调整会因其外出务工而失去土地，由此导致部分农民工返乡，纯农户比重上升；二是 20 世纪 90 年代中期开始市场经济制度的逐渐完善、国有企业改革的逐步深入使得当时城镇下岗人员数量开始增加，城镇吸纳农民工的能力也受到一定程度的影响；三是 1997 年开始亚洲金融风暴对就业所产生的影响首先波及就业能力相对较弱的进城农村劳动力，出现进城农民工回流，1998～2001 年纯农户比重有所上升。2002 年至今，市场经济改革取得阶段性成果，城镇化与工业化快速推进对农村劳动力的吸纳能力上升，导致纯农户比重呈现持续下降趋势，其中 2006～2009 年下降尤为显著，此阶段进城务工劳动力就业及生活环境改善带动了大量农户举家进城。

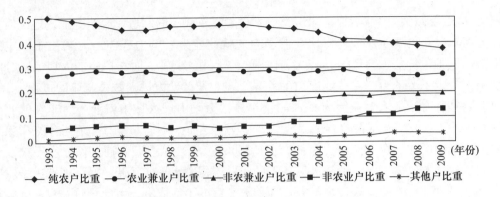

图3　1993～2009年全国农户分化的变动情况

资料来源：全国农村社会经济典型调查数据汇编（1986～1999年），全国农村固定观察点调查数据汇编（2000～2009年）。

农业兼业户与非农兼业户比重的变动并未出现较显著的上升或下降趋势，而是呈现小幅波动趋势，其中农业兼业户的波动性更强；农业兼业户比重从2006年开始呈现持续下降态势，而非农兼业户从2003年开始也呈现出缓慢上升趋势，但个别年份出现了下降。非农户比重1993～1997年持续上升，这一趋势与1993年开始的市场化改革为农村非农经营户及农户向城镇的迁移所创造的有利环境存在密切联系；1998～2002年非农户比重出现波动，究其原因，一方面是当时国企改革深化致使城镇出现大量下岗职工，阻碍了农户向城镇的迁移；另一方面是亚洲金融风暴对我国城镇化、工业化的阻滞也延缓了农户非农化的进程。2003年开始呈现的显著持续上升态势，与这一阶段进城务工农村劳动力就业环境、社会保障等方面的改善密切相关。

综合四种类型农户比重的变动情况可以得知，1993～2002年农户分化的变动性相对稳定，各类农户所占比重变动程度不大；2003～2009年非农收入占据家庭收入较大比重的农户（非农户及非农兼业户）开始迅速上升，与之相反的则是以农业收入为主的农户（纯农户及农业兼业户）的比重迅速下降。这一变动趋势表明"纯农户→兼业户→非农户"的转化过程①构成了我国城镇化、工业化推进过程中农户分化的主要特征。

五、农户分化影响探讨

农户分化源自行为主体在生产与生活环境变化情形下做出的理性选择，因而有其发生

---

① 这一转化过程只是各类型农户总体变动趋势的一种表达，单个农户分化路径尚需大规模农户分化样本的归纳。从逻辑推理看，可以呈现出纯农户→农业兼业户→非农户、纯农户→非农兼业户→非农户、纯农户→农业兼业户→非农兼业户→非农户、纯农户→非农户等多种途径，不同路径的选择可能与农户的资源禀赋、行为偏好、发展环境等诸多因素有关。

及存在的必然性，针对这一发展趋势，值得关注的是这种分化行为对社会经济发展特别是对于农业生产的影响。而在更广泛的意义上，分化后的农户与同质性的纯农户相比在生产行为、社会需求等诸多方面也将表现出较大的差异性，由此对社会管理提出差异化的要求。

就分化行为自身的影响而言，秦晖（1996）认为分化就是差异，而无差异则无矛盾，无矛盾则无发展。任何有新陈代谢能力的社会都必然有这种或那种性质的分化，由此产生不同利益群体。从这一角度看分化有助于推动社会发展。就农户的分化而言，其对农业农村的发展乃至更广泛范围的城镇化与工业化的推进所产生的影响是显而易见的。告别纯农户家庭或是经营工商业或是其劳动力在非农产业打工，对提升其家庭收入水平产生显著影响。

就农户分化具体影响而言，一个最容易被提及的问题是其是否会对农业发展带来负面冲击。农户分化颠覆了农民以从事农业为天职的传统观念，分化后农户的生产决策的目标取向与纯农户相比可能发生转移。农户出于个体理性选择的家庭受益最大化目标往往对整体社会的农业产出水平产生负面影响，特别是分化过程中出现的大量兼业农户中，优质的劳动力资源被第二、第三产业吸纳，这一点可能影响农业生产劳动力投入的密集度。农户兼业行为影响的差异性不仅在于考察视角的不同，而更像是一个历史性及地域性的问题，即在不同的阶段、不同的地区兼业对农业生产效率的影响可能是显著不同的，如果对兼业行为本身做更细致的划分，资源分散性的兼业对农业生产效率产生了负面影响，而资源集聚性的兼业则有助于提升农业生产效率。

分化过程中形成的纯农户基本可以分为两种类型，第一种是由于家庭劳动力非农就业能力较弱而难以实现向兼业户或非农户的转化，只能从事传统的农业生产。一般而言，受耕地资源禀赋的限制，这类农户的农业收入水平较低而缺乏非农收入途径，导致其家庭较为贫困，而且这类农户进行的往往是自给自足的生产行为，因此对总体农业生产效率及产出水平的影响较小。第二种是通过土地流转形成的种植大户或以种植蔬菜、花卉等经济作物为主的纯农户，这类农户一般具有较强的经营眼光，具备较强的生产性投资能力。经营性纯农户基本告别了传统的农业生产方式，变成以市场需求为导向的农业经营者，他们在生产投资、技术采纳、产品销售等方面更具市场理性。在农户分化过程中通过流转土地逐渐形成的经营性大户对我国农业发展产生了积极影响，并将成为未来我国现代农业发展的中坚力量。

六、农户分化前景探析

农村改革以来的行为环境变化使得农户的理性选择得到了充分发挥，展望未来，我国的城镇化、工业化仍有巨大的发展空间，特别是统筹城乡发展以及城镇化、工业化与农业现代化同步发展战略的实施，必将对农户的分化产生更为显著的影响。有理由相信我国农户的分化行为在未来一段时间仍将继续。

就农户分化的前景而言，从不同国家的发展比对及产业特性来看，农业从业人口比重的下降是一种发展趋势，而且不断减少农业人口已经被实践证明是改变我国农业面貌的根本性途径（黄泰岩等，2001），因此农业从业人口不断下降将是未来农户分化过程中的显著特点。农业从业人口的减少既可能发生于农户向非农户的转化，也可以通过农户兼业的途径来实现。日本农业发展表明在此过程中"兼业滞留化"将是影响农业改革的最大障碍（速水佑次郎等，2003）。"兼业滞留化"表现为即使有稳定非农收入来源的农户仍然不愿放弃其土地要素，对我国农民城镇迁移意愿的调查同样也验证了这一现象。究其原因，并不是农民非要抓住土地不放，只是现在他们对城镇生活缺乏安全感，所以才抓住土地作为生活保障的筹码（卫宝龙等，2003）。而就我国的农户数量及城镇化推进的现实而言，短期内为进城务工劳动力及其家庭提供实质性城镇化所需的各种保障与公共服务是不现实的。况且，受益于城镇化、工业化带动的土地价格上涨，土地的财产性功能日益显现，特别是城郊农户出于对高额土地补偿的预期，即使具备充分城镇生存能力的农户也不愿放弃土地实现非农化。因此，农户理性推动了农户分化，但在现有环境中，仅靠农户理性往往导致普遍的兼业现象，而难以出现从社会发展角度而言更为合理的大规模纯农户与非农户并存的分化格局。

针对这一趋势，出于促进农业发展与农户增收的综合考虑，需要给予以下两方面重点关注：一方面，提升城镇化对进城务工劳动力及其家庭的吸纳能力，特别是在社会保障和公共服务方面提供更完善的内容，实现更多兼业农户特别是二兼农户向非农户的转化。与此同时，完善土地流转的制度环境，鼓励非农户将其土地资源流转至种植大户手中从而避免耕地资源效率损失。纯农户的壮大与非农户比重上升是相辅相成的。另一方面，针对广泛存在的兼业农户，为了避免出现耕地抛荒、粗放经营等农业资源分散性行为对农业生产效率产生的影响，需要从丰富农业经营组织形式、提升农业社会化服务等途径做出努力，为提升纯农户及兼业农户的发展能力创造条件。

七、结语

农户分化是改革开放以来我国城乡发展过程中出现的典型现象之一。本文认为家庭承包制的实施、农村要素市场的完善以及城镇化、工业化发展构成了农户分化的基础、条件及途径，这一过程突出表现为以农户选择理性充分释放为核心的自我分化过程。与此同时，在我国城镇化、工业化快速发展的进程中，征地拆迁、撤村并居、土地不规范流转等导致出现大量失地农户。从其过程看，突出的表现为由纯农户向非农户分化的过程，但这一过程是由违背农户选择理性的外部力量强制性推进的，由此形成的非农户难以实现自我持续发展，往往成为影响社会稳定的主要因素。因而，农户分化应当是遵循农户选择意愿的自然过程，违背农户选择理性情况下的外部强制性力量介入所导致的农户分化过程无助于形成良好的分化格局。避免强制性外部力量的过度介入，创造农业劳动力及其家庭向城镇迁移环境，促进纯农户及兼业户向非农户转化，以及通过农业经营组织化、生产服务社会化等途径消除农户兼业滞留化可能产生的负面影响，是未来农户分化过程中应当重点关注的问题。

参考文献

[1] John Knight, Lina Song. Chinese Peasant Choices: Migration, Rural Industry or Farming. Oxford Development Studies, 2003, 31 (2) 123 – 147.

[2] Khan, A. R., C. Riskin. Income and Inequality in China: Composition, Distribution and Growth of Household Income, 1988—1995. The chinaquarterly, 1998, 154: 221 – 253.

[3] 郭敏，屈艳芳. 农户投资行为实证研究. 经济研究，2002 (6): 86 – 92.

[4] 朱信凯. "浴盆"曲线假说及验证：中国农户消费行为分析. 经济学动态，2004 (11): 60 – 63.

[5] 李锐，李宁辉. 农户借贷行为及其福利效果分析. 经济研究，2004 (12): 96 – 104.

[6] 马小勇，白永秀. 中国农户的收入风险应对机制与消费波动：来自陕西的经验证据. 经济学（季刊），2009 (7)，8 (4): 148 – 157.

[7] 李光兵. 国外两种农户经济行为理论及其启示. 农村经济与社会，1992 (6): 52 – 57.

[8] 张林秀. 农户经济学基本理论概述. 农业技术经济，1996 (3): 24 – 30.

[9] 宋圭武. 农户行为研究若干问题述评. 农业技术经济，2002 (4): 59 – 64.

[10] 陈春生. 中国农户的演化逻辑与分类. 农业经济问题，2007 (11): 79 – 84.

[11] 翁贞林. 农户理论与应用研究进展与述评. 农业经济问题，2008 (8): 93 – 100.

[12] 徐勇，邓大才. 社会化小农：解释当今农户的一种视角. 学术月刊，2006，38 (7): 5 – 13.

[13] 黄宗智. 华北的小农经济与社会变迁. 北京：中华书局，1986.

[14] 黄宗智. 长江三角洲小农家庭与乡村发展. 北京：中华书局，1992.

[15] 蔡昉. 中国"三农"政策的60年经验与教训. 载史正富主编. 30年与60年：中国的改革与发展. 上海：格致出版社，上海人民出版社，2009.

[16] [美] 巴德汉，尤迪著. 发展微观经济学. 陶然等译. 北京：京大学出版社，2002.

[17] 林毅夫. 制度、技术与中国农业发展. 上海：格致出版社，2008.

[18] 徐勇. 农民理性的扩张："中国奇迹"的创造主体分析——对既有理论的挑战及新的分析进路的提出. 中国社会科学，2010 (1): 103 – 118.

[19] 蔡昉，王德文，都阳. 中国农村改革与变迁：30年历程和经验分析. 上海：格致出版社，2008.

[20] 国务院研究室课题组. 中国农民工调研报告. 北京：中国言实出版社，2006.

[21] 秦晖，苏文. 田园诗与狂想曲：关中模式与前近代社会的再认识. 北京：中央编译出版社，1996.

[22] 黄宗智. 中国的现代家庭：来自经济史和法律史的视角. 开放时代，2011 (5): 82 – 105.

[23] 黄泰岩，王检贵. 工业化新阶段农业基础性地位的转变. 中国社会科学，2001 (3): 47 – 55.

［24］速水佑次郎，神门善久著．农业经济论（新版）．沈金虎等译．北京：中国农业出版社，2003.

［25］卫宝龙，胡慧洪，钱文荣，曹明华．城镇化过程中相关行为主体迁移意愿的分析——对浙江省海宁市农村居民的调查．中国社会科学，2003（5）：39－48.

［26］张务伟，张福明，杨学成．农村富余劳动力转移成都与其土地处置方式的关系——基于山东省2421位农业转移劳动力调查资料的分析．中国农村经济，2009（3）：85－90.

Behavioral Logic，Differentiation Results and Prospects：The Inspection of Rural – household Differentiation Since the Reform in China

Li Xianbao and Gao Qiang

Abstract：Since the reform and opening – up，more and more differences happened in business practices，labor allocation，income structure among rural – households in china，and resulting in a significant differentiation of rural – household. In the process of rural – household differentiation，the reform of household contract responsibility system released the restriction on rural – household rational behavior，the consummation of rural market made great progress of labor mobility and transfer of land，and the urbanization and industrialization absorbed large number of rural labor constituted the necessary condition for rural – households differentiation. The result of rural – household differentiation as follows：the number of agricultural rural – household decreased，the number of concurrent occupation rural – household and nonagricultural rural – household increased. The rural – household differentiation will make great influence on agricultural and rural – urban coordinated development. Concerning the prospect of rural – household differentiation，in the existing conditions，the transformation from agricultural rural – household to concurrent occupation rural – household and non – agricultural rural – household will slow，and the concurrent occupation rural – household will became the main part of rural – household.

中国农村贫困状况的绝对与相对变动[*]

——兼论相对贫困线的设定

陈宗胜　沈扬扬　周云波

【摘　要】借用非参数核密度方法，本文利用历年《中国农村住户调查年鉴》20 分组数据，绘制了农村最低收入户的绝对和相对收入分布图，详细分析了 20 世纪 80 年代以来中国农村的贫困变动状况。研究发现，在农村，绝对贫困逐步得到缓解（但最贫困人口数量似有所上升）的同时，相对贫困状况却日趋恶化；贫困人口持续减少的"表象"，主要是由于其测度标准即贫困线绝对值长期保持不变，或其增幅阶段性放缓造成的。换言之，随着经济发展水平的提高，正是由于测量贫困的相对数值相应地下降，才保持了贫困率的逐步下降。对此，本文建议重视相对贫困问题，设定"相对贫困线"为贫困度量的另一把尺子，以便有效促进贫困人口增收脱贫。

【关键词】绝对贫困；相对贫困；收入分布；Ungrouping 方法；核密度估计

一、引　言

改革开放以来，伴随经济的发展，中国农村反贫困斗争取得了巨大胜利。以绝对贫困线度量，农村贫困人口由 1980 年的 2.5 亿人下降到 2010 年的 2688 万人，30 年间全国农村有 2 亿多人口从食不果腹的绝对贫困状态中摆脱出来。这是了不起的成就，是对人类社会发展的重大贡献。然而，与此相关的重要事实是，我国收入差距水平持续拉大，农村相

作者简介：陈宗胜，南开大学经济研究所、天津市人民政府；沈扬扬、周云波，南开大学经济研究所；责任编辑：程漱兰。

本文选自《管理世界》2013 年第 1 期。本文为陈宗胜教授主持的国家社会科学基金重大课题"深化收入分配制度改革与增加城乡居民收入研究"（07&ZD045）的阶段性成果，并受到中央高校基本科研业务专项资金资助项目"缩小我国居民收入差距过大的途径和政策研究"（批准号：NKZXA10008），以及 2001 年度国家社科基金项目"中国跨越中等收入陷阱的战略创新研究"（编号：11CJL003）的资助。当然，文责自负。

对贫困现象凸显①。1995～2007 年农村居民人均收入年增长率为 9.6%，其中，上五分位农户年均收入增长 9.6%，下五分位农户年均收入增长 7.0%②，二者收入比由 1995 年的 1∶5.7 变动到 2007 年的 1∶7.3。若将农村居民人均收入作为经济发展的替代变量，会发现农村居民整体收入水平提高的同时，实际贫困线未能有效增长，致使贫困线的相对值持续走低。参见图 1，1980～2010 年农村居民实际收入上升了 1960 元，但贫困线仅提高了 330 元，贫困线的相对值从 0.68 下降到 0.23。收入差距扩大意味着，相对于富裕人口，穷人较难从经济增长中获得好处；贫困线相对水平的下降则说明，政府的扶贫理念滞后于经济发展水平，扶贫标准亟待提高。

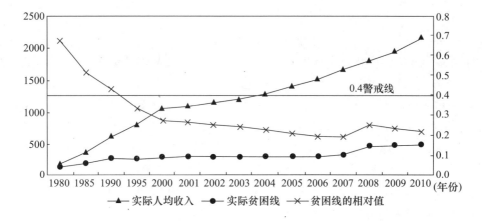

图 1　改革开放以来我国农村官方贫困线变动情况：1978～2010 年

注：①实际贫困线是以 1980 年为基期，剔除价格变动影响之后的结果。贫困线的相对值 = 贫困线/农村居民人均纯收入。②0.4 是国际上以相对收入确定贫困人口收入水平的最低尺度（世界银行，2009），为表明这一界限的重要性，以"警戒线"作称谓。

资料来源：作者根据历年《中国农村住户调查年鉴》计算整理。

　　贫困问题历来为发展经济学家所关注。通常，学者倾向将贫困状况划分为绝对贫困（生计贫困和基本需求）和相对贫困（相对剥夺）。生计贫困（subsistence）概念始于 20 世纪初期（Rowntree，1901），被定义为家庭总收入不足以支付维持家庭成员身体正常功能所需最低数量的生活必需品的状态，包括食品、衣服、住房等。到了 20 世纪中期，考虑到贫困者的社会需求（social needs）和人力资本积累的需要，学者建议在贫困的收入测度中增加诸如公共环境卫生、教育和文化设施等社会保障内容，由此产生了基本需求概念（basic needs）。上述两种贫困测度方式均试图找到一系列刻画维持贫困人口生存和基本发

---

　　①　目前，收入不平等的上升会削弱经济增长的减贫效力已成为共识。参见 Kakwani 和 Subbarao（1992）、Chen 和 Ravallion（2008）、陈绍华等（2001）、夏庆杰等（2010）、沈扬扬（2012a、2012b）。

　　②　计算中剔除了物价指数的影响，以 1980 年为基期。

展的客观条件，然而，是否存在这样一些客观标准呢？这些标准又是否保持不变？假使社会物质足够充盈，贫困现象能否消失？伴随全球经济（及部分国家内部）的不均衡发展，学者对贫困的理解逐渐深入，认识到贫困不仅意味着吃不饱穿不暖，还意味着遭受相对排斥和相对剥夺（relative deprivation）[1]，由此提出了相对贫困理论。根据该理论，那些在物质和生活条件上相对于他人匮乏的状态即为相对贫困。这一概念具有如下特点（叶普万，2006）：动态性，扶贫标准随着经济发展、居民收入水平以及社会环境的变化而变化；不平等性，其展现了不同社会成员之间的分配关系；相对性，它处于一个变化着的参照系之中，比较对象是处于相同社会经济环境下的其他社会成员；主观性，其设定依赖于研究人员对不同国家或地区的主观判断。从这个意义上讲，几乎很难穷尽度量贫困的客观标准；相对贫困可能与绝对贫困并存；物质资源匮乏的社会中必然存在绝对贫困现象，物质资源充裕也不意味着相对贫困问题的消失。相对贫困问题即研究贫困人群收入在总收入中的分配比例问题，因而是收入分配研究的重要内容。

目前，我国正处于由低收入国家迈向中等收入国家的过渡时期[2]，农村贫困呈现出绝对贫困与相对贫困并存的特点。一方面，2010 年，我国绝对贫困人口减少至 2688 万人（参见附表），却有向山区集中的趋势，这些地区自然条件恶劣，基础设施落后，增大了扶贫工作的难度；另一方面，与全国平均水平相比，贫困人口生活环境及质量、人力资源条件、收入及财富水平都处于相对劣势，相对贫困现象不容忽视。对此，李永友和沈坤荣（2007）提出，相对贫困较难通过市场机制解决，政府有责任在财富的二次分配中调整社会财富的分布状况，以改变初次分配形成的不利格局。方法之一便是调整对新时期贫困现象的认知，构建相对贫困监测体系（顾昕，2011；池振合、杨宜勇，2012）。通过对中国农村绝对和相对贫困现象的研究，本文亦认为要重视相对贫困现象，并建议设定相对贫困线提高扶贫力度。本文的主要研究方法是观察人口收入分布图，研究农村贫困的变动情况。通常，研究贫困问题离不开贫困指数的测算。传统的贫困指数具有精确且便于比较的优点，然而，贫困指数毕竟是一维数值，相同的贫困指数可能对应着无数种分布形态，不同分布形态中隐含的收入变动信息及相应的政策含义亦不尽相同。图 2 绘制了几种收入分布情况，竖线为贫困线，贫困线以左的分布曲线为贫困人口收入分布形态。情形 1 中，随着收入提高，人口密度也在提高；情形 2 与之相反；情形 3 中，贫困人口多集中于较高收入水平区间，几乎没有人收入低于 150 元；情形 4 与之相反，穷人的收入状况极其恶劣，没有人收入高于 150 元。如果计算上述几种情况的贫困指数，尽管情形 1 和情形 2 的 H 指数（贫困发生率）可能相同，情形 3 和情形 4 的 H 指数有可能相同，情形 1 和情形 3、情形 2 和情形 4 的 PG 指数（贫困距指数）有可能相同，但分布图却显示这 4 种情况存在着

---

① 相对剥夺（relative deprivation）概念最先由美国学者斯托夫（Stouffer 等，1949）提出，用于分析不同地区美国士兵的行为和心理状况之间的差异，是一个社会学概念。后期，经过学者不断扩展和丰富，引入了社会识别、社会比较、分配正义等理论，扩充了相对剥夺概念的应用范围。

② 2010 年中国人均 GDP 超过 4000 美元，标志着我国正式进入"中等收入"发展阶段。

本质差异，对应的扶贫政策也不尽相同①。

因此，对收入分布的研究是十分必要的。分布曲线的位置（position）、延展性（spread）和分布形态（modality）能够展现很多有效信息，同时，还有助于扩宽研究范围——仅需在分布图形相应位置上绘制贫困线，便可研究特定贫困线下的分布状况。由于我国贫困线偏低，实际贫困人口可能多于官方数据，在客观扶贫标准确定之前，很多低收入人口可能是"潜在贫困人口"，故本文以农村低收入户作为绘图样本，将收入高于贫困线的低收入人群纳入研究范围，兼顾不同贫困者的收入变动状况。这也体现了本文另一项研究价值——尝试建立扶贫标准与贫困状况之间的联系。观察贫困线与收入分布曲线之间的变动关系，本文发现官方数据显示的贫困人口持续减少的重要原因之一在于贫困线不变或增速缓慢，而这显然不是减少贫困的合理方式。当然，收入分布图形展现的结果精确性较差，为弥补这一缺陷，本文将给出相应年份的贫困指数及其分解结果，佐证检验图形结论的稳健性。

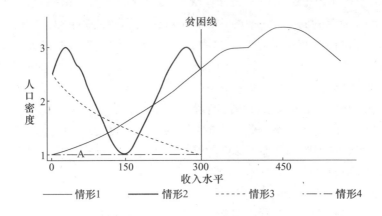

图2 相同贫困指数下贫困人口收入分布的几种不同情况

数据选取及处理方面，本文选取了《中国农村住户调查年鉴》提供的农户 20 分组数据。这是目前可获取的时序较长且具有全国代表性的农户收入数据，缺点是分组较为粗糙。由于这组数据以家户为单位，计算过程中需要将家户数据转换成人头数据，这种转换意味着必须做出家庭收入在家庭内部成员间平均分配的强假定。而我们知道，不同家庭成员的人均纯收入并不相同，这一处理必然令数据精确度下降。此外，该分组数据无法提供组内各贫困人口收入的精准信息，也会造成计算结果的偏差。早期，学者广泛运用由 Datt（1998）提出的拟合 GQ 或 Beta 洛伦兹曲线方法（林伯强，2003）对该组数据进行拟合处理，但由于 2000 年后可获取数据在最高区间上的信息不完整，拟合结果往往是无效的王

---

① 贫困发生率指数（head-count ratio，下文简称 H 指数），定义为收入水平低于贫困线的人口占总人口的百分比；贫困距指数（poverty gap，简称 PG 指数）度量了贫困人口收入与贫困线之间的平均差距。

祖祥等（2006）曾经以该组数据为基础，利用二次样条函数逼近法求解农村居民收入分布的密度函数，得出洛伦兹曲线的具体形式，该方法较为科学，但假设农村居民收入服从帕累托分布，主观性较强，且帕累托分布被证明不适用于低收入人口分布（Cowell 等，1996；康璞、蒋翠侠，2009）。还有学者假定农村居民收入分布服从对数正态分布，使用回归方法估算该组数据的洛伦兹曲线（胡兵等，2007；万广华、章元，2009；康璞、蒋翠侠，2009），但仍旧限于高收入阶层收入分布的模糊性而带有不确定性①。为弥补上述不足，本文选用由 Shorrocks 和 Wan（2008）提出的分组数据再构造方法，并在后文证明利用该方法处理数据更为合理。

全文共有以下四部分：第二部分是数据处理和研究方法介绍；第三部分是分析农村贫困的绝对和相对状况；第四部分指出既有贫困线低估了我国实际贫困状况，分析设定相对贫困线的重要意义，并针对"翘尾"现象提出要加强关注最贫困人口；第五部分是简短的结论和政策建议。

二、数据处理及研究方法

本文的研究样本取自历年《中国农村住户调查年鉴》提供的农村居民 20 分组收入数据，并利用户均人口信息将以家户为单位的收入数据转换成人均收入。在模拟出大样本数据后，选取下五分位人口的收入数据作为研究对象绘制图形②。

1. 分组数据再构造方法

为得到更为精确的结论，本文利用 Shorrocks 和 Wan（2008）提出的分组数据再构造方法（Ungrouping Income Distribution，简称 Ungrouping 方法）扩充样本量。数据模拟过程分为两个步骤：第一步，根据预设分布函数构造模拟数据③；第二步，不断对模拟数据进行调整，令其与原始数据尽量契合。利用美国 2000 年人口调查（GPS）微观数据，两位学者对 Ungrouping 方法的精度进行了检验。检验分为两方面：①以绝对误差（absolute deviation）为考核标准，证明在使用恰当的分布形式的前提下，模拟数据和真实分布之间差别很小；②计算模拟数据和实际数据下的不平等指数，发现二者误差在 5% 以内。依照第

---

① 按收入排序的 20 分组数据中，最高收入组农户的收入起点为 5000 元，而 2000 年后我国农村居民纯收入水平高于 5000 元的人口数量逐渐增多，从而令占农村总人口的比重也在增大，高收入阶层的具体收入分布情况难以掌握，这会导致基于分组数据的函数拟合效果不尽人意。

② 除 1980 年，农村贫困人口数量远低于最低 20% 收入户的人口数量，故贫困人口是选取样本的真子集。

③ 需要说明的是，Stata 程序中列出了 6 种分布形式，但在 Shorrocks 和 Wan（2008）的文章中提及的分布类型只有 5 种；LN、GQ、Beta、广义 Bate 和 SM 分布。

二种检验方法，笔者依次对 6 种分布进行模拟和检验①，结果发现除 CQ 分布外，其他 5 种计算结果与统计局公布数据之间的误差均在 4% 以内，其中以综合了广义帕累托及韦伯分布（weibull distribution）特性的 SM 分布的误差最小（见表 1），故本文选择 SM 分布作为构造数据的基础。没采用其他分布形式的原因主要在于：均匀分布与我国农村贫困人口实际分布状况相差较大；GQ 分布仅在特定条件下能得到有效数值结果（Villaseñor，Arnold，1989）；Beta 分布（Kakwani，1980）拟合的洛伦兹曲线容易出现负值（Minoiu，Reddy，2006）；严格的（对数）正态分布假设更适合拟合同质人群（王海港，2005；刘靖等，2009），不符合我国农村实际情况。

表 1　不同分布模拟数据下不平等指数的测算误差（%）②

分布形式＼不平等指数	1980 年		1990 年		2000 年		2010 年		1980～2010 年	
	Gini	H	Gini	H	Gini	H	Gini	H	Gini	H
LN	3.92	-1.87	-3.25	0.53	0.84	-0.90	2.09	-0.69	0.80	-1.15
Normal	3.68	-0.75	-3.37	0.02	0.63	-0.90	-6.09	-0.69	-1.75	-0.61
Uniform	3.80	-2.80	-3.42	-0.53	0.48	-1.80	-7.77	-1.85	-2.27	-1.91
Beta	3.86	-2.05	-3.27	0.01	0.96	0.08	0.73	-0.69	0.41	-1.26
GQ	63.51	62.90	41.07	161.66	23.00	117.52	19.68	116.94	33.99	94.70
SM	3.75	-1.12	-3.27	0.01	0.92	0.01	-3.63	-0.69	-0.90	-0.72

注：①Gini 表示基尼系数，H 表示贫困发生率指数。表中数据为不同指数下的测算误差。②6 种分布形式依次是：对数正态分布（Log Normal）、正态分布（Normal）、均匀分布（Uniform）、Beta 分布、广义二次洛伦兹曲线（General Quadratic Lorenz Curve）和 SM 分布（Singh – Maddala）（Singh and Maddala，1976）分布。③测算误差比较的基准摘自历年《中国住户调查年鉴》、《中国统计年鉴》中提供的基尼系数及贫困发生率指数。④不平等指数中的前 8 列进行的是同年份不平等指数误差的比较，后两列则是首先求出 1980～2010 年不平等指数均值，对均值误差进行比较。

资料来源：作者根据历年《中国农村住户调查年鉴》、《中国统计年鉴》计算整理。

2. 核密度估计

绘制人口收入分布图形的方法有很多种，大体可以分为两大类：参数方法（如洛伦兹曲线、帕累托分布、对数正态分布）或是非参数方法。参数方法主观性较强，一旦现实中的收入分布表现为某种未知状态，绘图结果有可能出现偏差。非参数方法则无须预先设定函数形式，对未知分布的估计有着更好的适应性（武鹏等，2010）。本文选用了目前被广泛应用的方法——非参数核密度估计（kernel density estimation）（Plackett，1971；

―――――――――

① 本文主要通过测算 Gini 系数与贫困发生率 H 指数对模拟结果进行检验。其中，测算 Cini 系数有助于考察模拟数据对全部农村人口分布的拟合效果，测算 H 指数则更能说明问题——由于贫困人口占农村人口比重较小，基于分组数据准确估算出一个较为精细的结果是十分不易的。

② 篇幅所限，没有列出 Ungrouping 数值模拟结果及全部指数测算结果，感兴趣的读者可向笔者索要。

Silverman，1986）。该方法是用一定形式的核函数去平滑粗糙分布数据进而得到密度曲线，其基本原理是：假设一个集合 X 的累积分布函数 F(x) 可表示为 F(x) = P(X < x)，其收入的密度函数为 f(x)，令 $F_n(x)$ 为核密度估计，则收入水平 x 上的核密度估计公式为：

$$f_n(x) = \frac{F_n(x + h_n) - F_n(x - h_n)}{2h_n} = \frac{1}{2h_n} \int_{x-h_n}^{x+h_n} dF_n(t)$$

$$= \int_{x-h_n}^{x+h_n} \frac{1}{h_n} K\left(\frac{t - x}{h_n}\right) dF_n(t) = \frac{1}{nh_n} \sum_{i=1}^{n} K\left(\frac{X_i - x}{h_n}\right) \tag{1}$$

其中，K（·）是一个核函数，其作用是在给定光滑参数 $h_n > 0$ 内平滑数据分布形态，h_n 称作光滑参数，用于确定核函数估算区间的宽度。这种方法对样本量有一定要求，样本过小会影响绘图精度。或许正是由于这个原因，很少有学者用核密度方法研究贫困问题[①]。一个较好的解决办法是使用 Ungrouping 方法在既有分组数据基础上生成大样本模拟数据，再利用核密度方法进行绘图。

3. 相对收入水平与"相对贫困线"

鉴于经济发展水平是影响相对贫困的重要因子，本文引入农村居民人均纯收入水平作为"经济发展因子"，考察贫困人口的相对收入变动情况。具体来讲，相对数据的处理过程为：设农村居民人均年纯收入为 x_i，x_2，…，x_m；x_{ij}（i = 1，2，…，m；j = 1，2，…，n）表示第 i 个收入组第 j 年的人均纯收入情况。$\bar{x}_j$ 表示第 j 年农村居民平均收入水平，y_{ij} 表示第 i 个收入组第 j 年人均收入的相对情况：

$$y_{ij} = \frac{x_{ij}}{\bar{x}_j} \tag{2}$$

这样便将收入水平由绝对数转化成相对数，类似地，可将绝对贫困线转化为"相对贫困线"。这种数据处理方式充分考虑了发展因素对贫困产生的影响，解决了单纯使用绝对标准而产生的忽略农村人口相对差别的问题。当然，这种方式会湮没绝对收入变动信息，故后文会结合绝对和相对两种收入变动形式进行全面分析。

三、农村贫困状况的绝对与相对变动

基于上述观点和方法，本文研究了 1980 ~ 2010 年中国农村低收入人群的收入分布演进状况，包括绝对收入变动和相对收入变动情况，并观察到一种相对水平不断下降的绝对收入增长模式。在时间上，本文以 1995 年为分界点将考察期分为两段，按 5 年时间间隔

---

① 目前只有两篇文献进行过相关研究：陈云和王浩（2001）使用中国健康营养调查（China Health Nutrition Survey，CHNS）的微观数据对农村贫困问题进行了研究；陈娟（2010）使用省级城镇分组数据，扩充了样本量，研究了城镇贫困问题。然而，微观数据不具有年度连续性，是否具有全国代表性也是值得商榷的；陈娟扩充样本量的思路较好，但同样的方法难以照搬到农村贫困问题研究中。

绘制图形。之所以这样划分，一方面是考虑到农村发展变革和官方扶贫政策的阶段性演进特点，另一方面是为了避免年度间曲线过于密集难以从图形上给以辨析。此外，为便于分段区间首尾相接的比较，1995 年被报告了两次。

分析各期间贫困变动之前，有必要对图形结构进行图例说明：①横轴和纵轴。绝对收入分布图的横轴代表以 1980 年为基期的实际人均收入水平（元）；相对收入分布图的横轴代表收入的相对水平；分布图形中的纵轴均表示人口密度。②绝对贫困线和"相对贫困线"。垂直于横轴的竖线代表贫困线。本文以 1980 年不变价格处理绝对贫困线，由于国家只在某些年份重新设定扶贫标准，故会出现一些年份绝对贫困线不变的情况，"相对贫困线"则不存在此类问题。绝对贫困线右移，表明扶贫标准绝对水平的提高；反之则相反，"相对贫困线"左移，意味着贫困线的相对水平降低，越向左移意味着相对水平越低，扶贫标准与人均收入之间的差距越大。③曲线位置、延展性与形态。曲线所处位置反映了居民整体收入状况，曲线向右方移动意味着居民收入水平的提高，反之则相反；延展性反映了收入不平等状况，延展性越强，收入不平等程度越高，反之则相反；分布形态反映了收入分布的极化程度（polarization），不同收入分布图可能呈现单峰乃至多峰的分布形态。

（一）农村低收入阶层的绝对收入变动

1. 改革开放初期（1980～1995 年）

总体看来，分布曲线不断右移，意味着这一阶段低收入阶层收入普遍增长，贫困人口迅速减少（见图 3）。具体来讲，1980 年一高一低曲线波峰对应横轴坐标分别为 80 和 120，密度峰值为 0.172 和 0.145 且呈现左偏态势，意味着绝大多数低收入人群收入水平偏低，不足 80 元（0.171 峰值对应收入）；分布曲线整体位于 130 元贫困线的左端，表明当年低收入阶层的收入低于温饱水平，全部为贫困人口。后期，受到土地制度改革以及政府提高农产品收购价格的正向影响，农村居民包括部分低收入群体的收入得到了快速提升。相较于 1980 年，1985 年的密度曲线大幅向右移动，波峰对应的横轴坐标由 80 提高到 180。尽管 191 元的贫困线仍旧覆盖了多数人口，但已经较之前状态有所改进。此时的波峰密度由 0.17 降至 0.11，波峰宽度有所放宽，分布曲线延展性增强，意味着居民收入分化现象开始出现。此外，曲线左侧尾部对应横轴坐标较之前更为居左，但纵轴坐标显著降低，这说明 1985 年有一小部分最贫困人群收入水平出现了绝对的下降，甚至低于 1980 年最低值，这可能与 1985 年出现的严重农作物自然灾害有关（许飞琼，2010）。1990～1995 年密度曲线波峰进一步右移，展现出良好的制度条件下居民勤劳致富的过程。1990 年，分布曲线波峰首次移至贫困线右侧，对应的横轴坐标收入增长到 280 元，超过了当年的贫困线（267 元），这意味着绝大多数农村人口已经摆脱了绝对贫困状态。统计资料显示，此时的贫困发生率由 10 年前的 26.8% 下降到 9.4%，累计减少贫困人口 16500 万人。及至 1995 年，贫困人口减少到 6500 万人，不到当年低收入人口的 50% 和总人口的 8%。但分布曲线并未呈现整体右移的态势，同时在曲线左端尾部相对位置保持不动的情况下，密度曲线不断向右下方拉伸，密度峰值也由 0.08 下降到 0.05。上述现象一方面说明一部分低收入人群的收入水平没有明显提高，即这部分人群没能享受经济的发展成果；另一方面说明低收入阶层内部收入分化程度的进一步拉大。

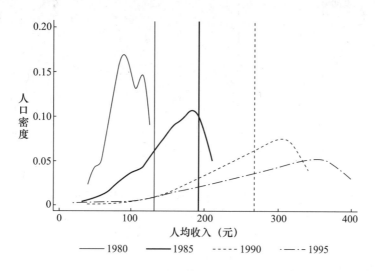

图 3　农村低收入阶层绝对收入变动：1980～1995 年

资料来源：作者根据历年《中国农村住户调查年鉴》计算整理。

2. 经济快速发展阶段（1995～2010 年）

20 世纪 90 年代后期，我国进入了经济的快速发展时期，在图 4 中表现为低收入阶层绝对收入水平的不断提升。具体来讲，波峰不断右移，横轴坐标对应的收入由 1995 年的 350 元上升到 2000 年的 480 元，2005 年为 580 元，2010 年进一步提升至 840 元，年均增长速度为 6%。这一过程中，分布曲线左端尾部绝对位置较为固定，意味着农村一小部分最贫困人口在此期间的收入没有明显增长；同时波峰高度不断降低，表明低收入阶层人口收入分布集中度下降，较穷人口收入增长速度慢于较富裕人口收入增长速度。

这段时间农村贫困线的绝对水平有所提高，但提升速度缓慢。相较于 1995 年，2000 年贫困线仅提高 25 元，之后很长一段时间，扶贫标准没有变动，直到 2008 年，政府才将贫困线提高到 450 元。总体来看，1995～2008 年官方指定的贫困线年均增长速度不到 5%[①]，贫困线变动落后于低收入阶层收入增长速度。在贫困线与低收入阶层收入增长速度存在差异的情况下，只要贫困人口收入持续增长，贫困人口的数量就会持续减少。官方的统计数据显示，这段时间农村贫困人口由 6500 万人减少到 2688 万人（参见附表）。

---

① 为进行贫困的国际比较，国家统计局参照"1 天 1 美元"标准制定了低收入线，并从 2000 年开始对外公布。2008 年，国家正式取消绝对贫困线，将低收入线作为新的官方扶贫标准，提高了贫困线的绝对标准。

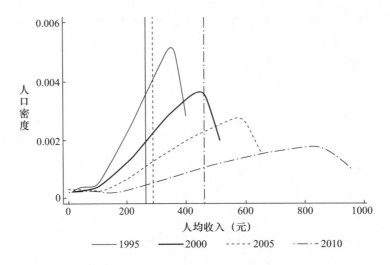

图4 农村低收入阶层绝对收入变动：1995～2010年

资料来源：作者根据历年《中国农村住户调查年鉴》计算整理。

（二）农村低收入阶层的相对收入变动

1. 改革开放初期（1980～1995年）

站在相对收入视角下，会得到一些不同于直观感受的结论。如图5所示，相对分布曲线不断左移，表明低收入阶层与贫困人口相对收入在不断降低。这一趋势与当时的政策目标相一致，即在效率优先兼顾公平的分配原则下，农村低收入人群与其他人群之间的收入差距适度拉开是较为合理的。具体来讲，1980年多数贫困人口（即低收入人口）相对收入水平较高，密度曲线呈现双峰分布，相对收入居于0.4～0.6的农户人口数量较多。1985年，分布曲线由双峰变为单峰，峰值从5年前的0.3上升到0.4，整体分布略向左移动。曲线左端尾部出现大幅度左移，对应横轴坐标由年前的0.2下降至0.08。1990年贫困人口的相对贫困较之前有所好转，表现为波峰高度有所提升且对应横轴坐标没有改变；曲线左端尾部附近对应的人口密度较之前有所减少。但1995年之后，这种好转的趋势没能得到继承，峰值对应人口密度从0.45下降到0.4，且相对分布曲线大幅左移，曲线左端尾部对应横轴坐标也进一步向0点趋近。农村低收入阶层及贫困人口的相对贫困呈现进一步恶化趋势。

这一阶段，相较于农村居民收入水平的快速提高，贫困线相对值不断下降（见图1），但相对标准一直高于0.4，直到1995年，贫困线的相对数值首次低于0.4，贫困线呈现走低趋势。

2. 经济快速发展阶段（1995～2010年）

20世纪90年代中后期，随着国家发展重心逐渐向城市转移，加上农产品贸易条件恶化，农村居民收入增长速度放缓，并以低收入人口受影响程度最深。以可变价格计算，1995～

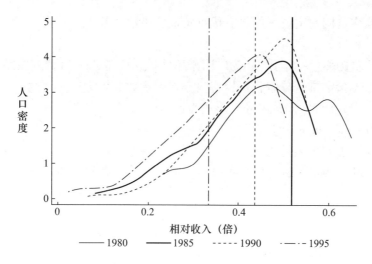

图 5　农村低收入阶层收入相对值变动：1980～1995 年

资料来源：作者根据历年《中国农村住户调查年鉴》计算整理。

2010 年全国城镇人口人均可支配收入年均增长 9.7%，农村居民人均纯收入年增长 9.5%；相比之下，低收入居民人均纯收入年均增长仅 7.8%，贫困人口人均纯收入增长幅度不到 5%[①]，农村内部收入差距进一步拉大（见表 2），相对贫困现象日益凸显。

　　在图 6 中，上述现象表现为相对收入分布曲线的不断左移（1995～2000 年除外）。尽管这一阶段分布曲线的左移幅度较小，远低于 1980～1995 年的变动幅度（见图 5），却显现出了更为严重的相对贫困恶化结果。1995 年曲线波峰对应的横轴数值大致为 0.45，2000 年下降至 0.43，5 年后进一步下降至 0.41，2010 年，这一数值已经下降至 0.4 以下。这意味着绝大多数农村低收入人口的收入不及平均水平的 40%，相对贫困问题愈发突出。将目光置于分布曲线左端，其尾部呈现不断左移、上翘趋势，最贫困人口收入的相对水平无限向 0 点趋近，预示着有可能出现最贫困人口收入的固化现象。此外，我们发现曲线呈现外扩式左移趋势，且外扩现象主要集中于 0.08～0.35 的纵轴坐标区间（以 2005～2010 年最为明显），加之曲线左端尾部的上翘，说明在低收入阶层相对收入不断降低的同时，较贫困人口的相对收入水平降低幅度更大。

　　这段时间，由于官方贫困线的绝对增幅较小，导致其相对值不断左移，且移动幅度远超过分布曲线的变动幅度。在这种条件下，贫困线以左与分布曲线所围面积持续减少，官方扶贫标准下的贫困人口持续降低。

（三）稳健性检验——基于 SST 指数的分解

　　为使研究结果更为稳健，本文列出相应年份贫困指数，采用 SST 指数分解法。SST 指

---

①　根据国家统计局提供的历年人均 GDP、城镇人均可支配收入、农村居民人均纯收入计算。

数是一种满足众多贫困判定公理的具有优良特性的指数，其表达式为①：

$$SST = HI(1 + G) \tag{3}$$

其中，H 为贫困发生率指数，I 为贫困距率指数，G 是总人口贫困差距率分布的基尼系数。通过对 SST 指数进行分解，可以将科学贫困指数分解为贫困深度、广度以及强度的变动（Xu，Osberg，1999），具体分解形式为：

$$lnSST = lnH + lnI + ln(1 + G) \tag{4}$$

提取变化率，上式可表达为：

$$\Delta lnSST = \Delta lnH + \Delta lnI + \Delta ln(1 + G) \tag{5}$$

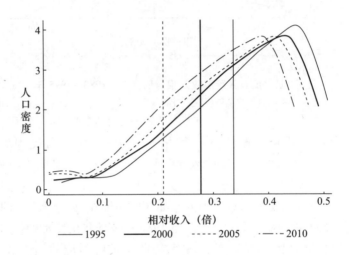

图6　农村低收入阶层收入相对值变动：1995～2010 年

资料来源：作者根据历年《中国农村住户调查年鉴》计算整理。

表 2　改革开放以来农村居民基尼系数

年份	1980	1985	1990	1995	2000	2001	2002	2003	2004	2005	2006	2007	2008	2009	2010
基尼系数	0.241	0.227	0.310	0.342	0.354	0.360	0.365	0.368	0.369	0.375	0.374	0.374	0.378	0.385	0.378

资料来源：作者根据历年《中国农村住户调查年鉴》计算整理。

（5）式中，等号左端表达了 SST 指数取对数之后的变动程度，等号右端分别表达取对数形式之后的贫困发生率变动、贫困距率变动以及 1 与贫困距率基尼系数之和的变动。这种分解方式恰好适用于检验图 3 和图 6 描述的贫困状况的主要结论，同时也弥补了图形精确性不足的缺点。表 3 列出了基于 SM 分布采用 Ungrouping 方法得到的各项贫困指数以及 SST 贫困指数分解结果。

主要观察贫困指数变动程度，即后 4 列数据。首先，历年 G + 1 的年际变动基本为正

---

① 公式（3）为徐宽和 Lars Osberg（2001）推导的 SST 指数简化表达式。

（2000 年除外），表明贫困人口内部的收入分化现象是递增的，辅证了我国贫困人口收入分布差距扩大的结论，但考虑到其变动幅度很小，对总体贫困状况的影响程度可忽略不计。其次，SST 指数对数形式的变动在多数年份为负值（1998～2000 年、2004～2005 年以及 2007～2009 年除外），表明贫困程度在逐年减小。从其分解结果上看，H 指数是综合贫困指数减少的最大动力，而贫困深度的减贫效应较小，甚至在个别年份加重了贫困状况的恶化。上述结论印证了图 3 到图 6 的分析结果，即我国贫困程度的降低主要是因为变化不大的官方贫困线以下贫困人口数量的减少、贫困人群内部收入状况的分化不利于贫困的减少。最后，考察 1998～2000 年、2007～2009 年两个贫困程度大幅加深的时期。前一时期贫困程度的加大主要受到经济冲击的影响。1996 年以来农产品价格连续 4 年大幅度下跌，加之受到 1998 年金融危机的影响，农村贫困人口数量出现上升，也在一定程度上体现了农民遭遇风险时的脆弱性。2008 年的"双线合并"令贫困人数骤然增多，H 指数大幅提高，但这段时间贫困深度以及贫困人群内部的相对收入差距在减小。

表 3　以官方贫困线为标准的 SST 指数分解结果：1980～2009 年

年份	SST 指数	分解层面			$\Delta\ln$（SST）	贫困指数变动程度分解		
		H	J	G+1		$\lambda\ln$（H）	$\lambda\ln$（I）	$\lambda\ln$（G+1）
1980	0.1141	0.2525	0.2432	1.8571				
1985	0.0791	0.1620	0.2563	1.9055	−0.3664	−0.4438	−0.0525	−0.0257
1990	0.0394	0.0940	0.2152	1.9463	−0.6969	−0.5443	−0.1748	0.0212
1995	0.0384	0.0700	0.2801	1.9607	−0.0257	−0.2948	0.2636	0.0074
1998	0.0225	0.0420	0.2709	1.9772	−0.5345	−0.5108	−0.0334	0.0084
2000	0.0322	0.0520	0.3139	1.9713	0.3585	0.2136	0.1473	−0.0030
2002	0.0284	0.0445	0.3230	1.9768	−0.1256	−0.1558	0.0286	0.0028
2004	0.0223	0.0345	0.3266	1.9819	−0.2418	−0.2545	0.0111	0.0026
2005	0.0270	0.0330	0.4125	1.9822	0.1913	−0.0445	0.2335	0.0002
2007	0.0220	0.0290	0.3826	1.9848	−0.2048	−0.1292	−0.0752	0.0013
2008	0.0316	0.0425	0.3801	1.9767	0.3716	0.3822	−0.00666	−0.0041
2009	0.0371	0.0515	0.3650	1.9724	0.1510	0.1921	−0.0405	−0.0022

资料来源：作者根据历年《中国农村住户调查年鉴》相应数据计算整理。

四、相对贫困线的作用及最贫困现象

从中国农村低收入阶层的绝对和相对贫困水平的变动中，我们看到了中国在反贫困斗争方面取得的成就，也可以发现一些值得关注的问题。

（一）贫困线背后的"脱贫故事"

图3～图6显示，无论从绝对抑或相对分布图形上看，官方贫困线下的贫困人口都在不断减少。对这一现象，可以从两方面进行解释：从绝对值上看，低收入人口收入水平在不断提高，越来越多的贫困人口解决了温饱问题，故以温饱水平为基准，贫困人口总量在持续减少；从相对值上看，由于这期间贫困线调整幅度和频率较低，贫困线的增长落后于低收入阶层的收入增长，贫困人口减少中存在部分"非合理"因素。对此，本文将通过建立贫困线与低收入人口变动之间的联系对这一问题进行研究。

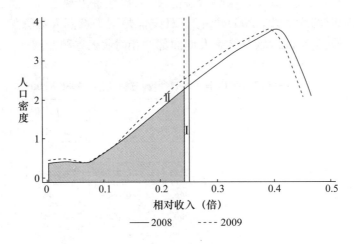

图7　"相对贫困线"与贫困人口规模的减少：2008～2009 年
资料来源：作者根据历年《中国农村住户调查年鉴》计算整理。

与之前绘图原理相同，图7中贫困线以左与分布曲线所围面积代表贫困人口规模。理论上减少贫困人口（缩小面积）的动力可以是：①贫困线相对水平不变，左侧分布曲线垂直向下移动；②贫困线相对水平不变，分布曲线左端尾部变短（或分布曲线整体右移）。这两种情况分别代表了贫困人口数量减少及贫困人口相对收入水平提高，是较为合理的。但还存在第三种面积缩小方式：分布曲线形态和位置不变，"相对贫困线"左移。1995 年之后，我国的扶贫成就主要源自第三种方式。例如，在 2008～2009 年以相对标准绘制的低收入阶层人口收入变动图①，浅色区域Ⅰ代表贫困人口收入相对水平降低引起的贫困人口的增加；浅色区域Ⅱ代表贫困线相对水平降低造成的贫困人口的减少，由于区域Ⅱ的面积大于区域Ⅰ，最终表现为贫困人口的不断减少。但这绝不是最理想的减贫途径。如今，提高贫困标准是大势所趋，假设图7贫困线的相对标准向右移动，区域Ⅱ的面

---

① 本文也观察了其他年份的变动情况，基本变动趋势与图中显示的趋势一致，故不一一列出。

积会缩小，区域Ⅰ的面积会增大，当Ⅰ的面积大于Ⅱ时，贫困人口就会增加①。也就是说，既有扶贫成就部分产生于相对较低的贫困线，如果依照更高（更为合理）的贫困标准，贫困规模会上升。

（二）从绝对贫困线到相对贫困线

上面的分析也启示我们，应对贫困线进行调整，确保更多"潜在贫困人口"被纳入扶贫范围。2011 年，我国大幅度调整了扶贫标准，将既有贫困线从 2010 年的 1274 元调整至 2300 元（2010 年不变价，约合 361 美元），相应农村贫困人口从 2688 万人增至 1.28 亿人。

贫困线的大幅提高体现出政府对农村贫困现象认知的深入，显示出其更为坚定的反贫困决心。但是，2300 元仍是一条绝对贫困线（参照国际"1 天 1 美元"标准），无法追踪贫困的动态变动状况。低收入线便是其中一个例子：参照"1 天 1 美元"标准（1995 年购买力平价），我国于 1998 年设定了"低收入线"，并于 2008 年将其正式作为贫困人口的扶助标准，令当年贫困线大幅提升。但这一趋势未能得以持续，在随后的年份中，贫困线的相对水平再次下降（见图 1）。另外，2300 元贫困线主要参照自国际标准，那么必然存在如下问题：其一，缺少国内绝对贫困线测定方面的客观参照依据；其二，"1 天 1 美元"是世界银行依据世界上最贫困的 10 个国家的贫困状况综合设定的，与我国经济现今的发展程度并不相符；其三，世界银行也制定了"1 天 1.25 美元"和"1 天 2 美元"的绝对标准，这意味着贫困线的绝对水平仍具有提升空间。

对此，本文认为我国农村贫困线实际上可以更高些，并建议采用相对贫困线，将 0.4 ~ 0.5 的均值系数作为界定"相对贫困"的标准。之所以选用这一标准，一方面参照了国际相对贫困线的设定方式，更为重要的是符合我国的发展需要。我国贫困线的绝对和相对变动水平自 20 世纪 90 年代开始走低，这已成为理论界的共识（回顾图 1 和图 5）。如果分别将 1990 年、1995 年贫困线的绝对值折合成相对值，会发现贫困线的相对值急速下降（由 0.44 下降至 0.34）②。绝对值变动异常的背后蕴含着相对发展水平的滞后，当绝对值无法满足贫困人口的生存发展需要，相对值上必然也会有所反映。在这个意义上，绝对标准与相对标准是相通的。基于此，本文结合我国当前的经济发展和扶贫标准，将 0.4 作为相对贫困线的下限③。0.5 则是较高的扶贫标准，在经济发展水平进一步提高的情况下，可以考虑进一步提升相对贫困线。

具体的相对贫困线计算方法很简单：依据上一年农村居民的平均收入计算下一年农村

---

① 采用绝对数值进行分析也能得到类似结论，篇幅所限，不再详细分析。

② 随后的年份中，官方贫困线呈现出绝对值增速放缓，相对值急剧下降的态势，1995 ~ 2007 年，贫困线名义值年均上升仅 17 元，同期农村人口平均收入年均增长达 150 元，二者相差近 10 倍，2007 年的相对贫困线也下降到 0.19。

③ 1990 ~ 1995 年是我国贫困线绝对值和相对值走低的初始阶段，这段时期的相对贫困线由 0.44 下降至 0.34，将其加以综合，可粗略测算出我国相对贫困线在 0.4 左右。

"相对贫困线"。例如，2009 年我国农村居民平均收入水平为 5153 元，如果以 0.4 均值系数计算，2010 年的农村相对贫困标准为 5153 × 0.4 = 2061 元（2009 年不变价）；同理，2010 年我国农村居民平均收入水平为 5919 元，以 0.4 均值系数计算得到 2011 年的贫困标准为 2368 元。这一结果略高于 2011 年底中央扶贫工作会议提出的 2300 元（2010 年不变价）贫困标准。相对标准的设立意味着每年官方贫困线都是变化着的，需要年年进行调整。但该方法可操作性强，最重要的是这一扶贫标准与经济发展阶段相适应。

（三）"翘尾"现象所蕴含的最贫困问题

以上我们主要侧重观察分布曲线的整体变动。然而，如果仔细考察图 3 ~ 图 6 中分布曲线左端尾部展现的信息，也是很值得关注的现象：在绝对分布图形中，曲线左端尾部对应横轴坐标基本没有发生变化，在相对图形中尾部则不断向右移动无论在绝对收入还是相对收入的分布图中，尾部距横轴的垂直高度均在增加，分布曲线的"翘尾"特征明显。观察图 5，1980 年曲线左端尾部对应横轴坐标为 0.2，即最贫困人口的收入相当于农村居民平均收入水平的 20%，在此之后，最贫困人口的相对收入水平不断下降，1985 年尾部对应横轴坐标下降至 0.07，1990 年下降至 0.05 左右，1995 年，左端尾部对应横轴坐标已经无限趋近于 0 点；在图 6 中，分布曲线左端尾部对应纵轴坐标不降反升，显示出相对收入位于 0 ~ 0.1 区间的人口数量不仅没有随年份递增而减少，反而出现了轻微的增加。上述现象表明在经济发展过程中，农村始终存在一部分最贫困人口，其绝对收入水平未能提高，相对收入水平不断降低，并且这部分人口数量还有所上升。这一现象需要引起关注，且有必要寻找可能的原因。

第一，扶贫政策执行过程中对最贫困人口的忽略。回顾图 3，尽管低收入阶层整体收入水平不断提高，但并未实现分布曲线的整体右移，少部分最贫困人口收入水平始终固化在不变的最低水平区间，说明经济发展的减贫效力更多惠及贫困人口中较为富裕的人群，而最贫困人口鲜有受益[1]。这可能与政府在扶贫资源分配上的"劫贫济富"行为相关，而这种行为源于贫困指标使用中的片面与偏差——通常来讲，扶贫政绩的评价标准主要是贫困发生率 H 指数，而仅以该指标为参照，减少 H 指数最"有效"的方式就变成优先扶助收入接近贫困线的较富裕的贫困人口，"忽视"最贫困的人口，这将导致"涓滴效应"[2]止步于贫困人口中较富裕的人群，无法惠及最贫困人口。

第二，开发式扶贫在最贫困地区实施具有难度。一方面，贫困人口往往居住在容易遭遇气候变化、时常发生短期自然灾害的地区，这不仅会干扰到当地的生产经营状况，也会严重地干扰到开发式扶贫的具体实施绩效。另一方面，既有最贫困人口中有一部分属于少数民族，解决他们的贫困问题需要综合考虑包括地理、习俗、信仰、历史等在内的多方面

---

① 沈扬扬（2012b）通过计算和分解 2000 ~ 2010 年的 FGT 指数，对此做出了辅证。

② 涓滴效应，指经济发展能够为穷人提供更多的就业机会，同时政府能够给予穷人更多的转移支付，用于改善贫困人口的收入及非收入状况。

因素。此外，在扶贫政策实行过程中会遭遇一些实际问题，比如，相关证据表明，伴随中国农业银行股份制改革，其商业化程度显著提高，中国农业银行的地方机构经常不愿为贫困地区的家庭提供信贷资金，为农村家庭提供的贷款也越来越少（Du 等，2005）[①]。

第三，最贫困地区贫困人口容易落入"贫困陷阱"。目前，我国相当一部分贫困人口居住在偏远、土地贫瘠的地区，并主要从事传统农业经营活动。这种条件下的贫困人口极易陷入"贫困陷阱"——劳动生产率低下容易造成经济贫困；为了维持生存，过度开垦农地的行为又容易造成生态贫困；生态贫困会加剧经济贫困，而经济贫困又往往附带贫困人口受教育水平、价值观念、政治参与意识方面的贫困，人力资本的缺失会再次降低劳动生产率，加剧经济贫困和生态贫困[②]。

综上所述，在我国经济快速发展阶段，尽管贫困人口收入与平均收入水平之间差距的适度拉大是合理的，但过度的极化现象必定会阻碍经济发展；一旦贫困人口相对收入水平过低，"相对差别"会将贫困人口远远抛在经济发展之后，影响贫困人口自主发展能力的实现，不利于贫困人口脱贫致富。从这个意义上讲，在我国从低收入国家向中等收入国家快速转型阶段，重视贫困群体的相对贫困问题十分必要。此外，不可忽视最贫困群体的收入提高，因为他们的脱贫是最困难的任务。

五、简短的结论和政策建议

本文分析了经济发展条件下中国农村低收入及贫困人口收入的动态变化情况。研究发现：①农村贫困人口的绝对收入增长速度缓慢，相对收入分布状况并没有随经济发展而改善，反而呈现恶化态势；②20 世纪 90 年代中后期扶贫标准提高速度缓慢，相对标准降低；③既有贫困线未能涵盖农村全部贫困人口，愈发难以适应快速经济发展阶段的反贫困任务，以温饱标准制定的贫困线无法适应全面建设小康社会的客观要求；④相对收入分布图形中出现的"翘尾"现象预示着最贫困人口数量有上升趋势，应引起关注。

针对上述发现，本文的简略政策建议如下：

第一，增设"相对贫困线"[③]，重视相对贫困问题的解决。本文建议将 0.4 ~ 0.5 的均

---

① 我国近一半扶贫资金是由中国农业银行管理的补贴贷款。按照中央政策规定，这些贷款主要用于贫困地区农村龙头企业的发展。

② 上述分析较为接近冈纳缪尔达尔（Myrdal，1957）的"循环积累因果关系"理论；而从资本积累角度（呐克斯，1966；Nelson，1956；Leibenstein，1957），顾六宝和张明倩（2001）计算并比较了我国区域初始人均资本存量，提出四川、贵州、云南、内蒙古、山西、重庆、湖南、河南、江西、广西和安徽等省份的人均净资本存量低于不稳定均衡点，部分人口有可能陷入"贫困陷阱"。此外，作者分析了 CHIPs（1998、1995、2002、2007）数据中最低5% 人口的纯收入增长情况，发现绝大多数人口收入增长幅度在5% 以下，也间接为上述观点提供了证据，考虑到这不是本文的研究重点，未列出具体测算结果。

③ 为叙述简练，本文将贫困线的相对标准称为"相对贫困线"，请读者做出概念上的区分。

值系数作为"相对贫困线"。这样设定的好处在于，以农村居民平均收入水平为基数按照特定均值系数计算相对贫困标准，使贫困线的变动适应经济发展水平的变化，从而能够确保以一个适当高的扶贫标准切实帮助贫困人口。

第二，加大对最贫困人口的扶助力度。分布曲线的"翘尾"现象说明，始终存在一部分最贫穷人口，其收入状况十分低下，这极有可能形成"贫困固化"现象。因此，除了进一步发挥开发式扶贫的"造血"功能，还应有所侧重给最贫困和次贫困人口"输血"，确保这部分人口及其下一代能够得到救助，最终使其摆脱贫困的恶性循环和代际转移。

第三，实现贫困人口收入水平的快速增长。未来阶段，需要提高扶贫项目的目标效率（targeting efficiency），促进贫困人口收入的快速增长，实现贫困人口收入增长速度在一段时间内超过平均收入增长水平，即亲贫式[①]增长，促进低收入人口收入分布曲线向右移动。

改革开放以来，我国扶贫工作取得了巨大成就，解决了上亿中国人的温饱问题，令很多贫困人口得以脱贫致富。尽管目前的扶贫工作中存在一些问题，但正逐步得到解决。21世纪以来，我国大幅度提高了对贫困人口的扶助力度，扶贫资金达到国家财政预算总额的5%，并且这一数值仍在不断增长，这体现出国家对扶贫工作的重视。相信在新一轮扶贫理念以及扶贫政策目标的带动下，扶贫攻坚问题能够得到有力的推进，为共同富裕目标的实现打下更为坚实的基础。

附表　中国农村贫困标准、贫困规模及贫困发生率：1980～2010 年

年份	名义贫困线（元）	实际贫困线（万人）	相对贫困线（倍）	贫困发生率（%）	贫困规模（万人）
1980	130	130	0.68	26.8	22000
1985	206	191	0.52	14.8	12500
1990	300	267	0.44	9.4	8500
1995	530	267	0.34	7.1	6500
2000	625	292	0.28	3.5	3209
2001	630	292	0.27	3.2	2927
2002	627	292	0.25	3.0	2820
2003	637	292	0.24	3.1	2900
2004	668	292	0.23	2.8	2610
2005	683	292	0.21	2.5	2360
2006	693	292	0.19	2.3	2148

---

①　亲贫困（Por－poor）增长，指能够使贫困群体参与经济活动并从中得到更多好处的经济增长。这种增长模式是达成联合国千年目标（millennium development goals）的最主要方式（Araar，Duclos，2009；庄巨忠，2012）。

续表

年份	名义贫困线（元）	实际贫困线（万人）	相对贫困线（倍）	贫困发生率（%）	贫困规模（万人）
2007	785	314	0.19	1.6	1479
2008	1196	450	0.25	4.2	4007
2009	1196	450	0.23	3.8	3597
2010	1247	450	0.19	2.8	2688
2010（新）	2300	836	0.39	19.1	12800

注：①2008 年国家正式用低收入线取代了绝对贫困线，官方扶贫标准大幅提升，故 2007～2008 年，贫困线数值以及贫困线相对水平产生较大幅度变动。②2011 年底，国家大幅上调了扶贫标准，重新没定 2011 年贫困线为 2300 元（2010 年不变价），新标准显著高于 2010 年官方贫困线，故两年之间的贫困发生率有巨大变化。

资料来源：历年《中国农村住户调查年鉴》，数据经作者整理。

参考文献

［1］陈娟. 我国城镇贫困变动及影响因素研究——基于收入分布拟合及分解模型研究. 数学的实践与认识，2010（19）.

［2］陈绍华，王燕，王威，邹运. 中国经济的增长和贫困的减少——1990～1999 年的趋势研究. 财经研究，2001（9）.

［3］陈云，王浩. 核密度估计下的二分递归算法构建及应用——测算特定收入群体规模的非参数方法拓展. 统计与信息论坛，2011（9）.

［4］池振合，杨宜勇. 贫困线研究综述. 经济理论与经济管理，2011（7）.

［5］［瑞典］冈纳缪尔达尔. 世界贫困的挑战——世界反贫困大纲. 北京：经济学院出版社，1991.

［6］顾六宝，张明倩. CES 经济增长模型中"贫困陷阱"理论的实证分析. 统计研究，2010（12）.

［7］顾昕. 贫困度量的国际探索与中国贫困线的确定. 天津社会科学，2011（1）.

［8］胡兵，赖景生，胡宝娣. 经济增长、收入分配与贫困缓解——基于中国农村贫困变动的实证分析. 数量经济技术经济研究，2007（5）.

［9］康璞，蒋翠侠. 贫困与收入分配不平等测度的参数与非参数方法. 数量经济技术经济研究，2009（5）.

［10］李永友，沈坤荣. 财政支出结构、相对贫困与经济增长. 管理世界，2007（11）.

［11］林伯强. 中国的经济增长、贫困减少与政策选择. 经济研究，2003（12）.

［12］刘靖，张车伟，毛学峰. 中国 1991～2006 年收入分布的动态变化：基于核密度函数的分解分析. 世界经济，2009（10）.

［13］［美］呐克斯. 不发达国家的资本形成问题，谨斋译，北京：商务印书馆，1966.

［14］沈扬扬. 收入增长与不平等对农村贫困的影响——基于不同经济活动类型农户的研究. 南开经济研究，2012（a）（2）.

［15］沈扬扬. 经济增长与不平等对农村贫困的影响. 数量经济技术经济研究，2012（b）（8）.

［16］世界银行. 从贫困地区到贫困人群：中国扶贫议程的演进. 世界银行，2009.

［17］万广华，章元. 我们能够在多大程度上准确预测贫困脆弱性?. 数量经济技术经济研究, 2009 (6).

［18］王海港. 中国居民家庭的收入变动及其对长期平等的影响. 经济研究, 2005（1）.

［19］王祖祥，范传强，何耀. 中国农村贫困评估研究. 管理世界, 2006（3）.

［20］武鹏、金相郁、马丽. 数值分布、空间分布视角下的中国区域经济发展差距（1952～2008）. 经济科学, 2010（5）.

［21］夏庆杰，宋丽娜，Appleton Simon. 经济增长与农村反贫困. 经济学（季刊）, 2010（3）.

［22］徐宽，Lars Osberg. 关于森的贫困度量方法及该领域最近的研究进展. 经济学（季刊）, 2001（1）.

［23］许飞琼. 农业灾害经济周期波动与综合治理. 经济理论与经济管理, 2010（8）.

［24］叶普万. 贫困概念及其类型研究述评. 经济学动态, 2006（7）.

［25］庄巨忠编，亚洲的贫困、收入差距与包容性增长——度量、政策问题与国别研究. 本书翻译组译. 北京: 中国财政经济出版社, 2012.

［26］Araar A. , Duclos J. . An Algorithm for Computing the Shapley Value. CIRPEE Working Paper, 2009: 7 – 35.

［27］Chen s. , Ravallion M. . China is Poorer than We Thought but no Less Successful in the Fight Against Poverty. The World Bank, 2008.

［28］Cowell F. , Jenkins S. , Litchfield J. . The Changing Shape of the UK Income Distribution: Kernel Density Estimates. Ln Hills Ed. New Equalities, the Changing Distribution of Income and Wealth in the United Kingdom, Cambridge, 1996.

［29］Datt G. . Computational Tools for Poverty Measurement and Analysis. FCND Discussion Paper, 1998 (50).

［30］Du Y. , Park A. , Wang S. Migration and Rural Poverty in China. Journal of Comparative Economics, 2005 (33).

［31］Kakwani N. . Income Inequality and Poverty: Methods of Estimation and Policy Applications New York: Oxford University Press, 1980.

［32］Kakwani N. , Subbarao K. . Rural Poverty and Its Alleviation in India. Economic and Political Weekly, 1992, 27 (18): 971 – 972.

［33］Leibenstein H. . The Theory of Underemployment in Backward Economies. Journal of Political Economy, 1957, 56 (2): 91 – 103.

［34］Minoiu C. , Reddy S. G. . The Estimation of Poverty and Inequality through Parametric Estimation of Lorenz Curves: An Evaluation. Working Paper, 2006.

［35］Myrdal G. . Rich Lands and Poor: The Road to World Prosperity. New York: USA. Harpery Row, Publishers, 1957.

［36］Nelson R. R. . A Theory of the Low – Level Equilibrium Trap in Underdeveloped Economies. The American Economic Review, 1956, 46 (5): 894 – 908.

［37］Plackett R. l. . An Lntroduction to the Theory of Statistics. Oliver and Boyd, Edinburgh, 1971.

［38］Rowntree B. S. . Poverty, A Study of Tomn Life. Macmillan, 1901.

［39］Shorrocks A. , Wan G. . Ungrouping Income Distributions Synthesising Samples for Inequality and Poverty Analysis. Research Paper, 2008 (16).

［40］ Silverman B. W.. Density Estimation for Statistics and Data Analysis. London: Chapman and Hall, 1986.

［41］ Singh S. K., Maddala G. S.. A Function for Size Distribution of Incomes. Econometrica, 1976, 44 (5): 963 –970.

［42］ Stouffer S. A., Suchman E. A., DeVinney L. C., Starr S. A., Williams R. M.. The American Soldier: Adjustment to Army Life. Princeton, NJ: Pinceton University Press, 1949.

［43］ Villaseor J., Arnold B. C.. Elliptical Lorenz Curves. Journal of Econometrics, 1989 (40): 327 –338.

［44］ Xu K., Osberg L.. An Anatomy of the Sen and Sen – Shorrocks – Thon Indices: Multiplicative Decomposability and Its Subgroup Decompositions. Working Paper, 1997.

On the Absolute and Relative Changes in the Poverty in China's Villages and on the Setting of the Relatiove Poverty Line

Chen Zongsheng, Shen Yangyang and Zhou Yunbo

Abstract: By the use of the method of the non – parameter kemel density estimation and by means of the 20 grouped data on "China yearbook of rural Household Survey" in the Calendar year, we have, in this paper, elaborately analyzed the change in China's rural poverty since the 80s of the last contrary. By our study, we have discovered that while the rural absolute poverty has gradually alleviated (but the number of poverty population seems to rise), the state of the relative poverty has increasingly worsened, and that the "superficial phenomenon" of the continuous population decline has mainly stemmed from its measurement standard, that is, the absolute value of the poverty line, has unchanged for a long time, or stemmed from the staged staged slowness of its increase degree. In other words, with the level of the economic growth, it is just because of the relevant drop of the relative amount of the poverty measurement, the gradual fall of the poverty rate has been kept. In this paper, we suggest that the problem of the relative poverty should receive attention. and that taking "the relative poverty line as another measurement for the calculation of poverty, in order to effectively promote, by means of income increase, the getting rid of poverty of the poverty population."

社区支持农业情境下生产者建立
消费者食品信任的策略[*]

——以四川安龙村高家农户为例

陈卫平

【摘　要】在社区支持农业中，生产者如何建立消费者食品信任？根据对四川省安龙村高家农户的案例研究，本文得到了对这个问题的回答。研究结果表明，生产者通过五种途径建立消费者食品信任：关怀理念；开放的生产方式；与消费者的频繁互动；共享的第三方关系；高质量食品的供应。这五种途径通过信息、嵌入关系和生产者绩效三个中介机制发挥作用。

【关键词】食品安全；消费者信任；社区支持农业；案例研究

一、引　言

消费者食品信任是吸引食品风险学者研究的一个重要领域。以往研究聚焦于消费者的视角，所关注的是在常规食品体系（conventional food systems）情境下的信任[①]。这些研究对消费者食品信任的建立提出了两种不同的理论解释——信息的影响和制度解释（Poppe，Kjærnes，2003）。据此，消费者食品信任主要源于真实的信息（Chen，2008；Yee，Yeung，2002）以及特定组织（如政府部门、食品供应商等）的绩效（de Jonge 等，

* 本文选自《中国农村经济》2013 年第 2 期。笔者在此对国家自然科学基金项目"连锁农家店加盟总部对加盟者控制机制的影响因素与效果研究"（项目编号：70972132）、中国人民大学明德青年学者计划项目"社区支持型农业中消费者与生产者间关系嵌入的特征、形成与演化研究"（项目编号：11XNJ022）所提供的资金支持表示感谢；对中国人民大学研究生刘濛洋、张唯等在数据收集与分析处理中所提供的帮助表示感谢。

作者单位：中国人民大学农业与农村发展学院。

① 参见 Earle（2010）的综述。

2007；Yee，Yeung，2002；Chen，2008；Ding 等，2011）。

不过，替代食物体系（alternative food system）（例如社区支持农业）情境下的食品信任一直没有得到多少关注，而替代食物体系同样是一种重要的食物供应体系。社区支持农业是一种本地化的食物生产与消费模式，它强调有机的和环境友好的耕作方式，同时，生产者和消费者共享收成、共担风险（Feagan 和 Henderson，2009；Pole，Gray，2013）。依据 Ostrom（1997），社区支持农业在"建立可持续性的地方食物体系，提高本地控制①以及振兴小规模农耕"方面发挥着重要作用。社区支持农业被认为是"未来的农场形式"（Groh，Mcfadden，1997）和"新经济的催化剂"（Lamb，1994）。然而，尽管社区支持农业非常重要，在有关食品信任的文献中它们却极少受到关注。

同样，在关于社区支持农业的大量文献中，食品信任也很少受到关注。关于社区支持农业的文献指出了社区支持农业具有消费者与生产者相互信任的特征。例如，Meyer 等（2012）指出，通过将消费者与食物生产者的重新连接，本地食物体系（例如农夫市场、社区支持农业、蔬菜箱计划②）提供了明确的食品来源，消费者也拥有了更多的食品知识和食品信息，因而对生产者的生产方式和提供的食品更加信任，从而更少依赖于规制。Feagan 和 Henderson（2009）认为，理想的社区支持农业模式培育了本地生产者与消费者的信任关系。Hinrichs 等（2000）甚至认为，"就社会关系、互惠和信任而言，嵌入关系是社区支持农业的标志和比较优势"。然而，尽管已有研究描绘了社区支持农业情境下消费者与生产者信任关系的图景，但对于生产者如何建立消费者信任，目前尚不清楚。

本文研究的目的是研究在社区支持农业情境下生产者建立消费者食品信任的策略，并对生产者和消费者的视角给予同等关注。考虑到已有研究的局限性，本文采用探索性的个案研究。本文首先回顾有关食品信任的现有理论和研究，然后描述研究方法并报告研究结果，最后讨论本文研究的理论与管理含义。

二、理论背景

现有文献对信任具有不同的定义。Fulmer 和 Gelfand（2012）回顾了有关信任的研究文献后指出，信任的定义包括两个重要的维度：一是对他人行为的正面期望；二是接受脆弱性的意愿。参考已有的研究，本文研究将信任定义为消费者对社区支持农业生产者所提供的食品有正向预期，而愿意将自己处于易受伤害且敏感的处境的心理状态。

---

① 社区支持农业是一种本地化的食物生产与消费模式，它倡导"本地生产、本地消费"，这使得一个地方的食品更少依赖于外部供应，因而提高了本地对食品供应的控制。

② 蔬菜箱计划（Vegetable Box Scheme，VBS）是英国流行的一种本地有机蔬菜配送服务，通常由有机农场直接送到用户家庭或取菜点。目前，英国大概有 600 个 VBS，年销售额超过 1 亿英镑。资料来源：http://en.wikipedia.org。

有两种不同的理论视角来解释消费者的食品信任来源。一种视角是信息的影响。这种视角的重要观点是，信息可以提高信任，消费者不信任是由于缺乏真实信息或错误地理解信息（Poppe，Kjærnes，2003）。因此，这种视角认为，消费者对食品失信可以通过管理与技术的方式来避免，尤其是通过信息管理计划。实证研究也支持了这种观点。例如，Chen（2008）发现，告知公众食品丑闻的真相，对消费者食品安全信任具有显著的正向影响。Yee 等（2002）对英国畜牧业的实证研究显示，生产者提供的信息越真实，消费者对生产者的信任感越高。

另一种视角是制度解释。这种视角关注日常消费实践和食品机构，阐明了食品信任是如何与组织绩效相关的。依据这种视角，消费者购买食品是消费者与食品供应者进行的最直接的接触，而与食品规制机构、专家、信息发布者、监管机构等发生间接的关系。因而，消费者对食品的信任是信任食品供应体系以及内在于体系之中的相关主体，而不是信任单纯的食品。依据 de Jonge 等（2007）的解释，食品供应链中的相关主体包括食品生产商、零售商以及对风险管理负有责任的规制部门，它们可以弥补消费者对食品生产过程知识的缺乏。因此，这种解释认为，信任源于特定的组织绩效。组织绩效高能产生信任，组织绩效低则导致怀疑和失信。很多经验研究为这种解释提供了支持。这些研究以消费者对食品产业相关主体的信任作为组织绩效的测量变量，结果显示，消费者对食品产业相关主体的信任与其食品信任呈正向关系（Chen，2008；Poppe，Kjaernes，2003；de Jonge 等，2007）。

还有一些研究检验了消费者对食品产业相关主体信任的影响因素。这些研究表明，消费者对相关主体的信任主要受两个关键因素的影响：①相关主体值得信任的特征因素。如果食品产业相关主体能够给消费者带来正向的认知，那么，信任关系更可能建立。已有的经验研究表明，相关主体不同的值得信任维度（如对消费者的关心、仁慈、能力、正直、诚实等）会显著影响消费者对它们的信任程度（Yee，Yeung，2002）。②消费者与相关主体的共享特征因素。例如，Allum（2007）的研究显示，消费者与食品科学家的价值观相似性越高，消费者对食品科学家的信任度也越高。

综上所述，已有研究为社区支持农业情境下消费者食品信任的建立提供了一些线索，但绝大多数文献都聚焦于消费者的视角以及关注常规食品体系情境下的食品信任。尽管已有研究描绘了社区支持农业情境下消费者与生产者信任关系的图景，但对生产者如何建立消费者信任还知之甚少。因此，本文的问题是：在社区支持农业中，生产者如何建立消费者的食品信任？

三、研究方法

本文研究采用一个单一的、探索性的案例研究。案例研究是研究复杂社会现象首选的研究策略[1]，因为它能够对案例进行详尽的描述与系统的理解，而且对事件发展的动态过程与所处的情境脉络亦会加以掌握，从而可以获得全面与整体的观点（Gummessen，1991）。多案例研究与单一案例研究各有优缺点（Yin，1994）。尽管存在一些争议，但学者们都一致认为，单一案例研究更适用于在研究发展的早期进行理论建构（Yin，1994）。因为目前关于社区支持农业情境下生产者如何建立消费者食品信任的研究非常有限，因此，单一案例研究是合适的研究方法。

本文研究以四川安龙村高家农户为背景。其适用性在于：第一，高家农户是以社区支持农业模式运行的，这符合本文的研究目的。第二，高家农户是中国最早践行社区支持农业的生产者之一（亨德森、范·恩，2012），他们的成功经验被媒体广泛报道，也得到了业内人士的广泛认同（杜姗姗等，2012）。第三，中国生产者与消费者长期被隔绝于食品生产与消费链的两端。城市消费者对食品质量的信任度很低。尤其是近些年来发生的一系列食品安全事件，使中国食品产业面临消费者信任危机。这为本文研究高家农户生产者建立消费者信任策略提供了更具价值的情境。第四，由于笔者之前认识高家农户，他们乐意参与这项研究，并承诺为本文研究提供所需的帮助。

（一）案例背景

高家农户位于四川省成都市郫县安龙村，距市区大约 1 小时的车程。目前，高家农户的生产者是 4 个家庭成员：父亲（高盛健）、母亲（李芝兰）、儿子（高一程）和女儿（高清蓉）。他们 4 个人都参与了这项研究。

与中国典型的农户相同，高家农户在启动社区支持农业之前也是采用常规的耕作方式。2005 年，为保护流经安龙村的走马河流域免受化肥农药污染，成都城市河流研究会[2]推广了一种环境友好、无污染、节约型、闭合循环的农户生态家园模式的示范项目。这个项目的内容主要包括培训农民进行生态耕作，帮助农民建设沼气池、粪尿分集式生态卫生旱厕、种植型快渗系统[3]。高家农户是当时村里最早响应的 5 家农户之一。

在转换耕作方式之初，高家农户并没有想过为城市消费者配送蔬菜进而发展社区支持农业。但后来，他们想让更多的人认识到生态耕作的重要性，也意识到城市消费者对安全食品的迫切需求，因而自 2007 年起，高家农户开始正式招募会员。目前，高家农户为消费者提供两种计划选择：配送份额和城市农夫。对于配送份额计划，消费者在产季之初预付下一季蔬菜份额[4]的全部费用，农户则承诺按照预定计划生产各种安全、健康的蔬菜和其他农产品，定期配送给消费者，消费者也可以选择自己到生产地或取菜点取菜。送菜总

---

① 参见 Graebner（2009）。

② 成都城市河流研究会是一个经成都市民政局批准成立的民间环保组织，于 2003 年成立。

③ 种植型快渗系统是一种处理农户灰水（指来自厨房和洗浴的废水）的方式，即采用当地土壤、沙石和植物等原料，按一定级配，经过物理、生化过程，就地净化灰水后将其应用于庭院或农田灌溉，或回灌地下水。资料来源：安龙村——统筹城乡综合信息服务平台（http：//anlongcun.tccxfw.com）。

④ 蔬菜份额指生产者在下一季度中将为消费者配送的蔬菜总量。

量有 50 公斤和 25 公斤两种选择，其份额菜金分别为 600 元和 300 元。对于城市农夫计划，消费者在产季前向农户预付一定费用，农户将一定面积的菜地租给消费者耕种，并提供一季中种植所需的全部种子、有机肥料、水、农具和种植技术服务，而消费者需要自己做耕种决策，承担种植任务以及收获全部农产品。城市农夫计划是 2008 年推出的。城市农夫计划的菜地租种价格是每 10 平方米每季约 150 元。在 2011 年春季，高家农户的菜地约有 20 亩（其中约 1 亩用来租种），有 120 位左右配送份额会员，30 位左右城市农夫会员。

由于城市农夫消费者是通过自己耕作的方式缓解食品安全风险，因而无须生产者去建立他们的食品信任。鉴于此，本文研究主要聚焦于高家农户的配送份额消费者。

高家农户的食品没有进行有机认证。生产者高清蓉解释道："认证的成本很高，过程又复杂，而且消费者对食品标签也普遍不信任。"这也引出了一个有兴趣的问题：社区支持农业情境下生产者如何建立消费者的食品信任呢？

（二）数据收集

本文使用三种方法来收集数据资料：①与生产者和消费者的半结构式一对一访谈；②观察；③第二手资料。对通过不同来源获得的数据进行三角验证①可以提供更可靠的信息，进而提高研究结论的可靠性（Yin，1994）。数据收集时间为 2011 年 4 月到 2011 年 10 月。

1. 生产者访谈

本文研究的主要数据来源是与生产者的半结构式一对一访谈。每次访谈持续 45 分钟到 2 小时不等，期间调查人员做了大量现场笔记并在访谈结束 24 小时内将访谈录音整理成文字稿。访谈稿整理完之后，立即仔细阅读一遍。如果发现有疑问，则对同一受访者进行电话确认，以对访谈资料进行确认与修正。访谈的问题主要集中在两方面。一方面是生产者如何看待食品安全信任。在这些问题中，笔者试图理解生产者对建立消费者食品安全的看法，例如，"你们如何看待目前的食品安全状况？""建立消费者食品信任对你们有什么益处？"另一方面是关于如何建立消费者信任。在这些问题中，笔者要求生产者用实际例子去说明他们的主张。例如，当生产者讨论为消费者供应高质量食品时，笔者会要求生产者给出具体例子来阐释。每次访谈结束前，笔者会问生产者还有什么其他相关信息可以提供。生产者们都非常合作并积极提供信息，因为他们看到了建立消费者信任的重要性。

2. 消费者访谈

本文也通过对消费者的半结构式访谈来收集数据。笔者通过生产者获得了所有消费者的联系方式，然后用电话一个个地联系这些消费者，请求他们参与访谈。如果消费者同意，笔者就与消费者约好采访的时间和地点。

---

① 三角验证是案例研究方法中的一个术语，是指对从多个数据源获得的资料进行对比，相互校正，以提高研究结果的可靠性。

由于消费者非常分散，因此，访谈方法有面对面访谈和电话访谈两种形式。最后，笔者总共访谈了25位消费者，其中有10位消费者是面对面访谈的，其余15位消费者是电话访谈的。访谈主要集中在以下几个问题："你加入社区支持农业的动机是什么？""社区支持农业在多大程度上能解决你的食品安全问题？""你信任高家农户的食品吗？""你是基于什么信任的？"笔者向消费者承诺匿名，鼓励他们坦诚。在访谈过程中，笔者鼓励受访者尽量使用自己的语言，或者他们觉得最能够表达的方式。当他们的回答含糊不清时，笔者还鼓励受访者进行具体阐述。每次访谈持续30分钟到90分钟。同样地，所有访谈记录或录音都在24小时内被整理成文字稿，若有不清楚的问题，笔者会通过电话向受访者再次确认。

3. 观察

笔者于2011年8月在高家农户进行了为期一周的观察。期间，生产者邀请笔者参观生产场所。生产者也允许笔者自由观察或访谈在高家农户生产场所中的消费者，这些消费者包括订购城市农夫计划因而在这里自己耕作的消费者，也包括到高家农户来帮助生产者做农事的志愿消费者。这种观察给笔者提供了关于生产者日常工作的体验性线索，使笔者有了更深入的感受。笔者也跟随生产者一道前往成都市给消费者配送蔬菜，这为笔者目睹生产者与消费者之间如何互动提供了机会。观察期间，笔者对所见所闻都及时做了认真记录。

4. 第二手资料

除了访谈和观察，笔者还收集了其他所有可获得的与高家农户相关的第二手资料。这些资料包括宣传单、农户博客、已发表的论文、报纸和杂志上的相关报道等。

（三）数据分析

本文研究采用内容分析法作为主要的资料分析方式。首先，笔者将访谈资料、观察笔记、第二手资料等都整理完成，建立完整详细的文字稿。其次，笔者进行初步的概念识别，并将文字稿进行编码。对概念的编码尽可能使用活体（例如受访者所使用的语言），当不存在适当的活体用于编码时则尽量使用简单的描述性词语。最后，笔者对编码进行建构类属（catcgories）及概念化，即通过寻找这些编码之间的关联，将反映主题相同的编码归类，予以命名。

参考Corley和Gioia（2004）的方法，笔者采取了相应措施来保证研究结论的可靠性。首先，笔者对数据进行了认真的整理。包括访谈笔录、调查笔记、文件等在内的数据资料，笔者采用了计算机定性数据管理程序。其次，笔者使用了同事汇报的方法，即让实地调查人员与没有参与此项目的其他研究人员一同讨论通过数据分析得到的结论，征求他们对于数据收集和分析步骤的批评性质疑[①]。最后，笔者征询了1位熟悉案例研究方法的经

---

① 在本文研究中，笔者邀请了长于案例研究方法的一位同事和一位来自其他学校的学者。这是一个使实地调查人员通过其他研究人员的第三者视角来审视自身观点的方法。

验丰富的研究人员，对本文研究过程和研究结果进行审查，以期获得对于研究结论可靠性的信心。

四、研究结果

本文通过对研究数据的分析发现，生产者通过 5 个途径来建立消费者的食品信任：关怀理念；开放的生产方式；与消费者的频繁互动；共享的第三方关系；高质量食品的供应。每一个途径均代表了生产者的努力尝试，这些尝试或是提供给消费者真实的信息，或是利用嵌入的社会关系，抑或是通过高的组织绩效。这些努力最终赢得了消费者的食品信任。在访谈中，消费者频繁地使用这些话来表达他们对生产者供应的食品的信任："我百分之百相信他们的菜"，"他们的菜品质过硬"。一位消费者评论道："中国出现了信任危机，我们在这里找到了信任。相信吗？我第一次吃到他们的菜恨不得跪地感恩，因为跟长期吃的化肥蔬菜的味道实在太不同了。"

（一）关怀理念

4 位生产者一致指出，理念是建立消费者信任的关键。就像生产者高清蓉所说的："让消费者信任也没什么，也很简单。首先就是自己的思想。它不是不能以一种商业化的方式去做，也不是说怎么样去炒作就可以的。我们是在用实际行动（去建立消费者食品信任——笔者注），用生命（指自己——笔者注）去感动生命（指消费者——笔者注）。"对于生产者而言，消费者信任建立就是寻求消费者对他们理念的认知、理解和认同。正如生产者高一程解释的："成都市那么多人，而我们的消费者很少。在这个过程中，我们也就是去选择那些有缘分的人，只有理念相近的人才会走在一起……我们用这个理念在做事，他们了解和认同你用这个理念在做事，结果（建立信任）就自然而然了。"

研究数据显示，高家农户的理念是一种关怀理念。参考 Warren（1989），本文将关怀定义为"去保持、促进或提高相关方的福利，或对相关方的福利不会造成伤害"。本文发现，高家农户的关怀理念包括了以下几方面：第一，生产者对大自然，例如土地、水和生物多样性的关怀。高家农户生产者一直信仰佛教。佛教核心的理念之一是慈悲，强调以慈悲心关怀这个世界。而且，如前文所述，2005 年，四川省成都市城市河流研究会在安龙村倡导生态农业，以保护流经该村的走马河流域免受化肥农药的污染。成都市城市河流研究会所倡导的生态耕作理念和高家农户生产者以慈悲为怀的价值观产生了共鸣，使他们成为生态耕作的积极行动者。就像生产者李芝兰所说的："过去以为污染是别人的事，我没想过自己使用的农药化肥会通过土壤渗入地下水，给河流带来严重污染。生态农业试点让我明白了这些事情。既然大家共生在这片土地上，就应该共同分担，共同呵护。"

在生产过程中，高家农户生产者努力去追求"人与自然的和谐发展"。生产者高清蓉说道："像我们平常说去生产有机农产品，可能强调得更多的是如何达到有机的标准。而我们在做的时候更多地会考虑环境，我们会想怎么做能够保护生态，怎么样去让自然达到平和。但是，如果说刚开始时的着眼点是农产品的话，那你可能会破坏环境，尽管你的农产品同样能够通过检验，达到有机标准。"高家农户生产者还努力学习和研究保留本地老品种的可行方法，同时开始收集本地种子，希望能及时保留即将消失的品种和农耕文化。就像生产者高清蓉向笔者说的："现在规划田地的方法是从保护生物多样性的原则着手，尽量多种些不同品种的作物，并以最自然的方法耕种。我们也不种反季节的作物，尽量保留和恢复栽种本地的老品种，尽管大家好像认为这些品种产量较低。"

第二，生产者也关心消费者的食品安全和健康。生产者李芝兰说道："我发现很多农民都种两块地：一块地（种出来的菜）自己吃，另一块地（种出来的菜）卖给市场。这让我迫切感受到没有农药的安全蔬菜，对于城里人生活的重要性。"因此，为城市消费者提供可以信赖的安全健康的蔬菜，成为高家农户坚定努力的目标。

第三，除了对大自然和消费者的关怀，生产者的关怀理念还包括对生产者自身健康的关心。就像生产者高盛健所说的："使用化肥农药的农民是最先受害的，而且是个慢性中毒的过程，一生都会积累，村里就有 50 多岁得癌症的。哪怕城里人不吃我们的菜，为了自己的健康也不能用农药化肥了。"

对于传统农户来说，他们接受新的理念或许不难，然而，要成功地实施和坚守这种理念，却是相当困难的。几年来，高家农户遇到过许多问题，例如，有机耕作技术缺乏、农事过重使生产者筋疲力尽、会员流失率高，等等。生产者高清蓉回忆道："特别是头一年，停用化肥农药之后，就遇到了虫害，我估计是因为周围都是农药地，虫子都跑到我们这里了。加上我们经验不足，产量一下子减了一半，种出来的蔬菜又黄又瘦，虫眼很多。我们把菜运到城里摆地摊，用白纸贴上生产过程的照片，写明这是哪家的菜，是怎么种出来的。即使这样，那些菜只卖几毛钱都没人要，太难了。我们家亏损了 3 年，只能靠余粮度日。"

尽管高家农户面临巨大的发展压力，但其仍然坚持理念，才使得他们的社区支持农业能延续至今。访谈中，所有 4 个生产者都一致地提到了他们对理念的坚持。就像生产者高盛健所说的："就觉得这是件好事，对自己身体、对土地都有好处，卖出去也安心。即使不挣钱也要坚持下去。"

大多数受访的消费者也感知到了生产者的关怀理念。关于关怀理念的典型陈述是："他们关心土地"，"他们完全是用心来做的，而且他们没有想到要把有机的东西做成一种太商业气味的"，"他们关心我们的食品安全和健康"，"他们一家人都是有道德的人、有良心的人"。一个外国消费者很好地概括了生产者的关怀理念："高家，我觉得他们不仅仅把我看成是一位消费者。我想他们关心土地。因为我也关心土地，我们在一起就成了好伙伴，我们有共同的目标。你也知道，他们用的是有机肥料。他们还与外界建立关系，他们与外国人友好交流，他们也跟其他中国人交流，他们非常热情。我认为这样很好，他们与中国其他小农户完全不同。他们的做法对于水、土地、空气、我们的身体都是极其重要的。所以，我认为他们是与众不同的。就他们的精神而言，我认为完全与众不同。"

消费者对高家农户生产者关怀理念的感知增加了他们的食品信任。就像一个消费者所说的："他们一家人都是有良心的人，就这点来说，我对他们的食品是百分之百地信任。"为什么生产者的关怀理念有助于建立消费者的食品信任呢？一个原因是，关怀理念向消费者传递了生产者值得信任的特征。在过去的研究文献中，关怀是信任特征的一个重要维度①。研究发现，关怀可以增加消费者信任（Yee，Yeung，2002）。据此，当消费者感知到生产者的关怀理念时，他们更容易对生产者产生信任，进而信任其供应的食品。另一个原因是，关怀理念可以使生产者寻求并选择到与自己理念相近的消费者。根据社会认同理论，当生产者与消费者之间具有相似性时，双方更容易发展出更深层次的人际关系。这种人际关系又进一步促进了消费者食品信任的发展。就像一个消费者所说的："我接触了中国的一种传统的文化，就是国学经典里面讲的嘛，那里面有很多做人做事的道理。他们所种的菜都是良心菜，没有污染的嘛，没有化肥农药，不毒害消费者，我就比较认同这种。学了传统文化之后，我就要做一个有道德有良心的人，有良心的人就要种有道德的菜，要做有良心的事。所以，这个根本就在这里，我在这里有共同的语言。"

（二）开放的生产方式

研究数据表明，开放的生产方式是建立消费者食品信任的另一个重要途径。高家农户采取的是开放的生产方式，消费者可以随时到安龙村来。就像生产者高盛健向笔者说的："我希望消费者随时来看怎么施肥怎么除草。我们是认真做的，不怕他们来看，就怕不来。"

为什么开放的生产方式有助于建立消费者的食品信任呢？一个原因是，开放的生产方式能让消费者通过实地考察农户的生产过程而获得真实的信息。正如本文在理论背景部分所讨论的，消费者的不信任可能是由于缺乏真实的信息或错误地理解信息。真实的信息对于食品信任的建立具有积极效应（Chen，2008；Yee，Yeung，2002）。例如，一个消费者说道："我觉得就是，你一定要看到土地，看到他们是怎么做的，才能真正建立这个信任。"生产者高盛健也给出了自己的解释："不了解就不理解，不理解就不信任。消费者往往是一到村里就明白了：没有大棚，完全是自然生长，而且对病虫害也不用农药，如果被虫子吃光了，没有就是没有。诸如此类的事情都必须实地看过才能理解。过去他们嫌我们的菜比超市里的小，黄瓜也小，莴笋也小，西红柿也小，什么都小，来看过之后才知道小的反而是好的。"

另一个原因是，开放的生产方式自然形成对生产者生产的多方监管。由于开放的生产方式，高家农户耕作的田间地头有着不间断的各种行动者，包括当地村民、有兴趣的消费者和志愿者、新闻记者以及非政府组织的人士等。他们构成了对高家农户食品生产的一种多方验证机制。

---

① 参见 Chryssochoidis 等（2009）的综述。

（三）与消费者的频繁互动

除了关怀理念和开放的生产方式外，本文的调查显示，生产者建立消费者信任的第三个途径是与消费者频繁互动。就像生产者高一程所说的："如果我们想让消费者信任我们，消费者就需要对我们有了解，这只能在互动过程中获得。"尽管高家农户采取的是开放的生产方式，消费者可以随时到安龙村来，然而，高家农户发现，有的消费者愿意投入的时间或精力有限，还有的消费者认为自己成为社区支持农业的一员仅是一种钱货交易（即为了获得优质食品），而对参与农事活动本身并无兴趣，这些都导致消费者与生产者之间的互动维持在较低水平。为了取得消费者的了解和信任，高家农户生产者采取了不同的策略来提高与消费者的互动水平。

第一，生产者要求消费者在订菜之前必须先到安龙村进行实地考察。高家农户有一个不成文的规定：消费者要想订菜，就要先到安龙村来看看种植的过程；否则，即便消费者很早预约，高家农户也不一定给他们送菜。

第二，生产者通过多个渠道与消费者沟通。包括在送菜时或在取菜点与消费者进行面对面交流，通过电话、手机短信、邮件等方式与消费者沟通。此外，高家农户还建立了"自然农耕"博客。高家农户一方面将自己的生产计划、菜品配送计划、活动安排、新菜品的介绍甚至烹饪方法等信息在博客上发布；另一方面将自己的农耕体会发表在博客上，与消费者分享自己的心路历程。消费者可以通过这个博客及时获得高家农户的信息，同时也可以通过发表评论的方式提出自己的意见和问题。这样，"自然农耕"博客成为生产者和消费者之间信息沟通和问题解决的平台。

第三，生产者举办各种活动，并邀请消费者参加。高家农户每年至少组织 2 次活动。例如，在 4 月的时候，会举办"城乡交流会"，主要活动内容就是由生产者带领消费者参观种植地，同时与消费者进行现场交流，面对面互动。在 10 月的时候，要举办"新米品尝会"，就是在秋季稻谷成熟时，邀请消费者来喜庆丰收，品尝新米。除此之外，生产者通过农事体验活动、招募志愿者等来提高消费者的参与度。

第四，生产者努力培育稳固的核心消费者会员。高家农户十分重视发展核心消费者会员。这些消费者不但长期订购食物，也有时间从事志愿者工作。他们主动参与耕作事务，帮助高家农户分担一些工作。例如，负责向消费者代收订购份额的费用；回收装蔬菜的环保袋；周围几户消费者订购的蔬菜都由高家农户先送到这些核心消费者会员家里，然后或者由他们分发给消费者，或者等着消费者上门来取；有的核心消费者会员还主动向周围的亲朋和邻居宣传，并带领他们到高家农户的生产场所去参观。

第五，生产者推出了城市农夫计划。如前文所述，高家农户自 2008 年开始提供一种名为"城市农夫"的计划。城市农夫计划是消费者自己耕作、自己收获，这不仅加深了消费者自身对有机耕作的理解，而且他们必须要经常到安龙村来耕作，这为生产者与消费者之间互动创造了机会。

对消费者的访谈显示，大多数消费者认为，与生产者频繁互动提高了他们的食品信任水平。关于这一点的典型陈述是："我们在那边有地，自己种有机菜，平时能接触，通过和他们的互动交谈，一起参与这件事情，就信任了"；"我去跟他们家的土地进行连接，跟他们家的人进行连接，这两个连接做到了，才能真正建立信任"。

为什么与生产者频繁互动有助于建立消费者的食品信任呢？一个原因是，互动与信息交换紧密相连。高家农户者指出，通过互动，他们可以向消费者传递他们的关怀理念，让消费者了解他们是如何运作的以及他们面临什么挑战。而且，消费者也能够向生产者表达自己的想法和需要。这种信息交换使得生产者与消费者可以相互了解，从而为信任奠定基础。一个消费者通过一个细微的例子说明了自己的食品信任是如何形成的：

（问："是什么让您信任他们的？"）"我给你打一个比方。前段时间他们给我送了像'西红柿'那样的菜，但它很小，像那种小的'西红柿'我没吃过，因为现在有很多转基因的东西，所以，我也就不敢吃。然后，我就打电话问他，我说你这个是不是转基因的，那位高大哥就说这个菜在去年就有了，但是没有配送给大家。他说是贵州一个农民给他的，他说对他来说也是一个新品种。

这个菜是山里边的，相当于是野果子那种，它的来源是这样的。然后，他去年就试种了，看它能不能留种。他说他就留了种子，今年又种了，种了之后就出这种菜了。通过这个实例，我觉得他们是比较有诚信的。"

另一个原因是，频繁互动促进了生产者和消费者之间社会关系的发展。通过频繁互动，生产者和消费者可以相互了解对方的背景、兴趣和需要，"形成一个以食品为中心的并具有认同感的社区"（Hinrichs，2000）。因此，互动是社区支持农业中人际关系发展的基础。就像一个消费者所说的："我们接触很久了，我们在他们家租地，高大哥他们家信佛嘛，我自己也是佛教徒，接触久了，我们就是朋友关系了。"

（四）共享的第三方关系

研究数据表明，生产者建立消费者食品信任的第四个途径是利用共享的第三方关系。此前的研究表明（Uzzi，1997；Graebner，2009），信任关系可以从第三方介绍和从前的私人关系中发展出来。如前文所述，由于生产者和消费者通常被隔离在食品生产和消费链条的两端，再加上长期以来的城乡二元结构，农村生产者与城市消费者的关系难以发展为私人关系。因此，共享的第三方关系是非常重要的，尤其是在建立新关系时。高家农户通过第三方介绍，即对生产者的所作所为进行口口相传，来获得消费者的初步信任，并加入社区支持农业中来。对消费者的访谈数据显示，有80%的受访者说他们是由自己的朋友、亲戚或熟人推荐而加入社区支持农业的。这些消费者对高家农户供应的食品信任的依据之一就是共享的第三方关系。一个典型的消费者陈述是："我信任我的朋友"。

为什么共享的第三方关系能帮助生产者建立消费者食品信任呢？社会学中的嵌入理论表明，经济行动是嵌入社会结构之中的（Uzzi，1997），与两个相互之间没有联系的行动者有嵌入式关系的那个行动者就会充当他们的"媒介"，这个媒介将现有嵌入式社会结构的期望和机会传递到一个新形成的结构中，从而为信任奠定了基础（Uzzi，1997）。

（五）高质量食品的供应

研究数据显示，生产者建立消费者食品信任的第五个途径是为消费者供应高质量的食品。以前的研究发现，消费者加入社区支持农业的最重要原因是想获得新鲜的、本地产的高质量食品（Pole，Gray，2013）。因而，社区支持农业的食品供应对于满足消费者的需要是至关重要的。高家农户的 4 个生产者都着重强调了通过供应高质量的食品来最大化地满足消费者需要的重要性。正像生产者李芝兰向笔者说的："如果忽视了他们的实际需要，要建立消费者信任是完全不可能的。"

高质量食品的供应很大程度上依赖于生产者的耕作方式。在高家农户，蔬菜以最自然的方法生产。他们不使用任何人工合成的化肥和农药，也杜绝生长激素和除草剂。他们对蔬菜作物进行合理间作套种，利用有机肥料，以维持和增强地力，并利用间作、天敌、喷洒四川辣椒水，以及通过种植驱虫草如薄荷、柠檬草、罗勒等，以生态学方式防治病虫和杂草。

为保证给消费者供应高质量的食品，高家农户还努力做到以下几方面：第一，供应最新鲜的食品。为了保证提供新鲜的食品，生产者一般是在配送的前一天下午才开始采摘，然后择菜、称重、分装，到第二天一早就开始配送。第二，供应最好的食品。生产者高清蓉告诉笔者："我们不会把好的留给自己吃。我们都会把最好的留给他们，挑剩下的坏的我们自己吃。"第三，了解消费者的偏好，尽可能满足多样化的需求。调查人员在高家房间的一面墙上看到一张消费者口味"喜好表"，上面写着：张健，不吃折耳根；刘颖，不吃菠菜、木耳菜；邱艳，少叶菜、多苦瓜；等等。生产者根据这张消费者口味"喜好表"有选择地配菜，从而尽可能满足消费者多样化的需求。

在与消费者的访谈中，大多数受访消费者证实了高家农户为他们供应了高质量的食品。关于高质量食品的典型陈述是："菜的品质过硬"，"农场产品（指高家农户提供的食品）是正宗产品"，以及"吃上去口感和自己家里种的很相近"。消费者可以通过蔬菜的质量来衡量生产者是否有能力满足他们的需要。生产者通过供应高质量的食品向消费者传递了有关他们"能力"的信息。当消费者感知到生产者有能力供应高质量的食品以满足自己的需要时，他们则更可能建立起对生产者的信任（Yee，Yeung，2002）。

五、讨 论 与 结 论

本文考察了在社区支持农业中生产者建立消费者食品信任的策略。以前关于食品信任的研究聚焦于常规食品体系情境，对于社区支持农业情境下生产者如何建立消费者食品信任，目前研究尚缺乏一定的了解。为了填补这个空白，本文通过对四川安龙村高家农户的个案研究，探索了生产者如何建立消费者食品信任的理论模型（见图 1）。这一新的理论模型解释了社区支持农业情境下生产者建立消费者食品信任的途径及其内在机制，对现有的食品信任和社区支持农业领域的研究做出了贡献。

（一）一个关于社区支持农业生产者建立消费者食品信任的模型

如图1所示，高家农户通过五个途径来建立消费者信任：开放的生产方式、共享的第三方关系、与消费者频繁互动、关怀理念以及高质量食品的供应。这五个途径围绕三个起中介作用的机制构成消费者食品信任模型。

首先，有两个途径反映了生产者如何提供真实信息来建立消费者食品信任。例如，生产者采用开放的生产方式，使得生产场所和生产过程完全透明，消费者只要愿意，可以在任何时候到生产场所进行实地考察，这为消费者提供了直接而又最真实可靠的信息。第二个途径是与消费者频繁互动。互动使消费者有机会到生产场所做实地考察，能使生产者与消费者之间产生信息交换，消费者通过互动可以获得更细致可靠的信息。

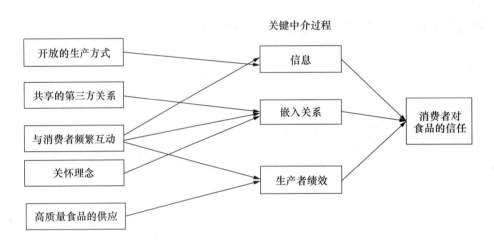

图1　社区支持农业生产者建立消费者食品信任的模型

其次，有些途径描述了生产者如何利用嵌入的社会关系来建立消费者食品信任。其中一个途径是共享的第三方关系。第三方作为媒介，把现有社会结构的期望和机会传递到一个新的结构中，为消费者食品信任奠定了基础。第二个途径是与消费者频繁互动。互动增进了生产者与消费者之间的相互了解，促进了人际关系的发展。关怀理念有助于生产者寻求并选择理念相近的消费者，这种相似性又进一步促进了人际关系的发展。简言之，社区支持农业中生产者与消费者之间不是单纯的经济交易，它嵌入社会结构之中。嵌入的社会关系有助于建立食品信任，因为在信任食品时，消费者信任的是"人"，而不是"物"（Poppe，Kjaernes，2003）。

最后，还有一些途径反映了消费者食品信任建立中生产者绩效的重要性。例如，高质量食品的供应可以让消费者感知到生产者的能力。同样，关怀理念能使消费者感知到生产者的关怀特征。不管是能力还是关怀，都构成了生产者值得信任的维度，也是形成高的生产者绩效的基础。总的来说，生产者通过供应高质量的食品和关怀理念，让消费者感知到生产者具有高的绩效，进而产生对食品的信任。

（二）研究的理论与实践含义

本文在两个方面对食品信任领域的研究做出了贡献。第一，本文将现有的食品信任理论拓展至社区支持农业的情境中。信息的影响和制度解释是对食品信任的两个主要理论解释。信息影响解释的核心观点是真实信息能提高食品信任。一方面，本文肯定了信息对于社区支持农业情境下生产者建立消费者食品信任的关键作用。另一方面，本文提出了社区支持农业情境下生产者传递真实信息的两种途径：开放的生产方式和与消费者频繁互动。相对于常规食物体系而言，社区支持农业传递信息的途径更为直接和透明，因为消费者通过实地考察和直接参与生产过程来获取信息。

制度解释的核心观点是生产者绩效能提高食品信任。与现有的研究一致（Chen，2008；de Jonge 等，2007），为消费者供应高质量的食品也是社区支持农业情境下生产者建立消费者食品信任的重要途径，这是因为无论是哪一种食物供应体系，满足消费者对安全食品的需要，都是建立食品信任的根本。然而，本文研究强调了关怀理念在社区支持农业情境下生产者建立消费者食品信任中的重要性。本文的案例显示，关怀理念本身就构成了生产者值得信任的一个维度，消费者会借此评估生产者绩效，因为思想是行动的指南。社区支持农业情境下，生产者与消费者直接连接的产销方式，又为消费者真切感知到这种关怀理念提供了机会。尽管常规食品体系中很多生产者或制造商也有自己的理念，但由于生产者与消费者在空间上的分离，其理念难以直接而有效地传递给消费者。

第二，本文发现，实际上，嵌入关系机制是社区支持农业中生产者建立消费者食品信任的重要手段。在常规食品体系中，由于生产者与消费者被隔离在生产与消费的两端，生产者无法与消费者建立直接联系进而发展出嵌入关系。然而，社区支持农业是一种本地化的农产品生产和销售模式，它让原来彼此匿名且未知的生产者和消费者会合（例如通过共享的第三方关系），消费者甚至走进了生产场所，加入耕种者的行列，与生产者发生面对面的互动。这样，生产与消费的直接结合，使得生产者与消费者重新连接。这种社会关系的再嵌入增进了消费者的食品信任。

本文研究还通过阐明社区支持农业情境下生产者如何建立消费者食品信任，来对现有的社区支持农业领域的研究做出了贡献。正如前文中所讨论的，过去很多研究指出了社区支持农业生产者与消费者信任关系的图景（Hinrichs，2000；Feagan，Henderson，2009；Meyer 等，2012），但很少有文献探讨这种信任关系从何而来。虽然社区支持农业具有本地化的特征，生产者与消费者在空间上能直接联系，但这不能等同于信任关系的建立。正如 Milestad 等（2010）在对奥地利下奥地利省本地有机食品网络的一项研究中指出的那样，地理邻近性是社会关系发展的必要条件而不是充分条件。高家农户的案例也表明，生产者通过五个不同的途径来建立消费者食品信任。这说明，消费者信任是需要培育和经营的。

建立消费者食品信任的重要性显而易见。本文研究结论和模型的一个重要的现实意义在于帮助社区支持农业中的生产者建立消费者食品信任。正如本文研究结论所表明的，开放的生产方式、共享的第三方关系、关怀理念、与消费者频繁互动以及为消费者供应高质量食品是社区支持农业生产者建立消费者食品信任的有效方法。本文的研究结论还阐明了建立食品信任的三种机制——信息、嵌入关系和生产者绩效，生产者也可以依据这些机制在实践中探索其他能够有效建立食品信任的方法。

（三）研究的局限性和今后的研究方向

本文研究存在两方面的局限性。首先，尽管单一案例研究对发展新的理论非常重要，但它所面临的一个重要问题是研究结论能在何种程度上被推广到更广泛的样本中。本文的样本是一个社区支持农业的样本，但不能代表所有的社区支持农业实践类型。高家农户与其他社区支持农业实践类型在运作方式上会有差别，而这可能会影响到消费者食品信任。例如，有些社区支持农业生产者对食品进行了有机认证，显然，认证会对消费者食品信任带来影响。有些社区支持农业是在地方政府、大学等机构的支持下建立的，这也有异于本文样本的单个农户家庭发展的社区支持农业。因此，现实中存在的不同类型的社区支持农业也呼唤着研究者们去对不同样本开展更多的研究，以增强本文研究的外部效度。

其次，案例研究的数据收集设计使本文研究只能发展理论而不能检验理论。因此，本文在此所提出的理论模型中构念间的关系必然是猜测性的（Ely，Thomas，2001）。未来的研究可以以本文研究的模型为架构，发展出结构性问卷进行大样本的数据收集，进而检验理论模型，让研究结论更具有说服力。

总之，本文研究的目的是探讨社区支持农业情境下生产者如何建立消费者食品信任的问题。本文根据四川省郫县安龙村高家农户的案例，发展了一个关于社区支持农业生产者建立消费者食品信任的模型。如果这个模型经得起实践的检验，它将为有志于从事社区支持农业的生产者建立消费者食品信任提供参考，也可为正在探寻建立食品信任途径的消费者和政策制定者提供一个新的选择。

参考文献

[1] 杜姗姗，蔡建明，郭华，范子文. 食品安全导向下的都市农业发展模式——以北京蔬菜生产为例. 地理科学进展，2012（6）.

[2] [美] 伊丽莎白·亨德森，罗宾·范·恩. 分享收获：社区支持农业指导手册. 石嫣，程存旺译. 北京：中国人民大学出版社，2012.

[3] Allum N.. An Empirical Test of Competing Theories of Hazard – related Trust：The Case of GM Food. Risk Analysis，2007，27（4）.

[4] Chen，M. F.，Consumer Trust in Food Safety：A Multidisciplinary Approach and Empirical Evidence from Taiwan. Risk Analysis，2008，28（6）：1553 – 1569.

[5] Chryssochoidis G. Strada A. ，Krystallis A.. Public Trust in Institutions and Information Sources Re-

garding Risk Management and Communication: Towards Integrating Extant Knowledge. Journal of Risk Research, 2009, 12 (2): 137 – 185.

[6] Corley K. G., Gioia D. A.. Identity Ambiguity and Change in the Wake of a Corporate Spin – off. Administrative Science Quarterly, 2004, 49 (2): 173 – 208.

[7] De Jonge J., Van Trijp H., Renes R. J., Frewer L.. Understanding Consumer Confidence in the Safety of Food: Its Two – dimensional Structure and Determinants. Risk Analysis, 2007, 27 (3): 729 – 740.

[8] Earle T. C.. Trust in Risk Management: A Model – based Review of Empirical Research. Risk Analysis, 2010, 30 (4): 541 – 574.

[9] Ely R. J., Thomas D. A.. Cultural Diversity at Work: The Effects of Diversity Perspectives on Work Group Processes and Outcomes. Administrative Science Quarterly, 2001, 46 (2): 229 – 273.

[10] Feagan R., Henderson A.. Devon Acres CSA: Local Struggles in a Global Food System. Agriculture and Human Values, 2009, 26 (3): 203 – 217.

[11] Fulmer C. A., Gelfand M. J.. At What Level (and in Whom) We Trust: Trust across Multiple Organizational Levels. Journal of Management, 2012, 38 (4): 1167 – 1230.

[12] Groh T., Mcfadden S.. Farms of Tomorrow Revisited: Biodynamic Farming and Gardening Association. Kimberton, PA, 1997.

[13] Graebner M. E.. Caveat Venditor: Trust Asymmetries in Acquisitions of Entrepreneurial Firms. Academy of Management Journal, 2009, 52 (3): 435 – 472.

[14] Hinrichs C. C.. Embeddedness and Local Food Systems: Notes on Two Types of Direct Agriculture Market. Journal of Rural Studies, 2000, 16 (3): 295 – 303.

[15] Lamb G.. Community Supported Agriculture: Can It Become the Basis for a New Associative Economy? http://thecenterforsocialresearch. org, 1994.

[16] Meyer S. B., Coveney J., Henderson J. Ward P. R., Taylor A. W.. Reconnecting Australian Consumers and Producers: Identifying Problems of Distrust, Food Policy, 2012, 37 (6): 634 – 640.

[17] Milestad R., Bartel – Kratochvil, R., Leitner H., Axmann P.. Being Close: The Quality of Social Relationships in a Local Organic Cereal and Bread Network in Lower Austria. Journal of Rural Studies, 2010, 26 (3): 228 – 240.

[18] Ostrom M. R.. Community Supported Agriculture as an Agent of Changes: Is It Working? in Hinrichs C. C., Lyson T. A. (eds.): Remaking the North American Food System: Strategies for Sustainability. University of Nebraska Press, Lincoln, NE, USA, 2007.

[19] Pole A., Gray M.. Farming Alone? What's up with the "C" in Community Supported Agriculture. Agriculture and Human Values, 2013, 30 (1): 85 – 100.

[20] Poppe C., Kjærnes U.. Trust in Food in Europe: A Comparative Analysis. SIFO Report No. 5 – 2003, National Institute for Consumer Research, Oslo, Norway, 2003.

[21] Uzzi B.. Social Structure and Competition in Interfirm Networks: The Paradox of Embeddedness. Administrative Science Quarterly, 1996, 42 (1): 35 – 67.

[22] Warren D. (eds.). American Teachers: Histories of a Profession at Work, New York: Macmillan, USA, 1989.

[23] Yee W. M. S., Yeung R. M. W.. Trust Building in Livestock Farmers: An Exploratory Study. Nu-

trition and Food Science, 2002, 32 (4): 137 – 144.

[24] Yin R. K. , Case Study Research: Design and Methods. Thousand Oaks. CA: Sage, USA, 1994.

[25] Gummensen E. . Qualitative Methods in Management Research. CA: Sage, USA, 1991.

[26] Ding Y. L. , Veeman M. M. , Adamowicz W. L. . The Impact of Generalized Trust and Trust in Food System on Choice of a Functional GM Food. Agribusiness, 2011, 27 (10): 1 – 13.

[27] Hinrichs C. C. . Embeddedness and Local Food Systems: Notes on Two Types of Direct Agriculture Market. Journal of Rural Studies, 2000, 16 (3): 295 – 303.

基于异质性的消费者食品安全
属性偏好行为研究*

张　振　乔　娟　黄圣男

【摘　要】本文运用选择实验（Choice Experiments）的方法，借助随机参数（RPL）及潜在分类模型（LCM）研究消费者对食品安全属性的偏好行为。研究发现，消费者对食品安全属性的偏好存在异质性；消费者对政府认证的支付意愿最高，其次是企业的品牌、养殖场质量安全保证和第三方机构认证；第三方机构认证和政府认证之间具有互补性，企业的品牌化建设同养殖场质量安全保证间存在互补性，政府认证与企业品牌化建设间存在替代性；消费者风险感知度的提高会影响其消费行为，高风险感知组的消费者愿意对同一安全属性支付更高的价格。

关键词：选择实验；异质性；安全属性；支付意愿；偏好行为

一、引　言

在追求高品质生活的过程中，食品安全问题一直困扰着各国人民（Grunert，2005）。随着市场经济的日益发展，中国食品安全问题也日益凸显，苏丹红鸭蛋、孔雀绿鱼虾、三聚氰胺奶粉及牛奶、甲醛奶糖、带花黄瓜、爆炸西瓜、地沟油、染色花椒、墨汁石蜡红薯粉、瘦肉精、假牛肉、注水肉、注胶肉等食品安全事件一波未平一波又起。中国政府为此制定了诸多严格的食品安全法规和条例（Ramzy，2009），媒体不断曝光一些恶性食品安

* 本文选自《农业技术经济》2013 年第 5 期。项目来源：本文为现代农业产业技术体系北京市生猪产业创新团队产业经济研究项目以及中国农业大学研究生科研创新专项项目（编号：2012YJ150）的阶段性成果，感谢匿名审稿人对本文提出的建设性修改意见，当然文责自负。

作者简介：张振，农业部农村经济研究中心；乔娟，中国农业大学经济管理学院；黄圣男，中国人民大学农业与农村发展学院。

全问题，媒体的这种扩大效应进一步引起了全社会的关注，消费者也逐渐对食品质量安全问题给予高度的重视。食品质量安全问题的出现归因于信息不对称，由于买卖双方信息的不对称，掌握信息多的一方就会产生"投机"行为，进而导致对信息量少的一方的侵害（张维迎，2004）。为此，中国政府正在积极地构建食品安全体系，20世纪90年代，农业部开始实施绿色食品认证，2001年在中央政府提出发展"高产、优质、高效、生态、安全"农业的大背景下，农业部提出"无公害农产品"概念，各地方政府也制定了标准开展当地农产品无公害认证工作。除了实行产品认证之外，中国政府也在借鉴国外质量安全准入制度及质量安全管理体系成功经验的基础上，结合中国发展实际于2004年推行了食品质量安全准入制度（GMP），对无证生产的企业进行查处，同时在食品生产企业中推行实施HACCP食品安全管理体系认证及ISO9000质量体系认证工作。当前，中国食品安全体系已经形成了以产品认证为重点、体系认证为补充的认证体系。各类食品是否通过以上质量认证从一定程度上反映出产品质量的高低，是否通过以上强制性及推荐性认证成为判断产品安全与否的标准。第三方认证机构在构建中国食品安全体系中也是一股不可或缺的力量。要更好地解决食品安全问题，除政府、第三方机构加强认证及监管工作外，另一个重要的方面就是从企业的角度大力推动食品的品牌化建设（Yue，2010），在信息不对称条件下，品牌是解决食品安全问题、提高消费者信任度的重要措施。在生鲜食品供应链的诸环节中，消费者认为养殖环节是最容易出现质量安全隐患的环节（张振等，2011），养殖场或养殖户的质量保证也是食品安全属性的一个重要组成部分。中国政府的认证监管工作在食品安全体系构建中起到了重要的作用，但由于多部门责任重叠，出现了多头监管的问题（Calvin等，2006），这就造成了部门间相互扯皮的现象，消费者在辨别产品质量时没有一个综合的食品安全体系进行借鉴。因此，通过消费者的视角去识别质量安全各维属性偏好程度，将对政府食品安全政策的有效实施以及重塑消费者的信心起到重要作用。

以往关于食品消费行为方面的研究主要表现在消费者对特定食品的认知水平、购买行为及支付意愿三个方面（戴迎春等，2006；王可山等，2007；李秉龙等，2008；韩青等，2008），而针对特定食品固有属性方面的研究并不多见。学者们多采用基于假想价值评估方法进行问卷设计，运用Logit模型或者Probit模型进行估计。假想价值评估方法最先应用于对资源环境价值的评估方面，而后被运用到测度食品安全价值。该方法适用的一个前提条件是产品还未在市场上进行交易。此方法首先通过对消费者进行特定情境的描述，让消费者对该产品有一个理性认识，然后测度出消费者对该产品的支付意愿，从而测度出该产品的市场价值。国内已有大量运用该方法对"有机、绿色、无公害"等安全食品的研究（陈雨生，2009；刘军弟等，2009；赵荣，2010，陈雨生等，2011）。

本文认为以上研究在研究方法和对象上存在不足。首先，食品的品种存在异质性，学者多把研究对象定位为食品大类，没有进一步细化。此种忽略产品异质性的问题将对实证结果的客观性、真实性带来影响。其次，学者多运用该方法研究市场上已经进行交易的产品，这与假想价值评估法的前提相悖。国外在研究食品安全价值方面多采取基于选择实验设计的方法（Nilsson等，2006；Ouma等，2007；David等，2010），运用随机效用模型

（RPL）和潜在类别（LCM）模型对消费者的支付意愿进行测度。一些研究也证明了运用选择实验方法的科学性（Lusk 等，2004；Carlsson 等，2007；David 等，2010）；同时，基于选择实验方法获得的自述偏好和在现实市场环境下实际所获的数据的实证结果在统计上没有较大的差异（Adamowicz 等，1998；Carlson 等，2001），国内运用选择实验方法进行消费者行为方面的研究鲜见。

二、理论基础及模型

（一）理论基础

此部分的理论研究基础是 Kelvi J. Lancaster（1966）提出的消费理论及随机效用理论（Luce，1959；McFadden，1974）。Lancaster 的消费理论认为消费者的偏好是对一束商品特征属性的选择。因此，对商品的需求是一种引申需求，消费是一种将商品附带的某些特征属性从商品中剥离出来的活动。具体来讲，消费者消费的不仅是商品本身，商品本身所附带的属性能够给消费者带来更多的效用，消费者是在其固有的消费预算约束下，根据商品的属性做出选择从而最大化其效用。

本文将以居民生活中的必需品——猪肉为刺激物展开研究，猪肉本身除具有满足人们蛋白质需求的物理特性外，猪肉是否通过了质量安全认证（国家）、是否具有第三方认证机构认证（第三方机构）、生产加工猪肉的企业是否进行了品牌化建设（企业）、养殖场是否能保证所养殖的猪没有添加过瘦肉精等添加剂（养殖场）等特性都是能够给消费者带来效用的。消费者就是在自身预算约束下，根据猪肉产品所附带的以上属性进行选择，最大化其效用。随机效用理论假定经济体在给定的选择约束下最大化其期望效用，个人的效用之所以被假定为随机的，是因为个人所获得的信息是不完全的（Manski，1977），随机效用理论认为效用由可观察到的确定性部分及不可观察的随机部分构成。基于选择实验方法设计的问卷能够考虑到不同特征值之间的交互作用，这也突破了假想价值评估法只能单独测度产品属性的局限性。选择实验设计是基于数学中的正交因子设计原理，根据所选集的 D 效率和 A 效率最优进行实验选择。

随机效用理论假定消费者是异质的，消费者的效用主要由确定性部分 V_{ijt} 与随机性部分 ε_{ijt} 两部分构成，具体可表示为：

$$U_{ijt} = V_{ijt} + \varepsilon_{ijt} \tag{1}$$

当 $U_{ijt} > U_{ikt}\ \forall j \neq k$，消费者会选择 J，概率形式表示为：

$$P_{ijt} = \mathrm{Prob}(V_{ijt} + \varepsilon_{ijt} > V_{ikt} + \varepsilon_{ikt};\ \forall j \in C.\ \forall j \neq k) \tag{2}$$

消费者就是在其收入预算集内选择，从而达到自身效用最大化。

假设随机效用函数的主体具有线性函数的性质，且随机误差项服从韦伯分布

（Weibull），则消费者的效用可表示为：

$$U_j = V_j + \varepsilon_j \tag{3}$$

$$V_j = \beta_1 x_{j1} + \beta_2 x_{j2} + \cdots + \beta_n x_{jn} \tag{4}$$

其中，x_{jn} 表示选择集 J 中的第 n 个属性值，β_n 是选择集 J 中第 n 个属性的估计参数。

（二）理论模型

Logit 模型或 Probit 模型运用的前提是假设消费者是同质的，然而在现实中，消费者个体是存在差异的，对不同产品的认知程度也不同。如果再运用传统的 Logit 模型或 Probit 模型将会对估计的实际结果带来偏差。为了解决消费者异质性问题，选择随机参数 Logit（RPL）和潜在类别模型（LCM），运用 Nlogit Version 4.3 进行估计。

随机参数 Logit 模型基于效用最大化的理论，它突破了传统 Logit 模型个体偏好同质、不相关备选方案具有独立性的限制，放宽了模型中不可观测部分分布必须服从正态分布的约束。

PRL 模型中效用的主体部门表示为 V_{nit}，可表示如下：

$V_{nit} = \beta' X_{nit}$，其中 β' 是均值为 R、协方差为 η_n 的随机向量，代表个人的偏好。X_{nit} 表示第 i 次选择中所发现的属性。个体 n 在 T 时刻与选择集 C 中的第 i 次选择的概率可以表示为：

$$P_{nit} = \int \frac{\exp(V_{nit})}{\sum_J \exp(V_{nit})} f(\beta) d\beta \tag{5}$$

如果消费的异质性是离散型的，我们可以选择 LCM，N 个个体可以分为 S 类，每一类由同质性的消费者组成（Boxall，Adamowicz，2002）。在分类 Logit 模型中，$f(\beta)$ 是离散性的。消费者在情况 T 时选择 i 的概率可以表示为：

$$P_{nit} = \sum_{s=1}^{S} \frac{\exp(\beta_s X_{niut})}{\sum_j \exp(\beta_s X_{niut})} R_{ns} \tag{6}$$

其中，β_s 表示 S 类别的参数向量，R_{ns} 是消费者 n 落入类别 S 的概率。这个概率可以表示为：

$$R_{ns} = \frac{\exp(\theta_s Z_n)}{\sum_r \exp(\theta_r Z_n)} \tag{7}$$

其中，Z_n 表示影响类别成员可观察到的一系列因素，θ_s 表示消费者在类别 S 中的参数向量。

假设消费者可以对猪肉的质量安全属性进行选择，这类问题可称为假设最大化问题。马歇尔需求函数 $X_m(p, y, q)$ 和质量需求函数 $q_m(p, g, y)$ 由求解效用最大化问题解出，g 为质量安全属性 q 的价格。此问题的对偶问题是在效用既定的情况下，最小化在需求 X 和 q 方面的支出。质量安全属性的反补偿需求函数 $g(q_h, p, U)$ 通常被称为 WTP。当商品质量安全属性由 q_0 变化为 q_1 时，支付意愿 WTP 可表示为：

$$WPT = \int_{q_0}^{q_1} g(q_h, p, U) dq \qquad (8)$$

在随机效用模型和潜在类别模型估计出属性参数后，不同属性的支付意愿（WTP）可进一步运用下式计算得出（特征的属性赋值为 0、1）：

$$WTP_n = -\frac{\beta_n}{\beta_p} \qquad (9)$$

其中，β_n 表示质量安全属性的估计参数，β_p 为价格的待估计参数。

（三）实验设计

为了科学地测度消费者对猪肉安全属性的偏好及支付意愿，本文构建了猪肉安全属性体系，该体系从政府、企业、第三方认证机构、养殖场（户）四维角度出发，从政府角度选取质量安全市场准入制度认证（QS 认证）、企业选取品牌、第三方机构选择是否具有第三方认证标志、养殖场（户）选取质量安全保证进行构建。根据前期调研结果，本文最终确定了价格、政府认证、第三方机构认证、企业品牌、养殖场质量安全保证五个特征变量。选取的刺激物为猪后腿精肉，这五个质量特征变量的具体含义和属性值见表 1。

表 1   选择实验设计中的猪肉食品安全属性

特征	水平	含义
价格	30 元/公斤，40 元/公斤	每斤猪肉价格
政府认证	是，否	如果当前，该猪肉产品通过了国家质量安全认证确保该产品质量安全
第三方机构认证	是，否	如果当前，该猪肉产品通过了第三方机构质量安全认证确保产品质量安全
企业品牌	是，否	如果当前，该猪肉产品生产企业进行了品牌化建设确保该产品质量安全
养殖场质量安全保证	是，否	如果当前，该猪肉产品养殖场（户）保证没有添加"瘦肉精"等国家规定不能添加的添加剂和兽药残留

五个属性的两级水平的属性特征构成的实验选择集有 1024 个选择集。鉴于选择集的可行性及科学性，本文基于全因子设计原理，运用 SAS 中实验选择设计中的部分因子设计，并允许了属性之间的双向交互作用，对存在最优解和现实中不符合常规的选择集进行剔除，最后根据 D - optimal 和 A - opti - mal 设计确定了 12 组情景（见表 2 选择实验示例），其中 D - Efficiency 值为 81.37，A - Efficiency 为 82.51。问卷还包括消费者猪肉消费习惯、对食品安全风险感知水平、样本人口统计特征三个部分。正式调研前，课题组成员对北京市海淀区农大家属院及二里庄社区的 20 位居民进行了预调研，根据预调研发现的问题对问卷进行了微调。此次调研对象均为猪肉的直接消费者，共调研 438 位消费者，剔除不完整问卷后共回收 401 份有效问卷，有效率为 91.5%。根据北京各城区人口分布特征和人口比重确定各区样本量，调研场所主要分布在各区居民社区。有效问卷分布情况如

下：北京东城区 30 份、西城区 30 份、海淀区 80 份、朝阳区 70 份、丰台区 60 份、昌平区 70 份、大兴区 61 份。

表 2　部分因子设计选择集示例

SET1	选项 1	选项 2	选项 3
猪肉的单价	30 元/公斤	40 元/公斤	
猪肉通过了国家质量安全认证			
猪肉的生产企业进行了品牌化建设			选项 1 和选项 2 都不符合我的选择
猪肉产品通过了第三方机构质量安全认证			
猪肉的养殖场（户）保证没有添加"瘦肉精"等违禁添加剂和药物残留		✓	
我会购买：	◯	◯	◯

注：价格是参考 2012 年 9 月 1 日前后各超市综合价格基础上给出。

表 3　样本社会人口统计特征及居民猪肉消费习惯

类别	特征	比例（%）	类别	特征	比例（%）
性别	男	40.4	户籍	京内	75.0
	女	59.6		京外	25.0
学历	小学	6.5	年龄	20～29 岁	20.2
	初中	24.6		30～39 岁	22.4
	高中（或中专）	26.4		40～49 岁	14.5
	大学（大专或本科）	34.9		50～59 岁	23.4
	研究生及以上	7.7		60 岁及以上	19.5
家庭月总收入	2000 元以下	2.24	购买猪肉的频率	两周一次	15.7
	2001～4000 元	9.23		一周一次	30.2
	4001～6000 元	18.95		一周两次	28.9
	6001～10000 元	34.16		一周三次	12.0
	10001～20000 元	26.18		一周四次以上	10.0
	高于 20000 元	9.23		一月两次	3.2
平均每次购买猪肉数量	0～0.95 公斤	31.2	家庭结构	家庭规模	3.86±1.3
	1～1.95 公斤	52.1		有 15 岁以下儿童比例	64.3
	2～4.45 公斤	12.5		没有 15 岁以下儿童比例	35.7
	4.5～7.95 公斤	2.2		有 60 岁以上老人比例	61.1
	高于 7.5 公斤	2.0		没有 60 岁以上老人比例	38.9
居民食品风险感知度		[0，10]			7.11±1.86

注：以上数据是在实际调研数据基础上整理得出。

三、实证结果

（一）样本特征描述

从样本的社会统计特征来看，女性所占样本比例为 59.6%，高于男性所占比例。女性在家庭食品购买决策中扮演着重要的角色，样本中女性比例偏大恰恰反映了居民在食品购买方面的性别差异。从户籍属性来看，北京市市内户籍人口所占比例大于京外户籍，这符合北京市人口构成情况。年龄分布上，各年龄段分布较为均匀，30 ~ 39 岁和 50 ~ 59 岁两个年龄段的居民参与购买的频率更高，比例分别为 22.4% 和 23.4%。

表 4　随机效用模型（RPL）和潜在类别模型（LCM）估计结果

Variables	RPL	LCM			
		Class 1 偏好正常型	Class 2 信任危机型	Class 3 高品质偏好型	Class 4 价格敏感型
Price	− 0.473（0.086）***	− 0.255（0.035）*	0.154（0.145）*	− 0.035（0.149）*	− 4.392（0.780）***
Brand	1.116（0.207）***	3.387（0.847）***	1.147（0.350）***	0.775（0.333）**	2.256（0.018）**
Govc	1.853（0.173）***	4.479（0.901）***	0.700（0.259）***	0.420（0.243）*	2.118（0.033）**
Ngoc	− 0.245（0.135）*	0.171（0.726）	− 0.232（0.229）	− 0.160（0.225）	1.550（0.047）
Fqs	0.852（0.131）***	1.199（0.510）**	0.295（0.207）	1.689（0.316）***	− 0.700（0.383）
Persk	0.206（0.104）**	− 0.245（0.287）	0.270（0.153）*	0.363（0.155）**	− 0.221（0.421）
Brand × Govc	− 0.761（0.159）***	− 1.443（0.737）*	− 0.775（0.300）**	− 0.903（0.318）***	− 0.041（0.454）
Brand × Fqs	0.837（0.165）***	− 2.180（0.684）**	− 0.225（0.320）	− 1.109（0.302）***	− 1.826（0.367）
Govc × Ngoc	0.906（0.145）***	− 0.255（0.929）	0.917（0.255）***	− 0.925（0.249）***	− 2.874（0.071）*
STDE（Brand）	0.631（0.085）***	NA	NA	NA	NA
STDE（Govc）	1.701（0.124）***	NA	NA	NA	NA
STDE（Ngoc）	0.519（0.101）***	NA	NA	NA	NA
STDE（Fqs）	0.926（0.273）***	NA	NA	NA	NA
Opt out	− 3.137（0.186）***	− 1.246（0.914）	− 0.462（0.349）	− 4.022（0.853）***	− 7.736（0.043）***
Class Prob	NA	0.396（0.046）***	0.269（0.049）***	0.223（0.035）***	0.111（0.017）***
F	2886.343	2790.302			
AIC	1.210	1.177			
Bayes IC	1.243	1.235			
MF − PR^2	0.454	0.472			

注：模型基于 4812（401 × 12）个样本计算得出。以上结果通过 Nlogit version 4.3 估计得出，表中括号内为标准差。*、**、***分别表示估计参数在 10%、5% 和 1% 的水平上显著。

样本的受教育程度主要集中在高中和大学，比例分别为 26.4% 和 34.9%，这反映出样本具有较高的文化素养，对选择实验模型的理解力会更强。从居民猪肉消费习惯来看，居民购买猪肉的频率主要集中在一周一次和一周两次上，分别占 30.2% 和 28.9%，两周一次及一月两次所占的比例较低。

消费者每次购买猪肉的数量集中在 1~1.95 公斤和 0~0.95 公斤，分别占样本比例为 52.1% 和 31.2%，这反映出猪肉仍然是居民主要的肉食来源。居民购买的主要猪肉类型为热鲜肉，占样本容量的 48.6%，其次是冷鲜肉，占样本容量的 47.13%。购买热鲜肉的主要场所是农贸市场，购买冷鲜肉的主要场所是超市和直营店。从家庭结构上看，三口之家较多，家庭平均人数在 3.86，有 15 岁以下儿童的家庭比例偏高，为 64.3%。消费者对食品安全风险的感知程度存在差异，但平均感知度较高。家庭月总收入分布较合理，与北京市统计局发布的数据较为接近，家庭月收入多集中在 6001~10000 元和 10001~20000 元，比例分别为 34.16% 和 26.18%（见表 3）。

（二）消费者偏好的异质性

随机效用模型及潜在类别模型的估计均运用 Nlogit version 4.3 计量软件进行编程计算得出。随机参数 Logit 的估计一般采用数值模拟的方法进行，本文采用了极大化模拟似然估计法（Maximum Simulation Likelihood Method），计算过程中采用了 Halton 序列模拟对模型的估计效率进行了改进。依据 Akaike 信息准则和 Baysian 信息准则判定潜在类别模型 LCM 的拟合水平（见表 4）。

随机参数模型回归结果表明，消费者对品牌、政府认证及农户质量保证均具有显著性正偏好（1% 显著性水平），而对第三方认证显示出负偏好。政府认证工作和企业品牌建设具有替代性（二者的交互作用显著为负）；企业的品牌化建设同养殖场的质量保证工作具有较强的互补性，这也进一步说明了企业推行食品可追溯的可行性。值得一提的是，实验结果表明政府认证工作和第三方机构认证工作具有显著的互补性，这一方面表明我国当前第三方认证工作的滞后性，另一方面也表明当前消费者的信任门槛较高，需要更多的主体参与认证来降低其信任门槛。

表 5　RPL 模型与 LCM 模型中安全属性的支付意愿（WTP）

属性 Attribute	随机参数模型 （RPLI）	潜在类别模型（Latent class model）			
		Class 1 偏好正常型	Class 2 信任危机型	Class 3 高品质偏好型	Class 4 价格敏感型
品牌（Brand）	2.36 ［1.09, 3.631］	13.282 ［9.437, 18.308］	−7.448 ［−17.126, 1.095］	22.143 ［6.081, 36.289］	0.514 ［0.395, 0.666］
政府认证（GOV）	3.92 ［2.551, 5.301］	17.565 ［13.281, 23.022］	−4.545 ［−11.789, 1.818］	11.999 ［2.39, 21.607］	0.482 ［0.329, 0.671］

属性 Attribute	随机参数模型 （RPLl）	潜在类别模型（Latent class model）			
		Class 1 偏好正常型	Class 2 信任危机型	Class 3 高品质偏好型	Class 4 价格敏感型
第三方机构 认证（NGO）	−0.52 [−1.16, 0.12]	0.671 [0.431, 0.844]	1.506 [0.360, 2.860]	−4.571 [−7.672, −0.647]	0.353 [0.346, 0.357]
养殖场质量 安全保证（FQS）	1.80 [1.03, 2.57]	4.702 [3.252, 6.633]	−1.916 [−9.467, 3.031]	48.257 [10.192, 76.770]	−0.159 [−0.082, 0.807]

注：以上给出的是各属性 WTP 的平均值及 95% 的置信区间。下同。

当消费者偏好的异质性是连续的，消费者首先对政府认证具有较高的支付意愿（3.92RMB），其次是企业的品牌（2.36RMB），最后是养殖场的质量保证（1.80RMB），消费者对第三方机构认证的支付意愿为负值（−0.24RMB）。由于中国食品安全认证及监管工作主要是政府主导型，私人及第三方机构参与认证的资历和经验不足，在食品安全问题多发期的背景下，食品信任危机更加突出，理性的消费者会更加相信政府，因而对政府认证愿意支付较高的价格而对第三方机构认证出现了不信任的情况。品牌具有去柠檬化的作用（Jensen 等，2006；Brakus 等，2009），有利于减少买卖双方的信息不对称，提高消费者信任度（夏晓平，2012）。品牌信任会通过影响消费者对食品安全的风险感知进而对购买意愿和购买行为产生影响（Delgado－Ballester 等，2003；Kim 和 Kim，2009）。品牌产品比非品牌产品投入更多，消费者也愿意对品牌产品给予更多的支付。消费者对养殖场质量安全保证信息具有正的支付意愿但支付水平不高，这反映了消费者对养殖场信任程度不是很高。

随机参数模型及潜在分类模型的结果进一步证明消费者对安全属性偏好异质性的存在（表4各安全属性标准差的系数在统计上均高度显著）。消费者安全属性的异质性可以通过潜在分类模型得以说明。如表4右半部分显示，消费者被分成了四个不同的类别，各类别分别占样本的 39.6%、26.9%、22.3% 和 11.1%。潜在类别的参数估计表明，在第一个潜在类别中消费者能从各安全属性中均获得正的效用水平，愿意支付更高的价格，该类别消费者对政府认证和品牌愿意支付更高的价格，我们把这类消费者归为偏好正常型，这类消费者代表了中国当前绝大部分消费者，他们对政府、企业比较信任，该类别成员认为当前虽然出现了一些食品安全问题，但是相信政府和企业的努力会解决食品安全问题。与第一类消费者不同，第二类消费者（26.9%）对政府、品牌、养殖场质量安全保证等安全属性均表现出不信任，该类别成员认为这些安全属性不能为其带来效用，进而不愿意对安全属性进行支付，同时这类消费者的风险感知水平较高（风险感知度在统计上显著），对食品安全的敏感性相对其他类别消费者更高。由于当前食品安全事件频发，在利益的驱使下不法商贩和利益群体对消费者的利益造成了极大的伤害，这种伤害的叠加使消费者对食品安全的风险感知水平不断提高进而转变成对政府、企业、养殖场的极度不信任，我们称这类消费者为信任危机型。第三类消费者表现出对安全属性极大的支付意愿，外加这类消费者的风险感知水平也较高（风险感知度在统计上显著），该类别消费者的收入水平一般偏高，受教育程度也比其他组别较高，我们称这类消费者为高品质偏好型。第四类消费者的价格系数（绝对值）相对于其他安全属性均较高，对安全属性的支付意愿不是很强烈，这类消费者对价格比较敏感，代表了那些对价格比较关心的消费群体。该类别消费者在做出购买决策时首先考虑的是价格，我们把该类消费者称为价格敏感型。

（三）食品风险感知作用下的消费者偏好及支付意愿

对食品安全的关心程度是否会影响到消费者对安全属性的偏好水平及支付意愿？基于随机参数模型，本研究按照消费者风险感知程度的高低对样本进行分组，然后运用德尔塔（Delta）方法计算不同风险感知组别消费者对安全属性的支付意愿。

表6　食品风险感知及支付意愿

属性	风险感知低度组 （1≤Persk≤4）	风险感知中度组 （5≤Persk≤7）	风险感知高度组 （8≤Persk≤10）
品牌	3.94 [1.43, 6.44]	7.22 [5.06, 9.37]	7.80 [2.83, 12.76]
政府认证	10.96 [6.62, 15.30]	16.90 [12.85, 20.95]	17.35 [10.67, 24.03]
第三方机构认证	3.46 [1.11, 5.81]	3.47 [1.83, 4.97]	3.63 [1.67, 5.95]
养殖场质量安全保证	1.92 [1.74, 4.10]	2.52 [0.66, 4.37]	2.75 [1.13, 4.64]

以上结果表明，消费者风险感知程度越高，消费者对食品安全问题就越关心，这种风险感知会影响到消费者的选择，改变消费者的福利水平。表6中显示出了随着风险感知的提高，消费者对品牌、政府认证、第三方机构认证及养殖场质量安全保证等安全属性愿意支付更高的价格。

四、结论及政策建议

本文基于选择实验的方法，运用随机参数及潜在类别模型研究中国消费者对食品安全信息的偏好。研究表明：

（1）消费者关心所购买食品的安全水平，并愿意为安全水平的提高支付更高的价格。当前食品安全问题频发，人们食品消费的各个领域出现了瘦肉精、皮革奶、地沟油等恶性食品安全问题。这些食品安全问题的出现一定程度上会削弱消费者对政府及企业的信任水平，本文研究发现相对第三方等非政府机构的认证，消费者仍然最相信的是政府。这就需要国家食品安全监管部门担当起更大的责任，减少分头监管、相互扯皮的现象，积极构建食品安全体系网，保证消费者食品安全。为此，要不断完善食品安全法律法规，明确各监管部门职责范围，不断提高食品安全管理透明度。同时，消费者对企业的品牌也愿意支付更高的价格，这就坚定了企业走品牌化战略之路的决心。品牌的打造会投入比非品牌产品更多的资源，需要政府积极鼓励和扶持企业加大品牌化建设的投入。食品企业要结合自身的实际情况，在服从国家标准的前提下，积极提高自身企业质量检验标准，进而扩大企业的知名度及美誉度，以实现各方盈利。

（2）消费者对第三方机构认证的支付意愿为负值，但第三方机构认证和政府认证具有互补性。这说明第三方认证机构在中国仍是一个新生力量，中国认证市场仍然是政府主导型的，但随着市场经济的发展，政府主导的这种体制要逐渐打破，市场需要引进第三方及各类私人认证结构与政府展开竞争，多方参与的认证体系将会对消费者福利的提高带来效果。

（3）企业品牌与养殖场的交互项在统计上显著且表现出互补性，这说明企业的品牌化建设与养殖场的质量安全保证的交互作用能给消费者带来效用，消费者会对其支付更高的价格，在养殖环节需要企业加基地的生产模式，这几年开展的食品可追溯体系定会得到消费者的认可。

（4）潜在分类模型的结果表明，消费者存在较大的差异性，差异性的存在表现在消费者针对同一属性表现出不同的支付意愿。随着人们收入水平的提高以及国民素质的增强，越来越多的消费者会乐意为食品安全信息支付较高的价格，这会给政府、企业、第三方机构或者养殖场带来更大的激励去改进监管方式促进食品安全。潜在分类模型的第二类消费者，出现了对政府、企业及养殖场的信任危机，这种信任危机会具有扩散性和传导性，这就需要进一步遏制住不良势头，逐渐建立起以预防为主的食品安全管理机制，同时媒体也要起到正确引导的作用。

（5）消费者风险感知度的提高会影响其消费行为，随着风险感知度的提高，消费者愿意对同一安全属性支付更高的价格。如果政府监管部门、企业、第三方机构、养殖场充分考虑到消费者对食品安全的偏好和需求，多方的行动一定会对重塑消费者信心及提高全民食品安全水平做出积极的贡献。

参考文献

［1］Adamowicz W., Boxall P., Williams M., Louviere J.. Stated Preference Approaches for Measuring Passive Use Values: Choice Experiments and Contingent Valuation. American Journal of Agricultural Economics, 1998, 80（1）: 64 – 75.

［2］Boxall P. C., Adomowicz W. L.. Understanding Heterogeneous Preference in Random Utility Models: A Latent Class Approach. Environmental and Resource Economics, 2002, 23（4）: 421 ~ 446.

［3］Brakus J. J., Schmitt B. H., Zarantonello L.. Brand Experience: What is it? How Is It Measured? Does it Affect Loyalty? Journal of Marketing, 2009, 73（3）: 52 – 68.

［4］Calvin L., Gale F., Hu D., Lohmar B.. Food Safety Improvements Underway in China. Amber Waves, 2006, 4（50）: 16 – 21.

［5］Carlsson F., Frykblom P., Lagerkvist C.. Preferences with and without Prices Does the Price Attribute Affect Behavior in Stated Preference Surveys? Environmental & Resource Economics, 2007, 38 (12): 155 – 164.

［6］Carlsson. F., Matinsson. P.. Do Hypothetical and Actual Marginal Willingness to Pay Differ in Choice Experiments? Application to the Valuation of the Environment. Journal of Environmental Economics and Management, 2001, 4 (2): 179 – 192.

［7］David L. Ortega, H. Holly Wang, Lapping Wu, Nicole J. Olynk. Modeling Heterogeneity in Consumer Preference for Select Food Safety Attributes in China. AAEA, CAES, &WAEA Joint Annual Meeting, 2010.

［8］Delgado – Ballester E., Munuera – Aleman J. L. Brand Trust in the Context of Consumer Loyalty, European Journal of Marketing, 2001, 35 (11 – 12): 1238 – 1285.

［9］Grunert K. G.. Food Quality and Safety: Consumer Perception and Demand. European Review of Agricultural Economics, 2005, 32 (3): 369 – 391.

［10］Jensen J. M., Hansen T. An Empirical Examination of Brand Loyalty. Journal of Product & Brand Management, 2006, 15 (7): 2 – 9.

［11］Kim, Seok Eun, Kim, Kon Joong. A Study on Livestock Products Brand Loyalty of University Students. Journal of Animal Science and Technology, 2009, 51 (5): 433 – 440.

［12］Lusk J. L., Schroeder T. C.. Are Choice Experiments Incentive Compatible? A Test with Quality Differentiated Beef Steaks. American Journal of Agricultural Economics, 2004, 86 (2): 467 – 482.

［13］Lusk. K. J.. A New Approach to Consumer Theory. Journal of Political Economy, 1966 (74).

［14］Mcfadden. D., Train. K. Mixed MNL Model for Discrete Response. Journal of Applied Econometrics, 2000, 15 (5): 447 – 470.

［15］Nisson T., Foster K., Lusk J. L.. Marketing Opportunities for Certified Pork Chops. Canadian Journal of Agricultural Economics, 2006, 54 (4): 567 – 583.

［16］Ramzy A.. Will China's New Food Safety Laws Works? Time (March 3). Http://www. time. come. com/time/world/article/0, 8599, 1882711, 00. html, 2009.

［17］Tonsor G. T., Onlynk N., wolf C.. Consumer Preferences for Animal Welfare Attribute: The Case of Gestation Crates. Journal of Agricultural and Applied Economics, 2009, 41 (3).

［18］Yue Ning, Kuang Hua, Sun Lin, Wu Linhai, Xu. Chuanlai. An Empirical Analysis of the Impact of EU's New Food Safety Standards on China's Tea Export. International Journal of Food Science & Technology, 2010, 45 (4): 745 – 750.

［19］陈雨生，乔娟，李秉龙. 消费者对认证食品购买意愿影响因素的实证研究. 财贸研究，2011 (3): 121 – 128.

［20］戴迎春，朱彬，应瑞瑶. 消费者对食品安全的选择意愿——以南京市有机蔬菜消费行为为例. 南京农业大学学报（社会科学版），2006 (3): 47 – 52.

［21］韩青，袁学国. 消费者生鲜食品的质量信息认知和安全消费行为分析. 农业技术经济，2008 (5): 74 – 80.

［22］侯守礼，王威，顾海英. 消费者对转基因食品的意愿支付——以上海为例. 农业技术经济，2004 (4): 2 – 9.

［23］李秉龙，邢伟，乔娟. 消费者乳品购买行为与支付意愿分析——以北京市居民为例. 中国食物与营养，2008 (7): 31 – 34.

［24］刘军弟，王凯，韩纪琴．消费者对有机猪肉的认知水平及其消费行为调研——基于上海与南京的调查数据．现代经济探索，2009（4）：50－58.

［25］王可山，郭英立，李秉龙．北京市消费者质量安全畜产食品消费行为的实证研究．农业技术经济，2007（3）：50－55.

［26］张振，乔娟．影响我国猪肉产品国际竞争力的实证分析．国际贸易问题，2011（7）：39－48.

［27］张维迎．博弈论与信息经济学．上海：上海人民出版社，2004.

激励、信息与食品安全规制[*]

龚　强　　张一林　　余建宇

【摘　要】本文研究在信息严重不对称的食品市场上，如何通过信息揭示提高食品安全规制的效率。在现有的制度环境下，由于受到行政资源的局限，规制者在检测和监管方面存在技术及人为的偏差，企业有机会采用成本更低的不良生产技术。研究表明，以社会监督为核心的信息揭示是提高食品安全的有效途径。规制者根据食品安全生产的要求和特点，界定企业需要揭示哪些生产和交易环节的信息，能够为社会、第三方、相关监管部门提供监督的平台。尽管企业可能提供虚假信息，但由于引入了社会各方面资源的监督，企业的不良行为更加容易被发现，并可能承担严厉的社会惩罚，企业生产劣质食品的动机降低。揭示信息会增加单个企业的成本，但是整个行业的可信度得以提升，消费者支付意愿增加，最终行业利润提升，激励企业向更安全转型。研究进一步发现，尽管价格管制能够提高消费者福利，但会导致食品安全整体水平下降，降低社会总福利。

关键词：食品安全；规制；信息不对称；信息揭示；责任制度

一、引言与相关文献

食品产业是我国国民经济支柱，也是保障民生的基础产业。"十一五"期间，我国食品工业总产值实现年均 24.7% 的飞速增长，[①]2011 年食品工业产值同比增长达到 31.6%，

---

　　* 本文选自《经济研究》2013 年第 3 期。龚强、张一林、余建宇（通讯作者），西南财经大学经济与管理研究院，邮政编码：610074，电子信箱：qgongpku@ gmail. com，ylzhangswufe@ gmail. com，yujianyu@ swufe. edu. cn。作者感谢 "2012 产业经济与公共政策论坛" 与会代表的意见。本文受中央高校基本科研业务费专项资金（JBK120217）资助。作者对匿名审稿人建设性的宝贵意见表示衷心感谢，文责自负。

　　① 数据来源：《食品工业"十二五"发展规划》。

占到国内生产总值的 16.5%，[1] 餐饮业成为服务行业中提供最多就业岗位的行业。[2] 在未来五年内，食品产业将成为我国最大的产业。然而近年来，三聚氰胺、瘦肉精、地沟油等恶性事件层出不穷，令人触目惊心。严峻的食品安全形势已经对人们的健康乃至生命产生威胁，并且导致民族食品企业遭遇前所未有的信任危机，严重制约了我国食品产业发展，极大地阻碍了我国内需导向的经济转型。以乳制品行业为代表，2008 年三聚氰胺事件后，我国乳制品进出口呈现明显的两极分化（见图 1）。据统计，我国食品贸易已由 2006 年的 46.8 亿美元顺差转为 2010 年的 147.2 亿美元逆差。[3] 与此同时，国际跨国食品集团凭借其雄厚的品牌优势，不断挤占国内市场。在严重的信任危机和激烈的国际竞争下，提高我国食品安全规制效率、提升国内优质食品企业声誉、促进食品产业发展已经刻不容缓。[4]

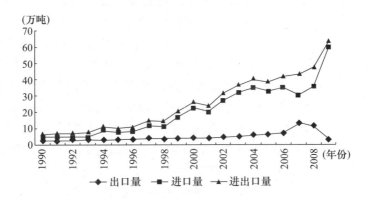

图 1   1990~2009 年我国乳制品贸易量变化情况[5]

食品安全问题不断爆发的主要原因在于食品市场存在严重的信息不对称，企业有充分的动机和条件利用自身的信息优势牟取不法利润。由于大多数食品具有信任特质（credence attribute）（Darby，Karni，1973），[6] 消费者通常在购买前甚至消费后都难以识别食品的真实质量，食品市场存在严重的逆向选择（Akerlof，1970）。一方面，由于无法识别

---

①　该比例根据国家统计局数据计算所得，其中 2011 年全国食品工业总产值为 7.8 万亿元，国内生产总值为 47.2 万亿元。

②　陈文玲，2011：《餐饮物流及饮食安全》。

③　熊必琳，2011：《2010 年食品工业经济运行综述及 2011 年展望》。

④　公共规制是指公共机构遵循一定的程序，运用适当的工具对市场失灵进行干预的活动（应飞虎、涂永前，2010）。

⑤　资料来源：邸娜，2011：《我国乳制品贸易特征及发展对策研究》。

⑥　根据信息不对称程度的高低，商品可以分为搜寻品（search goods）、经验品（experience goods）和信任品（credence goods）（Nelson，1970）。对于搜寻品，消费在购买前能够以较低的成本获取产品质量的信息，通常认为搜寻品市场近似信息完全市场。对于经验品，消费者只能在使用或消费后才能确认其质量，重复购买和声誉机制是解决经验品市场信息不对称的有效工具（Klein，Leffler，1981；Shapiro，1983；Allen，1984；Bagwell，Riordan，1986）。食品通常同时具有搜寻、经验和信任特质，详见王秀清、孙云峰（2002）。

企业是否以劣充优，消费者支付意愿维持低位，企业收益无法弥补生产高质量食品的高成本，优质食品很容易被低劣食品"驱逐"出市场。另一方面，由于消费者难以直接观察到企业的生产行为，即使采用的技术或原料会危及消费者的健康乃至生命，有些企业在利益的驱动下不择手段地降低成本，从而造成极其严重的道德风险（Starbird，2005）。食品市场的信息不对称导致巨大的交易成本，严重降低了市场效率（Stiglitz，2002）。因此，高效率的食品安全规制是食品市场有效运转不可缺少的先决条件（Martinez 等，2007）。

同样，信息不对称也是规制者面临的困境。规制者通常通过监督企业生产过程或检测产品质量来监控食品安全。然而，食品供应系统规模庞大，规制者受自身资源的限制无法对供应链的所有环节和产品进行全面且深入的监测（Crespi，Marette，2001；Lapan，Moschini，2007）。并且，由于食品的种类、成分极为复杂，制定全面且易于实施的检测手段和质量标准具有极大的难度（Henson，Caswell 1999；Marette，2007；刘呈庆等，2009）。① 目前，我国对食品安全实行分段监管②，部门间的责权安排不够明晰，不同部门的检验标准也存在差别，甚至有检测人员在某些情况下掺入其主观偏好，导致检测结果失真（Li 等，2010）。企业从自身利益出发，在与规制者的博弈中有可能利用监管漏洞绕过监管，采用低成本但可能危害消费者健康的生产技术来获取更多利益（Ferrier，Lamb，2007）。

除了受到行政监督的资源约束外，规制俘获也是导致食品安全事故和行政监督失去效力的重要因素。在许多食品安全事件中，有很多生产者的违法行为都是由媒体报道、消费者举报，甚至内部员工披露，监管执行部门常常行动在社会成员之后。这表明现实中可能涉及严重的规制俘获（capture）问题，即被规制者俘获了规制者，从而使得行政监管失效（杜传忠，2007；Laffont，Tirole，1991）。行政规则和检查制度的制定在规制俘获的情况下可能是有偏的；即使规则不是有偏的，在规制俘获的情况下，规则也不会得到实施（implementation），即体现在监管执行部门的不作为上。

本文结合我国现阶段食品业的市场特征及政策环境，运用产业组织与信息经济学的相关理论，探讨适应我国现状的食品安全规制，以提升食品安全水平，激励企业生产安全高质量的食品，由此提高市场有效性，并推动食品产业的发展。在规制者受到行政资源的局限并存在被俘获的可能性的前提下，本文考察了信息揭示、责任制度以及价格管制对食品安全及行业发展的影响。

研究表明，信息揭示是提高食品安全的有效途径。信息揭示并非是规制者强制企业揭示真实的私人信息，而是规制者根据食品安全生产的要求和特点，界定企业需要揭示哪些生产和交易环节的信息，从而为社会、第三方、相关监管部门提供监督的平台。尽管企业可能提供虚假信息，但由于引入了社会各方面的监督，劣质企业的不良行为更容易被发

---

① 我国食品质量标准体系尚不完善，包括食品卫生标准、食品质量标准、农产品质量安全标准和农药残留标准等标准体系同时存在，并且不同行业制定的标准在技术内容上也存在交叉矛盾。

② 按照 2009 年颁布的《食品安全法》的相关规定，质量监督、工商行政管理和食品药品监督管理部门分别对食品的生产、流通和餐饮服务实施监管；卫生部门承担食品安全综合协调职责，负责食品安全风险评估、标准制定、信息公布、食品检验机构的资质认定条件和检验规范的制定，组织查处食品安全重大事故。

现，并可能承担更为严厉的行政惩罚及社会惩罚（包括产品召回、销量下降、股价下跌等）。因此，信息揭示尽管会增大单个企业的成本，但劣质企业因信息揭示而承担的成本将更高。信息揭示将使得企业生产劣质产品的动机减小，消费者对食品行业的信任度提升，支付意愿增高，优质企业的利润上升，最终激励企业生产安全、高质量的产品。

本文对责任制度的研究表明，尽管行政处罚能够提高食品安全，但行政处罚的作用会受规制俘获的影响而降低。因此，在现今行政监督存在偏差和不作为的条件下，责任制度难以有效保障食品安全。在这样的前提下，信息揭示作为撬动社会监督的杠杆，是对行政处罚的有效补充。

此外，本文对价格管制的研究表明，尽管限价会增加消费者剩余，但将降低企业生产高质量食品的利润和动机，最终导致食品质量与社会总福利同时下降。

现有文献对信息揭示特别是企业揭示信息的激励进行了许多探讨。当信息揭示不产生成本时，市场中除去最低质量外的所有企业都有意愿揭示其产品质量信息，此时规制者无须强制企业进行信息披露（Grossman，Hart，1980；Grossman，1981；Milgrom，1981；Okuno - Fujiwara 等，1990）。然而，信息揭示成本为零的假设通常不满足，许多研究考察了当信息揭示成本不为零时，企业不主动揭示信息的原因。Viscusi（1978）和 Jovanovic（1982）发现，在信息揭示需要付出成本的情况下，只有当产品质量达到一定水平时，企业才有意愿主动揭示信息。一些研究发现，当消费者未意识到产品的某些属性与产品质量相关，甚至未意识到这些质量属性的存在时（Milgrom，2008），企业有可能进行过度的信息揭示，而强制性信息揭示将导致企业承受额外的信息揭示成本，对企业发展造成不利影响（Levin 等，2009；Li 等，2012）。以上研究都假定决定企业产品质量的生产技术为外生给定，无法进一步解释企业选择不同生产技术的动机。Daughety 和 Reinganum（2005）研究了企业进行信息揭示对其生产技术选择的影响。他们发现，如果强制企业公开信息，企业将为提高产品安全投入更多的研发，因而市场中产品质量的平均水平将高于不公开时的情形。本文为信息揭示如何提高食品安全提供了新的视角。在本文中，强制企业揭示其生产和交易过程中对食品安全起决定性作用的关键环节的信息，将大幅提高劣质企业的成本，使得优质企业获得相对更高的利润，从而激励劣质企业向优质企业转型，食品安全得到提升。此外，本文研究的信息揭示对于克服行政监督的资源约束和规制俘获也能提供新的角度。

许多研究对责任制度进行了考察，发现责任认定的偏差会对企业激励产生重要影响。Shavell（1984）指出，运用责任制度激励企业加强安全管理的同时，需要规制者不断提高其责任认定的能力。Kolstad 等（1990）认为，规制者的责任认定偏差会对企业的生产选择产生负向激励，导致企业选择生产低质量的产品。本文研究表明，当规制者的责任认定能力无法进一步提升时，加强责任处罚能够激励企业选择更加安全的生产技术。大多数责任制度的研究仅考虑了责任制度对企业行为的惩罚效应，而没有考虑到消费者对企业行为变化的反应（Shavell，1984；Kolstad 等，1990；Schmitz，2000；Innes，2004）。本文将消费者行为加入分析，探讨了责任制度的变化对消费者信念的影响。研究表明，加强责任制度能够提高消费的支付意愿，从而为企业改进质量提供更多的激励。然而，如果规制者的责任认定能力无法达到一个较高的水平，严厉的责任制度将导致企业承担过高的责任风险，对产业发展产生负面影响。

本文从企业激励的视角出发，对食品安全规制中不同规制工具的作用进行了探讨。一方面，本文的理论框架能够为进一步研究信息不对称下食品安全规制的效率及企业的行为提供基础；另一方面，本文也为实践中如何有效提高食品安全、推动产业发展提供了参考和借鉴。

文章结构安排如下：第二部分建立基本模型；第三部分对信息揭示、责任制度、规制俘获、价格管制进行理论与政策分析，探讨其对食品安全和食品产业发展的影响；第四部分是总结及政策建议。相关证明可参考龚强等（2013）。

二、基本模型

考虑市场中一个代表性消费者和一家代表性企业的博弈。企业可选择生产一单位的优质食品 G 或劣质食品 B，产品以一定的概率通过检验。记 $\sigma=1$ 表示食品通过检验、允许在市场出售，反之 $\sigma=0$。$\Pr(\sigma=1\mid G)$ 和 $\Pr(\sigma=0\mid B)$ 分别表示 G 通过检验、B 未通过检验的概率。消费者无法观察到产品质量，只对产品质量形成预期。企业和消费者的博弈顺序如图 2 所示。首先，企业选择生产技术 $T\in\{G，B\}$。其次，企业对通过检验的产品定价，记价格为 p。最后，消费者决定是否购买产品。

| 企业技术选择 | 产品检验 | 企业定价 | 消费者购买决定 |

图 2　博弈顺序

检验精确度 $\Pr(\sigma=1\mid G)$ 和 $\Pr(\sigma=0\mid B)$ 受到规制者的检测技术和监管效力的影响。由于规制者在检测和监管方面受到行政资源的局限以及存在被俘获的可能，检验结果可能与食品的真实质量存在偏差。一方面，采用合格生产技术生产的食品可能无法通过检验（$\Pr(\sigma=1\mid G)<1$）。由于食品行业供应链长，结构复杂，产品进入市场的同时受到许多其他上下游环节的影响，即使企业采用了符合标准的技术，其产品也不一定能够通过检验（Daughety 和 Reinganum，2005；Marette，2007）。2012 年 9 月，德国东部地区上万名学生疑因食用进口的中国草莓而出现腹泻、呕吐现象。尽管经国家质检总局调查，确认不属于中国企业产品质量问题，然而企业出口仍然受阻。另外，检验者的检测能力、依照的标准都将导致检验结果存在不确定性。在近年发生的农夫山泉与统一饮料砷超标、今麦郎酸价超标、洋奶粉香兰素超标等事件中，不同机构的检验结果就存在较大差异。

另一方面，具有危害的食品可能会通过检验、流入市场（$\Pr(\sigma=0 \mid B)<1$）。食品供应系统规模庞大，规制者受自身资源的限制无法对供应链的所有环节和产品进行全面且深入的监测，监管缺失在行政资源的约束下难以避免。与此同时，违法企业还可能对规制者进行俘获。在观察到的许多食品安全事故中，规制者常常行动在社会（媒体报道等）之后，表明现实中可能存在规制俘获的可能性，即被规制者俘获了规制者，导致行政监管失效（杜传忠，2007）。在存在规制俘获的情况下，行政规则和检查制度的制定可能是有偏的；即使规则不是有偏的，在规制俘获的情况下，规则也不会得到实施（implementation）。综上所述，行政监督的资源约束和规制俘获越严重，检验的精确度（由 $\Pr(\sigma=1 \mid G)$ 和 $\Pr(\sigma=0 \mid B)$ 衡量）越低。

（一）消费者

代表性消费者决定是否购买 1 单位食品。消费者在购买前，由于无法观察到产品的优劣，只能对企业选择生产优质食品 G 的概率 $\Pr(T=G)$ 形成预期 q。q 衡量了消费者对食品安全水平的预期。假设消费者具有理性预期，即消费者的预期 q 等于均衡状态下企业选择生产优质食品 G 的概率 q^*。通过检验的食品进入市场后，消费者对食品的质量 $\Pr(G \mid \sigma=1)$ 进行后验估计，根据贝叶斯法则：

$$\Pr(G \mid \sigma=1) = \frac{q\Pr(\sigma=1 \mid G)}{q\Pr(\sigma=1 \mid G)+(1-q)\Pr(\sigma=0 \mid G)} \tag{1}$$

$\partial\Pr(G \mid \sigma=1)/\partial\Pr(\sigma=1 \mid G)>0$，表明随着质量检验精确度的增加，消费者更容易买到安全的食品。q 与 $\Pr(G \mid \sigma=1)$ 正相关，两者都能够反映食品质量水平，由于本文重点考察企业选择生产优质食品的激励，因此在下文分析中主要以 q 衡量食品安全水平。

消费者从优质食品 G 和劣质食品 B 中获得的效用分别为 $\bar{u}$ 和 $\underline{u}$。消费者目标函数为[①]：

$$\max_{\mid b,n} I_b\big[E(u)-p\big] \tag{2}$$

其中 b 和 n 分别表示购买和不购买，I 为示性函数，$I_b=1$，$I_n=0$，$E(u)=\bar{u}\Pr(G \mid \sigma=1)+\underline{u}\Pr(B \mid \sigma=1)$。当且仅当产品的期望效用 $E(u) \geqslant p$ 时，消费者会选择购买。

（二）企业

令企业生产优质食品 G 和劣质食品 B 的成本分别为 c_G 和 c_B，$c_G=c>c_B$。企业不仅知道自己使用何种生产技术，并且在做出技术选择前能够确认生产成本。消费者不仅无法观察到企业实际的生产选择，而且不知道企业选择违法生产技术的具体成本，只知道

---

① 本文采用的假设与相关文献类似，如 Grossman（1981）；Daughety 和 Reinganum（1995，2005）；Polinsky，Shavell（2012）。

$c_G = c$ 及 c_B 的分布，假设 c_B 服从 $[0, c)$ 上的均匀分布。[①]

企业进行垄断定价，将价格定于消费者的期望效用上，即：

$$p(q) = E(u) \tag{3}$$

企业考虑到检测的精确度以及生产成本，选择使其利润最大化的生产技术：

$$\max_{T \in |G, B|} \pi_T = p(q)\Pr(\sigma = 1 \mid T) - c_T \tag{4}$$

企业是否会生产优质食品 G 取决于 π_G 和 π_B 的相对大小：

$$\pi_G - \pi_B = p(q)[\Pr(\sigma = 1 \mid G) - \Pr(\sigma = 1 \mid B)] - (c - c_B) \tag{5}$$

当且仅当 $\pi_G > \pi_B$ 时，企业会生产优质食品 G，反之则生产劣质食品 B。[②]

(三) 均衡

考虑一般化的情形，存在行政监督的资源约束和规制俘获，采用合格技术生产的优质食品有一定概率无法通过检验，而采用违法技术生产的劣质食品可能进入市场。记 $\lambda_1 \equiv \Pr(\sigma = 1 \mid G)$ 和 $\lambda_2 \equiv \Pr(\sigma = 0 \mid B)$。为了简化分析，令 $\lambda_1 = \lambda_2 = \lambda$[③]。$\lambda$ 衡量了检验的精确度，$1 - \lambda$ 相应地反映出偏差的程度。行政监督的资源约束或规制俘获问题越严重，λ 越低；反之，λ 越高。一般情况下，尽管无法完全克服偏差，但是质量检验通常具备基本的筛选功能，因此假设 $\lambda > 1/2$，即优质食品 G 能够以相对较高的概率通过质检。

不失一般性，令 $\bar{u} = 1$，$\underline{u} = 0$。[④] 由 (1) 式可知：

$$\frac{\partial p}{\partial q} = \frac{\lambda(1 - \lambda)}{[\lambda q + (1 - \lambda)(1 - q)]^2} > 0 \tag{6}$$

即消费者的支付意愿随着食品安全的加强而增加。这意味着，如果消费者知道企业有更强的动机生产更加优质的食品，消费者将有意愿支付更高的价格，企业也就能够获得质量改进的回报。$\partial p / \partial \lambda > 0$，即消费者的支付意愿随着检验精确度的提高而增加，这是因为更加精确的检验能够降低消费者面临的不确定性。

对于给定的 λ，在均衡状态下存在 c_B^* 使得 $\pi_G^* = \pi_B^*$，此时企业生产优质食品 G 的概率为：

---

① 本文模型也适用于市场中存在多个企业的情形。假设所有企业生产优质食品的成本为 c，而不同企业生产劣质食品的成本不同且均匀分布于 $[0, c)$。可以证明，此种情形与本文等价。

② 本文主要关注企业对优劣产品的选择，如同 Daughety，Reinganum（1995），假设食品生产只是企业生产经营活动的一部分，与食品有关的支出（包括生产成本及下文的信息揭示成本和责任处罚）不会导致企业的破产，因此本文暂不考虑企业的市场进入约束。

③ 现实中同样普遍存在的情况是，高质量产品一定能够通过检验，而劣质产品存在以次充优的可能性。在 $\lambda_1 = 1$，$\lambda_2 = \lambda$，即优质食品一定能够进入市场，而劣质食品以 λ 的概率无法通过检验的假设下，本文主要结论仍然成立，详见龚强等(2013)。

④ 如果令 $\bar{u}$、$\underline{u}$ 为任意满足 $\underline{u} < \bar{u}$ 的效用，可以证明，这种一般化不会对本文结论产生根本性的影响，但会导致模型分析变得较为复杂。实际中，当劣质食品对消费者健康产生较大危害时，$\underline{u}$ 为负且绝对值较大，表明劣质食品对消费者造成较大的损害。

$$q^* = \Pr(c_B^* < c_B \leqslant c) = \frac{c - c_B^*}{c} \qquad (7)$$

进一步根据（5）式可得：

$$q^* = \frac{\lambda}{c} - \frac{1 - \lambda}{2\lambda - 1} \qquad (8)$$

我们有 $\partial q^*/\partial \lambda > 0, \partial q^*/\partial c < 0$，由此得到引理：

引理 1：质量检验的精确度越低，或生产优质食品的成本越高，食品安全水平越低。

引理 1 的结论可由（5）式说明。（5）式为企业生产优质食品 G 和劣质食品 B 所获利润的差异，由两部分组成。对于第一部分 $p(q)(2\lambda - 1)$，由于 $\partial p/\partial \lambda > 0$，即当质量检验的精确度 λ 降低时，消费者的支付意愿降低，企业从销售中获取的回报减少，企业更倾向于通过生产低质量的产品来节约成本。同时，λ 减少意味着优质食品 G 获许流通的可能性下降，企业提供优质食品的意愿降低。这两个因素共同导致食品安全水平下降。第二部分 $c - c_B$ 表示生产优质食品和劣质食品的成本差异，优质食品生产成本 c 的增加将加重企业生产优质食品的负担，企业有更强的动机生产成本更低的劣质食品，食品质量下降。引理 1 表明，在行政监督的资源约束和规制俘获难以克服的情况下，提升食品安全的途径之一是帮助企业提高生产高质量食品的效率。

我们发现，当 $c \leqslant 2\lambda - 1$ 时，$q^* = 1$，即企业一定会选择生产优质食品 G，这是由于优质食品的生产成本足够低，以至于企业生产优质食品可以获得足够多的利润，此时实行食品安全规制不会进一步改进市场的有效性。而当 $c \geqslant [\lambda(2\lambda - 1)]/(1 - \lambda)$ 时，$q^* = 0$，即市场中只流通劣质食品。我们将在第三部分考察信息揭示能否改进这个无效率的结果。我们首先考察以下假设成立的情形：

假设 1：$2\lambda - 1 < c < \dfrac{\lambda(2\lambda - 1)}{1 - \lambda}$

下面我们探讨当检验存在偏差的情况下，如何改进食品安全规制的效率。

三、理 论 与 政 策 分 析

本部分探讨当质量检验存在不足时，规制者如何通过实行强制性的信息揭示，为社会提供监督的平台，激励企业生产优质的产品，推动食品产业的发展。我们还将探讨责任制度和限价对食品安全及食品产业发展的影响。

（一）信息揭示

1. 信息揭示、社会监督与社会惩罚

由规制者主导的行政监管在现实中面临监督资源约束和规制俘获，导致监管缺失、偏

差等问题。许多食品安全事件中，企业的违法行为都是由媒体、消费者、民间监督机构等社会成员揭露，社会整体体现出了强大的监督力量和极高的监督积极性。并且，社会惩罚——食品安全问题爆发后，社会对食品企业的惩罚，如拒绝购买企业的产品、股票等——对激励企业改进食品安全起到了重要的作用。在行政监督的资源约束和规制俘获无法有效克服的情况下，提高食品安全水平需要更充分地利用社会监督。

本文探讨的信息揭示的核心是引入社会各方面自上而下的监督资源，有效调动社会监督。信息揭示并非规制者强制企业应揭示真实的私人信息，而是界定企业应揭示哪些环节的信息。规制者根据食品安全生产的要求和特点，让企业公开某些生产和交易关键环节的具体内容，将为社会提供监督的平台。

企业因信息揭示而承担成本：其中，优质企业的成本主要是搜集、披露信息的成本，而对于造假的劣质企业，还包括了产品作假和信息作假的成本，以及作假行为被社会主体（如媒体、消费者、民间监督机构等）发现所承受的社会惩罚，如产品召回、消费者拒绝购买和股价下跌等。因此，劣质企业因信息揭示而承担的成本将更高。在理论分析中，我们用 d_T 表示企业因信息揭示而承担的成本，有 $d_G < d_B$。d_G 与企业需要揭示的信息量有关，企业需要公示的环节越多，搜集、披露信息的成本越大，d_G 越大。记 $d = d_G$，d 也表示企业需要揭示的信息量。定义 $\alpha = d_B / d_G$，α 衡量了规制者指定企业揭示环节的合理性。α 越大，劣质企业因信息揭示而承担的成本（伪造信息的成本、造假成本、造假被发现的可能性和遭到的社会惩罚）越高。我们将 α 称为"信息揭示的效力"。通常，相关环节对食品安全越关键，且信息越容易验证，信息揭示的效力越高，即 α 越大。

下面我们考察信息揭示效力 α 和信息量 d 对食品安全和企业利润的影响。

2. 信息揭示对食品安全的影响

我们首先讨论信息揭示对食品安全的影响。在这一小节主要考察信息揭示对社会惩罚的促进作用，因此假设信息揭示不对行政监督的成本约束和规制俘获产生影响，即假设 λ 不变。此外，还假设信息揭示不会对 c 和 c_B 产生影响。

规制者实行信息揭示后，企业的目标函数为：

$$\max_{T \in \{G,B\}} \pi_T = p(q)\Pr(\sigma = 1 \mid T) - c_T - d_T \tag{9}$$

记信息揭示下的食品均衡质量为 q_d^*，此时存在 c_B^* 使得企业选择生产优质食品 G 和劣质食品 B 无差异：

$$\pi_G^* - \pi_B^* = p(q_d^*)(2\lambda - 1) - cq_d^* + d(\alpha - 1) = 0 \tag{10}$$

从（10）式可以看出，信息揭示能够激励企业生产优质食品 G（即 $\partial(\pi_G - \pi_B)/\partial d > 0$）的必要条件是信息揭示的效力 $\alpha > 1$。当 $\alpha \leq 1$ 时，一方面，信息揭示将提高企业成本，另一方面，生产劣质食品的企业在揭示关键性质量信息时所需进行的投入更少，因而使生产优质食品的企业处于不利地位，此时规制者不应实行信息揭示。

食品的均衡质量 q_d^* 可由（3）式和（10）式联立求得。我们发现，当信息量 $d \geq \dfrac{c - (2\lambda - 1)}{\alpha - 1}$ 时，$q_d^* = 1$，即企业一定会生产优质食品 G，此时进一步要求企业揭示更多的信息将加重企业负担而企业无法获得更多收益。因此，我们在后文分析中考察以下假设成立的情形：

假设 2：$0 \le d \le \bar{d}$，其中 $\bar{d} \equiv \dfrac{c - (2\lambda - 1)}{\alpha - 1}$

考察信息揭示对食品安全的影响，我们有以下命题：

命题 1：食品安全随着信息揭示效力和信息量的增加而提高，即 $\partial q_d^* / \partial \alpha > 0$，$\partial q_d^* / \partial d > 0$。

命题 1 的结论可由（10）式说明。随着信息量 d 和信息揭示效力 α 的增加，企业生产优质食品 G 的利润相对上升，企业有更强的动机生产优质食品，食品安全水平 q 提高。同时由于 $\partial p / \partial q > 0$，q 的提高使得消费者支付意愿增加，进一步激励企业生产优质食品，q 进一步提高。

命题 1 表明，规制者要求企业揭示的信息，应该是食品安全关键环节的信息，这些信息越易于被社会监督和验证，越能发挥社会监督的作用，劣质企业将更难以进入市场，信息揭示就越能对食品安全起促进作用。

3. 信息揭示对产业发展的影响

衡量食品安全规制的效率，不仅需要考量规制能否有效提升食品安全，还需要分析规制是否有助于优质企业积累长期发展的资本（Antle，2001）。从长远看，规制者促进优质企业的资本积累，不仅有助于优质企业实现技术创新、降低生产成本，还会激励和帮助这些企业确立以质量为核心的竞争力，从而推动产业的发展和社会整体福利的改进。由此可见，企业生产优质产品所能获得的利润是衡量食品安全规制效率的重要标准，因此我们考察信息揭示对 π_G^* 的影响：

$$\pi_G^* = p(q_d^*)\lambda - c - d \tag{11}$$

首先考察信息揭示效力的提升对 π_G^* 的促进作用：

引理 2：信息揭示的效力越高，企业生产优质食品的利润越高，即 $\partial \pi_G^* / \partial \alpha > 0$。

引理 2 表明，提高信息揭示的效力 α 能够激励企业选择生产优质食品 G，由此引致的食品安全水平 q 的提升使得消费者支付意愿增加，企业收益上升，因此，提高 α 将提高优质企业的利润。也就是说，提高信息揭示的效力将有效促进生产优质食品的企业获利，推动产业发展。

当信息揭示的效力 α 给定时，规制者只能通过要求企业披露更多的信息来提高食品安全和企业生产优质食品的利润，由（11）式可得：

$$\frac{\partial \pi_G^*}{\partial d} = \lambda \left. \frac{\partial p}{\partial q} \right|_{q = q_d^*} \frac{\partial q_d^*}{\partial d} - 1 \tag{12}$$

增加信息量 d 将对 π_G^* 产生两方面的影响。一方面，$\lambda \left. \dfrac{\partial p}{\partial q} \right|_{q = q_d^*} \dfrac{\partial q_d^*}{\partial d} > 0$，即 d 增加，食品安全水平上升，消费者支付意愿提高，企业收益增加。另一方面，规制者每增加 1 单位 d，企业总成本将上升 1 单位。d 的变化对 π_G^* 产生正负两方向的影响。可见，强制企业进

行过多的信息披露可能会损害企业生产优质食品的利润，对食品产业的长期发展产生不利影响。最优信息量满足以下命题：

命题2：存在 $\underline{\alpha} = \dfrac{(2\lambda - 1)^2}{(1 - \lambda)c} + \dfrac{1 - \lambda}{\lambda}$ 和 $\bar{\alpha} = \dfrac{c}{1 - \lambda} + \dfrac{1 - \lambda}{\lambda}$，且 $1 < \underline{\alpha} < \bar{\alpha}$，使得：

（1）当 $\alpha > \bar{\alpha}$，提高信息量总会增加企业生产优质食品的利润，即 $\partial \pi_G^* / \partial d > 0$；

（2）当 $\underline{\alpha} < \alpha < \bar{\alpha}$，存在一个最优的信息量最大化企业生产优质食品的利润；

（3）当 $\alpha < \underline{\alpha}$，提高信息量总会降低企业生产优质食品的利润，即 $\partial \pi_G^* / \partial d > 0$。

根据命题2，当信息揭示效力 α 较高时，如果规制者提高信息量 d，企业揭示劣质食品 B 的成本 d_B 将相对于揭示优质食品 G 的成本 d_G 大幅上升，生产劣质食品更加无利可图，因此企业有极强的动机生产优质食品，食品安全水平 q 大幅提升，消费者的支付意愿显著提高，此时信息揭示对企业生产优质食品的收益的贡献远远超过其对成本的增加，因此 π_G^* 增加。此时信息揭示能够促进食品安全和整个行业的协调发展。相反地，当 α 较低时，即使规制者强制企业揭示更多的信息，也难以为企业选择生产优质食品 G 提供足够的激励，消费者支付意愿的增加有限，企业生产优质食品的收益无法覆盖信息揭示的投入，π_G^* 下降。

当 α 处于中等水平时，信息揭示对企业生产优质食品的收益的贡献随着信息量的增加而逐步减小，而信息揭示的边际成本始终为1，因此存在一个最优的信息量，在该水平上，企业生产优质食品的边际收益等于边际成本，π_G^* 达到最大化。此时进一步提高信息量将导致 π_G^* 下降。

本部分的分析表明，信息揭示的效力是决定信息揭示能否发挥作用的关键因素。要求企业揭示的信息并非越多越好，更重要的是要求企业揭示哪一个环节的信息。规制者强制企业揭示的信息，应当能够有效限制劣质企业进入市场，同时不会对高质量企业产生沉重的负担。在这种情况下，信息揭示将促进食品安全的提高和食品产业的发展。相反地，如果信息揭示无法对优质企业和劣质企业产生差异化的影响，规制者就不应该实行信息揭示。

（二）责任制度

本节探讨责任制度在食品安全规制中的作用，我们将重点考察当责任认定存在偏差时，是否越严厉的责任制度越有利于食品安全和产业发展。

1. 责任制度对食品安全的影响

假设企业未通过规制者的检验需要支付罚金 f，此时企业的目标函数为：

$$\max_{T \in \{G, B\}} \pi_T = p(q)\Pr(\sigma = 1 \mid T) - c_T - f\Pr(\sigma = 0 \mid T) \tag{13}$$

上式中，$f\Pr(\sigma = 0 \mid T)$ 为企业承担的责任风险。显然，生产优质食品 G 的责任风险 $f(1 - \lambda)$ 小于生产劣质食品 B 的责任风险 $f\lambda$，其中 $1 - \lambda$ 反映了责任认定的偏差程度。记责任制度下的食品均衡质量为 q_f^*，此时存在 c_B^* 使得企业生产优质食品 G 和劣质食品 B 无差异：

$$\pi_G^* - \pi_B^* = \left[p(q_f^*) + f \right](2\lambda - 1) - cq_f^* = 0 \tag{14}$$

联立（13）式和（14）式可以得到食品的均衡质量 q_f^*。我们发现，当 $f \geq \dfrac{c}{2\lambda - 1} - 1$ 时，$q_f^* = 1$，即企业一定会选择生产优质食品 G，此时更加严厉的责任处罚无法进一步提高食品安全，而只会让企业承担过高的责任风险。因此在后文分析中，我们考察以下假设成立的情形：

假设 3：$0 \leq f < \bar{f}$，其中 $f \equiv \dfrac{c}{2\lambda - 1} - 1$

考察责任处罚力度的改变对食品安全的影响：

引理 3：食品安全随着责任制度的加强而提高，即 $\partial q_f^* / \partial f > 0$。

提高 1 单位责任处罚，如果企业生产优质食品 G，其责任风险增加 $1 - \lambda$，而如果生产劣质食品 B，责任风险增加 λ。由于 $1 - \lambda < \lambda$，企业为了减少责任风险将有更强的动机生产优质食品，食品安全得到加强。

2. 责任制度对产业发展的影响

与信息揭示相同，高效率的责任制度不仅需要有效提升食品安全，还需要对产业发展有良好的促进作用。当责任认定的能力给定时，规制者将面临这样一个重要的问题：是否越严厉的责任制度越有利于产业的长远发展？考虑责任制度对 π_G^* 的影响：

$$\pi_G^* = p(q_f^*)\lambda - c - f(1 - \lambda) \tag{15}$$

微分得：

$$\frac{\partial \pi_G^*}{\partial f} = \lambda \frac{\partial p}{\partial q} \bigg|_{q=q_f^*} \frac{\partial q_f^*}{\partial f} - (1 - \lambda) \tag{16}$$

可以看出，加强责任制度会对 π_G^* 产生正负两方面的影响。一方面，$\lambda \dfrac{\partial p}{\partial q} \bigg|_{q=q_f^*} \dfrac{\partial q_f^*}{\partial f} > 0$，提高责任处罚 f 将增加消费者的支付意愿，企业生产优质食品的收益增加。另一方面，由于责任认定存在偏差，提高 1 单位 f 会给企业带来额外的责任风险 $1 - \lambda$。责任制度变化对 π_G^* 的影响由这两部分的相对大小决定。当责任认定的偏差较高时，如果规制者为了加强食品安全而采用过于严厉的惩罚，可能会极大地损害产业发展。相反地，对于给定的责任认定能力，可能存在最有利于企业生产优质食品的最优责任处罚力度。我们首先考察引入责任制度能否提高 π_G^*：

命题 3：引入责任制度能够提高企业生产优质食品的利润，即 $\dfrac{\partial \pi_G^*}{\partial f} \bigg|_{f=0} > 0$。

命题 3 表明，较低的责任处罚对 π_G^* 产生的正效应大于责任风险的负效应，对企业实施一定程度的责任处罚，不仅能够激励企业提高质量，还能够保证企业获得质量改进的回报。引理 3 和命题 3 反映出责任制度与质量监督检验具有一定的互补效应。

对于规制者是否应该实行更加严厉的责任制度，以进一步提高食品安全和企业生产优质食品的利润，有以下命题：

命题 4：当 $\lambda < 1 / (2 - c)$ 时，存在最优的责任制度最大化企业生产优质食品的利润。

在此之上，进一步提高责任处罚将损害企业生产优质食品的利润。

命题 4 表明，合理的责任制度能够对食品安全和产业发展产生显著的促进作用。然而，当责任认定存在一定程度的偏差时，如果规制者实行过于严厉的责任制度，即 f 超过 f^*，企业生产优质食品的收益将无法弥补其承担的高责任风险，从而导致 π_G^* 下降，此时责任制度将对产业发展产生负面影响。

命题 4 还表明，当优质食品的生产成本 c 较高，即条件 $\lambda < 1/(2-c)$ 更容易达到时，提高责任处罚 f 更有可能损害 π_G^*。c 的增加将降低责任制度对食品安全的促进作用，消费者支付意愿随着 c 的增加而降低，企业收益下降。同时，c 的增加还会增大企业的成本压力。因此，当优质食品的生产效率较低时，过于严厉的责任制度很可能会限制高质量企业的利润，不利于产业发展。规制者在制定责任制度时，应当充分考虑到责任认定中的潜在偏差以及企业的成本负担。[①]

（三）规制俘获

在现有的制度环境下存在两种规制者被俘获的情形。一方面，行政规则和检查制度可能存在偏差，劣质企业可能通过俘获规制者进入市场，检验的精确度 λ 因规制俘获而降低；另一方面，即使规则不是有偏的，规制者也可能因规制俘获而不作为，行政问责也可能无法得到有效的实施，这体现在劣质企业受到的行政处罚 f 减少。我们考察规制俘获对食品安全的影响，有以下命题：

命题 5：当规制俘获导致检验精确度 λ 降低时，规制俘获将降低食品安全水平，即 $\partial q^*/\partial \lambda > 0$；当规制俘获导致的行政处罚 f 减少时，规制俘获同样会降低食品安全水平，即 $\partial q_f^*/\partial f > 0$。

命题 5 表明，在现有的制度环境下，规制俘获将对食品安全产生严重的不利影响。在这样的情况下，信息揭示可能有利于降低规制俘获的可能性。一方面，企业揭示的信息将直接受到社会的监督，由人为因素导致的劣质产品通过检验的情况可能更容易被社会发现。另一方面，信息揭示不仅为社会提供了监督企业的平台，相关部门的监管效力也将在平台中体现，这有助于减少相关监管部门的不作为。因此，信息揭示不仅能在存在规制俘获的情况下有效提高食品安全，也能通过降低检测的偏差和减少监管部门的不作为来克服潜在的规制俘获问题。

（四）市场失效

当 $[\lambda(2\lambda-1)]/(1-\lambda) \leqslant c$ 时，此时若不采取规制手段，均衡状态下 $q^* = 0$，企业不会选择生产优质食品，市场失去效力。考察信息揭示和责任制度能否改善市场失效，有以

---

① 可以证明，当 $\lambda > 1/(2-c)$ 时，$\dfrac{\partial \pi_G^*}{\partial f}\bigg|_{f=0} > 0$，$\dfrac{\partial \pi_G^*}{\partial f}\bigg|_{f=\bar{f}} > 0$，$\dfrac{\partial^2 \pi_G^*}{\partial f^2} < 0$，此时加强责任制度能够同时提升 q_f^* 和 π_G^*。

下命题：

命题6：当$[\lambda(2\lambda-1)]/(1-\lambda)\leqslant c$，$q^*=0$时，足够大的信息揭示效力 α、信息量 d 和责任处罚 f 能够改进这个无效率的结果，使得 $q^*>0$。

（五）价格管制

食品在通货膨胀指数中占有较高的权重，食品价格的快速上涨很可能对消费者，特别是低收入人群造成沉重的负担。在这种情况下，规制者可能对食品实行限价管理。本部分探讨价格管制对食品安全、产业发展、消费者福利和社会总福利的影响。

考虑政府实行价格管制，规定食品价格上限为 $\bar{p}$，且 $\bar{p}<p^*$，其中 $p^*\equiv p(q^*)$ 为规制者仅实行质量监督检验时的食品价格。记价格管制下的食品均衡质量为 q_{pc}^*。

命题7：规制者实行价格管制，尽管消费者剩余提高，但是食品安全、企业生产优质食品的利润和社会总福利同时下降。

命题7表明，价格管制降低了企业进行质量改进的回报，对企业生产优质食品的激励产生负面影响。在现实情况中，当上游原材料的价格快速上涨时，原本生产高质量食品的企业会面临更大的成本压力，而限价政策限制了这些企业通过提价来化解成本压力，从而使得这些企业发现，使用成本更低但可能危害食品安全的生产技术更加有利可图。

四、总结和建议

本文立足于我国食品安全规制的发展现状，对信息不对称下的食品安全规制进行了考察。

我们发现，当生产监督和质量检验受到局限，难以充分保证食品安全时，信息揭示是提高食品安全规制效率的有效工具。尽管强制性的信息揭示会增加单个企业的成本，但是信息揭示能够抑制劣质企业进入市场，提升消费者对行业整体的信任度，使得市场中的优质企业获得更高的利润，进一步激励企业提高产品质量，推动食品产业向更好的方向发展。我们还发现，信息揭示的效力是决定信息揭示能否发挥作用的关键因素。信息揭示效力的提高一定能够带来食品安全和高质量企业利润的提升。从信息揭示效力的视角出发，我们可以看出规制者应该强制企业揭示怎样的信息。当信息揭示的效力达到一定水平时，规制者可以进一步要求企业针对相关信息进行更多的揭示。然而我们也发现，在一定情况下，过高的信息量将不利于企业获得质量改进的回报。

本文对于责任制度的研究表明，在质量监督的基础上引入责任制度，能够弥补单一的监督检验的不足之处，为企业提高产品质量提供更多的激励。但是，在现今的制度环境下，规制俘获可能导致行政问责出现偏差，降低责任制度对食品安全的积极作用。研究发现，当存在规制俘获的可能性时，规制者仍然能够通过让企业公示食品安全生产的信息，引入社会监督和社会惩罚，提高食品安全，促进行业发展。在责任制度难以有效保障食品安全的前提下，信息揭示是对行政处罚的有效补充。

合理地运用信息揭示将有可能降低规制俘获的可能性。首先，信息揭示的具体环节由政府确定而非具体监管执行部门制定，并且企业的信息揭示将直接受社会的监督，这将降低出现偏差的可能性。其次，信息揭示不仅为社会提供了监督企业的平台，相关部门的监管效力也将在平台中得以体现，这将减少相关部门不作为的可能性。

此外，信息揭示能够有效调动社会监管和惩罚，对行政监督形成有效补充。在信息揭示的环境下，一方面企业承担揭示信息的成本，另一方面由社会各方面承担监督的成本，政府的作用在于提供信息揭示的平台，充分发挥社会监督的作用，通常无须过多地依赖检测机构的行政管理。

研究进一步发现，限价政策能够从一定程度上减少食品价格的快速上涨对消费者造成的冲击，但是，价格管制会导致企业有动机采用成本更低但可能危害食品安全的生产技术。因此，当规制者因宏观控制通货膨胀而需要对食品行业实行价格管制时，应当进一步采取相关配套措施，重点防范潜在的食品安全问题。

在现阶段监督资源、检测技术和监管制度受到局限的情况下，可以通过进一步推行强制性的信息揭示，提高消费者对民族食品企业的信心，推动我国食品产业的发展。为充分发挥信息揭示的效力，规制者可以根据不同行业的特性和企业的生产技术特点，建立一套信息揭示的"核心参照标准"，对信息揭示的内容、程度等方面做出具体规定。

规制者可以根据不同行业和企业的具体情况，制定符合行业和企业特点的信息揭示方式。例如，建立开放的信息揭示平台，将该平台作为企业发布信息的统一窗口，提高社会主体获取和处理信息的效率。规制者基于该平台可以实现集中化的信息管理，还可以将该平台向信息储存、信息交流、科研基地等方面进行功能性扩展，进一步提升信息揭示对食品安全的积极效应。另外，在中国现实情况下，松绑社会监督也非常重要，例如允许和保护媒体报道、鼓励建立民间监督机构等，而信息揭示也将使媒体监督更有依据，并提供民间监督机构发展的基础，有利于激励社会进行更加深入的监督。

本文为信息不对称下的食品安全规制提供了基本的理论框架，在此基础上可以进一步开展相关研究。例如，考虑多家厂商与规制者及厂商相互之间同时进行策略性博弈时的最优食品安全规制；探讨规制者如何引导供应链向更益于食品安全的组织形式发展。在现实中，许多食品安全事件都是由媒体曝光和披露，考虑媒体竞争也是一个有意义的方向。此外，不同规制方式之间的相互关系也值得深入探讨，如信息揭示对质量检验和责任制度效率的影响。参照发达国家的经验，行业协会、认证机构等第三方组织在加强食品安全中发挥着至关重要的作用。研究我国如何发展和培育出具有公信力的第三方，对于我国食品安全与食品产业的长远发展具有重要意义。

参考文献

[1] 杜传忠. 政府规制俘获理论的最新发展. 经济学动态, 2005 (11).

［2］龚强，张一林，余建宇．激励、信息与食品安全规制．经济研究，http：//www. erj. cn/cn/lwInfo. aspx？m＝20100921113738390893&n＝20130201160011107463，2013.

［3］刘呈庆，孙曰瑶，龙文军，白杨．竞争、管理与规制：乳制品企业三聚氰胺污染影响因素的实证分析．管理世界，2009（12）．

［4］王秀清，孙云峰．我国食品市场上的质量信号问题．中国农村经济，2002（5）．

［5］应飞虎，涂永前．公共规制中的信息工具．中国社会科学，2010（4）．

［6］Akerlof G. A. . The Market for "Lemons" Quality Uncertainty and the Market Mechanism. Quarterly Journal of Economics，1970，84（3）488 – 500.

［7］Allen F. . Reputation and Product Quality. RAND Journal of Economics，1984，15（3）：311 – 327.

［8］Antle J. M. . Economic Analysis of Food Safety. Handbook of Agricultural Economics，2001（1）：1083 – 1136.

［9］Bagwell K. ，M. H. Riordan. Equilibrium Price Dynamics for an Experience Good. Hoover Institution，Stanford University，1986.

［10］Crespi J. M. ，S. Marette. How Should Food Safety Certification Be Financed？. American Journal of Agricultural Economics，2001，83（4）：852 – 861.

［11］Darby M. R. ，E. Karni. Free Competition and the Optimal Amount of Fraud. Journal of Law and Economics，1973，16（1）：67 – 88.

［12］Daughety A. F. ，J. F. Reinganum. Product Safety：Liability，R&D，and Signaling. American Economic Review，1995，85（5）：1187 – 1206.

［13］Daughety A. F. ，J. F. Reinganum. Secrecy and Safety. American Economic Review，2005，95（4）：1074 – 1091.

［14］European Commission. Regulation of the European Parliament and of the Council on Agricultural Product Quality Schemes. http：//ec. europa. eu/agriculture/quality/policy/index_ en. htm，2010.

［15］Ferrier P. ，R. Lamb. Government Regulation and Quality in the Us Beef Market. Food Policy，2007，32（1）：84 – 97.

［16］Grossman S. J. ，O. D. Hart. Disclosure Laws and Takeover Bids. Journal of Finance，1980，35（2）：323 – 334.

［17］Grossman S. J. . The Informational Role of Warranties and Private Disclosure about Product Quality. Journal of Law and Economics，1981，24（3）：461 – 483.

［18］Henson S. ，J. Caswell. Food Safety Regulation：An Overview of Contemporary Issues. Food Policy，1999，24（6）：589 – 603.

［19］Innes R. . Enforcement Costs，Optimal Sanctions，and the Choice between Ex – Post Liability and Ex – Ante Regulation. International Review of Law and Economics，2004，24（1）：29 – 48.

［20］Jovanovic B. . Truthful Disclosure of Information. Bell Journal of Economics，1982，13（1）：36 – 44.

［21］Klein B. ，K. B. Leffler. The Role of Market Forces in Assuring Contractual Performance. Journal of Political Economy，1981，89（4）：615 – 641.

［22］Kolstad C. D. ，T. S. Ulen，G. V. Johnson. Ex Post Liability for Harm vs. Ex Ante Safety Regulation：Substitutes or Complements？. American Economic Review，1990，80（4）：888 – 901.

［23］Laffont J. J. ，J. Tirole. The Politics of Government Decision – Making：A Theory of Regulatory Capture. Quarterly Journal of Economics, 1991, 106 (4): 1089 – 127.

[24] Lapan H. E. , G. Moschini. Grading, Minimum Quality Standards, and the Labeling of Genetically Modified Products. American Journal of Agricultural Economics, 2007, 89 (3): 769 – 783.

[25] Levin D. , J. Peck, L. Ye. Quality Disclosure and Competition. Journal of Industrial Economics, 2009, 57 (1): 167 – 196.

[26] Li Y. , R. Qi, H. Liu. Designing Independent Regulatory System of Food Safety in China. Agriculture and Agricultural Science Procedia, 2010 (1): 288 – 295.

[27] Li S. , M. Peitz, X. Zhao. Vertically Differentiated Duopoly with Unaware Consumers. forthcoming at Mathematical Social Science, 2012.

[28] Marette S. . Minimum Safety Standard, Consumers' Information and Competition. Journal of Regulatory Economics, 2007, 32 (3): 259 – 285.

[29] Martinez G. M. , A. Fearne, J. A. Caswell, S. Henson. Co – Regulation as a Possible Model for Food Safety Governance: Opportunities for Public – Private Partnerships. Food Policy, 2007, 32 (3): 299 – 314.

[30] Milgrom P. R. . Good News and Bad News: Representation Theorems and Applications. Bell Journal of Economics, 1981, 12 (2): 380 – 391.

[31] Milgrom P. R. . What the Seller Won't Tell You: Persuasion and Disclosure in Markets. Journal of Economic Perspectives, 2008, 22 (2): 115 – 132.

[32] Nelson P. . Information and Consumer Behavior. Journal of Political Economy, 1970, 78 (2): 311 – 329.

[33] Okuno – Fujiwara M. , A. Postlewaite, K. Suzumura. Strategic Information Revelation. Review of Economic Studies, 1990, 57 (1): 25 – 47.

[34] Polinsky A. M. , S. Shavell. Mandatory Versus Voluntary Disclosure of Product Risks. Journal of Law, Economics, and Organization, 2012, 28 (2): 360 – 379.

[35] Schmitz P. W. . On the Joint Use of Liability and Safety Regulation. International Review of Law and Economics, 2000, 20 (3): 371 – 382.

[36] Shapiro C. . Premiums for High Quality Products as Returns to Reputations. Quarterly Journal of Economics, 1983, 98 (4): 659 – 679.

[37] Shavell S. . A Model of the Optimal Use of Liability and Safety Regulation. RAND Journal of Economics, 1984, 15 (2): 271 – 280.

[38] Starbird S. A. . Moral Hazard, Inspection Policy, and Food Safety. American Journal of Agricultural Economics, 2005, 87 (1): 15 – 27.

[39] Stiglitz J. E. . Information and the Change in the Paradigm in Economics. American Economic Review, 2002, 92 (3): 460 – 501.

[40] Viscusi W. K. . A Note on "Lemons" Markets with Quality Certification. Bell Journal of Economics, 1978, 9 (1): 277 – 79.

Incentives, Information and Food Safety Regulation

Gong Qiang, Zhang Yilin and Yu Jianyu

(Southwestern University of Finance and Economics)

Abstract: This paper investigates the food safety regulation in the presence of the information asymmetry. Due to the limitation of regulatory resources, the imperfect detection technology and inspector's personal bias may give firms incentive to adopt the less costly production technology, which may have unsafe impact on consumers' health. The result shows that an efficient way to improve food safety is to require firms disclosing information destined for social supervision. The regulator defines the kind of information that firms must disclose according to the requirement and specialty of food safety production. In doing so, the regulator establishes an information platform for the supervision of various parties in the society, including the third party, consumers and relevant inspectors. Although firms may provide false information, the introduction of various social supervision makes it more likely for the cheating firm to be detected and suffer more severepunishment from the society. This reduces firms' incentive to adopt unsafe technology. In spite of the cost increase of all firms, the credibility of the industry increases, and hence raises the consumers' willingness to pay and the profit of the safefirms. This, in turn, gives incentive for firms to switch to safer technology. The analysis on efficiency of price intervention shows that, although a price ceiling can increase consumer surplus, it reduces the overall level of food safety and hence the social welfare

Key Words: Food Safety; Regulation; Information Asymmetry; Information Disclosure; Liability

经济增长与环境和社会健康成本[*]

杨继生　徐　娟　吴相俊

【摘　要】 本文构建了经济增长的环境和社会健康成本测度模型，借以分析粗放的经济增长模式所引发的环境和社会健康问题。结果显示，样本期内中国环境污染成本约占实际 GDP 的 8%～10%，而且经济发达地区明显高于欠发达地区。居民健康支出对经济增长的长期弹性为 1.66，显著大于 1，表明经济增长对居民健康的替代效应远大于收入效应，在总体上降低了社会健康水平。尤其需要关注的是，社会意识和法制等社会环境因素对自然环境污染的遏制作用在 2008 年以后较之前显著弱化，显示了强化环保法制建设及社会意识培养的紧迫性。

【关键词】 经济增长；环境成本；健康成本；社会环境因素；地区差异

一、引　言

自改革开放以来，中国经济一直持续高速增长。然而，在经济迅猛发展的过程中，以高投资、高能耗、高排放等为特征的粗放型增长方式带来了沉重的资源和环境代价，居民的自然生存环境不断恶化，社会健康成本激增。亚洲开发银行和清华大学发布的《中国国家环境分析（2012）》报告显示：2012 年，全球 10 大空气环境污染最严重的城市中，中国占 7 个；全国 500 个城市中，空气质量达到世界卫生组织推荐标准的不足 5 个；中国的空气污染每年造成的经济损失，基于疾病成本估算相当于国内生产总值的 1.2%，基于支付意愿估算则高达 3.8%。世界银行在其 2007 年公布的《中国环境污染损失》报告中称，中国空气和水污染损失相当于中国 GDP 的 5.8%。从 1990 年到 2011 年，中国经济一

＊　本文选自《经济研究》2013 年第 12 期。杨继生、徐娟、吴相俊，华中科技大学经济学院，邮政编码：430074，电子信箱：yangjisheng770@ sohu. com，xujuan2009@ qq. com，wuxiangjun@ hust. edu. cn。本文受国家自然科学基金（项目编号：71271096）资助。作者感谢匿名审稿人的意见和建议，文责自负。

直保持着10%左右的增长速度，国内生产总值增加了24.34倍，城镇居民人均可支配收入增加了14.4倍，医疗保健消费支出却增加了37.7倍，增长幅度远远超过了收入的增长速度。社会经济的高速发展一方面提高了人民的生活水平，另一方面也对居民生存环境造成了严重破坏，极大地提高了社会健康成本，继而引发了一系列社会保障问题。

为此，我们不禁要问：如果发展经济的目的是改善居民的生活水平，那么经济增长导致环境恶化所引起的社会健康成本大幅增加是否会抵消甚至超过居民福利的改善，进而降低居民的总体福利水平？中国幅员辽阔，不同区域之间在经济、社会、观念及地理等方面存在着极大的差异。经济发展水平的高低，导致环境污染的程度在空间分布和观念认知等方面存在着显著的差异，进而造成不同区域之间的环境成本和健康成本都存在明显的异质性，尤其在经济发达地区和落后地区之间存在着难以逾越的"鸿沟"。区域间经济发展水平的异化如何导致环境污染程度的差异、如何度量环境成本转移的空间差异性，以及环境恶化如何影响社会健康成本等问题，极具社会现实性和研究的迫切性。

本文基于省际面板数据，测度经济增长的自然环境和社会健康成本及其区域差异，以及法制文化等非量化社会环境因素对环境污染和社会健康动态影响的趋势特征。文章结构如下：第二部分，在回顾和梳理相关文献研究现状的基础上，深入分析了经济增长与环境成本和社会健康成本之间的传导机制，建立了带有不可观测交互效应的面板 SVAR 系统，以测度经济增长引发的环境和社会健康成本及其空间差异。第三部分，详细阐述了模型的识别条件和估计方法，使模型在恰好识别的基础上得到有效估计。第四部分，基于实证检验和估计结果，测度经济增长所引发的环境代价及健康成本的大小，考察经济增长与环境污染和健康成本之间的动态关系，揭示非量化社会环境因素在环境污染和健康成本中的动态作用机制和趋势特征。第五部分是本文的主要结论及政策建议。

二、经济增长的环境和社会健康成本测度模型

（一）经济增长与其社会健康成本间传导机制的分析

在很长时期内，经济学家关注的焦点都是经济增长如何促进社会进步的问题，如经济发展如何提高人均收入、人口预期寿命等（Solow，1956；Romer，1986；Islam，1995）。然而，随着工业化的不断发展，片面追求经济发展速度所导致的负面效应不断凸显。尤其是自20世纪中叶以来，环境污染所引发的一系列问题逐渐引起了学者的关注（White，1967）。林伯强（2009）指出，中国在重工业化增长模式下，环境的问题日益突出。其在研究二氧化碳排放的影响因素时，发现 GDP 生产结构（即经济增长方式）和收入水平具有最大的影响。经济增长方式直接决定了人均收入水平和污染物的排放，进而影响了居民的健康。

一方面，工业化进程中的污染排放在生理上影响居民的健康。粗放型经济增长方式在一定程度上会促进一国的工业化进程，但是依靠耗费资源、能源、牺牲环境的发展模式会带来严重的环境问题，导致居民健康成本大幅度增加。经济的快速发展对环境带来了巨大压力，特别是空气污染和水污染直接影响了人民的健康（Shafik 和 Bandyopadhyay，1992）。Szreter（2004）将工业化对健康的影响因素归结为 4Ds（Disruption，Deprivation，Disease，Death），特别是疾病和死亡最具破坏性作用。Mead 和 Brajer（2005）发现煤炭等化石燃料的大量使用、各种工业废气废水的排放，使心脑血管疾病、呼吸系统疾病的发病率大幅度增加。Chay 和 Greenstone（2003）发现空气中可吸入颗粒（PM10 和 PM2.5）每增加一个百分点，会导致幼儿死亡率增加 0.35 个百分点。Fitzgerald 等（1998）指出，经济的发展和工业化程度的提高让中东欧国家付出了高额的环境成本，特别是重金属污染、空气污染对儿童健康造成了极大的不良影响。由此可见，环境恶化会对人们的健康造成严重危害，直接增加了健康成本。

另一方面，工作和生活方式的变迁同时通过生理和心理层面影响居民的健康。伴随着收入水平的提高，工作压力的增大也对居民健康带来了不利影响。Tapia 和 Ionides（2008）发现 20 世纪以来，经济增长对健康水平的改善相对于 19 世纪而言速度减慢了。一些研究（Chay 和 Greenstone，2003；Dehejia 和 Lleras - Muney，2004）甚至认为最近几年经济发展水平和健康的改善之间存在着反向关系。相对于以前，影响健康的主因不是饥饿和营养不良，而是由过度消费导致的肥胖、糖尿病及心血管疾病等（Isaacs 和 Schroeder，2004）。Ruhm（2000）认为，工作使闲暇时间变少，而且吸烟、过度饮食、锻炼减少都造成了健康水平的下降。同时，高强度的工作压力所带来的心理负担也影响了健康水平（Stansfeld 等，1997）。因此，经济增长一方面有助于改善生活环境和生活方式、保障维持健康生活状态的支出，即存在收入效应；另一方面由于工作压力的增大也带来了其他疾病发生的可能性，进而使得居民健康水平反而下降了，即存在替代效应。那么，究竟是收入效应还是替代效应占主导地位呢？这也是本文所要回答的问题。

（二）模型设定

随着人们对生存、生活环境的关注度逐渐提升和环保意识的不断加强，大量文献开始关注经济增长与环境之间的关系，如 Grossman 和 Krueger（1995）、刘金全等（2009）。而且，越来越多的研究将注意力集中于经济增长所引发的环境问题所导致的健康成本上，如 Chay 和 Greenstone（2003）、Ruhm（2000）等。但是，关于中国经济发展与社会健康成本之间关系的研究则相对较少，相关的研究仅涉及环境质量对居民健康的影响（徐冬林、陈永伟，2010）。本文在总结国内外相关研究文献的基础上，对现有模型进行扩展和完善，基于动态多方程系统对中国经济增长的环境和社会健康成本进行定量测度。

在代表性文献中，Ruhm（2000）、Chay 和 Greenstone（2003）在研究经济增长对健康水平的影响时采用了固定效应面板数据模型：

$$H_{it} = X_{it}\beta + E_{it}\gamma + f_t + \mu_i + \varepsilon_{it} \tag{1}$$

其中，H 表示健康水平；E 表示经济增长；X 表示其他回归元，如环境因素等；f_t 为时间效应；μ_i 为个体效应。

模型（1）在设定上存在两个问题：一方面，由 f_t 所表示的个体共同因子在模型中对不同个体存在相同的效应，这一点既不符合经济理论，也违背经验直觉。Bai（2009）通过在线性面板数据模型中引入了时间与个体的交互效应，以反映个体对共同因素的反应差异。另一方面，模型只考虑了经济增长对居民健康的影响，没有考虑经济增长方式转变所起的作用。实际上，不同的经济增长方式对社会健康的影响是截然不同的。因此，在 Ruhm（2000）、Chay 和 Greenstone（2003）的基础上，需要将经济增长方式变量（林伯强、蒋竺均，2009）以及时间与个体之间的交互效应引入到面板数据模型中，进而得到：

$$H_{it} = X_{it}\beta + E_{it}\gamma + T_{it}\rho + \lambda_i f_t + \mu_i + \varepsilon_{it} \tag{2}$$

其中，H 表示健康水平；E 表示经济增长的代理变量；T 表示经济增长方式变量；X 表示其他回归元向量，如环境因素等；f_t 表示不可测度的非量化社会共同因素，如各地区共同面对的法律、政策、文化和社会意识等；λ_i 反映共同因素对第 i 个地区的影响强度；μ_i 是个体效应。

模型（2）是一个静态单方程模型，忽略了系统内变量的动态反馈机制。Ruhm（2000）、Chay 和 Greenstone（2003）发现健康成本具有显著的顺周期波动特征，环境政策具有显著的降低健康成本的作用。Bloom 等（2004）发现健康对经济发展具有显著的正反馈作用，即健康有助于经济增长。同时，Dinda（2004）发现经济增长和环境质量之间也存在相互影响的作用机制。由此可见，在对经济发展的社会健康成本进行测度时，经济增长变量具有内生性，如果忽略经济系统变量间的反馈机制，就会产生内生性偏误。所以，单方程静态模型（2）很可能导致不可靠的估计结果和分析结论。

Fielding 和 Shields（2001）基于 VAR 系统分析了收入和健康之间的相互作用，但是其所使用的简化式 VAR 模型无法显性反映内生变量之间的当期关系。在本文中，我们将变量之间的当期关系嵌入 VAR 系统中，构建了基于面板数据的结构 VAR 模型。此时，基于模型（2）中所有系统内变量建立的面板结构 VAR 模型，即为带交互效应的面板结构向量自回归系统，记为 IEPSVAR。

$$A y_{it} = \sum_{l=1}^{k} \Phi_l y_{i,t-l} + \Lambda_i F_t + \mu_i + u_{it} \tag{3}$$

其中，y_{it} 为模型（2）中四个系统内变量（T，X，E，H）组成的向量。在本文中，我们采用产业结构指标 str 作为经济增长方式 T 的代理变量；以废气废水的排放量 pol 作为环境质量 X 的代理变量；以反映收入水平的人均 GDP（用 inc 表示）作为经济增长 E 的代理变量；以人均医疗支出额 med 作为健康成本 H 的代理变量。μ_i 是个体效应。$F_t = \mathrm{diag}(f_t^{str}, f_t^{pol}, f_t^{inc}, f_t^{med})$ 是第 t 期各内生变量的因子向量组成的矩阵；$\Lambda_i = \mathrm{diag}(\lambda_i^{str}, \lambda_i^{pol}, \lambda_i^{inc}, \lambda_i^{med})$ 是共同因子对第 i 个体的载荷系数，反映共同因子对不同个体的影响强度。A 为反映变量间当期关系的矩阵，参数 Φ_l 反映了内生变量自身及相互之间长期相关。模型（3）的设定使得内生变量的结构型冲击之间既不存在当期相关，也不存在长期相关，所以，u_{it}的方差—协方差矩阵为对角矩阵，用Σ表示。

因无法对结构模型（3）中的参数进行直接估计，需基于简化式模型的参数估计值通过参数关系方程间接计算结构参数。对模型（3）进行相应变换，即可得到对应的简化式方程：

$$y_{it} = \sum_{l=1}^{k} \Pi_l y_{i,t-1} + H_i f_t + \alpha_i + \varepsilon_{it} \quad i = 1, 2, \cdots, N, \quad t = 1, 2, \cdots, T \tag{4}$$

其中，$\Pi_l = A^{-1}\Phi_l$，$H_i = A^{-1}\Lambda$，$\alpha_i = A^{-1}\mu_i$，$\varepsilon_{it} = A^{-1}u_{it}$。共同因子的载荷矩阵$H_i = \text{diag}(\eta_i^{str}, \eta_i^{pol}, \eta_i^{inc}, \eta_i^{med})$反映了共同因子的冲击对系统内变量的当期效应。由于简化式系数Π_l没有反映内生变量之间的当期相关，所以，不同内生变量的简化式冲击ε_{it}之间具有当期相关性，因而，其方差—协方差矩阵Ω是非对角矩阵。

关于经济增长的环境和社会健康成本的测度，有两点需要特别说明：

（1）测度环境成本除了要考虑环境污染因素，还应该包括自然资源的无效利用所导致的成本增加。但是，在自然资源的总消耗中，哪些是有效利用的，哪些是无效利用的，很难做定量区分。所以，本文对环境成本的测度只涉及环境污染的成本，不考虑自然资源的无效利用引发的成本。

（2）本文关注的焦点是经济增长过程中产生的社会健康成本问题。因此，我们所测度的社会健康水平只考虑居民需要就诊和治疗的疾病，并以医疗支出来度量，而并不涉及由于医疗技术进步和医疗资源增加等原因而导致的治愈率提高及寿命延长。

（三）经济增长的环境成本测度

为了直观度量各内生变量对环境和健康成本的冲击，将模型转化为面板结构VMA形式：

$$y_{it} = \beta_i + \Psi_i f_t + \sum_{p=0}^{\infty} \mathbb{H}_p u_{i,t-p} \tag{5}$$

其中，$\beta_i = \Phi(1)^{-1}\alpha_i$，$\mathbb{H}_p = (\theta_{jsp} \mid j = 1, \cdots, 4; s = 1, \cdots, 4)$，$f_t = (f_t^{str}, f_t^{pol}, f_t^{inc}, f_t^{med})$，$u_{i,t-p} = (u_{i,t-p}^{str}, u_{i,t-p}^{pol}, u_{i,t-p}^{inc}, u_{i,t-p}^{med})$，$\Phi(L) = I - \sum_{j=1}^{k}\Pi_j L^j$，$\Phi(1) = I - \sum_{j=1}^{k}\Pi_j$，$\mathbb{H}(L) = \sum_{p=0}^{\infty}\mathbb{H}_p L^p = \Phi(1)^{-1}A^{-1}$，$\mathbb{H}(1) = \sum_{p=0}^{\infty}\mathbb{H}_p = \Phi(1)^{-1}A^{-1}$，$\Theta_p = [\sum_{j=1}^{p}(\Pi_j\Phi_{p-j})]$，$\Psi_i = \text{diag}(\varphi_i^{str}, \varphi_i^{pol}, \varphi_i^{inc}, \varphi_i^{med})$，$\varphi_i = \Phi(1)^{-1}\eta_i$。上述变形中，我们将$\varphi_i = \Phi(L)^{-1}\eta_i$中的滞后算子赋值为1，以捕获共同因子对内生变量冲击的累计效应。φ_i是共同因子对第i个省份的总效应，η_i是其当期效应。

模型（5）中第3个方程是经济增长的SMA形式，反映了各变量结构型冲击对经济增长的动态效应，即：

$$inc_{it} = \beta_{i3} + \varphi_i^{inc} f_t^{inc} + \sum_{p=0}^{\infty}\theta_{31p} u_{i,t-p}^{str} + \sum_{p=0}^{\infty}\theta_{32p} u_{i,t-p}^{pol} + \sum_{p=0}^{\infty}\theta_{33p} u_{i,t-p}^{inc} + \sum_{p=0}^{\infty}\theta_{34p} u_{i,t-p}^{med} \tag{6}$$

方程（6）右侧依次为：个体效应、共同因子与个体差异的交互效应、产业结构的冲击效应、污染排放的冲击效应、经济增长自身的惯性以及健康支出的冲击效应。由于各冲击都是标准化的，并且相互正交，所以方程（6）揭示了经济增长各个冲击来源的具体贡献，可以准确度量环境和健康成本的动态形成机制。

$\sum_{p=0}^{\infty} \theta_{31p}$、$\sum_{p=0}^{\infty} \theta_{32p}$、$\sum_{p=0}^{\infty} \theta_{33p}$、$\sum_{p=0}^{\infty} \theta_{34p}$ 分别是产业结构冲击、污染排放冲击、惯性冲击、医疗支出冲击对经济增长的累积效应，也就是长期效应。相应地，θ_{31p}、θ_{32p}、θ_{33p}、θ_{34p} 分别是滞后 p 期时的动态响应。如果内生变量都是平稳的，那么脉冲响应函数 Θ_p 将收敛到 0，长期效应函数 Θ（1）将趋于稳定。

为了测度污染排放所带来的环境成本在收入中所占比重，由于 $\sum_{p=0}^{\infty} \theta_{32p}$ 表示污染排放对经济增长的长期效应，$\sum_{p=0}^{\infty} \theta_{32p} pol_{i,t-p}$ 表示源于滞后 p 期的污染排放所增加的人均 GDP 价值，其在收入水平中的比重即为环境成本，所以，经济增长的环境污染成本可计量为：

$$cost_{it} = \frac{\sum_p (\theta_{32p} pol_{i,t-p})}{inc_{it}} \tag{7}$$

（四）经济增长对社会健康的收入效应和替代效应

模型（5）中最后一个方程是健康成本的 SMA 形式，反映了各变量结构型冲击对健康成本的动态效应，即：

$$med_{it} = \beta_i + \varphi_i^{med} f_t^{med} + \sum_{p=0}^{\infty} \theta_{41p} u_{i,t-p}^{str} + \sum_{p=0}^{\infty} \theta_{42p} u_{i,t-p}^{pol} + \sum_{p=0}^{\infty} \theta_{43p} u_{i,t-p}^{inc} + \sum_{p=0}^{\infty} \theta_{44p} u_{i,t-p}^{med} \tag{8}$$

方程（8）揭示了健康成本（也就是医疗支出）各个冲击来源的具体贡献，准确度量了健康成本的动态形成机制。$\sum_{p=0}^{\infty} \theta_{41p}$、$\sum_{p=0}^{\infty} \theta_{42p}$、$\sum_{p=0}^{\infty} \theta_{43p}$、$\sum_{p=0}^{\infty} \theta_{44p}$ 分别是产业结构冲击、污染排放冲击、人均收入冲击、惯性冲击对医疗支出的累积效应，也就是长期弹性。

经济增长一方面通过收入效应改善居民的生活环境和生活方式，保障维持健康生活状态的支出，提升健康状况。另一方面，由于工作压力的增大和生活方式的转变，经济增长对居民健康水平产生负面的替代效应。因而，比较收入效应和替代效应，人均健康支出成本 med 对人均收入 inc 的长期弹性有三种情形：

（1）如果收入效应和替代效应刚好抵消，则源于收入冲击的居民健康状况不变，医疗部门的供求状态不变，因而，要使医疗部门的收入和其他部门具有相同的均衡增长率，人均健康支出成本 med 对人均收入 inc 的长期弹性应该为 1，即 $\sum_{p=0}^{\infty} \theta_{43p} = 1$。

（2）如果收入效应强于替代效应，则居民健康状况将得以改善，医疗需求下降。在医疗部门的收入和其他部门具有相同的均衡增长率的背景下，人均健康支出成本 med 对人均收入 inc 的长期弹性应该小于 1，即 $\sum_{p=0}^{\infty} \theta_{43p} < 1$。

（3）如果收入效应弱于替代效应，则居民健康水平将会下降，医疗需求上升。在医疗部门的收入和其他部门具有相同的均衡增长率的背景下，人均健康支出成本 med 对人均收入 inc 的长期弹性应该大于 1，即 $\sum_{p=0}^{\infty} \theta_{43p} > 1$。

在（8）式中，f_t^{med} 反映除产业结构、经济增长、社会健康、自身惯性等量化经济因素以外，各地区面对的法律、政策、文化和社会意识等非量化的社会共同因素，捕获了共同的社会环境因素对健康支出影响变化的趋势特征。φ_i^{med} 则反映不同地区对这一共同趋势的敏感程度。

（五）环境污染的动态特征

为了衡量各个变量冲击来源对污染排放的具体影响，我们将各变量结构式冲击对污染排放的动态效应展开如下：

$$pol_{it} = \beta_i + \varphi_i^{pol} f_t^{pol} + \sum_{p=0}^{\infty} \theta_{21p} u_{i,t-p}^{str} + \sum_{p=0}^{\infty} \theta_{22p} u_{i,t-p}^{pol} + \sum_{p=0}^{\infty} \theta_{23p} u_{i,t-p}^{inc} + \sum_{p=0}^{\infty} \theta_{24p} u_{i,t-p}^{med} \quad (9)$$

与方程（8）类似，方程（9）揭示了影响污染排放的各个冲击来源的具体影响，度量了污染排放的动态形成机制。$\sum_{p=0}^{\infty} \theta_{21p}$、$\sum_{p=0}^{\infty} \theta_{22p}$、$\sum_{p=0}^{\infty} \theta_{23p}$、$\sum_{p=0}^{\infty} \theta_{24p}$ 分别表示产业结构冲击、污染排放惯性冲击、人均收入冲击、医疗支出冲击对污染排放的累积效应。

同样，f_t^{pol} 反映除产业结构、经济增长、社会健康因素、自身惯性等量化经济因素以外，各地区共同面对的法律、政策、文化和社会意识等非量化的社会共同因素，它捕获了共同的社会环境因素对环境污染影响变化的趋势特征。φ_i^{pol} 则反映不同地区对这一共同趋势的敏感程度。

三、模型的估计和识别

（一）模型的估计

由于交互效应的存在，现有的 SVAR 和 PSVAR 估计方法不再适用，需要构建新的有效估计程序。其基本思想为：首先，忽略共同因子，对 PSVAR 模型进行 GMM 估计，得到模型系数的初值。进而，对残差进行主成分分析，得出共同因子及其载荷系数的估计值。然后，定义投影矩阵，消除 IEPSVAR 模型中的共同因子，将模型转变为传统的 PSVAR 模型，实现参数的 GMM 估计，对新残差再做主成分分析。如此迭代直至收敛。具体步骤如下：

（1）对方程（4）各变量基于时间维度取组内离差，$\tilde{y}_{it} = y_{it} - \bar{y}_{i.}$，消去个体效应 α_i，得：

$$\tilde{y}_{it} = \sum_{1=1}^{k} \prod_{1} \tilde{y}_{i,t-1} + \xi_{it} \qquad (10)$$

此时，$\xi_{it} = Hf_t + \varepsilon_{it}$，对 VAR 系统（10）进行 GMM 估计即可得到简化式参数初始估计值 $\hat{\Pi}_{10}$，进而得到残差的估计值 $\hat{\xi}_{it}$。

（2）对残差 $\hat{\xi}_{it}$ 进行主成分分析，得到因子载荷系数和共同因子的初始估计值 $\hat{H}$ 和 $\hat{f}_t$。为使模型得以识别，参考 Bai（2009）对带交互效应面板数据模型的处理方法，将 $\hat{f}_t$ 进行标准化处理，即 $\hat{f}_t = 0$，$\hat{f}'_t \hat{f}_t / (T-1) = I$，I 为单位矩阵。

（3）定义投影矩阵 $M_f = I - \hat{f}_t \hat{f}'_t / (T-1)$，对模型（4）取离差，再左乘 M_f，消去共同因子，得到：$\breve{y}_{it} = \sum_{1=1}^{k} \prod_{1} \breve{y}_{i,t-1} + \varepsilon_{it}$。通过 GMM 估计得到新的简化式参数估计量 $\hat{\Pi}_1$ 及残差 $\hat{\xi}_{it}$。

$$\hat{\xi}_{it} = \tilde{y}_{it} - \sum_{1=1}^{k} \hat{\prod_{1}} \tilde{y}_{i,t-1} \qquad (11)$$

（4）重复步骤（2）～步骤（3），迭代至收敛。可得到简化式参数估计量 $\hat{\Pi}_1$、$\hat{H}$ 和共同因子估计量 $\hat{f}_t$。

在方程（4）中，根据估计值 $\hat{\Pi}_1$、$\hat{H}$ 和 $\hat{f}_t$，可以直接得到个体效应的估计值 $\hat{\alpha}_i$、简化式随机扰动 $\hat{\varepsilon}_{it}$ 及其方差—协方差矩阵估计值 $\hat{\Omega}$。由于 $\varepsilon_{it} = A^{-1} u_{it}$，故 $\sum$ 和 Ω 之间存在如下关系：

$$\Omega = A^{-1} \sum A^{-1'} \qquad (12)$$

$$A = (a_{js} \mid j = 1, \cdots, 4; s = 1, \cdots, 4)$$

由于矩阵 A 中有 16 个未知参数，矩阵 $\sum$ 中有 4 个未知参数，而矩阵 $\hat{\Omega}$ 中只有 10 个简化式参数的估计值，如果不施加约束条件，我们无法通过（12）式得到 A 和 $\sum$ 的估计值。因此，我们需要施加 10 个约束条件，才能实现模型的恰好识别。

（二）模型的识别

1. 环境质量、经济增长、健康状况对当期产业结构的影响

首先，由于产业结构调整需要一定的时间，存在时滞性，环境质量无法在当期影响产业结构的转变。其次，环境污染具有负外部性，污染企业没有动力去改善环境，产业结构的优化调整只能通过外部力量来驱动，即人们环保意识的提高和环境立法的完善等（de Bruijn 和 Hofman，2000），这无疑是一个长期的过程。因此，环境质量的变动无法在当期对产业结构调整产生直接的推进作用，只能通过具有很强滞后特征的环境政策的颁布与实施进行间接调整（Panayotou 等，1990）。所以，环境质量对当期产业结构的变迁没有实时影响，即 $a_{12} = 0$。

"结构红利假说"认为产业结构变动是经济增长的核心（Peneder，2002）。Chenery

（1975）将产业结构变量引入新古典经济增长模型中，发现产业结构变动对经济增长具有重要作用。之后的学者进行了两方面探索：激进主义与渐进主义。前者认为在经济增长过程中，只要市场中存在潜在的垄断者，产业结构就呈现"蛙跳"式转变（Segerstrom 等，1990），后者则认为经济增长所引发的产业结构转变是一个渐进过程，当潜在的盈利机会存在时，企业需要通过学习、模仿、消化和吸收相应的技术等"隐性知识"，调整自身的竞争策略，逐渐塑造出新的产业结构，即经济增长对产业机构变迁存在滞后效应（Aghion 等，2001）。经验研究显著支持了渐进主义观点（黄茂兴、李军军，2009）。因此，从实证角度，经济增长在当期不影响产业结构的变迁，即 $a_{13}=0$。

产业结构变迁和居民健康状况之间的关系通过经济增长的桥梁作用而联系起来。经济增长促进了居民收入的提高（收入效应），却也导致环境污染（替代效应），两种效应的叠加共同影响居民的健康。健康水平的提高有利于提高居民受教育程度和知识积累，延长工作年限，增加未来人力资源数量（Webber，2002），为经济的长期、持久增长奠定基础，为产业结构演进与优化提供原动力。但是，人力资本的培育和开发是一个缓慢的过程，健康投资并不能对经济产生直接、迅速的影响，因此，$a_{14}=0$。

2. 经济增长、健康支出对当期环境质量的影响

关于经济增长对环境质量的影响，Grossman 和 Krueger（1995）从规模效应、结构效应和技术效应三方面解释了经济增长对环境污染排放的影响路径：一方面，经济增长意味着更大规模的经济活动和资源需求，使污染排放增加；另一方面，经济增长过程中的技术进步和产业结构的升级与优化使污染排放减少。同时，环境政策的贯彻和实施是技术效应和结构效应起作用的关键因素（Bovenberg 和 Smulders，1996）。环境政策促使企业升级技术，提升生产率，减少污染排放，在经济增长的同时改善环境质量（包群、彭水军，2006）。也就是说，经济增长和环境污染之间不仅是规模扩大使污染增加的关系，还存在结构效应、技术效应和政策效应等。经济结构的调整和技术的进步都是一个渐进的过程，环境政策的制定与实施更是一项长期工程（Bovenberg 和 Smulders，1996），对环境质量的影响存在时滞。所以，经济增长对环境质量的作用存在滞后性，反映在模型中即为 $a_{23}=0$。

大量研究证实，环境污染越严重，医疗支出水平越高，环境质量显著地影响着医疗支出（苗艳青、陈文晶，2010）。居民医疗支出增加是环境质量降低所引发的结果，污染物的排放则取决于生产企业的行为，健康支出的变动能够在长期内激发民众环保意识的提高，并促进环境治理，提升环境质量，但是在当期，却难以影响污染企业的生产行为，即降低污染物的排放量。因此，健康支出对当期环境质量没有显著的影响，即 $a_{24}=0$。

3. 健康支出对经济增长的当期影响

居民健康支出是一种消费行为，收入增加会提升医疗卫生的支出（叶春辉等，2008），但是医疗支出的增加并不意味着当期人均收入增加或减少，反映在模型中即为 $a_{34}=0$。

由此，我们对模型施加了 6 个约束条件，同时，我们可以将 Σ 约束为单位矩阵，也就是对结构冲击 u_{it} 进行标准化，这样我们就又有了 4 个约束，模型能够恰好识别，模型（3）表现为递归型 SVAR 系统。对（12）式进行 Cholesky 分解，可以由 $\hat{\Omega}$ 得到结构参数

估计量 $\hat{A}$ 和 $\hat{\Sigma}$ 以及模型中其他结构参数估计量 $\hat{\lambda}_i = \hat{A}\hat{\eta}_i$，$\hat{\Phi}_l = \hat{A}\hat{\Pi}_l$，$\hat{u}_i = \hat{A}\hat{\alpha}_i$。从而，我们可以得到模型所有结构参数的估计值，实现对经济增长环境成本和健康成本的准确度量。

（三）样本数据

本文的样本区间为 1998～2010 年，横截面个体为 29 个省区。鉴于数据可得性等原因，样本没有包含西藏自治区和重庆市。所有数据均来自中国经济信息网统计数据库。

产业结构 str 用人均工业总产值来反映，并用 1990 年不变价平减。本文关注的主要是工业化对环境和社会健康的影响，而人均工业产值是工业发展水平比较适当的测度指标。

环境质量用污染物的排放量 pol 来表示，工业生产过程中对健康造成危害的主要有工业废气和工业废水。工业废气我们选取酸性气体二氧化硫和微小颗粒粉尘和烟尘的排放量来反映，统计单位为万吨，与工业废水一致，我们取两者之和来衡量环境污染程度。为保持数据量纲的一致性，我们也采用人均排放量指标。由于从 2011 年开始环境保护部对统计制度中的指标体系、调查方法及相关技术规定等进行了修订，统计范围扩展为工业源、农业源、城镇生活源、机动车、集中式污染治理设施 5 个部分，无法将工业废气和废水的排放量分离出来，所以我们的样本区间只到 2010 年。

收入水平 inc 采用各地区实际人均 GDP 来衡量。健康成本用城镇居民的人均医疗支出 med 来衡量，也以 1990 年定基价格指数进行平减。

为了直接度量变量之间的弹性，我们对上述变量均取自然对数。在建模之前，为防止出现所谓的"伪回归"问题，需要对数据进行平稳性检验，面板单位根检验显示 4 个变量均是平稳的。[①] 而且，模型估计结果显示，各内生变量的脉冲响应函数都快速收敛到 0，进一步验证了所有内生变量（str_{it}，pol_{it}，inc_{it}，med_{it}）的平稳性，因此，基于交互效应面板 SVAR 系统的实证分析是可行的。

四、经济增长的环境成本和健康成本实证分析

（一）经济增长的环境成本和动态响应机制

1. 生态环境成本分析

在相当长时期内，各国政府均采用总体数量指标来衡量经济发展绩效，片面追求 GDP 的高速增长，而忽略了经济发展过程中所产生的严重的环境问题。中国长期推行工

---

① 内生变量的单位根检验：括号中为 p 值。

变量	str	pol	inc	med
LLC	−3.3586（0.0004）	−5.2171（0.0000）	−8.8922（0.0000）	−8.1021（0.0000）

业化战略，依赖大量的要素投入，数量上推动了经济高速增长，质量上却付出了巨大的环境代价，因此，在衡量经济发展水平时，需要将环境因素纳入 GDP 核算中，对其进行"绿化"（廖明球，2000）。本文以环境污染冲击对应的 GDP 即人均 GDP 与绿色人均 GDP 的差额来反映污染成本。为了更清晰地刻画污染成本的大小，我们采用式（7）的相对值——人均 GDP 中环境污染部分与人均 GDP 之比来表示，如图 1 所示。从图中可以看出，各地区环境成本占人均 GDP 的比重为 8% ~ 10%[①]，这一结果明显高于世界银行5.8% 的测算结果。

以 2010 年为例，我们发现，经济较发达的沿海省份，如江苏、浙江、福建，以环境为代价的人均 GDP 占比达到 10% 左右，而经济较落后的甘肃、云南、贵州则为 8% 左右。这也反映出虽然经济发达地区的人均 GDP 较高，但环境成本也较高，从另一个角度表明纯粹以人均 GDP 来衡量收入水平暗含一定的不合理性。

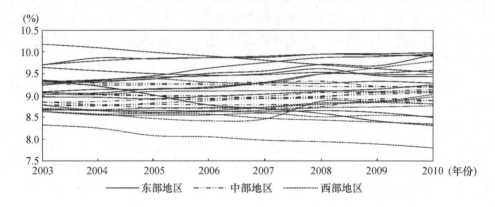

图1　各地区不同年份环境污染成本占 GDP 的比重

2. 经济增长对产业结构、环境和社会健康成本的动态响应机制

自 20 世纪 50 年代发展经济学崛起开始，工业化一直被认为是使欠发达国家摆脱贫困、走向富裕的"药方"，大量发展中国家纷纷启动工业化进程来推动经济起飞和提升居民生活水平。在这一思潮的推动下，中国也采取了相应的工业化战略，大大提升了经济增长速度，工业也成为中国的主导产业，逐渐融入了全球经济体系，经济规模跃居世界第二。然而，工业化战略的实施虽然能够在短期内加速经济增长，但是却不可避免地依赖于自然资源和大量要素投入，生产过程中废气、废水等污染物的排放会对环境造成致命的破坏，进而降低经济发展的质量，本文的研究也证实了这一点。同时，"增长极限说"严重质疑高能耗增长方式的持续性，我们的分析也表明，环境污染导致的健康状况恶化确实已经开始抑制中国的经济增长了，并将对未来的进一步发展产生一定的阻碍。

---

① 按照绿色 GDP 的理念，被"绿化"的 GDP 需要排除资源的使用以及环境污染的代价。由于我们无法区分资源消耗是否是有效率的，所以，本文仅仅考虑了环境污染的成本，若包含资源消耗，成本比值会更大。

式（5）中 Θ_p 第 3 行反映出各内生变量冲击对经济增长的累计效应，冲击的单位是一个标准差。为了确定一单位冲击的效应，我们把累积效应估计值除以各变量结构式冲击的标准差，以反映一单位随机冲击的累积效应。因为各变量都取了自然对数，所以，相对于一单位冲击的当期响应也就是当期弹性（或称短期弹性），而累积响应也就是累积弹性（或称长期弹性）。收入对各变量长期弹性的估计结果为：[①]

$$\Theta_p(3,\ \cdot\ )^{\text{inc}} = \begin{pmatrix} 0.253 & 0.114 & 1.178 & -0.249 \\ (4.10) & (2.87) & (12.77) & (-2.01) \end{pmatrix}$$

我们发现，经济增长对工业化和环境污染的累积弹性分别为 0.253 和 0.114，工业化和环境污染的确促进了经济增长，这也揭示出目前中国经济的粗放型增长特征。经济增长惯性为 1.178，记忆性较强。经济增长对医疗支出的长期弹性为负，反映出健康状况的恶化实际上抑制了经济的增长。一方面，不良的健康状况通过影响个人在劳动力市场表现对经济增长带来不利影响，另一方面，疾病的增加也会对经济增长造成直接或间接的损失。

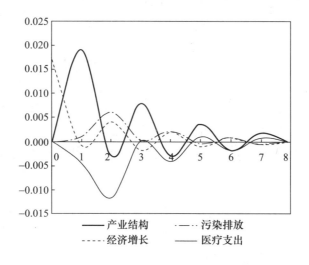

图 2　经济增长对各冲击因素的响应函数

图 2 是经济增长对各内生变量冲击的动态脉冲响应函数估计值，即经济增长对各内生变量在滞后各期的短期弹性。首先，工业化和环境污染对经济增长的促进作用分别在滞后 1 年和滞后 2 年时最为显著，此后逐渐收敛到 0。而不良的健康状况对经济增长的抑制作用也存在 2 年的滞后期。其次，各内生变量冲击对经济增长的影响均呈现震荡收敛态势。

---

① 括号中给出了 300 次 Bootstrap 方法得到的 t 统计量，下同。

（二）经济增长的社会健康成本及其趋势特征

1. 经济增长的社会健康成本

经济增长对社会健康水平的影响是双向的。一方面，经济增长可以改善居民生活环境和生活方式、保障维持健康生活状态的支出，提升居民健康水平；另一方面，工业生产带来了严重的环境污染问题，对居民健康状况造成破坏，而且工作压力的增大和生活方式的转变对居民健康水平产生的负面替代效应甚至会抵消物质条件方面的福利改善，造成总体福利水平下降。

如前文所述，当健康成本对经济增长的累积弹性小于1时，说明经济增长提升了社会总体健康水平。反之，如果该弹性大于1，则经济增长过程中的负面效应超过收入效应导致社会健康水平下降。

式（5）中 Θ_p 第4行反映的是各内生变量冲击对医疗支出的累积效应，我们同样除以标准差，以得到健康成本对各因素的长期弹性。其具体估计结果为：

$$\Theta_p \ (4, \ \cdot \ )^{med} = \begin{pmatrix} 0.479 & 0.180 & 1.66 & 0.729 \\ (5.82) & (2.83) & (3.02) & (3.37) \end{pmatrix}$$

根据医疗支出及环境污染的估计结果，我们发现：

（1）经济增长对社会健康水平的总体效应为负。医疗支出水平对经济增长的长期弹性为1.66，显著大于1。[①] 此结果表明，经济增长对医疗支出的收入效应（营养的改善使医疗支出减少）和替代效应（工作压力增大、不良的生活方式增大医疗支出）中，替代效应起了主导作用。经济增长最终降低了社会健康总体水平。

（2）环境污染对健康水平的影响。从 $\Theta_p \ (4, \ \cdot \ )^{med}$ 我们发现，医疗支出水平对工业化的长期弹性为0.479，对环境污染的长期弹性为0.180，均显示在粗放型的增长方式下，工业化及其伴随而来的污染确实影响了人们的健康水平。

2. 社会健康成本对非量化因素的响应特征及地区差异性

在（8）式中，f_t^{med} 反映了除产业结构、经济增长、社会健康因素、自身惯性等量化经济因素以外，各地区共同面对的法律、政策、文化和社会意识等非量化的社会共同因素，用于反映共同的社会环境因素对健康支出影响的趋势变化特征。而 φ_i^{med} 则反映不同地区对这一共同变化趋势的反应敏感性。

为了能够反映非量化社会环境因素影响趋势变化的主要特征，我们只提取特征值最大的共同因子。主成分分析结果显示，最大特征值对应的 f_t^{med} 能够解释健康支出共同因子74%的变化，该因子基本上捕获了共同的社会环境因素对各地区健康支出影响变化的主要趋势特征。图3所示即为健康成本由非量化社会环境因素所决定的动态变化趋势的估计结果。

---

① 该参数的 t 值是基于原假设"长期弹性 =1"所得，而其他参数 t 检验的原假设是 0。

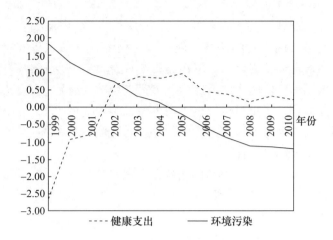

**图 3　非量化社会因素主导的健康支出和
环境污染的动态变化趋势**

自 2005 年以来，在剔除经济增长和环境污染等量化经济因素的影响之后，我们发现由非量化社会因素所决定的健康状况内在趋势是趋于改善的，而且，在中东部地区这一趋势性特征要强于西部地区。

具体而言，在 2002 年之前，由非量化社会因素所决定的健康状况内在趋势不断恶化，2002~2005 年相对稳定。2006 年之后，非量化社会因素所决定的健康状况内在趋势逐渐向好，表明制度完善和社会进步改善了居民健康。但是在考虑经济增长和环境污染后，居民实际健康支出仍然是增加的。也就是说，经济增长和环境污染导致的健康成本抵消了社会进步的作用。

从表 1 来看，中东部省份对非量化社会因素所决定的健康状况趋势变化更为敏感。例如，北京的系数为 0.56，天津为 0.51，江西为 0.53，而青海为 0.24，宁夏为 0.26，新疆为 0.31。这与健康支出对经济增长长期弹性的分析结果相吻合，进一步说明了越是经济发达的地区，经济社会发展过程中的健康成本表现越明显。

（三）环境成本的动态特征和地区差异性

方程（9）度量了污染排放的动态形成机制。其中 $\sum\limits_{p=0}^{\infty}\theta_{21p}$、$\sum\limits_{p=0}^{\infty}\theta_{22p}$、$\sum\limits_{p=0}^{\infty}\theta_{23p}$、$\sum\limits_{p=0}^{\infty}\theta_{24p}$ 分别是环境污染对产业结构、自身惯性、人均收入和医疗支出的长期弹性。其具体估计结果为：

$$\Theta_p\ (2,\ \cdot\ )^{pol} = \begin{pmatrix} 0.350 & 1.168 & 0.233 & -0.021 \\ (3.49) & (14.68) & (2.02) & (-0.13) \end{pmatrix}$$

污染排放对工业化的长期弹性为 0.350，这是一个相对较强的反应。工业的快速发展在推动 GDP 高速增长的同时，所带来的环境污染是显而易见的。同时，环境污染对经济增长的长期弹性为 0.233，进一步证明了经济增长过程中不可忽视的环境代价。

在（9）式中，f_t^{pol} 反映了除产业结构、经济增长、社会健康因素、自身惯性等量化经济因素以外，各地区共同面对的法律、政策、文化和社会意识等非量化的共同社会因素，用于反映共同的社会环境因素对环境污染影响变化的趋势特征，φ_i^{pol} 则反映不同地区对这一共同趋势的敏感程度。图3所示即为环境污染由非量化社会因素所决定的动态变化趋势的估计结果。同样地，这里报告的也是最大特征值对应的 f_t^{pol}。主成分分析结果显示，它能够解释环境污染共同因素85%的变化，完全能够捕获共同的社会环境因素对各地区环境污染影响变化的主要趋势特征。

显然，法制、文化和社会意识等非量化社会因素对环境污染有显著的遏制作用，使其表现出持续下降的趋势。但是，自2008年以来，这一趋势出现明显的变缓势头，表明社会环境因素对污染的遏制作用不但没有强化，反而弱化了（见图3）。不同地区污染排放对法律、政策和文化等社会环境因素变化的敏感性见表1。

表 1　社会环境因素主导的健康支出和环境污染趋势的地区差异性

省份	φ_i^{med}	φ_i^{pol}	省份	φ_i^{med}	φ_i^{pol}	省份	φ_i^{med}	φ_i^{pol}	省份	φ_i^{med}	φ_i^{pol}
北京	0.56	0.98	上海	0.44	0.62	湖北	0.48	0.28	陕西	0.40	0.08
天津	0.51	0.26	江苏	0.47	0.26	湖南	0.50	0.49	甘肃	0.43	0.48
河北	0.41	0.28	浙江	0.30	0.10	广东	0.34	0.02	青海	0.24	0.16
山西	0.42	0.29	安徽	0.38	0.38	广西	0.41	0.01	宁夏	0.26	0.06
内蒙古	0.54	0.23	福建	0.38	0.06	海南	0.46	0.42	新疆	0.31	0.20
辽宁	0.51	0.52	江西	0.53	0.28	四川	0.42	0.31			
吉林	0.52	0.33	山东	0.43	0.15	贵州	0.46	0.56			
黑龙江	0.42	0.34	河南	0.43	0.21	云南	0.47	0.37			

五、结论

本文基于中国省际面板数据，构建了含有非观测交互效应的面板 SVAR 系统，测度了经济增长的自然环境和社会健康成本及其地区差异，以及法制、文化和社会意识等非量化的社会环境因素对环境污染和社会健康影响变化的趋势特征。主要结论如下：

（1）各地区环境污染成本约占人均实际 GDP 的 8% ~ 10%。而且，经济发达省份如江苏、浙江等达到10%，显著高于欠发达地区。这一结果明显高于世界银行5.8%的测算结果。实际上，限于无法对自然资源无效使用进行准确测度，本文的环境成本只是污染成本，没有考虑自然资源的消耗成本，否则，环境成本比例会更高。这证明在粗放型经济增长方式下，纯粹以人均 GDP 来衡量经济发展水平存在相当的不合理性，对经济发展战略的决策产生了严重的扭曲。因此，为了更好地衡量经济发展水平，需要将环境污染成本从GDP 中剔除，建立绿色 GDP 衡量指标。

（2）医疗支出对经济增长的长期弹性为 1.66，显著大于 1。这一结果表明，在经济增长对医疗支出的收入效应（生活水平改善使医疗支出减少）和替代效应（工作压力和不良的生活方式增大医疗支出）中，替代效应起了主导作用，经济增长最终反而降低了社会健康总体水平。

（3）除了可量化的经济因素，法制和社会意识进步等社会环境因素对环境污染的遏制作用在 2008 年以后较之前显著弱化。因此，完善环保相关法律法规的制定和实施，规范和引导企业清洁生产和居民绿色消费，具有非常强的紧迫性。

参考文献

［1］包群，彭水军．经济增长与环境污染．世界经济，2006（11）．

［2］黄茂兴、李军军．技术选择，产业结构升级与经济增长．经济研究，2009（7）．

［3］林伯强、蒋竺均．中国二氧化碳的环境库兹涅茨曲线预测及影响因素分析．管理世界，2009（4）．

［4］刘金全，郑挺国，宋涛．中国环境污染与经济增长之间的相关性研究——基于线性和非线性计量模型的实证分析．中国软科学，2009（2）．

［5］廖明球．国民经济核算中绿色 GDP 测算探讨．统计研究，2000（6）．

［6］苗艳青，陈文晶．空气污染和健康需求：Grossman 模型的应用．世界经济，2010（6）．

［7］徐冬林，陈永伟．环境质量对中国城镇居民健康支出的影响．中国人口资源与环境，2010（4）．

［8］叶春辉，封进，王晓润．收入，受教育水平和医疗消费：基于农户微观数据的分析．中国农村经济，2008（8）．

［9］Aghion P., C. Harris, P. Howitt, J. Vickers. Competition, Imitation and Growth with Step - by - step Innovation. Review of Economic Studies, 2001（68）：467 - 492.

［10］Bai J.. Panel Data Models with Interactive Fixed Effects. Econometrica, 2009（77）：1229 - 1279.

［11］Bloom D. E., D. Canning, and J. Sevilla. The Effect of Health on Economic Growth：A Production Function Approach. World Development, 2004（32）：1 - 13.

［12］Bovenberg A. L., S. A. Smulders. Transitional Impacts of Environmental Policy in an Endogenous Growth Model. International Economic Review, 1996, 861 - 893.

［13］Chay K. Y., M. Greenstone. The Impact of Air Pollution on Infant Mortality：Evidence from Geographic Variation inPollution Shocks Induced by a Recession. Quarterly Journal of Economics, 2003（118）：1121 - 1167.

［14］Chenery H. B.. The Structuralist Approach to Development Policy. American Economic Review, 1975（65）：310 - 316.

［15］Dehejia R., A. Lleras - Muney. Booms, Busts, and Babies' Health. Quarterly Journal of Economics, 2004（119）：1091 - 1130.

［16］Dinda S.. Environmental Kuznets Curve Hypothesis：A Survey. Ecological Economics, 2004（49）：431 - 455.

［17］deBruijn T. J., P. S. Hofman. Pollution Prevention and Industrial Transformation Evoking Structural Changes within Companies. Journal of Cleaner Production, 2000（8）：215 - 223.

［18］ Fielding D. , K. Shields. Dynamic Interaction between Income and Health: Time – Series Evidence from Scandinavia. University of Leicester and Melbourne University Working Paper, 2001.

［19］ Fitzgerald E. F. , L. M. Schell, E. G. Marshall et al. . Environmental Pollution and Child Health in Central and Eastern Europe. Environmental Health Perspectives, 1998（106）: 307.

［20］ Grossman G. M. , A. B. Krueger. Economic Growth and the Environment. Quarterly Journal of Economics, 1995（110）: 353 – 377.

［21］ Isaacs S. L. , S. A. Schroeder. Class – the Ignored Determinant of the Nation's Health. New England Journal of Medicine, 2004（351）: 1137 – 1142.

［22］ Islam N. . Growth Empirics: A Panel Data Approach. Quarterly Journal of Economics, 1995（110）: 1127 – 1170.

［23］ Mead R. W. , V. Brajer. Protecting China's Children: Valuing the Health Impacts of Reduced Air Pollution in Chinese Cities. Environment and Development Economics, 2005（10）: 745 – 768.

［24］ Panayotou T. , P. Kritiporn, K. Charnpratheep. Industrialization and Environment in Thailand: A NIC at What Price. TDRI Quarterly Review, 1990（5）.

［25］ Peneder M. . Structural Change and Aggregate Growth. WIFO Working Paper, 2002.

［26］ Romer P. M. . Increasing Returns and Long – run Growth. Journal of Political Economy, 1986. 1002 – 1037.

［27］ Ruhm C. J. . Are Recessions Good for Your Health? . Quarterly Journal of Economics, 2000（115）: 617 – 650.

［28］ Segerstrom P. S. , T. C. A. Anant, E. A. Dinopoulos. Schumpeterian Model of the Product Life Cycle. AmericanEconomic Review, 1990: 1077 – 1091.

［29］ Shafik N. , S. Bandyopadhyay. Economic Growth and Environmental Quality: Time Series and Cross Country Evidence. World Bank Publications, 1992.

［30］ Stansfeld S. A. , R. Fuhrer, J. Head, J. Ferrie, M. Shipley. Work and Psychiatric Disorder in the Whitehall II Study. Journal of Psychosomatic Research, 1997（43）: 73 – 81.

［31］ Solow R. M. . A Contribution to the Theory of Economic Growth. Quarterly Journal of Economics, 1956（70）: 65 – 94.

［32］ Szreter S. . Industrialization and Health. British Medical Bulletin, 2004（69）: 75 – 86.

［33］ Tapia Granados J. A. , E. L. Ionides. The Reversal of the Relation between Economic Growth and Health Progress: Sweden in the 19th and 20th Centuries. Journal of Health Economics, 2008（27）: 544 – 563.

［34］ White Jr. L. . The Historical Roots of Our Ecologic Crisis. Science, 1967（155）: 1203 – 1207.

［35］ Webber D. J. . Policies to Stimulate Growth: Should We Invest in Health or Education? Applied Economics, 2002（34）: 1633 – 1643.

Income Growth, Environmental Cost and Health Problems

Yang Jisheng, Xu Juan and Wu Xiangjun

Abstract: Owing to the rapid industrialization, China has made remarkable achievements in economic development; however, this also led to shocking environmental cost and health problems. This paper develops a determination model to measure the environmental cost and health cost. Our results show that environmental cost accounted for about 8% to 10% of China's GDP and for rich regions this figure is even higher. While the long – term elasticity of health expenditure to income growth reaches 1.66, significantly larger than 1, the substitution effect of income growth becomes far more powerfu lthan its income effect, thus lowers the overall welfare. It should be noted after 2008, social and environmental factors (such as social consciousness, legal knowledge, etc.) exert a much weaker effect on pollution, therefore, environmental awareness and appropriate legal measures grow ever more urgent.

Key Words: Economic Growth; Environmental Cost; Health Cost; Social Factors; Regional Differences

人口流动对中国城乡
居民健康差异的影响[*]

牛建林

【摘　要】城乡流动对农村常住人口的总体健康状况具有重要影响：一方面城乡流动经历对流动者健康状况存在损耗效应，另一方面城乡流动现象通过选择机制使处于不同健康状况的居民在城乡之间重新布局：在流动初期，农村地区年轻、健康的个体更倾向于流出户籍所在地，在流动末端，健康状况明显变差的个体最先返回户籍所在地农村。在户籍限制真正消除前，城乡人口流动不可避免地将一部分健康风险和疾病负担转移给农村，这不仅制约了农村地区社会经济的发展和居民生活质量的提高，还在一定程度上加剧了城乡卫生资源配置与需求的矛盾。

【关键词】人口流动；城乡健康差异；自评一般健康

近 30 年，中国人口流动日趋频繁。据 2010 年人口普查统计，目前全国有 1/6 左右的人处于流动状态。[①]这些流动人口中，以务工经商为目的的城乡流动者占多数。大规模持续的人口流动、特别是城乡劳动力转移，为中国社会经济发展做出巨大贡献。然而，受城乡二元分割和户籍管理制度的限制，现阶段城乡劳动力资源转移的过程中，缺乏相应配套设施。城乡流动者在流入地的劳动力市场和社会生活中难以获得当地户籍人口所拥有的机会、福利、保障与服务，其主要社会服务和保障需求在相当程度上仍需诉诸于户籍所在地农村。在城乡社会经济资源分布不均衡的情况下，人口流动可能导致城乡居民社会差距不断扩大。

---

　　* 本文选自《中国社会科学》2013 年第 2 期。本文是国家社会科学基金重大项目"新时期中国妇女社会地位调查研究"（10@ZH020）和国家社会科学基金青年项目"社会性别视角下人口流动对我国人力资本发展的影响"（12CRK026）的研究成果。感谢郑真真教授、齐亚强副教授以及匿名评审人的宝贵意见，文责自负。

　　作者简介：牛建林，中国社会科学院人口与劳动经济研究所助理研究员。

　　① 指常住地与户籍登记地不同、离开户籍登记地半年以上。

一、问题的提出

健康是影响个人社会经济活动和生活质量的重要因素。在城乡人口流动背景下，个人健康状况的好坏决定着其流动机会和流动决策，在相当程度上也受个人流动经历的直接影响。首先，受户籍管理制度和城乡社会经济分割的影响，城乡人口流动中能够克服各种制度障碍和现实困难、进入并保留在城市劳动力市场中的，往往是健康的青壮年劳动力。其次，城乡流动者作为城市劳动力市场的"后来者"，其就业机会往往局限于职业阶梯的底端。较低的社会经济地位、不利的工作和生活环境预示着这些流动者面临的健康风险可能更为突出，其健康状况更容易受损。最后，城乡流动者在城市社会福利和服务体系中处于边缘化位置，在健康状况明显变差时他们更倾向于返回户籍所在地农村，以节省医疗费用和生活成本、寻求社会和家庭支持。健康状况与流动特征的相依关系意味着，大规模的城乡人口流动必然对城乡常住居民的健康差异产生深刻影响。因此，在人口流动成为社会常态而城乡二元分割和户籍制度的限制及影响尚未消除的背景下，考察人口流动对城乡居民健康差距的影响极为重要。

现有关于中国城乡人口流动和健康关系的研究，主要关注流动者自身的健康状况以及流动者相对于流入地居民的健康特征。有学者认为，与流入地城市居民相比，城乡流动者的公共卫生风险突出。部分原因在于，首先，城乡分割的劳动力市场与城乡流动者自身相对较低的知识和技能水平，决定了其在城市劳动力市场上处于不利的竞争位置。多数流动者在职业阶梯底端，在劳动密集型的工作岗位进行高强度、超长时间的劳作，工作环境的公共卫生风险和安全隐患突出。其次，城乡流动者相对较低的社会经济地位和突出的流动性特征，决定了其居住环境往往具有明显的临时性特征，居住条件拥挤、简陋，缺乏必要的卫生和安全设施。再次，城乡流动者在城市社会融入性差、缺乏应有的社会支持和归属感，这在客观上降低了其对公共卫生风险的抵御能力。尽管如此，仍有不少区域性研究发现，流动人口的健康状况明显优于城市居民。这种相对健康差异不仅体现在自评一般健康状况中，而且在其他自报身心健康指标的调查中也有一定反映。迄今为止，很少有研究系统考察中国人口流动对城乡居民健康差异的影响，关于流动者与流出地其他居民健康状况的对比研究也极为少见，不利于全面认识人口流动现象对城乡居民健康状况及卫生服务需求差异的影响。

为系统理解城乡人口流动对城乡居民健康差异的影响，本文使用 2010 年中国妇女社会地位调查数据，对不同流动特征的城乡居民健康状况的差异及其成因进行对比分析。与以往研究相比，首先，本研究将城乡流动者[①]、返乡者、农村非流动居民以及城镇居民的

---

① "城乡流动"指户籍所在地为农村、常住地为城镇、跨越一定行政区域（通常为不同区县）、并持续一定时间（通常为半年及以上）的人口流动现象。

健康状况进行对比，并使用不同维度的健康指标考察这些居民的健康差异。其次，本研究使用最新的全国性调查数据，对于丰富相应领域的研究成果、印证既有研究发现的相关结论提供了可能。最后，伴随人口流动现象的长期化趋势，本研究为理解城乡常住居民健康差异的变化、认识城乡健康服务需求和卫生资源利用状况的动态平衡关系提供了依据。

二、数据、方法与样本描述

（一）数据来源

本研究主要使用第三期中国妇女社会地位调查数据，这是全国妇联和国家统计局于2010年联合组织的一次全国性的妇女社会地位调查项目。调查采取分层多阶段概率抽样设计，在全国31个省（市、自治区）按照地区发展水平分层，并在此基础上依次选取区（县）级单位、村（居）委会和家庭户样本，在被选中的家庭户中随机抽取18~64岁的公民作为调查对象。[①] 为弥补抽样调查中流动人口容易被遗漏的问题，该项目在流动人口比例较高的地区对18~69岁、受流动影响的人口进行了补充抽样。[②] 本研究主要使用第三期中国妇女社会地位调查全国主样本和附加流动样本的数据。考虑到附加流动样本中55岁及以上的被访者比例相对较小（约占1.8%），尽管主样本中相应年龄组的调查对象比例较大，但相当一部分人（约占42.0%）已退出劳动岗位，为尽可能保持样本的可比性，本研究将分析对象限定在18~54岁，即通常定义的劳动年龄人口。本研究的分析样本总量为27553个。

第三期中国妇女社会地位调查收集了包括教育、健康、婚姻家庭、社会保障、政治参与、生活方式、认知态度等方面的数据信息。其中，与本研究直接相关的调查内容包括被访者的人口与社会经济特征、健康状况、卫生保健服务利用状况、环境因素、健康行为等信息。这些数据资料为分析城乡不同流动特征的被访者之间的健康差异、人口流动对健康差异的影响提供了可能。

分析样本的主要人口与社会经济特征如表1所示。在分析样本中，农村非流动居民、返乡者、城乡流动者以及城镇居民分别占34.2%、13.9%、13.3%和38.6%。被访者的年龄特征表明，城乡流动者的平均年龄最轻，返乡者次之。农村非流动居民和城镇居民的年龄结构较为接近，二者的平均年龄比城乡流动者高7~8岁。各类被访者中，返乡者的

---

① 关于该调查的详细介绍参见第三期中国妇女社会地位调查课题组. 第三期中国妇女社会地位调查主要数据报告. 妇女研究论丛，2011（6）.

② 在本调查中，受流动影响的人口是指：本人或配偶曾经或目前正在户籍所在区县以外的城镇务工经商且外出半年以上的农村户籍人口。进行补充抽样的地区包括北京、天津、内蒙古、上海、江苏、浙江、福建、山东、河南、湖北、湖南、广东、重庆、四川、云南、贵州、陕西、新疆，共计18个省（市、自治区）。

性别比最高，这与过去几十年城乡流动人口中男性多于女性有关。农村非流动居民、返乡者以及城乡流动者的平均受教育程度均明显低于城镇居民；其中，城乡流动者的平均受教育程度与城镇居民差距最小。绝大多数被访劳动年龄人口目前从事生产劳动，其中，城乡流动者目前从事生产劳动的比例最高，城镇居民的相应比例则最低。返乡者目前从事生产劳动的比例低于农村非流动居民，尽管前者平均年龄更低。被访者目前（或退出工作岗位前最后的）职业分布显示，农村非流动居民以从事大农业生产劳动为主，返乡者从事大农业生产劳动的不足一半。相比之下，城乡流动者与城镇居民均以从事非农生产劳动为主，其中，城乡流动者的主要职业类型包括商业服务业和生产运输/设备操作，城镇居民的职业分布则更为均衡和多元化。与在业状况、职业类型等特征的差异有关，被访者的个人收入差异明显，城乡流动者和城镇居民的收入较高，返乡者的收入明显较低，农村非流动居民的收入则最低。此外，被访者的地域分布特征显示，农村非流动居民在东部、中部、西部地区分布最均衡，返乡者在西部地区的比例最高，而城乡流动者和城镇居民在东部地区的比例最高。被访者的地域分布特征与各地区城镇化水平的差异有关。

表1　按不同流动特征划分的被访者的基本人口与社会经济特征

	农村非流动居民 （N = 9432）	返乡者 （N = 3831）	城乡流动者 （N = 3658）	城镇居民 （N = 10632）
年龄（均值）	39.16	35.90	32.10	38.80
女性	54.88%	47.43%	50.30%	53.70%
受教育程度				
小学及以下	37.93%	32.92%	18.43%	7.20%
初中	44.77%	52.13%	49.43%	28.45%
高中/中专	14.16%	13.47%	22.74%	33.95%
大专及以上	3.13%	1.49%	9.32%	30.39%
婚姻状况				
未婚	9.70%	9.79%	32.69%	12.58%
已婚	87.18%	87.58%	65.94%	81.11%
离婚/丧偶	3.12%	2.64%	1.37%	6.31%
目前是否工作				
是	89.05%	86.19%	93.63%	75.59%
是，退休后继续工作	0.02%	0.00%	0.08%	1.04%
否，已退休/内退	0.10%	0.00%	0.05%	4.52%
否	10.84%	13.81%	6.23%	18.85%
目前或最后工作职业				
机关、企事业单位负责人	1.12%	1.93%	2.40%	4.71%
专业技术人员	3.06%	2.09%	5.32%	16.44%

	农村非流动居民 （N＝9432）	返乡者 （N＝3831）	城乡流动者 （N＝3658）	城镇居民 （N＝10632）
办事人员	1.64%	1.52%	4.80%	12.81%
商业服务业人员	9.63%	17.61%	47.22%	28.02%
农林牧副渔人员	66.22%	47.47%	3.47%	6.08%
生产运输/设备操作人员	15.00%	29.08%	36.03%	24.36%
其他	3.31%	0.29%	0.66%	7.48%
过去一年个人收入（均值：元）	12373	13937	25580	24430
常住地所在地区				
东部	35.55%	23.24%	53.88%	45.65%
中部	31.52%	33.67%	12.22%	31.40%
西部	32.93%	43.10%	33.90%	22.95%

（二）研究方法

为对比不同流动特征的城乡居民健康状况的差异、考察人口流动对健康差异的影响，本文利用自评一般健康状况、慢性病、身体残疾、工作或劳动受伤经历以及妇科或男科疾病五个健康指标，综合分析被访者的健康差异。这些健康指标是较为常用的健康测度，反映不同维度，综合中长期和短期的健康特征，能够较为全面地揭示被访者的健康状况。具体而言，本研究分别以自评一般健康较差、患有慢性病、身体残疾、曾因工作/劳动受伤、有妇科/男科疾病为因变量，通过拟合 Logit 模型考察被访者在这些维度的健康差异及其影响因素。其中，自评一般健康较差利用"总的来说，您觉得自己目前的健康状况如何"来测度，初始选项包括：①"很好"，②"较好"，③"一般"，④"较差"，⑤"很差"。结合这些选项的含义及其取值分布特征，① 对这些选项进行二分化处理，"1"为"一般、较差、很差"，"0"为"很好、较好"。慢性病与身体残疾使用以下问题测量："您目前是否有下列情况？A. 慢性病，B. 身体残疾"，相应取值均为：1."有"，0."没有"；因工作/劳动受伤经历由以下问题测度："您在工作/劳动中是否有过事故伤害或职业病伤

---

① 在分析样本中，被访者自评一般健康为"很好"、"较好"的比例分别为41.9%和30.3%；二者合计约为72.2%；自评一般健康为"一般"的约占21.7%，而回答"较差"或"很差"的仅约6.0%。为更清晰地揭示被访者自评一般健康状况的差异，本文采用健康研究文献中较为常用的一种合并方式，即对因变量的初始取值进行二分化合并："很好、较好"与"一般、较差、很差"。这一处理在简化数据信息时，尽可能保留了原有数据所体现的主要健康差异，同时也避免了因变量的取值过于不均，其模型分析结果相对稳定。为检验相应处理对分析结果的可能影响，本文对常用的三分类处理方法（即"很好、较好"、"一般"、"较差、很差"）拟合定序 Logit 模型，所得结果与本文二分类模型结果高度一致。因此，本文对自评一般健康的二分类处理对分析结果影响不大。为简便起见，文中将主要展示二分类 Logit 模型结果，以与文中其他因变量的分析方法保持一致。

害",具体量化方式为:1."有过",0."没有";妇科/男科疾病是指"您目前是否有妇科/男科疾病",1."有",0."没有"。

核心自变量"流动特征"根据被访者的流动经历、户籍登记地和常住地特征构建,为分类变量,具体量化方式为:"农村非流动居民",指在调查时户籍登记地和常住地一致、均为农村,且从未有过外出务工经历的人;"返乡者",指在调查时户籍登记地和常住地一致、均为农村,但曾在户籍所在区县以外的地区务工经商半年以上者;"城乡流动者",即调查时户籍登记地为农村但常住地为城镇,且离开户籍登记地半年以上的被访者;"城镇居民",指户籍登记地与常住地均为城镇的居民。①

由于不同流动特征的城乡居民健康状况的差异既有可能内生于人口流动过程(如流动经历导致生活和工作环境、经济和社会资源、行为习惯等方面发生变化,进而影响个人健康状况),也有可能取决于流动经历以外的其他社会经济特征(如年龄、受教育程度等)的差异,因而,在考察人口流动对城乡居民健康差异的影响时,有必要控制外生性因素所导致的差异。为此,本研究对于上述每项健康指标分别拟合出一组嵌套模型,其中:模型1仅包括被访者的流动特征,不做任何统计控制,用以反映样本中不同流动特征的被访者的总体健康差异。模型2在模型1的基础上加入被访者的年龄、性别、受教育程度、婚姻状况及常住地所在地区,以考察在控制这些基本人口、社会经济特征及地区差异后,不同流动特征的被访者之间是否存在显著的健康差异。模型2试图回答城乡不同流动特征的被访者之间的总体健康差异是否可完全归因于这些被访者的人口、社会经济特征的差异。模型3在模型2的基础上进一步加入被访者的工作和生活环境特征、个人收入、医疗保险拥有状况、身体锻炼行为与身体检查频率,从而考察这些可能内生于流动经历的环境因素、资源拥有状况和健康行为对被访者健康状况的潜在效应。即模型3的拟合结果从环境、资源和健康行为变化的角度探讨流动经历对健康状况的潜在作用机制。

三、主 要 发 现

对健康指标拟合的 Logit 模型结果如表 2 至表 4 所示。这些模型结果依次展现了城乡不同流动特征的被访者在不同维度的总体健康差异(模型1)、这些健康差异与人口流动现象的内在关系(模型2)以及相应的"流动—健康"关系的可能成因(模型3)。以下是主要研究发现:

---

① 尽管城镇居民中也有部分被访者处于流动状态,即存在户籍登记地与常住地不同的"城—城"流动,但规模相对较小,且流动特征与城乡流动差异较大,暂不在本文考虑之列。

（一）城乡不同流动特征居民的总体健康差异

表2为对各健康指标的单因素Logit模型（模型1）拟合结果，其回归结果展示了不同流动特征的城乡居民的总体健康差异。对于前述五个健康指标，城乡流动者对应的回归系数均为负值，这表明城乡流动者相对于农村非流动居民（参照组）而言，出现各种健康问题的风险均更低。其中，除"工作/劳动受伤"外，城乡流动者对应的回归系数均高度显著，因而，城乡流动者的总体健康状况均好于农村非流动居民。与之相反，对多数健康指标而言，返乡者和城镇居民的健康状况比农村非流动居民更差。不难推断，城乡流动者的总体健康状况在城乡所有居民中皆为最好。这一发现印证了以往区域性研究中揭示的流动者比流入地城市居民更为健康的现象，在一定意义上呼应了国际移民研究中发现的"健康移民效应"。究其原因，城乡流动者以务工经商等经济活动为主要目的，这在一定程度上决定了流动对年轻、健壮劳动力的内在选择性。分析样本中城乡流动者平均年龄结构最低和经济活动参与比例最高（见表1），体现了流动的选择性特征。

表2 被访者主要健康状况对流动特征的 Logit 模型结果（模型1）

	自评一般健康较差	慢性病	残疾	工作/劳动受伤	妇科/男科疾病
流动特征（参照组＝农村非流动居民）					
返乡者	0.08#	− 0.04	− 0.15	0.71***	0.18**
城乡流动者	− 0.47***	− 1.01***	− 1.31***	− 0.02	− 0.69***
城镇居民	0.06*	0.15***	0.02	0.11#	− 0.25***
截距项	− 0.94***	− 1.95***	− 3.62***	− 2.86***	− 1.93***
样本量[S]	27348	27354	27353	26628	27277

注：S 由于样本中各健康变量及协变量有不同程度的信息缺失，在模型中实际使用的样本量比分析样本总量（27553）略低，为便于比较，嵌套模型之间样本保持一致。#表示 $p < 0.1$，*表示 $p < 0.05$，**表示 $p < 0.01$，***表示 $p < 0.001$。

与农村非流动居民相比，返乡者的自评一般健康状况明显更差，其因工作或劳动受伤的发生比更高、患妇科/男科疾病的风险也明显更高。对模型中返乡者与城乡其他流动特征的居民对应的回归系数进行差异显著性检验，发现返乡者的健康问题显著高于其他流动特征的城乡居民。这表明，返乡者面临突出的健康问题，隐含了这一人群的流动和返乡经历对其健康状况的影响。而返乡者的回流过程，将这些健康问题和疾病负担转移给农村，客观上增加了农村常住居民的健康脆弱性。与农村非流动居民相比，样本中城镇居民的自评一般健康状况总体较差，其自报患有慢性病的比例更高、因工作/劳动受伤的风险也相对较高；但城镇居民患妇科/男科疾病的风险显著更低。究其原因，首先，城乡居民在生活方式、饮食与卫生习惯、工作特征等方面往往存在明显差异，这些差异对健康具有重要影响。一般而言，城镇居民有较好的卫生习惯，这可能对其健康状况（如妇科/男科疾病）产生一定的保护作用。当然，城镇居民的饮食结构中也可能存在不利于健康（如高血压、高血脂、糖尿病等慢性病）的因素，城镇较快的生活节奏也可能对其居民产生特殊的健康风险（如工伤、职业病风险）。其次，城乡居民对医疗卫生服务利用状况的差异也可能导致真实健康状况的差异。平均而言，城镇医疗卫生资源更为丰富，城镇居民的卫生保健意识相对更强，更有可能定期进行身体检查或在需要时及时就医。例如，在分析样本中，约有 1/4（25.3%）的农村非流动居民在过去 2 年内接受过全面健康检查；城镇居民的相应比例则约为农村非流动居民的 2 倍（50.5%）。这种卫生服务利用状况的差异，可能导致城镇居民感知或被告知健康问题（如慢性病）的可能性相对更高。最后，城镇居民与农村非流动居民总体健康差异也可能与样本中城镇居民和农村非流动居民的具体构成差异（包括人口和社会经济特征）有关。

概括而言，不同流动特征的城乡居民总体健康差异明显，这可能与样本中不同群体的人口、社会经济等特征有关，也可能隐含着人口流动对城乡常住居民健康差异的内在、独立的影响。

（二）人口流动对城乡居民健康差异的内在影响

为检验流动特征对城乡居民健康状况的独立影响，模型 2 在模型 1 的基础上控制了被访者的性别、年龄、受教育程度、婚姻状况以及常住地所在地区，模型的具体拟合结果如表 3 所示。在控制上述因素后，城乡流动者的多数健康优势仍保持显著。与农村非流动居民相比，城乡流动者患慢性病、残疾以及患妇科/男科疾病的可能性都明显更低，尽管这些相对健康优势在控制人口与社会经济特征后有所下降。与其他健康指标相比，慢性病、身体残疾等健康特征更多地反映了被访者中长期的健康状况。城乡流动者在这些健康特征中的相对优势，在一定程度上反映了城乡人口流动对流动者健康特征的选择效应。由于城乡流动者是以务工经商等经济活动为主要目的，身体残疾、患有慢性病或其他疾病的人往往难以克服流动过程中的各种困难和制度障碍，在流入地劳动力市场竞争中处于更为不利的位置。由此可以理解，城乡流动者不仅在年龄、受教育程度等方面区别于农村非流动居民，在健康状况方面也具有明显的选择性特征。

表 3　控制主要人口社会经济特征后的 Logit 模型结果（模型 2）

	自评一般健康较差	慢性病	残疾	工作/劳动受伤	妇科/男科疾病
流动特征（参照组 = 农村非流动居民）					
返乡者	0.29 ***	0.24 ***	− 0.09	0.72 ***	0.38 ***
城乡流动者	0.03	− 0.35 ***	− 0.97 ***	0.22 *	− 0.24 **
城镇居民	0.27 ***	0.40 ***	0.44 ***	0.31 ***	− 0.02
年龄组（参照组 = 18 ~ 24 岁）					
25 ~ 29 岁	0.46 ***	0.56 ***	1.18 ***	0.30 *	0.59 ***

续表

	自评一般健康较差	慢性病	残疾	工作/劳动受伤	妇科/男科疾病
30～34 岁	0.80 ***	1.01 ***	1.69 ***	0.45 **	0.93 ***
35～39 岁	1.07 ***	1.44 ***	2.13 ***	0.63 ***	1.01 ***
40～44 岁	1.42 ***	1.89 ***	2.34 ***	0.84 ***	1.10 ***
45～49 岁	1.57 ***	2.27 ***	2.51 ***	0.86 ***	1.07 ***
50～54 岁	1.91 ***	2.56 ***	2.73 ***	0.93 ***	0.69 ***
女性	0.44 ***	0.33 ***	-0.75 ***	-0.91 ***	2.35 ***
受教育程度（参照组＝小学及以下）					
初中	-0.23 ***	-0.30 ***	-0.31 **	-0.25 ***	-0.24 ***
高中	-0.32 ***	-0.40 ***	-0.65 ***	-0.26 ***	-0.29 ***
大专及以上	-0.44 ***	-0.48 ***	-1.60 ***	-0.66 ***	-0.49 ***
婚姻状况（参照组＝未婚）					
已婚	-0.24 ***	-0.15	-1.59 ***	-0.002	1.39 ***
离婚/丧偶	0.20 *	0.27 *	-0.90 ***	0.09	1.48 ***
地区（参照组＝东部地区）					
中部地区	0.34 ***	0.48 ***	0.20 *	0.06	0.35 ***
西部地区	0.44 ***	0.45 ***	0.27 **	0.27 ***	0.66 ***
截距项	-2.34 ***	-3.95 ***	-3.98 ***	-3.10 ***	-6.14 ***
样本量	27348	27354	27353	26628	27277

注：* 表示 $p < 0.05$，** 表示 $p < 0.01$，*** 表示 $p < 0.001$。

在控制人口与社会经济特征后，返乡者与农村非流动居民的健康差异进一步扩大，返乡者的相对健康劣势更为突出。由模型2的回归结果可知，与农村非流动居民相比，在人口与社会经济特征相同的情况下，返乡者自评一般健康状况较差、曾因工作或劳动受伤、患妇科/男科疾病的可能性均更大，其患慢性病的风险也显著更高。这一结果反映了城乡流动经历对已返乡者健康的损耗效应。尽管城乡流动最初"选择"了健康的农村居民外出，但返乡者突出的健康问题以及城乡流动者因工作或劳动受伤的额外风险证明，城乡流动经历具有严重的健康损耗效应。受流入地劳动力市场竞争和城乡流动者在城市生活中社会支持普遍缺失、融入性差等现实困难的限制，城乡流动者在健康状况明显变差后，往往更倾向于结束流动经历、返回流出地农村。这一选择性返乡过程在相当程度上将健康风险和疾病负担由城市转移到农村，从而加剧农村医疗卫生资源的供求矛盾。

在其他人口与社会经济特征相同的情况下，城镇居民的健康状况不如农村非流动居民。城镇居民自评一般健康较差、患慢性病、残疾以及因工作或劳动受伤的可能性均显著更高。与模型1相比，在控制了模型2中主要人口与社会经济变量后城镇居民与农村非流动居民的健康差距进一步扩大。如上文所述，这些健康差异，可能反映了城乡居民生活习惯、工作特征以及对医疗卫生服务利用状况的差异所导致的被访者自报或真实健康状况的不同。在控制模型 2 中主要人口与社会经济特征后，城镇居民与农村非流动居民患妇科/男科疾病的差异不再显著。

模型 2 的拟合结果显示，个人的人口与社会经济特征对被访者的健康状况也具有重要影响。如表 3 所示，对所有健康指标而言，被访者的年龄均具有显著影响。随着年龄增大，被访者自评一般健康较差、患慢性病、残疾以及因工作或劳动受伤的发生比均单调上升，被访者患妇科/男科疾病的风险随年龄增长则呈先升后降趋势。与男性相比，女性被访者自评一般健康状况较差、患慢性病以及妇科疾病（相对于患男科疾病）的可能性显著较高，但女性残疾、因工作或劳动受伤的发生比则显著低于男性。随着被访者受教育程度的提高，本文考察的各类健康问题的风险均单调下降，且相应的教育效应高度显著。与未婚者相比，已婚被访者的自评一般健康状况较差的可能性及残疾的可能性显著较低，但其患妇科/男科疾病的可能性则明显较高；相比之下，离婚或丧偶者残疾的可能性显著较低，但其自评一般健康状况较差、患慢性病、妇科/男科疾病的可能性却明显更高。这些效应反映了婚姻构建过程对个人健康特征的选择性（如身体残疾者相对较难结婚）以及婚姻生活与变迁对健康的可能影响（如婚姻生育等行为可能增加妇科/男科疾病风险、离婚或丧偶可能对健康状况产生不利影响）。各地区被访者的健康状况也有明显差异。与东部地区的被访者相比，中部和西部地区被访者的健康状况明显较差，这在一定程度上反映了各地区社会经济发展状况和医疗卫生资源供求情况的差异。此外，东部地区作为现阶段的主要人口流入地，其常住人口的相对健康优势也可能与其吸引中部和西部地区的健康劳动力有关。

（三）人口流动对城乡居民健康差异的影响机制

模型 2 的结果表明，不同流动特征的城乡居民之间存在显著的健康差异，这些健康差异多数独立于个人的主要人口与社会经济特征。人口流动与城乡居民的健康差异存在显著相关关系，主要表现为流动对健康的选择性效应和流动经历对健康的内在损耗效应。那么，这种内在损耗效应是如何产生的？流动经历对个人健康的具体作用机制如何？既有研究指出，与流动特征相关的环境因素变化可能直接影响个人的健康状况；流动经历也可能通过改变个人的行为等特征而对健康状况产生影响。为探讨城乡流动对城乡居民健康差异影响的作用机制，模型 3 利用已观测的变量信息，在模型 2 的基础上加入可能内生于流动经历的环境、社会经济资源与行为变量，[①] 以考察这些因素对被访者健康的潜在效应。

具体而言，这些可能内生于流动经历的变量分别为：是否经常锻炼身体，工作/劳动

---

① 由于第三期中国妇女社会地位调查数据中仅收集了被访者当前的工作与生活环境特征信息，对返乡者而言，这些因素并不能反映其外出期间的环境特征，因此，对于返乡者，这一部分的讨论仅关注控制目前的工作与生活环境特征的影响。为保持与模型 1 和模型 2 的可比性，模型 3 对目前未在业的被访者的工作环境变量取值设为 0，即不存在相应的环境问题。为检验相应处理对模型结果的影响，本研究针对在业者的样本拟合了类似的模型，拟合结果基本一致。

环境中是否存在化学毒物（含农药）、过量负重/长时间站立/蹲位作业、烟尘/粉尘，生活环境中是否存在空气污染、水污染、垃圾污染、噪声污染，最近一次全面身体检查时间，是否有社会医疗保险，以及过去1年个人总收入。其中，"经常锻炼身体"利用"今年您有过身体锻炼行为吗"问题测量，0. "从不、偶尔、有时"（87.6%），1. "经常"（12.4%）。目前工作环境特征使用以下问题测度："您的工作/劳动环境是否存在以下不利健康的因素：A. 化学毒物（含农药），B. 过量负重/长时间站立/蹲位作业，C. 烟尘/粉尘"，选项均为：0. "不存在、说不清"，1. "存在"。生活环境特征使用以下问题测度："在您日常生活中，是否存在以下不利健康的环境污染：A. 空气污染，B. 水污染，C. 垃圾污染，D. 噪声污染"，相应选项均为：0. "不存在、说不清"，1. "存在"。最近一次全面身体检查时间的量化方式为：0. "从未体检"（47.2%），1. "2年以前"（10.6%），2. "最近2年内"（33.8%）；此外，约有8.4%的被访者相应信息缺失。过去1年的个人总收入测量了包括劳动收入、资产或财产性收入、离退休金/养老金及相关补贴、失业保障/低保/三农补贴等以及其他来源的收入，模型中采用四分位法将收入从低到高划分为相等比例的四组，分别为"最低"（对应5000元以下年收入）、"较低"（5000~12000元）、① "较高"（12000~20800元）和"最高"（20800元以上）；由于收入变量的缺失比例较大，在四分位组以外模型分析中保留"缺失"组。模型3的拟合结果见表4。

表4　考虑人口社会经济特征和行为、资源、环境因素影响的 Logit 模型结果（模型3）

	自评一般健康较差	慢性病	残疾	工作/劳动受伤	妇科/男科疾病
流动特征（参照组＝农村非流动居民）					
返乡者	0.36 ***	0.28 ***	0.05	0.70 ***	0.40 ***
城乡流动者	0.25 ***	− 0.23 *	− 0.44 *	0.13	− 0.12
城镇居民	0.34 ***	0.43 ***	0.60 ***	0.28 ***	0.05
女性（参照组＝男性）	0.32 ***	0.23 ***	− 1.07 ***	− 0.83 ***	2.37 ***
目前工作环境特征					
有化学毒物（含农药）	0.05	0.10#	− 0.28 *	0.22 **	0.24 ***
有过量负重/长时间站立/蹲位作业	0.28 ***	0.36 ***	− 0.07	0.56 ***	0.34 ***
有烟尘/粉尘	0.05	0.003	− 0.13	0.43 ***	0.08

---

① 相应收入区间仅包括下限，不包括上限。即5000~12000元指5000元及以上，12000元以下，下同。

续表

	自评一般健康较差	慢性病	残疾	工作/劳动受伤	妇科/男科疾病
生活环境特征					
有空气污染	0.19 ***	0.15 *	-0.01	0.10	0.10
有水污染	0.01	0.11 #	-0.17	0.03	0.04
有垃圾污染	0.06	0.01	0.45 ***	0.12	0.17 **
有噪声污染	0.15 **	0.08	-0.01	0.13 #	-0.07
经常锻炼身体	-0.12 *	0.08	-0.24 #	0.19 *	-0.15 *
最近身体检查时间（参照组＝从未体检）					
2 年以前	0.08	0.22 **	0.27 *	0.26 **	0.09
2 年内	-0.002	0.24 ***	0.14	0.11 #	0.14 **
缺失	0.11 *	-0.17 *	0.17	-0.10	-0.04
个人收入（参照组＝最低）					
较低	-0.40 ***	-0.39 ***	-0.66 ***	-0.08	-0.03
较高	-0.78 ***	-0.76 ***	-1.16 ***	-0.19 *	-0.26 ***
最高	-0.97 ***	-0.76 ***	-1.78 ***	-0.30 ***	-0.25 **
缺失	-0.52 ***	-0.51 ***	-0.66 **	-0.17	-0.33 **
有无社会医疗保险（参照组＝无）					
有	0.003	-0.18 **	0.27	-0.12	0.09
截距项	-2.24 ***	-3.78 ***	-3.92 ***	-3.35 ***	-6.39 ***
样本量	27348	27354	27353	26628	27277

注：模型 3 也控制了模型 2 中的控制变量，包括年龄、性别[①]、受教育程度、婚姻状况、所在地区；这些变量的回归系数与模型 2 差异不大，因篇幅所限，此处未列出。#表示 $p<0.1$，＊表示 $p<0.05$，＊＊表示 $p<0.01$，＊＊＊表示 $p<0.001$。

模型 3 的回归结果显示，被访者工作和生活环境中的各种不利因素对个人健康状况都存在显著的负面效应。工作环境中有化学毒物、需要过量负重/长时间站立/蹲位作业、有烟尘/粉尘的被访者，其各类健康状况（除"残疾"外）总体更差。具体而言，各类工作环境问题均显著增加了被访者因工作或劳动受伤的风险；此外，工作环境中存在过量负重/长时间站立/蹲位作业因素对被访者自评一般健康较差、患慢性病、妇科/男科疾病的风险均有显著不利影响，工作环境中存在化学毒物对被访者患慢性病、妇科/男科疾病的风险也存在显著不利影响。这从一个侧面揭示了城乡流动经历对流动者健康损耗的作用机制。以分析样本中在业的被访者为例，城乡流动者当前工作或劳动环境中存在过量负重/长时间站立/蹲位作业、烟尘/粉尘等不利因素的比例均超过 1/4，高于城乡所有其他居民。可见，城市劳动力市场上存在的与流动特征相关的职业分化和非平等就业现象，客观上导致了城乡流动者额外的健康风险和损耗。

与工作环境的影响类似，生活环境中有各种污染的被访者健康状况往往更差。模型3结果显示，生活环境中存在空气污染的被访者自评一般健康状况较差、患慢性病的风险更高；生活环境中存在水污染的被访者患慢性病的风险更高；生活环境中存在噪声污染的被访者自评一般健康较差、因工作或劳动受伤的风险也更高；生活环境中存在垃圾污染的被访者残疾或患妇科/男科疾病的可能性也明显更高。在分析样本中，城乡流动者所处的生活环境中存在空气污染、水污染、垃圾污染以及噪声污染的比例均明显高于农村非流动居民。① 因而，相对于农村非流动居民，城乡流动经历通过改变流动者的工作和生活环境，显著增加了其健康风险。

需要指出的是，本研究使用的环境变量均为被访者自报的环境状况，因而，模型3所揭示的环境特征与被访者健康状况的关系仅反映被访者感知的环境问题对其健康的影响。由于被访者对环境问题的感知可能受一系列个人特征（如个人对环境问题的敏感性和容忍力等）影响，所以，这些结果并不一定全面反映客观环境因素对健康状况的作用。例如，样本中城乡流动者自报各种生活环境污染的比例低于城镇居民，② 但考虑到城乡流动者与城镇居民目前均生活在城镇，既有研究发现流动者在流入地城镇的生活环境往往更差，因而流动者与城镇居民自报的生活环境差异既有可能反映真实的环境差异，即样本中流动者与城镇居民在不同环境的分布差异，也不能排除流动者与城镇居民对环境问题感知、容忍和汇报行为的差异。

除工作环境与生活环境的影响外，城乡流动经历也可能通过改变流动者的健康行为、收入和保障等社会经济资源对个人健康产生影响。模型3的回归结果显示，经常性的身体锻炼行为对个人健康状况具有重要的保护效应。在其他条件相同的情况下，经常锻炼身体的被访者自评一般健康较差的比例明显更低，残疾、患妇科/男科疾病的比例也显著更低。分析样本数据显示，城乡流动者和返乡者经常锻炼身体的比例高于农村非流动居民；其中，城乡流动者的相应比例与农村非流动居民差异显著。这可能反映了城乡流动者在城市滞留和生活经历对其健康行为所产生的影响。这些健康行为的改变在客观上对流动者乃至返乡者的健康状况产生积极作用。

与从未进行全面身体检查的被访者相比，接受过全面身体检查的被访者自报健康状况显著较差。其中，最近一次全面检查在2年前的被访者，自报患有慢性病、残疾及因工作或劳动受伤的比例均较高；最近一次全面检查在2年内的被访者自报患有慢性病、妇科/男科疾病以及因工作或劳动受伤的比例也明显更高。这一方面反映了身体状况较差者更有可能进行身体检查，另一方面这些健康差异也可能隐含了不同健康服务利用状况对于了解

---

① 分析样本中，城乡流动者自报生活环境中存在空气污染、水污染、垃圾污染和噪声污染的比例分别为28.1%、14%、21.4%和28.2%；农村非流动居民的相应比例则分别为16.0%、12.3%、18.1%和12.2%。

② 分析样本中，城镇居民自报生活环境中存在空气污染、水污染、垃圾污染和噪声污染的比例分别为35.5%、17.3%、24.8%和31.9%；比城乡流动者约高3~7个百分点。

个人健康状况、及时发现疾病（如慢性病）的差异性影响。在分析样本中，约有 61.0%的农村非流动居民从未进行过全面身体检查，返乡者的相应比例也高达 58.0%；与之相比，城镇居民从未进行过全面身体检查的比例则明显较低（32.5%）。因此，城乡居民自报患慢性病比例的差异，可能部分反映了这些居民对卫生服务利用状况的差异。与农村非流动居民相比，未提供全面身体检查信息（"缺失"）的被访者自评一般健康状况相对较差，但患慢性病的风险相对较低。

与以往研究发现一致，社会经济资源对个人健康具有重要的保护作用。控制模型 3 中其他变量的影响后，个人收入对健康状况存在显著的促进效应，收入越高，被访者出现各类健康问题的风险越低。由于本研究使用的收入数据是调查前 1 年被访者的个人总收入，模型所拟合的收入对健康的效应并不能排除健康状况对收入差异的可能影响。与农村非流动居民和返乡者相比，城乡流动者的收入明显较高，这既对其健康具有一定的保护作用，也可能是其较好健康状况的结果。在控制收入及模型 3 中其他因素后，返乡者相对于农村非流动居民的健康劣势更为突出。因此，相对于农村非流动居民而言，返乡者相对较高的收入对缓减其健康劣势具有重要意义。此外，与最低收入的被访者相比，收入信息缺失的被访者健康状况明显较好，其多数健康状况介于"较低"和"较高"收入者之间，即约相当于处于中位数收入被访者的健康水平。社会医疗保险对被访者的健康状况具有重要的积极效应，有社会医疗保险的被访者患慢性病的可能性较低。由此可见，患慢性病但没有社会医疗保险的人群（约占分析样本的 1.2%）其健康更为脆弱，需要社会资源予以更多的支持。

对比模型 3 与模型 2 的拟合结果以及模型中不同流动特征对应的回归系数可见，考虑了与流动相关的部分环境因素、社会经济资源和健康行为的作用后，模型 3 中不同流动特征的被访者之间的多数健康差异仍显著。这表明，尽管流动过程中环境、资源、行为特征等因素的改变对个人健康具有重要影响，但在这些因素外，仍存在与流动特征相关的、本研究数据未观察到的异质性，如工作和生活环境的其他特征（包括工作时长、工作强度、客观工作环境、生活压力等）、社会支持与归属感、流动特征的其他维度（如流动次数、流动距离等）、常住城市的类型及其社会政策等。这些因素对被访者健康状况的可能影响仍需进一步探讨。此外，本文的分析也存在一些难以解释的结果，例如，模型 3 显示，工作环境中有化学毒物的被访者残疾的比例明显更低，经常锻炼身体的被访者曾因"工作/劳动受伤"的发生比相对更高。这尚需进一步检验和考察。

四、结　语

本文利用第三期中国妇女社会地位调查数据，通过对比城乡不同流动特征的被访者健康状况的差异，考察城乡人口流动对城乡居民健康差异的影响。就本文考察的健康指标而言，人口流动对城乡居民健康状况的差异具有重要影响。主要表现在：

（1）城乡流动通过流出和返乡的选择机制，从农村地区不断选择健康的年轻劳动力流向城镇。与农村非流动居民相比，城乡流动者的健康状况明显更好；返乡者的健康状况明显更差，其平均健康状况不仅不如城乡流动者，也往往不如农村非流动居民。

（2）城乡流动经历对流动者的健康状况具有明显的不利影响。在主要人口与社会经济特征相同的情况下，流动者因工作或劳动受伤的可能性明显高于农村非流动居民，返乡者曾因工作或劳动受伤的发生比则更高，远远高于城乡所有其他居民。返乡者自评一般健康状况较差和患妇科/男科疾病的可能性在城乡所有居民中也均为最高。内生于流动经历的各种已观测和未观测到的因素对流动者健康状况的损耗作用，通过返乡这一选择性机制，逐步转移到农村地区。

分析结果表明，人口流动的健康选择效应与城乡流动经历的内在健康损耗效应共同发挥作用，深刻地影响着城乡常住居民的健康差异。从研究发现判断，城乡人口流动现象通过选择更为健康的农村劳动力流入城市、使之保留在城市工作，又使流动者在健康明显受损后最先返回农村，一方面降低了农村常住人口的平均健康状况，另一方面提高了城市常住人口的平均健康水平。在城镇地区人口平均预期寿命明显高于农村、不少疾病患病率与致死率远低于农村的背景下，城乡人口流动的综合效应可能使城乡常住居民的健康差异不断扩大。值得注意的是，不同流动特征的城乡居民对医疗卫生资源的享有和利用状况存在显著差异。尽管近年来城乡医疗服务和保障体系发展迅速，但城乡流动者受户籍管理制度和人户分离等现实制约，其对社会医疗保障资源的享有程度仍明显偏低。[①] 与流动者相比，已结束流动过程的返乡者享有社会医疗保险的比例相对较高，但这些返乡者的医疗保险类型以新型农村合作医疗为主。目前新型农村合作医疗保险旨在补偿农村居民的基本医疗支出，对返乡者生活影响突出的工伤和职业病等健康负担往往不在其保障范围之内。由此可见，与目前医疗卫生服务体系中突出的户籍属地原则有关，城乡流动不仅扩大了城乡常住居民的健康差异，也加剧了城乡医疗卫生资源利用的不平衡。

改善城乡居民的健康状况、缓解现有医疗卫生资源利用状况不平衡的问题，需要从完善医疗卫生保障制度、满足流动者现实的健康需求、健全劳动保障、降低流动者的健康风险，以及改革现有户籍管理制度、实现流动者健康与社会权益的零制度障碍等方面入手。

首先，解决流动者的实际健康需求，需要重点改善流动者的社会医疗保障。本研究发现，城乡流动者是城乡居民中社会医疗保险覆盖率最低的人群，而与此同时，城乡流动者的劳动参与率最高、工作环境最差。从社会公平和劳动力可持续发展角度，改善城乡流动者的社会医疗保障状况不仅关系流入地务工群体的健康与福利，而且是解决后续返乡人员新增健康脆弱性的必要举措。近年来部分城市探索了针对外来务工者的不同医疗保障制度，如劳务工医疗保险（深圳等城市）、综合医疗保险等，这些举措有待不断完善并在其

---

① 分析样本显示，城乡流动者享有社会医疗保险的比例（60.7%）不仅低于城镇户籍人口（86.6%），也远低于农村非流动居民（96.3%）。

他城市和地区进一步推广。

其次，返乡者突出的健康问题要求政府部门和社会各界高度重视返乡人群的特殊健康需求。针对目前医疗卫生保障体系城乡分隔的特点以及返乡者健康问题的特殊性，政府部门应着力拓展新型农村合作医疗保险的保障范围，将影响返乡者健康生活的主要疾病类型纳入新型农村合作医疗的保险范围。通过国家财政拨款、地方财政和商业保险社会融资等多种渠道筹资，以解决返乡者由于健康问题的累积性和时滞性而导致的健康责任难以明确、责任方与实际负担者不对等的问题，切实有效地维护其健康权益，促进农村常住居民健康状况和生活质量的普遍改善。

再次，城乡流动经历对流动者健康状况的损耗效应表明，降低城乡流动者的健康风险、改善其健康状况是解决人口流动对居民健康不利影响的根本要求。流入地的劳动管理部门应建立有效的监管和协调机制，确保《劳动法》、《合同法》、《劳动者权益保护法》等法律制度的有效执行，尽可能消除与流动特征相关的职业分化现象，在不同类型的用工单位建立对劳动环境、劳动时间以及劳动管理制度的常规监控和管理，在职业风险较为突出的行业，督促用工单位开展并严格执行职业风险防护的日常管理，尽可能使职业安全问题防患于未然。同时，劳动监管部门应督促各类用工单位本着以人为本和平等的原则，对员工定期组织身体检查，有针对性地解决不同类型、男女职工的不同健康需求。

最后，从根本上解决城乡人口流动对城乡居民健康差异的不利影响，必须改革户籍管理制度，使人口管理和服务体系实现从户籍人口到常住人口的转变，对包括教育、就业、住房、社会保障、医疗卫生服务等在内的多个领域进行配套改革。各地区要注重经济发展与社会发展目标的和谐，在人口发展中注重机会均等原则，结合地区发展差异，出台具有实惠性的社会经济发展政策，引导人口流动自由、有序进行，有效解决目前流动人口过于集中于少数大城市所导致的资源供求矛盾。

随着我国社会经济转型、人口转变以及城市化发展，近年来城乡人口流动出现家庭化、长期化趋势。这意味着原有按户籍管理人口和社会保障的做法与城乡居民现实的卫生服务和保障需求渐行渐远，因此，必须以人口流动的发展变化为契机，推动相关领域的改革、实现城乡居民生活质量的普遍提高。

受数据资料的限制，本研究有所局限。首先，健康状况是可变的，健康与流动的关系也必然是时变和累积的，本文使用的截面数据难以直接检验流动与健康关系的因果链条，后续研究中尚需收集和运用跟踪调查数据（或详细的回顾性数据）加以论证。其次，使用被访者的自报健康状况，虽然在一定程度能反映真实的健康状况，但也不可避免地受被访者个人对健康问题感知能力和容忍程度等因素的影响，后续研究尚需结合客观健康体测指标对不同流动特征的个体的健康差异进行分析。最后，流动经历对个人健康的作用机制非常复杂，本研究仅是一种初步尝试，所得结论具有相对价值，对相应问题的系统分析还有待进一步考察。

参考文献

[1] 段成荣，王莹. 流动人口的居住问题. 北京行政学院学报，2006（6）.

[2] 胡连鑫，陈燕燕. 我国流动人口的公共卫生现状. 现代预防医学，2007（1）.

[3] 蒋长流. 非公平就业环境中农民工健康负担压力及其缓解. 经济体制改革，2006（5）.

[4] 雷敏，张子珩，杨莉. 流动人口的居住状态与社会融合. 南京人口管理干部学院学报，2007（4）.

[5] 牛建林，郑真真，张玲华，曾序春. 城市外来务工人员的工作和居住环境及其健康效应——以深圳为例. 人口研究，2011（3）.

[6] 齐亚强等. 我国人口流动中的健康选择机制研究. 人口研究，2012（1）.

[7] 任远，邬民乐. 城市流动人口的社会融合：文献评述. 人口研究，2006（3）.

[8] 王桂新，苏晓馨，文鸣. 城市外来人口居住条件对其健康影响之考察——以上海为例. 人口研究，2011（2）.

[9] 郑真真，连鹏灵. 劳动力流动与流动人口健康问题. 中国劳动经济学，2006（1）.

[10] Amartya Sen. Health：Perception Versus Observation. British Medical Journal，2002（324）：860－861.

[11] G. Jasso，D. S. Massey，M. R. Rosenzweig，J. P. Smith. Immigrant Health：Selectivity and Acculturation. in N. B. Anderson，R. A. Bulatao and B. Cohen，eds.，Critical Perspectives on Racial and Ethnic Differences in Health in Late Life. Washington，D. C.：National Research Council，2004：227－266.

Migration and Its Impact on the Differences in Health between Rural and Urban Residents in China

Niu Jianlin

Abstract：Rural－urban migration has an important impact on the general health conditions of ruralresidents. On one hand，the migration experience has produced a dissipative effect on the health of migrants. And on the other，rural－urban migration has reallocated the residents in different health conditions across rural and urban areas by way of selection mechanism：in the earlier period of migration，the younger and healthier individuals in the rural areatend to leave their registered permanent residence；and in the later period，individuals who are obviously in poorer health are the first ones to return to their registered permanent residence. Before urban registration constraints are truly removed, it would be inevitable forrural – urban migration to transfer some of the health risks and disease burdens to the rural area, thereby hindering the socio – economic development of the rural area and the improvement of rural residents' livelihood, and further intensifying the contradiction between the distribution of rural – urban health resources and their demands.

政府卫生支出对中国农村居民健康的影响[*]

李 华 俞 卫

【摘　要】依据全国30省"千村"现场调查数据，采用国际通用健康SF—8量表的自测健康，运用Grosman理论的扩展模型和顺序概率回归方法，分析公共卫生、基本医疗服务可及性和新农合对居民健康的影响，结果表明：村卫生室诊疗水平对生理健康影响非常显著，对心理健康没有影响；与最近医疗机构的距离和污水排放系统，对所有健康指标均有非常显著影响；饮用自来水对健康有正面影响；新农合筹资水平对居民健康没有影响，其效果主要表现在减少大病患者个人经济风险和促进社会和谐。年龄、教育水平等个人因素对健康有显著影响。研究结果支持政府农村卫生支出重点投向基层医疗服务和公共卫生的发展策略，验证了新农合的目标主要就是化解重大疾病的经济风险。

【关键词】政府卫生支出；农村居民健康；村卫生室；新农合

一、研究背景

医疗卫生事业是关系人民健康和家庭幸福的重大民生问题。我国农村人口众多，经济发展和居民健康长期落后于城市，农村是我国卫生工作的重点。新中国成立以来，加强基层卫生工作是我国卫生事业发展的基本策略，政府通过对农村公共卫生和基层医疗服务体系的投入，改善饮水排污等生活环境，加强妇幼保健和婴儿预防免疫工作，有效控制传染病、地方病和寄生虫病等重大疾病，显著提高了人民健康水平。同时，通过建立以村集体为基础的合作医疗制度，提供人人享有的初级医疗卫生保健服务。

＊ 本文选自《中国社会科学》2013年第10期。本文为教育部人文社会科学基金一般项目"疾病风险全保障的筹资水平与分担机制研究——基于政府财政能力的视角"（11YJAZH045）和教育部人文社会科学研究委托课题"中国农村医疗卫生保障：成绩、问题与对策——基于全国30省748县1451村14332户的调查"（2011120002）的成果。感谢上海财经大学2009年千村社会调查课题组。感谢匿名评审专家的指导。

作者简介：李华，上海财经大学公共经济与管理学院教授（上海200433）；俞卫，上海财经大学公共经济与管理学院教授（上海200433）。

20 世纪 70 年代末，我国经济体制开始转型，卫生事业也在探索社会主义市场经济体制下的发展路径，农村公共卫生、医疗服务体系和合作医疗还存在不少问题。公共卫生投入主要靠县、乡地方政府，卫生环境地区差异很大。医疗服务体制机制改革虽然有发展，但存在逐利隐患。各类医疗机构在"放权让利，扩大医院自主权"思想的指导下，通过各种形式的责任承包制开展有偿业余服务，甚至卫生预防保健单位也开展了有偿服务。① 而家庭联产承包责任制使得合作医疗失去了集体经济的依托。2002 年农村合作医疗覆盖率仅为 9.5%，有 79% 的农村居民没有任何医疗保险。② 这些问题的积累推动了 2003 年农村卫生工作的全面改革。

2003 年是改革开放以来农村卫生工作的重大转折点。中共中央、国务院 2002 年 10 月《关于进一步加强农村卫生工作的决定》和随后各相关部委的一系列配套文件启动了农村公共卫生环境、医疗卫生服务体系、合作医疗制度和医疗救助制度的全面建设。这一轮改革有三个重要特点：一是坚持以公共卫生和基本医疗为主的基层医疗卫生服务体系建设，目标是到 2010 年人人享有初级卫生保健；二是强调了政府对农村卫生事业的责任，改变过去政府对卫生投入比例逐年下降的状态，要求各级政府逐年增加卫生投入，增长幅度不低于同期财政经常性支出的增长幅度；三是政府作为筹资主体重建农村合作医疗，使新农合从过去的集体互助转变成了社会医疗保险。这项转变意义十分重大，为今后实现全民医疗保障，到 2020 年建成小康社会的国家战略目标奠定了基础。

2003 年成功抗击"非典"后，政府全面启动农村基本医疗卫生服务体系建设，以及新农合试点。随着国家经济的快速发展，人民群众对健康的需求也在不断提高，但是卫生资源配置不合理，城乡和区域卫生事业发展不平衡，导致居民健康水平差异长期存在。例如，1982 年全国城乡人均预期寿命相差 4 年，2010 年城乡差距扩大到 4.7 年。③ 在医疗资源向城市集中的同时，医院管理体制和运营机制的不完善和药品流通秩序的不规范导致医疗费用上涨过快。根据 2003 年和 2008 年全国卫生服务调查数据显示，五年期间人均门诊费用增长了 55%，人均住院费用增长了 140%，住院率提高了 91%。但是我国 80% 以上的人口刚刚开始逐步进入新农合和城镇居民医疗保险的低水平保障体系，快速上涨的医疗费用使个人负担加重、医患矛盾突出，"看病贵、看病难"成为医疗卫生体制改革的焦点。经过全国范围内多轮调查、研究和讨论，中共中央、国务院于 2009 年出台了《关于深化医药卫生体制改革的意见》，启动了新一轮卫生体制改革。

同 2003 年农村卫生服务体系建设目标相比，2009 年的卫生体制改革把农村卫生工作

① 卫生部、财政部、人事部、国家物价局、国家税务局：《关于扩大医疗卫生服务有关问题的意见》，国发〔1989〕10 号。

② 卫生部卫生统计中心：《第三次国家卫生服务调查分析报告》，表 2—1—15，第 16 页，htp：//www.moh.gov.cn/cmsresources/mohwsbwstjxxzx/cmsrsdocument/doc9908.pdf。

③ 1982 年城乡人均寿命数据来自胡英：《中国分城镇乡村人口平均预期寿命探析》，《人口与发展》2010 年第 2 期；2010 年全国、城镇和农村人口预期寿命数据依据 2010 年第六次人口普查数据中的全国、城镇和农村死亡率数据编制生命表计算得出（htp：//www.stats.gov.cn/tjsj/pcsj/rkpc/6rp/indexch.htm）；1990 年和 2010 年各省市的人均寿命数据来自 2011 年《中国统计年鉴》（htp：//www.stats.gov.cn/tjsj/ndsj/2011/indexch.htm）。

提高到一个新的层次。在 2010 年人人享有初级卫生保健之后，2009 年的改革目标是在 2020 年基本建立覆盖城乡居民的基本医疗卫生制度。此轮改革对农村主要有三个方面的影响：一是城乡居民逐步享有均等化的基本公共卫生服务项目；二是建立以县级医院为龙头，以乡镇卫生院和村卫生室为基础的农村医疗卫生服务网络；三是加快基本医疗保障制度建设，对农村直接有影响的就是新农合和贫困人口医疗救助。2009 年医改的难点和重点是要求公立医疗服务机构从营利发展机制中退出来，回归公益性，为社会提供成本低、效益好的医疗服务，而财政实力相对较弱的县乡政府则无法为农村公立医疗机构提供充分的补偿。

卫生经济学在社会资源配置方面有两个主要理论体系：以福利经济学为基础的个人效益最大化理论和以超福利经济学为基础的健康效益最大化理论。前者以市场为主导、以个人效益最大化为目标配置卫生资源，后者以政府为主导、以全民健康为目标配置卫生资源。当一个国家以全民健康为目标，但资源非常有限时，政府应优先选择成本效益较好的公共卫生和基本医疗服务项目，同时还可选择提供一定水平的医疗保险，以减轻大病重病患者个人和家庭的经济风险。不过，医疗保险对健康的影响是间接的，具有不确定性，其效益主要体现为社会风险的改善，而不是居民健康水平的提高。纵观新中国成立以来政府对农村的卫生投入策略，基本上以健康最大化为目标，重点投入公共卫生和基层医疗服务体系建设，而 2003 年试行的新农合体现了政府对居民抵抗重大疾病风险的兼顾。我国农村医疗卫生工作任务非常艰巨，中间也走过弯路，但坚持基层医疗服务体系建设的策略，使农村居民健康水平在经济条件非常有限的情况下得到了明显改善。

自 2003 年农村卫生改革以来，政府卫生支出增长很快。2004～2009 年，政府卫生支出增长了 3.6 倍。我国政府卫生支出主要投向了三个领域：一是公共卫生服务体系，二是医疗服务提供体系，三是以基本医疗保险为核心的基本医疗保障体系。到 2011 年，三项支出占医疗卫生支出的比重分别为 17.38%、24.17% 和 50.56%，合计高达 92.11%。[①]

本研究依据上海财经大学"千村"调查数据，分析了政府农村卫生支出中公共卫生、医疗服务可及性和新农合筹资水平差异对居民健康的影响，从而为政府增加农村卫生支出，特别是调整结构提供依据。

二、文献综述和研究思路

（一）文献综述

研究表明，政府卫生支出确实对居民健康改善具有积极的影响。例如，无论是在发达

---

① 《2011 年全国财政支出决算表》，中华人民共和国财政部网站，http：//yss. mof. gov. cn/2011qgczjs/201207/ t20120710_ 665233. html。

国家还是发展中国家，公共卫生支出增加都显著降低了婴儿死亡率。孙菊（2011）认为，卫生财政支出对健康产出具有显著的积极作用，尤其对经济欠发达的内陆省份人口的健康改善作用更大，而对沿海地区作用较小。但也有研究发现，卫生支出对健康改善的影响不显著。Wolfe（1986）、Tanzi 等（1997）的研究显示，卫生支出尤其是公共卫生支出对健康改善的影响几乎不存在。利用 20 个经合组织（OECD）国家 1960～1992 年的面板数据，Berger 和 Meser 的分析结果显示，较高的公共卫生支出比例与较高的死亡率相关。张宁等（2006）的研究发现，卫生财政支出占 GDP 的比例与健康生产效率的关系虽然不十分显著，但公共健康支出比例越高的地区往往其健康生产效率越低。关于公共卫生对健康改善的影响研究较多，结论基本都是影响显著。但公共卫生对健康改善的影响一般是长期性的，其重要性还没有得到足够认识。Derose 等（2011）提出，公共卫生服务既可以改善医疗服务的可及性，又可以改善生活环境，呼吁加强此方面的实证研究。饮用水质量和安全、污水处理对居民健康的重要性，已被各界充分认识，此类研究也已较为成熟。黄艳红等（2012）的研究表明，调查地区饮用地下水的健康风险主要来自化学致癌物，需对农村地区饮用地下水中致癌物污染优先治理。

世界上很多国家都采取改善农村或偏远地区居民医疗服务的可及性，以消除城乡居民间健康差异。但这并不限于建立医疗机构，医生诊疗水平、偏远地区所需特殊设备和诊疗方式都需有效改善，才能真正提高医疗服务可及性。美国在 19 世纪 60 年代改善了穷人医疗服务可及性，显著增加了看病次数，但是在没有与专科医生很好衔接的情况下，穷人是不容易获得专科医疗服务的。有研究发现，可及性改善可以提高医疗服务的使用，但没有改善健康水平。此外，医疗服务可及性与一国的医疗卫生体系密切相关。

国内学者对医疗服务可及性与健康之间的关系也做了探讨。杜维婧、陶茂萱（2012）认为，卫生服务利用是影响农民健康的主要因素。储雪玲、卫龙宝（2010）认为，医疗机构距离对健康改善的影响不显著。辛怡（2012）认为，需方可及性变量中收入和医疗保险对健康影响显著，供方只有医疗服务价格显著，需方影响程度大于供方。赵忠（2006）的系列研究证明，教育对城镇和农村居民健康改善的影响显著或正相关，医疗服务对健康影响不大。

国外的研究发现，没有医疗保险对健康有显著的负面影响，但是，由美国兰德公司（1993）主持的一个经典医疗保险实验结果显示，不同的医疗保障水平对健康的影响却并不显著。很多研究都认为，医疗保险改善的是服务可及性。Herman 的研究结果显示，有无医疗保险和是否有拖欠医疗费的行为，都可以预测有病不医的可能性。不过，在美国即使有医疗保险，收入也是预测有病不医的显著变量。

国内学术界的研究结果也不一致。封进、余央央（2007）认为，拥有医疗保险会显著改善农村居民健康状况。黄枫等（2009）发现，享受医疗保险的老人三年间隔的死亡率降低了 25.3%。程令国、张晔（2012）认为，新农合显著提高了参合者的健康水平，改善了参合者"有病不医"的状况，提高了其医疗服务利用率。李湘君等（2012）认为，新农合实施显著提高了高收入农民的健康水平，而对中低收入参合农民的影响不显著，加剧了农村居民健康的不平等。另一些研究则对医疗保险对健康的贡献提出质疑。Lei 和 Lin（2009）使用"自评健康"和"过去四周内生病或受伤次数"，考察了新农合的健康绩效，但并未发现新农合能显著改善参合者的健康状况。吴联灿、申曙光（2010）认为，新农合对农民健康改善具有积极影响，但效率不高，影响有限。孟德锋等（2011）认为，新农合没有改变农民的健康状况，并存在道德风险的倾向。胡宏伟、刘国恩（2012）发现，城镇居民基本医疗保险没有显著促进城镇居民健康，但显著促进了老年人和低收入健康者的卫生服务利用。

综上可见，第一，政府卫生支出对健康的影响并不确定，特别是政府对弱势人群的特殊项目投入，其效果常常是以过程为测量目标（例如看病次数），而非健康水平。第二，改善农村人口医疗服务可及性是否就一定改善健康也非定论，很多医疗服务可及性拘泥于形式，缺乏质量的提升。第三，医疗保险对健康改善的影响也有很多争议，虽然医疗保险可以改善可及性，但也降低了不健康生活行为的成本。在有些方面，不良生活行为造成的健康伤害要高于医疗服务干预的效果。健康虽然是医疗卫生体系建设的最终目标，但影响健康的因素却远远超出医疗卫生领域。因此，健康既包含了从母体带来的基因等先天因素，也反映了生活行为、饮食习惯、环境卫生等各方面的后天影响；既包括各种生理功能，也包括各类精神状态；既有长期影响的积累，也有短期干扰的作用。到目前为止，国内还没有从以上几个方面，大规模、系统地分析农村居民健康与政府卫生支出的三个主要方面之间的相关性，也没有比较公共卫生、医疗服务可及性和医疗保险筹资水平对健康影响的研究成果。

（二）研究思路

政府卫生支出对居民健康的影响主要来自三个方面：医疗服务可及性、医疗保险的保障水平和公共卫生。医疗服务的可及性体现在医疗设施的布局和诊疗水平；医疗保险的保障水平则取决于医疗保险的范围，以及实际治疗费用的基金支付比例；公共卫生则包括比较广泛的内容，但对健康影响比较显著的是与健康密切相关的生活环境问题。关于政府卫生支出影响的现有研究一般都采用宏观模型，分析政府支出与人群健康指标之间的关系（例如死亡率和人均寿命等）。本研究则采用微观模型，分析了政府卫生支出的三个组成部分对农村居民八个维度健康指标的影响。由于采用居民个体健康作为观测对象，我们需要将政府支出的影响与个人健康的影响因素结合起来分析。为此，我们采用 Grosman 健康需求模型的扩展形式，将政府卫生支出的三个方面作为健康环境变量引入模型。

本研究的贡献是：第一，采用国际通用并被国内学术界检验认可的"健康 SF—8 量表"，从生理到心理八个维度，全面测量 12000 多名农村居民的健康状况。到目前为止，国内运用这一国际通用标准大规模测量农村居民健康的研究尚属首次。第二，通过 Grosman 人力资本理论模型的扩展，将政府卫生支出对居民健康的影响分析与个人健康影响因素相结合，为个人健康的影响因素研究提供了一个政策分析框架。以理论模型为基础，可以避免分析变量选择的随意性，也对变量的影响有明确的理论期望。第三，本研究重点分析政府卫生支出中，环境卫生、医疗服务可及性和社会医疗保险对农村居民健康的影响差异，为政府卫生支出绩效分析和结构调整提供实证支持。

三、理论与实证模型

由于健康受诸多个人因素的影响，Grossman 模型的扩展将个人因素和公共因素联系起来，在分析公共因素时，个人因素则作为控制变量进入模型，实证分析采用顺序概率回归模型（Ordered Probit）。

（一）Grossman 扩展模型

Leibowitz 列出了 Grossman 的扩展模型：

$$\triangle H_t = H\ (t_h,\ t_c,\ t_w,\ X_t,\ M_t,\ H_{t-1},\ N) \tag{1}$$

式（1）中，健康的变化函数在 Grossman 原始模型中增加了生活环境变量 N，它包括影响生活环境的各种外在因素，诸如环境污染、治安等变量（教育水平 E 也包括其中），N 可以移动健康需求曲线，提高或者降低健康投入的边际效用（MEC）。也就是说，生活环境好的人群在同等投入情况下可以得到更多的健康资本积累。Grossman 理论模型在实证研究中有两个简化版本：纯消费模型和纯投资模型。本文采用 Grossman 纯投资模型，在式（1）的基础上对卫生支出分析的实证简化版本可以表示为：[①]

$$\ln H = B_w \ln W + B_p \ln P + B_t t + B_n N + u \tag{2}$$

B_n 是一个系数矢量，每个系数的正负值域取决于每个因素对健康的影响。例如，空气污染对健康就是负面作用，改善污水排放系统对健康则是正面效果。

（二）健康测量

20 世纪 70 年代以来，包括主观健康在内的自测健康研究，成为健康社会科学研究的重要领域。Weinberger（1986）、Kaplan（1988）和 Hays 等（1996）认为，自测健康是一个更精确、更客观的健康测量方法，可以广泛概括生理、认知和外界环境的信息，并形成对自身全面健康状况的认识。

SF—36（MOS 36—item Short Form Health Survey，SF—36）是美国波士顿新英格兰医学中心健康研究所的标准版健康调查量表，成为全球应用最广的健康综合测评工具。该量表是适用于 14 岁以上人群的个体健康测量工具。国内学者魏朝晖（1997）、刘朝杰等（2001）分别对 SF—36 进行了研究，指出 SF—36 的使用价值和应用注意事项。李鲁、王

---

① 由于篇幅限制，省略 Grossman 理论模型到实证扩展模型的推导过程，感兴趣者可向作者索要。

红妹、沈毅（2002）开发了 SF—36 量表的中文版，认为 SF—36 健康量表适合在中国应用。张磊、徐德忠等（2004）的研究显示，SF—36 量表比中国老年人生活质量量表的信度和效度更好。本研究采用了 SF—8 测量农村居民的健康状况，SF—8 是 SF—36 的简化版，将 36 个问题简化为 8 个问题。王珊、栾荣生等（2007）开发了 SF—8 的中文版，性能测试表明，该量表的信度较好，可以在中国使用。

（三）健康影响因素

政府卫生支出在本研究的实证模型中主要包括三个方面：公共卫生环境、医疗服务可及性和社会医疗保险（新农合）水平。公共卫生环境变量主要包括饮水是否用自来水和是否有完整管道冲水方式。医疗服务可及性变量包括村卫生室诊疗一般常见病的水平以及与最近医疗机构的距离。村卫生室诊疗水平来自居民对村卫生室诊疗水平的满意度评价，虽然是居民的主观判断，但直接反映了居民选择村卫生室的决策因素。新农合筹资水平实际上反映了医疗服务的价格因素，当新农合筹资水平增加时，个人对医疗服务的支出会减少，相当于实际价格降低。本研究排除 9% 左右没有加入新农合的居民，主要考虑逆向选择行为。另外，模型中加入了村卫生室诊疗水平与新农合筹资水平的交互项，以观察不同诊疗水平下新农合的影响。

根据 Grossman 模型，个人影响因素包括年龄、性别、婚姻、工资收入。工资收入作为时间的机会成本进入 Grossman 模型中，但是农村居民的工资收入很难界定，并且在问卷调查中一般无法获得真实数据。考虑到个人的健康投入决策是与家庭总收入相关的，同时，也与家庭财富密切相关，因此，本研究用家庭纯居住面积 M 来反映家庭的收入水平，希望能够近似代表个人健康时间的机会成本。在分析教育对健康的影响时，采用了受教育年数。研究中，考虑到地区和省内经济水平差异，对村庄的经济水平做了控制，将村人均纯收入水平在全国范围内按 25% 分布分为四组。另外，对东部、中部、西部地区之间差异进行了比较分析。[①]

（四）回归分析模型

由于 SF—8 对健康的测量并不是连续的，而是五级或者六级阶段数值，本研究采用了顺序概率回归模型。经处理本文的实证模型如下：

$$\Pr\ (H_s = j)\ = A + B_y Y + B_g G + B_m \ln M + B_c C + B_e E + B_t T + B_k K + B_{ck} CK$$
$$+ B_w W + B_s S + B_j J + B_i I + B_r R + u \tag{3}$$

其中，A 为常数项，Y 为婚姻状态，G 表示性别差异，M 为家庭纯居住面积，E 为受教育年数，t 为年龄，C 为新农合筹资水平的对数，W 为饮用水来源，S 为污水排放方式，K 为村卫生室常见病的诊疗水平，CK 为村卫生室诊疗水平与新农合筹资水平的交互项，J

为与最近医疗机构的距离，I 为村人均纯收入，R 代表地区。

四、数据来源与研究方法

（一）数据来源

本文数据来自 2009 年上海财经大学千村社会调查，该调查涵盖全国 30 省 748 县 1451 村 14510 户农民家庭，有效问卷总数为 14332 份，同时还对村负责人和村卫生室分别进行了调查。本研究的健康状况等个人数据来自入户调查，村人均收入来自村负责人调查，医疗保险（新农合）筹资数据则来自村卫生室调查。我们对原始数据的每一个变量都进行了分析，对明显不合理的极大值或极小值，有的按照缺失处理，有的在分析中将变量分组分析（例如村人均收入）。调查样本的地区分布见表 1。

表 1　调查地区样本分布

区域	省（个）	县（个）	村（个）	人口数（万人）	总户数（户）
东部	11	308	864	49059.73	8536
中部	8	232	306	44864.49	3008
西部	11	208	281	33066.38	2788
合计	30	748	1451	126990.60	14332

（二）健康测量和变量处理

健康状况是被调查者在过去四周内的状态。SF—8 包括健康状况的八个方面，其中总体健康（GH）是个人的总体健康状况（从非常好到非常差共 6 级）；生理功能（PF）是个人的身体状况对一般身体活动是否有影响（从根本无影响到无法从事日常活动共 5 级）；生理职能（RP）是健康状况对个人在家里或外面从事日常工作的影响（从根本无影响到无法从事日常工作共 5 级）；躯体疼痛（BP）是个人最近四周内身体是否感觉疼痛（从一点没感觉到非常疼痛共 6 级）；活力（VT）是个人最近的精力如何（从非常充沛到没有精力共 5 级）；社会功能（SF）是个人的健康状况在多大程度上影响了与家人及朋友间的一般日常活动（从根本没有影响到无法进行社会活动共 5 级）；情感职能（RE）是个人由于情绪困扰在多大程度上不能从事日常工作、学习和日常活动（从根本没有影响到无法进行日常活动共 5 级）；精神健康（MH）是个人在多大程度上受到情绪（焦虑、压抑或恼火）干扰（从根本没有干扰到干扰非常大共 5 级）。

根据 SF—8 问卷设计的方法，我们将分档实际选择的阶段数值转换为 0~100 的分数。具体的公式如下：

$$H_s = (X - Min) \times 100/R \tag{4}$$

式（4）中，H_s 为健康资本测量分数。X 为所得粗分，是从最差到最好的排列分。例如，如果测量分为 6 档，最差的粗分为 1 分，最好为 6 分。Min 为每个测量的最小分，这里都是 1。R 为一个测量方面中的最大极差。

本研究采用最大似然估计法处理变量。考虑到一些变量与健康的关系不是线性关系，我们将家庭纯居住面积和人均筹资额转换为对数进行分析。为了便于概率分析，将自来水与其他饮用水来源做比较，将完整管道冲水方式与所有其他排污方式做比较。村卫生室常见病诊疗水平很好和较好为一组，其他水平为对照组。地区分为东部、中部、西部三个地区，其中东部地区作为比较参考项。所有分析变量的具体分布见表 2。

表 2　农村居民健康影响因素的分析变量

变量	频数/样本量	均值/比例	标准差
健康变量			
总体健康（GH）	12908*	65.729**	26.051
生理功能（PF）	12906*	78.021**	26.376
生理职能（RP）	12898*	79.468**	27.798
躯体疼痛（BP）	12907*	77.345**	27.084
活力（VT）	12902*	62.804**	31.341
社会功能（SF）	12894*	77.502**	25.889
情感职能（RE）	12889*	77.304**	24.935
精神健康（MH）	12888*	77.008**	25.481
政府卫生支出			
村卫生室诊疗水平			
很好	1519	12.16	
较好	4726	37.84	
一般	5406	43.28	
较差	732	5.86	
很差	108	0.86	
样本总量	12491*	100.00	
与最近医疗机构的距离			
$z \leqslant 1$ 公里	6637	51.40	
1 公里 $< z \leqslant 3$ 公里	4497	34.83	
$z > 3$ 公里	1779	13.78	
样本总量	12913*	100.00	

续表

变量	频数/样本量	均值/比例	标准差
饮水类型			
深井取水	1955	15.13	
自来水	9806	75.91	
其他饮水方式	1157	8.96	
样本总量	12918*	100.00	
污水排除方式			
有完整管道冲水排污	4840	37.40	
其他方式	8102	62.60	
样本总量	12942*	100.00	
新农合筹资水平（元）	12103	193.39**	188.36
个人及控制变量			
年龄（岁）	12655	48.41**	14.25
性别			
女性	4494		
男性	8448		
样本总量	12942*		
婚姻状态			
未婚、离婚、丧偶	1738	13.57	
已婚	11070	86.43	
样本总量	12808*	100.00	
受教育年数（年）	12974	8.03**	4.22
地区			
东部	7619	58.87	
中部	2810	21.71	
西部	2513	19.42	
样本总量	12942*	100.00	
村人均纯收入			
收入≤3000元	3247	25.09	
3000元<收入≤5300元	3080	23.80	
5300元<收入≤9000元	3152	24.35	
收入>9000元	3463	26.76	
样本总量	12942*	100.00	

注：①频数是变量在每一测量等级中出现的次数。频数/样本量列带＊号的为样本量，其余为频数；均值/比例列带＊＊号的为均值，其余为比例。②样本不是根据各省市的人口比例采集，因此收入、新农合筹资水平等数据同国家报告的数据有差异。③变量之间样本量的差异是由于数据缺失造成的。

五、实证研究结果

实证结果包括两部分：一是顺序概率模型回归结果，主要显示了各种因素对健康状况的影响；二是根据回归结果计算的政府卫生支出变量对居民健康状况（"非常好"或"很好"）的影响程度。

（一）顺序概率模型回归结果

政府卫生支出的 5 个变量中，村卫生室诊疗水平、与最近医疗机构的距离以及厕所排污方式和饮用自来水对农村居民的健康影响都非常显著。其中，村卫生室诊疗水平对属于生理方面的健康指标（总体健康、生理功能、生理职能和躯体疼痛）非常显著，对其他精神和社会功能的健康指标则没有显著影响；厕所排污以及与最近医疗机构的距离，对所有八个健康指标均呈现正面作用，且统计显著；饮用自来水对总体健康这样的主观评价没有显著影响，对其他所有健康指标有不同程度的影响。新农合筹资水平以及新农合与村卫生室诊疗水平的交互项，对所有八个健康指标均没有显著影响。

个人因素中的所有五个变量（年龄、性别、婚姻、家庭居住面积和受教育年数）对八个健康状态指标统计非常显著（1% 的水平），健康状况随年龄增长的下降非常明显，男性比女性健康，已婚比未婚或单身健康状况要好，教育和家庭财富都对健康状况有正面作用。村平均收入水平与居民生理健康状况基本不相关，但是收入高的地区在精神健康和社会功能方面普遍呈负面影响；与东部地区相比，西部健康普遍较差，但是统计显著的健康指标只有总体健康和躯体疼痛（5% 统计水平），情感职能和精神健康稍有影响（10% 统计水平）；而中部地区除在精神健康（1% 统计水平）和总体健康（10% 统计水平）方面有些差异之外，其他健康指标统计上并不显著。

顺序概率回归方程系数的符号，仅反映了因变量的几个顺序状态中，最低和最高状态的概率变化方向。即系数如果为负值，该变量的增加会使进入最差健康状态的概率增加，进入最好健康状态的概率减少；反之亦然，但是对中间几个状态的概率变化与系数符号的方向则不能确定。为了较好地理解顺序概率回归结果中，政府卫生支出对健康状态的影响，我们计算出了统计显著的变量改变对居民健康状况进入"非常好"和"很好"的概率变化（边际概率），用概率增加的百分比表示，其中统计不显著的变量不做计算。

（二）政府卫生支出对健康状态的影响结果

表 4 是根据顺序概率回归模型，对政府卫生支出影响在均值状态的预测。首先用回归模型分别计算平均每人在每个卫生支出变量处于不同状态时，能够属于非常好和很好健康状态的概率，然后计算出概率的边际差异。在计算每一个变量的影响时，为了观察年龄和

表3　农村居民健康影响因素的顺序概率回归结果

		总体健康（GH）	生理功能（PF）	生理职能（RP）	躯体疼痛（BP）	活力（VT）	社会功能（SF）	情感职能（RE）	精神健康（MH）
年龄		−0.0177***	−0.0192***	−0.0174***	−0.0192***	−0.0179***	−0.0172***	−0.00822***	−0.0112***
		(0.000890)	(0.000945)	(0.000971)	(0.000938)	(0.000905)	(0.000943)	(0.000927)	(0.000926)
男性		0.145***	0.114***	0.0970***	0.170***	0.187***	0.0931***	0.118***	0.116***
		(0.0221)	(0.0237)	(0.0246)	(0.0236)	(0.0226)	(0.0235)	(0.0234)	(0.0233)
已婚		0.184***	0.225***	0.195***	0.187***	0.203***	0.221***	0.207***	0.219***
		(0.0311)	(0.0335)	(0.0340)	(0.0333)	(0.0314)	(0.0328)	(0.0329)	(0.0325)
纯居住面积（对数）		0.180***	0.208***	0.213***	0.170***	0.188***	0.199***	0.154***	0.168***
		(0.0209)	(0.0224)	(0.0228)	(0.0220)	(0.0213)	(0.0221)	(0.0220)	(0.0220)
学校学习年数		0.0249***	0.0342***	0.0386***	0.0287***	0.0259***	0.0327***	0.0225***	0.0261***
		(0.00310)	(0.00323)	(0.00331)	(0.00319)	(0.00310)	(0.00322)	(0.00322)	(0.00322)
村人均收入（≤3000元为参照）	3000元<收入≤5300元	0.0174	−0.0364	−0.0695**	0.00142	−0.00348	−0.0398	−0.0443	−0.0400
		(0.0291)	(0.0310)	(0.0317)	(0.0305)	(0.0298)	(0.0305)	(0.0306)	(0.0305)
	5300元<收入≤9000元	−0.0571*	−0.0330	−0.0533	0.00366	−0.0720**	−0.0810**	−0.0645*	−0.112***
		(0.0317)	(0.0339)	(0.0348)	(0.0334)	(0.0322)	(0.0337)	(0.0332)	(0.0332)
	收入>9000元	−0.0521	0.0128	−0.000585	0.0266	−0.0754**	−0.0586	−0.0734*	−0.0833**
		(0.0355)	(0.0381)	(0.0391)	(0.0376)	(0.0361)	(0.0377)	(0.0376)	(0.0376)
新农合人均筹资水平（对数）		−0.0239	−0.00609	0.00626	0.0196	−0.0126	−0.00352	0.0183	−0.00522
		(0.0155)	(0.0168)	(0.0171)	(0.0165)	(0.0159)	(0.0167)	(0.0162)	(0.0162)
新农合筹资×村卫生室诊疗水平		−0.0140	−0.0229	−0.0321	−0.00827	0.0251	0.00424	0.0131	0.00725
		(0.0192)	(0.0207)	(0.0213)	(0.0205)	(0.0196)	(0.0207)	(0.0204)	(0.0204)
与最近医疗机构的距离（≤1公里取1）		0.0732***	0.124***	0.119***	0.114***	0.0766***	0.123***	0.106***	0.116***
		(0.0206)	(0.0222)	(0.0227)	(0.0218)	(0.0210)	(0.0220)	(0.0217)	(0.0218)
村卫生室诊疗水平		0.311***	0.211**	0.270***	0.182*	0.116	0.100	0.124	0.129
		(0.0925)	(0.0998)	(0.103)	(0.0988)	(0.0948)	(0.0996)	(0.0984)	(0.0982)
自来水饮水		0.0426	0.0503*	0.0785***	0.0744***	0.122***	0.0791***	0.0546*	0.0492*
		(0.0263)	(0.0280)	(0.0288)	(0.0276)	(0.0270)	(0.0277)	(0.0280)	(0.0277)
有完整下水道冲式排污		0.0902***	0.0539**	0.0706***	0.0944***	0.105***	0.0809***	0.0582**	0.0828***
		(0.0238)	(0.0257)	(0.0266)	(0.0255)	(0.0246)	(0.0259)	(0.0254)	(0.0255)
地区（东部为参照）	中部	−0.0536*	−0.0454	0.0106	0.00450	0.0118	−0.0283	−0.0444	−0.0936***
		(0.0311)	(0.0332)	(0.0339)	(0.0322)	(0.0319)	(0.0328)	(0.0326)	(0.0325)
	西部	−0.0764**	−0.0200	−0.00853	−0.0772**	−0.0388	−0.00573	−0.0624*	−0.0608*
		(0.0312)	(0.0338)	(0.0341)	(0.0328)	(0.0320)	(0.0332)	(0.0335)	(0.0332)

	总体健康 （GH）	生理功能 （PF）	生理职能 （RP）	躯体疼痛 （BP）	活力 （VT）	社会功能 （SF）	情感职能 （RE）	精神健康 （MH）
截断点 1	-1.648***	-1.487***	-0.987***	-1.477***	-0.860***	-1.411***	-1.161***	-1.304***
	(0.135)	(0.147)	(0.147)	(0.142)	(0.137)	(0.145)	(0.142)	(0.141)
截断点 2	-0.822***	-0.653***	-0.382***	-0.789***	0.136	-0.617***	-0.345**	-0.564***
	(0.132)	(0.144)	(0.145)	(0.140)	(0.136)	(0.143)	(0.139)	(0.139)
截断点 3	-0.0370	0.0620	0.158	-0.273*	0.478***	0.105	0.233*	0.170
	(0.132)	(0.144)	(0.145)	(0.140)	(0.136)	(0.143)	(0.139)	(0.139)
截断点 4	0.545***	0.784***	0.822***	0.211	1.456***	0.899***	1.219***	1.013***
	(0.132)	(0.144)	(0.145)	(0.140)	(0.137)	(0.143)	(0.140)	(0.139)
截断点 5	1.432***			0.824***				
	(0.132)			(0.140)				
样本量	10687	10685	10683	10689	10686	10677	10678	10680

注：***表示 $p<0.01$，**表示 $p<0.05$，*表示 $p<0.1$。

性别的差异，计算了 4 个年龄（20 岁、40 岁、60 岁、80 岁）、已婚（样本中已婚占 82%）和男女性别的边际概率。① 为了特别观察教育的影响，计算了均值状态下不同教育水平之间的边际概率。

村卫生室常见病诊疗水平居于"很好"和"好"的村庄居民健康水平，在 4 个生理健康方面的测量中都显著好于其他居民，但对社会健康指标基本不相关。比较而言，村卫生室诊疗水平与总体健康相关性最强，显著高于其他健康方面。例如，模型预测，20 岁男性已婚居民在村卫生室诊疗水平"很好"和"好"的一组，比其他居民进入总体健康"非常好"和"很好"的概率要高 16.07%，进入其他健康方面的概率则在 5% 以下。村卫生室诊疗水平对老年人的影响，要显著高于年轻人。模型预测，80 岁已婚男性在村卫生室诊疗水平高的村庄居民，比其他居民在总体健康水平方面进入"非常好"和"很好"一组的概率要高 42.68%，对其余三个生理健康指标的影响也很显著（生理功能为 16.18%，生理职能为 18.40%，躯体疼痛为 15.98%）。从性别来看，模型预测，村卫生室诊疗水平对女性健康的影响普遍高于男性。例如，对 80 岁老人来说，有"很好"和"好"诊疗水平的村卫生室的居民，女性进入总体健康"非常好"和"很好"一组的概率增加了 47.52%，而男性仅为 42.68%。

与最近医疗机构的距离，分为 1 公里以内（包含 1 公里）和超过 1 公里两组。与村卫生室诊疗水平相比，与最近医疗机构的距离与健康的相关度要小，但是对八个健康方面都有影响且影响的力度比较平均，差异小。例如，对 20 岁男性居民，村庄与最近医疗机构

---

① 因篇幅限制，与表 4 对应的女性数据没有显示，仅在文章中报告了性别差异。如有需要，作者可以提供。

在 1 公里之内的居民，在八个方面健康"非常好"和"很好"组的概率增加在 2.17% ~ 3.55%。不过，与最近医疗机构的距离对老年人的健康影响比较显著。例如，居住在距最近医疗机构 1 公里之内村中的 80 岁男性老人，在八个健康方面中影响最大的是躯体疼痛，进入"非常好"和"很好"一组的概率增加 9.76%，其次为生理功能（9.26%）。在性别差异方面，对女性的影响要稍微高一些，由于是模型预测，在八个指标间的差异与男性相同。

厕所排污方式对八个健康方面均有显著相关性，但相关力度低于村卫生室诊疗水平以及与最近医疗机构距离这两个变量。一个村庄使用完整管道冲水马桶排污系统，在总体健康方面的影响最大；其次是对活力和躯体疼痛的影响。例如，60 岁已婚女性如果住在使用完整管道冲水马桶排污系统的村庄，模型预测，其进入总体健康"非常好"和"很好"一组的概率增加 11.86%，进入活力健康"非常好"和"很好"的概率增加 11.73%，她们在躯体疼痛测量中进入"非常好"和"很好"的概率增加 9.01%，对其他健康方面的影响则均在 6% 以下。由于是模型预测，年龄因素和性别因素与前面两个变量的影响相同。

表 4　政府卫生支出影响健康的边际概率（男性）

| | | 已婚男性 | | | | | | | |
| | | 20 岁 | | 40 岁 | | 60 岁 | | 80 岁 | |
		自变量等于 0 时的概率	概率的改善程度（%）	自变量等于 0 时的概率	概率的改善程度（%）	自变量等于 0 时的概率	概率的改善程度（%）	自变量等于 0 时的概率	概率的改善程度（%）
医疗服务可及性	村卫生室诊疗水平								
	总体健康（GH）	0.6582	16.07	0.5213	23.21	0.3817	32.07	0.2561	42.68
	生理功能（PF）	0.883	4.12	0.7896	7.04	0.6628	11.06	0.5141	16.18
	生理职能（RP）	0.885	5.01	0.8027	8.26	0.6924	12.67	0.561	18.40
	躯体疼痛（BP）	0.8496	4.53	0.7425	7.41	0.6054	11.23	0.4536	15.98
	活力（VT）	.	.	.	.	.	.	.	.
	社会功能（SF）	.	.	.	.	.	.	.	.
	情感职能（RE）	.	.	.	.	.	.	.	.
	精神健康（MH）	.	.	.	.	.	.	.	.
	最近医疗机构的距离								
	总体健康（GH）	0.7005	3.55	0.5679	5.04	0.4274	6.76	0.2954	8.73
	生理功能（PF）	0.8907	2.41	0.801	4.11	0.6774	6.39	0.5302	9.26
	生理职能（RP）	0.8985	2.17	0.8223	3.56	0.7175	5.41	0.5897	7.73
	躯体疼痛（BP）	0.8567	2.84	0.7524	4.60	0.6173	6.92	0.466	9.76
	活力（VT）	0.794	2.66	0.6784	3.95	0.5421	5.57	0.4007	7.44
	社会功能（SF）	0.8794	2.62	0.7959	4.17	0.6851	6.19	0.5545	8.71
	情感职能（RE）	0.8487	2.77	0.8068	3.45	0.7586	4.19	0.7045	5.05
	精神健康（MH）	0.8408	3.16	0.7807	4.19	0.7092	5.41	0.6283	6.84

			已婚男性							
			20 岁		40 岁		60 岁		80 岁	
			自变量等于 0 时的概率	概率的改善程度（%）	自变量等于 0 时的概率	概率的改善程度（%）	自变量等于 0 时的概率	概率的改善程度（%）	自变量等于 0 时的概率	概率的改善程度（%）
公共环境卫生	饮水	总体健康（GH）	.	.	.	.	.	.	.	.
		生理功能（PF）	0.8958	0.98	0.8088	1.64	0.6874	2.56	0.5413	3.66
		生理职能（RP）	0.8992	1.47	0.8233	2.38	0.7188	3.60	0.5912	5.11
		躯体疼痛（BP）	0.8577	1.89	0.7538	3.02	0.6189	4.54	0.4677	6.35
		活力（VT）	0.7789	4.44	0.6596	6.61	0.5216	9.28	0.3808	12.45
		社会功能（SF）	0.8805	1.71	0.7975	2.71	0.6871	4.00	0.5568	5.55
		情感职能（RE）	0.8522	1.43	0.8109	1.78	0.7633	2.15	0.7097	2.59
		精神健康（MH）	0.8467	1.33	0.7878	1.78	0.7174	2.30	0.6375	2.87
	污水	总体健康（GH）	0.7026	4.34	0.5705	6.13	0.4298	8.31	0.2976	10.75
		生理功能（PF）	0.8992	1.01	0.8138	1.72	0.6939	2.68	0.5487	3.86
		生理职能（RP）	0.905	1.26	0.832	2.06	0.7301	3.12	0.6042	4.47
		躯体疼痛（BP）	0.8627	2.27	0.7607	3.71	0.6273	5.61	0.4765	7.70
		活力（VT）	0.7948	3.59	0.6793	5.39	0.5432	7.60	0.4017	10.23
		社会功能（SF）	0.8865	1.67	0.806	2.67	0.6979	3.95	0.5688	5.54
		情感职能（RE）	0.8568	1.48	0.8163	1.85	0.7695	2.24	0.7166	2.69
		精神健康（MH）	0.8484	2.19	0.7899	2.92	0.7199	3.78	0.6403	4.75

注："概率改善程度"是指相对于前一种状况，当卫生支出变量处于"好"的比较状态，健康状况进入"非常好"和"很好"时，概率增加的百分比。

饮用自来水对总体健康的影响统计不显著。在其他 7 个健康方面中，与饮用水来源相关性最大的是健康活力。模型预测显示，在饮用自来水的村庄居住的 80 岁女性已婚老人，进入健康活力"非常好"和"很好"的概率，比使用其他饮用水来源的居民增加 14.30%，她们在躯体疼痛测量中进入"非常好"和"很好"的概率增加 7.23%，社会功能增加 6.04%，生理职能增加 5.59%，生理功能增加 4.05%，精神健康增加 3.20%，情感职能增加 2.93%。

在这 5 个卫生支出变量中，新农合筹资水平对八个健康指标均没有影响。新农合筹资水平与村卫生室诊疗水平的交互项，也不存在任何相关性。虽然教育不是卫生支出，但属于公共支出，且对健康影响很大。如表 5 所示，小学毕业比没有进过学校的居民，在八个健康指标中的六个方面的影响力度都很大，进入"非常好"和"较好"健康水平的概率可以提高 10.35% ~ 14.23%，但是对精神健康和情感职能的影响较弱，概率分别增加 7.99% 和 5.92%。随着教育年限的增加，健康水平进入"非常好"和"较好"状态的概率也持续增加。例如，从小学毕业到初中毕业再到高中毕业，总体健康水平分别提高 6.29% 和 5.94%。

表5 教育对健康的影响

健康指标	受教育年数（年）			
	0	6	9	12
	概率	概率改善程度（%）	概率改善程度（%）	概率改善程度（%）
总体健康（GH）	0.4131	14.23	6.29	5.94
生理功能（PF）	0.6548	11.00	4.55	4.03
生理职能（RP）	0.6787	11.51	4.60	4.00
躯体疼痛（BP）	0.6024	10.74	4.60	4.21
活力（VT）	0.5189	11.85	5.19	4.83
社会功能（SF）	0.6616	10.35	4.29	3.85
情感职能（RE）	0.7269	5.92	2.60	2.38
精神健康（MH）	0.6773	7.99	3.45	3.16

注："概率"是指居民健康状况进入"非常好"和"很好"时的概率；"概率的改善程度"是指相对于前一种状况，当受教育年数发生变化时，健康状况进入"非常好"和"很好"的概率增加百分比。

六、分析与结论

政府卫生支出可以从两个方面影响健康：一是改善人的生活环境；二是改善医疗服务可及性。医疗服务可及性又取决于个人支付能力和医疗服务提供效果（包括质量和水平等）。由于个人的健康状态受到长期和短期因素的影响，本研究选择的 5 个卫生支出变量对健康影响的时间效应也不同。农村改水、改厕是政府改善农村公共卫生环境的重要措施，对健康既有长期效应，也有短期效应（例如传染病等）。医疗服务可及性反映居民就医便利程度和服务质量，包括与最近医疗机构的距离和村卫生室诊疗水平。对于农村居民来讲，村卫生室是常见病的首要就医点，距离越近就医越方便，由于村卫生室医生一般住在村里，容易建立医患间的信任关系，因此村卫生室医生的诊疗水平对居民健康非常重要，对健康有长期影响，也有短期影响。新农合筹资水平增加会减少居民个人支付负担，可以释放医疗服务需求，增加医疗服务使用量，但对健康的影响还是间接的。总的来说，除了新农合，其他政府支出产生的效果应该对健康有直接影响。

本研究采用的 SF—8 健康量表，从八个方面系统地调查了居民健康在各个方面的实际表现，既避免了个人主观判断的差异，也可以全面地观察卫生支出对居民健康不同方面的影响。从这八个方面看，总体健康、生理功能、生理职能和躯体疼痛主要是生理健康状态，既反映了生活环境的长期累积效果，也反映了医疗服务对健康的短期影响，与政府卫生支出的联系应该比较紧密。活力、社会功能、情感职能和精神健康，则属于心理健康状态。对活力（精力充沛度）的影响，可能更多地来自生活和工作的压力；社会功能的测量试图了解影响个人社会活动的健康因素，既可能有生理上的问题，也可能有精神健康的问题；情感职能和精神健康更多地来自社会的影响，与政府卫生支出的关系不是太紧密。

从统计显著的角度来看，政府卫生支出的五个变量中，村卫生室诊疗水平对生理健康方面的影响显著，且力度很大；与最近医疗机构的距离和有完整下水道冲式厕所对八个健康方面的影响均非常显著（1%的统计显著水平），但力度比村卫生室诊疗水平要弱。饮用水对健康的影响稍微弱一些，一个可能的原因是自来水、深井水或其他水源在饮用时都会烧开饮用，对健康的影响主要来自水的质量，而不是输水方式。另外一个可能原因是自来水与厕所排污系统有一定的相关性，在排污系统变量存在的情况下，自来水的显著性受到影响。新农合筹资水平是最不显著的一个变量，与八个健康指标均不相关。

村卫生室是我国农村三级医疗卫生服务网的最基层单位，承担传染病疫情报告、计划免疫、妇幼保健、健康教育、常见病多发病的一般诊治和转诊服务以及一般康复等工作，关系到农村基本医疗卫生服务的可及性。调查显示，全国已有95.9%的行政村至少拥有1个村卫生室，其中有19.4%的行政村有2个及以上村卫生室，村卫生室已遍布全国绝大多数行政村。2007年卫生部发布了《中央预算内专项资金（国债）村卫生室建设指导意见》，大大促进了村卫生室人力资源、物力资源的建设。村卫生室有村办、乡卫生院设点、联合办、私人办和其他共五种类型。2008年底，我国共有村卫生室613143个，其中私人办有180157个，占29%。本研究在村卫生室已经普及的背景下，进一步考察了村卫生室质量，回归分析显示，村卫生室诊疗水平对居民健康影响非常显著。

我们认为，村卫生室诊疗水平高可以从三个方面影响健康。第一，若诊疗水平处于"好"的状况，预防、保健、健康教育和管理等也很可能做得不错，对居民的健康维护具有很重要的影响。第二，居民常见病可以及时得到治疗，避免因治疗拖延而引起大病。第三，农村居民慢性病的发病率逐年升高，而慢性病需要持续治疗，村卫生室的诊疗水平高，就可以使慢性病患者就近得到持续和及时的治疗，从而提高健康水平。

与最近医疗机构的距离是研究基本医疗卫生服务可及性的常用指标。与村卫生室诊疗水平相比，与最近医疗机构的距离对健康的影响较小，可能因为农村交通及交通工具改善使到达最近医疗机构的时间缩短，除了应急救治以外的基本医疗服务不会受到距离的影响。

作为农村基本医疗保险，新农合筹资水平对所有八个健康指标均没有影响。我们认为主要原因在于，新农合在资金有限的情况下基本目标是减轻大病重病患者的经济风险，由于患者人数少，对群体健康水平没有产生影响，但是新农合明显减轻了患者个人和家庭的经济风险，避免了因病致贫，促进了社会和谐。

新农合对健康没有显著影响还有两个可能原因。第一，新农合的筹资水平低，筹资差异对医疗服务使用的影响不大，不足以影响到健康状况。2009 年全国平均筹资水平仅为113 元，即使在华东地区平均水平也不到 200 元，而 2009 年全国人均医疗费用估计在 900元左右。因此，即使新农合 2009 年的筹资水平有很大变化，筹资差异对医疗服务的使用还是有限的。第二，医疗服务使用量的增加并不一定影响健康。新农合实行以后，需求增加，医院财务状况显著改善，设备更新加快，诊疗手段不断增加，新增服务种类和数量是否对疾病治疗和健康改善有明显效果并不确定。这种现象在发达国家早已有研究。Diehr等指出，美国对穷人的免费医疗项目改善了医疗服务可及性，增加了医疗服务的使用，但对目标人群的健康改善不仅没有正向影响，反而使其变差。他们认为，改善健康是一项比较复杂的任务，仅靠医疗服务是不行的。

年龄、婚姻、性别、财富和受教育水平这五个个人因素，对八个健康方面都有显著的影响。在个人健康影响因素中，教育一直是备受关注的变量。本研究也显示了教育对居民健康水平的影响，特别是观察到没有进过学校对健康的负面作用。值得注意的是，年龄和受教育年数两个变量在样本中呈负相关。由于生活年代不同，人们受教育的年数也显著不同。在本研究样本中，25 岁以下占 6.56%，他们平均受教育年数的中位数为 12 年；26～45 岁占 34.34%，46～65 岁占 45%，后两组受教育年数的中位数是 9 年；而 65 岁以上占14.14%，其受教育年数的中位数为 6 年。所以老年人的健康状态，也同时受到教育水平的影响。

本研究发现，村平均收入水平与居民心理健康呈反向关系。也就是说，平均收入水平高的村民，心理健康状况相对比较差。这种反向关系主要表现在最高收入的村庄与最低收入的村庄两个等级之间，并且主要表现在四个健康方面：活力、社会功能、情感职能和精神健康。这四个方面的健康测量主要受情感等心理因素的影响，可能的原因是收入水平高的地区生活压力较大，生活节奏紧张导致人们过于焦虑和压抑，从而引起心理方面的问题。这反映了经济高速增长给社会带来的负面影响，具体因果关系还有待进一步研究。

新中国成立以来的政府农村卫生投入策略，符合提高居民健康的根本目标，也符合卫生经济学以成本效益为基础的资源配置原则。本研究结果支持政府农村卫生支出重点投向基层医疗服务和公共卫生的发展策略，尤其为提高村卫生室诊疗水平、促进健康提供了强有力的支持，而新农合的目标主要是化解经济风险。另外，还应重视由于地区经济差异和政府重视程度不同导致的农村地区间公共卫生、基本医疗服务和基本医疗保险筹资差异对居民健康的影响。

本研究的不足在于，样本采集不代表全国各省市的人口分布，因此不能有效控制地区间的固定效果。不过，本研究是根据个人和村庄卫生支出的因素展开的，样本在分析变量方面有足够的变化范围。另外，本研究还对村经济水平进行了控制。

参考文献

［1］卫生部统计信息中心．2008 中国卫生服务调查研究——第四次家庭健康询问调查分析报告．北京：中国协和医科大学出版社，2011.

［2］俞卫．卫生资源配置谁主导政府抑或市场——基于卫生领域规范经济学理论的思考．中国社会科学报．2012 - 08 - 06，A06.

［3］S. Gupta，M. Verhoeven，E. R. Tiongson. Public Spending on Health Care and the Poor. Health Economics，2003，12（8）：685 - 696.

［4］S. E. Mayer，A. Sarin. Some Mechanisms Linking Economic Inequality and Infant Mortality. Social Science & Medicine，2005，60（3）：439 - 455.

［5］孙菊．中国卫生财政支出的健康绩效及其地区差异——基于省级面板数据的实证分析．武汉大学学报，2011（6）．

［6］B. Wolfe. Health Status and Medical Expenditures：Is There a Link？. Social Science & Medicine，1986，22（10）：993 - 999.

［7］V. Tanzi，L. Schuknecht. Reconsidering the Fiscal Role of Government：The International Perspective. The American Economic Review，1997. 87（2）：164 - 168.

［8］M. C. Berger，J. Meser. Public Financing of Health Expenditures，Insurance，and Health Outcomes. Applied Economics，2002，34（17）：2105 - 2113.

［9］张宁，胡鞍钢，郑京海．应用 DEA 方法评测中国各地区健康生产效率．经济研究，2006（7）．

［10］K. P. Derose，C. R. Gresenz，J. S. Ringel. Understanding Disparities in Health Care Aces - and Reducing Them - through a Focus on Public Health. Health Affairs，2011，30（10）：1844 - 1851.

［11］黄艳红，常薇，何振宇．某市农村地区饮用地下水健康危险度特征分析．现代预防医学，2012（1）．

［12］R. Andersen. Health Status Indices and Aces to Medical Care. American Journal of Public Health，1978，68（5）：458 - 463.

［13］N. L. Cook. L. S. Hicks et al. Aces to Specialty Care and Medical Services in Community Health Centers. Health Affairs，2007，26（5）：1459 - 1468.

［14］G. Bevan，J. Charlton. Making Aces to Health Care More Equal：The Role of General Medical Services. British Medical Journal，1987，295（6601）：764 - 767.

［15］P. K. Diehr，W. C. Richardson et al. Increased Aces to Medical Care：The Impact on Health. Medical Care，1979，17（10）：989 - 999.

［16］杜维婧，陶茂萱．农村居民健康影响因素研究．中国健康教育，2012（3）．

［17］储雪玲，卫龙宝．农村居民健康的影响因素研究．农业技术经济，2010（5）．

［18］辛怡．卫生服务可及性对农村居民健康的影响．中国物价，2012（5）．

［19］赵忠，侯振刚．我国城镇居民的健康需求与 Grossman 模型——来自截面数据的证据．经济研究，2005（10）．

［20］赵忠．我国农村人口的健康状况及影响因素．管理世界，2006（3）．

［21］D. M. Cutler，R. J. Zeckhauser. The Anatomy of Health Insurance. in A. J. Culyer and J. P. Newhouse， eds. , Handbok of Health Economics. Amsterdam：Elsevier Science B. V. , 2000：629 – 631.

[22] J. P. Newhouse and the Insurance Experiment Group. Free fore All? Lessons from the RAND Health Insurance Experiment, Cambridge, MA：Harvard University Press，1993.

[23] P. M. Herman, J. J. Risi et al. Health Insurance Status, Medical Debt, and Their Impact on Aces to Care in Arizona. American Journal of Public Health, 2011, 101（8）：1437 – 1443.

[24] R. A. Hayward, M. F. Shapiro et al. Inequities in Health Services among Insured Americans. Do Working – Age Adults Have Less Aces to Medical Care Than the Elderly? New England Journal of Medicine, 1988, 318（23）：1507 – 1512.

[25] 封进，余央央. 中国农村的收入差距与健康. 经济研究，2007（1）.

[26] 黄枫等. 中国医疗保险对城镇老年人死亡率的影响. 南开经济研究，2009（6）.

[27] 程令国，张晔. "新农合"：经济绩效还是健康绩效. 经济研究，2012（1）.

[28] 李湘君，王中华，林振平. 新型农村合作医疗对农民就医行为及健康的影响——基于不同收入层次的分析. 世界经济文汇，2012（3）.

[29] Lei Xiaoyan, Lin Wanchuan. The New Cooperative Medical Scheme in Rural China：Does More Coverage Mean More Service and Better Health? Health Economics, 2009, 18（2）：25 – 46.

[30] 吴联灿，申曙光. 新型农村合作医疗制度对农民健康影响的实证研究. 保险研究，2010（6）.

[31] 孟德锋等. 新型农村合作医疗保险对农民健康状况的影响分析——基于江苏农村居民的实证研究. 上海金融，2011（4）.

[32] 胡宏伟，刘国恩. 城镇居民医疗保险对国民健康的影响效应与机制. 南方经济，2012（10）.

[33] Arlen A. Leibowitz. The Demand for Health and Health Concerns after 30 Years. Journal of Health Economics, 2004, 23（4）：663 – 671.

[34] M. Weinberger et al. The Effects of Positive and Negative Life Changes on the Self – Reported Health Status of Elderly Adults. Journal of Gerontology, 1986, 41（1）：114 – 119.

[35] G. Kaplan, V. Barel, A. Lusky. Subjective State of Health and Survival in Elderly Adults. Journal of Gerontology, 1988, 43（4）：114 – 120.

[36] J. C. Hays et al. Global Self – Ratings of Health and Mortality：Hazard in the North Carolina Piedmont. Journal of Clinical Epidemiology, 1996, 49（9）：969 – 979.

[37] 魏朝晖，莫一心，陈和年. 生命质量测定量表 SF—36 的应用. 国外医学社会医学（分册），1997（14）.

[38] 刘朝杰等. 36 条目简明量表在人群中的适用性研究. 华西医科大学学报，2001（1）.

[39] 李鲁，王红妹，沈毅. SF—36 健康调查量表中文版的研制及其性能测试. 中华预防医学杂志，2002（2）.

[40] 张磊等. SF—36 量表中文版的应用及分级截断点选择的研究. 中华流行病学杂志，2004（1）.

[41] 王珊等. 生命质量 8 条简明量表中文版开发及其性能评价. 现代预防医学，2007（6）.

[42] A. M. Jones. Health Econometrics in A. J. Culyer and J. P. Newhouse, eds. Handbook of Health Economics, 2011, 276 – 278.

[43] P. K. Diehr, W. C. Richardson et al. Increased Access to Medical Care：The Impact on Health, 1979, 989 – 999.

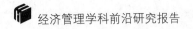
Effects of the Government's Health Expenditure on the Health of Rural Residents in China

Li Hua and Yu Wei

Abstract: Based on a nationwide field survey of "a thousand villages" in 30 Chinese provinces, this study employs the SF – 8 global health status measure and the extended model of Grossman and its sequential probability regression to analyze the effects of public health, the aces of basic medical services and the new rural coperative medical system on the health of residents. The results show that the diagnostic and treatment level of vilage clinics has a marked effect on residents' physiological health but no effect on their mental health; the distance from the nearest medical instituti on and the sewage discharge system have a fairly noticeable efect on al health indicators; drinking tap water has a positive effect on health; and the fund – raising level of the new rural coopera tive medical system has litle efect on the health of residents, with its efect typically seen in reducing the individual economic risks of patients with serious diseases and promoting social harmony. Age, educational level and other individual factors have a remarkable effect on health. Our research supports the government's development policy of placing the emphasis of rural health expenditure on grassroots medical services and public health, and verifies that the goal of the new cooperative scheme is to eliminate the economic risks of catastrophic diseases.

资源禀赋、要素替代与农业生产经营方式转型*
——以苏、浙粮食生产为例

应瑞瑶　郑旭媛

【摘　要】随着农村劳动力转移加速，农民的粮食生产经营方式正发生转变。有关粮食生产演变原因的传统解释似乎无法很好地解释这一种情况：同为长三角地区的发达省份——苏、浙两省经济发展水平相似，并具有相似的劳动力转移背景，但在粮食生产演变上却相异。研究表明，浙江多丘陵山区的地形特征限制了机械的发展，导致机械对劳动力替代弹性较小。农户是理性的，基于劳动力机会成本的考虑及无法改造自然的情况，处于丘陵、山地的农户在耕地经营方式上将可能由粮食改种经济作物，或维持仅以满足口粮为目的的低效率粮食种植，或直接撂荒，最终导致浙江粮食播种面积锐减。进一步得出结论，随着地区经济发展差距不断扩大，并不是所有经济发达地区的粮食生产都将加剧萎缩，对于自然地理条件适宜、人均耕地资源丰富的发达地区，粮食生产受到经济发展冲击的强度会被削弱。

【关键词】资源禀赋；要素替代；生产经营方式；粮食；地区经济发展水平

一、引言

城市化、工业化导致农村劳动力的产业转移和地区流动加速，农民非农收入与种粮收入差距扩大，使得农民的粮食生产行为受到影响（陆文聪等，2008；顾莉丽等，2011）。

   * 本文选自《农业经济问题》2013 年第 12 期。项目来源：教育部人文社会科学研究规划基金项目"中国农业生产率再测算及其影响因素：资源环境约束的视角"（编号：11YJA790192），国家社科基金重大项目"环境保护、食品安全与农业生产服务体系研究"（编号：11&ZD155）。

   作者单位：南京农业大学经济管理学院。

一般来说，经济相对发达地区，农民从事粮食生产的劳动力机会成本较大，种粮积极性降低，从而使得粮食生产规模缩减。可是，以江苏、浙江粮食生产为例，同为长三角地区的发达省份，两省经济发展水平相似，同时具有相似的劳动力转移背景，但是在粮食生产演变过程上却相异。改革开放至今，江苏粮食产量呈现短期回落、总体较平稳的态势，而浙江粮食产量呈现逐年下降并在近年加速下降的趋势。为何会有这样的演变差异？

学者们在致力于研究粮食生产演变影响因素中得到，粮食生产演变的直接原因是粮食单产、人均粮食产量、粮食贡献度（马永欢等，2008；张利国，2013）等因素的变化。间接原因从宏观层面上分析，是城镇化、工业化、市场化背景下的粮食生产与经济发展之间的矛盾关系（高帆，2005），以及耕地、气候等自然资源禀赋等基础性因素变化（周力等，2011）；从微观层面上是生产技术条件、农户收入结构、粮食比较效益、要素边际报酬、人力资本机会成本等因素的变化诱发农户粮食生产行为发生改变（Lee 等，2002；薛宇峰，2008；黄季焜，2012；于晓华等，2012）。但是，这些原因似乎无法有力解释江浙粮食生产的演变差异现象。粮食产量由单产与播种面积决定，从改革开放至今的统计数据上观察，江浙两省单产数值相似，因此两省粮食产量演变差异的要因是播种面积变化的不同。那么，两省粮食播种面积演变规律为何相异？从传统的解释因素——农作物种植结构调整上看，该因素可以解释江苏省粮食播种面积变化，却不足以解释浙江省粮食播种面积的变化。那么，还有什么关键因素导致浙江的播种面积锐减？本文试图从要素配置角度探讨。

劳动力流动的新经济学（the New Economics of Labor Migration，NELM）（Stark 等，1985；Stark，1991）理论阐述了一个观点：外出务工既带来了家庭人力资本的流失，也通过汇款的流入实现了农户资金流动性水平的提高，通过改变农户生产决策的约束条件而给农业生产带来复杂的影响。这个观点反映在农业生产要素投入上，即在劳动力转移之后，往往农户将增加的收入通过资本要素（化肥、机械等）投入到农业生产中对劳动力进行替代，以弥补劳动力短缺造成的损失，即劳动力短缺效应与资本增加效应相互作用推动不同的生产决策。倘若收入增加带来的资本增加效应超过劳动力短缺效应，就会对农业生产造成有利影响。基于此，本文进一步认为，劳动力短缺效应与资本效应的相互作用主要表现在资本对劳动力的替代弹性上，其替代弹性将会受到地理因素的限制，进而影响农户粮食生产经营决策。因此，本文提出以下假说：由于资源禀赋不同催生的要素替代弹性的差异是江浙粮食生产经营方式演变差异的重要原因之一。

基于此，本文以 NELM 理论为基础，利用《江苏统计年鉴》、《浙江统计年鉴》、《改革开放三十年农业统计资料汇编 1978～2007》中苏、浙两省粮食生产相关数据，从要素替代弹性角度探讨其对粮食生产经营方式演变的影响。

二、江浙农户粮食生产决策差异原因：单产抑或规模

（一）改革开放以来江浙两者粮食生产演变趋势

改革开放以来，江苏粮食作物总产量呈现总体上升、局部波动的趋势。可以分为三个阶段：第一阶段，1978~1999 年粮食产量逐年上升，从 2400.65 万吨增至 3559.03 万吨，涨幅 32.55%，并在 1983~1999 年稳定于 3000~3500 万吨；粮食作物播种面积在 1978~1990 年基本维持在 6300~6500 千公顷，1990 年后缓慢下降至 1999 年的 5838.52 千公顷；粮食单产在 1978~1999 年从 3.8040 吨/公顷增至 6.1062 吨/公顷，涨幅 60.5%。也就是说，1978~1999 年，虽然江苏粮食播种面积缓慢下降，但粮食单产得到快速提高，维持了粮食产量短期快速提高与随后的长期稳定。第二阶段，1999~2003 年粮食总产量从 3559.03 万吨减至 2471.85 万吨，降幅为 30.54%；在此期间，粮食播种面积急剧减少，减幅达 20.06%；粮食单产减幅达 13.12%。因此，1999~2003 年，粮食播种面积与粮食单产的减少共同解释了江苏粮食产量的锐减，尤其是粮食播种面积急速下降。第三阶段，2003~2011 年粮食产量出现缓慢回升、稳步增长，从 2003 年的 2471.85 万吨上升至 2011 年的 3307.76 万吨，增幅为 33.82%。在此期间，粮食播种面积与粮食单产分别提高 14.16% 和 17.22%。因而，粮食播种面积与单产水平的不同程度提高共同促进了此阶段江苏粮食产量的增加。

浙江粮食产量呈现总体下降趋势。可以将此过程分为两个阶段：第一阶段，1978~1996 年粮食产量维持在 1500 万吨上下；粮食播种面积从 1978 年的 3472.2 千公顷逐年缓慢降至 1996 年的 2877.17 千公顷，降幅为 17.14%；粮食单产由 4.2256 吨/公顷增至 5.2717 吨/公顷，增幅为 24.76%。因此，1978~1996 年浙江粮食产量的稳定依赖于粮食单产的提高。第二阶段，1996~2011 年，浙江粮食总产量快速下降，由 1516.77 万吨降至 781.60 万吨，降幅达 48.47%，尤其是 1999~2003 年年均降幅为 12.68%；粮食播种面积由 2877.17 千公顷降至 1254.13 千公顷，降幅了 56.41%；粮食单产则保持与 1996 年前相似斜率逐年增加，15 年增幅达 18.22%。可知，1996~2011 年浙江粮食急剧减少主要归因于粮食播种面积的快速下降。

（二）粮食播种面积是两地粮食生产演变差异的要因

同时观察两省产量、单产、播种面积变化趋势可以得出，从粮食产量上看，浙江粮食产量总体低于江苏；在变化趋势上，江苏呈现局部波动总体上升的变化趋势，而浙江呈现逐年下降并在近年加速下降的趋势。从粮食单产水平上看，江浙两省粮食单产水平接近，且皆呈现总体逐年缓慢上升的趋势。从粮食播种面积上看，两省出现较大差异，江苏粮食

播种面积总体高于浙江；在变化趋势上，江苏粮食播种面积虽总体下降，但下降幅度小并在近年有回升趋势，浙江则是呈现粮食播种面积连年下降并在近年加剧下降的态势，与其粮食产量下降呈相同趋势。可以判断，江苏与浙江粮食产量变化差异的主要原因是播种面积的差距。那么，为何浙江粮食播种面积会下降如此之快？

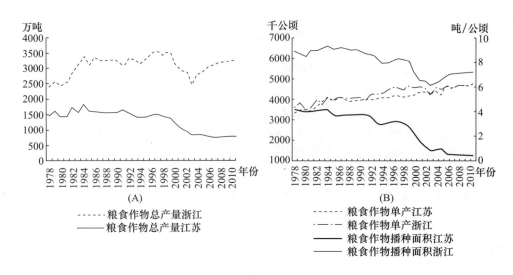

图1　1978～2010年江浙两省粮食生产比对情况

三、粮食生产规模下降原因：产品替代抑或要素替代

（一）工业和城镇建设用地挤占不是浙江粮食播种面积锐减的要因

在市场化、国际化、工业化和城镇化快速推进的区域，粮田转为工业和城镇建设用地，使得粮食种植面积锐减（顾莉丽，2011）。江浙两省正处于经济发达的长三角地区，很有可能存在工业和城镇建设用地挤占粮食种植地的情况。但观察两省耕地面积数据（见图2（A））可以看出，江苏耕地面积从1978年的4660.49千公顷小幅下降至1995年的4448.31千公顷后，1996年升至5061千公顷，此后缓慢下降至2009年的4688.06千公顷，呈现总体平稳的态势；浙江耕地面积从1978年的1838千公顷缓慢下降至2007年的1597.34千公顷，降幅为13.9%，而浙江粮食播种面积此间降幅达63.87%。可知，工业化、城镇化在用地上对粮食生产影响有限。因此，耕地面积变动不是浙江粮食播种面积锐减的主要原因。

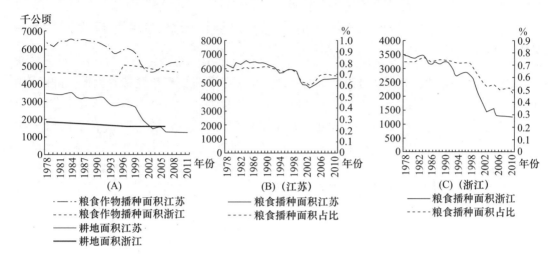

图 2　1978～2011 年江浙两省耕地面积与农业种植结构变化情况

（二）农业种植结构改变并不是浙江粮食播种面积锐减的唯一要因

　　学者们普遍认为农作物种植结构调整是粮食播种面积变化的主要原因（王大伟等，2005；李裕瑞等，2008），粮食作物收益大大低于经济作物，不可避免地出现了"粮经争地"的现象，尤其是在生产条件较好的南方。那么，农业种植结构的改变是否是浙江粮食播种面积锐减的原因？观察江浙两省粮食播种面积在农作物总播种面积占比（后简称粮食作物占比）（见图 2（B）、图 2（C）），两省的该数值在 1996 年前呈现极其相似的变化趋势，1996 年后两省差距逐渐加大，江苏下降到 2003 年的 60.66% 后持续回升到 2011年的 69.41%，而浙江粮食作物占比呈加速下降，从 1997 年的 72.84% 降至 2011 年的47.46%，降幅为 34.84%，尤其是 2001～2003 年粮食作物占比年均减幅达 6.84%，这可能与 2001 年浙江实行粮食市场化改革有关，粮食市场的放开、保护价收购余粮的取消，使农户种粮积极性受挫，使得浙江进一步加快农业种植结构调整，粮食生产格局发生改变。

　　进一步分别考察两省的粮食播种面积与粮食作物占比的变化趋势（见图 2（B）、图 2（C））可以发现，江苏粮食播种面积变化规律与粮食作物占比变化规律相吻合，这一定程度上可表明江苏粮食播种面积变化中农作物种植结构调整的影响很大。但对于浙江省，粮食播种面积变化规律与粮食作物占比变化规律并不相似，1999 年开始，粮食播种面积下降速度明显快于粮食作物占比下降速度，可见，农作物种植结构调整并不能很好地解释浙江粮食播种面积的大幅度下降，这一点在下节的定量分析中能得到更加清晰的解释。

（三）季节性休耕导致的复种指数下降是浙江粮食播种面积锐减的另一要因

既然非农建设用地和农户退耕导致的耕地资源减少不是浙江粮食播种面积锐减的主要原因，农业生产结构调整也不能非常好地解释浙江粮食面积的剧烈下降，那么还有什么重要的原因致使浙江粮食播种面积锐减呢？浙江之前用于种植粮食的耕地究竟转作了什么用途？为此，本文进一步详细分析了2001～2011年期间江苏和浙江耕地资源、播种面积和农作物结构的变化和差异，并进行了因素量化分解。分析发现，除了结构调整，季节性休耕导致的复种指数下降是浙江粮食播种面积锐减的另一个主要原因。

表1 江苏和浙江农作物、粮食播种面积变化及比较

年份	粮食播种面积（千公顷）		粮食作物占比（%）		耕地面积（千公顷）		农作物总播种面积（千公顷）		复种指数	
	江苏	浙江	江苏	浙江	江苏	浙江	江苏	浙江	江苏	浙江
2001	4887	1939	62.8	59.7	4974	1601	7777	3246	1.56	2.03
2002	4883	1718	62.6	56.1	4905	1599	7797	3065	1.59	1.92
2003	4659	1483	60.7	52.3	4858	1592	7681	2834	1.58	1.78
2004	4775	1505	62.3	54.2	4795	1595	7669	2778	1.60	1.74
2005	4909	1563	64.3	55.1	4780	1594	7641	2838	1.60	1.78
2006	5111	1305	69.2	51.8	4743	1594	7385	2516	1.56	1.58
2007	5216	1271	70.4	51.0	4730	1597	7408	2492	1.57	1.56
2008	5267	1272	70.1	51.3	4719	n. a.	7510	2481	1.59	n. a.
2009	5272	1290	69.8	51.5	4688	n. a.	7558	2505	1.61	n. a.
2010	5282	1276	69.3	51.4	n. a.	n. a.	7620	2485	n. a.	n. a.
2011	5319	1254	69.2	47.5	n. a.	n. a.	7663	2643	n. a.	n. a.
2011/2001	1.09	0.65	1.11	0.80			0.99	0.81		

资料来源：作者根据相关统计年鉴整理。

由表1数据可知，2001～2011年浙江粮食播种面积减少了68.5万公顷。虽然同期耕地面积只是略有下降，但由于复种指数较大幅度下降导致农作物总播种面积有较大幅度下降，加上耕地从粮食作物转向经济作物，导致粮食播种面积下降了35%。为量化2001～2011年耕地减少、农业结构调整和复种指数下降三因素对粮食播种面积下降的影响，下文对三因素的贡献给予定量分解。首先看耕地减少的贡献，2001～2011年，浙江耕地基本保持稳定，根据趋势假设2011年浙江耕地面积为159万公顷，即相对2001年减少0.95万公顷，依据2001年的复种指数和粮食面积占比，减少上述耕地相当于减少农作物播种面积1.9万公顷和粮食播种面积1.1万公顷，占期间浙江实际减少的粮食播种面积的1.7%。其次看结构调整的贡献，这一期间浙江粮食播种面积占比下降了12.3%，可见，

因种植结构调整，粮食种植面积减少了（2011 年农作物播种面积乘以结构变化幅度）32.5 万公顷，也就是说浙江粮食播种面积实际下降的 47.4% 由结构调整贡献。最后看复种指数下降的贡献，根据假设的 2011 年耕地面积和实际的农作物播种面积，假设 2011 年浙江复种指数为 1.66，比 2001 年降低了 0.37，纯粹因复种指数下降导致粮食播种面积下降 34.9 万公顷，占粮食播种面积实际下降量的 50.9%。

综上可知，浙江近 10 年粮食播种面积锐减最主要原因是复种指数下降导致农作物总的播种面积下降，然后是农业经济结构调整，耕地从粮食转向经济作物。复种指数下降意味着农户从原来的一年三季改为两季，或一年两季改为一季。这种季节性的休耕安排显然与劳动力紧缺和劳动力机会成本的上升密切相关。但在目前无论种植粮食作物还是经济作物都能有一定盈利的基础上，休耕似乎是不理性的行为。理论上讲，劳动力的短缺和成本上升可以用机械替代来应对。事实上，在经济同样发达、劳动力紧缺和成本上升的江苏省，同一时期耕地复种指数不仅没有下降，甚至还略有上升。那为什么在经济发达的浙江地区，农户却选择不同的生产经营方式，大量选择季节性休耕？

四、要素替代问题：生产要素供给潜力抑或资源要素约束

（一）生产要素供给潜力不是两省粮食生产经营方式转型相异的要因

粮食生产与耕地、劳动力、资本、技术等粮食生产资源要素的投入和配置密切相关，在受到工业化、城镇化的冲击后，以劳动力为首的生产要素不断逃离粮食生产使得农户粮食经营行为发生了重大变化。劳动力流动的新经济学（Stark 等，1985；Stark，1991）指出，劳动力转移将对农户生产行为带来两方面的影响：一是家庭劳动力的缺失，二是带来汇款增加，即收入的增加（Zimmerer，1993；Rigg，2006），二者分别对农业生产可能产生正面或负面的影响。家庭劳动的缺失会促使农户采用节约劳动力战略，也使得传统的劳动力互惠活动减少（Brown，1987），引起农业生产非集约化及抛弃土地的可能（Rudel 等，2005；Zimmerer，1993）。收入的增加可能会使非农就业直接对农业生产进行替代，导致农业活动减少（Reichert，1981）；也可能通过收入的增加来提高农户的总体福利，对农业风险冲击起到缓冲作用（Stark 等，1985；Ellis，2000）；还可能通过增加农业资本投入而助力于农业生产（Hull，2007）。

基于此理论，那么是否生产要素劳动力与资本的供给潜力在两省间存在差距？观察江浙两省劳动力转移现象及农户收入情况，江浙两省在劳动力转移比例及趋势上表示出相似的特征（见表 2）。1978～2011 年两省农村劳动力同样出现快速转移，江浙两省农业从业人员比例（农业从业人员占乡村劳动力比例）分别从 1978 年的 89.98%、88.73% 下降至 2011 年的 30.98%、26.01%。从转移趋势来看两省乡村劳动力转移趋势相同，浙江在

1994 年后转移速度略快于江苏。同样，江浙两省农村居民人均年收入在数量及趋势上也表示出相似的特征（见图 5）。1978～2011 年江苏农村居民人均年收入从 176 元上涨至10805 元；浙江农村居民人均年收入从 165 元上涨至 13071 元。在变化趋势上均表示为逐年快速增长，浙江省在 2002 年之后增长略快于江苏省，并且差距逐年拉大。但总体来看，两省农村居民收入水平相差不大，可认为具有相似的收入水平。因此，江浙粮食生产的劳动力要素短缺程度与资本提供能力是类似的，不是两省粮食生产经营方式相异的主要原因。

表 2　江苏和浙江农业从业人员占比、农村居民人均年收入、机耕率、机收率变化和比较

年份	农业从业人员占乡村劳动力比例（%）		农村居民年人均纯收入（元）*		机耕率（%）		机收率（%）	
	江苏	浙江	江苏	浙江	江苏	浙江	江苏	浙江
1978	89.98	88.73	176.08	165.00	55.61	n. a	0.75	n. a
1980	86.23	84.03	235.81	217.04	62.52	52.99	1.01	n. a
1990	61.52	65.68	564.22	547.32	79.70	47.62	6.44	0.44
1995	55.58	54.64	897.13	813.59	81.82	67.92	15.10	2.17
2000	55.07	48.14	1157.64	1080.16	81.79	n. a	37.41	n. a
2005	39.75	34.24	1544.91	1563.46	82.08	62.13	49.57	25.89
2007	34.94	29.68	1605.27	1840.07	82.01	63.17	66.92	32.97
2010	32.20	26.74	1804.81	2346.75	n. a	n. a	62.87	36.25
2011	30.98	26.01	2019.28	2569.85	n. a	n. a	63.99	35.70
2011/1978	34.4	29.3	11.5	15.6	—	—	85.3	—

注：＊采用 1978 年为基期的农村居民消费价格指数对农村居民年人均纯收入进行平减。

资料来源：作者根据相关统计年鉴整理。

（二）资源要素约束下要素替代弹性差异是两省粮食生产经营方式转型相异的要因

江浙粮食生产经营方式差异是如何形成的？首先要厘清粮食生产经营不同方式形成的机理。从农业投入角度看，在劳动力转移之后，农户往往将增加的收入通过资本要素（化肥、机械等）投入到农业生产中对劳动力进行替代，以弥补劳动力短缺造成的损失，提高农业生产力，进而保证农业产出。收入增加带来的资本增加效应可能超过劳动力短缺效应对农业生产造成的有利影响（Lucas，1987；Dustmann 等，2001；Black 等，2003；Konseiga，2007）；收入增加带来资本增加效应也可能无法弥补劳动力短缺效应，对农业生产带来消极影响（Rozelle 等，1999）；或者，也可能二者相持平，对农业生产影响有限（Durand 等，1996；Taylor 等，1996；Brauw 等，2003）；再或者，二者相互关系处于变化状态（Mendola，2008）。因此，非农就业对农业的影响是多维度的，通过劳动力短缺造成的生产限制和资本的增加造成的生产机会两方面相互作用并进行微妙的适应，对农业生产

产生不同的影响（Clark L.，2009）。

1. 粮食生产经营方式转型的形成机理

NELM 理论在分析劳动力转移下农业生产变化时假定发展中国家农村劳动力市场、资本市场及风险市场发育不完善，使得农户生产面临资金流动和风险的双重约束。非农就业带来家庭人力资本的流失和资金流动性水平的提高，因此改变了农户生产决策的约束条件，从而给农业生产带来影响，具体表示为：假设农户的固定资源拥有量为 T，农户从事高回报和低回报两种生产活动（如"经济作物—粮食"或"非农就业—农业"），产出分别为 Q_1 和 Q_2。线 PP 为生产可能性边界。劳动力转移改变了劳动力供给、资金流动性、风险承受能力等禀赋，使得产品的产出受到了约束，假设高回报产品产出受到约束条件 $C(\cdot)=T_1$，$T_1=C(M，R)$（M 表示外出务工劳动力数量，R 表示打工流入汇款数额）限制，此时，高回报农业生产的产出为 Q_1^C，低回报农业产出为 Q_2^C。约束线 $C(\cdot)$ 会因劳动力短缺效应和资本效应的相互作用而产生向上或向下的移动，使得农户的均衡产出发生变化（见图3）。

基于以上 NELM 分析框架，本文可以依此归纳出不同粮食生产经营方式的转型机制。假设农户只有两种产出，粮食产出 Q_1 和非农就业产出 Q_2，农户所拥有可用于农业生产的资源水平为 $C(\cdot)=C(A，L，R)$，A 为耕地资源，L 为劳动力，R 为资本投入。假定非农就业前，农户拥有粮食生产资源初始水平为 C_0，此时农业产出为 Q_1^0。当劳动力发生转移时，农户会依据粮食生产资源水平变化而改变生产决策：

情形1：当农业劳动力转移开始，若劳动力短缺效应 $|U(L)|$ 大于收入增加带来的资本效应 $|U(R)|$，即 $|U(L)>|U(R)|$，此时收入的增加还不足以支付充分的农业资本要素以弥补劳动力的短缺，粮食生产资源水平就会下降变为 C_1，粮食产出受到资源水平约束后变为 Q_1^{C1}（见图4）。有些农户可能会将这种状况维持下去，以非农产业为主业、粮食生产为副业，从事仅以满足口粮为目的的传统低效率粮食生产，这一般会出现在劳动力转移刚开始时，或者出现在非农收入较低的地区。

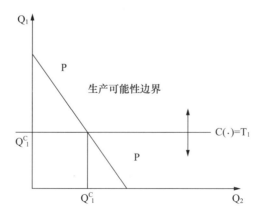

图3 劳动力外出务工对家庭生产的潜在影响

情形 2：有些农户在劳动力转移刚开始时，劳动力短缺效应起到主要约束作用，即 $|U(L)>|U(R)|$；而随着汇款回流增加，逐渐增加粮食资本投入，逐步充分替代劳动力，提高生产效率，最后资本效应大于劳动力短缺效应，即 $|U(L)<|U(R)|$，使得粮食生产资源水平提高至 C_2，此时，在非农业产出不变的前提下，粮食相对产出提高，生产可能性边界发生移动，粮食产出上升为 Q_1^{C2}（见图 5），在生产效率足够高时，Q_1^{C2} 也可能等于或高于 Q_1^0。这种情形主要出现在以机械、化肥、社会化服务组织等要素能够充分替代劳动力的地区。

微观经济学的替代原理指出，生产同量产出可以通过将可变投入进行不同数量的组合而得到，但是生产要素间的替代弹性是有范围的。基于此，考虑下面的极端情况：

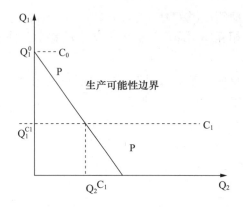

图 4   生产方式转变情形 1

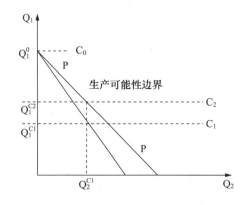

图 5   生产方式转变情况 2

情形 3：粮食生产受到劳动力约束极强、资本的投入对其替代能力有限，即非农就业带来的劳动力短缺效应远大于资本增加的效力，$|U(L)|\ll|U(R)|$。此时，随着劳动力的机会成本不断上升，粮食资本投入带来的粮食产出越来越难以弥补短缺劳动力的

机会成本，粮食生产资源水平约束相对日益增强，达到 C_2 水平，农户就会放弃农业生产（见图6）。这种情形将出现在劳动力要素难以被其他要素替代的地区，例如，山区丘陵地带，受到地形限制，机械难以大规模作业甚至难以被使用，当非农收入逐渐提高却无法转为粮食资本使用时，农户就会选择撂荒。但是还有一种情况，若非农收入积累水平有限，虽然也无法转为粮食资本使用，但农户仍会选择低效率种植，如情形1。

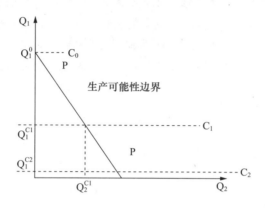

图6　生产方式转变情况3

情形4：若非农就业带来的资本效应极大幅度提高了农业生产资源水平，即资本增加的效力远大于非农就业带来的劳动力短缺效应，$|U(L)| \ll |U(R)|$，使得粮食生产资源总水平提高至 C_2，此时，粮食由劳动密集型生产转化为资本密集型生产，在非农业产出不变的前提下，生产可能性边界发生移动，粮食产出上升为 $Q_1^{C_2}$，在资本效应足够大时，$Q_1^{C_2}$ 甚至超过初始产出 0_1^0。表现在种植业上即在地形优越地区进行粮食扩大规模生产，在地形受限地区表现为由粮食生产转为经济作物生产（见图7）。

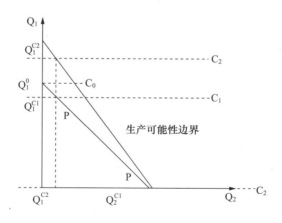

图7　生产方式转变情形4

从理论分析可知，劳动力转移是农户粮食生产经营方式转型的主要推力，劳动力短缺效应和收入增加的资本效应，二者相互作用推动不同的生产决策，劳动力短缺效应与资本效应的相互作用主要表现在资本对劳动力的替代弹性上，但其替代弹性将会受到经济因素、地理因素的限制。而苏浙两省的经济因素相似，地理因素差异较大，因此，两省的粮食生产经营的差异可能会表现在受地理因素影响的资本对劳动的替代弹性上。

2. 地理资源禀赋差异决定两省粮食生产资本对劳动力要素替代弹性差异

从地形特征上看，江苏是全国地势最低的省份，绝大部分地区在海拔 50 米以下，平原面积达 7 万平方公里，占全省面积的 70% 以上，由苏南平原、苏中江淮平原、苏北黄淮平原组成，低山丘陵仅占全省总面积的 14.3%。因此，地势低平、河湖较多，平原、水面占比大成为江苏的显著地理特征。浙江虽与江苏接壤，地形特征却有天壤之别。浙江平原和盆地仅占全省陆地面积的 23.2%，山地和丘陵占比达 70.4%。地势自西南向东北呈阶梯状倾斜，平原主要分布在浙北。因此，江浙两省存在地理上的明显差异，江苏以平原为主，浙江以山地丘陵为特征。

相对于平原地区，丘陵山地对农业生产的约束体现在两点：第一是耕地空间的约束。丘陵山地耕地的空间分布有其自有特征，由于山体、河流、沟壑、非耕用地的阻隔、抬升、充斥等，耕地空间分布会出现块多、面小、分散等特点，这会严重影响耕地资源潜力和生产利用效率（杨庆华等，2005）。第二是机械设备作业效率约束。丘陵山地所具有的地理条件复杂、土地相对不集中、农业基础设施薄弱等因素使得农机作业难以推广，应用于平原地区的农机设备从功能上来说大部分无法适应丘陵山地的实际需求，尤其是大型农业机械。因此，理论上分析，浙江在耕地利用效率及机械要素使用上会因受到地形因素限制而不如江苏。

3. 机械要素对劳动力替代弹性差异是江浙粮食经营方式相异的要因

基于前文粮食生产经营方式转变的理论分析，浙江粮食生产与情形 3 状况相符，即机械要素由于受到资源约束而对劳动力替代弹性小，当劳动力机会成本持续上升时，替代弹性偏小带来的资本效应难以弥补劳动力短缺效应现象愈加明显。

观察两省机耕率、机收率的变化趋势，江苏机耕率由 1980 年的 62.52% 上升到 2007 年的 82.01%，涨幅为 31.17%，浙江从 1980 年的 52.99% 上升至 2007 年的 63.17%，涨幅为 19.21%；江苏机收率从 1980 年的 0.92% 上升至 2011 年的 63.99%，浙江从 1980 年的 0.16% 上升至 2011 年的 35.7%。也就是说，江苏的机耕与机收总体水平高于浙江，这也再次说明从总体水平上江苏呈现比浙江更高的农机作业能力。将两省机耕率、机收率分别与农业劳动力占比变化趋势（表 2）相比，可以发现，在两省的劳动力转移比例及其变化趋势相似的情况下，江苏的机耕率与机收率总体水平及变化斜率要高于浙江，说明在机械对劳动力要素的总的替代能力上江苏要高于浙江，即江苏的机械对劳动力替代弹性要大于浙江。

此外，观察农业从业劳动力人均耕地面积（见图 13）可以发现，浙江受自然资源禀赋限制，先天面临人多地少的情况。随着劳动力转移加剧，资本替代劳动频繁，江苏和浙江农业"过密化"现象得到缓解，但是江苏的缓解程度高于浙江，浙江的农业"过密化"现象并没有随着人口转移大幅度减少而出现较大程度的缓解。这也进一步验证，相对于江苏，浙江的劳动力要素更难以被替代，尤其是农业机械受到地形限制，发展水平有限，使得机械对劳动力的替代能力小，这将迫使部分农户考虑劳动机会成本，采取季节性休耕降低复种的生产经营方式。

五、结论

在农村劳动力的产业转移和地区流动加速的背景下，农民的粮食生产经营方式发生转变，传统的经营方式被打破，形成撂荒、半工半农、规模经营等各种生产方式并存的局面。对于粮食生产演变原因的解释，学者们已经给出丰富的答案，但是这些解释结果仍无法很好地解释这一种情况：同为长三角地区的发达省份，苏、浙两省经济发展水平相似，同时具有相似的劳动力转移背景，但在粮食生产演变上却相异。

本文基于 NELM 理论，结合统计数据分析得到如下结论：劳动力转移是农户粮食生产经营方式转型的主要推力，劳动力短缺效应和资本增加效应相互作用推动不同的粮食生产经营方式。劳动力短缺效应与资本增加效应的相互作用主要表现在资本对劳动力的替代弹性上，而该替代弹性又会受到经济因素、地理因素的限制。江浙两省机械对劳动力替代弹性的差异正是影响粮食经营方式的重要原因，浙江多丘陵山区的地形特征使得机械发展能力受限，机械对劳动力替代弹性较小，农户基于劳动机会成本考虑及对自然改造无能为力的情况下，处于丘陵地区和山区的农户或者选择调整生产结构，从原来种植粮食作物改为种植经济作物，或者改变农业生产经营方式，减少耕地的复种程度，实施节性休耕，最终导致浙江粮食播种面积锐减。相反，在粮食主产县多平原的江苏省，机械对劳动的替代弹性较大，机械化水平的不断提高阻止了复种指数和农作物播种面积的下降，稳定了粮食生产面积。

随着地区经济发展差距的不断扩大，并不是所有经济发达地区的粮食生产都将加剧萎缩，对于自然地理条件适宜、人均耕地资源丰富的发达地区，粮食生产受到经济发展冲击的强度会削弱；对于资源禀赋条件差、人均耕地资源稀缺的发达地区，粮食生产受到经济发展冲击后萎缩现象会愈加明显。

参考文献

［1］Black R., King R., Tiemoko R. Migration, Return and Small Enterprise Development in Ghana: A Route of Poverty? University, of Sussex, Sussex Centre for Migration Research. Working Paper 2003.

［2］Brauw A., Rozelle S. Household Investment Through Migration in Rural China. Williamstown, MA: Department of Economics, WilliamsCollege. Economics Department Working Paper, 2003.

［3］Brown P. Population Growth and the Disappearance of reciprocal labor in a Highland Peruvian Community. Research in Economic Anthropology, 1987（8）：225 – 245.

［4］Clark L. Gray. Rural Out – migration and Smallholder Agriculture in The Southern Ecuadorian Andes. Population and Environment, 2009, 30（4）：193 – 217.

［5］Durand J., Parrado E., Massey D. Migradollars and Development：A reconsideration of the Mexican case. International MigrationReview, 1996（30）：423 – 444.

［6］Dustmann C., Kirchkamp O. The Optimal Migration Duration and Economic Activities After Return Migration. Journal of Development Economics, 2002, 67（2）.

［7］Ellis F. Rural Livelihoods and Diversity in Developing Countries. Oxford：Oxford University Press, 2000.

［8］Hull J. Migration, Remittances, and Monetization of Farm Labor in Subsistence Sending Areas. Asian and Pacific Migration Journal, 2007（16）：451 – 484.

［9］Konseiga A. Household Migration Decisions As a Survival Strategy：The case of Burkina Faso. Journal of African Economies, 2007（16）：198 – 223.

［10］Lucas, R. Emigration to South Africa's mines. The American Economic Review, 1987（77）：313 – 330.

［11］Lohmar B., FredGale1. Who Will China Feed? Amber Waves（Economic Research Service/USDA）, 2008, 6（3）：10 – 15.

［12］Mendola M. Migration and Technological Change in Rural Households：Complements or substitutes? Journal of Development Economics, 2008（85）：150 – 175.

［13］Rigg J. Land, Farming, Livelihoods, and Poverty：Rethinking the links in the Rural South. World Development, 2006（34）：180 – 202.

［14］Rozelle S., Taylor J. E., de Brauw A. Migration, Remittances and Agricultural Productivity in China. American Economic Review, 1999, 89（2）.

［15］Rudel T., Coomes O., Moran E., Achard F., Angelsen A., Xu J., et al. Forest Transitions：Towards a global understanding of landuse change. Global Environmental Change, 2005（15）：23 – 31.

［16］Stark O., Bloom D. The New Economics of Labor Migration. American Economic Review, 1985（75）：173 – 178.

［17］Stark O. The Migration of Labor. Cambridge, MA：Basil Blackwell, 1991.

［18］Taylor J., Arango J., Hugo G., Kouaouci A., Massey D., Pellegrino A. International Migration and Community Development. Population Index, 1996（62）：397 – 418.

［19］Zimmerer K. Soil Erosion and Labor Shortages in the Andes With Special Reference to Bolivia, 1953 – 1991：Implications for "Conservation – with – development". World Development, 1993（21）：1659 – 1675.

［20］曹阳，胡继亮. 中国土地家庭承包制度下的农业机械化——基于中国17省（区、市）的调查数据. 中国农村经济, 2010（10）：57 – 65.

［21］高帆. 我国粮食生产的地区变化：1978 ~ 2003. 管理世界, 2005（9）：70 – 78.

［22］顾莉丽，郭庆海. 中国粮食主产区的演变与发展研究. 农业经济问题, 2011（8）：4 – 9.

［23］黄季焜，杨军，仇焕广. 新时期国家粮食安全战略和政策的思考. 农业经济问题, 2012（3）：4 – 8.

［24］陆文聪，梅燕，李元龙. 中国粮食生产的区域变化：人地关系、非农就业与劳动报酬的影响效应. 中国人口科学，2008（3）：20 – 28.

［25］李裕瑞，吕爱清，卞新民. 江苏省人均粮食地域格局变化特征及驱动机制. 资源科学，2008（3）：423 – 430.

［26］马永欢，牛文元，汪云林，周立华. 我国粮食生产的空间差异与安全战略. 中国软科学，2008（9）：1 – 9.

［27］万宝瑞. 深化对粮食安全问题的认识. 农业经济问题，2008（9）：4 – 8.

［28］王大伟，刘彦随，卢艳霞. 农业结构调整对全国粮食安全的影响分析. 中国人口资源与环境，2005（2）：65 – 68.

［29］薛宇峰. 中国粮食生产区域分化的现状和问题. 管理世界，2008（3）：173 – 174.

［30］杨庆华，杨世先，马文彬，施正丹. 山地农业区耕地资源空间分布状况——以云南省玉溪市为例. 山地学报，2005（6）：749 – 755.

［31］于晓华，Bruemmer Bernhard，钟甫宁. 如何保障中国粮食安全. 农业技术经济，2012（2）：4 – 8.

［32］张利国. 新中国成立以来我国粮食主产区粮食生产演变探析. 农业经济问题，2013（1）：20 – 26.

［33］周力，周应恒. 粮食安全：气候变化与粮食产地转移. 中国人口资源与环境，2011，21（7）：162 – 168.

Resources Endowment, Factor Substitution and the Transformation of Agricultural Production and Operation: Example from Food Production in Jiangsu and Zhejiang

Ying Ruiyao and Zheng Xuyuan

Abstract: Under the background of rural labor transfer, farmers' production and operation of grain has changed. There is a case that the traditional explanation for food crops production reasons cannot be well explained: the evolution of food crops production is different between Jiangsu and Zhejiang, while theirlevel of economy and background of labor transfer are similar. Empirical evidence suggests that, Zhejiang features more hilly terrain, which limits the development of machinery, making the elastic of machinery instead of labor smaller. Farmers are rational, considering the opportunity cost and nature cannot be remade, farmers will switch to the economic crops production, or to maintain the low efficient productionof food crops in order to meet the needs of the food, or abandon the food crops production, ultimately leading to sharp drop of sown areas of food crops in Zhejiang. Further concluded that, with the development of regional economic gap is widening, not all the economically developed areas' food productionwill shrink fast, the strength of the impact of economic development to food production will be weakenedin the region that has suitable geographical conditions and rich per capita cultivated land resource.

土地调整与农地租赁市场：基于
数量和质量的双重视角[*]

田传浩　方　丽

【摘　要】土地调整对农地租赁市场发育的影响是本文所关注的问题。以往的研究大多只强调农地租赁市场的交易数量，而忽略了市场发育的质量。本文从农地租赁市场交易数量和交易质量的双重视角出发，在建立市场交易模型的基础上，推导出如下理论命题：①土地调整会增加非农就业与租赁市场上的土地供给，在供给弹性小于需求弹性的远郊地区，这会增加农地租赁市场的交易数量。②土地调整对农地租赁市场的交易质量有着负面的影响，它使得农户间租赁签订契约的可能性下降，租赁期限缩短，并进而降低农户对土地的投资。本文利用 2000 年苏、浙、鲁 53 个村、2001 年苏、浙、鲁 30 个村和 2009 年陕、浙 36 个村的 2398 户农户的第一手调查数据对上述命题进行了检验。

【关键词】土地调整；农地租赁市场；市场交易数量；市场交易质量

一、引言

本文不仅从参与农地市场的农户比例、农地市场配置农地面积等"量"的维度来测度农地市场发育程度，还从土地市场的契约稳定性来衡量土地市场的"质"。很显然，只有在土地市场中形成的契约质量更高，才更有可能保障土地租赁者的产权稳定性，从而增加土地投资、提高土地利用效率。以往的研究多从参与土地市场的农户比例和参与土地市场的土地面积比例来分析土地市场发育（Kung，2002；Yao，2000；金松青、Deininger，

---

*　本文选自《经济研究》2013 年第 2 期。田传浩、方丽，浙江大学公共管理学院，邮政编码：310027，电子信箱：tch@ zju. edu. cn，fangli2088@ 163. com。本文得到了国家自然科学基金（70603023、70973107）的资助，特此致谢。此外，论文的初稿曾经在 2011 年中国青年经济学者论坛和中国经济学年会宣读；内蒙古大学杜凤莲教授等诸位专家学者为本文提出了宝贵的意见；匿名审稿人提出了非常宝贵的意见和建议，在此一并致谢。由于篇幅的限制，我们删节了本文的部分章节内容，对本文感兴趣的读者可以在《经济研究》网站（www. erj. cn）的工作论文栏目中找到完整的版本。文责自负。

2004），仅研究了"量"的维度。本文的研究是对以往研究的进一步深化。

随着市场经济改革的深入，我国农村地区土地租赁市场逐渐形成并日益活跃；近年来在经济较为发达地区，农地租赁市场交易已经相当普遍（金松青、Deininger，2004；田传浩、贾生华，2004）。但从市场交易契约来看，目前我国农地市场普遍租赁期限较短，契约不规范，租赁交易很不稳定（陈和午、聂斌，2006；黎霆等，2009）。由于农地租赁市场交易有着边际产出拉平效应（Besley，1995；姚洋，2000），能够提高土地资源的配置和利用效率，因此受到了学术界较为广泛的关注（Swinnen，Vranken，2006；Feng，2008；Tian 等，2012；刘向南、吴群，2010）。其中市场交易数量的增加意味着经营能力较高的农户获得更多的农地，这会带来农地资源配置效率的提升；而市场交易的质量则通过影响承租户的投资决策影响到被租赁农地最终的利用效率。对农地租赁市场交易数量和质量的研究对于提高农地配置与利用效率、增加农业产出、促进粮食安全和经济增长有着积极的意义。

与此同时，保障农村地权稳定性的努力通过一系列法律与政策的制定而不断推进，农村土地调整在制度上受到了严格的限制。[①] 在实践中，一方面，随着法律制度的推进，土地调整的规模和频率有所下降；另一方面，直到最近，不少村庄仍然进行着或多或少的土地调整（陶然等，2009；杨学成等，2008）。土地定期或不定期的调整意味着农村土地产权的不稳定，那么土地调整带来的不稳定的土地产权是否会阻碍农地租赁市场的发育呢？土地调整对市场交易数量以及市场交易质量分别会带来怎样的影响呢？

就此学术界进行了一系列的研究，但到目前为止尚未达成一致结论。一些学者认为土地调整会阻碍农地租赁市场的发育（钱忠好，2002；Lonmar 等，2001；姚洋，2000；Brandt 等，2002；张红宇，2002）。另一些学者则认为土地调整未必会阻碍农地租赁市场发育（Fafchamps，2000；Kung，2002；Kimura 等，2011）。还有一些学者甚至发现在特定的条件下，土地调整能够促进农地租赁市场的活跃（田传浩、贾生华，2004；杨丹、刘自敏，2010）。

以上不同的研究结果导致了学术界的激烈争论，相关研究层出不穷，做出了非常有益的探索。但是已有研究仍存在三点主要的缺陷：第一，已有研究对农地租赁市场发育的测度仅仅是对市场交易数量的量度，而忽略了对市场交易质量的测度。很明显，即使两个村庄有着相同的农地租赁市场交易量，也很难认同它们有着相同发育程度的农地租赁市场。一些村庄的农地租赁得到严格的保障，另一些村庄市场交易受到土地调整所带来的潜在威胁。一些村庄的交易有着书面的合同，交易对象广泛；另一些村庄农地租赁主要依靠口头合同，为避免风险、降低交易费用，交易多在亲属间进行。这些都会影响农地租赁市场交

---

① 1984 年，中共中央一号文件确定了农户土地承包期 15 年不变；1993 年 11 号文件又提出将承包期延长到 30 年；2002 年通过的《农村土地承包法》规定"耕地的承包期为三十年"（第三节第二十条），"承包期内，发包方不得调整承包地"（第三节第二十七条）（刘守英，2008）。2003 年《土地管理法》明确规定"土地承包期限为 30 年"（第二章第十四条）；2007 年《物权法》规定"承包期内发包人不得调整承包地"（第十一章第一百三十条）。2009 年中共中央一号文件强调"现有土地承包关系保持稳定并长久不变"。

易的质量，并通过影响投资进而影响到租赁土地的利用效率。忽略市场质量使得已有研究看待农地租赁市场发育的视角存在一定的偏差。第二，已有研究虽然发现了在不同时间、不同地区，土地调整对农地租赁市场交易数量的影响方向是不同的，但没能识别出导致这一影响方向变化的边界条件。[①] 第三，缺乏完整的理论构建。在实证研究中，部分文章只是通过计量分析的方法得到了一个经验证据，而没有进行理论构建；一些文章进行了理论分析但没有给出一个完整的逻辑链条。进行一个相对系统完整的理论构建是对该领域研究进行总结性回顾以及进一步深入研究所必须攻克的要塞。

本文试图从上述三个方面入手，弥补已有研究的不足。本文的主要贡献有：第一，首次引入了市场交易质量的视角，同时从数量和质量两个视角来看待农地租赁市场，在边际上增进了学术界对农地租赁市场发育的认识。农地租赁市场交易质量视角的引入，不仅对以土地调整与农地市场关系为主题的研究有所推进，还会对所有涉及农地租赁市场发育的更广泛的研究主题有所启发。第二，从弹性的视角切入，在理论上明确识别了决定土地调整对农地租赁市场交易数量的影响是正向、负向还是没有影响的边界条件。已有研究中相互矛盾的经验证据得以统一于这一理论框架之下。第三，首次建立了包含农业与非农就业风险、劳动力流动、市场供求的土地调整对农地租赁市场交易数量影响的理论框架，以及包含了产权稳定性、交易契约、承租者投资的土地调整对农地租赁市场交易质量影响的理论框架，提供了一个较为系统的理论模型，弥补了已有研究在理论方面的欠缺。

二、理论模型

（一）土地调整、劳动力流动与农地租赁市场发育：一个市场交易数量的视角

设农户 i，初始分配耕地为 A_i^*，劳动力禀赋为 L_i^*，投入农业生产的劳动力禀赋为 L_i，投入农业生产的土地禀赋为 A_i，在耕地、劳动力初始禀赋及其配置上，每位农户都可能是不同的。农业部门土地租金率为 r，非农业部分工资率为 w。为简化起见，设农业部门内部只存在土地市场而不存在劳动力市场。农户从事农业生产存在风险 m，m 是农业生产收益遭到剥夺的概率，是禁止土地调整程度 k 的一个函数，$m = m(k)$。村庄禁止土地调整的力度越强，则被剥夺的风险越小，因此 $dm/dk < 0$。设农产品价格为 p。此时，农户的农业收益函数为 $g(L_i, A_i, m) = (1-m)pf(L_i, A_i) + r(A_i^* - A_i)$。

---

① 在这一点上，田传浩和贾生华（2004）做出了初步的努力，他们认为在人地矛盾紧张的地区，土地调整会增加农地租赁市场交易数量；反之，人地矛盾不紧张，则不会增加交易数量，甚至可能使交易量萎缩。但是，"人地矛盾紧张"作为他们所给出的边界条件只是基于经验上的判断，没有上升到理论的高度。

农户从事非农就业存在风险 v，v 是农户找不到非农工作便会失去生活来源的概率，也是 k 的一个函数，v = v(k)。村庄进行土地调整的可能性越大，即使农户找不到非农工作，也总有足够的人均耕地作为保障，这降低了农户找不到非农工作便会失去生活来源的风险，因此 dv/dk > 0。此时，农户的非农收益函数为 $n(L_i^* - L_i, v) = (1-v)w(L_i^* - L_i)$。由此，农户的总收益函数为 $z(L_i, A_i) = (1-m)pf(L_i, A_i) + r(A_i^* - A_i) + (1-v)w(L_i^* - L_i)$。

在上述假定下，首先考虑劳动力和农地租赁市场均为完全市场①情况下的模型。此时，由于市场范围很大，因此视土地租金率 r 和非农就业工资率 w 都是外生决定的。在此条件下最大化农户收益，得到均衡解：

$$p\frac{\partial f(L_i, A_i)}{\partial L_i} = \frac{1-v}{1-m}w, \quad p\frac{\partial f(L_i, A_i)}{\partial A_i} = \frac{r}{1-m}$$

根据以上前提假设可推导得到：②

命题 1　存在土地调整的村庄，农户更倾向于进行非农就业，并租出土地。

推论 1.1　土地调整越频繁的村庄，农户越倾向于从事非农就业，非农就业的收入就越高。

推论 1.2　土地调整越频繁的村庄，农户越倾向于租出土地，租出面积也越大。

推论 1.3　农户非农就业的可能性与耕地出租的可能性正相关。

限定市场范围，考虑农地租赁市场为不完全市场时的情形。③ 设一个村庄农户数量为 Q。设存在两类农户 α，β；α 为土地纯需求者，β 为土地纯供给者。α 的个数为 α_q，β 的个数为 β_q，$\alpha_q + \beta_q + \theta = Q$，θ 为不参与交易的农户。设单个 α 农户的需求曲线为 $A_d^s = A_\alpha(r, k) - A_a^*$，市场需求曲线为 $A_d = \alpha_q A_\alpha(r, k) - \alpha_q A_a^*$，$\partial A_\alpha/\partial r < 0$，$\partial A_\alpha/\partial k > 0$；设单个 β 农户的供给曲线为 $A_s^s = A_\beta^* - A_\beta(r, k)$，市场供给曲线为 $A_s = \beta_q A_\beta^* - \beta_q A_\beta(r, k)$，$\partial A_\beta/\partial r < 0$，$\partial A_\beta/\partial k > 0$。

当市场均衡时，$A_d = A_s$，$\alpha_q A_\alpha(r, k) - \alpha_q A_a^* = \beta_q A_\beta^* - \beta_q A_\beta(r, k)$，需求弹性 $K_d = \partial A_d/\partial_r = \alpha_q \partial A_\alpha(r, k)/\partial_r$，供给弹性 $K_s = \partial A_s/\partial r = -\beta_q \partial A_\beta(r, k)/\partial r = -(Q - \theta - \alpha_q)\partial A_\beta(r, k)/\partial_r$。

简化供需函数，令 $Q_d = -K_d r + a$，$Q_s = K_s r + b$，$Q_d = Q_s$。

解得均衡时，$r = \frac{a-b}{K_s + K_d}$，$Q = \frac{K_s}{K_s + K_d}a + \frac{K_d}{K_s + K_d}b$，这意味着市场成交量取决于均衡

---

① 这里的完全市场指的是新古典经济学框架中的完全竞争市场，其中主要强调的一点是市场范围很大，不受到（村庄）行政边界的限制；这就保证了有充分的外部供给与需求。

② 具体的推导步骤略，有兴趣的读者可参见本文网络上的完整版本。以下同。

③ 这里的不完全市场，是在前文完全市场的假定中改变对市场范围不受限制的假定，而令农地租赁市场的界线受到村行政边界的限制。这一限定市场范围的假设是符合实际的，经验上我国目前的农地租赁交易通常发生在本集体经济组织内部。为简化分析，本文中"弹性"的意义不同于经济学中常用的定义。若采用经济学中常用的定义，并不改变本文的结论。

点处需求和供给弹性的相对大小。考虑如下两种情况：

情况 I α_q 较大，而 β_q 较小，这在非农就业机会较少的远郊农村[①]更容易发生。此时，需求弹性 K_d 较大，而供给弹性 K_s 较小，$Q \to \dfrac{K_d}{K_s + K_d}b$，即市场成交量更多地由供给决定。当供给增加或减少时，市场交易量也会随之增加或减少；而需求的变化更多地影响市场价格而非市场成交量。

情况 II α_q 较小，而 β_q 较大，这在非农就业机会较多的近郊农村更容易发生。此时，需求弹性 $\partial A_d / \partial r$ 较小，而供给弹性 $\partial A_s / \partial r$ 较大，$Q \to \dfrac{K_s}{K_s + K_d}a$，即市场成交量更多地由需求决定。当需求增加或减少时，市场交易量也会随之增加或减少；而供给的变化更多地影响市场价格而非市场成交量。

当不存在土地调整时，市场需求曲线为 $A'_d = \alpha_q A_{\alpha max}(r) - \alpha_q A_\alpha^*$，市场供给曲线为 $A_s' = \beta_q A_\beta^* - \beta_q A_{\beta max}(r)$，由此可经推导得到：

命题 2 在供给弹性小于需求弹性时，进行土地调整的村庄农地租赁市场的交易量大于不进行土地调整的村庄。在需求弹性小于供给弹性时则相反。

推论 2.1 在供给弹性小于需求弹性时，土地调整越频繁的村庄农地租赁市场的交易量越大。在需求弹性小于供给弹性时则相反。

接下来考虑将弹性内生化，并引入长期的概念。在长期，弹性是内生的，非农就业机会较少的远郊地区（同时也是供给弹性较小的地区）会随着时间的进程增加非农就业的机会，也就是说在长期中，供给弹性 K_s 会逐步增大，而需求弹性 K_d 会逐步缩小。这意味着，土地调整在第一阶段会增加市场的交易量，而在后一个阶段则会减少市场交易量。由此得到：

推论 2.2 当农村劳动力转移达到一定程度时，即使最初供给弹性较小的农地租赁市场也将由供给弹性较小逐步转为需求弹性较小，此时，在长期中土地调整会减少农地租赁市场中的交易量。

（二）土地调整、投资与农地租赁市场发育：一个市场交易质量的视角

设出租方签订契约的年收益为 r_c，签订一次契约的固定交易费用为 T_c，设存在一个概率 $v(z, t) = zt$，z 为村庄进行土地调整的程度，t 为每次签订契约的契约期限，设每次选择的契约期限都相等。租赁土地会被收回或调整，这时出租方要负责赔偿承租方在土地上的投资 I。出租方签订契约时的纯收益为 $\pi = r_c t_{max} - ztI - T_c \cdot t_{max}/t$。当村庄不存在土地调整时，此时 $z = 0$，签订契约的纯收益 $\pi_0 = r_c t_{max} - T_c \cdot t_{max}/t$。

由此可经推导得到：

---

① 这里采用高艳、叶艳妹（2004）所给出的定义：远郊农村指远离市区、交通不便、发展相对滞后的村庄，此类村庄包括了绝大部分农村地区；近郊农村指处于城乡接合部城市规划区内或重点建设项目区内的村庄，往往正在进行由农村向城市的转化。

命题3 存在土地调整的村庄，农户签订租赁契约的可能性较低；土地调整频率越高的村庄，农户签订契约的可能性越低。

命题4 存在土地调整的村庄，农户签订契约的期限较短；土地调整频率越高，农户签订契约的期限就越短。

设农户第0期拥有资本禀赋M，可以用于投资(I)和现期消费(C_0)。投资收益用于下期消费(C_1)。投资回报率为ε，贴现率为η。农户第0期消费$C_0 = M - I$，第1期消费$C_1 = Ie^{\frac{1+\varepsilon}{1+\eta}}$。最大化农户效用函数$MaxU(C_0，C_1) = Max(lnC_0 + lnC_1) = Max\left[ln(M-I) + \frac{1+\varepsilon}{1+\eta}lnI\right]$，解得$I = \frac{(1+\varepsilon)M}{2+\eta+\varepsilon}$。

当没有签订契约时，投资回报变得不确定。在第1期设存在θ的概率可以得到投资回报率ε，$(1-\theta)$的概率无法得到投资回报，$\theta \in [0，1)$。此时期望回报$E(\varepsilon) = \theta\varepsilon$，最优投资选择$I' = \frac{(1+\theta\varepsilon)M}{2+\eta+\theta\varepsilon}$。由此可以经推导得到：

命题5 不存在土地调整的村庄承租户对土地的投资较多，存在土地调整的村庄承租户对土地的投资较少。

增加一期期数，假设投资决策均在第0期统一做出，但投资分短期和长期，短期投资收益在第1期获得，长期投资收益则要到第2期才获得。此时，第0期消费$C_0 = M - (I_1 + I_2)$，第1期消费$C_1 = I_1e^{\frac{1+\varepsilon}{1+\eta}}$，第2期消费$C_2 = I_2e^{\frac{2(1+\varepsilon)}{1+\eta}}$。最大化效用$MaxU(C_0，C_1，C_2) = Max\left[ln(M-I_1-I_2) + \frac{1+\varepsilon}{1+\eta}lnI_1 + \frac{2(1+\varepsilon)}{1+\eta}lnI_2\right]$，解得$I_n = I_1 + I_2 = \frac{3(1+\varepsilon)}{4+3\varepsilon+\eta}M$。

当租期较短时，也即在第2期，出租方未必续租给现有承租者，这意味着承租者的长期投资会存在概率$(1-\theta)$无法收回。此时，第2期投资的期望回报为$E(\varepsilon) = \theta\varepsilon$。这时，第2期的消费变为$C_2 = I_2e^{\frac{2+(1+\theta)\varepsilon}{1+\eta}}$。此时的效用最大化问题为$Max\left[ln(M-I_1-I_2) + \frac{1+\varepsilon}{1+\eta}lnI_1 + \frac{2+(1+\theta)\varepsilon}{1+\eta}lnI_2\right]$。解得$I'_n = I_1 + I_2 = \frac{3+(\theta+2)\varepsilon}{4+(\theta+2)\varepsilon+\eta}M$。推导可得：

命题6 土地调整频率越低的村庄承租户对土地的投资越多，土地调整频率越高的村庄承租户对土地的投资越少。

三、实 证 检 验

（一）数据来源与描述性统计

本文的数据来源于2000年苏、浙、鲁53个村、2001年苏、浙、鲁30个村和2009年陕、浙 36 个村的土地分配与土地市场交易的第一手调查数据。[①] 其中，村干部有效问卷 118 份，农户有效问卷 2398 份。被调查地区人地矛盾较为突出，人均耕地面积 1.24 亩，其中 2001 年江苏被调查地区仅为 0.63 亩。人地矛盾突出使得农地租赁市场作为一种资源配置手段随着资源的稀缺而显得更加重要；在这种情况下研究这些地区的农地租赁市场具有强烈的现实意义。被调查地区普遍存在着土地调整，村庄平均土地调整年限为 14.92 年。不同省份、不同年份的被调查村庄间在土地调整年限上存在很大差距，这为本文研究是否存在土地调整及调整频率对农地租赁市场的影响提供了良好的数据基础。与此同时，被调查地区的农地租赁市场较为活跃，参与农地租赁的农户比重占到了 32.54%（见表 1），与之前的研究相比（田传浩、贾生华，2003；姚洋，1998；金松青、Deininger，2004），农地租赁市场更为活跃，为本文研究农地租赁市场发育提供了良好的数据支撑。

表 1 被调查地区的人均耕地、土地调整与农地租赁市场基本情况

省份/年份	人均耕地面积（亩/人）	村庄平均土地调整年限[②]（年）	参与租赁的农户比重（%）
江苏/2000	1.09	22.94	12.89
山东/2000	1.12	8.94	22.41
浙江/2000	1.38	7.40	43.21
江苏/2001	0.63	—	27.59
山东/2001	1.10	5.33	30.69
浙江/2001	0.64	6.79	36.13
陕西/2009	2.01	24.89	23.66
浙江/2009	1.40	23.50	58.13
合计	1.24	14.92	32.54

资料来源：课题组 2000 年、2001 年、2009 年山东、江苏、陕西与浙江田野调查（以下表 3、表 4 同）。

从横向截面来看，2000 年浙江、山东、江苏被调查地区具有不同的土地调整频率；江苏省被调查地区的土地调整频率最低，而浙江省被调查地区的土地调整频率最高（见表 2）。随着省份土地调整年限的增长（频率的下降），参与租赁的耕地比重整体上呈现下降的趋势。与此同时，土地调整较少的江苏省，农户间租赁的平均契约年限长于土地调整较多的浙江省和山东省。这表明，土地调整频率的下降可能会降低农地租赁市场的交易数量，但同时可能会提升农地租赁市场的交易质量。从纵向的时间进程来看，2000～2009

---

① 在各行政区内部，依据地理位置和经济发展水平的差异，按照分层随机抽样的方法对村庄进行取样，每个村调查 20 户左右的农户，要求其中尽量有 1～2 户农业经营大户，其余则为随机走访。调研中对那些举家外出、或者家中白天没人的农户无法访谈，因此样本有偏，总体而言会高估村庄土地租入面积，低估土地出租面积，但是由于采用了同样的抽样方式，因此样本村之间的偏差是系统性偏差，可以用于比较不同样本村的基本情况。

② 我们在村干部调查问卷中通过询问村干部你们村的耕地"平均几年调整一次"来测度村庄的土地调整频率：如果平均 5 年调整一次，就填 5；如果完全不调整土地，就填 30（因为不调整土地的政策是一贯的，不仅被调查的年份没有过土地调整，之后的年份也不会进行土地调整）。

年，浙江省的土地调整频率显著下降；[①]与此同时，农地租赁市场的交易数量和交易质量都有所提升。这表明，在长期中，土地调整的减少可能会增加农地租赁市场的交易数量，并同时提升交易质量。

表2 土地调整与农地租赁市场交易的描述性统计

省份/年份	村庄平均土地调整年限（年）	参与租赁的耕地比重（%）	农户间租赁的平均契约年限（年）
浙江/2000	7.40	51.85	3.16
山东/2000	8.94	18.02	1.50
江苏/2000	22.94	8.97	4.10
浙江/2009	23.50	76.62	3.31

资料来源：课题组2000年山东、江苏与浙江田野调查。

（二）土地调整、非农就业与农地租赁市场的交易数量

本文首先采用Logistic模型来检验命题1，采用Logistic与Tobit模型来检验推论1.1和推论1.2，分析村庄土地调整对农户非农就业以及耕地出租的影响。Logistic模型的被解释变量是农户是否从事非农就业以及是否出租耕地。Tobit模型的被解释变量为农户非农收入以及农户出租耕地面积。解释变量为村庄是否进行土地调整及村庄的土地调整年限。土地调整年限越长，意味着村庄的土地调整频率越低。除解释变量外，还有一些因素会对解释变量产生影响，这些因素包括户主年龄、户主受教育年限、[②] 家庭劳动力比例、家庭劳动力数量（Feng，2008；Deininger等，2003）、家庭分配耕地资源禀赋（田传浩、贾生华，2004；马贤磊、曲福田，2010）、村庄人均年纯收入（杨丹、刘自敏，2010）以及年份虚拟变量（De Brauw等，2002）。[③] 本文的计量模型中将这些变量作为控制变量。通过采用村庄层面的土地调整数据与农户层面的农地租赁数据进行检验，本文避免了逻辑上的内生性问题。[④] 此外，由于本文的数据为混合截面数据，为避免不同年份数据混合导致模

---

① 这可能与2002~2003年《土地承包法》及《土地管理法》"禁止土地调整"规定的出台有着直接的关系。

② 在2000年和2001年的调研中我们仅记录了被调查者的年龄及受教育年限（2009年记录了家庭所有成员的年龄与受教育年限），由于调研中要求尽量对户主进行访谈，因此这些被调查者大部分也是该户的户主。在计量模型中，2000年与2001年的样本我们就以被调查者的年龄与受教育年限代替户主的这两项特征，这里可能带来一些偏差，但总体说来影响不大。

③ 省份虚拟变量由于和是否进行土地调整有很强的相关性，因此没有纳入模型。

④ 村庄层面的土地调整政策可能与中央的政策（刘守英，2008；陶然等，2009）、村干部的个人偏好（Kelliher，1997；Brandt等，2002）及村民的集体决策（姚洋，2000）有关，由于本文所采用的计量检验的样本是农户个体层面的样本，因此中央与村干部的决策均可以视为外生于本文的样本，而通过村民的集体决策来影响土地调整政策通常需要村民大会2/3以上多数通过才可实现，对于单个农户来说，这一决策是外生的，因此本文在逻辑上并不存在内生性问题。许多研究在处理类似问题时都是采用同样的做法，将村庄层面的土地调整政策视为外生于个体农户的土地租赁与非农就业决策（Lohmar等，2001；田传浩、贾生华，2004；黎霆等，2009）。此外我们还从技术上对本文所有计量模型进行了瓦尔德内生性检验。内生性检验结果表明，本文模型中的解释与被解释变量间均不存在内生性，因此本文不使用工具变量进行估计。

型突变与异方差问题，本文对计量模型进行了稳定性检验并报告异方差—稳健标准误。[①]模型稳定性检验结果表明，对于本文所关注的解释变量的系数而言，不同年份样本的模型间不存在显著的不稳定性，因此本文将三年的样本统一估计为一个方程。但对其他控制变量的系数而言，不同年份样本的模型存在一定程度的不稳定性，这意味着对本文计量模型中控制变量的系数不能过分自信。

表3的计量结果表明，进行土地调整的村庄，农户更倾向于进行非农就业，并更可能出租耕地。命题1通过了检验。土地调整频率越高的村庄，农户越倾向于从事非农就业，非农收入也越高；与此同时，土地调整频率越高的村庄，农户越可能出租耕地，出租耕地的面积也越大。推论1.1和推论1.2通过了检验。接下来本文利用 bivariate probit 模型检验农户非农就业决策与耕地出租决策间的联立性（推论1.3），若二者间有联立性则表明农户是否非农就业与是否租出耕地的决策是密切相关的，反之则表示二者无明显相关性。bivariate probit 模型的被解释变量为农户是否从事非农工作与农户是否租出耕地，解释变量为村庄是否进行土地调整。计量检验的结果表明，[②] 农户非农就业与耕地出租决策在0.1的统计水平上存在显著的联立性，推论1.3通过了检验。

表3 土地调整与农户非农就业及耕地出租

解释与控制变量	被解释变量					
	模型一 Logistic 农户是否从事非农工作(是=1)	模型二 Logistic 农户是否出租耕地(是=1)	模型三 Logistic 农户是否从事非农工作(是=1)	模型四 Logistic 农户是否出租耕地(是=1)	模型五 Tobit 农户非农收入(万元)	模型六 Tobit 农户出租耕地面积(亩)
常数项	1.140 (0.825)	-2.128*** (0.658)	1.747** (0.729)	-1.736*** (0.673)	-140.205 (55.857)	-3.483** (2.356)
村庄是否进行土地调整（是=1）	0.474** (0.234)	0.302* (0.182)	—	—	—	—
村庄土地调整年限（年）	—	—	-0.019** (0.010)	-0.013* (0.007)	-1.306** (0.583)	-0.467** (0.020)
户主年龄（岁）	-0.017* (0.009)	-0.018** (0.008)	-0.017** (0.009)	-0.018** (0.008)	1.247* (0.684)	-0.028* (0.016)
户主受教育年限（年）	0.106** (0.042)	0.026 (0.031)	0.104** (0.041)	0.025 (0.031)	5.783** (2.949)	0.040 (0.059)
家庭劳动力比例（%）	0.029 (0.535)	-1.056** (0.484)	0.047 (0.535)	-1.045** (0.484)	-10.367 (37.349)	-2.731** (1.087)

① 经检验，本文的计量模型中异方差—稳健标准误与普通标准误相差不大，但为谨慎与准确起见，本文仍报告异方差—稳健标准误。

② 由于篇幅的限制，具体的计量检验结果略，有兴趣的读者可向作者索要。

解释与控制变量	被解释变量					
	模型一 Logistic 农户是否从事非农工作(是 =1)	模型二 Logistic 农户是否出租耕地(是 =1)	模型三 Logistic 农户是否从事非农工作(是 =1)	模型四 Logistic 农户是否出租耕地(是 =1)	模型五 Tobit 农户非农收入(万元)	模型六 Tobit 农户出租耕地面积(亩)
家庭劳动力数量（人）	0.340***	0.067	0.337***	0.065	2.478	0.361
	(0.128)	(0.110)	(0.128)	(0.110)	(8.427)	(0.280)
家庭分配耕地面积（亩）	-0.215***	-0.086***	-0.215***	-0.086***	-5.903**	-0.179**
	(0.030)	(0.032)	(0.030)	(0.032)	(2.516)	(0.830)
村庄人均年纯收入（万元）	1.592**	1.814***	1.554**	1.818***	142.990***	2.216***
	(0.637)	(0.378)	(0.633)	(0.378)	(35.258)	(0.810)
年份虚拟变量	含	含	含	含	含	含
Wald chi2	102.38	148.89	101.55	149.59	47.77	125.98
Prob > chi2	0.0000	0.0000	0.0000	0.0000	0.0000	0.0000
观测值数	1337	1641	1337	1641	1336	1638

注：*、**、***分别表示在 0.1、0.05、0.01 的显著性水平。括号内是异方差—稳健标准误。以下各表同。

最后通过构建 Logistic 以及 Tobit 模型检验命题 2 及其推论。由于本文调查地区属于距离城市较远的远郊地区，因此从经验上判断，这些地区目前总体上来说非农就业机会相对较少，农地租赁市场上需求弹性大于供给弹性，处于"供给配给"的状态（章奇等，2007；林拓，2004）。① 由此推知，土地调整频率的提高会增加这些地区农地租赁市场的交易量。表 3 的检验结果已经表明，存在土地调整的村庄，农户更可能租出耕地，租出面积也更大；土地调整越频繁，农户租出耕地的可能性越大，租出面积也越大。如果对于农户的耕地租入行为也是如此，就可以说明土地调整会同时增加农户租入与租出耕地的可能性及面积，也即增加了市场的成交量。表 4 Logistic 模型的被解释变量为农户是否租入耕地以及是否从其他农户租入耕地。② 相应地，Tobit 模型的被解释变量为农户租入耕地面积以及从其他农户租入耕地的面积。解释变量为村庄是否进行土地调整以及村庄土地调整年限。其他控制变量的选择同前文所述。

表 4 的计量检验结果表明，农户是否租入耕地、是否从其他农户租入耕地、农户耕地租入面积以及从其他农户租入耕地面积均与土地调整呈显著正相关。结合前文表 3 的检验结果可以得到，存在土地调整的村庄，农地租赁市场成交量较大；土地调整频率越高，市

---

① 对被调查地区距离县城的距离、非农就业人口比重、租入租出户比重的详细统计见附表。

② "农户是否租入耕地"与"农户租入耕地面积"中，除了包含农户间的耕地交易情况，还包含了农户与村集体交易的情况（即从集体租赁耕地）。由于本文的理论模型考虑的是农户之间的交易，为了与理论模型相对应，我们还在表 8 与表 9 中对剔除了集体租赁情况的"农户是否从其他农户租入耕地"及"农户从其他农户租入耕地面积"进行了单独的计量检验。

场成交量越大。命题 2 及推论 2.1 通过了检验。

表4 土地调整与农户耕地租入

解释与控制变量	被解释变量					
	模型一 Logistic 农户是否租入耕地（是=1）	模型二 Logistic 是否从其他农户租入耕地（是=1）	模型三 Logistic 农户是否租入耕地（是=1）	模型四 Logistic 是否从其他农户租入耕地（是=1）	模型五 Tobit 农户租入耕地面积（亩）	模型六 Tobit 从其他农户租入耕地面积（亩）
常数项	-1.448 **	-2.615 ***	-0.199	-1.896 ***	-15.426	-35.168 *
	(0.569)	(0.642)	(0.571)	(0.653)	(15.550)	(20.286)
村庄是否进行土地调整（是=1）	1.018 ***	0.628 ***	—	—	—	—
	(0.162)	(0.192)				
村庄土地调整年限（年）	—	—	-0.039 ***	-0.021 ***	-0.534 ***	-0.232 **
			(0.006)	(0.007)	(0.136)	(0.096)
户主年龄（岁）	0.005	0.012	0.005	0.012	0.052	0.172
	(0.006)	(0.007)	(0.006)	(0.007)	(0.129)	(0.128)
户主受教育年限（年）	-0.058 *	-0.092 ***	-0.062 *	-0.093 ***	-1.210 **	-0.891 **
	(0.030)	(0.034)	(0.030)	(0.034)	(0.569)	(0.365)
家庭劳动力比例（%）	-0.641	-0.280	-0.609	-0.263	-4.888	-0.072
	(0.391)	(0.437)	(0.390)	(0.436)	(6.234)	(4.534)
家庭劳动力数量（人）	0.310 ***	0.156 *	0.307 ***	0.157	3.343 **	0.807
	(0.086)	(0.098)	(0.086)	(0.097)	(1.595)	(1.067)
家庭分配耕地面积（亩）	-0.190 ***	-0.092 **	-0.189 ***	-0.092 **	-1.652	0.159
	(0.038)	(0.037)	(0.037)	(0.037)	(1.329)	(0.989)
村庄人均年纯收入（万元）	-0.755 **	0.218	-0.736 *	0.251	-6.214	7.238
	(0.326)	(0.377)	(0.325)	(0.378)	(7.263)	(8.267)
年份虚拟变量	含	含	含	含	含	含
Wald chi^2	97.47	85.18	95.24	83.48	79.22	80.62
Prob > chi^2	0.0000	0.0000	0.0000	0.0000	0.0000	0.0000
观测值数	1660	1657	1660	1657	1660	1657

（三）土地调整、农地租赁市场的交易质量与耕地投资

本文采用 Logistic 与 Tobit 模型来检验命题 3 和命题 4，分析土地调整对农地租赁市场交易质量的影响；采用线性多元回归模型来检验命题 5 和命题 6，分析土地调整对承租户耕地投入的影响。其中，Logistic 模型的被解释变量为租入耕地的农户是否签订契约，Tobit模型的被解释变量为签订契约的期限，多元回归模型的被解释变量为承租户亩均耕地的投

资额。解释变量均为村庄是否进行土地调整以及土地调整年限。控制变量除前文所述变量外，还有从农户租入耕地面积、耕地经营效率（田传浩、贾生华，2004；Feng，2008）、家庭实际经营耕地资源禀赋（Feder，Onchan，1987；Besley，1995）、农户租赁耕地面积占实际耕种耕地面积的比重、从集体租赁耕地面积占实际耕种耕地面积的比重。[①]

由表5的检验结果得到，进行土地调整的村庄，农户间的租赁更不可能签订契约；土地调整年限越短，签订契约的可能性越低。命题3通过了检验。进行土地调整的村庄农户间租赁契约年限较短，但这一关系在统计意义上不显著。村庄土地调整年限越长，农户间契约期限越长，二者间的关系在5%的统计水平上显著。命题4基本通过检验。进行土地调整的村庄，承租户的亩均耕地投资较少；土地调整年限越短，承租户的亩均耕地投资越少。命题5和命题6通过了检验。

表5　土地调整与承租户契约签订及耕地投资

解释与控制变量	被解释变量					
	模型一 Logistic 农户是否签订契约（是＝1）	模型二 Logistic 农户是否签订契约（是＝1）	模型三 Tobit 农户签订租赁契约的期限（年）	模型四 Tobit 农户签订租赁契约的期限（年）	模型五线性回归承租户亩均耕地投资（千元）	模型六线性回归承租户亩均耕地投资（千元）
常数项	0.564 (2.397)	0.958 (1.288)	−6.316 (5.481)	−8.937* (5.317)	0.768** (0.323)	0.282 (0.279)
村庄是否进行土地调整（是＝1）	−1.208** (0.530)	—	−1.984 (1.458)	—	−0.413*** (0.119)	—
村庄土地调整年限（年）	—	0.056* (0.022)	—	0.135** (0.064)	—	0.016*** (0.005)
户主年龄（岁）	−0.019 (0.018)	−0.020 (0.019)	−0.063 (0.089)	−0.070 (0.088)	0.001 (0.004)	0.001 (0.004)
户主受教育年限（年）	−0.035 (0.071)	−0.035 (0.071)	0.036 (0.324)	0.022 (0.325)	−0.019 (0.014)	−0.017 (0.014)
家庭劳动力比例（%）	0.289 (1.022)	0.337 (1.044)	3.480 (4.120)	3.738 (4.107)	0.156 (0.163)	0.132 (0.168)
家庭劳动力数量（人）	−0.061 (0.227)	−0.051 (0.228)	−0.274 (1.110)	−0.256 (1.108)	−0.041 (0.040)	−0.033 (0.041)
家庭分配耕地面积（亩）	0.169 (0.154)	0.175 (0.157)	0.805* (0.473)	0.804* (0.476)	—	—

---

① 由于我们的数据无法对租赁土地和自家承包土地上的投资进行区分，因此，我们引入从农户租赁耕地面积占实际耕种耕地面积的比重、从集体租赁耕地面积占实际耕种耕地面积的比重作为控制变量。

续表

解释与控制变量	被解释变量					
	模型一 Logistic 农户是否签订契约（是=1）	模型二 Logistic 农户是否签订契约（是=1）	模型三 Tobit 农户签订租赁契约的期限（年）	模型四 Tobit 农户签订租赁契约的期限（年）	模型五线性回归承租户亩均耕地投资（千元）	模型六线性回归承租户亩均耕地投资（千元）
从农户租入耕地面积（亩）	0.837 * (0.436)	0.816 * (0.430)	1.178 *** (0.302)	1.165 *** (0.300)	—	—
亩均耕地净收入（千元）	-0.393 ** (0.160)	-0.389 ** (0.158)	-2.063 *** (0.788)	-2.029 *** (0.764)		
家庭实际经营耕地面积（亩）	—	—	—	—	0.032 *** (0.009)	0.031 *** (0.009)
从农户租赁耕地比重（%）	—	—	—	—	-0.158 (0.176)	-0.190 (0.182)
从集体租赁耕地比重（%）	—	—	—	—	-0.127 (0.360)	-0.114 (0.346)
村庄人均年纯收入（万元）	0.752 (1.275)	0.481 (1.284)	8.702 (6.813)	8.035 (6.786)	0.115 (0.185)	0.044 (0.176)
年份虚拟变量	含	含	含	含	含	含
Wald chi^2/F	81.82	83.30	49.25	51.03	6.102	9.140
Prob > chi^2	0.0000	0.0000	0.0000	0.0000	0.0000	0.0000
Adjusted R^2	—	—	—	—	0.276	0.256
观测值数	202	202	200	200	103	103

资料来源：2009 年耕地经营数据缺失，这里仅采用 2000 年与 2001 年的调查数据。

四、结论与展望

（一）本文的主要结论

自 20 世纪后期以来，随着一系列法律与政策的制定，农村土地调整在制度上受到了严格的限制，地权稳定性不断增强。与此同时我国农村地区土地租赁市场逐渐形成并日益活跃，参与农地租赁的农户也日渐增多。但是总体来说，目前我国农村地区土地租赁市场的质量还相对较差，契约签订比率较低，租赁期限也很短。本文试图从市场交易数量和质量的双重视角入手，探讨土地调整对农地租赁市场发育的影响。

一方面，土地调整会增加非农就业与租赁市场上的土地供给，在供给弹性小于需求弹性的远郊地区，这会增加农地租赁市场的交易数量。简单地认为土地调整的存在会阻碍农地租赁市场的发育，而不考虑具体市场的供给需求弹性的看法，因为忽略了重要的约束条件，从而与经验事实不符。另一方面，土地调整对农地租赁市场的交易质量有着负面的影响，它使得农户间签订租赁契约的可能性下降，租赁期限缩短，并进而降低农户对土地的投资。这些都会影响到耕地资源的利用效率，进而影响到农业产出。从这一角度出发，抑制土地调整的努力对于提升农地租赁市场交易质量有着积极的意义。

综上所述，土地调整一方面会增加农地租赁市场的交易数量，另一方面会降低农地租赁市场的交易质量，无法简单地评价其对农地租赁市场是促进还是阻碍，而从长期来看，土地调整的减少可能同时有利于农地租赁市场交易数量的增加和交易质量的提升。因此，政策的制定需要根据当时当地的经验进行仔细的权衡取舍。

（二）进一步研究的展望

首先，本文对于市场交易质量的测度，更多的是从契约质量的角度入手，虽然契约质量是市场交易质量的主要特征，但市场交易质量除了契约质量之外，还有其他的特征，例如交易场所、信息流通等。本文的计量模型中没有考虑农户家庭财富禀赋（固定资产存量）和土壤肥力变量对农户耕地租赁、非农就业及投资行为的影响（Besley，1995；Li等，1998；Li，Yao，2002），这使得计量模型存在一定的遗漏变量偏误问题。上述问题主要是受到数据集的限制。在收集到更好的数据集的基础上，可以通过增加这些变量来改进本文的经验研究。

其次，本文在做承租户对耕地投资的检验时，没有区分不同类型的投资。实际上对耕地的投资有长期的，也有短期的；有保持土壤肥力的，也有掠夺土壤肥力的，由于这一部分并非本文的重点且受到所收集数据的限制，本文没有进行更为细致的研究。最近的一些经验研究（郜亮亮等，2011）已经朝着这一方向做出了努力，进一步的细化研究可以成为下一步研究的方向。

最后，在农村土地调查中我们发现，同一省份不同年份的土地调整频率存在很大差异，同一年份不同省份、不同村庄也同样差距悬殊，那么究竟是什么因素导致了土地调整频率时空差异的存在呢？对这一问题的讨论已经超出了本文的研究范围，但这一有趣的问题可以成为相关领域学者进一步研究的方向。

参考文献

[1] 陈和午，聂斌. 农户土地租赁行为分析——基于福建省和黑龙江省的农户调查. 中国农村经济，2006（2）.

[2] 高艳，叶艳妹. 农村居民点用地整理的适宜性评价指标体系及方法研究. 土壤，2004，36（4）.

[3] 郜亮亮，黄季焜，Rozelle Scott，徐志刚. 中国农地流转市场的发展及其对农户投资的影响. 经

济学（季刊），2011，10（3）.

[4] 金松青，Deininger. 中国农村土地租赁市场的发展及其在土地使用公平性和效率性上的含义. 经济学（季刊），2004，3（4）.

[5] 黎霆，赵阳，辛贤. 当前农地流转的基本特征及影响因素分析. 中国农村经济，2009（10）.

[6] 林拓. 农民市民化：制度创新与社会空间形态的转变. 经济社会体制比较，2004（5）.

[7] 刘守英. 中国的二元土地权利制度与土地市场残缺——对现行政策，法律与地方创新的回顾与评论. 经济研究参考，2008，31（2）.

[8] 刘向南，吴群. 农村承包地流转：动力机制与制度安排. 中国土地科学，2010（6）.

[9] 马贤磊，曲福田. 新农地制度下的土地产权安全性对土地租赁市场发育的影响. 中国土地科学，2010（19）.

[10] 钱忠好. 土地承包经营权产权残缺与市场流转困境：理论与政策分析. 管理世界，2002（6）.

[11] 陶然，童菊儿，汪晖，黄璐. 二轮承包后的中国农村土地行政性调整——典型事实、农民反应与政策含义. 中国农村经济，2009（10）.

[12] 田传浩，贾生华. 农地制度、地权稳定性与农地使用权市场发育：理论与来自苏浙鲁的经验. 经济研究，2004（1）.

[13] 杨丹，刘自敏. 土地调整和农地使用权流转关系分析——非农就业和农业投资的双重影响. 农村金融研究，2010（12）.

[14] 姚洋. 农地制度与农业绩效的实证研究. 中国农村观察，1998（6）.

[15] 姚洋. 集体决策下的诱导性制度变迁——中国农村地权稳定性演化的实证分析. 中国农村观察，2000（2）.

[16] 张红宇. 中国农地调整与使用权流转：几点评论. 管理世界，2002（5）.

[17] 章奇，米建伟，梁勤. 要素禀赋、政策性干预与 90 年代中国农村土地租赁市场中的配给现象——一个基于局部可观测模型的估计. 世界经济文汇，2007（3）.

[18] Besley T. Property Rights and Investment Incentives：Theory and Evidence from Ghana. Journal of Political Economy，1995，103（5）：903 – 937.

[19] Brandt L. ，J. Huang，L. Guo，S. Rozelle. Land Rights in Rural China：Facts，Fictions and Issues. China Journal，2002（47）：67 – 97.

[20] De Brauw A. ，J. Huang，S. Rozelle，L. Zhang，. Y. Zhang. The Evolution of China's Rural Labor Markets During the Reforms. Journal of Comparative Economics，2002，30（2）：329 – 353.

[21] Fafchamps M. Land Rental Markets and Agricultural Efficiency in Ethiopia. Land Policy and Administration Paper. Washington：World Bank，2000.

[22] Feder G. ，T. Onchan. Land Ownership Security and Farm Investment in Thailand. American Journal of Agricultural Economics，1987，69（2）：311 – 320.

[23] Feng S. Land Rental，Off – farm Employment and Technical Efficiency of Farm Households in Jiangxi Province，China. NJAS – Wageningen Journal of Life Sciences，2008，55（4）：363 – 378.

[24] Kimura S. ，K. Otsuka，S. Rozelle. Efficiency of Land Allocation through Tenancy Markets：Evidence from China. Working Paper，2011.

[25] Kelliher D. . The Chinese Debate over Village Self – Government. China Journal，1997（37）：

63 – 86.

[26] Kung J. K.. Off – Farm Labor Markets and the Emergence of Land Rental Markets in Rural China. Journal of Comparative Economics, 2002, 30 (2): 395 – 414.

[27] Li G., S. Rozelle, L. Brandt. Tenure, Land Rights, and Farmer Investment Incentives in China. Agricultural Economics, 1998, 19 (1 – 2): 63 – 71.

[28] Li J., Y. Yao. Egalitarian Land Distribution and Labour Migration in Rural China. Land Reform, 2002 (1): 81 – 91.

[29] Lohmar B., Z. Zhang, A. Somwaru. Land Rental Market Development and Agricultural Production in China. American Agricultural Economics Association, 2001.

[30] Tian C., Y. Song, C. E. Boyle. Impacts of China's Burgeoning Rural Land Rental Markets on Equity: A Case Study of Developed Areas along the Eastern Coast. Regional Science Policy& Practice, 2012, 4 (3): 301 – 315.

[31] Swinnen J., L. Vranken, V. Stanley. Emerging Challenges of Land Rental Markets: A Review of Available Evidence for the Europe and Central Asia Region. World Bank, Washington, D. C, 2006.

[32] Yao Y.. The Development of the Land Lease Market in Rural China. Land Economics, 2000, 76 (2): 252 – 266.

[33] Zhao Y. Leaving the Countryside: Rural – to – Urban Migration Decisions in China. American Economic Review, 1999, 89 (2): 281 – 286.

Land Adjustment and Land Rental Market: Based on the Dual Perspectives of Both Quantity and Quality

Tian Chuanhao and Fang Li

Abstract: How does land adjustment affect the development of rural land rental market is the concern of this paper. Previous studies on this topic only focus on the transaction quantity. However, that is not the whole picture. This paper combines the dual perspectives of transaction quantity and quality. By introducing a trading model, the following propositions are drawn. First, land adjustment prompts the households to get non – farm jobs and thus increases the supply in land rental market. In suburban areas where the supply elasticity is less than the demand elasticity, this will lead to a plus in transaction quantity. Second, land adjustment plays a negative role in promoting a more qualified land rental market, as it dampens the incentives to make contract and shortens the lease term, which results in a significant decrease in lessees' land investment. Using first – hand survey data from Jiangsu, Shandong, Shaanxi and Zhejiang Provinces, in 2000, 2001 and 2009, propositions above are validated.

Key Words: Land Adjustment; Rural Land Rental Market; Transaction Quantity; Transaction Quality

考虑技术差距的中国农业环境技术效率库兹涅茨曲线再估计：地理空间的视角[*]

沈　能　周晶晶　王群伟

【摘　要】针对农业污染的立体交叉特征及对中国生态环境退化造成的负面影响，本文首先在充分考虑环境技术差距的基础上，结合拓展的 SBM 方向性距离函数和 Meta-frontier 效率函数估算了中国（东部、中部和西部三大区域）的农业环境技术效率；然后采用空间面板模型考察了不同环境技术下农业环境技术效率的库兹涅茨曲线特征及其空间效应。研究发现：由于不同区域的农业环境技术存在较大差异，导致农业环境技术效率呈现东部、西部、中部依次递减的格局。农业环境技术效率库兹涅茨曲线在中国基本上得到了支持，但环境技术差距使得不同区域的农业环境技术效率的库兹涅茨曲线的转折点和所处阶段各异。农业环境效率的空间溢出效应明显，农业污染倾销和政府间环境政策的"邻里仿效"效应使得农业环境技术效率呈现出空间集聚特征。

【关键词】农业环境技术效率；技术差距；空间溢出；EKC

一、问题的提出

改革开放以来，中国农业发展取得了巨大的成就，凭借占世界不到 10% 的耕地养活了世界 1/5 的人口，有力地回答了"谁来养活中国"的质疑，而且成功消化了经济转轨给农业部门所带来的冲击，为传统工业向现代工业转型做出了巨大贡献。但是，这一成绩的取得是以牺牲资源与生态环境为代价的（李谷成等，2011）。一方面，中国已逼近土地

---

　*　本文选自《中国农村经济》2013 年第 12 期。本文为国家自然科学基金项目"区域低碳创新网格共生机理与路径信仿真：以苏南自创新示范区为例"（项目编号：71373169）的阶段性成果。
　　作者单位：苏州大学东吴商学院。

资源承载力阈值，人均耕地面积仅为世界平均水平的 40%，世界排名第 126 位，耕地保护压力较大；另一方面，为了追求农业产量，耕地资源的短缺直接导致了化肥、农药投入强度的增加。农业污染导致中国生态环境退化，已经直接威胁到人体健康、食品安全、农产品国际贸易和国家生态安全，造成难以估量的经济损失和社会成本，严重阻碍了中国农业的可持续发展。然而，目前农业环境研究主要集中在工程和技术层面，过于强调农业环境的技术性表征和影响农业环境技术变化的因素，这使得农业环境研究更偏重于自然科学，而忽视了技术性表征背后的经济学和社会学根源，这种认识上的偏差显然不利于农业环境政策的制定。笔者期望从更为宏观的角度对中国农业可持续发展现状进行评价，考察除了传统的投入要素之外还有哪些因素影响农业增长。如果资源既定，环境污染不可避免，那么，目前资源环境与农业增长之间呈现一种什么样的趋势？中国实现"两型农业"的突破口在哪里？

二、文献综述

随着全球环境问题日益突出，部分学者开始关注环境污染与经济增长之间的关系。Grossman 和 Krueger（1995）认为，经济增长与资源消耗和污染排放之间呈现"倒 U 型"曲线特征，即环境库兹涅茨曲线（EKC）。按照 EKC 假说，自然资源消耗和污染排放会随着收入水平的提高而增大，但当收入水平跨过某一门槛后，资源消耗和环境质量会随着收入水平的提高而改善。随后，国内外学者从不同的角度，利用各国数据来验证 EKC 曲线的存在，但研究对象主要集中于工业领域，对农业领域中的 EKC 研究不多（例如刘扬，2009；张晖、胡浩，2009；曹大宇、李谷成，2011）。而且关于中国农业 EKC 曲线是否存在及其特征的结论并未达成一致。传统农业 EKC 研究存在的问题在于：①大部分文献忽略了农业投入转化为农业产值和污染排放的生产过程和环节。实际上，农业生产效率的改进有可能在提高产值的基础上改善环境质量（Zaim，Taskin，2000）。②以往文献的一个共同特点是只采用各种单一污染物的污染强度或污染绝对量作为表征农业环境质量退化的指标，无法体现日益复杂的"农业立体污染"现象。这种扑朔迷离的结论无法从整体上考察农业增长对资源消耗和环境污染的影响，也难以为"两型农业"政策的制定提供一致性的依据。

关于农业技术效率的研究大致包括单一资源约束下的农业技术效率和资源环境双重约束下的农业技术效率。以往文献主要基于两种思路：一是将治污费用作为投入变量处理（例如 Hailu，Veeman，2001），但 Murty 等（2002）认为实证分析中很难区分用于生产合意产出和治污的投入要素，而且这样做扭曲了实际投入产出的关系；二是将污染排放作为弱可处置性的非合意产出，与合意产出一同被生产出来（例如 Fare 等，2007）。关于农业领域，李谷成等（2011）采用方向性距离函数方法，将资源节约、环境保护和农业增长纳入一个统一框架，运用非径向、非角度 SBM 方向性距离函数，将环境污染变量纳入对中国农业技术效率的评价。但是，所有文献在测算地区农业技术效率时，其潜在的假定是，所有地区都面对相同或类似的技术边界，即技术同质性假设，然后考察地区技术无效的根源。考虑到不同地区在资源禀赋、农业制度和发展水平上的明显差异，各地区的农业技术边界必定存在一定程度上的差异。为了解决技术异质性问题，Hayami（1969）首先提出了共同生产函数（meta production function）概念。近年来，部分文献将共同前沿（meta – frontier）生产率指数运用到不同领域的效率测算中（例如 Chen，Huffman，2006；Bos，Schmiedel，2007；王兵等，2011）。其中，王群伟等（2010）和刘玉海、武鹏（2011）运用该方法测算了区域（工业）环境技术效率。但遗憾的是，现有文献都忽视了环境技术边界差异对农业环境技术效率评价的影响。

对传统 EKC 实证研究的另一个批评是，以往文献往往仅考虑本地区经济增长对环境的影响，而忽略了环境问题的空间相关性，这显然与现实不符。由于"地理学第一定律"的存在，大多数空间数据都具有或强或弱的空间依赖性（AnselmⅡ，Getis，1992）。一国（地区）的环境技术效率不可避免地会受到相邻地区的影响（吴玉鸣、田斌，2012）。而具体到农业 EKC 的研究，却很少关注这种地理空间因素。加之中国地域辽阔，各地区农业发展程度、资源禀赋、技术水平等方面各异，空间依赖关系对农业环境的影响可能更加复杂。一方面，农药化肥等通过地表和流域的扩散，使得地理邻接地区之间农业"环境倾销"问题更严重；另一方面，由于邻近地区地理环境、气候及种植品种等方面的原因，农业环境技术扩散又会相对更容易发生。为了弥补以往相关研究的不足，本文将环境技术差距和空间依赖性纳入对农业环境技术效率与农业增长非线性关系的研究框架中。首先，结合拓展的 SBM 方向性距离函数和 meta – frontier 效率函数测算中国（区域）的环境技术效率，以充分考虑环境技术差距对农业环境技术效率评价的影响；然后，利用空间面板模型（spatial panel model）检验不同环境技术水平下农业环境技术效率的 EKC 曲线特征及农业环境技术效率的空间效应。

三、农业环境技术效率的估算

（一）SBM 方向性距离函数

Fare 等（2007）在 Tone（2003）非径向、非角度的 SBM（Slack – Based Measure）效率函数的基础上，提出了更加一般化的非径向、非角度的方向性距离函数。该方法将松弛变量直接纳入目标函数中，一方面解决了忽视非合意产出给效率评价带来的误差，另一方面也解决了投入产出松弛的问题。根据 Tone（2003）的研究方法，本文定义资源和环境约束下的 SBM 方向性距离函数为：

$$S_V^t(x^{t,k'}, y^{t,k'}, b^{t,k'}, g^x, g^y, g^b) = \max_{s^x, s^y, s^b} \frac{\dfrac{1}{N}\sum_{n=1}^{N}\dfrac{s_n^x}{g_n^x} + \dfrac{1}{M+1}\left[\sum_{m=1}^{M}\dfrac{s_m^y}{g_m^y} + \sum_{i=1}^{I}\dfrac{s_i^b}{g_i^b}\right]}{2} \qquad (1)$$

$$\text{s. t. } \sum_{k=1}^{K} z_k^t x_{kn}^t + s_n^x = x_{k'n}^t, \forall n; \sum_{k=1}^{K} z_k^t y_{km}^t - s_m^y = y_{k'm}^t, \forall m; \sum_{k=1}^{K} z_k^t b_{ki}^t + s_i^b = b_{k't}^t, \forall i;$$

$$\sum_{k=1}^{K} z_k^t = 1, z_k^t \geq 0, \forall k; s_n^x \geq 0, \forall n; s_m^y \geq 0, \forall m; s_i^b \geq 0, \forall i$$

式（1）中，x，y，b 分别表示投入、合意产出和非合意产出，N，M，I 分别表示投入、合意产出和非合意产出的可能数量；（$x^{t,k'}$，$y^{t,k'}$，$b^{t,k'}$）是 t 时期 k'省份的投入、合意产出和非合意产出的向量；（s_n^x，s_m^y，s_i^b）表示投入、合意产出和非合意产出松弛的向量；（g^x，g^y，g^b）表示投入压缩、合意产出扩张和非合意产出的取值为正的方向向量；z_k^t 代表权重变量。考虑到线性规划的约束条件为等式，（s_n^x，s_m^y，s_i^b）均大于零，表示投入和非合意产出大于边界的投入和产出，合意产出则小于边界的产出。那么，（s_n^x，s_m^y，s_i^b）表示投入冗余、非合意产出过度生产和合意产出生产不足的量。

为了使得回归结果符合传统习惯，本文利用公式 $E = 1/(1 + IE)$，将环境无效率值转换为环境效率值，转换之后的值在 0~1。为此，本文将以该 SBM 方向性距离函数为计算方法，在考虑接下来异质性环境技术的前提下测算中国（区域）农业环境技术效率。

（二）meta – frontier 效率函数

传统 DEA 方法假定所有决策单元都面临同质性的技术水平。但是，当决策单元为地区时，由于各地区在资源禀赋、经济制度和经济结构方面的巨大差异，各地区的技术边界存在异质性。如果利用全体样本数据对技术效率进行评价，各地区的技术效率值的估计结果就会产生偏差。为此，O'Donnell 等（2008）构建了基于 DEA 方法的共同边界和组群边界的分析框架。该方法的基本思路是构建组群边界，不同组群分别对应相应的技术边界，不同组群可以构建一个共同边界。

对于 DEA 模型中的决策单元（DMU），通过投入 $x(x \in R_+^M)$ 可以得到产出 $y(y \in R_+^L)$。当考虑所有决策单元时，其面对的共同技术集合为：$T^{meta} = \{(x, y) \mid x \geq 0; y \geq 0; x$ 能生产出 $y\}$，则生产可能性集 P 被定义为：$P^{meta}(x) = \{y \mid (x, y) \in T^{meta}\}$，其上界即为共同边界（meta – frontier）。此时，基于共同技术效率的共同距离函数可以表示为：

$$0 \leq D^{meta}(x, y) = \inf_\theta \{\theta > 0 \mid (y/\theta) \in T(x)\} = 1/TE^{meta}(x, y) \leq 1 \qquad (2)$$

式（2）中，θ 表示该非合意产出的最大收缩比例。

同理，倘若按照一定的标准将所有决策单元划分为 k 个组群，每个样本所面对的是所在组群的技术集合 $T^k = \{(x, y) \mid x \geq 0; y \geq 0; x$ 能生产出 $y\}$，则生产可能性集可被定义为：$P^k(x) = \{y \mid (x, y) \in T^k\}$，其上界即为组群边界（group – frontier）。此时，基于组群

技术效率的组群距离函数可以表示为:

$$0 \leq D^k(x, y)\inf_{\theta}\{\theta > 0 \mid (y/\theta) \in T^k(x)\} = 1/TE^{group-k}(x, y) \leq 1 \quad (3)$$

根据组群边界下的实际产出水平与共同边界下的实际产出水平的比值可以得到共同技术比率(Meta Technology Ratio，MTR)，其运算表达式如下:

$$0 \leq MTR^k(x, y) = \frac{D^{meta}(x, y)}{D^k(x, y)} = \frac{TE^{group-k}(x, y)}{TE^{meta}(x, y)} \leq 1 \quad (4)$$

式(4)表示在相同的要素投入水平下，决策单元在组群 k 下的生产技术水平相对于共同边界生产技术水平的差距，这一技术水平差距是由特定组群的制度结构造成的。MIR 值越高，表明决策单元所使用生产技术的水平越接近潜在的生产技术水平；反之则反。式(4)可进一步整理为式(5)，表明共同技术效率可以进一步分解成两部分乘积：一部分是组群边界技术效率，另一部分是共同技术比率。

$$TE^{meta}(x, y) = TE^{group-k}(x, y) \times MTR^k(x, y) \quad (5)$$

由于本文在考虑非合意性产出(污染排放)的前提下测算各组群的技术效率。共同技术效率亦可称为共同环境技术效率(Meta Environmental Technology Efficiency，METE)，组群技术效率亦可称为组群环境技术效率(Group Environmental Technology Efficiency，GETE)，而共同技术比率则可称为共同环境技术比率(Meta Environmental Technology Ratio，METR)。

(三) 指标选取

为了充分考虑农业环境技术差距，本文沿用东部地区、中部地区和西部地区的区域划分法将中国各省份作为样本划分为三个技术异质性组群(区域)[①]。样本涵盖了中国 29 个省、自治区和直辖市，不包括西藏、海南(数据部分缺失)和港澳台地区。参考以往文献，结合数据的可得性，本文选取相关农业投入和产出指标，样本期间为 1998~2010 年。数据来源于历年的《中国统计年鉴》[②]、《中国农业年鉴》[③]、《中国农村统计年鉴》[④]、《中国环境统计年鉴》[⑤]、《中国区域经济统计年鉴》[⑥]。指标选取界定如下:

投入变量主要包括劳动力、土地、农业机械、化肥、役畜和灌溉 6 个方面。劳动力投入采用的是第一产业就业人数，指农林牧渔业总劳动力数量，不包括农村从事工业、服务业等的劳动力；土地投入以农作物总播种面积表示；农业机械投入包括农林牧渔业各种农业机械总动力(农业机械动力的额定功率之和)，不包括非农用途的农业机械；化肥投入

---

① 东部地区包括北京、天津、河北、辽宁、山东、广东、福建、上海、浙江、江苏 10 省(市)；中部地区包括山西、河南、安徽、江西、湖北、湖南、吉林、黑龙江 8 省；西部地区包括重庆、广西、四川、贵州、云南、陕西、甘肃、青海、宁夏、新疆、内蒙古 11 省(区、市)。

② 国家统计局(编):《中国统计年鉴》(1999~2011 年，历年)，中国统计出版社。

③ 国家统计局(编):《中国农业年鉴》(1999~2011 年，历年)，中国农业出版社。

④ 国家统计局农村社会经济调查司(编):《中国农村统计年鉴》(1999~2011 年，历年)，中国统计出版社。

⑤ 国家统计局和环境保护总局(编):《中国环境统计年鉴》(1999~2011 年，历年)，中国统计出版社。

⑥ 国家统计局国民经济综合统计司(编):《中国区域经济统计年鉴》(1999~2011 年，历年)，中国统计出版社。

主要包括磷肥、氮肥、钾肥和复合肥等，以实际化肥施用量（折纯量）折算；役畜投入以农用役畜数量计算，特指用于农林牧渔生产的役畜；灌溉投入以每年各省份实际有效灌溉面积计算，包括能正常进行农田灌溉的水田和水浇地面积。

考虑到与农业投入指标中的广义农业口径一致，本文的农业合意产出指的是各省份以1990年不变价表示的农林牧渔业总产值。农业非合意产出指的是农业污染排放总量。考虑到数据的可得性以及各种核算方法的优劣，本文选用单元调查评估方法对各省份农业污染排放总量进行核算。单元调查评估方法是基于单元调查和单元分析的一种定量分析方法，对其详细介绍可以进一步参考赖斯芸、杜鹏飞（2004）、李谷成等（2011）和《污染源普查产排污系数手册》[①]。其中，本文所定义的农业污染主要是指农业生产过程中的化学需氧量（COD）、总氮（TN）排放量和总磷（TP）排放量。表1是全国及三大地区各变量的统计指标。

表1 1998～2010 年各变量的平均增长率 单位：%

	劳动投入	机械投入	土地投入	化肥投入	灌溉投入	役畜投入	农林牧渔业总产出	污染排放量
全国平均	−0.1013	1.3304	0.0053	0.5478	0.2549	−0.5295	2.1114	1.0177
东部平均	−0.1434	0.5903	−0.1578	0.3409	0.0674	−0.6572	1.7073	0.9856
中部平均	−0.0401	1.8001	0.1130	0.6441	0.4142	−0.5534	2.3610	1.0278
西部平均	−0.1063	1.6641	0.0811	0.6745	0.2833	−0.3625	2.3077	1.0245

（四）测算结果

共同环境技术效率（METE）反映了地区在考虑非合意污染排放时，其相同投入条件下实际产出到共同边界产出之间的距离；组群环境技术效率（GETE）则反映了地区实际产出到组群边界之间的距离。农业环境技术效率的地区差异如表2所示。

表2 农业环境技术效率的地区差异（1998～2010 年）

地区	组群环境技术效率与共同环境技术效率平均值			地区	组群环境技术效率与共同环境技术效率平均值		
	GETE	METE	METR		GETE	METE	METR
东部地区				河南	0.9134	0.7042	0.7709
北京	0.9681	0.9484	0.9797	湖北	0.8907	0.7765	0.8717
天津	0.9650	0.9422	0.9767	湖南	0.9203	0.7443	0.8087

[①] 第一次全国污染源普查资料编撰委员会：《污染源普查产排污系数手册》，中国环境科学出版社，2011 年。

地区	组群环境技术效率与共同环境技术效率平均值			地区	组群环境技术效率与共同环境技术效率平均值		
	GETE	METE	METR		GETE	METE	METR
河北	0.9123	0.8113	0.8891	平均值	0.9071	0.7198	0.7937
山东	0.9473	0.9289	0.9805	西部地区			
上海	0.9631	0.9564	0.9930	内蒙古	0.9302	0.7765	0.8347
江苏	0.9589	0.9428	0.9832	广西	0.9038	0.7865	0.8702
浙江	0.9715	0.9536	0.9815	重庆	0.9292	0.8376	0.9014
福建	0.9283	0.9052	0.9751	四川	0.8976	0.7884	0.8783
广东	0.9620	0.9502	0.9877	贵州	0.8765	0.6906	0.7879
辽宁	0.9143	0.8645	0.9455	云南	0.9270	0.7400	0.7982
平均值	0.9497	0.9203	0.9692	陕西	0.9076	0.7386	0.8137
中部地区				甘肃	0.9132	0.7285	0.7977
吉林	0.9231	0.7154	0.7749	青海	0.9307	0.7466	0.8022
黑龙江	0.9172	0.6876	0.7496	宁夏	0.8987	0.7703	0.8571
安徽	0.9014	0.7187	0.7973	新疆	0.9203	0.7982	0.8673
江西	0.8876	0.6809	0.7671	平均值	0.9123	0.7638	0.8371
山西	0.9034	0.7315	0.8097				

注：GETE 为组群环境技术效率的平均值；METE 为共同环境技术效率的平均值；METR 为共同环境技术比率的平均值。

（1）组群环境技术效率的区域比较。从各组群 METE 的平均值来看，从高到低依次排列的是东部地区、西部地区和中部地区。这表明，作为中国粮食主产区，中部和西部地区资源、环境与农业发展处于失衡状态；某种程度上也说明，中部和西部地区环境技术效率有较大的提升空间。其中，从各组群平均 METE 来看，若参考共同生产边界，东部、中部和西部地区三大组群分别有 7.97%、28.02% 和 23.62% 的环境技术效率改善空间。东部地区表现最好的省份是浙江，其对应的 GETE 值和 METE 值分别为 0.9715 和 0.9536；河北表现最差，其对应的 GETE 值和 METE 值分别为 0.9123 和 0.8113。这表明，与东部地区组群生产边界相比，浙江和河北在农业生产上仍有 2.85% 和 8.77% 的环境技术效率提升空间；而与潜在共同生产边界相比，两省则仍分别有 4.64% 和 18.87% 的环境技术效率提升空间。同理，在西部地区中，与组群生产边界相比，GETE 表现最好的内蒙古和表现最差的贵州仍有 6.98% 和 12.35% 的环境技术效率提升空间；而与共同生产边界相比，两省（区）则仍分别有 22.35% 和 30.94% 的环境技术效率提升空间。在中部地区中，与组群生产边界相比，GETE 表现最好的吉林和表现最差的江西仍有 7.69% 和 11.24% 的环境技术效率提升空间；而与共同生产边界相比，两省则仍分别有 28.46% 和 31.91% 的环境技术效率提升空间。

（2）共同环境技术比率的区域比较。东部地区的 METR 为 0.9692，表明其现有农业环境技术能够达到潜在共同边界技术的 96.92%。一方面，东部地区地处沿海，在吸收和利用国内外先进的农业环保技术方面存在很大优势。另一方面，东部地区的环境规制水平和环境技术创新能力都处于全国最先进水平；西部和中部地区的农业环境技术前景不容乐观，其采用的环境技术水平仅分别达到潜在共同边界技术的 83.71% 和 79.37%。长期实施的非均衡战略挤压了中西部地区的发展空间，加之中西部地区农业环保资金和人力投入不足，严重抑制了中西部地区农业环境技术革新，从而加剧了中西部地区与东部地区农业环境技术水平差距。在东部地区组群中，平均 MEIR 最高的省份是上海（0.9930）。这表明，将污染排放纳入农业技术效率评价框架之后，上海在东部地区组群中环境技术水平最高，其实际环境技术水平能达到潜在共同边界环境技术水平的 99.30%。重庆和湖北分别在西部地区和中部地区组群中环境技术水平最高，其实际环境技术水平分别能达到潜在共同边界环境技术水平的 90.14% 和 87.17%。

四、农业环境技术效率的库兹涅茨曲线检验

（一）EKC 空间模型

1. EKC 计量模型设计

为了体现农业投入到农业产出的生产过程，同时能统筹资源、环境与农业发展三者之间的关系，本文将 EKC 模型的被解释变量界定为农业环境技术效率，解释变量为农业增长水平及其平方，此模型称为 EKC 的二次模型；如果解释变量进一步包括农业增长水平的三次方，则模型称为 EKC 的三次模型。本文先尝试农业 EKC 的二次模型：当二次模型存在一定的不足时，再考虑通过三次模型进行改善。农业环境技术效率 EKC 曲线的表达式如下：

$$LnTE_{it} = \mu_i + \theta_t + n\alpha_1 Lnagri_{it} + \alpha_2 Lnagri_{it}^2 + \varepsilon_{it} \qquad (6)$$

沿袭已有的研究方法，为了分析各控制变量对农业环境技术效率 EKC 的影响，在简约式（6）的基础上加入控制变量，即得：

$$LnTE_{it} = \mu_i + \theta_t + \beta_1 Lnagri_{it} + \beta_2 Lnagri_{it}^2 + \beta_3 Lninco_{it} + \beta_4 Lnopen_{it} + \beta_5 Lnpate_{it} + \beta_6 Lnstru_{it} + \beta_7 Lnfina_{it} + \varepsilon_{it} \qquad (7)$$

式（6）、式（7）中，下标 i、t 分别表示第 i 个省份、第 t 年；μ_i 表示特定地区的截面效应；θ_t 表示特定的时序效应。agri 表示农业增长；inco、open、pate、stru 和 fina 分别表示收入差距、对外开放度、农业技术水平、农业比重和农业财政支持等控制变量。被解释变量表示第 i 个省份在第 t 年的农业环境效率（TE_{it}）。根据评价地区处于共同边界或组群边界的不同情形，TE_{it} 分别表示共同环境技术效率和组群环境技术效率。为了消除异方

差，所有数据取对数。根据 $Lnagri_{it}$ 的回归系数，可以判断农业增长与环境技术效率之间的关系：当 $\beta_1 > 0$（或 $\beta_1 < 0$）且 $\beta_2 = 0$ 时，两者关系为单调递增（或递减）；当 $\beta_1 > 0$ 且 $\beta_2 < 0$ 时，两者呈现"倒 U 型"曲线关系；当 $\beta_1 < 0$ 且 $\beta_2 > 0$ 时，两者呈现"正 U 型"曲线关系。

2. 考虑空间因素的 EKC 模型

大多数传统的 EKC 模型没有考虑空间溢出效应，如果农业环境技术效率存在空间依赖性，EKC 模型的估计结果就会产生偏差。因此，本文在空间溢出检验的基础上，利用空间滞后模型（SLM）和空间误差模型（SEM）对传统农业 EKC 假设进行修正。

空间滞后模型（SLM）将内生邻近滞后变量纳入模型，探讨农业环境技术效率是否存在空间扩散效应，其表达式为：

$$Y = \rho Wy + X\beta + \varepsilon \tag{8}$$

式（8）中，Y 为被解释变量向量；X 为解释变量向量；β 为解释变量系数向量；ρ 为空间自相关系数，反映相邻区域的农业环境技术效率对本地区的影响方向和程度；W 为 n×n 阶空间权值矩阵。

空间误差模型（SEM）将空间相关性作为误差项纳入模型，反映邻接地区农业环境技术效率误差冲击的相互作用和关系，其表达式为：

$$Y = X\beta + \varepsilon; \quad \varepsilon = \lambda W\varepsilon + \mu \tag{9}$$

式（9）中，ε 和 μ 为随机误差项向量；λ 为空间误差系数，且呈正态分布。其中，空间权值矩阵 W 表示某个地区与其他地区的邻近关系，邻近关系一般用邻接标准或距离标准测度。国内大部分相关文献选择二元邻接矩阵，本文选择距离权重矩阵，因为环境技术效率的溢出不仅发生在相邻地区之间，还可以在更远的空间单元之间发生联系。考虑到省会城市一般为所在省份的知识技术中心，所以，两省份之间的距离以省会距离为准。这样处理既可以避免权重的计算结果太小所导致的误差，也可以消除不同距离度量单位对估计结果的影响。

对于空间面板模型，传统最小二乘法（OLS）估计会产生系数估计值有偏或无效，本文拟采用极大似然法（MLE）对模型进行估计，同时使用空间固定效应模型。

（二）变量选取

借鉴以往相关文献的研究成果，并考虑到数据的可得性，除了农业增长指标外，本文还选取了对外开放度、农业比重、农业技术水平、收入差距和农业财政支持 5 个控制变量。①农业增长。用各省份人均农业产值来反映，并用历年农业生产总值指数进行平减，以消除物价因素的影响。②对外开放度。以各省份农产品进出口总值与农业生产总值的比例作为农业部门对外开放度的指标，并按每年的汇率对进出口总值进行换算。③农业比重。用各省份农业生产总值占国内生产总值的比重反映，并分别用地区农业生产总值指数和地区国内生产总值指数进行平减。④农业技术水平。用各省份农业科研机构研发经费支出来反映。⑤收入差距。借鉴陆铭等（2005）的方法，以各省份城乡居民人均收入之比作为各地收入差距的代理指标，并分别用城市和农村消费价格指数进行平减。⑥农业财政支持。用各省份政府财政支农支出与其农业生产总值的比例来反映，其中，政府财政支农支出包括支农支出（支持农村各项生产）和政策性补贴支出（国家财政用于粮棉油等产品的价格补贴支出）。相关数据来源已在前文说明，样本期为 1998～2010 年。

（三）农业环境技术效率 EKC 的实证结果

本文首先采用空间滞后模型（SLM）和空间误差模型（SEM），针对无固定效应（nonF）、空间固定效应（sF）、时间固定效应（tF）、既有空间又有时间固定效应（stF）四种模型对共同环境技术效率的 EKC 曲线进行拟合。本文采用 Matlab7.6 软件对上述模型进行估计。为了比较，本文还给出了广义空间模型（包含空间滞后和空间误差的混合模型）的估计结果，并用常规 OLS 方法对式（11）进行估计。

1. EKC 的特征分析

表 3 为基于全国面板数据的回归结果。结果显示，采用常规 OLS 方法估计的解释变量系数大部分未通过显著性检验（仅有少部分系数通过 10% 水平显著性检验），且模型拟合效果较差（R^2 值较低），而空间滞后加空间误差的广义混合空间模型的参数 λ 未通过显著性检验。这说明，以上两种模型均不合适。

表 3 共同环境技术效率 EKC 模型估计结果

变量	空间滞后模型（SLM）				空间误差模型（SEM）				OLS 模型	广义空间模型
	nonF	sF	tF	stF	nonF	sF	tF	stF		
Lnagri	-1.250***	-1.328***	-1.298***	-1.402***	-1.126***	-1.260***	-1.182***	-1.282***	-1.423*	-1.455***
Lnagri²	0.068***	0.074***	0.071***	0.079***	0.063***	0.069***	0.065***	0.070***	0.205	0.081***
Lninco	-0.025**	-0.032**	-0.039**	-0.027***	-0.035**	-0.029**	-0.041**	-0.039**	-0.090*	-0.021*
Lnopen	0.067	0.048	0.116	0.076	0.298	0.176	0.117	0.145	0.096	0.145
Lnpate	0.187	0.098	0.076	0.118	0.173	0.118	0.209	0.189	0.228	0.078
Lnstru	0.067**	0.087*	0.079***	0.072***	0.063**	0.068**	0.071**	0.068***	0.045*	0.072**
Lnfiana	-0.030***	-0.028***	-0.037***	-0.032***	-0.041**	-0.038***	-0.040**	-0.041	0.143	0.198
ρ	0.251**	0.209***	0.187***	0.218***	—	—	—	—	—	—
λ	—	—	—	—	0.544**	0.513***	0.576***	0.537***	—	0.409
R^2	0.478	0.584	0.542	0.621	0.568	0.779	0.812	0.848	0.509	0.680
LogL	-108.3	-144.8	-114.9	-69.8	-23.0	-18.9	-21.3	13.7	-97.5	132.5
转折点（元）	—	—	—	7115	—	—	—	—	—	9414

注：*、**、*** 分别代表 10%、5% 和 1% 的显著性水平。

SLM 和 SEM 的空间项参数（ρ 和 λ）均通过了 1% 水平的显著性检验。这说明，中国的农业环境技术效率具有明显的空间依赖特征，一个省份的农业环境政策和环境技术都会对相邻省份产生外部性，由此可以看出以往农业环境技术效率 EKC 实证研究中忽视空间效应的缺陷。另外，SLM 模型中的 ρ 和 SEM 模型中的 λ 显著且为正，说明中国农业环境技术效率体现出一种空间集聚效应。一方面，效率较高的省份相对地与效率也较高的省份邻近。比如，由于环境政策具有正外部性，好的环境政策会在相邻的地方政府间产生"邻里仿效"；环境技术也会在相邻地区扩散。另一方面，效率较低的省份相对地趋于与效率也较低的省份相邻，比如，地区间出现污染倾销和转嫁现象。

就 SLM 和 SEM 的优劣来看，SEM 模型的极大似然值（LogL）和拟合优度（R^2）要优于 SLM，因此，SEM 更优。而且从模型拟合效果来看，既有空间固定效应又有时间固定效应 SLM 和 SEM 的模型（LogL 和 R^2 值更大，各解释变量更显著）比较符合客观实际。

同样，采用固定效应的 SEM 模型，按东部地区、中部地区、西部地区三大区域分别进行估计，结果如表 4 所示。结果显示，既有空间固定效应又有时间固定效应的模型更符合实际，且三大区域 SEM 模型的 λ 都显著且为正，说明东部、中部、西部地区三大区域内部农业环境技术效率的空间依赖特征较为显著，加之区域内部均质化程度较高，表现为相似的农业发展水平、农业结构和环境技术等，导致区域内部农业环境技术效率呈现"俱乐部收敛"的趋势。

在共同环境技术效率 EKC 模型中，农业增长变量一次项和二次项系数的符号分别是负号和正号，并通过了 1% 水平的显著性检验。这表明，农业增长与环境技术效率之间表现出类似于 EKC 的"正 U 型"曲线特征，其拐点大约在 9414 元左右。这也意味着，当人均农业产值在 9414 元以下时，随着人均农业产值增长，农业环境技术效率开始下降；而当人均农业产值超过最低转折点以后，农业环境技术效率将随着人均农业产值增长而不断上升。就中国人均农业产值地区分布的实际情况看，2010 年，人均农业产值的均值为 4428 元，所有省份的人均农业产值均低于转折点。总体而言，中国农业环境技术效率仍然处于"正 U 型"曲线的下降阶段，即随着农业增长，农业环境技术效率趋于恶化。

表 4　组群环境技术效率 EKC 模型估计结果

变量	东部地区组群				中部地区组群			
	nonF	sF	tF	stF	nonF	sF	tF	stF
Lnagri	− 1.695 ***	− 1.721 ***	− 1.660 ***	− 1.726 ***	− 1.465 ***	− 1.498 ***	− 1.523 ***	− 1.514 ***
Lnagri^2	0.094 **	0.105 ***	0.089 ***	0.102 ***	0.089 ***	0.078 **	0.097 **	0.086 ***
Lninco	− 0.011 *	− 0.016 **	− 0.020 **	− 0.015 ***	− 0.037 **	− 0.039 **	− 0.045 **	− 0.041 ***
Lnopen	0.067 **	0..058 **	0.070 **	0.066 **	− 0.048 *	− 0.038 **	− 0.042 *	− 0.039 *
Lnpate	0.015 *	0.019 ***	0.028 ***	0.021 ***	0.109	0.067	0.145	0.098
Lnstru	0.045 *	0.053 ***	0.057 ***	0.059 ***	0.143 ***	0.165 ***	0.148 ***	0.155 ***

变量	东部地区组群				中部地区组群			
	nonF	sF	tF	stF	nonF	sF	tF	stF
Lnfina	− 0.043 **	− 0.038 ***	− 0.039 ***	− 0.033 ***	− 0.065 **	− 0.072 ***	− 0.066 ***	− 0.071 ***
λ	0.335 **	0.316 ***	0.309 ***	0.328 ***	0.296 **	0.303 ***	0.323 ***	0.309 ***
R^2	0.728	0.798	0.783	0.832	0.734	0.812	0.822	0.859
LogL	− 45.1	− 56.7	− 35.5	12.9	− 46.3	− 47.8	− 39.7	14.8
转折点（元）	—	—	—	4722	—	—	—	6634

交量	西部地区组群			
	NonF	sF	tF	stF
Lnagri	− 1.521 ***	− 1.623 ***	− 1.487 ***	− 1.540 ***
$Lnagri^2$	0.087 ***	0.093 ***	0.077 ***	0.088 ***
Lninco	− 0.051 **	− 0.045 **	− 0.055 **	− 0.057 ***
Lnopen	− 0.055 *	− 0.050 **	− 0.047 *	− 0.058 *
Lnpate	0.056	0.032	0.066 *	0.031
Lnstru	0.118 **	0.098 ***	0.120 ***	0.109 **
Fnfina	− 0.055 **	− 0.052 ***	− 0.048 ***	− 0.050 **
λ	0.277 ***	0.269 ***	0.·298 ***	0.287 ***
R^2	0.758	0.812	0.812	0.838
LogL	− 36.9	− 35.6	− 34.7	12.7
转折点（元）	—	—	—	6310

注：*、**、***分别代表10%、5%和1%的显著性水平。

与共同环境技术效率的情况类似，三大区域农业增长与环境技术效率之间也呈现
"正 U 型"曲线特征，这同时也验证了共同环境技术效率 EKC 模型估计结果是稳健的。
尽管三大区域的曲线形态一致，但是，其最低转折点有所不同，东部、中部和西部地区的
转折点分别是 4722 元、6634 元和 6310 元。其中，中部和西部地区的转折点显著高于东
部地区，说明由于农业环境技术的差距，在实现环境技术效率由降转升的过程中，中西部
欠发达地区的农业产值门槛值更高。从三大区域各自的实际情况看，2010 年，东部、中
部、西部地区人均农业产值的平均值分别为 4082 元、4996 元和 4329 元。这表明，从平
均意义上讲，东部地区已经逼近转折点，即东部地区将会是最早步入农业环境技术效率

EKC 上升阶段的地区。

2. 控制变量分析

究竟如何解释农业增长与环境技术效率之间的"正 U 型"曲线特征呢？下面，本文针对全国和各区域分别讨论控制变量的影响。

（1）收入差距。在共同环境技术效率 EKC 模型中，城乡收入差距通过了 1% 水平的显著性检验且系数为 −0.039，表明城乡收入差距扩大导致了农业环境退化。城乡收入差距的持续扩大迫使农民提高单位面积农药、化肥等生产要素的投入以提高农产品产量，这势必会加剧农业面源污染排放。在组群环境技术效率 EKC 中，由于东部地区城乡收入差距明显小于中西部地区，且东部地区环境技术水平较高，所以，东部地区城乡收入差距对农业环境退化的负向影响较小。

（2）对外开放度。国际贸易会在一定程度上影响本地的生态环境，但其影响效果不确定。例如，Williams 和 Shumway（2000）发现，贸易自由化刺激了美国化肥和农药的施用量以及墨西哥的化肥施用量，却使得墨西哥农药施用量减少。共同环境技术效率 EKC 模型中对外开放度变量系数不显著，但该变量对不同区域环境技术效率的影响迥异。对于东部地区，对外开放度显著且其系数为正，可能的原因在于：发达国家严格的农产品环境规制（例如农药、化肥最低残留标准等）促使东部地区通过加快农业技术推广和普及、改进农业化学投入品的生产流程与工艺等方式应对出口农产品的质量要求；而且东部地区在吸收国外先进的环境友好型技术方面具有区位优势，从而提高了农业生产率和技术水平，降低了农业生产对环境的污染。而对于中西部地区，对外开放度的系数为负，该变量尽管只在 10% 的水平上通过了显著性检验，但在某种程度上说明，农产品贸易量的增大反而会导致中西部地区农业环境退化。其原因在于：中西部地区环境技术水平落后，为了扩大农产品贸易规模、增加贸易量，只能依靠投入要素来提高农业产量，势必增加了对资源的消耗与污染物的排放。

（3）农业比重。在共同环境技术效率 EKC 模型中，农业比重显著且其系数为正，表明虽然农业份额逐渐下降，但农业环境技术效率却递减。在组群环境技术效率 EKC 模型中，中部和西部地区的这一特征更加明显。由于受到土地资源紧缺和大量农村青壮年劳动力流失的制约，中西部地区农业生产只能通过增加单位面积农药化肥施用量来增加农产品产量。

（4）农业技术水平。在共同环境技术效率 EKC 模型中，农业技术水平未通过显著性检验。这说明，农业技术发展过程中会同时出现环境友好型和非环境友好型技术，导致农业技术水平对农业面源污染物排放缓减效果不明显。对于东部地区而言，该变量系数为 0.021，且通过了 1% 水平的显著性检验，说明农业技术水平的环境友好效应一定程度上在东部地区得到了体现：一是技术通过替代或减少资源消耗来达到减少污染排放的目的；二是农民掌握技术后可以改善资源利用方式；三是专门的治污技术为环境问题的解决提供了有效途径。

（5）农业财政支持。无论是在共同环境技术效率 EKC 模型还是组群环境技术效率

EKC 模型中，农业财政支持都显著，且其系数为负，说明农业环境技术效率随着财政支农支出（包括政策性补贴支出）占国家财政总支出比例的提高而降低。农业发展离不开财政的扶持，但不当的财政支持政策可能会对农业发展产生一定的扭曲作用。

五、结论与政策含义

本文将环境技术水平差距及其空间溢出纳入传统农业 EKC 曲线检验的分析框架中，考察不同环境技术水平下农业环境技术效率 EKC 曲线的特征以及空间效应。

首先，不同区域之间确实存在农业环境技术水平上的差异，区域农业环境技术的较大差异导致农业环境技术效率呈现东部—西部—中部依次递减的格局。这也说明，对于因精耕细作导致农药化肥高投入的中部地区农业大省而言，提升农业环境技术水平，建立高效的环境友好型农业技术的推广体系至关重要。

其次，全国和三大区域的农业增长与环境技术效率之间均呈现"正 U 型"曲线特征。即随着农业增长，农业环境技术效率开始下降，而当农业增长超过拐点以后，农业环境技术效率将随着农业增长而不断上升。但是，由于环境技术水平的差距，不同区域所对应的曲线转折点和所处的阶段各异。需要注意的是，农业环境技术效率 EKC 的"正 U 型"特征绝不能被用作农业增长过程"先污染，后治理"的借口。尽管随着农业增长，化肥、农药的使用和排放会减少，但这一过程不会自动发生。如果不积极应对，"正 U 型"曲线拐点的出现就会推迟，其上升趋势也会变得不那么明显。因此，政府在制定农业产业政策和农业环保政策时，应针对不同区域的实际情况，通过提高财政支农效率、加强农业技术研发、缩小城乡收入差距等措施，加快农业发展方式的转变。

最后，农业环境技术效率的空间溢出效应明显，其政策含义在于：农业环境技术效率区域之间的溢出和追赶是欠发达地区提升环境技术效率的重要途径。可以考虑积极培育区域农业增长极，加强农业技术创新资源的整合，形成布局合理、联系紧密、协调发展的区域农业空间结构，加快农业环境技术的创新和扩散。

参考文献

［1］Anselin L. , Getis. A. . Spatial Statistical Analysis and Geographic Information Systems. Annals of Regional Science, 1992, 26（1）: 19 – 3 3.

［2］Bos J. W. B. , Schmiedel H. . Is There a Single Frontier in a Single European Banking Market? Journal of Banking &Finance, 2007, 31（7）: 2081 – 2102.

［3］Chen Z. , Huffman W. . Measuring County – level Technical Efficiency of Chinese Agriculture: A Spatial Analysis, in Dong, X – Y; Song, S. and Zhang X. （eds.）. China's AgriculturalDevelopment. Ashgate Publishing Limited, UK, 2006.

［4］Färe R. , Grosskopf S. , Pasurka, Carl A. . Environmental Production Functions and Environmental Directional Distance Functions. Energy, 2007, 32 (2): 1055 - 1066.

［5］Grossman G. M. , Krueger A. B. . Economic Growth and the Environment. Quarterly Journal of Economics, 1995, 110 (2): 353 - 377.

［6］Tone B. . An Equity First, Risk Based Framework for Managing Global Climate Change. Global Environmental Chrmge, 2003, 13 (1): 295 - 306.

［7］Zaim O. , Taskin F. . A Kuznets Curve in Environmental Efficiency: An Application on OECD Countries. Errvironmental & Resource Economics, 2000, 17 (1): 21 - 36.

［8］Hailu A. , Veeman T. S. . Non - parametric Productivity Analysis with Undesuable Outputs: An Application to the Canadian Pulp and Paper Industry. American Journal of Agricultural Economics, 2001, 83 (4): 605 - 616.

［9］Hayami Y. . Sources of Agricultural Productivity Gap among Selected Countries. American Joumal of Agricultural Economics, 1969, 51 (3): 564 - 575.

［10］Murty D. , Kirschbaum M. U. , McMurtrie R. E. , McGilvray H. . Does the Conversion of Forest to Agricultural Land Change Soil Carbon and Nitrogen? A Review ofthe Literature. Global Change Biology, 2002, 8 (3): 105 - 123.

［11］O' Donnell C. J. , Rao D. S. P. , Battese G. E. . Meta - frontier Frameworks for the Study of Firm level Efficiency and Technology Ratios. Empirical Economics, 2008, 34 (3): 231 - 255.

［12］Williams S. P. , Shumway C. R. . Trade Liberalization and Agricultural Chemical Use: United States and Mexico. American Journal of Agricultural Economics, 2000, 82 (1): 183 - 199.

［13］刘玉海, 武鹏. 能源消耗、二氧化碳排放与 APEC 地区经济增长. 经济评论, 2011 (6).

［14］刘扬, 陈劭锋, 张云芳. 中国农业 EKC 研究: 以化肥为例. 中国农学通报, 2009 (16).

［15］李谷成, 范丽霞, 闵锐. 资源、环境与农业发展的协调性. 数量经济技术经济研究, 2011 (10).

［16］吴玉鸣, 田斌. 省域环境库兹涅茨曲线的扩展及其决定因素——空间计量经济学模型实证. 地理研究, 2012 (4).

［17］王兵, 杨华, 朱宁. 中国各省份农业效率和全要素生产率增长——基于 SBM 方向性距离函数的实证分析. 南方经济, 2011 (10).

［18］王群伟, 周德群, 周鹏. 中国全要素二氧化碳排放绩效的区域差异: 考虑非期望产出共同前沿函数的研究. 财贸经济, 2010 (9).

［19］张晖, 胡浩. 农业面源污染的环境库兹涅茨曲线验证——基于江苏省时序数据的分析. 中国农村经济, 2009 (4).

［20］曹大宇, 李谷成. 我国农业环境库兹涅茨曲线的实证研究: 基于联立方程模型的估计. 软科学, 2011 (7).

［21］陆铭, 陈钊, 万广华. 因患寡, 而患不均: 中国的收入差距、投资、教育和增长的相互影响. 经济研究, 2005 (12).

［22］赖斯芸, 杜鹏飞, 陈吉宁. 基于单元分析的非点源污染调查评估方法. 清华大学学报 (自然科学版), 2004 (6).

中国不同类别农业保护支持
政策的贸易保护效应[*]

吴国松　朱　晶　林大燕

【摘　要】本文基于不同类型政策工具的贸易限制指数方法衡量和比较了不同类别农业保护支持政策的实施对农产品贸易的保护效应，估算了中国不同类别农业保护支持政策对农产品贸易量和贸易福利限制水平的影响及不同类别农业保护支持政策的相对贡献程度，并横向比较了不同国家不同类别农业保护支持政策对贸易量和贸易福利的影响。研究结果显示，不同类别农业保护支持政策对生产者层面或消费者层面的贸易量和贸易福利的影响存在差异；不同时期不同类别农业保护支持政策的相互作用与贡献也存在差异；中国现有农业边境措施对农产品贸易影响较小，国内支持政策对农产品贸易的保护效应在所考察的国家（地区）中是最低的。

【关键词】边境措施；国内支持；贸易限制指数；农业保护支持

一、引言

中国农业保护支持体系涵盖的政策较为广泛，从作用范围来看，这些政策可以分为边境措施和国内支持政策两类。现有研究通常采用 OECD 或 WTO 开发的指标体系和测算模型分析农业保护支持政策对农产品竞争力等方面的综合影响（于爱芝，2006；杨莲娜，

---

　*　本文选取自《中国农村经济》2013 年第 12 期。本文研究得到国家社会科学基金重大项目"粮食安全框架下全球资本、自然资源和技术利用的战略选择研究"（项目编号：11&ZD046）、国家自然科学基金项目"要素密集度、技术进步与贸易开放对我国农业就业的影响研究"（项目编号：71173111）、教育部一般项目"超市供应链垂直协作与果蔬质量安全市场治理"（项目编号：10YJC790234）和江苏省高校哲学社会科学研究重大项目"后危机时代全球化、市场化下江苏的粮食安全研究"（项目编号：2011ZDAXM007）的资助。

　作者单位：吴国松，淮阳师范学院经济管理学院、南京农业大学经济管理学院；朱晶，南京农业大学经济管理学院；林大燕，南京农业大学经济管理学院。

2007；黄季煜等，2008；林春山，2011；程国强，2012）。但是，现有研究简单地根据农产品价格或需求供给的变化来判断农业保护支持政策的作用，可能会夸大或低估它们对农业生产和贸易的影响，也无法分析不同类别农业保护支持政策所产生效果的差异。本文拟采用 Anderson 和 Valenzuela（2008）提出的贸易限制指数方法测算中国不同类别农业保护支持政策的贸易保护效应，并与世界其他国家农业保护支持政策的贸易保护效应进行对比。

二、文献综述

由于农业部门在中国的特殊性和重要性，农业保护支持政策一直备受国内外学术界关注，现有研究主要集中在农业保护支持政策的含义、对农业要不要进行保护以及 WTO 框架下如何完善中国农业保护支持政策等方面。武拉平等（2007）和王新志、张清津（2013）分析了中国以外其他国家农业保护支持政策发展与演变的过程，并研究了如何按照 WTO 所允许的规则对农业进行有效的保护。他们认为，中国应该借鉴发达国家的经验与教训，优化中国农业保护支持政策。中国加入 WTO 以后，国内外大量研究利用 OECD 或 WTO 开发的指标体系和测算模型以及政策分析矩阵（Policy Analysis Matrix，PAM）方法对中国扩大市场准入、取消出口补贴等农业政策的调整效应展开了测度。

OECD 提出的测度方法体现了国内支持政策和边境措施的互联性，它把与农业保护支持政策相关的支持总量分为生产者支持估计值、消费者支持估计值和对农业部门的一般服务支持估计值。张莉琴（2001），辛毅、田维明（2003），李先德、宗义湘（2005），孙广冲（2012）对中国主要农产品的国内支持水平进行了测算。他们认为，中国农业支持水平较低，但呈现不断增长的态势。程国强、孙东升（1998），刘国栋（2011）利用名义保护率、生产者补贴等指标测度了中国农业补贴、粮食价格保护等农业保护支持政策的贸易保护效应。以上研究表明，中国农业保护支持政策的实施消除了农产品进出口价格变化带来的负面影响，维持了中国农产品贸易的稳定。

WTO 提出的测度方法主要采用综合支持量来衡量成员国国内农业支持水平，并将其作为多边农业谈判时削减国内支持的依据。苏科五（2004）、陈波等（2005）、倪洪兴（2011）、罗东等（2013）根据"农业协议"对小麦、玉米、稻谷等农产品的综合支持总量进行了测算。他们认为，虽然中国的"黄箱"、"绿箱"、"蓝箱"等政策符合 WTO 相关规定，但是，其运行机制和方法仍需加以调整和完善。李淑静（2013）基于 2008 年 12 月的《农业模式修正草案（第四稿）》研究了国内支持谈判的最新进展，并将其与乌拉圭回合谈判"农业协定"相比较，同时分析了中国农业国内支持政策的实施状况，依据最新的模式草案指出了中国农业政策的调整方向。

PAM 是分析农业政策干预和市场失灵对农业部门影响的重要方法。于爱芝（2006）

运用 PAM 方法对谷物、油料作物、棉花三大类共七种农产品的农业政策模拟表明，中国农业政策对非经济目标（安全目标）的偏好重于对经济目标的偏好，中国农业保护支持政策存在着一定的效率缺失。蓝庆新（2004）、王思舒等（2011）运用 PAM 方法分析了中国农业补贴政策对农产品生产的保护效应，其研究结果显示，中国现有的政策体系在一定程度上符合农产品比较优势的动态变化。

此外，周曙东等（2006）、周应恒等（2009）、黄德林等（2010）、程国强（2011）、王灿（2012）运用 CGE 或 GTAP 等一般均衡模型系统地研究了农业边境措施和国内支持政策的贸易效应，得出了中国农业保护支持政策在提高农民收入和增加农产品供给的同时也可能扭曲农产品国际贸易模式的结论。

现有研究农业保护支持政策的文献非常丰富，但仍存在以下三点不足：首先，国内研究分析了农产品关税税率降低、关税结构变动或单一非关税贸易措施的变动对农业生产和农产品贸易的影响，而边境措施变动与国内支持政策调整的关系如何，进而中国农业保护支持政策的贸易保护效应如何，是值得继续研究的问题。其次，利用 GTAP 或 CGE 模型测算各项农业政策效应，能够测度某一政策对不同部门的综合福利的影响。但是，一般均衡模型基于一国的投入产出表，只能衡量某个时点的福利效应，无法对政策的长期动态效应进行有效估算。最后，在测度农业保护支持政策的总体保护效应时，多数研究以农产品贸易量为权重对生产者价格扭曲和消费者价格扭曲进行加总，这样做无法反映不同农业保护支持政策的保护效应。针对现有研究的不足，本文在引入农产品需求价格弹性和供给价格弹性的基础上构建贸易量限制指数和贸易福利限制指数，以期科学地衡量农业保护支持政策的农产品贸易保护效应。本文探讨农业保护支持政策体系中的边境措施和国内支持政策对农业总体及不同农业部门的贸易保护效应，既可以为科学地衡量农业保护支持政策的贸易保护效应提供可行的方法，也可以为中国农业保护支持政策的制定提供参考。

三、研究方法与数据来源

（一）研究方法

本文假设中国是市场完全竞争的开放国家（因为中国在农产品国际市场上无定价权，中国农产品进出口数量的改变无法影响国际市场价格），国内农产品价格不仅受到边境措施的影响，也会受到国内支持政策的影响。进一步地，假设中国先实施边境措施，后实施国内支持政策，这样可以区分不同类别政策的影响。对于中国进口的农产品而言，进口市场价格的扭曲不仅受到边境关税措施或非关税措施的影响，也受到国内支持政策（例如国内补贴、价格支持、税费减免）的影响。基于 Anderson 和 Valenzuela（2008）的研究，本文通过测算政策措施的贸易量限制指数（Instrument Trade Reduction Index，ITRI）和政策措施的贸易福利限制指数（Instrument Welfare Reduction Index，IWRI）来量化边境措施和国内支持政策对农产品贸易的保护效应。

1. 农业保护支持政策的贸易量保护效应的测算

首先，考察影响农产品生产者和消费者的边境措施。设因边境措施的影响而扭曲的 j 国农产品 i 的国内价格为 $p_{ij} = p_i^*(1 + t_{ij})$，其中，$p_i^*$ 为农产品 i 的国际市场价格，由边境措施导致的 j 国农产品 i 进口量的变化为：

$$\Delta M_{B_{ij}} = p_i^* \Delta x_{ij} - p_i^* \Delta y_{ij} = p_i^{*2} dx_{ij}/p_{ij}t_{ij} - p_i^{*2} dy_{ij}/p_{ij}t_{ij} \tag{1}$$

式（1）中，$\Delta M_{B_{ij}}$ 表示由边境措施导致的进口量的变化，x_{ij} 表示国内需求量，y_{ij} 表示国内供给量，Δx_{ij} 和 Δy_{ij} 分别表示由边境措施导致的国内供给量的变化和需求量的变化，p_{ij} 表示受边境措施影响的国内价格，t_{ij} 表示国内价格相对于国际市场价格的扭曲率。

其次，考察影响农产品生产者价格和消费者价格的国内支持政策。因农业保护支持政策影响而扭曲的国内生产者价格和国内消费者价格分别为 $p_{ij}^p = p_i^*(1 + s_{ij} + t_{ij})$ 和 $p_{ij}^c = p_i^*(1 + r_{ij} + t_{ij})$，其中，$s_{ij}$ 和 r_{ij} 分别表示国内生产者价格和国内消费者价格的扭曲率。由国内支持政策导致的 j 国农产品 i 进口量的变化为：

$$\Delta M_{D_{ij}} = p_i^{*2} dx_{ij}/p_{ij}^c r_{ij} - p_i^{*2} dy_{ij}/p_{ij}^p s_{ij} \tag{2}$$

若存在 n 种进口农产品同时受到不同程度的农业保护支持政策的影响，则边境措施和国内支持政策导致的 j 国所有农产品进口量的变化可以分别表示为：

$$\Delta M_{B_j} = \sum_{i=1}^{n} p_i^{*2} dx_{ij}/p_{ij}t_{ij} - \sum_{i=1}^{n} p_i^{*2} dy_{ij}/p_{ij}t_{ij} \tag{3}$$

$$\Delta M_{D_j} = \sum_{i=1}^{n} p_i^{*2} dx_{ij}/p_{ij}^c r_{ij} - \sum_{i=1}^{n} p_i^{*2} dy_{ij}/p_{ij}^p s_{ij} \tag{4}$$

所有农业保护支持政策导致 j 国所有农产品进口量的变化可由式（3）和式（4）加总得到：

$$\Delta M_j = \sum_{i=1}^{n} p_i^{*2} dx_{ij}/p_{ij}^c (t_{ij} + r_{ij}) - \sum_{i=1}^{n} p_i^{*2} dy_{ij}/p_{ij}^p (t_{ij} + s_{ij}) \tag{5}$$

本文用边境措施贸易限制指数 B_j 和国内支持政策贸易限制指数 D_j 分别替代现实农业发展中的各类边境措施和国内支持政策，实施 B_j 和 D_j 水平的等值关税，能够引致相同的进口量变化，即：

$$\Delta M_{B_j} = \sum_{i=1}^{n} p_i^{*2} dm_{ij}/p_{ij}B_j \tag{6}$$

$$\Delta M_{D_j} = \sum_{i=1}^{n} p_i^{*2} dm_{ij}/p_{ij}^d D_j \tag{7}$$

式（6）和式（7）中，m_{ij} 表示 j 国农产品 i 的进口量，p_{ij}^d 表示 j 国国内支持政策的影响而扭曲的 j 国农产品 i 的国内价格。求解式（6）和式（7），可以得到边境措施的贸易量限制指数 B_j 和国内支持政策的贸易量限制指数 D_j：

$$B_j = \left[\sum_{i=1}^{n} t_{ij}u_{B_{ij}} \right] \sum_{i=1}^{n} p_i^{*2}(dx_{ij}/dp_{ij}) \Big/ \sum_{i=1}^{n} p_i^{*2}(dm_{ij}/dp_{ij})$$

$$+ \left[\sum_{i=1}^{n} t_{ij} v_{B_{ij}} \right] \sum_{i=1}^{n} p_i^{*2} (dy_{ij}/dp_{ij}) \Big/ \sum_{i=1}^{n} p_i^{*2} (dm_{ij}/dp_{ij}) \tag{8}$$

式（8）中：

$$u_{B_{ij}} = \left[\rho_{ij}/(1 + t_{ij}) \right] (p_i^* x_{ij}) \Big/ \left[\sum_{i=1}^{n} \left[\rho_{ij}/(1 + t_{ij}) \right] (p_i^* x_{ij}) \right] \tag{9}$$

$$v_{B_{ij}} = \left[\sigma_{ij}/(1 + t_{ij}) \right] (p_i^* y_{ij}) \Big/ \left[\sum_{i=1}^{n} \left[\sigma_{ij}/(1 + t_{ij}) \right] (p_i^* y_{ij}) \right] \tag{10}$$

$$D_j = \left[\sum_{i=1}^{n} r_{ij} u_{D_{ij}} \right] \sum_{i=1}^{n} p_i^{*2} (dx_{ij}/dp_{ij}^c) \Big/ \sum_{i=1}^{n} p_i^{*2} (dm_{ij}/dp_{ij}^d)$$
$$+ \left[\sum_{i=1}^{n} s_{ij} v_{D_{ij}} \right] \sum_{i=1}^{n} p_i^{*2} (dy_{ij}/dp_{ij}^p) \Big/ \sum_{i=1}^{n} p_i^{*2} (dm_{ij}/dp_{ij}^d) \tag{11}$$

式（11）中：

$$u_{D_{ij}} = \left[\rho_{ij}/(1 + r_{ij} + t_{ij}) \right] (p_i^* x_{ij}) \Big/ \left[\sum_{i=1}^{n} \left[\rho_{ij}/(1 + r_{ij} + t_{ij}) \right] (p_i^* x_{ij}) \right] \tag{12}$$

$$v_{D_{ij}} = \left[\sigma_{ij}/(1 + s_{ij} + t_{ij}) \right] (p_i^* y_{ij}) \Big/ \left[\sum_{i=1}^{n} \left[\sigma_{ij}/(1 + s_{ij} + t_{ij}) \right] (p_i^* y_{ij}) \right] \tag{13}$$

式（9）和式（10）中的 ρ_{ij} 和 σ_{ij} 分别表示 j 国农产品 i 的需求价格弹性和供给价格弹性。式（8）和式（11）表示两类业保护支持政策的贸易量限制指数都可以表示为需求价格弹性或供给价格弹性的函数。与 Anderson（2010）研究不同的是，本文假定国内不同农产品具有不同的需求价格弹性和不同的供给价格弹性，而 Anderson（2010）假定国内不同农产品具有相同的需求价格弹性和相同的供给价格弹性。

2. 农业保护支持政策的贸易福利保护效应的测算

设边境措施导致的 j 国农产品 i 的国内贸易福利损失为 $L_{B_{ij}}$，其数值应该为生产者剩余加上消费者剩余减去关税收入：

$$L_{B_{ij}} = \frac{1}{2} \{ \left[(p_i^* t_{ij})^2 dy_{ij}/dp_{ij} \right] - \left[(p_i^* t_{ij})^2 dx_{ij}/dp_{ij} \right] \} \tag{14}$$

国内支持政策导致的 j 国农产品 i 的国内贸易福利损失 $L_{D_{ij}}$ 可由式（15）得到：

$$L_{D_{ij}} = \frac{1}{2} \{ \left[(p_i^* (t_{ij} + s_{ij}))^2 dy_{ij}/dp_{ij}^p \right] - \left[(p_i^* t_{ij})^2 dx_{ij}/dp_{ij} \right] \}$$
$$- \frac{1}{2} \{ \left[(p_i^* (t_{ij} + r_{ij}))^2 dx_{ij}/dp_{ij}^c \right] - \left[(p_i^* t_{ij})^2 dy_{ij}/dp_{ij} \right] \} \tag{15}$$

由边境措施和国内支持政策导致的国内福利损失的变化可以由 ΔL_{B_j} 和 Δ_{D_j} 表示：

$$\Delta L_{B_j} = \sum_{i=1}^{n} (p_i^* t_{ij})^2 dy_{ij}/dp_{ij} - \sum_{i=1}^{n} (p_i^* t_{ij})^2 dx_{ij}/dp_{ij} = \sum_{i=1}^{n} (p_i^* WB_j)^2 dm_{ij}/dp_{ij} \tag{16}$$

$$\Delta L_{D_i} = \sum_{i=1}^{n} (p_i^* (t_{ij} + s_{ij}))^2 dy_{ij}/dp_{ij}^p - \sum_{i=1}^{n} (p_i^* t_{ij})^2 dy_{ij}/dp_{ij}$$
$$- \sum_{i=1}^{n} (p_i^* (t_{ij} + r_{ij}))^2 dx_{ij}/dp_{ij}^c + \sum_{i=1}^{n} (p_i^* t_{ij})^2 dx_{ij}/dp_{ij}$$

$$= \sum_{i=1}^{n} (p_i^* WD_j)^2 dm_{ij}/dp_{ij}^d \qquad (17)$$

求解式（16）和式（17），可以得到边境措施和国内支持政策的贸易福利限制指数 WB_j 和 WD_j：

$$WB_j = \left[\sum_{i=1}^{n} t_{ij}^2 u_{B_{ij}} \right]^{1/2} \sum_{i=1}^{n} p_i^{*2} (dx_{ij}/dp_{ij}) \Big/ \sum_{i=1}^{n} p_i^{*2} (dm_{ij}/dp_{ij})$$

$$+ \left[\sum_{i=1}^{n} t_{ij}^2 v_{B_{ij}} \right]^{1/2} \sum_{i=1}^{n} p_i^{*2} (dy_{ij}/dp_{ij}) \Big/ \sum_{i=1}^{n} p_i^{*2} (dm_{ij}/dp_{ij}) \qquad (18)$$

$$WD_j = (R'_{T_j} a_{T_j} - R'_{B_j} a_{B_j}) + (S'_{T_j} b_{T_j} - S'_{B_j} b_{B_j}) \qquad (19)$$

$$a_{T_j} = \sum_{i=1}^{n} p_i^{*2} (dx_{ij}/dp_{ij}) \Big/ \sum_{i=1}^{n} p_i^{*2} (dm_{ij}/dp_{ij}^d) \qquad (20)$$

$$a_{B_j} = \sum_{i=1}^{n} p_i^{*2} (dx_{ij}/dp_{ij}) \Big/ \sum_{i=1}^{n} p_i^{*2} (dm_{ij}/dp_{ij}^c) \qquad (21)$$

$$b_{T_j} = \sum_{i=1}^{n} p_i^{*2} (dy_{ij}/dp_{ij}) \Big/ \sum_{i=1}^{n} p_i^{*2} (dm_{ij}/dp_{ij}^d) \qquad (22)$$

$$b_{B_j} = \sum_{i=1}^{n} p_i^{*2} (dy_{ij}/dp_{ij}) \Big/ \sum_{i=1}^{n} p_i^{*2} (dm_{ij}/dp_{ij}^p) \qquad (23)$$

式（19）中，R'_{T_i} 和 R'_{B_i} 分别表示因总的农业保护支持政策和边境措施导致的消费者价格扭曲，S'_{T_j} 和 S'_{B_j} 分别表示因总的农业保护支持政策和边境措施导致的生产者价格扭曲，式（19）表示的国内支持政策的贸易福利保护效应可由消费者价格扭曲（$R'_{T_j} a_{T_j} - R'_{B_j} a_{B_j}$ 和生产者价格扭曲（$S'_{T_j} b_{T_j} - S'_{B_j} b_{B_j}$）加总得到。

进口部门的贸易量和贸易福利限制指数可以拓展至出口部门，正向出口价格扭曲（出口补贴）降低了出口国的经济福利，如同正向进口价格扭曲（进口税）一样，但是，对于贸易量而言则情况恰好相反，因此，必须对农业出口部门和进口部门分开测算不同类别农业保护支持政策的贸易保护效应。在计算出口部门的政策措施的贸易量和贸易福利限制指数时，需要首先按照贸易流向划分哪些产品部门属于出口部门；其次在估算出口部门的政策措施的贸易量和贸易福利限制指数时，分别对生产者和消费者进行估计，仅在最后一步加总。

（二）数据来源

本文所用农业国内支持政策中的农业国内补贴、税费减少额数据来源于《中国农村统计年鉴》[①]，中国主要农产品的产量和价格、农业生产投入数据来源于《全国农产品成本收益资料汇编》[②]，进出口贸易量和贸易额来源于联合国贸易数据库[③]，消费价格、市场

① 国家统计局农村社会经济调查司（编）：《中国农村统计年鉴》（1996～2012年，历年），中国统计出版社。

② 国家发展和改革委员会价格司（编）：《全国农产品成本收益资料汇编》（1996～2012，历年），中国统计出版社。

③ 联合国贸易数据库，http：//comtrade. un. org。

批发价格、相关价格指数等数据来源于《中国农产品价格调查年鉴》[1]，进出口关税、出口退税来源于世界银行 WITS 数据库[2]。

本文借鉴黄季焜等（2008）的做法，选取了如下 11 种农产品作为研究对象：小麦（HS100110 和 HS100190）、大米（HS100630）、大豆（HS120100）、蔗糖（HS170111）、玉米（HS100590）、棉花（HS520100）、西红柿（HS070200）、苹果（HS080810）、猪肉（HS020311 和 HS020321）、禽肉（HS020711 和 HS020712）、鲜奶（HS0401 和 HS0402）。按照现有研究的一般处理方法，大米产量以稻谷产量的 68% 折算，大米生产者价格用稻谷价格除以 68%；蔗糖产量以甘蔗产量的 12% 折算，蔗糖生产者价格则按照甘蔗价格除以 12%；猪肉生产者价格是农户散养以及小规模、中等规模、大规模养殖的生猪的价格简单平均后除以 75%；禽肉生产者价格也是农户散养以及小规模、中等规模、大规模养殖的肉鸡的价格简单平均后除以 54%。在按进出口部门分类测算时，对净出口农产品选择出口离岸价（FOB 价格）作为边境参考价，对净进口农产品选择进口到岸价（CIF 价格）作为边境参考价。国家统计局规定，出口货物按离岸价格统计，进口货物按到岸价格统计，本文进口到岸价和出口离岸价分别由联合国贸易数据库中的进口和出口贸易额除以进口和出口贸易量得到。国内外农产品品质调整系数来自 Huang 等（2007）。

四、测算结果及解释

（一）中国农业边境措施与国内支持政策的贸易保护效应：农业总体

表 1 和表 2 是中国不同类别农业保护支持政策的贸易保护效应，由此能够对农业保护支持政策的长期效应做动态分析。测算结果显示，中国不同类别的农业保护支持政策对农产品贸易量和贸易福利的保护效应存在着差异。通过改变边境措施隔离国内外市场的联动，无论在发达国家还是发展中国家都较为常见（Anderson，2010）。在农业保护支持政策中，无论是生产者层面还是消费者层面的贸易量保护效应，边境措施的贸易量保护效应基本上都大于国内支持政策的贸易量保护效应（见表 1）。边境措施的贸易量保护效应呈现下降的趋势，这与中国逐年减少关税税率等边境措施、实现在加入 WTO 时有关农产品贸易的承诺是一致的。中国不断降低农产品平均关税水平，2013 年的关税维持在 15.2%，仅为世界平均水平的 1/4。与此同时，中国在符合 WTO 规则和有关协议的基础上逐年增加了对农业的国内支持，尤其在消费者层面表现得较为显著。

① 国家统计局农村社会经济调查司（编）：《中国农产品价格调查年鉴》（1996~2012，历年），中国统计出版社。

② 世界银行 WITS 数据库，https：//wIts. worldbank. org。

国内支持政策和边境措施对于生产者层面和消费者层面福利的影响是截然不同的。就生产者层面而言，加入 WTO 之前和之后，边境措施的贸易福利保护效应呈现上升的趋势，但数值上仍然小于国内支持政策的效应，说明国内支持政策对于生产者的贸易福利保护效应大于边境措施的贸易福利保护效应。就消费者层面而言，加入 WTO 前后差异显著：加入 WTO 前边境措施对消费者的贸易福利保护效应高于国内支持政策的贸易福利保护效应，但呈现下降的趋势；国内支持政策对消费者的贸易福利保护效应则呈现上升的趋势，并在加入 WTO 后开始大于边境措施的贸易福利保护效应，加入 WTO 后国内支持政策对贸易福利保护效应的影响开始显现。

表 1　中国不同类别农业保护支持政策的贸易量保护效应

年份	生产者层面			消费者层面		
	所有措施	边境措施	国内支持政策	所有措施	边境措施	国内支持政策
1995	0.1977	0.2075	−0.0098	0.1269	0.1183	0.0086
1996	0.2070	0.0722	0.0105	0.0450	0.1136	0.0017
1997	0.0470	0.1722	0.0076	0.0500	0.1657	0.0096
1998	0.0240	0.1617	−0.0063	0.0310	0.1474	−0.0014
1999	0.0370	0.1039	0.0131	0.0160	0.1332	−0.0081
2000	0.0260	0.1357	0.0031	0.0150	0.1427	−0.0096
2001	0.0215	0.0311	−0.0096	0.1331	0.1427	−0.0096
2002	0.0220	0.0286	0.0126	0.0020	0.0407	−0.0054
2003	−0.0040	0.0502	−0.0102	−0.0120	0.0405	−0.0168
2004	0.0110	0.0649	−0.0009	0.0170	0.0680	0.0007
2005	0.0040	0.0239	−0.0246	0.0330	0.0256	0.0161
2006	0.0769	0.0402	−0.0367	−0.1813	0.0252	−0.2065
2007	0.0230	0.0364	−0.0214	0.0290	0.0387	0.0187
2008	0.0700	0.0288	0.0486	0.0590	0.0175	0.0459
2009	0.1080	0.1282	0.0178	0.1440	0.1512	0.0233
2010	−0.0760	0.1398	−0.0961	−0.0210	0.1836	−0.0955
2011	0.0565	0.0338	0.0280	0.2368	0.1131	0.1237

表 2　中国不同类别农业保护支持政策的贸易福利保护效应

年份	生产者层面			消费者层面		
	所有措施	边境措施	国内支持政策	所有措施	边境措施	国内支持政策
1995	25.9236	18.0934	7.8302	18.1528	16.7156	1.4372
1996	10.7270	5.8998	11.6777	10.9760	12.2066	0.2912
1997	11.4930	6.3211	15.3349	11.3160	15.1510	2.5167
1998	11.9310	6.5618	15.0384	11.3810	14.2045	3.4706

续表

年份	生产者层面			消费者层面		
	所有措施	边境措施	国内支持政策	所有措施	边境措施	国内支持政策
1999	8.4040	4.6224	9.9619	10.2370	13.5474	2.9871
2000	9.4810	5.2144	14.2590	11.4910	17.2366	1.7191
2001	19.3841	13.3974	5.9867	20.3337	9.2451	11.0886
2002	7.1630	3.9395	6.0715	8.7010	9.0670	3.5285
2003	7.0950	3.9025	7.5440	8.0890	7.8866	3.3955
2004	5.6810	3.1245	8.3396	7.7790	9.8966	1.8109
2005	16.3870	9.0127	11.0078	10.5060	5.4077	6.2366
2006	28.0823	11.0442	17.0381	31.5254	11.2639	20.2615
2007	17.3800	9.5591	10.3665	17.2180	10.1484	8.0661
2008	23.5730	12.9650	4.4008	22.7360	4.7642	14.2233
2009	33.8890	18.6390	20.1230	36.7020	22.3465	17.2172
2010	25.5530	14.0544	21.6605	29.7010	24.5293	11.3348
2011	32.9352	12.8224	20.1128	31.9306	10.2582	21.6724

（二）中国农业边境措施与国内支持政策的贸易保护效应：不同农业部门

表3显示了中国农业边境措施和国内支持政策在农业进口部门和农业出口部门的贸易量保护效应和贸易福利保护效应。农业进出口部门的划分以农产品贸易流向为标准来处理。即如果出口大于进口，则该农产品划归出口部门：如果出口小于进口，则该农产品划归进口部门。本文先测算不同农产品的生产者扭曲和消费者扭曲，然后使用需求价格弹性和供给价格弹性、需求和供给数量对所考察的农产品加总计算。

表3　中国不同农业部门不同类别农业保护支持政策的贸易保护效应

年份	贸易量保护效应				贸易福利保护效应			
	农业进口部门		农业出口部门		农业进口部门		农业出口部门	
	边境措施	国内支持政策	边境措施	国内支持政策	边境措施	国内支持政策	边境措施	国内支持政策
1995	0.2281	0.2706	0.0563	0.2290	18.237	21.485	6.946	12.891
1996	0.1671	0.1962	0.0471	0.1612	13.217	15.124	5.420	9.074
1997	0.1830	0.2408	0.0684	0.1977	14.910	18.555	6.856	11.133
1998	0.1844	0.2282	0.0828	0.1912	14.880	17.945	7.809	10.767
1999	0.1485	0.2094	0.0233	0.1570	12.006	14.729	5.855	8.837
2000	0.1238	0.1863	0.0205	0.1037	14.430	19.114	5.603	11.469

年份	贸易量保护效应				贸易福利保护效应			
	农业进口部门		农业出口部门		农业进口部门		农业出口部门	
	边境措施	国内支持政策	边境措施	国内支持政策	边境措施	国内支持政策	边境措施	国内支持政策
2001	0.1120	0.1440	0.0542	0.1067	8.816	10.010	4.830	6.006
2002	0.1198	0.1425	0.0510	0.1073	9.305	10.071	5.671	6.043
2003	0.1153	0.1285	0.0202	0.1071	9.017	10.048	5.409	6.029
2004	0.1094	0.1553	0.0210	0.1213	8.922	11.380	3.510	6.828
2005	0.1941	0.0951	0.0176	0.1007	9.900	11.218	5.859	6.731
2006	0.2663	0.1130	0.0243	0.0899	12.290	8.537	16.977	5.122
2007	0.2422	0.1551	0.0555	0.1225	12.199	11.845	7.130	7.107
2008	0.2991	0.0742	0.0663	0.0585	12.863	5.594	11.920	3.356
2009	0.2223	0.3250	0.0565	0.2347	25.030	25.582	14.221	13.549
2010	0.1921	0.3536	0.0523	0.2512	22.081	24.454	9.578	14.671
2011	0.1717	0.3160	0.0559	0.2244	19.740	21.757	8.238	13.054

在农业进口部门，边境措施的贸易量保护效应在加入WTO前后变化明显，呈现"正U型"曲线的变化趋势。而在农业出口部门，边境措施的贸易量保护效应在加入WTO前后的变化不是很明显，基本维持在较低的水平上。中国出口的大都是劳动密集型农产品，较低的农产品出口关税税率和较少的农产品出口非关税贸易措施能够在一定程度上推动具有比较优势的农产品出口量的增加。对比农产品进口和出口部门的农业边境措施的贸易保护效应，进口部门的贸易量限制总体水平高于出口部门，体现了农业边境措施能够在一定程度上保护中国不具比较优势的土地密集型农产品的进口部门，而对于具有比较优势的劳动密集型农产品的出口部门则相对限制较少。对于农业进口部门和出口部门，国内支持政策的贸易量保护效应的变化趋势基本一致，可能的原因是一国国内支持政策在实施中没有办法也不太可能对进口农产品和出口农产品区别对待，因为在农业生产中并不能确定出口农产品的种类。

就不同类别农业保护支持政策的贸易福利保护效应而言，进口部门的福利损失大于出口部门。较高的关税或非关税贸易措施限制了农产品进口，进而抬高了农产品价格，对农产品进口造成了双重影响。中国进口土地密集型农产品，导致国内产业面临严峻的要素配置调整的压力，因此需要对这类农产品给予适度保护。表3中的数据显示了贸易福利保护效应在进口和出口部门间的差异，可能的原因是对受冲击产品进行保护也需要付出代价，对一个产品或部门的保护可能意味着其他产品或部门的利益受损。因此，在实施保护时应该有所取舍，甄别出最需要保护的产品，给予优先和重点关注。对中国土地密集型农产品调整压力的测度就成为制定和实施适度的贸易保护政策的关键，也逐渐成为农业边境措施和国内支持政策选择的重要视角（朱晶、张姝，2010）。

（三）不同国家间农业边境措施与国内支持政策的贸易保护效应对比

本文将中国农业保护支持政策的贸易保护效应与世界银行贸易扭曲数据库报告的其他国家的农业保护支持政策的贸易保护效应进行对比，本文的研究方法及研究数据中所涵盖的农产品种类与世界银行贸易扭曲数据库对应的研究一致，从而保证了研究结果的横向可比性。从表4可以看出，中国总体农业保护支持政策的贸易量保护效应在加入WTO前后发生了显著变化，中国边境措施的贸易量保护效应在所考察的国家（地区）中是最低的。随着中国农产品关税税率与关税结构调整、非关税措施的削减，边境措施的贸易量保护效应的变化不是很显著，与发达国家边境措施的贸易量保护效应基本持平，但仍然低于发展中国家和世界平均水平。就国内支持政策而言，中国在加入WTO之前其贸易量保护效应为负值，在近几年政府不断加大对农业的各项投入后该数值虽然转为正值，但仍然很低。而发达国家由于经济实力雄厚，对农业实施了力度较大的支持，它们一直把世界市场作为调节农产品余缺的"平衡器"。

表4　不同国家间不同类别农业保护支持政策的贸易保护效应对比

			贸易量保护效应			贸易福利保护效应		
			1995 年	2001 年	2011 年	1995 年	2001 年	2011 年
生产者层面	中国	所有措施	0.1977	0.0215	0.0565	25.9236	19.3841	32.9352
		边境措施	0.2075	0.0311	0.0338	18.0934	13.3974	12.8224
		国内支持政策	−0.0098	−0.0096	0.0227	7.8302	5.9867	20.1128
	发展中国家	所有措施	0.2436	0.0528	0.4026	36.3865	13.0629	45.6383
		边境措施	0.2581	0.0387	0.0665	10.0674	4.2260	15.9498
		国内支持政策	−0.0145	0.0141	0.3361	26.3191	8.8369	29.6885
	发达国家	所有措施	0.6369	0.5511	0.5769	42.4255	39.6158	47.2225
		边境措施	0.2179	0.0326	0.0375	12.4984	13.5674	13.4641
		国内支持政策	0.4190	0.5185	0.5394	29.9271	26.0484	33.7584
	世界整体	所有措施	0.2653	0.0512	0.3861	40.1742	31.6336	44.1497
		边境措施	0.2513	0.0376	0.0621	14.8019	13.1146	15.5292
		国内支持政策	0.0140	0.0136	0.3240	25.3723	18.5190	28.6205
消费者层面	中国	所有措施	0.1269	0.1331	0.2368	18.1528	20.3337	31.9306
		边境措施	0.1183	0.1427	0.1131	16.7156	9.2451	10.2582
		国内支持政策	0.0086	−0.0096	0.1237	1.4372	11.0886	21.6724
	发展中国家	所有措施	0.1599	0.1633	0.3232	32.9139	33.0591	57.1898
		边境措施	0.1472	0.1775	0.1406	20.7925	18.5000	25.1992
		国内支持政策	0.0127	−0.0142	0.1826	12.1214	14.5591	31.9906

续表

			贸易量保护效应			贸易福利保护效应		
			1995 年	2001 年	2011 年	1995 年	2001 年	2011 年
消费者层面	发达国家	所有措施	0.1386	0.1337	0.3263	19.9642	34.8919	57.648
		边境措施	0.1242	0.1499	0.1187	17.5520	19.7078	21.2719
		国内支持政策	0.0144	-0.0162	0.2076	2.4122	15.1841	36.3761
	世界整体	所有措施	0.1555	0.1592	0.3129	42.2893	45.5919	55.3745
		边境措施	0.1433	0.1729	0.1369	20.2442	21.1968	24.5347
		国内支持政策	0.0122	-0.0137	0.1760	22.0451	24.3951	30.8398

注：发达国家包括美国、英国、德国、日本等高收入国家；发展中网家包括非洲、拉丁美洲和亚洲国家；世界整体是指数据库中所有国家的集合。

资料来源：中国数据依据公式计算得到，发达国家、发展中国家、世界整体的数据来自世界银行贸易扭曲数据库（www.worldbank.org/agdistortions）。

表4中的数据显示，发达国家农业国内支持政策的贸易量保护效应高于中国目前农业国内支持政策的贸易量保护效应。中国目前特定产品与非特定产品的支持均未超过 WTO 规定的上限，占农业总产值的比重仍较低。例如 2008 年，在所有补贴产品中，特定产品综合支持量占农业产值比重最高的棉花，也仅占其农业产值的 2.51%，2008 年的非特定产品支持也仅达到农业产值的 1.49%，离 WTO 承诺的上限尚有较大空间（中国农业国内支持课题组，2013）。今后中国应该借鉴发达国家调整农业支持政策的经验，完善国内支持政策体系，调整支持结构，提高中国农业的整体竞争力。

表4中的数据显示，在生产者层面，中国总体农业保护支持政策的贸易福利保护效应呈现先下降、后上升的趋势，但总体上依然低于世界平均水平，而发达国家总体农业保护支持政策的贸易福利保护效应最高。在生产者层面，中国边境措施的贸易福利保护效应呈现下降的趋势，中国国内支持政策的贸易福利保护效应却呈现上升的趋势，这也是与中国近几年不断加大对农业的支持力度相吻合的。尽管中国农业国内支持政策的贸易福利保护效应在上升，但仍低于发展中国家和发达国家的水平，这也印证了中国农业支持还存在较大的提升空间。

表4中的数据还显示，在消费者层面，中国总体农业保护支持政策的贸易福利保护效应较低，仅为发达国家和发展中国家的一半，低于世界总体水平。中国边境措施的贸易福利保护效应自加入 WTO 以来呈现明显下降的趋势，表明中国农产品贸易更加自由化。在消费者层面，中国国内支持政策的贸易福利保护效应呈现不断上升的趋势，但仍远低于发达国家和世界平均水平。这说明，中国在减少边境措施的同时科学地调整了国内支持政策，以提高中国农业的整体竞争力。从世界总体来看，美欧等发达国家和地区在世界农产品贸易中处于支配地位，高额的国内补贴等支持政策使得发达国家在世界谷类、肉类和乳品贸易中占据主导地位，它们对世界市场的掌控力将会进一步增强，这样的贸易格局对世

界农产品市场将产生一定的扭曲作用，对中国农产品贸易也将产生一定的负面影响。世界各国所采取的诸如农业研究与推广、基础设施建设等国内支持政策恶化了中国农业发展的外部市场环境，因此，中国要进一步采取积极措施，加大对农业的支持保护力度，维护农产品市场稳定。

五、结 论

本文系统地测算了中国不同类别农业保护支持政策的贸易量限制指数和贸易福利限制指数，并从生产者和消费者两个层面分别测算了不同类别农业保护支持政策对农业总体、农业进口部门、农业出口部门的贸易保护效应。研究表明，中国总体农业保护支持政策的贸易保护效应呈现下降的趋势，但是，边境措施和国内支持政策的贸易量保护效应和贸易福利保护效应存在一定的差异；中国边境措施和国内支持政策对农业进口部门和出口部门的贸易保护效应也存在差异，对进口部门的贸易保护效应大于出口部门，这与中国农业的比较优势基本一致。研究结果还显示，中国农业保护支持政策的贸易保护效应相对于世界平均水平而言是较低的，今后仍然有很大的政策调整空间。本文计算结果可为今后有针对性地使用不同类别的农业保护支持政策提供决策依据。

参考文献

［1］Anderson K. , Valenzuela E. . Estimates of Global Distortions to Agricultural Incentives, 1955 to 2007. World Bank（www. worldbank. org），2008.

［2］Anderson K. . The Political Economy of Agricultural Price Distortions. Cambridge and New York：Cambridge University Press. 2010.

［3］Huang J. , Liu Y. , Martin W. , Rozelle S. . Agricultural Reforms and Rural Prosperity：Lessons from China. World Bank Working Paper No. 13958，Washington DC，2007.

［4］于爱芝. 近年来中国农业政策影响效果的定量分析. 中国农业科学院博士后出站报告，2006.

［5］杨莲娜. 农业贸易政策改革及对中国与欧盟农产品贸易的影响. 中国农业科学院博士后出站报告，2007.

［6］黄季焜，刘宇，Will Martin，Scott Rozelle，杨军. 从农业政策干预程度看中国农产品市场与全球市场的整合. 世界经济，2008（4）.

［7］林春山. 新政治经济学视角下的中国贸易政策调整与转型研究. 复旦大学博士学位论文，2011.

［8］程国强. 中国农业对外开放：影响、启示与战略选择、中国农村经济，2012（3）.

［9］武拉平，程杰，杨欣. "蓝箱"政策改革对国内支持的潜在影响：中国及WTO其他主要成员国的对比. 世界经济，2007（8）.

［10］王新志，张清津. 国外主要发达国家农业政策分析及启示. 经济与管理评论，2013（1）.

［11］张莉琴．加入 WTO 后中国农业面临的挑战及对策．中国农垦经济，2001（3）.

［12］辛毅，田维明．中国主要土地密集型农产品国际竞争力分析．价格理论与实践，2003（3）.

［13］李先德，宗义湘．中国农业支持水平衡量与评价．农业经济问题，2005（12）.

［14］孙广冲．粮食补贴政策及其效应分析．中国海洋大学硕士学位论文，2012.

［15］程国强，孙东升．中国农业政策改革的效应．经济研究，1998（4）.

［16］刘国栋．贸易条件、粮食价格和中国粮食保护水平—对 1986～2008 年中国粮食价格的实证分析．上海财经大学学报，2011（8）.

［17］苏科五．农业协议．关税化失效的制度因素及新一轮谈判的立场选择．郑州大学学报（哲学社会科学版），2004（10）.

［18］陈波，王雅鹏，黎东升，董利民．直接补贴、科技兴粮与粮食生产．统计与决策，2005（11）.

［19］倪洪兴．统筹两个市场两种资源　确保农业产业安全．中国农村经济，2011（5）.

［20］罗东，矫健．WTO 规则下完善水稻最低收购价政策研究．世界农业，2013（1）.

［21］李淑静．多哈回合农业国内支持谈判的进展与中国农业政策的调整．世界贸易组织动态与研究，2013（5）.

［22］蓝庆新．我国农业比较优势及政策效果的实证分析．南京社会科学，2004（5）.

［23］王思舒，王志刚，钟意．我国农业补贴政策对农产品生产的保护效应研究．经济纵横，2011（4）.

［24］周曙东，胡冰川，崔奇峰．多哈回合农产品关税减让谈判与中国的谈判方案选择——甚于 CGE 模型的视角．中国农村经济，2006（9）.

［25］周应恒，赵文，张晓敏．近期中国主要农业国内支持政策评估．农业经济问题，2009（5）.

［26］黄德林，李向阳，蔡松锋．基于中国农业 CGE 模型的农业补贴政策对粮食安全影响的研究．中国农学通报，2010（12）.

［27］程国强．中国农业政策的支持水平与结构特征．发展研究，2011（9）.

［28］王灿．应用可计算一般均衡模型分析中国农业国内支持政策．农业经济，2012（9）.

［29］朱晶，张姝．贸易自由化对中国土地密集型农产品调整成本的影响分析——从边际产业内贸易的角度．中国农村经济，2010（1）.

［30］中国农业国内支持课题组．WTO 视角下的中国农业国内支持．世界农业，2013（3）.

中国农产品出口竞争力变迁及国际比较[*]

——基于出口技术复杂度的分析

尹宗成　田　甜

【摘　要】推动农业贸易健康发展、提升其国际竞争力，对于有效利用国际国内两种资源、两个市场，增加农民就业收入，提高农业产业安全保障水平具有重要战略意义。本文基于出口技术复杂度的视角对中国农产品的国际竞争力进行了比较分析。总体上看，中国农产品出口技术复杂度指数较低，不具备竞争优势。分类考察看，不同种类农产品出口竞争力不尽相同，劳动密集型农产品出口技术复杂度指数较高，相对出口技术复杂度指数处于本文所选样本国家（地区）的"均值"水平以上，极具国际竞争力，但传统农产品出口技术复杂度指数较低，并处于较低位次，存在竞争劣势。

【关键词】农产品；技术复杂度；国际比较；竞争力

一、引言

改革开放 30 多年来，中国农业对外开放取得了举世瞩目的成就，农产品贸易规模不断扩大，贸易总额由 1978 年的 61 亿美元发展到 2010 年的 1207.9 亿美元。中国农产品贸易增速快于世界农产品贸易增速，中国农产品贸易占世界农产品贸易的比重不断上升。根据 WTO 统计数据，中国农产品出口额占世界农产品出口额的比重由 1990 年的 2.4% 上升到 2000 年的 3.0%，到 2010 年更进一步上升到 3.8%，如今已是世界第五大农产品出口国。

然而，随着产业结构和出口结构的升级，农产品出口在中国货物总出口中的比重呈现

---

　　* 本文选自《农业技术经济》2013 年第 1 期。项目来源：本文是安徽省教育厅人文社会科学重点研究基地重点项目"安徽省粮食生产的效益评价与技术经济政策研究"（编号：2011sk716zd）阶段性成果。

作者单位：安徽农业大学经济管理学院。

持续下降趋势，2010 年仅占货物总出口的 3.3%；比较优势也呈下降趋势（刘林青等，2009）。依靠农产品出口贸易发展拉动农民收入增长，是当今世界农业发展的一个规律性现象（李德阳，2005）。因此，加强农业贸易促进、推动农业贸易健康发展、提升其国际竞争力，对于更加有效利用国际国内两种资源、两个市场，更好地平衡国内农产品供需，增加农民就业收入，提高农业产业安全保障水平具有重要战略意义。

二、文献综述

现有文献对中国农产品贸易及其国际竞争力进行了大量的研究，并取得了丰硕的成果。黄季焜、马恒运（2001）认为在耕地密集型农产品生产上中国不具有竞争优势，而在畜产品、水果和蔬菜等劳动密集型农产品的生产上比较优势较明显。帅传敏等（2003）采用等市场份额模型和显性比较优势法对中国农产品整体国际竞争力的长期变化趋势进行了研究，认为中国农产品国际竞争力呈下降趋势，土地密集型农产品的比较优势已基本丧失，而劳动密集型农产品具有较强的比较优势。杨睿等（2002）通过显示性比较优势指数测算，得出包括谷物及其制品在内的粮食产品基本失去了比较优势，畜产品、园艺产品具有比较优势。李岳云等（2007）通过显示性比较优势及恒定市场份额等方法分析了中国农产品比较优势和竞争力的变化，并进一步探讨了"入世"前后出口规模增长的源泉。认为"入世"后中国农产品的整体竞争力进一步下降，劳动密集型农产品处于竞争优势，而土地密集型农产品处于竞争劣势，深加工农产品的比较优势显著高于鲜活原料型农产品。屈小博、霍学喜（2007）利用显示比较优势指数、贸易竞争力指数以及国际市场份额等评价了中国农产品出口的国际竞争力，认为与农产品出口大国相比，中国农产品整体竞争力弱，部分劳动密集型农产品具有国际竞争力。孙林、赵慧娥（2009）利用 CMS 方法得出中国对日本农产品出口规模主要受竞争力因素的影响，而中国对东盟农产品出口规模主要受进口需求的影响。

在农产品竞争力的分类研究方面，乔娟、颜军林（2002）利用国际市场占有率和贸易竞争指数等指标，通过与其他出口国进行国际比较，分析和判断了中国柑橘鲜果的国际竞争力状况及其变动趋势。罗英姿等（2002）借助效率优势指数、规模优势指数、综合优势指数等方法测算我国棉花的比较优势和国际竞争力，认为中国棉花既没有比较优势，也没有国际竞争力。蔡岩等（2007）运用国际市场占有率及显示性比较优势指数等指标对中国蔬菜产业及主要出口蔬菜品目的国际竞争力进行了分析。张淑荣等（2007）利用大豆产业的市场占有率、RCA 指数、TC 指数，对中国大豆产业的国际竞争力进行了分析，得出中国大豆产业不具有国际竞争力的结论。张振、乔娟（2011）通过构建衡量猪肉产品国际竞争力的指标体系，采用横向比较和动态比较相融合的方法研究了猪肉产品与其同类产品出口国的国际竞争力情况。

从现有研究来看，大多数研究均采用测度国际竞争力的传统指标，如出口市场占有率指数、贸易竞争力指数、显示性比较优势指数以及迈克尔·波特的"钻石理论"等。用传统指数测度的农产品出口竞争力总体状况，显然难以反映中国农产品出口结构的变化，而相对于规模变化而言，出口结构的变迁更能反映一国在国际分工中的地位和获取贸易利益的能力，因为不同出口商品实际上意味着不同档次和附加值构成的高低，而用传统指数对农产品贸易出口分项竞争力进行测度，又难以从总体上反映中国农产品贸易在国际分工中所处地位。鉴于此，本文采用出口技术复杂度的研究方法，对中国农产品出口竞争力进行分析。

三、研究方法和数据来源

（一）农产品分类

为了研究农产品出口结构对我国农产品竞争力的重要作用，有必要对农产品进行合理分类。目前农产品分类方法众多，相关部门和学者对该问题还没有形成一致的意见。按照产品属性，卢锋和梅孝峰（2001）将农业贸易产品分成大宗农产品、作为食物的动物产品、非食物动物产品、鱼类产品、蔬菜水果等园艺类产品、饮料和烟草以及其他农产品七个子类。刘小波等（2009）则将农产品分为大宗类、动物类、食品类和其他类。而按照产品的要素密集性，程国强（1998）将农产品分为土地密集型和劳动密集型产品。本文参照卢锋等（2001）和杨艳红等（2011）的做法，并根据研究需要，将农产品分为六大类：①大宗农产品，包括谷物及其制品、糖、糖制品及蜂蜜、棉花、油籽及含油果实、植物油；②畜产品，包括主要的食用活动物、肉及肉制品、乳制品及禽蛋、动物油脂；③水产品，包括鱼、甲壳及软体类动物及其制品；④园艺类产品，包括蔬菜及水果、咖啡、桧、可可、调味品及制品；⑤饮料及烟草，包括饮料、烟草及其制品；⑥其他农产品。

（二）研究方法

Ricardo Hausmann（2003）首先提出了利用复杂度（Degree of Sophistication）测度产品的技术含量，并指出出口复杂度不仅可以反映一个国家某产业的出口商品结构，而且在一定程度上可以反映一国产业在国际分工模式中（International Specialization Pattern）所处地位的优劣。其后，出口技术复杂度被我国学者运用于研究工业制成品的出口竞争力（黄先海等，2010；文东伟，2011）和服务业出口竞争力（戴翔，2011）。出口复杂度与产品竞争力之间的内在逻辑关系是，一国出口产品的复杂度越高，该国出口产品的技术水平越高，越有竞争力。本文借鉴 Hausmann 等（2007）测度一国制成品出口技术复杂度的方法，计算中国农产品出口技术复杂度。计算可以分两步进行，第一步先测度农产品出口分类中某一类农产品的技术复杂度指数（Technological Sophistication Index，TSI），其计算公式如下：

$$TSI_i = \sum_j \frac{x_{ji}/X_j}{\sum_j (x_{ji}/X_j)} Y_j \tag{1}$$

其中，TSI_i即为第 i 类农产品的技术复杂度指数。x_{ji}是国家 j 出口第 i 类农产品的出口额；X_j是国家 j 的农产品出口总额；Y_j为国家 j 的人均收入水平，用基于购买力平价的人均 GDP 表示。李嘉图的比较优势理论指出，开放条件下一国出口何种产品，取决于该产品生产的比较成本。这也就意味着低技术复杂度的农产品将由低工资的国家出口，而高技术复杂度的农产品将由具有技术优势的高工资国家出口。Hausmann（2005）认为出口商品的复杂度和出口国的经济发展水平（实际人均 GDP）正相关，对于某个特定商品来说，所有出口国加权平均收入水平越高，则该商品技术复杂度越高。可见，TSI_i是用第 i 类农产品在总出口中的份额作为权重的所有出口 i 类农产品的国家人均 GDP 的加权平均值。

在第一步计算出某类农产品出口的技术复杂度指数后，第二步再通过以下公式计算国家 j 的农产品出口技术复杂度指数（Export Sophistication，ES）：

$$ES_j = \sum_i \frac{x_{ji}}{X_j} TSI_i \tag{2}$$

其中，ES_j为国家 j 农产品出口技术复杂度指数，其余符号的含义与前述公式相同。

（三）数据来源

由于计算每一类农产品出口的技术复杂度指数都要使用到全球各国的农产品贸易数据，但囿于数据的可获得性及计算的复杂性，本文在计算过程中并未将所有的国家（地区）都作为样本对象纳入进来，而是选取 2008 年农产品出口额在 50 亿美元以上的 27 个国家（地区）为样本对象，计算农产品的技术复杂度指数。这 27 个国家（地区）分别是：美国、荷兰、德国、法国、巴西、加拿大、西班牙、中国、意大利、阿根廷、印度尼西亚、泰国、英国、马来西亚、澳大利亚、俄罗斯、印度、波兰、新西兰、墨西哥、越南、土耳其、日本、捷克、新加坡、南非、中国香港[①]。这 27 个国家（地区）的农产品出口总额占当年全球农产品出口总额的比重达 75%，具有相当高的代表性，基本满足本文的研究需要。

上述样本国家（地区）在样本期内的农产品分类出口数据均来自联合国商品贸易统计数据库（UNCOMTRADE），出口贸易数额以美元计价。农产品主要包括《商品名称和编码协调制度》（Harmo - nized Commodity Description and Coding System，HS）中第 1 ~ 24

---

① 虽然 2008 年乌克兰农产品出口额在 50 亿美元以上，但由于无法获取其可比人均 GDP，故舍去。

章的农产品。人均 GDP 按购买力平价（PPP）衡量（2005 年不变价，单位为国际元)[①]，人均 GDP 数据来自世界银行统计数据库。

四、计算结果与分析

（一）中国农产品出口竞争力：总体考察

1. 中国农产品出口竞争力演变趋势

通过使用联合国贸发会公布的样本国（地区）农产品分类出口数据，以及世界银行公布的样本国（地区）的人均 GDP 数据，利用式（1）和式（2）可计算出中国及其他样本国家（地区）农产品的出口技术复杂度（见图 1）。

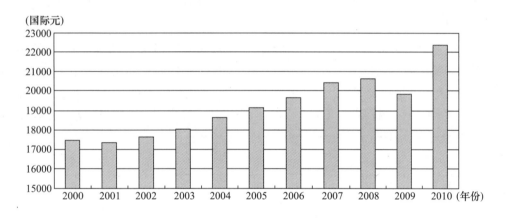

图 1　2000 ~ 2010 年中国农产品出口技术复杂度的变迁

图 1 显示，在选定的样本区间内，中国农产品出口技术复杂度呈波段式上升趋势。在 2001 年小幅下降后，便进入一个稳定的上升通道。与其他国家一样，由于受 2008 年金融危机的影响，2009 年中国农产品出口技术复杂度有一定程度的回调，2010 年便重拾升势。中国农产品出口技术复杂度由 2000 年的 17482.64 国际元增加到 2010 年的 22351.62 国际元，增幅达 27.85%。这一结果表明，中国农产品出口规模在扩大的同时，出口结构也在不断优化，出口技术复杂度在不断提高，出口竞争力不断增强。

---

① 国际元是一种独立于主权国货币的虚拟交易货币，最初由爱尔兰经济统计学家 R. G. Geary 创立，是多边购买力平价比较中将不同国家货币转换为统一货币的方法，国际元的购买力与美元在美国的购买力相当。

2. 中国农产品出口竞争力的国际比较

当然，仅仅关注中国的出口技术复杂度是不够的，因为出口技术复杂度本身的变化趋势还不足以说明中国农产品出口竞争力的变动情况，为此，笔者将研究拓展到跨国层面，将中国农产品出口技术复杂度与其他样本国家（地区）进行比较，以期准确地评价中国农产品的国际竞争力。

按照上述方法可以计算出中国及其他样本国（地区）的农产品出口技术复杂度[①]。从计算结果可以发现，和中国农产品出口技术复杂度指数变化趋势一样，其他样本国家（地区）样本期内的农产品出口技术复杂度指数均有不同程度的增加，其中一个重要原因是，根据上述计算方法，即便在保持其他所有因素不变的情况下，仅仅因为人均 GDP 的提高就会带来农产品出口技术复杂度指数的提高。但从排名来看，与出口技术复杂度指数较高的国家相比，中国农产品竞争力仍然偏低。

为反映中国农产品竞争力在所有主要农产品出口国（地区）中的相对位置及其现实的国际竞争力，本文构建相对出口技术复杂度指数（Relative Export Sophistication，RES），对中国农产品竞争力与其他所有样本国（地区）进行简单比较。计算公式如下：

$$RES_c = ES_c / (\sum_j ES_j / n) \tag{3}$$

其中下标 c 表示中国，n 表示除中国外其他样本国家（地区）的数量[②]，其余符号的含义与前述公式相同。相对出口技术复杂度指数反映了中国农产品国际竞争力与其他国家（地区）的差距，该指数大于 1，意味着中国农产品国际竞争力高于平均水平，小于 1 则意味着低于平均水平。根据式（3）可以计算出中国农产品相对出口技术复杂度指数（RES）的变化趋势，如图 2 所示。

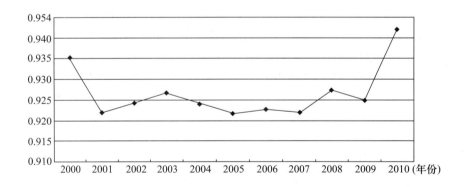

图 2　2000～2010 年中国农产品相对出口技术复杂度指数变化趋势

---

① 限于篇幅，样本期内样本国（地区）的农产品出口技术复杂度指数及其排名略去。

② 由于数据缺失的原因，本文未测算越南 2010 年的农产品出口技术复杂度，因此，2010 年 n 取值为 25，其他年份则取值为 26。

图 2 显示，2000 年以来，中国农产品相对出口技术复杂度指数一直小于 1，这一结果表明，与主要农产品出口国（地区）相比，中国农产品国际竞争力仍存在一定的差距。但在样本期内的不同阶段，指数的变化趋势不同，2000～2007 年该指数呈逐渐降低趋势，说明中国农产品国际竞争力与主要农产品出口国（地区）平均水平的差距越来越大，2008～2010 年该指数则逐步增加，由 2007 年的 0.9219 上升到 2010 年的 0.9422，意味着这一时期中国农产品国际竞争力正在赶超世界平均水平。

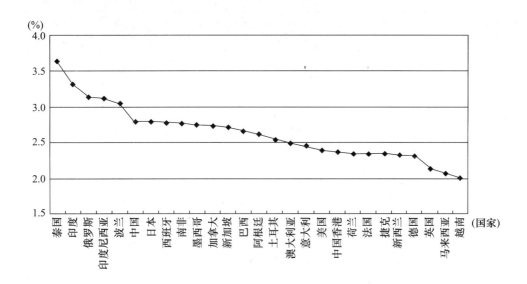

图 3　2000～2010 年样本国家（地区）技术复杂度指数年均增长率

如果对样本国家（地区）出口技术复杂度指数年均增长率进行比较也可以发现，中国农产品出口竞争力与主要农产品出口国（地区）平均水平的差距在不断缩小。2000～2010 年中国技术复杂度指数年均增长率为 2.79%，在所有样本国家（地区）中处于第六位。

（二）中国农产品出口竞争力：分类考察

计算结果表明，虽然中国农产品出口技术复杂度在不断提高，但仍处于中等水平以下，而不同种类农产品出口技术复杂度指数的演变趋势则不尽相同。对中国农产品出口技术复杂度进行分类考察，有助于寻找导致中国农产品出口技术复杂度指数偏低的主要因素，从而为进一步改善出口结构，提高中国农产品整体国际竞争力提供依据。

1. 中国主要农产品出口竞争力的变迁

依据式（2）可以计算出中国主要农产品历年出口技术复杂度指数（ES），结果见表 1。

表 1　2000～2010 年中国主要农产品历年出口技术复杂度指数

序号	2000 年	2001 年	2002 年	2003 年	2004 年	2005 年	2006 年	2007 年	2008 年	2009 年	2010 年
1	3939.4	3182.1	3522.8	4117.1	2698.9	3175.1	2769.0	3406.0	2758.3	2604.1	2696.9
2	3000.0	2831.0	2311.6	2067.9	2230.4	2144.8	1974.1	1920.4	2302.9	1807.1	1769.6
3	3975.8	4115.7	4338.2	4434.3	5443.8	5542.4	5820.3	5417.1	5290.1	5126.4	6333.3
4	4340.3	4711.5	4854.8	5041.5	5676.0	5899.7	6382.7	6976.5	7126.6	7012.5	8173.7
5	1288.7	1468.0	1416.6	1320.4	1420.4	1227.6	1478.7	1151.0	1135.0	1177.0	1191.9
6	938.46	1030.1	1159.8	1063.4	1170.2	1145.3	1229.6	1550.3	1994.5	2094.0	2186.3

注：序号 1、2、3、4、5、6 分别代表大宗农产品、畜产品、水产品、园艺类产品、饮料及烟草产品及其他农产品。

表 1 显示，中国主要农产品间出口技术复杂度指数差异较大，说明中国不同农产品的国际竞争力存在很大的差异。具体来说，水产品和园艺类产品出口技术复杂度指数较高，具有较强的国际竞争力，处于竞争优势，而大宗农产品、畜产品、饮料及烟草产品及其他农产品的出口技术复杂度指数较低，国际竞争力较差，处于竞争劣势。并且，不同农产品出口技术复杂度指数的变迁趋势也完全一样，大宗农产品、畜产品和饮料及烟草产品等农产品的出口技术复杂度指数呈逐年下降态势，其中，大宗农产品和畜产品下降的幅度较大，分别由 2000 年的 3939.4 国际元和 3000.0 国际元下降到 2010 年的 2696.9 国际元和 1769.6 国际元，降幅达 31.54% 和 41.01%。而水产品、园艺类产品及其他农产品则呈逐年增加态势，分别增加了 2357.5 国际元、3833.4 国际元和 1247.84 国际元，增幅分别达 59.30%、88.32% 和 132.97%。

由图 4 可知，在动态演进方面，园艺类产品出口技术复杂度指数趋势线稳定上升，而且最陡峭，说明其增长幅度最大，水产品出口技术复杂度指数趋势线呈波段式上升，但趋势线较平缓，增长幅度较小。横向比较各类农产品出口技术复杂度的绝对值可以发现，园艺类产品的出口复杂度水平最高，接着是水产品，而饮料及烟草产品的出口技术复杂度水平最低。相对而言，劳动密集型农产品的出口技术复杂度高于土地密集型农产品。由此可见，农产品出口发挥了我国劳动力资源的比较优势。由于我国劳动力资源丰富，而水产品和园艺类产品等农产品属于劳动密集型产品，这些产品的生产成本比较低，因而在国际市场上具有价格优势，这些产品的大量低价出口确实很好地发挥了我国的劳动力禀赋优势。

2. 中国主要农产品出口竞争力的国际比较

对比中国与其他样本国家（地区）的各主要农产品出口技术复杂度指数可以发现，在六类农产品中，只有水产品和园艺类产品排名靠前，2010 年分别处在第三位和第四位，其他四类农产品则处于较后的位置，反映这些种类农产品的国际竞争力与其他国家（地区）仍存在很大的差距（见表 2）。

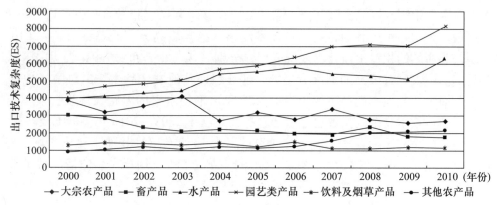

图4　2000～2010年中国主要农产品历年出口技术复杂度指数

表2　中国主要农产品历年出口技术复杂度指数排名

产品	2000年	2001年	2002年	2003年	2004年	2005年	2006年	2007年	2008年	2009年	2010年
大宗农产品	12	17	14	11	20	17	20	16	21	20	17
畜产品	19	18	19	20	21	22	21	21	22	23	23
水产品	6	5	4	4	4	4	4	4	4	4	3
园艺类产品	10	8	7	8	7	6	6	7	5	5	4
饮料及烟草产品	20	19	18	18	18	20	19	20	20	20	20
其他农产品	18	20	17	19	19	20	19	15	12	11	12

注：由于数据缺失的原因，本文未测算越南2010年的农产品出口技术复杂度，因此，2010年排名也未考虑。

　　以上运用出口技术复杂度指数对中国主要农产品国际竞争力进行国际比较分析，结果是除水产品和园艺类产品外，其他种类的农产品均不具有国际竞争力，在世界主要农产品出口国中排名居后，接下来，运用式（3）计算中国主要农产品的相对出口技术复杂度指数（RES），以期找出中国与其他国家（地区）主要农产品国际竞争力之间的差距，计算结果如图5所示。

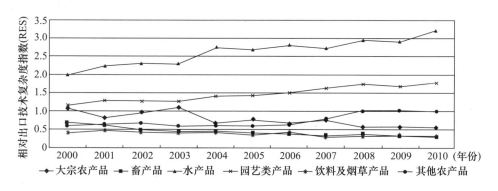

图5　2000～2010年中国主要农产品历年相对出口技术复杂度指数

图 5 显示，中国水产品和园艺类产品相对出口技术复杂度指数（RES）均大于 1，而且逐年递增，其中，水产品的相对出口技术复杂度指数较高，上升态势明显。2010 年水产品和园艺类产品的相对出口技术复杂度指数分别高达 3.235 和 1.789，表明中国水产品和园艺类产品不仅具有很强的国际竞争力，远远超过其他农产品主要出口国（地区）的平均水平，而且与其他农产品主要出口国（地区）平均水平的差距在逐步扩大。其他农产品的相对出口技术复杂度指数也呈递增趋势，并已于 2008～2010 年接近 1 或略超过 1，意味着其他农产品的国际竞争力也逐步增强，并已达到或超过其他主要出口国（地区）的平均水平。相对而言，中国大宗农产品、畜产品和饮料及烟草产品的情况就不那么乐观，在绝大部分年份，这三类农产品的相对出口技术复杂度指数均小于 1，并呈逐年下降趋势，其中，大宗农产品的降幅较大，说明其国际竞争力不仅不强，而且还低于甚至远远低于其他农产品主要出口国平均水平（如饮料及烟草产品）。这些结论不仅与前文出口技术复杂度指数（ES）的计算结果一致，而且还可以通过 2000 年以来中国主要农产品的出口结构（出口占比）加以佐证（见图 6）。

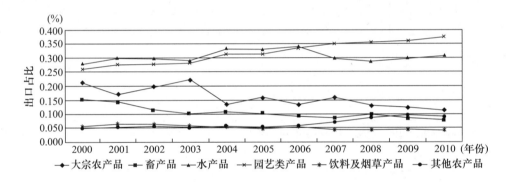

图 6　2000～2010 年中国主要农产品出口占比变化趋势

从图 6 中我国历年主要农产品出口占比变化趋势不难看出，传统的土地密集型农产品出口，如大宗农产品，在中国农产品出口贸易中虽然占据重要的地位，但呈现出明显的下降趋势，已从 2000 年的约 21.2% 的占比下降到 2010 年的 11.3%。而与此同时，诸如水产品和园艺类产品等劳动密集型农产品的出口占比则有了显著提高。

五、结　论

基于出口技术复杂度，本文对 2000～2010 年中国农产品的国际竞争力的变迁及其国际地位进行了总体和分类考察，本文的研究表明：总体上看，中国农产品出口规模在不断扩大的同时，其出口结构也在不断优化，国际竞争力和国际地位得到不断提升，这突出表现在样本期内中国农产品出口技术复杂度指数在逐年提高。但是，相对而言，中国农产品出口技术复杂度指数在全球农产品贸易中仍然处于"中等偏下"水平，表现在中国农产品贸易相对出口技术复杂度指数仍然处于样本国（地区）的"均值"水平以下。分类考察看，由出口技术复杂度表示的中国主要农产品国际竞争力差异很大，水产品及园艺类等劳动密集型农产品和部分深加工农产品的出口技术复杂度指数较高，在主要农产品贸易国家（地区）中排名居前而且有进一步上升的趋势，具有较强的国际竞争力，而诸如大宗农产品等土地密集型农产品在国际竞争中则处于劣势。

参考文献

［1］Hausmann, Ricardo, Jason Hwang, Dani Rodrik. What You Export Matters. Journal of Economic Growth, 2007, 12（1）: 1 – 25.

［2］蔡岩，吕美晔，王凯. 我国蔬菜产业及其主要出口蔬菜品目的国际竞争力分析. 国际贸易问题，2007（6）: 62 – 67.

［3］戴翔. 服务贸易出口技术复杂度与经济增长. 财经研究，2011（10）: 81 – 90.

［4］黄先海，陈晓华，刘慧. 产业出口复杂度的测度及其动态演进机理分析. 管理世界，2010（3）: 44 – 55.

［5］李岳云，吴滢滢，赵明. 入世 5 周年对我国农产品贸易的回顾及国际竞争力变化的研究. 国际贸易问题，2007（8）: 67 – 72.

［6］刘小波，陈彤. 中国农产品出口哈萨克斯坦的结构与比较优势分析. 农业经济问题，2009（3）: 81 – 86.

［7］卢锋，梅孝峰. 我国入世农业影响的省区分布估测. CER 工作论文，No C2001001，2001.

［8］罗英姿，邢鹏，王凯. 中国棉花比较优势及国际竞争力的实证分析. 中国农村经济，2002（11）: 18 – 24.

［9］乔娟，颜军林. 中国柑桔鲜果国际竞争力的比较分析. 中国农村经济，2002（11）: 30 – 36.

［10］屈小博，霍学喜. 我国农产品出口结构与竞争力的实证分析. 国际贸易问题，2007（3）: 9 – 15.

［11］帅传敏，程国强，张金隆，中国农产品国际竞争力的估计. 管理世界，2003（1）: 97 – 103.

［12］文东伟. 中国制造业出口的技术复杂度及其跨国比较研究. 世界经济研究，2011（6）: 39 – 50.

［13］许国权，陈春根. 基于 RCA 和国家钻石模型对我国茶叶国际竞争力的分析. 国际贸易问题，2007（11）: 38 – 43.

［14］杨睿，刘德江，朱雯，朱震. 中国农产品对外贸易的比较优势分析. 农业经济问题，2002（12）: 50 – 52.

［15］杨艳红，熊旭东. 加入 WTO 十年我国农产品进出口贸易的国际比较分析. 世界经济研究，2011（12）: 40 – 43.

［16］张淑荣，李广，刘稳. 我国大豆产业的国际竞争力实证研究与影响因素分析. 国际贸易问题，2007（5）: 10 – 15.

［17］张振，乔娟. 影响我国猪肉产品国际竞争力的实证分析. 国际贸易问题，2011（7）: 39 – 48.

社会资本能影响农民工收入吗？[*]

——基于有序响应收入模型的估计和检验

王春超　　周先波

【摘　要】本文基于中国珠三角地区实地调查数据，采用有序响应模型（Ordered Response Model），从 4 个维度考察影响农民工收入的决定因素，包括：家庭特征、人力资本、社会资本和外部制度特征。本文将社会资本分为"整合型"和"跨越型"展开分析。研究表明，"跨越型"和"整合型"社会资本对农民工收入都具有显著的正向影响，且两者对农民工收入的提升效应相近。在企业内，农民工与当地员工建立友好关系相比没有这种和谐协调关系将使农民工挣得中高收入的可能性增加 14% 以上；来自南方和北方地区的农民工与来自广东及其邻省的农民工相比，其收入进入到中高收入组的可能性要高出 11% 以上。当前中国社会网络的生态由传统的"整合型"社会和现代的"跨越型"社会共同支撑，两种社会形态所对应的社会资本对农民工经济地位的提升具有互补性。

【关键词】农民工；社会资本；有序 Probit 模型；半参数估计；样本选择

中国正处于转型时期，农民工对城市经济做出了重要贡献，然而相对于当地务工人员而言农民工的工资较低（韩俊，2009），其就业和工资问题令人关注。以往关于农民工工资决定因素的研究主要涉及如下几方面：第一，人力资本，主要包括受教育程度、培训、工作经历等因素（Wang 等，2010；李培林、李炜，2007）；第二，外部宏观和制度因素，例如最低工资制度（Du，Pan，2009）、经济和社会人口因素（Lu，Song，2006）；第三，社会资本因素（Bian，1994；叶静怡、周晔馨，2010；李树苗，2007；何国俊，2008；章元和陆铭，2009；章元等，2008；刘林平、张春泥，2007；Knight，Yueh，2008；叶静怡等，2012；周晔馨，2012；章元等，2012）。

上述研究为理解农民工收入的决定因素及其变化趋势做出了重要贡献，也促使更多的

* 本文选自《管理世界》2013 年第 9 期。本文得到国家社科基金项目（13BJY039）、国家自然科学基金项目（70971143；71371199）和中央高校基本科研业务费专项资金项目（12JNQM001）资助。文责自负。

作者单位：王春超，暨南大学经济学院、暨南大学资源环境与可持续发展研究所；周先波，中山大学岭南学院；责任编辑：程漱兰。

经济学家关注农民工收入问题。其中，社会资本的研究成为近年来较为活跃的领域。以往文献对社会资本影响农民工收入的研究结论具有争议。有的研究认为，社会资本对农民工收入不具有显著影响（章元、陆铭，2009；章元等，2008；刘林平、张春泥，2007；Mouw，2003）；另有文献认为，社会资本对农民工收入具有显著影响（Knight，Yueh，2008；叶静怡、衣光春，2010）；也有文献研究发现，异质性社会资本（新型社会资本）对农民工收入具有正向影响，而同质性社会资本（原始社会资本）则没有显著影响（李树苗，2007；叶静怡、周晔馨，2010）。笔者认为，产生争议的主要原因在于：从理论上看，对社会资本概念的理解角度有所差别。以往文献倾向于从总体把握社会资本，没有足够重视对概念的细致分解。尽管也有少量文献对社会资本概念进行了分解研究，但在具体概念分类上有所不同①，以往的分析容易将社会资本的投资行为看作社会资本本身。从实证上看，对社会资本代理变量的选择以及模型估计方法的选用上存在差别。

总体上讲，以往研究存在如下几个问题：第一，社会资本究竟对农民工收入是否具有显著影响，结论存在争议。这需要我们首先对社会资本进行准确定义，并对社会资本影响农民工收入的机理进行剖析。第二，社会资本从社会网络角度大体可分为"强"与"弱"社会资本抑或"原始"与"新型"社会资本（Granovetter，2005）。然而，上述各类社会资本对农民工工资收入的影响到底孰轻孰重②，缺乏细致研究。为了深刻理解社会资本的作用程度，可以尝试从社会网络视域下个体关系联结方式的角度进行研究，进而可能探索出新的分类方法。第三，在实证估计方法上，考察对象通常是在职农民工样本，模型估计中存在潜在的样本选择问题，而且模型假设条件较强，没有适当的模型设定和选择的检验，故对应结论值得推敲。针对以上问题，本项研究将努力从上述三方面进行改善。

本文结构安排如下：第一部分，文献综述；第二部分，理论框架和假说；第三部分，计量模型和估计方法；第四部分，数据和变量；第五部分，估计和检验结果；第六部分，进一步的边际分析模型；第七部分，样本选择和稳健性检验；第八部分，结论。

一、文　献　综　述

现有社会资本的研究文献对劳动市场上的就业寻找、经济绩效等多个问题（Linetal

---

① 叶静怡等（2012）研究了社会网络层次对农民工工资收入的影响。研究认为，高层次社会网络有助于提高农民工的工资收入。该文献非常出色地将社会网络进行分层研究，为该领域的研究做出了重要贡献。李树苗（2007）的研究则将社会资本分为异质性和同质性两种。本文的研究则重点将社会资本进行分类研究。"社会资本"与"社会网络"概念具有异同点。前者包含了后者，即"社会网络"成为"社会资本"众多视域中的一个（Woolcock，Narayan，2000）。后文的理论框架部分将对社会资本的分类及其理论进行详细分析。

② 在我们的实地调查中发现，农民工的收入来源绝大多数都是工资性收入，其他诸如财产性收入、转移性收入、家庭经营收入几乎可以忽略。因此对于农民工而言，本文没有严格区分"工资"和"收入"。

等，1978；Coleman，1988；Montgomery，1994；Zhang，Li，2003；Hellerstein 等，2011）做过研究，但甚少文献从社会网络联结方式的角度探讨农民工社会资本的分类，回答"整合型"和"跨越型"两类社会资本对农民工收入的影响机制，比较分析两者对劳动者收入的影响程度。

从理论上看，国内较多学者已对社会资本影响农民工就业流动和收入水平的问题进行了较深入的分析（李培林，1996；唐灿、冯小双，2000；孙立平，2003），但大多侧重两类社会资本单方面对农民工收入的影响研究。例如，李培林（1996）和孙立平（2003）考察"整合型"社会资本对农民工收入的影响；唐灿、冯小双（2000）研究"跨越型"社会资本对工资的影响。也有学者从总体上分析社会网络对劳动力市场上农民工收入的影响，例如，章元和陆铭（2009）、章元等（2008）发现社会网络对收入的影响不显著。

近年来，国内学者逐渐重视社会资本的不同层次对农民工收入的影响研究，并将不同层次社会资本纳入一个框架研究它们对劳动者工资的影响。叶静怡、周晔馨（2010）以2007年北京农民工调查数据为基础，将社会资本细分为"原始"和"新型"社会资本（近似于"整合型"和"跨越型"社会资本），分别以"家庭15岁以上人数、婚姻状况、在北京的同学数、在京有北京户口的亲戚数、是否通过亲朋好友介绍找到工作"和"亲友聚会花费占每月收入的比例、每年聚会次数、赠送礼物或金钱等"来代替。他们对农民工填写的收入数据进行"还原"处理得到两种不同口径的月收入连续型数据，利用对数收入线性回归模型考察农民工"原始"和"新型"社会资本对其收入的影响。其实证结果表明，"原始"社会资本对农民工收入的影响不显著，而"新型"社会资本对收入的影响总体上是显著的。叶静怡等（2012）用身份定位经济学模型解释社会网络层次提升农民工工资水平的影响机制，并以2009年在京农民工调查数据为样本，构建反映农民工社会网络层次的虚拟变量"是否认识在北京的高级管理人员或高级技术人员"，采用叶静怡、周晔馨（2010）处理收入数据的方法，由对数收入回归模型研究社会网络层次（虚拟变量）对收入的影响。章元等（2012）用中国22个省份的农户调查数据，研究了利用不同的社会网络对不同民工在城市劳动力市场上的工资水平的影响。可见，关于劳动力市场上社会网络对就业者工资影响的研究不能忽略社会资本或网络的异质性，应将社会资本的不同层次纳入收入模型综合考察它们对收入的影响。

本文拟深化对此主题的研究，从三个方面对现有文献做贡献。

第一，对农民工社会资本概念进行分类和界定，细分社会资本为"整合型"和"跨越型"两种，并将它们纳入同一框架研究，对其收入影响机理和实际测定问题进行讨论；这在下一节"理论框架和假说"中将详述。

第二，以非连续型的分段收入数据建立有序 Probit 收入模型。在关于农民工收入的实证研究中，保证农民工收入调查数据的真实性尤其重要。研究农民工收入决定的传统文献通常是将其工资或收入设定为连续变量（Dustmann 等，1997；Blackburn，2007；Zheng 等，2010；叶静怡、周晔馨，2010），都默认工人的工资数据是其真实收入或"还原处理"得到的合理收入。如果抽样调查所得的收入数据真实可靠，客观性强，则这种连续型收入数据用于估计收入方程是很理想的。但在对农民工实地调查中，我们发现以下两个问题：一是农民工的收入除其正式账面工资外，还有奖金、补贴、加班费等小额收入，甚至还有因包吃、包住、包吃包住、不包吃不包住等情况补工资和扣工资。因此，在相当短的回答问卷时间内，被调查者难以准确计算出自己的琐碎收入，而简单将之取整填入问卷中。例如，在一次预调查中调查员发现，在收到的问卷中收入栏填写的大都是 1000 元、1500 元、1800 元、2000 元、2500 元等整数。进一步与个别农民工谈心发现，他们的收入确实比较细、杂，问卷中填写的收入只是他们粗糙的估猜，对收入取整是最简易的，如将实得收入 1730 元填成 1800 元，2120 元填成 2000 元等是常有的事。二是有些农民工在提到自己收入时比较尴尬。低收入群体容易产生臆答现象[①]；工资较高的一些特殊农民工不太愿意让别人知道其高收入情况，在填写问卷时常采取保守填法。针对这两个问题，我们重新做了预调查，将问卷中收入信息栏改成按区间分段，让农民工按自己收入情况选择对应的分段。例如，将工资由低至高分为 4 段区间：少于 1500 元、1500 ~ 2000 元、2000 ~ 2500 元、2500 元以上。通过个案访谈我们发现，农民工填写的收入区段资料比具体收入数据要准确许多。本文将要使用的农民工样本就是根据这次预调查后设计的问卷调查得到的。我们认为，这样得到的收入资料虽然不是具体的收入数字，但能较真实地反映农民工的收入情况。

上述分档工资选择给农民工填写带来了方便，让他们较真实地反映自己的收入信息，但收入信息是不具体的。我们可以设定合适的计量经济模型，使用合适的估计方法来弥补这一缺陷。有序响应 Probit 模型（Ordered Response Probit Model）适用于因变量为分段变量的数据。

第三，以半参数方法对有序 Probit 参数模型的设定进行检验，并利用检验所得的有序模型的估计，计算社会资本对收入落在各区段概率的边际影响，比较两类社会资本影响农民工收入的程度。传统有序响应模型的估计方法是假定扰动项服从正态分布，由最大似然估计方法估计模型，即有序 Probit 模型（OP 模型）估计。不过，有两个问题值得关注：一是正态分布设定合理性的检验问题。微观计量文献指出，受限因变量模型扰动项分布的设定偏误会导致模型参数的非一致性估计。如果正态分布假定的合理性得到检验，则参数估计方法可得到参数的一致和渐近正态估计量，应用于实证就有意义。如果正态分布假定的合理性得不到检验，最好用半参数方法，放松对扰动项分布的限制，得到与扰动项分布无关的估计量（Gallant，Nychka，1987）。二是样本选择问题。农民到达城市打工有一个寻工过程，文献中大多利用已处于工作状况的农民工样本，考察其收入或工资模型。而在实地调查中，我们发现，有少数农民进城后并没有立即找到工作，而是暂住于老乡、亲戚或朋友之处，处于待业状态。例如，本文所用样本中有 29 位农民工暂时没有工作，故而没有收入信息，但我们请求他们对收入外的相关信息也做了填写。虽然非在职人数占总样

---

① 农民工劳动力也有被称为"廉价劳动力"。农民工可能在临时性岗位工作，其社会地位和经济地位相对于城市居民而言相应较低。

本的比例不大，但如果农民工参与工作的决策与影响工资的不可观察因素相关的话，则样本选择是内生的，从而会导致样本选择偏误（Wooldridge，2009）。所以，仅仅使用处于工作状态的农民工样本数据研究和估计其收入模型会面临潜在的样本选择偏误。这少部分非在职农民工样本会不会影响用在职农民工样本所得到的估计和检验结果呢？这种样本选择的稳健性应得到考察。综上所述，笔者将构建一个有序响应收入模型，用半参数方法检验有序 Probit 参数模型估计的合理性，并考察样本选择对估计结果分析的稳健性。

二、理论框架和假说

"整合型"社会资本与"跨越型"社会资本的分类不同于传统的"强关系"与"弱关系"的分类。前者从社会资本所处网络的动态联结方式的角度进行分析，侧重于对行为个体所处社会网络的闭合性和开放性特征进行刻画："整合型"社会资本由地缘或亲缘等闭合网络方式所形成；"跨越型"社会资本则强调因流动而造成不同社会群体之间跨越联结而形成。后者则是从个体之间关系联结的紧密程度进行分类："强"关系体现了个体之间社会联结和交往的程度密切，通常由家庭和密友关系联结所形成；"弱"关系由个体之间松散关系联结所形成。从两种分类的区别看，笔者认为，要客观分析中国社会网络生态对农民工收入的影响，从社会网络动态联结方式分类（即"整合型"与"跨越型"）去理解社会资本影响农民工收入的机理可能更符合中国农民工状况。当前，中国处于城乡二元社会分隔和农民工积极流动并存的转型状态，传统的社会网络形态和现代的社会网络形态二者并存和共生发展。所以，从劳动者社会资本积累形成的机理去剖析社会网络内个体间的动态联结方式和不同社会网络形态之间的转换趋势，是研究社会资本对农民工收入影响作用的较好出发点。下面分别对"整合型"和"跨越型"社会资本影响农民工收入的机制进行理论分析。

（一）"整合型"社会资本（Bonding Social Capital）

中国农村是"熟人社会"、"亲缘社会"和"人情社会"。农村中的"人情"可以带给人信任、依托、互助等各种好处（徐勇，2010）。这种"人情"网络形成的核心单位是农户家庭。家庭是农村中的基本社会经济单位。费孝通（1997）认为，家庭的成员占有共同的财产，具有共同的收支预算，他们通过劳动分工过着共同的生活。从现代劳动经济学的分析视角来看，家庭事实上是生产和生活的重要组织，依靠利他主义、忠诚和规范来实现自己的经济和社会任务。农户家庭在生产生活中体现出了相互依赖和互助合作的特点。在家庭组织之内，劳动分工和外出就业流动成为中国经济社会转型过程中农户家庭的重要决策内容。在家庭组织之外，各个农村家庭在社会生长和邻里交互过程中，形成了特定的生产、生活组织，即农村中的社区网络。亲戚、朋友成为这个社区网络的主要成员。

在社区网络中容易形成社会互动（Social Interaction）。社会互动的机制通常是一种互助式的经济社会帮扶（Bian，Huang，2009；马光荣、杨恩艳，2011）和信息的传递（Zhao，2003），进而达到使网络内农民工经济地位提升的目的。

一方面，通过社会网络内部经济上的互相支持，农民在面临劳动就业决策时可以有更多的选择和经济条件支持其向农村以外流动。进一步，当农村网络内成员到新的城市非农领域就业时，就有可能接触到新的社会组织和成员，此时，农村社会成员的社会网络规模将可能在城市互动中得以扩大，其社会网络的扩大最先可能来自早先来到城市工作的"老乡"。扩大社会网络后的农民工将可以在城市一定的范围内相较于以往农村整合更多的社会资源，他们可以依靠地缘关系形成的社会网络中成员的社会和经济影响来获取支持，进而促使其收入上的提升。例如，当新就业的农民工工作时运用亲戚、朋友关系寻找到收入相对较高的工作，而雇主也通常会更多信任通过原来企业中工作业绩不错的员工介绍熟人或者同乡人进企业工作（Montgomery，1991），这可能使新进农民工获得相对较高收入（Montgomery，1994）。由此我们可以看出，新进农民工收入提高源于雇主对原来企业农民工经济社会影响力的认同和信任，进而也有可能形成对其介绍的新进农民工能力的信任，给予其较高报酬。

另一方面，信息能在社会网络内部传递和扩散。改革开放以来，越来越多的农民由农村向城市非农产业就业流动，形成了"农民工"[①]。这种流动就业决策行为起初发轫于农户家庭的理性劳动分工决策，在此基础上，农民开始尝试走出乡村，寻求非农就业（杨云彦、石智雷，2008）。在走出乡村的过程中，就业和收入信息成为外出就业的重要资源。农民原有的家庭及其亲戚关系成为他们寻找非农就业的重要信息来源，此种社会网络成为农民在城市非农就业信息获取和经济地位提升的重要渠道（李培林，1996；Zhang，Li，2003）。假定企业中农民工的工资收入是其劳动投入量的函数，而其劳动投入量又主要由企业主参照市场标准而定。此时，老乡关系更容易促使市场工资信息向农民工传递，掌握有效信息后的老乡则容易联合起来在与雇主进行工资谈判时采用市场工资，避免农民工可能遇到的收入歧视，对农民工收入的提高发挥积极作用。因此，此种由地缘关系形成的非正式社会网络组织提高网络中成员工资的过程，可以看作社会网络对市场的一种"嵌入"（Embeddedness），让市场信息更好地在农民工社会网络内传递，并使得此种"整合型"社会资本发挥作用（Granovetter，1985）。

Coleman（1990）将与上述情形类似地由于家庭及其社区形成的社会关系网络称为"原始形态的社会资本"。此种社会网络发挥作用的主导机制是"整合"，即传统农村社会长期形成的家庭和社区社会资源自然形成的社会网络，但同时也具有一定的原始性。当社会网络中的成员在向农村外部的城市流动时，他会在流动之初整合原有的各种社会网络资源，为其流动就业和提高收入创造条件。在农村中，农民的社会资源通常局限于亲戚、朋

---

① 农民工通常包括"离土不离乡"的农村本地非农产业就业者和"离土又离乡"的外出城市就业者。本文重点关注后者，即外出打工的农村劳动力。

301

友和社区邻居，进入城市以后，农民工的社会网络将会扩大，在原有社会网络基础上将会增加由地缘关系形成的老乡等社会网络。然而，由地缘关系形成的社会资本既可能具有"原始型"特点，又可能具有"新型"特点。所谓"原始型"特点，是因为这种地缘关系可能来自原始的社区关系介绍工作而使社会网络在空间上进行转移，但此种社会网络的运作逻辑不会因为工作的地点发生变化而有质的变化；"新型"特点，是因为这种"老乡"网络可能并不是成员由原有地域社会网络的简单空间转移，而可能是因为地缘的关系在城市新结识和构建的社会网络。因此它兼具"原始型"和"新型"双重特点。这种社会关系在农民工群体中普遍存在着，不容忽视。因此，笔者认为，在经济社会转型过程中，无论上述"乡村关系"或者"老乡关系"，都不能仅仅用"原始型"或是"新型"的概念加以区分，而需要关注上述同一群体各社会成员在面对"社会关系"时的共同行为特征——由"关系"资源的"整合"形成相对闭合的社会网络形态。此种闭合网络具有内部认同和互惠以及外部的相对排他性。此时，农民工群体需要将闭合社会网络内已有或潜在的关系资源进行"整合"形成提升其收入的"资本"。综上分析，我们可将由于农村传统的亲缘、地缘、人缘等"关系"而带来的闭合性社会资本归纳为"整合型"社会资本。

针对上述"整合型"社会资本对农民工收入的作用机理，我们提出如下假说：

H1："整合型"社会资本对农民工收入具有正向影响。

（二）"跨越型"社会资本（Bridging Social Capital）

与"整合型"社会资本不同，"跨越型"社会资本是需要处于不同社会群体的成员"跨越"社会网络，并将原有社会网络进行"延展"而形成。中国农民在由农村迈向城市非农产业就业时，他们将由亲戚朋友和老乡等组成的社会网络向更宽阔的社会网络延伸。例如，对于特定人力资本水平下的农民工群体而言，决定其工资的最主要因素是劳动投入，而劳动投入量主要由雇主和农民在参照同等人力资本水平下的市场劳动投入量决定，形成市场投入水平的参照群体则是与农民工类似的企业当地员工。在工资谈判和决定的过程中，一方面受到如前所述老乡和熟人等关系的影响，同时"跨越型"社会资本扮演了更为重要的角色。因为，在企业内部，当地员工是与农民工群体一同工作的人群，他们同样可以通过信息传递机制在农民工群体和当地员工群体之间传递和扩散。此时，如果两个群体之间能够相处融洽，那么也有利于增强两个工人群体的整体谈判能力，进而促使雇主提高工资；反之，如果两个企业内群体不能和谐相处，那么将不利于整体工资的提升。

不仅如此，农民工群体和当地工人群体之间也仍然可以通过建立起来的"信任"、"人情"而影响农民工的收入，这对于农民工群体是传统关系网的延伸。例如，当农民工社会网络中的成员与当地员工建立社会联系时，与当地员工具有较好关系的农民工成员会带动原有社会网络中的部分成员与当地员工群体产生更多互动，有效互动可能会产生更多信任，进而带动原来分属不同社会网络的群体之间更多的合作，进一步提升整体的工资谈判能力，当然同时也带动农民工群体工资水平的提升。

此外，当一个农民工参与不同群体之间的更多社会互动时，他的社会网络规模在不断扩大，扩大的过程就不能只是依靠原先关系的"整合"，而需要在不同社会网络之间"跨越"，以弥补事先分隔的社会结构洞。因此，"跨越型"社会资本自然来源于社会流动，得益于不同社会网络群体之间的良性互动，体现了社会网络的现代性特征。此种现代性社会资本对农民工产生的效应将不仅反映在社会影响力上，使农民工谈判能力提升，也能促使他们由于不同群体的同伴激励而在工作能力上得以提升。也就是说，一方面，"跨越型"社会资本有助于农民工群体参与集体谈判而提高更多工资的议价能力；另一方面，农民工群体在良性而开放互动中与其他社会群体相互学习和激发潜在工作效能，这可能有助于提升工作绩效进而提升收入。

综上所述，提出如下基本假说：

H2："跨越型"社会资本对农民工收入具有正向影响。

（三）"整合型"社会资本与"跨越型"社会资本的关系

Coleman（1990）认为，人们需要在交往活动中创造和建立社会组织，用来替代逐渐失去作用的社会资本。意思是说，在经济社会转型过程中，所谓农村的"原始型"社会关系随着农民工流动，将会被"新型社会资本"逐渐代替。

笔者认为，Coleman 的上述推论在中国并不具有令人信服的证据支撑。中国经济社会转型过程中的确存在社会资本的延伸和扩展，即由"整合型"向"跨越型"社会资本的转变。然而，不同于西方经济社会转型过程，中国农民工在建构新型的社会关系网络过程中的建构方式由"整合型"向"跨越型"带来社会资源和网络的渐进增加，两种类型的社会资本并不存在替代关系而是互补关系。对于中国农民工而言并非 Coleman 所理解的社会资本是一种不可逆的转型，即社会流动由农村向城市的流动是一种大体单向的流动。中国的城镇化程度尽管越来越高，但目前的诸多证据表明，农民工群体与城市群体的融合仍然不够协调和全面（Demurger 等，2009）。城市农民工群体的就业流动性较强：一方面，他们从农村流动到城市，但往往在城市中徘徊，难以真正在城市中沉淀下来，形成了较强的城乡之间周期性流动的特征。另一方面，农民工在城市的工作相对不稳定，在城市非农产业内的就业流动性强（王春超、吴佩勋，2011）。因此，在转型时期，农民工原来形成的传统社会资本并不会被替代，而是一种延伸和发展。农民工社会资本中的"整合型"和"跨越型"两种社会资本形态将共同支撑农民工收入的增长。由此，我们提出相应假说。

H3："跨越型"社会资本与"整合型"社会资本对农民工收入的影响效应具有共同支撑作用，二者对农民工收入的影响程度相近。

总结上述分析，笔者认为将社会资本区分为"整合型"和"跨越型"更有利于体现转型时期农民工的社会关系联结方式上的差别。如果将上述假说 H1 和 H2 共同考察，那么可以得到如下推论。

H4：社会资本总体上对农民工的收入产生正向影响。

除了本文重点考察的社会资本因素之外，以往关于工资决定的经典文献也比较重视人力资本等因素的影响，因此，本文在研究中也考虑控制人力资本等变量，诸如家庭特征、人力资本特征、企业外部制度因素等。

三、有序响应模型形式及估计方法

有序响应模型（Ordered Response Model）是用可观测的有序响应数据建立模型研究不可观测潜变量变化规律的方法，是受限因变量模型的一种特例。本文所研究的收入变量没有具体的样本数据，故也是一种潜变量，其影响方程用线性形式表示如下。

$$inc_i^* = \alpha_0 + x_i'\alpha + u_i \tag{1}$$

其中 i 是农民工个体，inc_i^* 代表其工资收入（单位：1000 元），x_i 是可能影响收入的一组解释变量向量，α 是相应的未知系数，α_0 是常数项；u_i 是均值为 0、方差为 δ^2 的随机扰动项。在本文样本中，虽然 inc_i^* 无法直接观察，但它落入 4 个相连区段（分别记为 0，1，2 和 3）可以观察，用变量 y_i 表示。y_i 与 inc_i^* 的关系是：

$$y = \begin{cases} 0, & \text{如果 } 0 < inc_i^* \leqslant 1.5 \\ 1, & \text{如果 } 1.5 < inc_i^* \leqslant 2 \\ 2, & \text{如果 } 2 < inc_i^* \leqslant 2.5 \\ 3, & \text{如果 } inc_i^* > 2.5 \end{cases} \tag{2}$$

易见，y_i 取各个值 j 的概率分别为：

$$P(y_i = 0 \mid x_i) = P(u_i \leqslant 1.5 - \alpha_0 - x_i'\alpha) = F(\lambda_1 - x_i'\beta)$$

$$P(y_i = 1 \mid x_i) = P(1.5 - \alpha_0 - x_i'\alpha < u_i \leqslant 2 - x_i'\alpha)$$

$$= F(\lambda_2 - x_i'\beta) - F(\lambda_1 - x_i'\beta)$$

$$P(y_i = 2 \mid x_i) = P(2 - \alpha_0 - x_i'\alpha < u_i \leqslant 2.5 - \alpha_0 - x_i'\alpha)$$

$$= F(\lambda_3 - x_i'\beta) - F(\lambda_2 - x_i'\beta)$$

$$P(y_i = 3 \mid x_i) = P(u_i > 2.5 - \alpha_0 - x_i'\alpha)$$

$$= 1 - F(\lambda_3 - x_i'\beta)$$

其中，$\lambda_1 = (1.5 - \alpha_0)/\delta$，$\lambda_2 = (2 - \alpha_0)/\delta$，$\lambda_3 = (2.5 - \alpha_0)/\delta$，$\beta = \alpha/\delta$，$F(\cdot)$ 是 $\varepsilon \equiv u/\delta$ 的分布函数。若记 $y_i^* = (inc_i^* - \alpha_0)/\delta$，则有序模型（1）、（2）与下述模型具有相同的概率分布 $P(y_i = j \mid x_i)$。

$$y_i^* = x_i'\beta + \varepsilon_i, \quad y_i = \begin{cases} 0, & \text{如果 } y_i^* \leqslant \lambda_1 \\ 1, & \text{如果 } \lambda_1 < y_i^* \leqslant \lambda_2 \\ 2, & \text{如果 } \lambda_2 < y_i^* \leqslant \lambda_3 \\ 3, & \text{如果 } y_i^* > \lambda_3 \end{cases} \tag{3}$$

其中 ε 是均值为零、方差为 1 的扰动项，其分布函数是 $F(\cdot)$。模型（3）是经典的有序响应模型，是收入模型（1）、（2）的标准化，其阈值 λ_1、λ_2、λ_3 也是待估计未知参数。其对数似然函数是：

$$\ln L(\beta, \lambda_1, \lambda_2, \lambda_3)$$

$$= \sum_{i=1}^{n} \sum_{j=0}^{3} 1\{y_i = j\} \ln\left[F(\lambda_{j+1} - x'_i\beta) - F(\lambda_j - x'_i\beta) \right] \tag{4}$$

其中 $\lambda_4 = \infty$，$\lambda_0 = -\infty$，λ_1、λ_2、λ_3 同上，$1\{\cdot\}$ 是示性函数（The Indicator Function），当括号内条件成立时为 1；否则为 0。由上述推导可知，估计所得的 β 与原收入模型（1）、（2）中的系数 α 相差一个正数倍，但收入落入每个小区段的概率没有变，故可由标准化模型（3）的估计结果分析各因素对收入的影响。当 ε 服从标准正态分布时，上述似然函数中的 F 由标准正态分布的累积分布函数替换，此即为 Probit 模型的参数估计。当 ε 不服从标准正态分布时，如此估计会导致参数的非一致性估计量。纠正方法是用半参数方法：将 ε 的分布视为未知的，用 Hermit 序列 $f_k(\varepsilon) = \dfrac{1}{c}\left(\sum_{s=0}^{k} \gamma_s \varepsilon^s\right)^2 \phi(\varepsilon)$ 逼近 ε 的密度函数，其中 c 是标准化因子保证 $f_k(\varepsilon)$ 的积分等于 1，系数 γ_s 也是待估计的参数，$\phi(\cdot)$ 是标准正态分布的密度函数。似然函数中的 F 由此逼近分布的累积分布函数 $F_k(\cdot)$ 替换，由拟似然函数的最大化问题求解得到参数 β 的估计。可以证明（Gallant，Nyllant，1987；Stewart，2004），在较弱的条件下，此估计量是一致的和渐近正态的。此半参数估计方法的优点是：较大和较小的 k 对应的模型是嵌套的，且当 k = 2 时的估计与有序 Probit 模型参数估计是一样的，故可以使用似然比检验选择 k 或说明半参数估计的必要性。

如果非在职农民工不在研究样本中，则劳动参与的决策选择会导致样本选择问题。为消除潜在的样本选择偏误，应该使用样本选择有序模型估计各因素对收入的影响。设劳动参与方程是：

$$D_i = 1\{\gamma_0 + z'_i\gamma - v_i > 0\} \tag{5}$$

其结果方程是模型（3），即仅当工人参与劳动（$D_i = 1$）时，收入落入某区段 j 才被观测。这里向量 z 是影响选择的因素向量，在模型中，z 至少包含一个在 x 中不包含的变量。z 除了包含一些诸如农民工年龄、性别、受教育程度、婚姻状况、家庭抚养比、来源地等解释变量以外，还包含农民工的健康状况（见表 2）。由于 z 中包含的这两类因素并不全包含于 x 中，因此模型满足识别条件[①]。此时，参与劳动的农民工的收入落在各个区段的概率可类似推导为：

$$P(y_i = j, D_i = 1 \mid x_i, z_i) = G(\lambda_{j+1} - x'_i\beta, \gamma_0 + z'_i\gamma)$$

$$- G(\lambda_j - x'_i\beta, \gamma_0 + z'_i\gamma)$$

---

① 在我们的设定中，反映农民工健康状况的 3 个变量没有被引入工资模型中，原因是它们可能在模型中存在内生性。但在选择变量 D 的模型中选择它们作解释变量，主要是为了样本选择有序模型的识别。

其中 G(·，·) 是 ε 和 v 的联合分布函数。此时，样本选择有序响应模型 (3)、(5) 中的参数 β、$λ_1$、$λ_2$、$λ_3$ 和 $γ_0$、γ 可由最大似然方法来估计，其对数似然函数 lnL ($β$，$γ_0$，γ，$λ_1$，$λ_2$，$λ_3$) 是：

$$\sum_{i=1}^{n}(1 - D_i)\ln[1 - G_2(γ_0 + z'_i γ)]$$
$$+ \sum_{i=1}^{n}\sum_{j=0}^{3}D_i 1\{y_i = j\}\ln[G(λ_{j+1} - x'_i β, γ_0 + z'_i γ)$$
$$- G(λ_j - x'_i β, γ_0 + z'_i γ)] \tag{6}$$

其中 $λ_4 = ∞$，$λ_0 = -∞$，$λ_1$、$λ_2$、$λ_3$ 同上，$G_2(γ_0 + z'_i γ) = 1 - P(v_i ≥ γ_0 + z'_i γ) = G(∞, γ_0 + z'_i γ)$。当 ε 和 v 服从零均值、单位方差和相关系数为 ρ 的联合正态分布时，上述似然函数中的联合分布函数 G 由二变量高斯分布函数 Φ (ε，v；ρ) 替换，模型 (3)、(5) 的估计即是其 Probit 模型估计。对数似然函数 (4) 和 (6) 式的区别在于式 (6) 中第一个和式反映了待业农民工子样本 ($D_i = 0$) 对似然函数的贡献，而式 (4) 忽视了这一项。如果样本不存在选择问题，则第一个和式不出现，且第二个和式中的 $G(λ_{j+1} - x'_i β, γ_0 + z'_i γ)$ 等同于 $F(λ_{j+1} - x'_i β)$。在实证中忽视待业农民工子样本而仅用在职农民工样本估计工资方程是否会对模型估计的一致性产生影响，应通过检验考察（见本文第七节）。

当 ε 和 v 不服从联合正态分布时，应用 Φ (ε，v；ρ) 的最大似然估计将导致不一致的参数估计量。为得到参数的一致性估计，应放松对 ε 和 v 联合分布 G(·，·) 的限制，应用半参数方法。

与 Probit 模型 (3) 的半参数估计方法类似，样本选择有序 Probit 模型 (3)、(5) 的半参数估计将 ε 和 v 的联合分布视为未知，用 Hermite 函数序列。

$$f^*(ε, v; θ) = \frac{1}{\psi_R(θ)}\tau_R(ε, v; θ)^2 \phi(ε)\phi(v)$$

逼近 ε 和 v 的联合密度函数，其中 $\tau_R(ε, v; θ)$ 是关于 ε、v 的 $R = (R_1, R_2)$ 阶多项式，θ 是 R_1、R_2 个未知系数构造的待估计的参数向量，$\psi_R(θ)$ 是标准化因子，保证 f^* 的积分等于 1。由此可得到 ε 和 v 联合分布函数 G 的逼近函数 $G^*(ε, v; θ)$（De Luca，Perotti，2011）。将似然函数式 (6) 中的 G 用逼近分布函数 $G^*(ε, v; θ)$ 替换，由拟似然最大化问题求解得到参数向量 ($β$，$γ_0$，γ，$λ_1$，$λ_2$，$λ_3$，θ) 的半参数估计量。可以证明，只要 R_1、R_2 随着样本容量 n 增大，此估计量是一致的和渐近正态的。与模型 (3) 半参数估计不一样的是，不同时增大的 R_1、R_2 对应的模型不具有嵌套性，如 $(R_1, R_2) = (2, 2)$ 与 (1, 3) 对应的两种逼近模型不具有嵌套性，故似然比检验不适合用于不同阶数逼近模型的选择。不过，我们可以用 AIC 或 BIC 准则选择 R_1、R_2，也可说明半参数估计是否有必要性。

四、数据和变量说明

实证研究的数据来源于我们于 2010 年 7～8 月在珠三角 4 个城市组织开展的实地调查，调查城市包括：广州、深圳、珠海、东莞。广东是全国农民工最为集中的地区（国家统计局，2012），而珠三角地区集中了广东最大部分的农民工。实地调查采用城市随机抽样进行，首先根据城市的流动人口决定各城市调查问卷数量，然后根据地图以 4 个城市的区为单位随机抽样，在每个城市的 4 个区分层随机抽样进行预调查，在此基础上调整问卷问题，并开展实地调查[①]，得到 1339 个农民工问卷，其中有效问卷 1034 份，有效比率为 77%[②]。在有效问卷中，有 1005 个样本农民工处于就业状态，另有 29 个样本处于找寻工作状态。我们拟应用有序 Probit 模型的参数、半参数估计和检验方法研究社会资本对农民工收入的影响。

被解释变量：根据农民工收入调查数据的区段特征，有序 Probit 模型的被解释变量定义见式（2），它为有序变量。表 1 报告了不同收入区段下在职农民工样本的收入分布情况，其中最高收入段农民工比例为 10.6%，低于 2000 元收入段样本所占比例高达 72%。

在我们调查的农民工样本中，部分工人处于找工作状态，没有相应工资信息。如果仅仅使用在职农民工子样本估计社会资本对农民工收入的影响，则可能存在潜在的样本选择性偏误。我们将在稳健性分析一节利用样本选择模型的估计和检验讨论这一问题。

表 1　OP 模型中被解释变量（收入区间）的基本统计

工资收入段	≤1500 0	(1500，2000) 1	(2000，2500) 2	>2500 3	合计
观察值	341	385	173	106	1005
占比（%）	33.93	38.31	17.21	10.55	100

解释变量：从现有实证研究文献来看，农民工工资收入的影响因素主要分为 4 个维

---

① 我们在每个城市的样本区各确定 1 个调查点，共计 16 个调查点。在样本城市各行政区内问卷调查的数量按照各区流动人口所占各城市比重确定，各城市的问卷数量分配比例也基本按照当地流动人口数量进行设计。其中，广州占比 44%，深圳占比 34%，珠海占比 18%，东莞占比 4%。在实地调查中根据部分区域调查状况进行了微调，不影响问卷代表性。

② 本次调查的问卷有效比率不高（77%），但这 1034 份有效问卷是经过严格确认后得出的准确数据。为了保证研究数据的准确性，我们排除了任何微小错漏、缺失和极端数值等情形。此后，我们对问卷进行查验后发现，如果将仅出现微小错漏的问卷（比如农民工明显的笔误和本文中不包含变量缺失的情况）加入后（161 份），其有效率可以提升至 80%。总体上讲，本次调查具有有效性。

度：农民工个体和家庭特征（性别、婚姻状况、家庭抚养负担等）、人力资本特征（受教育程度、接受培训情况、外出工作经历、工作时间）、社会资本特征（关系、工会、来源地、介绍工作）、外部制度特征（工作城市等）。表 2 列举了这些解释变量及其简单样本统计。对于虚拟变量，为避免多重共线性，应将参照组虚拟变量不放入模型中，表 2 最后一列报告相应的参照组。

<h3 style="text-align:center">表 2　OP 模型解释变量及其统计描述</h3>

变量	定义	平均值	标准差	最小值	最大值	参照组
male	男性 =1；否则 =0	0.54	0.50	1	1	female：女性
age	实际年岁	24.6	6.7	15	58	
age^2	实际年岁的平方	—	—	—	—	—
educ	受教育年数	11	2.34	6	15	
married	已婚 =1；否则 =0	0.31	0.46	0	1	unmarried：未婚
child1	孩子留在家乡 =1；否则 =0	0.24	0.43	0	1	child0：没有孩子
child2	孩子自己带在身边 =1；否则 =0	0.06	0.25	0	1	
depratio	抚养比：家庭非劳动人口占劳动人口的比重	0.75	0.84	0	9	
training	接受过就业培训 =1；否则 =0	0.47	0.50	0	1	没有接受培训
exper	外出打工时间	4.26	3.44	1.5	12.5	
Shenzhen	在深圳工作 =1，否则 =0	0.34	0.47	0	1	Guangzhou：在广州工作
Zhuhai	在珠海工作 =1，否则 =0	0.18	0.39	0	1	
Dongguan	在东莞工作 =1，否则 =0	0.04	0.20	0	1	
Adjacent	来自毗邻广东的省份 =1，否则 =0	0.41	0.49	0	1	Guangdong：来自广东
South	来自除毗邻广东省份之外的南方地区 =1，否则 =0	0.23	0.42	0	1	
North	来自北方地区 =1，否则 =0	0.20	0.40	0	1	
workhour	日工作时间（单位：小时）	9.68	1.40	7	13	
relation1	与企业内当地员工关系"友好" =1，否则 =0	0.33	0.47	0	1	relation0："从不联系"
relation2	与企业内当地员工关系"一般" =1，否则 =0	0.53	0.50	0	1	
relation3	与企业内当地员工"相互不熟悉" =1，否则 =0	0.12	0.32	0	1	
union	企业内有工会 =1，否则 =0	0.18	0.39	0	1	没有工会

续表

变量	定义	平均值	标准差	最小值	最大值	参照组
findjob1	亲戚朋友介绍工作＝1，否则＝0	0.51	0.50	0	1	findjob0：靠自己找工作
findjob2	政府部门介绍工作＝1，否则＝0	0.02	0.15	0	1	
findjob3	通过劳动力市场找工作＝1，否则＝0	0.18	0.39	0	1	
health1	身体健康＝1，否则＝0	0.42	0.49	0	1	health0：身体状况不好
health2	身体一般＝1，否则＝0	0.52	0.50	0	1	
health3	不确定身体状况＝1，否则＝0	0.03	0.17	0	1	

　　表2显示，男性和女性农民工样本大约各占一半；平均年龄大约25岁。由于样本中农民工相对年轻，他们的健康状况绝大部分在"一般"及以上水平。只有31%的农民工已婚。30%的农民工有小孩，其中大多数将孩子放在农村老家看管。就农民工样本的工作城市分布来看，广州占比最大（44%），接着是深圳（34%）、珠海（18%），然后是东莞（4%）[①]。从农民工来源地看，广东当地农民工占比较小（16%），大约41%的农民工来自广东邻省，23%来自广东以外的南方地区，20%来自北方地区。在职农民工的日平均工作时间超过9小时。就工作中的相互关系而言，大部分外来农民工（86%）与当地员工的关系处于"一般"或者"友好"状况。注意到，仅仅18%的受访农民工所在企业有工会。这里也报告了农民工通过4个途径找到工作的情况：51%的农民工通过亲戚朋友找工作，20%的农民工靠自己找工作，18%的农民工通过劳动力市场找工作，只有2%的农民工通过政府介绍工作，地方政府在帮助农民工就业方面发挥作用较小。

五、OP 模型估计与检验结果

　　首先，我们用在职农民工样本数据，对有序 Probit 模型（3）、模型（4）进行估计。因为低阶 k 对应的逼近模型嵌套于高阶 k 对应的逼近模型中，且正态分布假定下的有序 Probit 模型对应于 k=2 下的逼近模型，所以，我们使用较一般的半参数方法估计和检验模型。

　　表3报告了 k 取不同值时半参数估计似然比（LR）检验的结果。根据逼近模型的嵌套性，这里的 LR 检验有两种。第一种是 k 取大于2的值时模型分别对 k=2 时对应的普通有序 Probit 模型的 LR 检验，表3第5列报告的 p 值表明，k 分别取3、4、5、6时的扩

---

① 农民工所工作的城市分布比例基本按照当地农民工数量进行调查设计。诚然，这里排除了部分无效问卷。

展逼近模型不显著异于 k = 2 时正态分布假定下的 Probit 模型，参数方法适于估计模型。第二种检验是 k 阶与 k – 1 阶逼近模型之间的 LR 检验，表 3 最后一列 p 值表明，不同的 k 值对应的模型的估计结果不存在显著性差异。

表 3 不同 k 对应模型的似然比检验（在职农民工样本）

k	对数似然值	OP 模型的 LR 检验	自由度	p 值	（k – 1）的 LR 检验	p 值
OP	– 1153. 010	—	—	—	—	—
3	– 1152. 948	0. 123	1	0. 726	0. 123	0. 726
4	– 1152. 932	0. 154	2	0. 926	0. 031	0. 860
5	– 1152. 910	0. 199	3	0. 978	0. 045	0. 832
6	– 1152. 452	1. 115	5	0. 953	0. 433	0. 510

注：OP 模型 LR 检验的原假设是 k = 2（有序 Probit 模型（OP）），备择假设分别是 k = 3、4、5 和 6 阶扩展模型；后两列 LR 检验的原假设是（k – 1）阶扩展模型，备择假设是 k 阶扩展模型，检验的自由度都为 1。

表 4 同时报告了参数和半参数估计（k = 3，4）结果，以供比较。从参数与半参数估计结果发现，各系数估计的显著性和符号完全一致，且大小接近；从半参数估计所得的残差分布来看，偏度、峰度和标准差都分别接近于标准正态分布所对应的偏度 0、峰度 3 和标准差 1。这些都与上述检验结果（参数与半参数估计无显著差异）相吻合，这里半参数估计和检验结果为参数估计结果应用于实证分析提供了统计支持和保证。

基于表 4 的估计结果，我们从可能影响农民工收入的 4 种维度进行分析。

（一）社会资本变量

表 4 的半参估计结果表明，两类社会资本变量总体上对农民工收入有一定影响作用。

表 4 OP 收入模型参数及半参数估计结果比较

解释变量	参数估计		半参数估计（k = 3）		半参数估计（k = 4）	
	系数估计	p – value	系数估计	p – value	系数估计	p – value
age	0. 194 *	0. 000	0. 209 *	0. 000	0. 175 *	0. 000
age^2	– 0. 003 *	0. 000	– 0. 003 *	0. 000	– 0. 003 *	0. 000
male	0. 403 *	0. 000	0. 442 *	0. 001	0. 370 *	0. 004
married	0. 013	0. 932	0. 025	0. 888	0. 024	0. 891
depratio	0. 014	0. 754	0. 013	0. 799	0. 010	0. 825
child1	0. 017	0. 916	0. 011	0. 949	0. 007	0. 967
child2	0. 104	0. 597	0. 115	0. 592	0. 093	0. 660
educ	0. 106 *	0. 000	0. 116 *	0. 000	0. 097 *	0. 000

续表

解释变量	参数估计		半参数估计（k=3）		半参数估计（k=4）	
	系数估计	p – value	系数估计	p – value	系数估计	p – value
training	0.293 *	0.000	0.316 *	0.002	0.264 *	0.005
experience	0.048 *	0.001	0.053	0.009 *	0.044 **	0.017
workhour	0.008	0.755	0.009	0.753	0.007	0.785
shenzhen	0.291 *	0.001	0.315 *	0.009	0.265 **	0.018
zhuhai	− 0.140	0.179	− 0.159	0.194	− 0.133	0.211
dongguan	0.199	0.277	0.211	0.335	0.180	0.279
adjacent	0.159	0.134	0.172	0.153	0.146	0.177
south	0.522 *	0.000	0.563 *	0.001	0.473 *	0.003
north	0.330 *	0.006	0.359 **	0.017	0.302 **	0.027
relation1	0.437 ***	0.071	0.483 ***	0.073	0.404 ***	0.065
relation2	0.314	0.189	0.350	0.185	0.293	0.162
relation3	0.073	0.776	0.089	0.749	0.075	0.728
union	0.089	0.359	0.099	0.356	0.084	0.362
findjob1	0.042	0.617	0.047	0.615	0.042	0.610
findjob2	− 0.106	0.684	− 0.129	0.658	− 0.106	0.634
findjob3	− 0.097	0.379	− 0.104	0.387	− 0.086	0.402
number of obs	1005	—	1005	—	1005	—
LR chi2 （24）	255.56	—	39.31	—	47.56	—
prob > chi2	0.000	—	0.025	—	0.003	—
log – likelihood	− 1153.01	—	− 1252.95	—	− 1252.93	—
Skewness	0		− 0.035		− 0.073	
Kurtosis	3		2.890		3.150	
Deviation	1		1.088		0.910	

注：＊表示1%水平上显著；＊＊表示5%水平上显著；＊＊＊表示10%水平上显著。

其一，就农民工的来源地看，相对于广东地区而言，虚拟变量"south"和"north"对农民工工资具有显著影响，而与广东毗邻来源地区（adjacent）则对工资不具有显著影响。这里的虚拟变量"south"和"north"反映了农民工的来源地分别是南方地区和北方地区，地缘因素在这里表现出了显著正向影响。这里的实证结论与前文的假设一致（H1），来自同一地方的农民工经常会建立友好的关系网络，从而通过社会影响和信息交流对其工资产生作用。我们在实地调查中也发现：大量的农民工走出乡村到城市就业，他们中的很多人来自同乡甚至同一个家庭，并在同一家企业工作。地缘的关系促使他们倾向于运用关系网络，尤其是来自广东以外地区的农民工，根据前面的理论分析，此种"整合型"社会资本对其收入具有显著正向影响。然而,来自广东或者广东相邻省份对农民工工资则表现出微弱的影响。这类农民工与来自离广东较远地区的人相比而言,后者更倾向于整合社会资本而形成密切关系网以避免可能的经济风险。因此,来自广东及其邻省者的地缘关系对农民工收入影响的显著性较弱。我们在前面的理论分析中即将此种地缘关系形成的网络归为"整合型"社会资本。因此,实证结论支持了理论假设 H1。除此之外,另一个反映农民工"整合型"社会资本的变量"findjob1"(由亲戚朋友介绍找到工作)对收入具有不太显著的正向影响。这一结论与我们的理论假设一致,并与 Granovetter(1995)的研究结论类似①。变量"findjob1"不显著的原因可能是由于中国城乡劳动力市场长期分隔的状况造成②。

其二,"跨越型"社会资本在实证中主要体现在企业内农民工与当地员工的关系上。表 4 的结果显示:相对于变量"relation0"(从不联系),变量"relation1"(关系友好)对农民工收入具有显著正向影响(估计系数为 0.437)。这说明,农民工与当地员工之间和谐友好的关系对提升农民工收入而言显得非常重要。根据前文的理论分析,此种企业内不同社会群体之间的关系正是"跨越型"社会资本的直接体现。实证结果与本文的理论假设 H2 一致。

其三,作为"跨越型"社会资本体现之一的"工会组织"对农民工收入具有正向但不显著的影响。其结果不显著并不令人惊讶,这可能是由于工会组织松散造成的。尤其对于就业流动性较大的农民工,他们难以形成稳定的工会组织以争取利益。相反,他们正是依靠诸如"老乡"、"朋友"等非正式的社会网络来表达他们的经济诉求(参见表 4 中的"south"、"north"估计的显著性结果)。因此,相对于非正式的社会网络而言,中国的工会组织在农民工与雇主进行收入谈判中所起的作用有限,这也使得工会组织对农民工收入的影响不够显著。这一结果与发达国家的部分研究结果相反(Hirsch,Schumacher,1998;Hirsch,2004)。

上述实证结果综合表明,社会资本总体上对农民工收入具有显著正向影响(理论假设 H4)。

(二) 家庭和个体特征控制变量

表 4 报告了农民工个体特征变量,诸如性别、年龄、年龄的平方等都显著影响着农民工的收入。其中,男性相较于女性具有更大可能性获得较高收入段的工资。在个体特征变量中,年龄和年龄平方变量的估计结果表明了年龄与收入之间呈现显著的倒"U"型关系,即年龄状况对其收入的影响在年轻阶段时,随着年龄的增大,年龄对其收入的正向影

---

① Granovetter(1995)研究认为:劳动者个体的熟人关系是个体最依赖的找到工作的方法,由熟人关系找到的工作相较于正式找到的工作而言,前者的工作具有更高的质量和收入。

② 由于中国城乡劳动力市场长期隔离,城市和农村在劳动就业方面呈现各自不同的运作规则。农村就业通常倾向于依靠传统的亲戚朋友介绍,而城市就业则通常采用面试或者招考等方式。此种城乡劳动就业规则的差异使得农村传统的介绍工作的就业方式在城市难以充分发挥作用。

响在减弱，到达某个转折点之后，呈负向影响增大的趋势。此种年龄效应的结果与其他国家的一些研究结论类似（Tansel，2002）。

（三）人力资本控制变量

从人力资本方面看，表4的计量结果显示：受教育年数（educ）、参与培训（training）、外出工作年数（exper）等变量显著正向影响农民工收入。农民工个体的教育、培训和工作经历等因素对其收入增长起了重要作用。此外，日工作时间也对农民工收入在7%的水平上显著。

（四）其他外部制度控制变量

企业外部制度也可能对农民工工资产生影响。表4的结果显示：农民工工作地点的虚拟变量显示出各自不同的影响。我们在研究中设定了以广州为参照组，虚拟变量 shenzhen（深圳）、dongguan（东莞）对农民工收入具有正向影响（前者显著但后者不显著），zhuhai（珠海）则具有微弱的负向影响。

六、进一步的边际概率分析

本节基于上节检验选择的有序 Probit 参数模型的估计进一步计算社会资本对农民工收入的边际概率影响。对于模型中的连续变量 x_j，对收入落入4种区段概率的平均边际影响由该区段的概率函数 $P(y_i = j \mid x_i)$ 关于 x_j 偏导数的样本均值计算。对于二元变量 x_j，收入落入4种区段概率的平均边际影响由 $x_j = 1$ 时计算的概率（其他变量取样本均值）与 $x_j = 0$ 时计算的概率（其他变量取样本均值）之差而得。

表5报告了由参数模型估计的各因素的平均边际概率效应。因为进入4个有序区段的概率之和为1，故4个有序区段上的边际影响之和应为0，所以，农民工收入落入一个收入区段或一些区段的概率与另一（或一些）区段的概率会相互抵消，即在某一区段边际概率为正时，在另一些（或其他）区段的边际概率一定为负。下面我们主要探讨社会资本因素对收入的边际影响（ME）。

在"整合型"社会资本方面，南方农民工（"south"）挣得高收入（高于2500元）的概率要比非南方农民工挣得高收入的概率高出8.8%，南方农民工挣得中高收入（2000 ~ 2500元）的概率要比非南方农民工挣得中高收入的概率高出9.0%；而北方农民工（"north"）挣得高收入（高于2500元）的概率要比非北方农民工挣得高收入的概率要高出5.2%，北方农民工挣得中高收入（2000 ~ 2500元）的概率要比非北方农民工挣得中高收入的概率高出5.8%。对于挣得中等收入（1500 ~ 2000元）的概率的影响非常小，且都不显著。对于低收入（小于1500元）区段，此边际影响都为负：南方农民工为

-16.9%，北方农民工为-11.0%，且都为统计显著的。这说明，南方农民工比非南方农民工挣得低收入的概率要低16.9%，而北方农民工比非北方农民工挣得低收入的概率要低11.0%。在影响概率的这两种正负方向上，"south"比"north"具有更大的边际影响。

表5 边际概率的影响效应

收入区段	1500 以下		(1500, 2000)		(2000, 2500)		2500 以上	
	0		1		2		3	
	ME	p-value	ME	p-value	ME	p-value	ME	p-value
age	-0.069*	0.000	0.008**	0.019	0.035*	0.000	0.027*	0.000
male	-0.143*	0.000	0.018*	0.008	0.071*	0.000	0.054*	0.000
married	-0.005	0.932	0.001	0.930	0.002	0.932	0.002	0.932
depratio	-0.005	0.754	0.001	0.755	0.002	0.754	0.002	0.754
child1	-0.006	0.915	0.001	0.912	0.003	0.916	0.002	0.916
child2	-0.036	0.588	0.002	0.174	0.019	0.597	0.015	0.620
educ	-0.038*	0.000	0.004**	0.012	0.019*	0.000	0.015*	0.000
training	-0.103*	0.000	0.010**	0.032	0.052*	0.000	0.041*	0.000
experience	-0.017*	0.001	0.002**	0.035	0.009*	0.001	0.007*	0.001
workhour	-0.003	0.755	0.000	0.756	0.001	0.755	0.001	0.755
shenzhen	-0.100*	0.001	0.006	0.148	0.052*	0.001	0.043*	0.002
zhuhai	0.050	0.187	-0.008	0.317	-0.025	0.177	-0.018	0.153
dongguan	-0.067	0.250	0.001	0.929	0.035	0.271	0.031	0.336
adjacent	-0.056	0.131	0.005	0.156	0.028	0.135	0.022	0.145
south	-0.169*	0.000	-0.009	0.423	0.090*	0.000	0.088*	0.000
north	-0.110*	0.004	0.000	0.993	0.058*	0.006	0.052**	0.018
relation1	-0.148***	0.057	0.004	0.555	0.077***	0.064	0.067***	0.107
relation2	-0.111	0.188	0.013	0.252	0.055	0.184	0.043	0.189
relation3	-0.025	0.772	0.002	0.649	0.013	0.776	0.010	0.784
union	-0.031	0.351	0.002	0.230	0.016	0.360	0.013	0.379
findjob1	-0.015	0.617	0.002	0.626	0.008	0.617	0.006	0.617
findjob2	0.038	0.690	-0.006	0.760	-0.019	0.681	-0.013	0.660
findjob3	0.035	0.385	-0.005	0.483	-0.017	0.377	-0.013	0.358

注：①*表示1%水平上显著；**表示5%水平上显著；***表示10%水平上显著。②我们对半参数估计模型（如k=3）所对应的各因素平均边际概率影响也作了计算（见附表A1），它们在方向和显著性方面与这里对应的结果相同，大小上也相近。

在"跨越型"社会资本方面，农民工与当地工人的友好关系（"relation1"）会使农民工挣得高收入（高于 2500 元）的概率提升 6.7%，挣得中高收入（2000~2500 元）的概率提升 7.7%，而使他们挣得低收入（少于 1500 元）的概率降低 14.8%。可见，挣得低收入的概率降低幅度很大。这说明，同与当地员工没有和谐相处的农民工相比，与当地员工和谐相处、关系协调的农民工挣得收入高于 2000 元的可能性要高出 14.4%（=7.7%+6.7%）。可见，农民工和当地员工的友善相处关系对于农民工挣得较高的收入水平是至关重要的。另外，注意"relation2"也起着类似的作用（但较弱），即农民工与当地员工的一般友善关系对农民工收入改善的可能性增加总是有利的。

一个有趣的问题是从表 5 中的 3 列 "2500 以上"，"（2000，2500）" 和 "1500 以下" 比较两种类型社会资本的边际概率效应。比较区段 "2500 以上" 的结果可见，relation1（"友善相处"）和 relation2（"一般关系"）的边际概率效应分别是 6.7% 和 4.3%，这与 "south" 和 "north" 的边际概率效应（分别为 8.8% 和 5.2%）相近。对于区段 "（2000，2500）"，relation1（"友善相处"）和 relation2（"一般关系"）的边际概率效应分别是 7.7% 和 5.5%，也与 "south" 和 "north" 的边际概率效应（分别为 9.0% 和 5.8%）相近。这说明，对于农民工挣得中高收入和高收入，"跨越型" 社会资本与 "整合型" 社会资本一样，也具有较大的提升收入效应。类似地，比较区段 "1500 以下"，我们发现，relation1（"友善相处"）和 relation2（"一般关系"）的边际概率效应为负，分别是 −14.8% 和 −11.1%，在数值上也与 "south" 和 "north"（分别是 −16.9% 和 −11.0%）的影响相近。这说明，"跨越型" 社会资本与 "整合型" 社会资本一样，在农民工挣得低收入方面的边际概率效应也是较大的，较大幅度地使农民工挣得低收入的可能性减少。这些发现为我们之前的研究假定 H1、H2 和 H3 提供了经验证据："跨越型" 社会资本和 "整合型" 社会资本对农民工收入都具有正的显著影响，且影响程度相近。

七、样本选择与稳健性

在本文的有效农民工样本中，有 29 名农民工正处于找工作状态，他们没有工资信息，但具有其他个人特征信息。如果我们考察农民工整体，这部分样本尽管相对于在职农民工样本少得多，但作为计量经济模型估计的要求，我们有必要使用样本选择模型（3）、模型（5）来考察样本选择问题对上述分析结论稳健性的影响。首先，我们在样本选择有序 Probit 模型的参数估计与不同阶数 R =（R_1，R_2）对应的半参数估计[①]之间作选择，选择准则是选用 AIC、BIC 或 HQ 为最小的模型。表 6 的结果表明，3 种准则都认为样本选择 OP 参数模型更适合于我们的样本。

---

① 附录表 A2 给出样本选择有序 Probit 模型参数估计和 R =（3，3）对应的半参数估计结果，收入模型中各变量的系数估计与表 4 用在职农民工样本估计的结果相差不大。

表6 不同阶数 R = （R₁，R₂） 对应逼近模型的选择标准比较
（全部农民工样本）

（R₁，R₂）	对数似然值	参数数目	AIC	BIC	HQ
（1，1）	-1262.534	45	2615.067	2837.421	2612.253
（1，2）	-1262.508	46	2617.015	2844.310	2614.139
（2，1）	-1262.519	46	2617.039	2844.334	2614.163
（1，3）	-1262.435	47	2618.869	2851.105	2615.930
（2，2）	-1262.259	48	2620.519	2857.696	2617.517
（3，1）	-1262.503	47	2619.007	2851.243	2616.068
（1，4）	-1262.354	48	2620.709	2857.886	2617.708
（2，3）	-1262.052	50	2624.104	2871.164	2620.978
（3，2）	-1262.095	50	2624.189	2871.249	2621.063
（3，3）	-1262.503	53	2631.007	2892.890	2627.693
（4，4）	-1261.804	60	2643.608	2940.079	2639.856
样本选择 OP	-1252.631	46	2597.261	2824.556	2594.385

注：AIC = -2lnL + 2q，BIC = -2lnL + qln（n），HQ = -2lnL + qln（ln（n）），其中 q 为模型中所估计的参数的个数，n 为样本容量。更高阶数（R₁，R₂）逼近模型也进行了估计，3 种准则还同时选择样本选择 OP 参数模型。

表7 边际概率影响效应：基于样本选择 OP 模型的参数估计

收入区段	1500 以下		（1500，2000）		（2000，2500）		2500 以上	
	0		1		2		3	
	ME	p - value	ME	p - value	ME	p - value	ME	p - value
age	-0.068 *	0.000	0.007 ***	0.060	0.034 *	0.000	0.027 *	0.000
male	-0.132 *	0.000	0.016 ***	0.058	0.065 *	0.000	0.052 *	0.000
married	-0.010	0.861	0.001	0.853	0.005	0.861	0.004	0.863
child1	-0.004	0.936	0.000	0.934	0.002	0.936	0.002	0.936
child2	-0.035	0.594	0.002	0.274	0.018	0.603	0.015	0.625
educ	-0.037 *	0.000	0.004 ***	0.053	0.018 *	0.000	0.014 *	0.000
training	-0.102 *	0.000	0.010 ***	0.094	0.051 *	0.000	0.041 *	0.000
experience	-0.017 *	0.001	0.002 ***	0.076	0.008 *	0.001	0.007 *	0.001
workhour	-0.003	0.777	0.000	0.783	0.001	0.777	0.001	0.776
shenzhen	-0.078 **	0.030	0.005	0.229	0.040 **	0.037	0.033 **	0.030
zhuhai	0.075 ***	0.080	-0.013	0.185	-0.036 ***	0.069	-0.026 ***	0.070
dongguan	-0.045	0.475	0.002	0.473	0.023	0.489	0.020	0.519
adjacent	-0.053	0.152	0.005	0.220	0.027	0.157	0.022	0.165
south	-0.171 *	0.000	-0.009	0.450	0.090 *	0.000	0.090 *	0.000

续表

| 收入区段 | 1500 以下 | | (1500，2000) | | (2000，2500) | | 2500 以上 | |
| | 0 | | 1 | | 2 | | 3 | |
	ME	p－value	ME	p－value	ME	p－value	ME	p－value
north	− 0.116 *	0.002	− 0.001	0.943	0.060 *	0.004	0.056 **	0.016
relation1	− 0.147 ***	0.057	0.004	0.667	0.075 ***	0.062	0.068	0.102
relation2	− 0.110	0.186	0.012	0.290	0.055	0.181	0.043	0.185
relation3	− 0.026	0.764	0.002	0.642	0.013	0.767	0.011	0.776
union	− 0.029	0.382	0.002	0.313	0.015	0.390	0.012	0.405
findjob1	− 0.015	0.618	0.002	0.632	0.007	0.618	0.006	0.618
findjob2	0.037	0.697	− 0.006	0.764	− 0.018	0.688	− 0.013	0.670
findjob3	0.031	0.436	− 0.004	0.530	− 0.015	0.430	− 0.011	0.412

注：*表示1%水平上显著；**表示5%水平上显著；***表示10%水平上显著。

表7报告了由样本选择有序 Probit 模型参数估计结果计算的各因素对收入落入各区段概率的平均边际影响。对比表5和表7的结果会发现，两种模型估计所得的各边际影响的方向和显著性完全相同，大小非常接近。例如，农民工与当地工人的友好关系（"relation1"）使农民工挣得高收入（高于2500元）的概率提升几乎一样（表5中是6.7%，表7中是6.8%），显著性都接近10%；使收入落入低收入（1500元以下）的概率都减少14.7%左右，且显著性相同。"south"和"north"影响更是接近。可见，样本选择问题没有对我们上两节关于本文假说的检验结论产生影响，仅利用在职农民工样本所作的分析关于样本选择是稳健的。

八、结 论

本文基于中国珠三角地区农民工实地调查数据，分析了影响农民工收入的主要因素。其中，我们重点研究了社会资本的影响。我们将社会资本分为"整合型"和"跨越型"，并分别对两种社会资本影响农民工收入的效应及其程度进行分析，对当前学界关于社会资本影响劳动力工资的研究争议进行辨析。在实证研究中，我们充分考虑到收入数据的客观真实性、有序模型正态性设定的合理性和实地调查可能产生的样本选择问题，运用有序模型半参数估计和检验方法，验证了有序 Probit 模型参数估计在本文研究中的合理性和理论假设检验结果关于样本选择的稳健性。

研究发现：社会资本对农民工收入具有显著影响。尤其是，"跨越型"社会资本对农民工收入具有显著正向影响。在企业内，农民工与当地员工之间建立友好关系将使其收入进入到中高收入组的可能性比没有这种和谐协调关系时收入进入到中高收入组的可能性超出 14.4%。"整合型"社会资本表现出正向显著影响。比较来自广东及其邻省的农民工和来自南方及北方地区的农民工时，后者的收入进入到中高收入组的可能性要比前者高，超出 11%。进一步的边际分析发现，"跨越型"与"整合型"社会资本对农民工收入的正向影响效应相当接近。此外，研究也发现了人力资本的显著影响，诸如受教育程度、接受培训、工作经历等具有显著正向影响。

根据理论和实证研究，我们得出如下政策含义：第一，需要更加重视提升农民工的社会资本和人力资本。尤其是，构建和谐友好的企业内部员工关系对于稳步提升农民工收入具有积极作用。对于农民工较为集中的企业管理者而言，改善员工之间的关系、营造较好的企业内社会氛围，为农民工创造条件积累社会资本和人力资本的工作尤其重要，这可能比正式的工会组织和老乡协会的建设工作对改善农民工经济地位更有成效。第二，本文研究得出"跨越型"社会资本与"整合型"社会资本对农民工收入的影响相近，这在一定程度上反映了中国城镇化过程中的社会转型态势，即中国社会网络的生态正在由传统的"整合型"社会和现代的"跨越型"社会共同支撑，两种社会形态所对应的社会资本对农民工经济地位的提升具有互补性。当前，促进城乡融合，帮助农民工由"整合型"向"跨越型"社会资本延伸，鼓励农民工参与城市当地社区和各类社会组织交流活动，将有利于促使农民工收入的合理增长，进而持续推动农民工更好地融入城市社会。

附录

表 A1　边际概率影响效应：基于 k = 3 半参数模型的估计结果

收入区段	1500 以下		(1500, 2000)		(2000, 2500)		2500 以上	
	0		1		2		3	
	ME	p – value	ME	p – value	ME	p – value	ME	p – value
Age	− 0.053 *	0.000	0.006	0.386	0.027 *	0.000	0.020 *	0.000
Male	− 0.143 *	0.000	0.017	0.309	0.072 *	0.000	0.054 *	0.000
Married	− 0.013	0.810	0.001	0.799	0.006	0.810	0.005	0.813
Depratio	− 0.004	0.795	0.000	0.801	0.002	0.796	0.002	0.795
child1	− 0.015	0.780	0.001	0.766	0.008	0.781	0.006	0.784
child2	− 0.042	0.520	0.002	0.684	0.022	0.533	0.018	0.565
educ	− 0.036 *	0.000	0.004	0.368	0.019 *	0.000	0.014 *	0.000
training	− 0.107 *	0.000	0.010	0.444	0.055 *	0.000	0.042 *	0.000
experience	− 0.019 *	0.000	0.002	0.382	0.010 *	0.000	0.007 *	0.001
workhour	− 0.014 ***	0.007	0.002	0.422	0.007 ***	0.074	0.006 ***	0.069
shenzhen	− 0.086 *	0.010	0.005	0.605	0.045 **	0.011	0.036 *	0.010
zhuhai	0.063	0.115	− 0.010	0.325	− 0.031	0.110	− 0.021 ***	0.102
dongguan	− 0.060	0.329	0.001	0.886	0.032	0.336	0.027	0.394

续表

收入区段	1500 以下		（1500，2000）		（2000，2500）		2500 以上	
	0		1		2		3	
	ME	p – value	ME	p – value	ME	p – value	ME	p – value
adjacent	− 0. 045	0. 229	0. 004	0. 497	0. 023	0. 232	0. 017	0. 240
south	− 0. 161 *	0. 000	− 0. 006	0. 744	0. 086 *	0. 000	0. 082 *	0. 001
north	− 0. 103 *	0. 009	0. 001	0. 936	0. 054 **	0. 011	0. 047 **	0. 032
relation1	− 0. 238 *	0. 000	− 0. 008	0. 799	0. 124 *	0. 000	0. 121 *	0. 007
relation2	− 0. 213 *	0. 004	0. 024	0. 329	0. 106 *	0. 003	0. 083 *	0. 008
relation3	− 0. 118 ***	0. 084	− 0. 006	0. 792	0. 063 ***	0. 095	0. 060	0. 196
union	− 0. 035	0. 289	0. 003	0. 552	0. 018	0. 301	0. 014	0. 329
findjob1	− 0. 016	0. 603	0. 002	0. 651	0. 008	0. 603	0. 006	0. 604
findjob2	0. 043	0. 655	− 0. 007	0. 740	− 0. 021	0. 645	− 0. 015	0. 617
findjob3	0. 024	0. 541	− 0. 003	0. 636	− 0. 012	0. 537	− 0. 009	0. 523

注：* 表示 1% 水平上显著；** 表示 5% 水平上显著；*** 表示 10% 水平上显著。

表 A2　样本选择有序收入 Probit 模型估计结果

	参数估计		半参数估计：（R_1，R_2） = （3，3）	
	参数估计	p – value	参数估计	p – value
age	0. 191 *	0. 000	0. 145 *	0. 000
age2	− 0. 003 *	0. 000	− 0. 002 *	0. 000
male	0. 371 *	0. 000	0. 386 *	0. 000
married	0. 024	0. 881	0. 033	0. 830
depratio	0. 019	0. 673	0. 011	0. 795
child1	0. 006	0. 969	0. 039	0. 795
child2	0. 097	0. 623	0. 115	0. 542
educ	0. 103 *	0. 000	0. 099 *	0. 000
training	0. 291 *	0. 000	0. 293 *	0. 000
experience	0. 048 *	0. 001	0. 052 *	0. 000
workhour	0. 008	0. 767	0. 040 ***	0. 061
shenzhen	0. 219 **	0. 036	0. 237 *	0. 008
zhuhai	− 0. 202 ***	0. 076	− 0. 163	0. 132
dongguan	0. 134	0. 481	0. 172	0. 340
adjacent	0. 152	0. 152	0. 122	0. 226
south	0. 525 *	0. 000	0. 470 *	0. 000
north	0. 348 *	0. 004	0. 292 **	0. 013
relation1	0. 433 ***	0. 069	0. 700 *	0. 001
relation2	0. 310	0. 186	0. 581 *	0. 005
relation3	0. 073	0. 771	0. 344	0. 116

续表

	参数估计		半参数估计：$(R_1, R_2) = (3, 3)$	
	参数估计	p - value	参数估计	p - value
union	0.084	0.382	0.097	0.298
findjob1	0.042	0.617	0.042	0.603
findjob2	− 0.104	0.685	− 0.114	0.647
findjob3	− 0.087	0.424	− 0.066	0.530
D				
age	− 0.040	0.808	− 0.025	0.681
age2	0.001	0.674	0.001	0.464
male	0.446**	0.041	0.379***	0.089
married	− 0.174	0.762	− 0.273	0.652
child1	0.201	0.717	0.219	0.708
child2	0.149	0.818	0.087	0.896
educ	0.045	0.323	0.037	0.413
shenzhen	4.303	0.965	5.207	0.990
zhuhai	3.927	0.976	4.888	0.988
dongguan	3.490	0.979	4.541	0.991
adjacent	0.197	0.533	0.141	0.641
south	− 0.190	0.552	− 0.178	0.564
north	− 0.274	0.385	− 0.274	0.366
depratio	− 0.079	0.491	− 0.060	0.586
health1	0.115	0.836	0.076	0.886
health2	− 0.067	0.903	− 0.049	0.926
health3	3.651	0.986	4.726	0.995
contant	1.127	0.591	1.127	Fixed
Estimated correlation coefficient：				
rho	− 0.535		− 0.316	
Thresdds and Confidence Intervals：				
cutpoint1	4.708	(3.315, 6.100)	4.708	(fixed)
cutpoint2	5.870	(4.453, 7.288)	5.831	(5.655, 6.006)
cutpoint3	6.638	(5.202, 8.074)	6.556	(6.287, 6.826)
number of obs	1034	—	1034	—
LRchi2 (24)	187.54	—	767.33	—
prob > chi2	0.000	—	0.000	—
log - likelihood	− 1252.63	—	− 1261.95	—

注：*表示1%水平上显著；**表示5%水平上显著；***表示10%水平上显著。

参考文献

[1] 费孝通. 江村农民生活及其变迁. 兰州：敦煌文艺出版社，1997.

[2] 国家统计局. 2011 年我国农民工调查监测报告. 国家统计局网站（http：//www. stats. gov. cn/tjfx/fxbg/t20120427_ 402801903. htm）；2012.

[3] 韩俊. 中国农民工战略问题研究. 上海：上海远东出版社，2009.

[4] 何国俊. 人力资本、社会资本与农村迁移劳动力的工资决定. 农业技术经济，2008（1）.

[5] 李培林. 流动农民工的社会网络和社会地位. 社会学研究，1996（4）.

[6] 李培林，李炜. 农民工在中国转型中的经济地位和社会态度. 社会学研究，2007（3）.

[7] 李树苗. 农民工的社会网络与职业阶层和收入：来自深圳调查的发现. 当代经济科学，2007（1）.

[8] 刘林平，张春泥. 农民工工资：人力资本、社会资本、企业制度还是社会环境？社会学研究，2007（6）.

[9] 马光荣，杨恩艳. 社会网络、非正规金融与创业. 经济研究，2011（3）.

[10] 孙立平. 城乡之间的"新二元结构"与农民工流动. 李培林主编. 农民工：中国进城农民工的社会经济分析. 北京：社会科学文献出版社，2003.

[11] 唐灿，冯小双. "河南村"流动农民的分化. 社会学研究. 2000（4）.

[12] 王春超，吴佩勋. 产业结构调整背景下农民工流动就业决策行为的双重决定. 经济社会体制比较，2011（5）.

[13] 徐勇. 农民理性的扩张："中国奇迹"的创造主体分析. 中国社会科学，2010（1）.

[14] 杨云彦，石智雷. 家庭禀赋对农民外出务工行为的影响. 中国人口科学，2008（5）.

[15] 叶静怡，薄诗雨，刘丛，周晔馨. 社会网络层次与农民工工资水平. 经济评论，2012（4）.

[16] 叶静怡，周晔馨. 社会资本转换与农民工收入——来自北京农民工调查的证据. 管理世界，2010·（10）.

[17] 叶静怡，衣光春. 农民工社会资本与经济地位之获得——基于北京市农民工样本的研究. 学习与探索，2010（1）.

[18] 章元，李锐，王后，陈亮. 社会网络与工资水平——基于农民工样本的实证分析. 世界经济文汇，2008（6）.

[19] 章元，陆铭. 社会网络是否有助于提高农民工的工资水平？管理世界，2009（3）.

[20] 章元，Mouhoud，范英. 异质的社会网络与民工工资：来自中国的证据. 南方经济，2012（2）.

[21] 周晔馨. 社会资本是穷人的资本吗？——基于中国农户收入的经验证据. 管理世界，2012（7）.

[22] Adler P. S. ，S. Kwon. Social Capital：Prospects for a New Concept. The Academy of Management Review，2002，27（1）：17 - 40.

[23] Bian Y.. Guanxi and the Allocation of Urban Jobsin China. The China Quarterly，1994（140）：971 - 999.

[24] Bian Y. ，X. Huang. Network Resources and Job Mobility in China's Transitional Economy. Researchinthe Sociology of Work，2009（19）：255 - 282.

［25］Blackburn M. . Estimating Wage Differentials without Logarithms. Labour Economics, 2007 (14):73 – 98.

［26］Coleman. Social Capital in the Creation of Human Capital. American Journal of Sociology, 1988 (94): 95 – 120.

［27］Coleman J. . The Foundations of Social Theory. Cambridge: Harvard University Press, 1990.

［28］De Luca, G. . V. Perotti. Estimation of Ordered Response Models with Sample Selection. Stata Journal, 2011, 11 (2): 213 – 239.

［29］Demurger S. , M. Gurgand, S. Li, X. Yue. Migrants as Second – class Workers in Urban China? A Decomposition Analysis. Journalo of Comparative Economics, 2009 (37): 610 – 628.

［30］Du Y. , W. Pan. Minimum Wage Regulation in China and its Applicationto Migrant Workers in the Urban Labour Markets in the Urban Labour Market. China & World Economy, 2009, 17 (2): 79 – 93.

［31］Dustmann C. , N. Rajah S. Smith. Truancy, Part – time Working and Wages. Journal of Population Economy, 1997 (10): 425 – 442.

［32］Gallant A. R. , D. W. Nychka. Semi – non – parametric Maximum Likelihood Estimation. Econometrica, 1987 (55): 363 – 390.

［33］Granovetter M. . Economic Action and Social Structure: The Problem of Embeddedness. American Journal of Sociology, 1985, 91 (3): 481 – 510.

［34］Granovetter M. . Gettinga Jo b: A Study of Contacts and Careers, Chicago: University of Chicago Press, 1995.

［35］Granovetter M. . The Impact of Social Structure on Economic Outcomes. Journal of Economic Perspectives, 2005, 19 (1): 33 – 50.

［36］Hellerstein J. K. , M. McInerney, D. Neumark. TheImportance of Residential Labor Market Networks, Journal of Labor Economics, 2011, 29 (4): 659 – 695.

［37］Hirsch B. T. . Reconsidering Union Wage Effects: Surveying New Evidenceonan Old Topic. Journal of Labor Research, 2004, 25 (2): 233 – 266.

［38］Hirsch B. T. . E. J. Schumacher. Unions, Wage and Skills. Journal of Human Resources, 1998, 33 (1): 201 – 219.

［39］Knight J. L. Yueh. The Role of Social Cap. ital in the Labour Market in China. Economics of Transition, 2008, 16 (3): 389 – 414.

［40］Lin N. , P. Dayton P. Greenwald. Analyzing the Instrumental Uses of Social Relations in the Context of Social Structure. Sociological Methods and Research, 1978 (7): 149 – 66.

［41］Lu Z. , S. Song. Rural – urban Migration andWage Determination: The Case of Tianjin, China. China Economic Review, 2006 (17): 337 – 345.

［42］Montgomery J. D. , Social Networks and Labor Market Outcomes: Toward an Economics Analysis. American Economics Review, 1991 (81): 1408 – 1418.

［43］Montgomery. Weak Ties, Employment and In. equality: An Equilibrium Analysis. American Journal of Sociology, 1994, 99 (5): 1212 – 1236.

［44］Mouw T. , Social Capital and Finding a Job: DoContacts Matter? . American Sociological Review, 2003 (68): 868 – 898.

[45] Stewart M. B. , Semi – nonparametric Estimation of Extended Ordered Probit Models. The Stata Journal, 2004, 4 (1): 27 – 39.

[46] Tansel A. , Determinants of School Attainment of Boys and Girls in Turkey: Individual, Household and Commu nity Factors. Economics of Education Review, 2002 (21): 455 – 470.

[47] Wang Dewen, Cai Fang, Zhang Guoqing. Factors Influencing Migrant Workers' Employment and Income: The Role of Education and Training. Social Sciences in China, 2010, 31 (3): 123 – 145.

[48] Woolcock M. , D. Narayan. Social Capital: Implications for Development Theory, Research and Policy. TheWorld Bank Research Observer, 2000, 15 (2): 225 – 249.

[49] Wooldridge J. M. , Introductory Econometrics: AModern Approach. Fourth Edition, Mason: South – Western, Cengage Learning, 2009.

[50] Zhang X. , G. Li. Does Guanxi Matter toNonfarm Employment? Journal of Comparative Economics, 2003 (31): 315 – 331.

[51] Zhao Y. , The Role of Migrant Networks in Labor Migration: The Case of China. Comparative Economic Policy, 2003, 21 (4): 500 – 511.

[52] Zheng S. , Z. Wang, H. Wang, S. Song. Do Nutrition and Health Affect Migrant Workers Incomes? Some Evidence from Beijing, China. China & World Economy, 2010 (5): 105 – 124.

Does Social Capital Affect Farmer – migrants' Income?: An Analysis Based on Models of Estimation and Test of the Ordered Response

Wang Chunchao and Zhou Xianbo

Abstract: Based on the field survey data from the Pearl River Delta of China, we have, in this paper, applied the ordered response mode to, from four dimensions including the family characteristics, the human capital, the social capital and the external system characteristics, probe the determinant factors that affect the rural migrants' in come. In particular, we have divided the social capital into "the integrating type" and "the bridging type" to make our analysis. The results of our study indicate that both the bridging type and the integrating type have noticeable positive effect on migrants' income and their effects are quite similar for the increase of peasant – workers' income. Within an enterprise, the friendly relationship between the migrants and the local workers can help the peasant – workers to increase the probability, by 14%, of earning high or upper middle wage; compared with the income of migrants from Guangdong and

its adjacent provinces, the wage of the migrants from the South and the North area have 11%
higher probabilities of earning a high or upper middle income than that of the migrants from the
South and the North. At present, China's social network ecology is supported by the traditional
"integrated type" of society and the modern "bridging type" of society, and the two types have
complementary effects in improving the income level of the migrants.

农村土地经营权抵押贷款意愿及其影响因素研究[*]
——基于农村信贷员的调查分析

兰庆高　　惠献波　　于丽红　　王春平

【摘　要】本文以辽宁省法库县 305 名基层农村信贷员调查数据为依据，运用 Probit 模型对金融机构开展土地经营权抵押贷款意愿及其影响因素进行了实证分析。结果表明，由于农村土地生存保障功能强、权利赎回难度大等原因使得金融机构筛选和监督农户变得更加困难，对农村土地经营权抵押贷款意愿产生了负面影响。本文还提出了进一步明晰农村土地产权、建立农村土地产权价值评估制度等建议。

【关键词】土地经营权；金融机构；抵押贷款；意愿；影响因素

一、引言

金融机构开展农村土地经营权抵押贷款业务对于充分发挥农村土地的融资功能、满足农村资金的多层次需求有着根本性的影响。因此，对金融机构开展农村土地经营权抵押贷款意愿及其影响因素进行深入分析，对于完善相对滞后的农村金融体系、探索农村信用贷款供给与需求规律、稳妥推进农村土地经营权抵押贷款业务的健康发展具有重要意义。

目前，对于金融机构开展农村土地经营权抵押贷款的研究尚处于探索阶段，学者们从不同角度对金融机构开展土地经营权抵押贷款业务的必要性、可行性、运作机制进行了研究。曲福田（1991）和尹云松（1995）认为农地金融是农村土地制度的重要组成部分，农地金融制度不完善必然会对农村土地制度的完整性造成破坏，其制度的预期目标也将难

＊　本文选自《农业经济问题》2013 年第 7 期。项目来源：本文系国家自然科学基金青年项目"农村土地经营权抵押贷款跟踪研究：供需、效果与机制分析"（编号：71203147）、教育部人文社科青年基金项目"农村土地承包经营权抵押贷款运行机制与绩效评价"（编号：11YJC790249）的阶段性成果。

作者单位：沈阳农业大学经济管理学院

以实现。李静（2000）利用对山西省原平市屯瓦村农户的问卷调查数据，从制度创建的视角分析了农地金融制度存在的主要问题。朱英刚等（2009）基于统筹城乡发展的战略层面，总结了金融机构开展农村土地经营权抵押贷款业务试点的制约因素和有利条件。刘卫锋（2009）指出金融机构应当以农户资金需求为导向，调整产品供给及运作机制，积极开展农村土地融资业务，努力消除金融供给与需求相脱节的现象，保证金融服务的覆盖面和持续性。肖诗顺等（2010）基于农村土地产权的视角，对农村土地产权模型及相关数据进行了分析研究，认为我国农村土地已经具备了排他性、可分割性及相对的可转让性等产权特性，以农村金融机构为主体试点开展土地经营权抵押贷款业务对于缓解农户的资金瓶颈不失为一种捷径。吴文杰（1997）、姜新旺（2007）认为以土地经营权抵押为特征的农地金融制度存在很多令人不安之处，如违约失地农户社会保障问题、银行出现大量不良资产问题等。程恩江（2008）认为扭曲的农地金融制度会造成金融机构信贷资金配置效率低下。罗剑朝等（2003）指出，要指定农村信用社作为开展农村土地融资业务的信用机构，就必须在各级农村信用社内部成立农村土地经营权抵押贷款办公室"，负责农村土地经营权抵押贷款业务相关资料的审查与核对、贷款资金的发放与回收工作。宋磊（2005）认为构建我国新型农村土地金融制度体系宜采取"自上而下"的模式，给予农村信用社必要的政策、资金支持，充分发挥农村信用社在筹措农村生产建设资金方面的优势。罗真（2006）研究发现，一些商业银行在开展农地金融业务时存在农地抵押业务种类单一、土地价值评估标准不统一等问题，商业银行对发展农地金融业务的重要性认识不足乃是其主要原因。郑杰等（2007）认为相关法律政策的不完善造成了对金融机构土地经营权抵押贷款业务开展的限制，从而阻碍了农地金融健康发展。俞敏等（2007）认为农村土地产权主体虚置、产权不明确及土地价值评估机制的不健全是金融机构开展农村土地经营权抵押贷款业务的现实约束。陈雪梅等（2009）认为开展农村土地抵押贷款的风险主要包括抵押品拍卖变现问题，以及由此可能引致的抵押品处置风险、担保机制不健全可能引发的信贷风险。张庆君（2010）分别就辽宁省法库县农地抵押案例进行了实证考察，归纳了农地抵押实践中的制约因素。中国人民银行成都分行营业管理部课题组（2011）从交易费用视角分析了成都农村资产抵押化案例，发现农村产权权能仍然不完整、交易费用节省有限，建议进一步保障农村产权的各项权能、放宽抵押融资不必要的限制。

综上所述，学者们从不同层面和角度对金融机构开展农村土地经营权抵押贷款问题进行了较全面的分析，为本文提供了重要参考。然而，以上文献主要基于制度建设与配套机制改革的视角，偏重于理论分析，少数实证研究也主要从农户视角出发。农村土地金融开展不仅取决于农户单方面的需求，还与农村金融机构供给意愿存在密切关系。因此，本文以辽宁省土地承包经营权抵押贷款试点县——法库县农村信用社调查材料为依据，运用 Probit 模型，对金融机构开展农村土地经营权抵押贷款意愿及其影响因素进行统计分析，为探寻农村土地经营权抵押贷款配给产生的根源、抵押贷款政策的制定提供参考。

二、数据来源及描述性分析

（一）数据来源

金融机构在规避信用风险方面实施了严格的问责制度，按照制度规定，在决定每笔贷款的发放与否时农村信贷员具有一定的独立决策权。他们不但要负责收回其对外发放的每笔贷款，而且贷款收回质量的高低直接与其经济利益挂钩。为此，本文以农村信贷员为调查样本，用农村信贷员意愿替代金融机构意愿。

本文所用数据来源于沈阳农业大学经济管理学院承担的国家自然科学基金项目课题组2012 年 3~5 月对辽宁省法库县管辖的双台子信用合作社、柏家沟信用合作社等 20 家金融机构信贷员所做的问卷调查。调查共发放问卷 325 份，收回 315 份，有效问卷 305 份，信贷员农村信贷工作经验丰富，平均工作年限为 15.9 年，平均年龄为 45.6，高中以上学历为 280 人（见表 1）。

表 1　受访信贷员基本情况　　　　　　　　　　　　　　　　单位：人

年龄（岁）					学历			工作年限（年）			
20~30	30~40	40~50	50 以上	平均年龄	高中以下	高中及中专	大专及以上	1~10	10~20	20 以上	平均年限
10	55	190	50	45.6	25	130	150	50	150	105	15.9

（二）描述性分析

调查结果表明，65.8% 的受访者认为农村土地经营权抵押贷款业务具有很大潜力。但是，具有开展此项业务意愿的信贷员仅占受访总数的 35.7%。这表明金融机构开展农村土地经营权抵押贷款意愿有较大阻力。

1. 抵押品方面的约束

（1）土地产权的效力问题。让信贷员就农地市场价值、产权稳定性、购买寻求成本、权利赎回的难度四项指标在土地经营权抵押贷款业务中的重要性进行排序，并根据先后顺序分别赋予 0.4、0.3、0.2、0.1 的权重，据此计算出每项指标的分值，分值大者说明农村金融机构对此属性较重视（见表 2）。这表明金融机构做贷款决策时，抵押土地产权的稳定性、农地市场价值是其首要考虑因素。显然，产权明晰而稳定、市场价值较高的农村土地更有可能成为抵押品，也更有利于在市场进行转让、出售。

表2　金融机构对农村土地作为抵押物所看重的因素排序　　　单位：人次

因素	第一	第二	第三	第四	分值
农地产权稳定性	175	90	0	25	99.5
农地市场价值	110	155	25	5	96.0
农地权利赎回的难度	10	55	210	40	66.5
购买农地寻求成本	4	5	70	235	41.0

（2）抵押价值的区域性不均衡。为了分析金融机构对农村土地抵押价值的基本观点，课题组从两个方面进行了调查：一是你认为农村土地值钱吗？在调查样本中，99人表示一般，199人认为比较低。二是你认为当前农地的价值能满足作为贷款抵押品的要求吗？有45人表示能够满足，仅占被调查总样本的14.8%（见表3）。调查显示，只有当农村土地单位价值大于某个阈值时，金融机构才愿意接受其作为贷款抵押品，显然，在金融机构眼中当前农村土地价值还没有达到其理想的某个阈值①。

表3　金融机构对农地抵押价值的看法　　　单位：人次

农村土地价值态度			农村土地是否满足抵押需要	
高	一般	低	是	否
7	99	199	45	260

由于发达地区城镇化程度较高，导致部分农村土地、房屋等资产大幅度升值，这为农村土地经营权抵押贷款业务的开展提供了基础条件。然而，由于城镇化发展程度的不均衡，不同地区农村土地的市场价值差异也较大。因此，对那些城镇化水平不高的地区来说，由于土地资产价值较低，农户承包土地经营规模小、价值有限，很难吸引金融机构的注意力，这是目前制约农地抵押融资业务开展的一个重要因素。

（3）社会保障功能的替代品缺失。为了解金融机构对实现抵押权的难易程度这一问题的看法，课题组设计了两个问题（见表4）：一是农村土地是当前农民生活的基本保障吗？在调查样本中，295人回答是，占总样本的96.7%。二是在农户无法还款时金融机构实现抵押权的难度如何？在调查样本中，235人表示很难，其中187人认为即使农户不能按时还款，金融机构也不可能从农户手中取得土地权利，即"不归还贷款，就收回并变卖土地"的压力与威胁对农户来说是不可实现的。相反，农户还可能采用策略性行为故意不归还贷款，发生道德风险将不可避免。

---

① 为了确保贷款安全，金融机构均制定了抵押品的价值必须远远高于贷款额度的政策，法库县所辖农村信用社的最高贷款授信额度平均值为48.2%。根据抵押贷款最高授信额度和一次性贷款最低度，就可以简单推算出贷款土地抵押物至少应该具有的价值。例如，当一次性最少贷款金额是1000元时，土地的市场价值至少为1000÷48.2% = 2075元。为此，只有农户土地价值大于等于2075元时，信贷员才愿意接受土地作为抵押物并发放1000元的贷款。

表4　金融机构对实现抵押权难易程度的看法　　　　　　单位：人次

土地对农民有无生存保障			收回土地的难易程度			
是	否	不清楚	很难	一般	不难	不清楚
295	10	0	235	10	20	40

2. 抵押相关制度方面的约束

对土地经营权抵押贷款业务开展构成的约束因素主要包括抵押权认定和价值评估问题、抵押品处置风险、地方政策导向变更风险、相关法律法规不健全四个方面（见表5）。

表5　抵押相关制度方面约束的看法　　　　　　单位:%

项目	抵押权评估问题	抵押品处置风险	地方政策导向变更风险	相关法律法规不健全
承包地	10.2	18.3	35.9	35.6

由表5可知，认为地方政策导向变更风险、相关法律法规不健全对开展土地经营权抵押贷款业务造成约束的人数占总体样本的71.5%。这说明农村金融机构的抵押贷款提供与否主要取决于政策性目标或任务，其自身主动向农户提供贷款的积极性较低。

三、金融机构开展农村土地经营权抵押贷款意愿实证分析

本文假设金融机构提供土地经营权抵押贷款的贷款利率被政府限制为 r_0（不再考虑利率对其贷款决策的影响），在利率 r_0 的水平下，农户均有抵押贷款需求，金融机构也有抵押贷款供给意愿。金融机构为了收益最大化而对抵押贷款质量非常重视，由于信息不对称等原因使得其在筛选和监督农户时更加困难，直接影响了抵押贷款供给的积极性。

（一）模型设定

为了分析影响金融机构开展农村土地经营权抵押贷款供给意愿的因素，进一步明确其作用方向及影响程度，本文选取 Probit 模型对 305 个样本进行分析。模型的具体形式为：

$$Y^* = \alpha + \beta X + \mu \tag{1}$$

其中，$Y = \begin{cases} 1, & Y^* > 0, \quad 金融机构愿意提供抵押贷款 \\ 0, & Y^* \leq 0, \quad 金融机构不愿意提供抵押贷款 \end{cases}$

式中，μ 是扰动项，服从标准正态分布。影响金融机构开展农村土地经营权抵押贷款供给意愿的二元离散选择模型可以表示为：

$$prob(Y=1 \mid X=x) = prob(Y^* > 0 \mid x) = prob\{[\mu > -(\alpha + \beta x)] \mid x\}$$
$$= 1 - \phi[-(\alpha + \beta x)] = \phi(\alpha + \beta x) \tag{2}$$

式中，ϕ 为标准正态累积分布函数，Y^* 是不可观测的潜在变量，Y 为实际观测到的因变

量，其中，0 表示"不愿意"、1 表示"愿意"，X 为实际观测到的自变量，主要包括农户性质、农地规模等可观测变量。

（二）变量选取

1. 农户特征变量

农村土地价值主要通过土地的纯收益来体现，农村土地纯收益越高，一定程度来说其抵押价值就越大，于是金融机构就更乐于接受其作为抵押品。在每亩土地收益固定不变的条件下，农村土地纯收益高低主要取决于土地面积的大小，面积越大则其纯收益就越大。因此，农户性质、承包土地的规模、评估价值高低都会对金融机构开展农村土地经营权抵押贷款的意愿产生相应预期。

2. 经济环境特征变量

对农户而言，土地不仅具有经济上的生产功能，还具有最后保障的社会功能。现阶段，我国城乡一体化的社会保障体系尚未健全，农户对土地有着经济上和精神上的双重依赖。其对土地抵押融资的态度相当谨慎，实质就是农户在农村社会保障体系缺失下自我保护的一种体现。为此，金融机构对取消农村土地这一特别抵押品赎回权的难度更心生畏惧，农地产权的稳定与否、赎回农地权利的难易程度、抵押权认定和评估完善程度无疑会对土地经营权抵押贷款业务的顺利推进产生不容忽视的制约。

3. 政策制度特征变量

由于农村土地经营权抵押贷款业务的开展具有较强的特殊性，因此此项业务的开展主要是靠当地政府依靠行政力量及相关法律推动的。一旦政府工作重心转移或换届，必然面临着发展动力不足的风险，因此，相关法律法规健全程度及地方政策导向变更风险必然会抑制金融机构的参与热情。

各变量的定义及其预期影响方向如表6所示。

表6　变量定义及其预期影响方向

变量名称	变量定义	预期影响方向
农村金融机构供给意愿（Y）		
农户性质（X_1）	1 = 普通农户，2 = 农业大户，3 = 农业专业合作社，4 = 农业企业	+
农地规模（X_2）	1 = 5 亩以下，2 = 5 ~ 15 亩，3 = 15 ~ 25 亩，4 = 25 亩以上	+
农地评估价值（X_3）	1 = 3 万元以下，2 = 3 ~ 10 万元，3 = 10 ~ 30 万元，4 = 30 万元以上	+
产权价值评估完善程度（X_4）	0 = 不完善，1 = 一般，2 = 完善	+
赎回农地权利的难易程度（X_5）	0 = 不难，1 = 一般，2 = 很难	-
农地产权的稳定性（X_6）	0 = 不稳定，1 = 稳定	+
相关法律法规健全程度（X_7）	0 = 不健全，1 = 一般，2 = 健全	+
地方政策导向变更风险（X_8）	0 = 没有，1 = 一般，2 = 稳定	+

（三）运算结果分析

本文采用 Eview 6.0 软件对 305 个样本进行了估计（见表 7），模型 II 中将相关法律法规健全程度、地方政策导向变更风险两个变量加入进来，模型 I 中则去掉了以上两个变量，用来作为基准回归。

表 7　Probit 模型运行结果

variable	模型 I		模型 II	
	coefficient	Z – Statistic	coefficient	Z – Statistic
C	– 3.057	1.802	– 2.902	1.726
X_1	0.1491 **	0.0401	0.1465 **	0.0403
X_2	0.1704 **	0.1857	0.1463 *	0.1908
X_3	0.4866 **	0.1692	0.5146 **	0.1852
X_4	0.4425 *	0.2095	0.4325 *	0.2109
X_5	– 0.1226 *	0.4770	– 0.1366 *	0.4758
X_6	0.7064 **	0.3434	0.7602 **	0.3464
X_7			0.0928 ***	0.0318
X_8			0.1537 ***	0.1278
R^2	0.1067		0.1174	
Log Likelihood	– 56.62426		– 56.83112	
LR statistic	32.96769 ***		32.55396 ***	
Total obs	305		305	

注：*、**、***分别表示在 10%、5%、1%水平下显著。

通过比较可以发现，两个回归结果没有大的变化，但在模型 II 结果中可以发现，在加入了相关法律法规健全程度、地方政策导向变更风险两个变量后，在其他变量的系数和显著性都没发生太大变化的前提下，使得 R^2 提高了 0.0107，稳定性有所提高。说明在调查样本中相关法律法规健全程度、地方政策导向变更风险对金融机构提高土地经营权抵押贷款意愿作用较为明显。也就是说在目前阶段，这两个因素对金融机构的贷款决策的影响力较大。调查发现，各地积极开展农村土地经营权抵押融资业务工作的依据主要是以地方性文件形式出现，其动力主要来源于地方政府行政干预，一旦土地经营权发生纠纷涉及农民时，金融机构的债权可能遭遇"农村稳定问题"而受伤。因此，金融机构在发放抵押贷款时面临着一定的法律法规和政策风险。现以回归模型 II 为例，对影响金融机构提供土地承包抵押贷款意愿的其他因素加以说明。

（1）农户性质（X_1）变量统计显著水平为 5%，系数符号为正，这表明金融机构更愿意向农业大户、农业专业合作社、农业企业提供土地经营权抵押贷款。相对于普通农户而言，农业大户、农业专业合作社、农业企业的生产性资金需求量大、贷款需求更强烈、资金使用期限也较长，更符合金融机构抵押贷款供给的初衷。另外，农业专业合作社、农业企业具有一定的财力基础，一旦因经营失败而不能按期偿还贷款，金融机构对他们的可执行财产也相对较多，因此发生还款风险的概率相对较低。

（2）农地规模（X_2）、农地评估价值（X_3）两个变量分别在5%、10%的统计水平下显著，变量系数符号均为正，这表明农地规模的大小、农地评估价值的高低是影响金融机构决策的重要因素。调查发现，由于受农村土地自然条件、经营期限、生产项目等因素的影响，不同地区农村土地的市场评估价值具有很大的差异性。那些规模过小、农产品价格偏低、农业生产率长期低下的土地按照收益还原法进行测算得出的抵押价值也较低。再加上农业的低效化与风险性，进一步加剧了涉农金融机构的信贷风险，大多数金融机构对于这样的土地提供抵押贷款的积极性不高。

（3）产权价值评估完善程度（X_4）变量在10%的统计水平下显著，系数符号为正。农村土地价值是影响金融机构是否愿意放贷给农户的最关键因素之一，农村土地每年的经营收益具有不确定性，这就加剧了金融机构对土地价值的判断难度。完善的农村土地价值评估标准及较为规范化的操作程序，可为金融机构土地抵押贷款业务的开展提供准确的价值参考，更有利于金融机构形成对土地经营权抵押贷款意愿的正确预期。

（4）赎回农地权利的难易程度（X_5）变量在10%的统计水平下显著，系数符号为负。我国城乡一体化社会保障体系尚未健全，虽说农户收入来源日趋多元化，但土地对相当部分农户来说仍然具有重要地位，由于害怕会彻底失去土地，农户对土地经营权抵押融资持相当谨慎态度。同时，农村金融机构对这种特殊抵押品产权正常变现的难度心生畏惧，直接抑制了金融机构开展农村土地经营权抵押贷款的积极性。

（5）农地产权的稳定性（X_6）变量在5%的统计水平下显著，其系数为0.7602，在所有变量系数中最高，这表明土地产权稳定与否是金融机构首要考虑的因素。我国农村土地产权主体多元化、主体交叉、主体虚化及缺位的现象较为明显，目前仍有部分地区土地承包相关程序和手续不够完善，干部行政行为仍具有一定的影响力。农民维护自身权益意识和认识度不够高，致使金融机构对土地产权稳定性没有足够的信心，担心一旦土地成为抵押品后，会因产权归属不清而产生矛盾纠纷。因此，产权不稳定性构成了金融机构开展农村土地经营权抵押贷款中的现实障碍，只有从根本上彻底解决产权问题才能建立真正意义上的农村土地金融制度。

四、政策建议

本文对金融机构开展农村土地经营权抵押贷款意愿分析的结果表明，我国开展农村土地经营权抵押贷款业务存在政策性强、供给意愿低等问题，然而，由于土地经营权抵押贷款较好地契合了农民正规信贷需求，金融机构有步骤地放开农村土地经营权抵押贷款业务已是大势所趋。据此，本文提出以下政策建议：①进一步明晰农村土地产权。国家应尽快修订《农村土地承包法》、《物权法》等相关法律法规，适度放松对农村土地经营权的限制，赋予农村土地与城市土地对等的权利，从法律层面使农村土地的"确权"走向全面"还权赋能"，还农户承包经营权以完整的土地使用权、收益权和自由处置权，从而更加高效地释放农村土地的市场价值。②加速推进农村社会保障体系建设。完善的农村社会保障制度才能把更多的农户从依附土地保障的状态下解放出来，从而真正缓解金融机构赎回农地权利的压力，还土地以资产要素的原本属性，更好地发挥其经营价值。③因地制宜完善相关制度。一是制定符合我国农村实际的科学合理的土地价值评价标准及全国统一的农用土地估价体系。二是由财政提供资金支持"土地经营权抵押 + 行业协会（合作社）担保"、"土地经营权抵押 + 担保公司担保"等模式分散和转移金融机构赎回农地权利的风险，增强农户信贷偿还能力。三是逐步准许农业龙头企业参与农村土地经营。四是以政策对金融机构进行引导，如对于银行提取此类贷款拨备适当放宽、减免其相关税费等，调动商业银行积极性。

参考文献

［1］曲福田．中国农村土地制度的理论探索．南京：江苏人民出版社，1991.

［2］尹云松．论以农地使用权抵押为特征的农地金融制度．中国农村经济，1995（6）：36 - 40.

［3］李静．为农村提供更多的贷款服务——山西省原平市屯瓦村调查．中国农村观察，2000（3）：6 - 8.

［4］朱英刚，王吉献．开展土地金融业务的调查与分析．农业发展与金融，2009（11）：13 - 17.

［5］刘卫锋．基于农户融资需求视角的农村金融制度创新研究——基于农村土地产权的视角．经济纵横，2009（2）：93 - 95.

［6］肖诗顺，高锋．农村金融机构农户贷款模式研究．农业经济问题，2010（4）：14 - 15.

［7］吴文杰．论农村土地金融制度的建立与发展．农业经济问题，1997，18（3）：34 - 39.

［8］姜新旺．农地金融制度应该缓行——对构建我国农地金融制度的思考．农业经济问题，2007（6）：11 - 14

［9］程恩江．信贷需求：小额信贷覆盖率的决定因素之一——来自中国北方四县调查的证据．经济学（季刊），2008，7（4）：1391 - 1413.

［10］罗剑朝等．博弈与均衡：农地金融制度绩效分析——贵州省湄潭县农地金融制度个案研究与一般政策结论．中国农村观察，2003（3）：43 - 51.

［11］宋磊．构建我国新型农地金融制度的思考．海南金融，2005（7）：57 - 59.

［12］罗真．商业银行开展土地金融业务的战略思考．金融理论与实践，2006（10）：38 - 39.

［13］郑杰等．对发展农村土地金融业务的思考——以永安为例．福建金融，2007（2）：36 - 37.

［14］俞敏等．我国农地金融制度构建的现实约束及障碍破解．上海金融，2007（6）：9 - 14.

［15］陈雪梅，李国燕．论农村土地金融业务的构建．改革与战略，2009，25（2）：9 - 14.

［16］伍振军等．土地经营权抵押解决贷款问题运行机制探析——宁夏同心县土地抵押协会调查．渔业经济研究，2011（1）：9 - 15.

［17］张庆君．关于农村金融创新中土地抵押贷款模式的思考——基于辽宁省法库县农村金融创新试点的实证观察．农业经济，2010（11）：64 - 66.

［18］中国人民银行成都分行营业管理部课题组．从交易费用视角看农村产权抵押融资改革——基于成都案例的分析．西南金融，2011（2）：69 - 72.

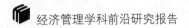
The Analysis Influential Factors and Potential Willingness of Financial Institutions on Land Contract Right Mortgage Loan: Based on a Survey of Rural Loan Officer

Lan Qinggao, Hui Xianbo, Yu Lihong and Wang Chunping

Abstract: Based on the investigation of 305 Rural loan officers in Faku County, The author made an statistical analysis on the potential willingness of financial institutions and influential factors of Land Contracted Right Mortgage Loan by using the Probit model. The results showed that it is difficult for financial in stitutions to select and Supervise farmers, due to the powerful survival protection function of agricultural land, which had a negative impact on rural land contracted right mortgage willingness. Finally, the au thor put forward some proposals, such as making the rural land property rights clearer and advancing the construction of rural land property right Evaluation system etc.

民间资本金融深化与农村经济发展的实证研究[*]

——基于浙江省小额贷款公司的试点

田剑英　黄春旭

【摘　要】 以小额贷款公司为载体，民间资本得以金融深化，成为农村经济发展的重要影响因素。通过灰色关联分析，表明小额贷款公司激活的民间资本对农村经济发展有显著影响，应提高小额贷款公司的贷款效率，吸引更多的民间资本，为农村经济发展提供更多的金融服务。

【关键词】 小额贷款；民间资本金融深化；农村经济

（一）文献综述

金融深化改变了金融抑制现象，促进民间资本金融化，"金融抑制"和"金融深化"理论揭开了发展中国家金融改革的序幕。中国农村金融市场存在较为严重的金融抑制，已成为国内外研究学者的共识，中国金融部门存在着"漏损效应"，即金融资源从享有特权的国有部门流向受到信贷歧视的私人部门（卢峰、姚洋，2003）。要解除"金融抑制"，就必须进行"金融深化"，减少政府对金融的过多干预，利用市场调动人们储蓄与投资的积极性，促进金融和经济发展之间的良性循环（曹协和，2007）。为实现民营金融的良性发展，需要解除对民营金融的压制，为其创造一种适宜的制度环境（史晋川、严谷军，2001）。从金融深化理论角度看，季凯文、武鹏（2008）认为中国农村金融深化在一定程度上促进了农村经济增长，但农村金融深化对农村经济增长的拉动作用还不够明显；冯登艳（2012）认为金融压抑是民间借贷危机的根本原因，金融深化是化解民间借贷危机的根本途径，应该放开金融领域进入和利率管制，小额贷款公司的设立可以视为农村金融的深化行为。

＊　本文选自《管理世界》2013年第8期。本文是2010年度教育部人文社会科学规划基金项目："小额贷款公司对民间资本的吸引及其规范运作的研究——以浙江省为例"（10YJA790171），2012年宁波市软科学研究计划项目："发展宁波市新型农村金融机构研究"（2012A10077）的阶段性研究成果。

作者单位：田剑英，华中科技大学经济学院、浙江万里学院商学院；黄春旭，浙江万里学院。

金融发展与经济发展的关系能够用灰色关联分析（Grey Relational Analysis，GRA）进行实证研究。灰色系统理论是由华中理工大学邓聚龙教授在 1982 年首创的一种系统科学理论（Grey Theory），是对于两个系统之间的相关因素随时间或不同对象而变化的关联性大小的量度，即关联度，通过确定参考数据列和若干个比较数据列的几何形状相似程度来判断其联系是否紧密、判断因素之间关联程度的方法。而灰色关联分析在金融发展与经济发展中的应用已有研究，特别是应枢廷（2011）结合反映农村经济发展的相关指标进行灰色关联分析，发现金融深化指标与农村经济发展指标之间表现出较高的关联性，说明我国农村金融深化是农村经济发展的重要因素。

（二）研究方法与数据说明

　　样本数据来自两个系统，即浙江省小额贷款公司激活的民间资本指标数据和浙江省农村经济发展指标数据，由于浙江省小额贷款公司年度数据较少，运用传统的统计分析方法（如回归分析、方差分析、主成分分析等）进行研究可能会出现较大的偏差，而灰色关联分析对数据的要求低，允许数据为非典型性。选取浙江省小额贷款公司激活的民间资本指标及浙江省农村经济发展指标，通过计算这两类指标之间的灰色关联度，定量分析浙江省小额贷款公司激活的民间资本与浙江省农村经济发展之间的关系（见表1）。

表1　浙江省小额贷款公司激活的民间资本指标及农村经济发展指标

年份	2009	2010	2011	2012
浙江小额贷款公司累计贷款总额（亿元）	551.7	1114.7	1827	2220
浙江小额贷款公司注册资本合计（亿元）	144.22	225.83	370	518.83
浙江农业 GDP（亿元）Y_1	1172.51	1358.39	1583.62	1669.5
浙江农村居民人均纯收入（元）Y_2	10007	11303	13071	14552
浙江小额贷款公司累计贷款总额/浙江农业 GDP（X_1）	0.47	0.82	1.15	1.33
浙江小额贷款公司对农户的累计贷款总额占比（X_2）	0.25	0.29	0.28	0.3
浙江小额贷款公司累计贷款总额/浙江小额贷款公司注册资本（X_3）	3.83	4.94	4.94	4.28

　　资料来源：《浙江统计年鉴 2012》、《2009～2011 年度浙江省小额贷款公司运行及监管报告》；浙江省金融办等。

（三）研究方法与模型的建立

　　若以浙江省小额贷款公司激活的民间资本指标 $X_i(i=1，2，3)$ 为比较序列，以浙江省农村经济发展指标 $Y_j(j=1，2)$ 为参考序列，其中：

$Y_j = (y_j(2009)，y_j(2010)，y_j(2011)，y_j(2012))(j=1，2)$

$X_i = (x_i(2009)，x_i(2010)，x_i(2011)，x_i(2012))(i=1，2，3)$

　　那么，对各序列进行标准化后浙江省小额贷款公司激活的民间资本和浙江省农村经济发展之间的关联度计算公式为：

$$\gamma(Y'_j, X'_i) = \frac{1}{4} \sum_{k=2009}^{2012} \gamma(y'_j(k), x'_i(k)) \quad (i=1,2,3; j=1,2) \tag{1}$$

式中，$\gamma'_{ji}(k)$（$i=1，2，3；j=1，2$）为比较序列与参考序列的关联系数，标准化后浙江省小额贷款公司激活的民间资本和浙江农村经济发展之间关联系数为：

$$
\begin{aligned}
&\gamma(y'_j(k), x'_i(k)) \\
&= \frac{\min\limits_i \min\limits_k |y'_j(k) - x'_i(k)| + \xi \max\limits_i \max\limits_k |y'_j(k) - x'_i(k)|}{|y'_j(k) - x'_i(k)| + \xi \max\limits_i \max\limits_k |y'_j(k) - x'_i(k)|}
\end{aligned}
\tag{2}
$$

其中，$\xi \in (0，1)$ 称为分辨系数，通常取 $\xi = 0.5$。

（四）模型的求解

根据式（2），差序列 Δ_{ij} 计算公式为：

$\Delta_{ij} = (\Delta_{ij}(1)，\Delta_{ij}(2)，\cdots，\Delta_{ij}(n))$，$i=1，2，3$，$j=1，2$

$\Delta_{ij}(k) = |y'_j(k) - x'_i(k)|$，$k=2009，2010，2011，2012$

计算结果如表2所示。

两极最大差与最小差分别是每一个参考序列的差序列中的最大值与最小值，用 M 和 m 表示，则计算公式为 $M = \max\limits_i \max\limits_k \Delta_{ij}(k)$，$m = \min\limits_i \min\limits_k \Delta_{ij}(k)$，根据表2的数据，计算结果如表3所示。

表2 标准化后的差序列

k	$\Delta_{11}(k)$	$\Delta_{21}(k)$	$\Delta_{31}(k)$	$\Delta_{12}(k)$	$\Delta_{22}(k)$	$\Delta_{32}(k)$
2009	0	0	0	0	0	0
2010	0.585459	0.001463	0.131788	0.614486	0.030491	0.160815
2011	1.101251	0.230629	0.059828	1.145695	0.186186	0.015385
2012	1.4021755	0.223871	0.3053339	1.3718646	0.2541821	0.335645

表3 标准化后的两极最大差与最小差

参考序列	Y_1			Y_2		
差序列	Δ_{11}	Δ_{21}	Δ_{31}	Δ_{12}	Δ_{22}	Δ_{32}
$\max\limits_k$	1.4021755	0.2306294	0.3053339	1.3718645	0.254182	0.3356449
$\max\limits_k$	0	0	0	0	0	0
M	1.4021755			1.3718645		
m	0			0		

根据式（2），取 $\xi = 0.5$，则根据表 4 中的数据进行可以得到关联系数（见表 4）。

表 4　标准化后的关联系数计算结果

年份	2009	2010	2011	2012
$y'_1(k)$，$x'_1(k)$	1	0.5449378	0.3889877	0.3333333
$y'_1(k)$，$x'_2(k)$	1	0.9979169	0.7524684	0.7579665
$y'_1(k)$，$x'_3(k)$	1	0.8417678	0.9213733	0.6966143
$y'_2(k)$，$x'_1(k)$	1	0.5274706	0.3744934	0.3333333
$y'_2(k)$，$x'_2(k)$	1	0.9574404	0.7865132	0.7296264
$y'_2(k)$，$x'_3(k)$	1	0.8100792	0.9780633	0.6714444

由表 4 的数据可以计算得到浙江省小额贷款公司激活的民间资本指标 X_i 与浙江省农村经济发展指标 Y_j 的灰色关联矩阵为：

$$\begin{array}{ccc} X_1 & X_2 & X_3 \end{array}$$
$$\begin{array}{c} Y_1 \\ Y_2 \end{array} \begin{bmatrix} 0.566814719 & 0.87708795 & 0.86493884 \\ 0.558824316 & 0.868395015 & 0.864896714 \end{bmatrix}$$

（五）结论与建议

1. 结论

（1）不同的民间资本金融深化指标对农村经济发展的影响不同。根据实证分析的结果可知，灰色关联矩阵中的所有元素都大于 0.5，说明浙江省小额贷款公司激活的民间资本对农村经济发展有明显影响，但不同指标的影响效果不同。其中，对浙江省农村经济发展影响最显著的指标是小额贷款公司的贷款结构和贷款效率，他们的关联度都达到了 0.85 以上，而浙江省小额贷款公司发展规模对农业 GDP 和农村居民人均纯收入的影响都较小，灰色关联度都只有 0.55 左右。进一步看，灰色关联矩阵中的第 2 列数据比第 3 列数据要大一些，即 $\gamma(Y_j, X_2) > \gamma(Y_j, X_3)$，说明浙江省小额贷款公司的贷款结构对农村经济发展的影响又比贷款效率对农村经济发展的影响更明显。

（2）小额贷款公司激活民间资本后产生的金融效应是农村经济发展的重要因素。由灰色关联度的计算结果可知，浙江省小额贷款公司的贷款效率与农业 GDP 的灰色关联度 $\gamma(Y_1, X_3)$ 为 0.86493884，与农村居民人均纯收入的灰色关联度 $\gamma(Y_2, X_3)$ 为 0.864896714，说明浙江省小额贷款公司的贷款效率与农村经济发展的关系十分密切，也说明浙江省小额贷款公司的贷款效率是影响农村经济发展的重要因素。小额贷款公司的注册资本来自民间的闲散资金，通过小额贷款公司的贷款方式在经济系统中循环利用，使贷款效率的指标值大于 1。另外，民间资本通过小额贷款公司的桥梁在经济系统中流动，经过金融系统产生金融效应，以货币乘数的方式放大了资本的价值，进而促进了农村经济的发展。

（3）浙江省农村经济发展与小额贷款公司的贷款结构密切相关。从计算结果可知，浙江省小额贷款公司的贷款结构与农业 GDP 的灰色关联度 $\gamma(Y_1, X_2)$ 为 0.87708795，与农村居民人均纯收入的灰色关联度 $\gamma(Y_2, X_2)$ 为 0.868395015，说明浙江省农村经济发展与小额贷款公司的贷款结构密切相关。这是由于浙江省小额贷款公司的贷款结构是农户贷款总额占比，农户的融资水平对农村经济的发展水平有重要影响，高水平的农村经济发展水平往往伴随着农户对贷款的高需求，而农户是小额贷款公司的主要贷款对象，因此小额贷款公司的贷款结构对农村经济的发展有较大影响。

2. 对策建议

（1）继续通过小额贷款公司激活民间资本并得以金融深化。由实证分析的结果可知，浙江省小额贷款公司激活的民间资本是农村经济发展的重要影响因素。浙江省有着丰富的民间资本，根据浙江省统计局、中国人民银行杭州中心支行提供的数据测算，2010 年浙江省有着 42365.93 亿元的民间资本，而同年小额贷款公司的实收资本为 225.63 亿元，通过小额贷款公司激活的民间资本只占民间资本总额的 0.53%。而民间资本在各方面仍受到很多限制，金融深化程度较低，制约着它的发展，也使它对农村经济发展的促进作用有限。应鼓励已设立的小额贷款公司股东增资扩股和放松单一持股比例的限制，并相应地扩大融资金额，通过小额贷款公司吸引更多的民间资本得以金融深化。

（2）放开民间资本的准入，提高小额贷款公司的贷款效率。浙江省小额贷款公司金融深化指标中，与农村经济发展指标的关联度最高的是浙江省小额贷款公司的贷款效率，而小额贷款公司的注册资本相对稳定，贷款效率的变化主要是贷款总额的变化，也就是说小额贷款公司的累计贷款总额对农村居民的收入水平有较大的影响。原始存款是商业银行扩张信用的基础，但小额贷款公司只存不贷，只能通过激活民间资本增资扩股增加注册资本，通过高频率贷款增加贷款总量，发挥浙江省小额贷款公司的贷款对农村经济增长、农村居民人均收入增长的促进作用。

（3）注重小额贷款公司对"三农"和小微企业贷款，促进农村经济发展。灰色关联分析的结论表明，小额贷款公司的贷款结构对农业 GDP 和农村居民人均纯收入的关联度都很高，农户贷款的比例对浙江省农村经济的发展影响较大。模型计算的结果也表明，金融深化指标中浙江省小额贷款公司对农业 GDP 和农村居民人均纯收入的影响非常明显，并且根据表 1 的数据可以发现，浙江省小额贷款公司的累计贷款总额每年的增长速度都很快，而且小额贷款公司的累计贷款总额增长速度比浙江省农业 GDP 的增长速度快，并在 2011 年浙江省小额贷款公司的累计贷款总额超过了浙江省农业 GDP 增长，说明浙江农村的贷款需求很大，并且在不断地扩大。小额贷款公司应该注重小额贷款公司成立的宗旨，服务小微企业，服务"三农"，重视农户的贷款，保持合理的贷款结构，以促进浙江省农村经济发展。

参考文献

［1］曹协和．农村金融理论研究进展及评述．南方金融，2007（12）．

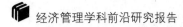

［2］邓聚龙．灰色控制系统（第2版）．武汉：华中科技大学出版社，1993.

［3］冯登艳．金融深化是化解民间借贷危机的根本途径．金融理论与实践，2012（5）．

［4］季凯文，武鹏．农村金融深化与农村经济增长的动态关系．经济评论，2008（4）．

［5］卢峰，姚洋．金融压抑下的法治、金融发展和经济增长．中国社会科学，2004（1）．

［6］史晋川，严谷军．经济发展中的金融深化——以浙江民营金融发展为例．浙江大学学报（人文社会科学版），2001（6）．

［7］应枢廷．农村金融深化与农村经济发展的灰色关联分析．西北农林科技大学学报（社会科学版），2011（1）．

第二节

英文期刊论文精选

Name of Article：The Danish tax on saturated fat – Short run effects on consumption, substitution patterns and consumer prices of fats

Name of Journal：Food Policy

Author：Jensen Jorgen；Smed Sinne

Publication Date：2013

Abstract：Denmark introduced a tax on saturated fat in food products with effect from October 2011. The objective of this paper is to make an effect assessment of this tax for some of the product categories most significantly affected by the new tax, namely fats such as butter, butter – blends, margarine and oils. This assessment is done by conducting an econometric analysis on weekly food purchase data from a large household panel dataset (GfK Panel Services Denmark), spanning the period from January 2008 until July 2012. The econometric analysis suggest that the introduction of the tax on saturated fat in food products has had some effects on the market for the considered products, in that the level of consumption of fats dropped by 10% ~ 15%. Furthermore, the analysis points at shifts in demand from high price supermarkets towards low – price discount stores – at least for some types of oils and fats, a shift that seems to have been utilised by discount chains to raise the prices of butter and margarine by more than the pure tax increase. Due to the relatively short data period with the tax being active, interpretation of these findings from a long – run perspective should be done with considerable care. It is thus recommended to repeat – and broaden – the analysis at a later stage, when data are available for a longer period after the introduction of the fat tax.

文章名称：丹麦饱和脂肪征税—对消费、替代模式和脂肪消费者价格的短期影响

期刊名称：食物政策

作　　者：詹森·约尔根；斯迈德·辛奈

出版时间：2013 年

内容摘要：丹麦出台的对食品中饱和脂肪征税的措施从 2011 年 10 月开始生效。本文旨在有效评价这一税收对黄油、奶油共混物、人造黄油和油等产品的影响。本文对从 2008 年 1 月起至 2012 年 7 月的大样本家庭面板数据（GfK 丹麦面板服务）中的家庭每周食品购买数据进行计量经济分析。经济计量分析表明，对食品中饱和脂肪的征税对这些食品已经产生影响，脂肪消费量下降 10% ~ 15%。此外，该分析指出从低价格的折扣店到高价超市，需求都有变化——至少对于某些类型的油脂是这样。折扣连锁店对黄油和人造黄油的涨价幅度已经超过了纯税收增幅。由于税收实施时间不长，现有的数据周期较短，这些发现从长远角度来看需要谨慎。因此，当这一税收实施较长时间后，有更长时间的数据可以利用，建议重复并扩大这一分析。

Name of Article：Food value chain transformations in developing countries：Selected hypotheses on nutritional implications

Name of Journal：Food Policy

Author：Gomez, Miguel；Ricketts, Katie

Publication Date：2013

Abstract：We examine how the transformation of food value chains（FVCs）influence the triple malnutrition burden（undernourishment, micronutrient deficiencies and over－nutrition）in developing countries. We propose a FVC typology（modern, traditional, modern－to－traditional, and traditional－to－modern）that takes into account the participants, the target market, and the products offered. Next, we propose selected hypotheses on the relationship between each FVC category and elements of the triple malnutrition burden. The primary finding is that the transformation of FVCs creates challenges and opportunities for nutrition in developing countries. For example, Modern FVCs may increase over－nutrition problems and alleviate micronutrient deficiencies for urban people with relatively high incomes. However, they have little nutritional impacts among rural residents and urban poor people, who primarily depend on traditional FVCs to access adequate quantities of calories and micronutrients. In addition, modern food manufacturers are leveraging traditional distribution networks（modern－to－traditional FVCs）, substantially increasing access to low－priced processed/packaged foods in rural areas and low－income urban neighbors with mixed impacts on the triple burden of malnutrition. Further research should focus on the influence of FVC transformation on reduction of micronutrient deficiencies, on modeling demand substitution effects across food categories and the attendant policy implications for malnutrition.

文章名称：发展中国家的食品价值链转型：对营养启示的选择假说

期刊名称：食物政策

作　　者：戈麦斯·米格尔；里基茨·凯蒂

出版时间：2013 年

内容摘要：我们将研究发展中国家食品价值链(FVCs)的转型如何影响三重营养不良负担（营养不足、微量元素缺乏和营养过剩）。我们提出了一个考虑到参与者、目标市场，提供的产品的 FVC 类型学(现代、传统、现代到传统，以及传统到现代)。下一步，我们提出不同 FVC 类别与三重营养不良负担构成之间关系的选择假说。研究发现，发展中国家的 FVCs 转型为营养创造了机遇和挑战。例如，现代 FVCs 对城市高收入群体可能增加营养过剩的问题，并减轻微量营养素缺乏问题。但是，它对农村居民和城镇困难群众的营养影响很小，因为这些人仍然依靠传统的 FVCs 渠道获得足够的热量和微量营养素。另外，现代食品制造商正在利用传统的分销网络(现代到传统 FVCs)，大大增加了农村地区和城市低收入者对低价处理/包装食品的可获得性，对三重营养不良负担有混合影响。进一步的研究应着眼于 FVC 转型对减少微量营养素缺乏的影响、不同食品类别之间的需求替代性的建模，以及随之而来对营养不良的政策启示。

Name of Article：Input subsidy programs in sub – Saharan Africa：a synthesis of recent evidence

Name of Journal：Agricultural Economics

Author：Jayne T. S. ；Rashid Shahidur

Publication Date：2013

Abstract：Input subsidy programs have once again become a major plank of agricultural development strategies in Africa. Ten African governments spend roughly US ＄1 billion annually on input subsidy programs（ISPs），amounting to 28.6% of their public expenditures on agriculture. This article reviews the microlevel evidence on ISPs undertaken since the mid 2000s. We examine the characteristics of subsidy beneficiaries，crop response rates to fertilizer application and their influence on the performance of subsidy programs，the impacts of subsidy programs on national fertilizer use and the development of commercial input distribution systems，and finally the impact of ISPs on food price levels and poverty rates. The weight of the evidence indicates that the costs of the programs generally outweigh their benefits. Findings from other developing areas with a higher proportion of crop area under irrigation and with lower fertilizer prices factors that should provide higher returns to fertilizer subsidies than in Africa indicate that at least a partial reallocation of expenditures from fertilizer subsidies to R&D and infrastructure would provide higher returns to agricultural growth and poverty reduction. However，because ISPs enable governments to demonstrate tangible support to constituents，they are likely to remain on the African landscape for the foreseeable future. Hence，the study identifies ways in which benefits can be enhanced through changes in implementation modalities and complementary investments within a holistic agricultural intensification strategy. Among the most important of these are efforts to reduce the crowding out of commercial fertilizer distribution systems and programs to improve soil fertility to enable farmers to use fertilizer more efficiently. The challenges associated with achieving these gains are likely to be formidable.

文章名称：撒哈拉以南非洲的投入品补贴项目：一个最近证据的合成

期刊名称：农业经济学

作　　者：T. S. 杰恩；拉希德·沙哈多尔

出版时间：2013 年

内容摘要：投入品补贴项目已再次成为非洲的农业发展战略的一大支柱。10 个非洲国家的政府每年花费约 60 亿美元于投入品补贴项目，占农业财政公共支出的 28.6%。本文回顾了自 21 世纪中期开展的投入品补贴项目的微观证据。我们考察了补贴受益者的特征、作物对化肥使用的反应率、它们对补贴项目绩效的影响、补贴项目对全国化肥使用和商业投入品配送体系发展的影响，以及最终对食品价格和贫困率的影响。证据表明，这一项目的成本一般超过他们的收益。从自其他作物灌溉面积比例较高和较低的肥料价格的发展中地区发现，那些应该提供比非洲更高回报的化肥投入补贴的因素显示，至少把化肥补贴的部分支出重新分配给研发和基础设施建设，将给农业发展和扶贫带来更大回报。然而，由于投入品补贴项目使政府能够给选民展示有形的支持，在可预见的未来非洲很可能会继续保留。因此，本文在一个整体的农业集约化战略中确定可以通过改变实施方式和补充投资来增强收益的方法。其中最重要的方法包括努力减少对商业化肥分配体系的挤出、促进农民有效使用化肥的改进土壤肥力项目。实现这些收益所面临的挑战很可能是巨大的。

Name of Article: Fertiliser Subsidies and Smallholder Commercial Fertiliser Purchases: Crowding Out, Leakage and Policy Implications for Zambia

Name of Journal: Journal of Agricultural Economics

Author: Mason Nicole M. ; Jayne Thomas S.

Publication Date: 2013

Abstract: Fertiliser intended for government subsidy programmes is sometimes diverted and sold to farmers at or near market prices. Failure to account for such leakage' can upwardly bias econometric estimates of the effect of government fertiliser subsidy programmes on total fertiliser use. This paper extends the framework used in earlier studies on the crowding in/crowding out effects of subsidised fertiliser on commercial fertiliser purchases to account for leakage, and then applies it to the case of Zambia. Results suggest that each additional kg of subsidised fertiliser injected into the system increases total fertiliser use by 0.54kg. Without controlling for leakage, the estimate would have been 0.87, an overestimate of 61%.

文章名称：化肥补贴和小规模商业化化肥采购：挤出效应、漏出和对赞比亚的政策启示

期刊名称：农业经济学杂志

作　　者：梅森·尼克；杰恩·托马斯

出版时间：2013 年

内容摘要：政府补贴项目内的化肥有时会转移并按市场价格或接近市场价格卖给农民。如果不考虑这种泄漏，在计量估计政府化肥补贴项目对总化肥使用的影响时会存在高估。本文扩展了早期研究化肥补贴项目对商业化肥购买的挤入/挤占效应的分析框架，以考虑漏出因素，然后将其应用到赞比亚。结果表明，注入到系统中的补贴化肥每增加 1 千克，会使总体化肥使用增加 0.54 千克。如果没有控制漏出，估计将是 0.87，因此有 61% 的高估。

Name of Article：Small Farmers，NGOs，and a Walmart World：Welfare Effects of Supermarkets Operating in Nicaragua

Name of Journal：American Journal of Agricultural Economics

Author：Michelson，Hope

Publication Date：2013

Abstract：Despite more than a decade of NGO and government activities promoting developing world farmer participation in high – value agricultural markets，evidence regarding the household welfare effects of such initiatives is limited. This article analyzes the geographic placement of supermarket supply chains in Nicaragua between 2000 and 2008 and uses a difference – in – differences specification on measures of supplier and nonsupplier assets to estimate the welfare effects of small farmer participation. Though results indicate that selling to supermarkets increases household productive asset holdings，they also suggest that only farmers with advantageous endowments of geography and water are likely to participate.

文章名称：小农户、非政府组织和沃尔玛世界：尼加拉瓜超市运营的福利效应

期刊名称：美国农业经济学杂志

作　　者：迈克尔逊·霍普

出版时间：2013 年

内容摘要：尽管发展中国家非政府组织和政府采取促进农民参与高价值农产品市场的活动已经超过十年，但关于这些举措对家庭福利影响的证据是有限的。本文分析了2000～2008 年在尼加拉瓜超市供应链的区域布局，使用对供应商和非供应商测量的双重差分设定，来估计小农参与的福利效应。结果表明，虽然把产品出售给超市可以增加家庭生产性资产，但是只有在地理位置和水资源方面有优势禀赋的农民才有可能参与。

Name of Article：The effect of using consumption taxes on foods to promote climate friendly diets – The case of Denmark

Name of Journal：Food Policy

Author：Edjabou Louise Dyhr；Smed Sinne

Publication Date：2013

Abstract：Agriculture is responsible for 17% ~35% of global anthropogenic greenhouse gas emissions with livestock production contributing by approximately 18% ~ 22% of global emissions. Due to high monitoring costs and low technical potential for emission reductions, a tax on consumption may be a more efficient policy instrument to decrease emissions from agriculture than a tax based directly on emissions from production. In this study, we look at the effect of internalising the social costs of greenhouse gas emissions through a tax based on CO_2 equivalents for 23 different foods. Furthermore, we compare the loss in consumer surplus and the changed dietary composition for different taxation scenarios. In the most efficient scenario, we find a decrease in the carbon footprint from foods for an average household of 2.3% ~8.8% at a cost of 0.15 ~1.73 DKK per kg CO_2 equivalent whereas the most effective scenario led to a decrease in the carbon footprint of 10.4% ~19.4%, but at a cost of 3.53 ~6.90 DKK per kg CO_2 equivalent. The derived consequences for health show that scenarios where consumers are not compensated for the increase in taxation level lead to a decrease in the total daily amount of kJ consumed, whereas scenarios where the consumers are compensated lead to an increase. Most scenarios lead to a decrease in the consumption of saturated fat. Compensated scenarios leads to an increase in the consumption of added sugar, whereas uncompensated scenarios lead to almost no change or a decrease. Generally, the results show a low cost potential for using consumption taxes to promote climate friendly diets.

文章名称：使用食品消费税对促进气候友好型饮食的影响：丹麦案例

期刊名称：食物政策

作　　者：艾嘉伯·路易斯；斯蒙德·辛恩

出版时间：2013 年

内容摘要：农业的温室气体排放占全球排放量的 17% ~35%，其中畜牧业生产的贡献占全球的 18% ~22%。由于减少排放量有高昂的监督成本和低技术潜力，相比直接对生产中的排放量征税，消费税可能是一个减少农业排放量的更有效的政策工具。在这项研究中，我们就来看看通过基于二氧化碳当量为 23 种不同食品的温室气体排放的社会成本内在化的税收效果。此外，我们比较了不同的税收情景下的消费者剩余损失和饮食结构变化。在最有效率的情景中，我们发现平均每户食品中的碳足迹下降了 2.3% ~8.8%，其成本为每公斤二氧化碳当量 0.15 ~1.73 丹麦克朗；而在最有效果的情景中，碳足迹减少 10.4% ~19.4%，其成本为每公斤二氧化碳当量 3.53 ~6.90 丹麦克朗。对于健康的派生后果显示，在消费者没有从增加税收获得补偿的情景中，消费者每天总消费热量在下降；而在消费者得到补偿的情境下其热量消费则会增加。大多数情景下，饱和脂肪消耗会减少。补偿情景会导致添加糖的消耗提高，而无补偿情景下则几乎没有变化或下降。总的来说，结果显示利用消费税促进气候友好型的饮食结构成本较低。

Name of Article：The Effect of Supercenter – format Stores on the Healthfulness of Consumers'Grocery Purchases

Name of Journal：American Journal of Agricultural Economics

Author：Volpe Richard；Okrent Abigail；Leibtag Ephraim

Publication Date：2013

Abstract：We examine the effect of supercenter market share on consumers'food – at – home purchasing habits in the United States. We measure healthfulness several different ways to ensure robustness，but all measurements place a greater value on fresh fruits and vegetables and whole grains than on processed foods high in sugar and sodium. We find that from 1998 ~ 2006 consumers generally purchased less healthful foods at supercenters than they do at supermarkets. Moreover，a one – percent increase in the local market share of supercenters results in a decrease in purchase healthfulness for groceries of 0. 10 to 0. 46 percent. This relationship is statistically significant and robust.

文章名称：超级购物中心业态商店对消费者日用品购买的健康性影响

期刊名称：美国农业经济学杂志

作　　者：沃尔普·理查德；奥克然特·阿比盖尔；雷布塔·艾弗瑞

出版时间：2013 年

内容摘要：本文研究美国超级购物中心的市场份额对消费者在家就餐食品的购买习惯的影响。本文衡量了健康性的几种不同方式，以确保稳健性，但所有的测量都认为新鲜的水果和蔬菜以及全谷物比富含高糖和钠的加工食品的价值更大。我们发现，在 1998 ~ 2006 年，一般消费者在超级购物中心购买的健康食物比在超市少。此外，超级购物中心的当地市场份额增长了 1%，导致选购的日用品的健康性下降 0. 10 ~ 0. 46 个百分点。这种关系是统计显著而且稳健的。

Name of Article：The impact of cooperatives on agricultural technology adoption：Empirical evidence from Ethiopia

Name of Journal：Food Policy

Author：Abebaw Degnet；Haile Mekbib G.

Publication Date：2013

Abstract：Using cross – sectional data and a propensity score matching technique，this paper investigates the impact of cooperatives on adoption of agricultural technologies. Our analysis indicates that cooperative members are more likely to be male – headed households，have better access to agricultural extension services，possess oxen，participate in off – farm work，and have leadership experience. We also found that geographic location and age of household head are strongly associated with cooperative membership. Our estimation results show that cooperative membership has a strong positive impact on fertilizer adoption. The impact on adoption of pesticides turns out to be statistically significant when only agricultural cooperatives are considered. Further analysis also suggests that cooperative membership has a heterogeneous impact on fertilizer adoption among its members. The results suggest that cooperatives can play an important role in accelerating the adoption of agricultural technologies by smallholder farmers in Ethiopia.

文章名称：合作社对农业技术采纳的影响：来自埃塞俄比亚的经验证据

期刊名称：食物政策

作　　者：阿贝包·德格奈特；海尔·梅科比

出版时间：2013 年

内容摘要：使用横截面数据和倾向得分匹配技术，本文考察合作社对农业采纳技术的影响。我们的分析表明，合作社成员更可能是男性户主家庭，能更好地获得农业推广服务，拥有牛，能参加非农工作，并有领导经验。我们还发现，地理位置和户主年龄与合作成员紧密相关。我们的估计结果表明，合作社成员对化肥使用有很强的正向影响。关于使用农药的影响，只有考虑到农业合作社，对农药使用的影响才会在统计上显著。进一步的分析还表明，合作社成员对化肥使用的影响在不同成员之间具有异质性。结果表明，合作社在促进埃塞俄比亚小农采用农业技术中发挥了重要作用。

Name of Article：Do Farmers Internalise Environmental Spillovers of Pesticides in Production?

Name of Journal：Journal of Agricultural Economics

Author：Skevas Theodoros；Stefanou Spiro E.；Lansink Alfons Oude

Publication Date：2013

Abstract：Pesticides are used in agriculture to protect crops from pests and diseases，with indiscriminate pesticide use having several adverse effects on the environment and human health. An important question is whether the environmental spillovers of pesticides also affect the farmers' production environment. We use a model of optimal pesticide use that explicitly incorporates the symmetric and asymmetric effect of pesticides' environmental spillovers on crop production. The application focuses on panel data from Dutch cash crop producers. We show that pesticides have a positive direct impact on output and a negative indirect impact through their effects on the production environment.

文章名称：农民内部化生产中的农药环境溢出吗？

期刊名称：农业经济学杂志

作　　者：思科法斯·西奥多罗斯；斯蒂芬努·斯皮洛；兰辛克·阿尔方斯·欧德

出版时间：2013 年

内容摘要：农药在农业中用于保护作物远离病虫害，但是不加区别地使用农药也会对环境和人类健康带来负面影响。一个重要的问题是农药的环境溢出效应是否影响农民的生产环境。我们使用一个最佳农药使用模型，考察了农药的环境溢出效应对作物产量的对称和非对称的效果。该研究应用来自荷兰经济作物生产者的面板数据。研究表明，农药对产出有正面直接影响，并通过其对生产环境的破坏而对产量有间接负面影响。

Name of Article：Adoption of food safety and quality standards among Chilean raspberry producers – Do smallholders benefit?

Name of Journal：Food Policy

Author：Handschuch Christina；Wollni Meike；Villalobos Pablo

Publication Date：2013

Abstract：The growing importance of food quality and safety standards in international markets is influencing production and marketing conditions of farmers worldwide. The effects of this development on small – scale farmers in developing countries are controversially discussed in the scientific debate. While small – scale farmers may benefit from standard compliance in terms of better market access and technology upgrading, non – compliance may lead to market exclusion and marginalization. The present study aims to identify the factors influencing a certification according to food safety and quality standards and the impact on farm management and income among export oriented raspberry farmers in Chile. Survey data from 57 certified and 169 non – certified Chilean smallholder raspberry producers is analyzed. The analysis of the certification decision shows that small – scale farmers are less likely to implement food safety and quality standards. Once farmers are able to overcome the barriers and implement a food standard，we find that this has a positive effect on their quality performance and net raspberry income.

文章名称：智利树莓生产者之间的食品安全和质量标准的采用——小农受益吗？

期刊名称：食物政策

作　　者：韩德斯楚赤·克里斯蒂娜；沃尔尼·美克；比利亚洛沃斯·巴勃罗

出版时间：2013 年

内容摘要：国际市场对食品质量和安全标准的重要性日益增加，正在影响全世界农民的生产和销售条件。这种发展对发展中国家小规模农户的影响在科学辩论中是有争议的。虽然小规模农户可以通过遵守标准获得更好的市场准入和技术升级，但是违规也可能导致被市场排斥和边缘化。该研究旨在确定智利食品安全和质量标准认证的影响因素，并分析其对外向型树莓农民的农场管理和收入的影响。该研究调查分析了 57 名认证的和 169 名非认证的智利小农树莓生产者。认证分析表明，小农不太可能实施食品安全和质量标准。一旦农民能够克服这些障碍并实现食品标准，我们发现，这对他们的质量绩效和净收入会产生积极的影响。

Name of Article：Assessing farmers' risk preferences and their determinants in a marginal upland area of Vietnam：A comparison of multiple elicitation techniques

Name of Journal：Agricultural Economics

Author：Nielsen Thea；Keil Alwin；Zeller Manfred

Publication Date：2013

Abstract：We examine the consistency of risk preference measures based on eight hypothetical elicitation methods and a lottery game applied to smallholder farmers in a marginal upland environment in Vietnam. Using these measures, we identify influencing factors of risk aversion via regression analysis, whereby unlike previous studies, we include several proxies of social capital such as social networks and norms. Data were collected from household heads and spouses separately in a random sample of 300 households. Although correlations between most of the various risk preference measures are all statistically highly significant, most are weak. On average, respondents have a high degree of risk aversion and specific characteristics gender, age, idiosyncratic shocks, education, social norms, network – reliance with extended family, and connections to local authorities are significant determinants of risk preferences across most elicitation methods, whereas others the household's dependency ratio, wealth, and covariate shocks are significant in a few methods only. The explanatory power of the models is limited, indicating that other factors are likely to be of greater importance in determining risk preferences. The results can help target safety nets, encourage investments, and lead to the development of more applicable methods for assessing risk preferences of smallholders in developing countries.

文章名称：越南边缘丘陵地区的农民风险偏好及其影响因素评估：多启发式技术的比较

期刊名称：农业经济学

作　者：尼尔森·西娅；凯尔·阿尔文；泽勒·曼弗雷德

出版时间：2013 年

内容摘要：我们的研究采用八个假设启发方法和一个彩票游戏，应用于越南边缘山地环境的小农户，以考察一致性的风险偏好。通过这些措施，我们通过回归分析识别了风险厌恶的影响因素，与以往的研究不同，我们采用社会网络和规范等指标来衡量社会资本。数据是从随机抽取的 300 户家庭中由户主和配偶独立回答得到的。虽然大部分风险偏好指标之间是高度相关的，但也有很多是不相关的。平均而言，受访者具有高度的风险厌恶，具体特征性别、年龄、异质性冲击、教育、社会规范、网络依赖与大家庭、与地方当局有联系在多种启发式方法中都被认为是决定风险偏好的显著因素，而家庭抚养比、财富、冲击协方差则只是在部分方法中显著。该模型的解释力是有限的，这表明存在更重要的因素影响风险偏好。研究结果可以帮助目标安全网、鼓励投资，并开发出更多为发展中国家小农户评估风险偏好的适用方法。

Name of Article：The Welfare Impacts of Commodity Price Volatility：Evidence from Rural Ethiopia

Name of Journal：American Journal of Agricultural Economics

Author：Bellemare Marc；Barrett Christopher；Just David

Publication Date：2013

Abstract：How does commodity price volatility affect the welfare of rural households in developing countries，for whom hedging and consumption smoothing are often difficult? When governments choose to intervene in order to stabilize commodity prices，as they often do，who gains the most? This article develops an analytical framework and an empirical strategy to answer those questions，along with illustrative empirical results based on panel data from rural Ethiopian households. Contrary to conventional wisdom，we find that the welfare gains from eliminating price volatility are increasing in household income，making food price stabilization a distributionally regressive policy in this context.

文章名称：商品价格波动的福利影响：来自埃塞俄比亚的证据

期刊名称：美国农业经济学杂志

作　　者：贝勒马尔·马克；巴雷特·克里斯托弗；贾斯特·大卫

出版时间：2013 年

内容摘要：发展中国家商品价格波动如何影响农村家庭的福利，尤其对那些对冲和消费平滑存在困难的农民？当政府选择以干预来稳定商品价格时，他们经常也这样做，谁收益最大？该文开发了一个分析框架和经验策略，以及基于来自农村家庭埃塞俄比亚面板数据的实证结果来回答这些问题。与传统观点相反，我们发现，消除价格波动的福利收益来自家庭收入的不断增加，使得这一背景下粮食价格稳定政策成为分布回归政策。

Name of Article：The role of certificate issuer on consumers's willingness – to – pay for milk traceability in China

Name of Journal：Agricultural Economics

Author：Bai Junfei；Zhang Caiping；Jiang Jing

Publication Date：2013

Abstract：In response to increasing concerns about domestic food safety issues，establishing tracking systems in the food industry is mandatorily required under newly launched food safety laws. However，the kinds of monitoring and certification systems that should be set up to ensure practical adoption and the effectiveness of the regulation remain unclear. This study aims to analyze consumers' preferences for milk traceability，with particular interest in investigating how consumers' preferences could be affected by monitoring and certification systems of the regarding system. Survey data from a choice – based conjoint（CBC）experiment are used to achieve this objective. In the experiment，milk is defined by a set of attributes in which we assume that milk traceability can be certified by three entities：the government，an industrial association，and a third party. The CBC data are then analyzed by using the alternative – specific form of a conditional Logit（McFadden's Choice）model. We found that urban Chinese consumers have a strong desire for traceable milk，but their preference for traceable milk is significantly related to the associated certificate issuers. Currently，the highest willingness – to – pay goes to government certificated traceable milk，followed by industrial association certificated and third – party certificated milks. In the future，however，consumers are likely to give more credit to third – party certification with rising income and knowledge.

文章名称：中国认证机构在消费者对牛奶可追溯性支付意愿中的作用

期刊名称：农业经济学

作　　者：白军飞；张彩萍；蒋竞

出版时间：2013 年

内容摘要：为了应对日益严峻的国内食品安全问题，新的食品安全法强制要求在食品行业建立可追溯系统。这项研究通过基于选择的联合试验调查数据可被用来分析消费者偏好。在实验中，牛奶由一组属性来定义，我们假定牛奶可追溯性可由三个主体认证：政府、行业协会和第三方机构，然后使用条件逻辑（麦克法登选择）模式的具体替代形式来分析这一数据。我们发现，中国城市消费者对可追溯牛奶的需求强烈，但他们对牛奶的可追踪性偏好显著与认证机构相关。目前，由政府认证的可追溯牛奶的支付意愿最高，其次是行业协会认证和第三方认证牛奶。但是，在未来随着收入和知识的增长，消费者很可能会给予第三方认证机构更高的信任。

Name of Article：Stated and Inferred Attribute Attendance Models：A Comparison with Environmental Choice Experiments

Name of Journal：Journal of Agricultural Economics

Author：Kragt Marit

Publication Date：2013

Abstract：There is increasing evidence that respondents to choice experiment surveys do not consider all attributes presented in the choice sets. Not accounting for this attribute non – attendance' leads to biased parameter estimates, and hence biased estimates of willingness to pay. Various methods exist to account for non – attendance in the analysis of choice data, with limited agreement' as to which method is best. This paper compares modelling approaches that can account for non – attendance, based on stated and inferred attribute non – attendance. Respondents' stated non – attendance is incorporated in the specification of multinomial and mixed logit models. Inference of non – attendance is based on equality constrained latent class models. Results show that model fit is significantly improved when attribute non – attendance is taken into account, and that welfare estimates are lower when incorporating non – attendance. The inference based on equality constrained latent class models provides the best model fit. There is little concordance between stated and inferred non – attendance, suggesting that respondents may not answer attendance statements truthfully.

文章名称：陈述和推断属性参与模型：与环境选择实验的比较

期刊名称：农业经济学杂志

作 者：科拉格特·玛丽特

出版时间：2013 年

内容摘要：有越来越多的证据表明，选择实验调查的受访者并不考虑选择组提出的所有属性。不考虑这些属性缺失会导致参数估计值有偏，因此得到的支付意愿也是有偏的。已有多种方法考虑到选择数据分析中的这种缺失，但是并没有得出公认的最好办法。本文基于陈述和推断属性不参与，比较了可以考虑缺失因素的建模方法。受访者的陈述缺失已经纳入多项和混合 Logit 模型的设定中。缺失的推理是基于相等的约束潜类别模型。结果表明，当考虑到属性缺失，模型的拟合显著提高，当纳入缺失后的福利估计是较低的。存在极少陈述和推断缺失的一致性，表明受访者可能没有如实回答。

Name of Article：The Estimation of Threshold Models in Price Transmission Analysis

Name of Journal：American Journal of Agricultural Economics

Author：Greb Friederike；von Cramon – Taubadel Stephan；Krivobokova Tatyana

Publication Date：2013

Abstract：The threshold vector error correction model is a popular tool for the analysis of spatial price transmission. In the literature，the profile likelihood estimator is the preferred choice for estimating this model. Yet，in many settings this estimator performs poorly. In particular，if the true thresholds are such that one or more regimes contain only a small number of observations，if unknown model parameters are numerous，or if parameters differ little between regimes，the profile likelihood estimator displays large bias and variance. Such settings are likely when studying price transmission. We analyze the weaknesses of the profile likelihood approach and propose an alternative regularized Bayesian estimator，which was developed for simpler but related threshold models. Simulation results show that the regularized Bayesian estimator outperforms profile likelihood in the estimation of threshold vector error correction models. Two empirical applications demonstrate the relevance of this new estimator for spatial price transmission analysis.

文章名称：价格传导分析中的门槛模型估计

期刊名称：美国农业经济学杂志

作　　者：格里布·弗里德里克；冯·克拉默·陶巴德·斯蒂芬；克里弗波克娃·塔季扬娜

出版时间：2013 年

内容摘要：门槛向量误差修正模型是空间价格传导分析的常用工具。在文献中，轮廓似然估计为该模型估计的首选。然而，在很多情况下这种估计表现不佳。特别是，如果未知模型参数有很多，或者如果参数制度之间的差异很小，轮廓似然估计会得出很大的偏差和方差。研究价格传导时，这样的设置是可能出现的。我们分析了轮廓似然法的弱点，并提出正规化贝叶斯估计替代，以估计更简单的门槛模型。仿真结果表明，正规化贝叶斯估计在门槛向量误差修正模型中优于轮廓似然估计。这一新估计被用于两个经验应用中相关的空间价格传导分析。

Name of Article：Fact or artifact：The impact of measurement errors on the farm size – productivity relationship

Name of Journal：Journal of Development Economics

Author：Carletto Calogero；Savastano Sara；Zezza Alberto

Publication Date：2013

Abstract：This paper revisits the role of land measurement error in the inverse farm size and productivity relationship（IR）. By making use of data from a nationally representative household survey from Uganda， in which self – reported land size information is complemented by plot measurements collected using Global Position System（GPS）devices we reject the hypothesis that IR may just be a statistical artifact linked to problems with land measurement error. In particular， we explore：①what are the determinants of the bias in land measurement， ②how this bias varies systematically with plot size and landholding， ③the extent to which land measurement error affects the relative advantage of smallholders implied by the IR. Our findings indicate that using an improved measure of land size strengthens the evidence in support of the existence of the IR.

文章名称：事实还是假象：农庄规模与生产率关系估算偏误的影响

期刊名称：发展经济学杂志

作　　者：卡雷托·卡洛杰罗；吉他·沙拉；泽扎·阿尔伯托

出版时间：2013 年

内容摘要：本文回顾了土地测量误差在农场规模和生产率（IR）中的关系。利用乌干达的具有代表性的全国家庭调研数据，通过 GPS 设备收集的农地规模信息较为完整，我们拒绝了 IR 仅在数理层面假相关的假设。我们主要研究了：①在土地测量偏差的决定性因素，②误差在图表上面积和实际面积之间如何系统地变动，③土地测量误差影响小农户相对优势的程度。研究结果表明，利用一种改进的土地规模测量方法能够支持证明 IR 的存在。

Name of Article：Control Rights，Governance，and the Costs of Ownership in Agricultural Cooperatives

Name of Journal：Agribusiness

Author：Chaddad Fabio；Iliopoulos Constantine

Publication Date：2013

Abstract：Agricultural cooperatives have changed considerably in recent decades. In witnessing these structural changes，scholars have proffered analyses of nontraditional ownership models focusing on residual claim rights. However，crucial information on the allocation of control rights in cooperatives is missing. This study sheds light on alternative ownership – control models adopted by agricultural cooperatives in different regions across the world. In each of these models，we describe the allocation of formal control rights with a focus on decision management and decision control rights. We thus provide empirical evidence on the separation of ownership and control in agricultural cooperatives. We also analyze each of the governance models in terms of the associated ownership costs，including risk – bearing costs，the costs of controlling managers，and collective decision – making costs. In doing so，we are able to better understand the forces influencing the organizational efficiency of each cooperative model.

文章名称： 农业合作社的控制权、治理和拥有成本

期刊名称： 涉农产业经济

作　　者： 查得戴德·法比奥；里奥普洛斯·康斯坦丁

出版时间： 2013 年

内容摘要： 农业合作社在近几十年发生了很大变化后。在目睹这些结构变化后，学者们提出了非传统的所有权模式，专注于对剩余索取权的分析。但是，合作社控制权分配的关键信息是丢失的。这项研究揭示了在世界各地不同地区的农业合作社采用了其他所有制控制模式。在每个模型中，我们描述了一个专注于决策管理和决策控制权的正式控制权的分配。因此，我们提供农业合作社中所有权和控制权分离的经验证据。我们也分析了各治理模式的相关成本，包括风险承担成本、控制经营者的成本、集体决策成本。这样就能更好地了解影响每个合作模式的组织效率的力量。

第三章　农业经济学学科 2013 年出版图书精选

第一节

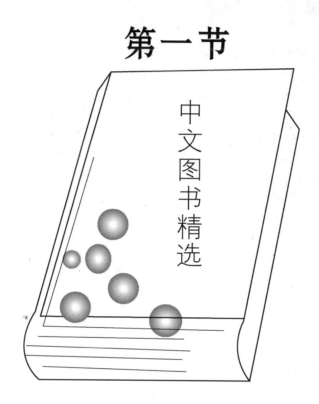

中文图书精选

书名:《中国种业市场、政策与国际比较研究》

作者: 仇焕广, 徐志刚, 蔡亚庆

出版时间: 2013 年 6 月

出版社: 科学出版社

　　内容提要: 本书对我国及全球其他主要国家的种业发展历程、法规、政策和市场环境进行了系统的梳理和总结, 对比分析了国内外种业发展模式、现状的差异, 为我国种业发展和相关政策提出了改革和完善的政策建议。同时, 本书也对国内外主要粮食作物的种业市场发展现状和未来市场发展潜力进行了系统分析, 并从微观角度对农户种子需求行为进行了深入研究。本书分为上下两篇。上篇对国内外种业发展历程、种业法规和政策进行系统分析, 并通过对国内外种业发展历程的比较, 为我国未来种业改革提供政策意见。下篇通过对国内和国际种业市场进行宏观和微观层面的分析, 为种业企业和相关政府管理部门提供可靠的决策信息。

书名：《北京市新型城镇化问题研究》
作者：郭光磊等
出版时间：2013 年 3 月
出版社：中国社会科学出版社

内容提要：本书从不同角度对国内不同地区城镇化路径进行了比较研究，从新型城镇体系建设、社会结构转型、公共服务、产业布局、农民收入增长等不同角度，围绕 50 个重点村城镇化改造，对城乡结合部的基本情况、主要建设改造模式、存在的问题与挑战进行了调研和专题性研究，对新型城镇化的内涵作了思考与提炼，提出了一系列具有前瞻性的理论观点和有针对性的政策建议，得到了政府部门和有关专家的充分肯定。同时，本书主要以北京实践为基础，结合了兄弟省市以及国外城镇化的成功经验及教训，对北京新型城镇化问题进行了初步探讨，是我们对北京市走新型城镇化道路研究的第一个尝试。书中对新型城镇化问题的归纳总结，包括城镇化理论研究和案例研究两个部分的内容，希望对其他地区探索新型城镇化道路实践能起到借鉴和启示作用。

书名：《从行政推动到内源发展：中国农业农村的再出发》
作者：郁建兴等
出版时间：2013 年 4 月
出版社：北京师范大学出版社

　　内容提要：本书切中当代中国农业农村问题的要害，高举农业农村现代化、政府治理体系现代化的大旗，其给出的农业农村发展战略及其实现路径，显得正当其时。本书尽管以农业农村发展为议题，其现实价值却不限于农业农村发展领域。在坚持把现代化作为农业农村发展背景、路径和目标的基本思路下，对中国"三农"问题的讨论有着"全息"的意义。该书除了讨论农业农村发展的总体战略和具体政策，也对政府管理体制，特别是纵向的政府间关系，如省级政府与地市、县级政府关系，县级政府与乡镇政府之间的关系，以及地方政府自身的行为逻辑和创新动力等问题进行了富有新意的深入探讨。

书名：《中国社区支持农业消费者感知价值的实证研究》

作者：陈卫平，温铁军，孔祥智

出版时间：2013 年 5 月

出版社：中国农业出版社

　　内容提要：本书共有 7 章内容。第 1 章为导论，主要阐述了研究问题和研究目标、研究概念以及章节构成。第 2 章为文献回顾，从总体上回顾了社区支持农业和感知价值两个领域的研究进展，并提出了本书的研究契机。第 3 章为中国的社区支持农业发展概况研究，对中国社区支持农业发展现况与面临问题进行描述性分析。第 4 章为中国社区支持农业配送份额消费者的感知价值（PVDS）的研究，利用北京市 5 家社区支持农业农场 198 个配送份额消费者的调查数据，实证检验 PVDS 的维度构成、各维度与 PVDS 之间的关系特征，以及 PVDS 对消费者满意度和忠诚度的影响。第 5 章为中国社区支持农业劳动份额消费者的感知价值（PVWS）的研究，运用两阶段的研究方法，探索中国社区支持农业劳动份额消费者感知价值的构成维度，实证检验这些维度与总体概念 PVWS 之间的关系特征，以及 PVWS 对消费者满意度和推荐意愿的影响。第 6 章为中国社区支持农业劳动份额的属性—结果—价值链研究，应用方法目的链的架构。第 7 章是结论，概述了全书的主要结论，阐明研究结论的理论与实践含义，最后指出了本书的不足之处和未来研究建议。

书名：《民间金融风险研究》

作者：冯兴元，何广文，赵丙奇

出版时间：2013 年 5 月

出版社：中国社会科学出版社

　　内容提要： 本书共分为十三章，主要内容包括：引言、概念界定、农村金融发展的基本理论与范式转型、农村信贷市场模型举例、民间金融的类型、规模与分布等。本书为中国社会科学院重点课题"中国农村民间金融风险与对策研究"总报告。报告基于比较系统全面的案头分析，梳理了现有的研究进展，建立了总体分析框架，总结和提炼了一些相关的理论和模型，汇总和分析了课题自身调研成果，归纳了各种民间金融风险类型及其特点，提出了化解农村民间金融风险的对策思路。

书名：《订单农业与价值链金融：贸易和信贷互联的交易制度及其影响》

作者：马九杰，温铁军，孔祥智

出版时间：2013 年 6 月

出版社：中国农业出版社

　　内容提要：本书主要探讨了基于订单农业发展的价值链金融创新制度模式、含有贸易信贷的订单农业所具有的合同特征、农业订单的治理选择与治理结构模式、贸易与信贷的互联制度安排治理机制和运作方式、农业龙头企业和农民专业合作社提供贸易信贷的驱动和制约因素、农户参与贸易信贷驱动和影响因素、基于订单农业的贸易信贷与金融机构信贷服务的关系及其对农村信贷服务供给的影响研究、农业价值链金融创新在增进农户福利方面的作用效果。

书名：《模式制胜：中国农业产业化龙头企业群像解析》
作者：胡晓云，黄连贵
出版时间：2013 年 6 月
出版社：浙江大学出版社

　　内容提要：本书涵盖 30 个典型农业龙头企业的典型发展模式及其专业分析和专家点评，由浙江大学中国农村发展研究院中国农业品牌研究中心的五位专家对汇集的全国典型的农业龙头企业资料进行分析、选择、调研，并选取其中最有典型性、先进性和引导性的企业典范，进行专业点评，为在全国推广典型龙头企业的典范价值做专业引导。本书向读者呈现了 30 个中国农业产业化龙头企业在发展中的模式创新与探索现状，为中国农业企业在农业产业化道路上推出了第一批典范群像。这些典范企业在发展中不仅获得了价值的最大化和资源的有效整合，也探索了企业与农户之间的利益分配机制，成为中国农业企业产业化的领头羊，为成千上万的农业企业提供了宝贵的理论参照、模式选择和经验分享。

书名：《中国生猪价格波动与调控机制研究》

作者： 何忠伟

出版时间： 2013 年 6 月

出版社： 中国农业出版社

内容提要： 本书基于目前生猪市场发展的客观情况，通过对消费者进行问卷调查来获得一手数据，同时收集汇总大量翔实的二手数据。通过对这些数据的实证分析，在一定程度上掌握了中国生猪产业发展现状。现状表明，中国生猪的生产和消费在近些年来得到长足发展，生猪生产正逐步走向规模化的道路，主要分布于四川、湖南等省。在消费方面，虽然近段时间猪肉消费所占肉类消费比例有缓慢下降，但仍保持较高水平。由于农村改革的不断完善，农村居民生活水平提高，其猪肉消费量有很大提升，但仍明显低于城镇。中国生猪主要依靠自给自足的方式，贸易量不大，主要进口国为美国等畜牧大国，而出口地区主要是中国香港及周边地区。生猪生产和市场价格波动都具有周期性的特征，生猪生产周期推动了价格周期的形成，而价格周期则对生产周期有一定的抑制作用。

书名：《集体林权制度改革——广东的实践与模式创新》

作者：罗必良，高岚等

出版时间：2013 年 6 月

出版社：中国农业出版社

　　内容提要：本书以集体林权制度为研究对象，通过构建一个关于林改模式的制度经济学分析框架（R—SCP），并以此为基础对集体林产权制度安排问题进行应用分析。因此，本书的重点在于：一方面，基于林业的资源特性与产权特性，构建一个"资源特性—产权结构—行为努力—制度绩效"（R—SCP）分析框架，以揭示集体林产权制度安排的内在机理及其对各种相互关系的理解和把握；另一方面，运用分析框架，并基于广东省新一轮集体林权制度改革的实践背景，对集体林权制度的变革与效率、不同类型改革模式的实践及其绩效，以及集体林权制度的创新方向及配套制度设计等一系列问题进行分析。

书名：《国家调整农民工社会政策研究》

作者：潘泽泉

出版时间：2013 年 3 月

出版社：中国人民大学出版社

内容提要：本书以国家调整农民工社会政策为主题，具有重要的理论意义和应用价值。该研究包括社会政策和政策过程理论的最新理论进展、理论建构方式及逻辑；社会政策范式的经典论述、话语实践和学术路径；社会政策范式的解释性框架、核心概念、理论命题与方法论基础；中国社会政策的主要论域、知识谱系和解释传统；基于中国语境、多重逻辑下的中国农民工社会政策实践、政策文本变迁与话语特征；国家调整农民工政策的实践理性、策略空间和行动框架；国家调整农民工社会政策过程中农民工的个体化策略、行动逻辑和行为理性国家调整农民工社会政策的对策性研究。

书名：《中国农村发展道路》
作者：张晓山，李周
出版时间：2013 年 6 月
出版社：经济管理出版社

内容提要： 本书对改革开放以来中国农村的发展道路做了全面的研究与评述。作者从发展的视角全面而系统地总结了中国农村经济政治社会各个重要领域的发展道路。本书以回顾与思考开篇，从农业宏观和微观管理体制、农村土地制度、金融体制、财税制度、科技体制以及乡村治理机制等多重视角，对 30 多年来中国农村发展的历程进行了全景扫描。作者张晓山、李周运用理论、相关法律、政策措施与农村发展实践相结合的科学方法，深入研究、分析和探讨了改革开放以来中国农村发展的历程、成功的经验、存在的问题及其原因，提出了解决问题的基本思路和对策建议，并对中国农村未来的发展前景进行了展望。本书具有较高的理论、政策和应用价值。

书名：《多元城镇化与中国发展——战略及推进模式研究》
作者：李强，刘精明，陈宇琳，王大为等
出版时间：2013 年 7 月
出版社：社会科学文献出版社

　　内容提要：本书系清华大学李强教授主持的国家社会科学基金重大项目——"推进我国多元城镇化战略模式研究"的主要成果。本书认为，改革开放以来，特别是 20 世纪 90 年代中后期以来，中国城镇化呈现明显的"推进"特征，主要表现为政府主导、大范围规划、整体推动以及在空间上具有明显的跳跃性等。这种"推进模式"可分为七种，即建立开发区模式、建设新城模式、城市扩展模式、旧城改造模式、建设中央商务区模式、乡镇产业化模式和村庄产业化模式。本书同时认为，今日中国，城镇化的第一目标或核心任务是实现农民、农民工的城镇化，使农民、农民工真正走上现代化道路。城镇化的难题在于如何解决人的城镇化，核心是怎样突破户籍制度的束缚，最终完成城乡一体化任务。本书还提出了具体的解决思路，即推进以县城为中心的中等城市建设，大力发展县域经济，实现县域范围内农民、农民工的城市融入。

书名：《新乡土中国》
作者：贺雪峰
出版时间：2013 年 9 月
出版社：北京大学出版社

　　内容提要：本书是农村调研随笔集，是作者在进行农村调研时的所听、所见、所想。全书分乡土本色、村治格局、制度下乡、村庄秩序、乡村治理、乡村研究方法六篇共 64 篇文章，对农民和农村问题进行了深入的解读。本书是作者 2003 年出版的《新乡土中国》的修订版，在保留原文的基础上，作者添加了"修订关键词"部分，增加了 10 年来农村的新变化以及作者对农村的新理解，使本书的内容更加充实，反映出 10 年来中国农村的巨大变化。作者从乡村生活的细节——诸如半熟人社会、农民的合作能力、村庄精英的谱系、农民负担机理等作深入透视，让读者沉浸到乡村中，冲击原有的对乡村的经验与想象，促使读者去思考，这正是不易察觉的中国经验、中国常识。

书名：《农民合作社的农业一体化研究》
作者：冯开文等
出版时间：2013 年 10 月
出版社：中国农业出版社

　　内容提要：本书是冯开文主持的国家自然科学基金资助课题的研究成果结集。主要分析了各种农民合作社在主导农业产加销一体化经营中取得的经济绩效和存在的问题等。内容主要包括合作社和公司两种一体化主体的选择、合作社主导农业一体化的主要绩效、与农民合作社的农业一体化相关的制度等。本书以文献综述、定性分析和实地调查等形式分析指出，从龙头企业主导的农业一体化向合作社主导的农业一体化转变成了势所必然的时代之选。其内在机理就在于，时代决定了农业一体化必须从农民增收出发，以农民增收为依归；合作社作为农民的经济组织，势必较之龙头企业主导的农业一体化存在更少利益纠纷等，也势必会更有利于农民增收。

书名：《产权强度、土地流转与农民权益保护》

作者：罗必良，张曙光，陈小君，何一鸣，李尚蒲，胡新
艳等

出版时间：2013 年 11 月

出版社：经济科学出版社

内容提要：本书以"认清国情、分析形势、找准问题、寻找对策、支持决策"为旨意，根据中国特殊的国情与农情以及特定的历史与现实约束条件，试图对我国工业化与城镇化背景下的土地流转制度变革和农民权益保护问题进行深入分析。一方面，基于"赋权—强能—规范"的分析线索，构建"产权强度—农地流转—农村权益—制度创新"的理论框架，由此揭示人口流动机制、土地流转机制、农业经营机制以及农民权益保护的依存关系及其内在规律；另一方面，围绕保护农民权益、保障农业安全与改善土地资源配置效率的政策目标，阐明农村土地制度的变革线索，以期设计能够强化农民土地的产权强度、推荐土地的资本化、加快农村流转及其市场化进程的制度体系。

书名：《农业政策改革、要素市场发育与农户土地利用行为研究》

作者：黄贤金，钟太洋，陈志刚等

出版时间：2013 年 12 月

出版社：南京大学出版社

内容提要：本书分理论、评价方法与评价内容以及实证三篇，介绍土地利用规划环境影响评价的内涵、目的意义、可行性等。本书密切结合一段时期以来中国农业政策改革、要素市场发育的脉络，着重研究不同区域背景下的农户土地利用行为特征，试图从农户层次理解农户土地利用的影响因素及其区域差异，从而也为分析农业改革绩效、完善要素市场机制、引导农户土地可持续利用管理提供决策参考。

书名：《中国土地税费的资源配置效应与制度优化》

作者：邹伟

出版时间：2013 年 12 月

出版社：科学出版社

内容提要： 随着我国社会经济改革的不断深入，土地税费作为政府干预市场的重要手段，已成为我国各级理论界和实践部门关注的热点问题。本书在把握我国土地税费制度演进的阶段特征基础上，构建了税费与资源配置效应的分析框架，从而把土地税费与土地资源配置有机结合起来，系统分析不同环节土地税费的资源配置效应和不同用途土地配置对土地税费的响应，从理论和实证两个方面证明了土地税费具有资源配置效应，可以很好地承担其提高土地利用效率、调控产业和筹集地方财政收入等职能。最后，本书还借鉴其他国家和地区的经验，提出了中国土地税费制度优化方案和制度环境建设，具体分析了我国物业税改革的困境，并对上海、重庆房产税改革的制度安排进行了理性思辨。

书名：《劳动力流动、经济增长与区域协调发展研究》

作者：樊士德

出版时间：2013 年 12 月

出版社：经济科学出版社

　　内容提要：综观现有研究，长期以来众多学者偏向对二元经济结构下的劳动力流动进行研究，并认为劳动力流动促进了中国经济增长，尤其是推动欠发达地区的飞跃式发展，并缩小了城乡收入差距。然而，结合我国长期以来地区经济差距与城乡收入差距的现实情况，并根据笔者在广东、浙江、江苏等发达地区和安徽、河南、陕西、四川等欠发达地区进行的问卷调查和深度访谈，本书对现有研究的立论前提与有效性产生质疑，认为欠发达地区与劳动者尤其是农民工在高增长、工业化和城市化过程中贡献显著，然而回报率、福利效应却并未得到明显改善，甚至社会角色与地位都受歧视与忽略。由此，本书将研究视角转向欠发达与发达地区之间劳动力流动的真实经济效应，主要遵循从微观、中观和宏观三个层面依次递进的分析框架展开，对劳动力流动微观机制以及劳动力流动、地区差距与经济增长三者间的内在关系进行了深入探究。

书名：《工业化和城镇化背景下的农业现代化问题研究》

作者：曹俊杰，高峰

出版时间：2013 年 12 月

出版社：中国财政经济出版社

　　内容提要：本书是在作者主持完成的国家社会科学基金项目"快速工业化和城镇化背景下的农业现代化问题研究——基于山东半岛改革 30 年的基本经验与理论总结"（09BJL030）的成果基础上形成的。重点研究了快速工业化、城镇化背景下的农业现代化问题，并选择山东半岛这一工业化、城镇化发展较快和水平相对较高地区为例进行实证分析，试图为我国实施工业化、城镇化和农业现代化互动发展战略提供理论支持。中国改革首先是从农村起步的，至今农村和农业改革已经历了 30 多年的光辉历程，全国各地尤其是东部沿海地区，先后涌现出山东半岛、长三角、珠三角、江浙等多种现代农业发展模式，其中山东半岛模式是形成较早、特点突出、经验丰富和颇具代表性的一个，可谓走了一条农业现代化和工业化、城镇化相结合的道路。因此，应及时总结山东半岛等地区工业化、城镇化和农业现代化互动发展的基本经验，揭示目前存在的突出问题，分析农业、农村和农民现代化之间的内在联系，为统筹工业化、城镇化和农业现代化，以及走具有中国特色的农业现代化道路提供理论支持。

书名：《中国农地转用开发问题研究》

作者：张清勇

出版时间：2013 年 3 月

出版社：商务印书馆

    内容提要：本书收集、整理了详细的资料，深入征地法律、法规的制定过程，分析了 1949 年以来中国征地制度的变迁，对理解中国征地制度的历史和现实、明确征地制度改革的方向有所帮助。本书还清晰刻画了作为内生行为的地方政府运用土地来发展经济的历史和制度环境，区分不同的用地类型，讨论了政府一手以低价工业用地招商引资、一手出让经营性用地筹集城市建设资金的内在逻辑及其相互关系，提供了比已有文献更为细致的图景。本书通过对东莞两个村庄的案例分析，分析普遍存在的农村集体土地流转现象及其对农村工业化、经济增长的贡献，为讨论"集体土地—乡村工业发展—中国经济的转轨与增长"的文献提供了具体、细致的案例，得出了几个重要的结论。本书以苏州和东莞为比较对象，研究农地转用开发模式的空间差异，讨论农村集体或政府作为发展的主导者与土地制度的叠加对当地农地转用开发模式乃至经济增长方式的塑造作用，在此基础上提出了一个新的理论假说，比已有文献更有解释力。

第二节

英文图书精选

书名：《美国计划影响粮食和农业市场》

US Programs Affecting Food and Agricultural Marketing

作者：Walter J. Armbruster，Ronald D. Knutson（auth.），
Walter J. Armbruster，Ronald D. Knutson

出版时间：2013 年

出版社：Springer – Verlag New York

内容提要：随着市场的日渐全球化，一个范围更广的计划开始影响粮食和农业市场系统，并且许多现有计划更倾向于消费者导向而非生产者导向。本书整合了参与这些计划的最佳研究人员针对计划主题的思考，并提供了通俗易懂的分析，分析了粮食和农业行业面临的挑战和机会及影响行业业绩的相关计划。早在 20 世纪中期，许多影响粮食和农业市场的公共部门的计划和制度就已被设计出来，在更新的过程中，会不断地赋予它们新的要求。作者论述了市场不断增长的范围、复杂性和全球化，阐述了导致这些变化的技术的变革，以及政策和计划调整的需要。除此之外，作者还讨论了美国内外从生产到消费的供应链的发展。本书涉及美国国内和国际粮食供应的安全性，以及在确保外部粮食供给的同时维持贸易和开放的市场。美国计划涉及的范围很广，使得本书对那些学习农业经济和农业关联企业管理的学生和学者，以及在该领域的从业者和决策者有很大帮助。

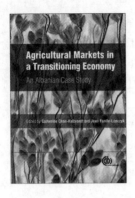

书名：《经济转变中的农业市场：阿尔巴尼亚案例研究》
Agricultural Markets in a Transitioning Economy：An Albanian Case Study

作者： Catherine Chan – Halbrendt，Jean Fantle – Lepczyk

出版时间： 2013 年

出版社： CABI（Commonwealth Agricultural Bureaux International）

　　内容提要： 本书主要阐述了农业部门在计划经济向市场经济的转型初期所面临的挑战和机遇。将阿尔巴尼亚作为案例进行研究，检验了从共产主义向自由市场转变的过程，以及这种转变对农业生产和教育产生的持续影响。本书运用初步研究资源，向读者呈现了引导许多发展中国家转变路径的精确写照，此外，本书也关注经济转变中农业的未来前景。

书名:《美国的粮食政策:一个介绍》

Food policy in the United States: An Introduction

作者: Wilde, Parke

出版时间: 2013 年

出版社: Routledge

　　内容提要: 本书广泛介绍了美国的粮食政策。真实世界的争议和争论激发了本书对经济原理、政策分析、营养学和现代数据源的关注。它假定读者关注的不仅是农民的经济利益,还包括营养、可持续农业、环境和粮食安全。本书的目标是使得美国的粮食政策对那些处在农业食品部门内外的利益和愿望被忽略的人们来说更容易理解。该书涵盖美国农业、粮食生产和环境、国际农产品贸易、食品饮料制造、食品零售和餐饮、食品安全、饮食指导、食品标签、广告和对穷人的联邦粮食援助计划。

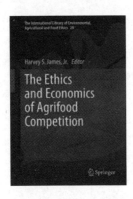

书名：《农产品竞争的伦理学和经济学》
The Ethics and Economics of Agrifood Competition

作者：Harvey S. James Jr. Ph. D. （auth.），Harvey S. James，Jr. （eds.）

出版时间：2013 年

出版社：Springer Netherlands

　　内容提要：本书介绍了农产品竞争的伦理和经济分析。通过系统地研究农产品市场的公平和开放，试图回答在农产品行业中是否存在充分竞争，以及系统是否对所有参与者都公平等问题。本书概括了为理解农产品竞争所需的重要伦理和经济原理，介绍了有关整合的支持和反对意见、农产品行业发展的整合和全球化趋势，以及在具体的农业环境下全球化的竞争本质。

书名:《孟加拉国农村的贫困动态》
Dynamics of Poverty in Rural Bangladesh

作者: Pk. Md. Motiur Rahman, Noriatsu Matsui, Yukio Ikemoto
(auth.)

出版时间: 2013 年

出版社: Springer Japan

内容提要: 对贫困动态变化的研究对有效的扶贫政策来说很重要,因为收入贫困的变化往往伴随着诸如文化水平、学校性别平等、卫生保健、婴儿死亡率和持有资产等社会经济因素的变化。为了考察贫困的动态变化,笔者分别于 2004 年 12 月和 2009 年 12 月收集了孟加拉国 32 个村的 1212 户农村家庭信息。本书报告了来自同一个家庭在以上两个时间点的定量和定性调查的分析结果,调查取得了用于了解贫困状态变化的面板数据。

本书尽量包含了来自不同学科(包括经济学、统计学、人类学、教育学、医疗保健学和脆弱性研究等)的最新研究。具体来说,包含以下研究内容: Logistic 回归分析、多分格主成分分析、核密度函数、运用马尔科夫链模型研究收入流动模型,以及从人体测量指标研究儿童营养状况等。

本书对长期贫困者和其他三大经济团体(收入不断下降的非贫困者、收入不断上升的贫困者、一般非贫困者)的资产持有量和负债问题进行了统计分析。贫困的脆弱程度是由受教育年限、拥有土地规模、户主性别、社会资本和职业决定的。多元 Logistic 回归模型被用来确定影响一个家庭脆弱性的重要危险因素。

2009 年,一些长期贫困人口的基本特征是:更高百分比和数量的女性户主的家庭、更高的受抚养人比率、低教育水平、更少的受教育年限和有限的就业机会。在 2004 ~ 2009 年,从某一贫困状态向另一贫困状态的家庭流动程度较低,这意味着经济发展和宏观经济的高增长在这期间未能改善孟加拉国农村的贫困状况。

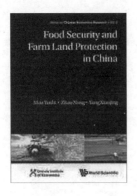

书名：《中国的粮食安全和农地保护》
Food security and farm land protection in China
作者：Yang Xiaojing；Zhao Nong；Mao Yushi
出版时间：2013 年
出版社：World Scientific Pub.

　　内容提要：出版这本书的目的是为了让广大民众能对中国的粮食安全状况有一个更好的了解，并能更好地理解通过市场机制配置土地的优点。此外，它能使公众意识到目前政府监管土地制度的低效率。作为世界人口大国，中国过分强调持有充足粮食以满足人们消费需求的重要性。中国为保护农地出台了相关政策，这里的农地保护特指 18 亿亩专门用作粮食生产的农地。北京天则经济研究所将国家粮食安全定义为解决粮食短缺并计算粮食供需差距的能力。有两种方法能够解决上述的粮食供需差距。粮食安全问题不会在允许自由贸易和要素替代的市场经济，以及拥有大量储备和外汇收入的情况下发生。在现代中国，粮食短缺或大饥荒只发生在计划经济时期。将耕地面积和粮食产量甚至粮食安全紧密联系起来，在理论和实践上都是毫无根据的。过去的 21 万亩红线已经打破，鉴于工业化和城市化的进程，现在的 18 亿亩红线也将被打破。事实上，耕地保护应注重保护农民对土地的使用权。

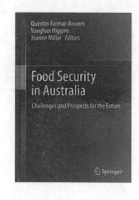

书名：《澳大利亚的粮食安全：挑战与展望》
Food Security in Australia：Challenges and Prospects for the Future

作者： Quentin Farmar – Bowers，Vaughan Higgins，Joanne Millar（auth.），Quentin Farmar – Bowers，Vaughan Higgins，Joanne Millar（eds.）

出版时间： 2013 年

出版社： Springer US

　　内容提要： 本书考虑了澳大利亚的粮食供应系统的能力和容量，面临粮食系统内部日益增长的生产、资源供应和失败的挑战，能够向不断增加的国内和国际人口提供充足的粮食。虽然澳大利亚是一个粮食净出口国，但国内粮食短缺问题仍存在，并且在未来几十年会随着粮食价格的上涨而日益凸显。粮食供应系统的概述强调了未来面临的主要挑战。这些挑战有很多可以由澳洲政府来解决，但其他则要依靠全球管理，而澳大利亚只能选择去适应这种全球管理。本书阐明了上述挑战，并讨论了在澳大利亚发展更加可持续且有弹性的粮食系统的前景。此外，本书涵盖了在"粮食产权和获得"、"粮食生产、政策和贸易"及"农业土地利用规划的影响"标题下的粮食安全和主权问题。

书名:《以石油换食品: 全球粮食危机和中东》
Oil for Food: The Global Food Crisis and the Middle East

作者: Eckart Woertz

出版时间: 2013 年

出版社: Oxford University Press

　　内容提要: 在 2008 年全球粮食危机之后, 中东石油生产商宣布投资数十亿以从国外获取安全粮食供应。通常被称为强占土地的该种投资行为, 是全球粮食安全挑战的核心问题, 并且使中东同时聚焦于粮食、金融和能源等领域的全球危机聚光灯下。水资源紧缺问题最为明显, 进口依存度不断增长, 且石油和粮食之间的联系是多方面的, 从生物燃料经济到气候变化和诸如燃料、化肥等的关键要素投入。在未来, 就消费方面, 中东将不仅在全球石油领域, 而且还将在全球粮食市场发挥重要作用。

　　在以石油换粮食方面, 埃卡特沃尔茨分析了现行投资行为背后的地缘政治影响, 这些投资通常由诸如苏丹或巴基斯坦等存在粮食不安全问题的阿拉伯海湾国家驱动。埃卡特沃尔茨在迪拜居住了七年, 并基于阅读大量档案资料和采访, 他讲述了区域性粮食安全问题历史发展的内幕, 国内农业游说团体是如何影响政策制定, 以及在 20 世纪 70 年代试图发展苏丹成为阿拉伯"面包篮"行动的失败对现今投资驱动有重要借鉴意义。

　　本书反驳了围绕强行占地的媒体炒作, 并分析了已公布项目和实际执行之间为什么会存在差距。相反, 本书呼吁海湾地区粮食安全政策的修订并建议政策选择。对于有意于海湾地区政治经济的学者和参与当前粮食安全、能源问题的政府、媒体及国际组织来说, 有必要阅读本书。

书名：《食品产业的经济与管理》

Economics and Management of the Food Industry

作者：Jeffrey H. Dorfman

出版时间：2013 年

出版社：Routledge

内容提要：本书分析了从农场生产到厨房消费之间每个阶段的食品产业经济。重点讲述了农产品市场销售问题，如竞争性产品（新鲜产品市场和冷冻产品市场）之间的生产分配问题、空间竞争问题、区域间贸易问题、最佳存储问题以及价格歧视问题。

本书所涵盖的议题，对希望从事食品加工管理、食品购买或销售部门、餐饮管理、超级市场管理、市场营销、广告宣传以及产品开发等行业的学生将有重要作用。虽然文中涉及与现代经济理论的细微差别，但本书还是着重于分析现实世界的相关技巧，以及在数学思维基础上从直觉和经济学角度对案例的理解。

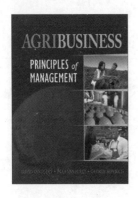

书名：《农业企业：管理学原理》
Agribusiness：Principles of Management
作者：David Van Fleet，Ella Van Fleet，George J. Seperich
出版时间：2013 年
出版社：Cengage Learning

　　内容提要：本书不仅适用于农业企业的所有领域，而且适用于非农企业组织。本书以一种有趣、简单且易于理解的方式展现了农业企业面貌的变化，全面分析了农业企业作为一种技术导向型产业，由小到家庭农场至大到世界大型公司组成。书中每一章节除了简介、插图和案例，还有很多回顾和检讨，向读者展示了他们所学的东西在真实世界中的应用，并使他们对管理学有一个坚实的理解。

书名：《农村政策的空间微观分析》

Spatial Microsimulation for Rural Policy Analysis

作 者：Dimitris Ballas, Graham Clarke （auth.）, Cathal O' Donoghue, Dimitris Ballas, Graham Clarke, Stephen Hynes, Karyn Morrissey （eds.）

出版时间：2013 年

出版社：Springer – Verlag Berlin Heidelberg

内容提要： 本书旨在探索农村社区和经济所面临的挑战，并验证空间微观政策的潜力及其在农村背景中的分析。上述内容将通过对一个特定空间微观模型——SMILE（爱尔兰当地经济的仿真模型）的全面概述完成。该模型应用于爱尔兰的政策分析已经有十年时间，鉴于爱尔兰的绝大部分人口生活于农村地区，因此通常被视作理想的研究地区。本书回顾了政策背景及针对 SMILE 发展的空间微观现有技术，详细描述了其模型设计和校准，并给出输出模式的例子以显示该模型通过空间匹配过程提供了什么新的信息。本书的第二部分探索了一系列农村问题，包括新政府或政府换届抑或欧盟政策带来的影响，并研究空间微观能够在每个领域做出的贡献。

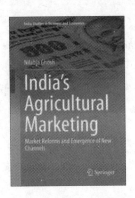

书名:《印度农业市场:市场改革和新路径出现》
India's Agricultural Marketing: Market Reforms and Emergence of New Channels

作者: Nilabja Ghosh (auth.)

出版时间: 2013 年

出版社: Springer India

内容提要:本书提出了诸多建议,并为印度及其他一些发展中国家政府提出的至今仍有争议性的政策进行评估。本书认为,市场改革是解决大多数民众从事低收入农业的农业经济中农村贫困问题的重要答案。从更广泛的方面来说,这些改革有助于为单个经济体甚至全球经济增长提供驱动力。然而,开放农产品市场的主体也同样是国家和地方政策制定者及在印度或其他国家学术话语间的一种广泛而激烈的政治辩论的一部分。更清楚的理解和对所涉及问题可能的解决方法将起决定性的作用。印度作为最大及最重要的农业主导经济体之一,其经验将毫无疑问地不仅为掌控国内经济政策,同时也为其他国家制定相应的政策议程提供宝贵的经验教训。本书试图在日新月异的现实中抓住一个庞大而多样化的国家,并呈现客观公正的评价,以确保有志投资者和政策制定者、食品企业及民间社会做出更明智的评估和决策。

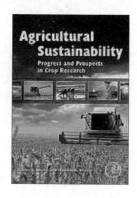

书名：《农业可持续发展：在作物研究中的进展和前景》
Agricultural Sustainability：Progress and Prospects in Crop Research

作者：Gurbir S. Bhullar；Navreet K. Bhullar

出版时间：2013 年

出版社：Academic Press

内容提要：在上述背景下，由 Gurbir S. Bhullar 和 Navreet K. Bhullar 编写的本书对农业的可持续发展是一个及时的贡献。本书以一个整体方式涵盖了可持续的不同方面。它还展示了如何运用市场购买投入来提高效率，如矿物带。可持续农业的途径是避免价格的波动和人类的痛苦。本书作为一个建立科学的教育工具，将会给高级研究员提供一个全面的概述，并作为重要决策的指导。

书名:《从食品质量控制体系角度看中国食品安全管理》
Food Safety Management in China: A Perspective from Food Quality Control System
作者: Jiehong Zhou, Shaosheng Jin
出版时间: 2013 年
出版社: World Scientific Publishing Company

　　内容提要: 近年来,中国采取一系列有效措施加强食品质量与安全的监管,但食品安全事件仍然时有发生。这件事情的反复与棘手表明,除了不完美的监管体系,中国食品质量安全管理最大的障碍在于中国的"农场到餐厅"的食品供应链有太多的阶段,供应链上的各个成员还没有形成一个稳定的战略合作关系,而且过渡时期一些从业者缺乏社会责任。因此,中国的食品安全管理及食品质量和安全追溯体系的构建应该遵循国际食品质量与安全监管的趋势,结合中国农业产业化和标准化的建立,整合中国现有但孤立的有效措施,如为保障猪屠宰检疫在指定地方的管理效果和世博会的开展而设立的证书和发票系统的确立,以及市场的准入制度和考虑到市场的需求和动态机制,食品供应链成员对食品质量与安全控制措施的效果,还有实施过程中的困难和深层次原因。

　　为了这个目的,本书选择重要的农产品蔬菜、猪肉和水产品作为对象进行调查。从一个"集成"供应链的垂直角度,根据不同产业的产业化程度,关注蔬菜、猪肉和水产品质量与安全控制的重要节点,本书对食品质量与安全控制体系结构进行实证分析,如HACCP(危害分析关键控制点)质量控制体系和食品质量和安全可追溯体系,深入分析和理顺不同商业单位对食品质量与安全管理执行的动力机制和绩效,以及中国试点地区和企业先进经验推广中的瓶颈和深层次原因,针对蔬菜、猪肉和水产品质量与安全长效管理体系提出意见和建议,为政府食品质量与安全管理政策提供科学依据。

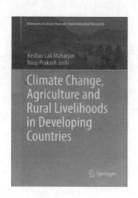

书名:《发展中国家的气候变化，农业和农村生活》
Climate Change, Agriculture and Rural Livelihoods in De-
veloping Countries
作者: Keshav Lall Maharjan, Niraj Prakash Joshi（auth.）
出版时间: 2013 年
出版社: Springer Japan

　　内容提要: 本书是关于气候变化及其与农业和农村生活关系的研究。最开始提供一个
对气候变化最基本的了解，接着是气候变化和农业的关系，这种影响基于探讨气候变化在
动植物生理机能的影响基础。本书进一步讨论了农业部门被纳入各种国际气候谈判，还回
顾了农业项目通过国际气候变化机制的成本和机会，特别是《京都议定书》下的清洁发
展机制。在这一背景下，本书最终给出气候变化对农业影响的解释，经验性分析了气候变
化对尼泊尔农业和农村生活的影响。

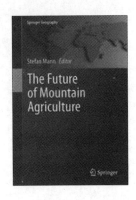

书名：《山地农业的未来》
The Future of Mountain Agriculture

作者：Stefan Mann（auth.），Stefan Mann（eds.）

出版时间：2013 年

出版社：Springer – Verlag Berlin Heidelberg

　　内容提要：山地农业是一个社会的和人文的独特系统，但也是一个地区重要的经济部门。在一个全球化的世界，很明显，各大洲肥沃的土地都会用来生产大量的农产品来哺育全世界，而且越来越多用生物质作为能源的来源。然而，更重要的是陡峭山地和周边地区将如何发展。通过定义，山地农业因陡峭的斜坡和丢失的可能性而更加困难。气候条件和土壤质量更加剧了这些困难。本书克服了仅从一个地区或一个专业视角的狭隘方式，刻画了一个真正国际视角的山地农业问题。

书名：《食品安全、质量和技术》
Food Quality, Safety and Technology

作者： Rene A. S. Campos, Fabio Vianello, Luciana F. Fleuri, Valber A. Pedrosa, Paola Vanzani（auth.）, Giuseppina P. P. Lima, Fabio Vianello（eds.）

出版时间： 2013 年

出版社： Springer – Verlag Wien

　　内容提要： 本书是从在食品科学领域工作的研究者那里选择来的书，并且参加第二年春天在博图卡图举行的校园"食品质量、安全和技术"。这次会议的目标是提供一个覆盖大面积的农学、营养、食品科学和技术、兽医和其他食品相关领域的技术发展的科学论坛。教师、专家、研究生和研究生的学生在食品科学领域、为食品和农业工程、兽医、科学和食品技术和相关领域的交流提供一个交流的机会。全球倡议旨在建立一个可一直应用于工业、生产部门和利益相关者的食品质量和安全带的统一、公认的科学原理。考虑到有效的食品控制系统是国内消费者的健康和安全的保证，应保证食品的安全和质量促进国际贸易，并确保食品符合国家要求。

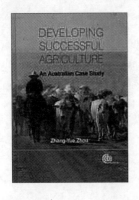

书名：《成功的农业开发：一个澳大利亚案例研究》

Developing Successful Agriculture：An Australian Case Study

作者：Zhang – Yue Zhou

出版时间：2013 年

出版社：CABI

内容提要：本书表明，澳大利亚农业也受到严格的监管，直到 20 世纪 80 年代，在许多国家，法规变得复杂麻烦，其影响效果越来越模糊。本书强调了政府在农民中宣传企业家精神的努力的巨大作用：为了将农民从生产者转变为商业操作者。书中还指出对农业可持续发展的努力，并创造了一个有环境意识的农村公社。

第四章 农业经济学学科 2013 年大事记

第一节 国内大事记

（1）2013 年 1 月 13 日，由中国农业大学中国农户经济研究中心主办的农户经济问题研讨会在中国农业大学召开。该研讨会以近年来我国农产品市场波动及其对农户收入造成的影响为背景，重点围绕"农产品市场与农户经济行为"这一主题展开了深入的研讨，同时就中国农户经济研究中心后期的发展问题进行了广泛的讨论和意见征集。首先，由农业部市场司赵卓主任、北京市农委市场流通处任荣处长就我国以及北京市农产品市场的运行情况和政策思考做了宏观层面的报告。其次，研讨会邀请高校、研究机构的 9 位专家教授分别针对"农产品市场与农户经济行为"主题做了相关学术研究报告，探讨稳定我国农产品市场以及促进农民增收问题。

（2）2013 年 6 月 5 日，由中国农业科学院、联合国粮农组织（FAO）、国际农业研究磋商组织（CGIAR）和北京市科学技术委员会共同主办的"第四届国际农科院院长高层研讨会"在北京开幕。该会议以"农业科技创新、技术转移与产业发展"为主题。农业部部长韩长赋在会议上做了主题报告，指出近十年来，中国农业科技事业蓬勃发展，科技已成为中国农业发展的主要推动力量。今后为解决全球粮食安全问题，需要应对气候变化、水资源短缺、环境污染、人口增长等诸多挑战，对加快农业科技创新提出了新的更高要求。因此要进一步加强与各国农业机构、国际组织、涉农企业的农业科技交流，不断扩大合作的广度和深度，为提高保障粮食供应提供有力支撑。会议期间，与会代表将围绕开展农业科技创新全球协作、提高发展中国家农业科技创新能力、发挥公立研究机构与私营企业在全球农业科技创新中的作用、通过农业技术转移推动农业产业和农村发展等议题进行广泛深入的交流和研讨，并在充分讨论基础上达成《第四届国际农科院院长高层研讨会北京宣言》。

（3）2013 年 6 月 6 日，由中国农业科学院、国际农业研究磋商组织（CGIAR）和联合国粮农组织（FAO）共同主办的"中国与 CGIAR 合作 30 年论坛"在北京举行。会议旨在回顾中国与 CGIAR 30 年的合作历程，通过主题报告、分组讨论等多种形式，对双方过去 30 年的合作经验和成效进行了系统总结，对未来合作机制及重点合作领域进行了深入探讨，并达成初步共识。中国农科院院长李家洋做了大会主旨报告，指出自 1984 年中国正式成为 CGIAR 成员国以来，合作层次逐步提升，中国和 CGIAR 及其他发展中国家从中获益匪浅。中国将一如既往地支持与 CGIAR 及世界其他农业科研机构的合作，为提高农业生产力、减轻贫困、保护自然资源和生物多样性做出贡献。会上同时发布了《中国与国际农业研究磋商组织战略合作三十年》一书，该书选取了 20 余个中国与 CGIAR 优秀合作案例予以介绍，并系统总结了中国与 CGIAR 及其下属各个中心交流合作大事记及合作项目情况。

（4）2013 年 6 月 6 日，金砖国家农科院院长会议在中国农业科学院召开。来自中国农科院、巴西农牧业研究院、俄罗斯农业科学院、南非农业研究理事会以及印度的代表参加了会议。会议的主要目的是加强金砖国家农业科技领域的沟通和对话，探讨如何落实2012 年第二届金砖国家农业部长会议通过的《成都宣言》和《金砖国家农业合作行动计划（2012 ~ 2016）》。本次会议是金砖国家的农业科研院所首次在一起讨论如何促进金砖国家农业合作，共同应对气候变化和农业可持续发展等全球性挑战，这对维护金砖国家和世界粮食安全有重要意义。

（5）2013 年 6 月 6 ~ 7 日，由农业部支持，联合国粮农组织（FAO）和经济合作与发展组织（OECD）联合主办，中国农业科学院农业信息研究所承办的"2013 世界农业展望大会"在北京召开。会议以"全球视角下的农业展望"为主题，就全球农作物、畜产品、水产品、生物质能源、农业政策、监测预警技术、农业展望方法与模型等全球农产品供需与市场运行的热点问题进行了深入交流和研讨。与会代表认为通过农业展望，可及时掌握农业供需信息，科学研判市场形势，为政府制定调控政策提供依据和支撑。中国农科院院长李家洋在会上指出，中国农科院与 FAO 和 OECD 已在保障全球粮食安全和农业可持续发展方面开展了富有成效的合作。FAO 总干事达席尔瓦表示，当前全球农产品市场价格波动频率、幅度明显增强，开展农业展望显得十分重要和迫切。OECD 秘书长古里亚表示将进一步加强与中国农业展望领域的合作和交流。农业部副部长陈晓华指出，农业部将进一步加强农业展望方面的国际交流，不断提升农业分析预警能力，完善市场调控，促进国内农业生产发展和农产品市场稳定，为国际食物安全保障持续做出贡献。同时会上还发布了《OECD – FAO 全球农业展望报告（2013 ~ 2022 年）》，报告指出，未来 10 年全球所有农作物和畜产品的产量增速都将放缓，而需求增长强劲，农作物和畜产品的价格将普遍上涨，农产品生产与市场价格仍存在相当的不确定性。

（6）2013 年 6 月 7 日，全球粮食安全联盟第二次会议在中国农业科学院召开。来自巴西农牧研究院、法国农科院、梅西大学、加州大学戴维斯分校、瓦赫宁根大学和中国农业科学院的代表参加了此次会议。与会代表就应对粮食安全问题所开展的科研与教学工作做了报告，并就联盟的运行机制、如何将公共科研与私营机构有效结合、如何将科技手段应用于实践以及联盟是否吸纳新成员等议题进行了交流。来自瓦赫宁根大学的鲁迪教授和中国农科院农业环境与可持续发展研究所的梅旭荣所长分别做了题为《全球粮食安全的全球性问题》和《农业科技创新如何在中国粮食安全供给方面发挥作用》的主题报告。

（7）2013 年 6 月 10 日，中国农业经济学会主办的"新型城镇化与农业现代化"学术研讨会在中国人民大学召开。本次学术讨论会以"新型城镇化与农业现代化"为主题，在诸多方面展开激烈的讨论。在农民职业化方面，专家认为未来农业劳动力向第二、第三产业转移的速度会加快，优质农民在城市化的过程中将会大量流失，培养职业农民势在必行，使农民成为一个有吸引力的职业。在城镇化背景下的粮食安全和重要农产品的供给方面，专家认为城镇化水平的提升带来了巨大的粮食安全压力，务必将农业现代化与生态文明建设结合起来，保证粮食总量平衡、结构平衡和质量安全。在新型城镇化与农业现代化的协调发展方面，专家认为不能照搬西方国家的做法，通过城市化把人口从农村集聚到城市，对土地实施规模经营、以土地绝对地租的增加来支付城镇化产生的经济成本和社会成本，应走一条适应新型城镇化的中国特色新型农业现代化道路。

（8）2013 年 7 月 26 日，新一届教育部高等学校农业经济管理类专业教学指导委员会第一次工作会议在中国人民大学召开。来自全国 42 所高校的新一届农经教指委委员共聚一堂，交流研讨农业经济管理类专业本科人才培养问题，讨论商议了新一届农经教指委的主要任务，并对今年的工作进行安排部署。会议回顾了 2000～2003 年推动教育部成立农经教指委的经过、上届农经教指委的主要工作和本届的换届过程，通报了出席教育部新一届教指委成立大会与本教指委 6 月 25 日主任委员、副主任委员与秘书长会议的有关情况，对新一届教指委的主要任务和工作设想做了阐述，为新一届教指委委员颁发了聘书，并为上一届教指委成员颁发了荣誉证书。

（9）2013 年 8 月 31 日～9 月 1 日，北京青年农经学者论坛在中国社会科学院召开。本次论坛为青年农经学者搭建学术交流与展示最新农业经济研究成果的平台，论坛旨在通过作者陈述、同行点评、与会者互动等形式提升青年农经学者的研究信心和能力，为推进我国农业经济理论与政策研究水平的全面提升与青年人才的培养做出贡献。在为期一天半的会议中，与会代表就城乡统筹发展、农业生产经营组织、体制机制创新、粮食安全与食品安全、要素市场、科技进步与制度创新、可持续农业等议题展开了讨论。

（10）2013 年 9 月 7～8 日，由中国农业经济学会、河南省人民政府主办的中国农业经济学会 2013 年年会暨学术研讨会在郑州举行。此次会议研讨主题为：制度创新与农业现代化、新型城镇化，中央农村工作领导小组副组长、办公室主任陈锡文在大会做主题报告，报告围绕中国农业农村面临的形势、当前农业农村的突出问题和农业农村改革亟须注意的问题进行了详细阐述。与会代表重点从制度创新、农业现代化、新型城镇化等方面进行了深入的学术交流。多数代表认为，应坚持和完善农地集体产权制度，主张在农地集体产权的前提下，实现农民永佃、农民租赁经营、股份合作制、股份投包制、多层次的土地所有制、共有制等各种创新模式。与会代表们认为当前农民市民化问题的实质是生活承受能力问题，市民化成本主要来自农民进城以后的住房、就业、子女教育和社会保障。要高度重视城乡要素的平等交换，在农民市民化过程中征收农民土地的补偿问题要从农民生计着眼、从融入城镇着手。专家们认为，城乡统筹的关键是能够让市场机制在城乡资源配置上起到基础作用，提高资源的配置效率，同时农民能够从这种资源利用效益提高中获得收益，城乡统筹的实质在于产权和治权上的统一和对等，通过产权的有效分割和清晰界定，赋予农民更加完整的土地财产权，是维护农民土地权益的关键。

（11）2013 年 9 月 21~22 日，"2013 年全国中青年农业经济学者学术年会暨全国高等院校农林经济管理学科院长（系主任）联谊会"在新疆石河子大学召开。本届年会的会议主题是"农业现代化与农业经营体制创新"，与会代表们围绕"农产品流通与农业产业安全"和"现代农业组织模式与农地制度研究"两大主题对当前农业经济方面的热点和难点问题展开了研讨，共有近 20 位代表在专题分组讨论会上发言，认为当前中国的农业发展已经处于转轨期，以往的农业制度已经不能适应当前全球化的农业发展环境，也不能体现农业可持续发展的思路，因此，寻求新的农业发展模式是当前中国农业发展的当务之急。在分会场报告中，各院校院长参加了"院校学科与人才培养交流"研讨会，院长（主任）代表们分别就农林经济管理专业学科建设和学生培养质量与培养模式等做了汇报，与会专家们就各自学校的学科建设和学生培养展开交流，并分享了经验。

（12）2013 年 10 月 17 日，第五届 China Agricultural Economic Review（CAER）国际学术年会在华中农业大学开幕。本次国际学术年会由 CAER 编辑部、中国农业大学、华中农业大学、国际食物政策研究所（IFPRI）主办，中国农业经济学会和 Emerald（英国）出版社合办。本次会议的主题为"制度创新与农村发展"，共分为农产品市场、贸易与价格；农业与粮食生产；食品、营养与健康；农业与食品安全；劳动力、土地、资本与增长；气候变化与农业；中非农业合作；能源、资源与环境；国际农业发展 9 个专题进行了讨论和交流。大会上柯炳生教授、黄季焜研究员、田维明教授、Calum Turvey 教授、钟甫宁教授，分别就"中国农业与农村发展"、"气候变化对中国经济与农业的影响"、"农产品贸易与中国粮食安全"、"金融普惠与中国农村金融服务"、"中国人口变化及其对农业的影响"等问题做了主旨演讲。

（13）2013 年 10 月 16~18 日，第十一届长三角研究生"三农"论坛在浙江大学召开，本次论坛主题为新型城镇化与三农问题。论坛共设"粮食安全"、"农产品市场与消费"、"农民工与土地制度"和"农村制度与农户行为"四个专题。期间，来自南京农业大学的李天祥同学，在论坛上汇报了其研究："'九连增'后的思考：粮食内部结构调整的贡献及未来潜力分析"。来自上海交通大学的彭小辉同学汇报了："通过基于改进的 Hedonic Wage 模型对农民工生命价值进行重新测算"，发现新的估算价值比基于经典模型要高，并认为户籍制度是"同工不同酬"的主要制度性因素。来自浙江大学的吴海江同学汇报了"通过空间计量分析贸易开放对中国城乡居民收入差距的影响"。来自西北农林科技大学的高佳同学汇报了"基于农民土地承包权退出意愿的耕地利用效率"的研究成果。

（14）2013 年 10 月 26 日，江苏省哲学社会科学界第七届学术大会·学术聚焦——三农新政高层研讨会在南京举行。来自中国人民大学、浙江大学、中国农业大学、南京农业大学、西北农林科技大学、国际食品政策研究所等机构 50 余位国内农经界一流专家和新锐学者围绕农村土地制度、农业经营制度和农村金融制度的改革与创新等问题展开热烈研讨，就农业、农村和农民未来发展方向和农业政策研究应该关注的重点提出了自己的见解。

（15）2013 年 10 月 20～22 日，由中国农业技术经济学会主办的中国农业技术经济学会第九届会员代表大会暨学术研讨会在石家庄召开。本次大会围绕"新型农业经营主体培育与现代农业发展"这一主题，与会专家学者展开了激烈的讨论。关于新型农业经营主体培育与农业制度创新。与会学者认为，建设现代农业必须加快转变农业经营方式，应该大力培育新型农业经营主体，同时淡化土地所有权，强化土地承包权，完善土地的市场流转机制，推进农村社会保障制度建设。关于土地制度改革深化与适度规模经营，深化改革、完善土地制度，应充分考虑广大农民群众的利益。关于适度规模经营，有学者从政策法规、搭建平台、发展乡镇企业、完善金融服务等方面提出了对策和建议。关于新型城镇化与农业现代化，与会代表认为城镇化的核心就是要把农民、农业和农村与小城镇建设结合起来。城镇化必须以粮食和其他重要农产品有效供给的增长为基础，要推动城镇化和农业现代化相互协调发展，实现新型城镇化与新农村建设同步推进。

（16）2013 年 10 月 21～23 日，由"林业与资源政策研究中心"与"亚太林业研究机构联合会"（APAFRI）共同组织的"森林恢复与可持续经营转型国际学术研讨会"在中国人民大学召开。该项目分析亚太国家森林转型的一般趋势以及相关的社会经济含义，系统总结案例国家森林覆盖率变化和森林质量变化的经验，并进一步从生态、经济、社会和政治的角度做出诠释，为全球和亚太地区森林可持续管理和森林恢复的林业政策提供建议。在本次会议上，参与项目的九个国家的代表提交了各国的国别报告最终版，并依次介绍了本国研究的框架、焦点问题和工作计划。

（17）2013 年 11 月 5～7 日，由中国农业科学院与中国农学会、河南省南阳市人民政府联合主办的第 13 届中国农业园区论坛在南阳召开。会议以"新型农业经营体系与四化同步发展"为主题，贯彻落实中共十八大报告和 2013 年中央一号文件关于促进"四化同步"发展、着力构建新型农业经营体系的精神，推动农业园区健康发展。会议表彰了在农业园区发展方面的优秀论文和先进个人，同时会议选举李金祥担任新一届农业科技园区分会会长。来自中国农业科学院、中国农业大学、南京农业大学等国内 30 余家高校及科研院所的专家学者和全国各地农业科技园区管理人员近 200 人参加会议。

（18）2013 年 11 月 8～11 日，由中国技术经济学会农业技术经济分会主办的中国技术经济学会农业技术经济分会 2013 年年会在贵阳召开。本届年会的主题是"农业的多业态发展与我国现代农业建设"。在此次会议中，来自国内的数十位专家学者分别从不同的角度阐述了各自的研究成果，内容主要集中在农业业态的概念和分类、新型农业业态形成机理、农业多业态发展的区域形式与特点、农业新业态的评价等；与会代表还就我国农业多业态发展与现代农业建设建言献策。

（19）2013 年 11 月 9～12 日，中共十八届三中全会在北京召开。全会明确了全面深化农村改革的目标要求，提出了健全城乡发展一体化体制机制的重大举措。全会指出城乡二元结构是制约城乡发展一体化的主要障碍，必须健全体制机制，形成以工促农、以城带乡、工农互惠、城乡一体的新型工农城乡关系，让广大农民平等参与现代化进程、共同分享现代化成果。为破除城乡二元结构的制约，应加快构建新型农业经营体系、推进城乡要素平等交换和公共资源均衡配置、完善城镇化健康发展体制机制。

（20）2013年11月7~8日，杨凌农业科技论坛经管分论坛暨第一届中国林业经济论坛在西北农林大学举办。会议的主题是农业经济政策与可持续发展战略，讨论议题涉及农业集约化生产经营与组织方式、林业产业与技术效率、森林生态经济、林业经济理论与实践、林业改革与农户生计、农业政策与可持续发展等我国当前农业发展过程中面临的亟须解决的突出问题，基本涵盖了农业经济发展的各个方面。

（21）2013年11月16~17日，由国务院发展研究中心支持，西北农林大学主办的2013中国（杨凌）现代农业发展高峰会议在西北农林大学召开。本次会议聚焦"深化农村改革，推进城镇化和农产品质量安全"，专家们围绕农业发展面临的形势任务、农业经营体制机制创新、推进农村经济体制改革和新型城镇化建设、统筹城乡发展以及保障农产品质量安全等话题展开了深入交流研讨。与会专家学者表示，要积极探索农业产业经营体制机制创新，大力培育职业农民；要充分利用信息技术成果，以信息化推进农业现代化；要适应农业新形势，积极发展农村金融、农业保险，为农业发展提供保障；要进一步办好农业示范区，发挥先行先试、示范引领带动作用；在工业化、城镇化过程中，要加强对农业资源的保护，提高农业发展的可持续性；要充分发挥市场机制在城镇化资源配置过程当中的决定性作用，构建大中小城市、小城镇和新型农村社区相结合的城镇化体系，拓展中国特色新型城镇化的内涵。

（22）2013年11月16~17日，第十三届中国经济学年会在西南财经大学举行，其中大会设立了农业经济学专场讨论会，主题为中国农村金融发展：现状与展望。西南财经大学中国家庭金融调查与研究中心主任甘犁教授利用中国家庭金融调查2013年新一轮的调查数据，对我国农村金融现状做了简要的分析，报告中指出我国农村家庭金融市场参与率较低，无存款比例高，农村信贷需求无法得到有效满足，同时民间借贷较为活跃且规模在不断上升。虽然我国农村家庭平均债务水平不高，但是高信贷风险家庭比例较高。与此同时，农村家庭金融知识比较缺乏，整体水平较低。随后，参会学者和嘉宾从不同视角提出改善目前农村金融困境的方法，如建议大银行加小机构分层次提供服务、激活农村房屋市场、土地产权明晰化、深化城镇化改革、提高农村金融意识及普及金融知识等。

（23）2013年11月23日，由华南农业大学经济管理学院与《农村经济问题》杂志社联合主办的"农村家庭承包经营：历史变迁与制度创新"学术研讨会于华南农业大学召开。中共十八届三中全会在农村土地制度、农户的承包经营权、农业经营方式创新等方面，提出了一系列改革意见，我国的农村家庭承包经营迎来良好发展契机。因此，参会专家围绕农业经营方式的创新对农业的家庭经营构成怎样的影响，农民承包地的流转和承包经营权的抵押与担保将对农村要素市场的发育形成怎样的影响，承包经营权在公开市场上的流转隐含着怎样的市场含义，目前在全国范围内普遍推进的农户承包经营权确权颁证有着怎样的实际意义，对于未来的承包经营权调整、配置、流转将产生怎样的长久影响等几个方面的问题进行了激烈的讨论。

（24）2013 年 12 月 7 日，由北京农业经济学会主办的"北京农业经济学会 2013 学术年会"在中国人民大学召开。本次会议的主题是"新时期的农业农村改革与发展"，在年会主题报告会上，参会专家分别做了题为"全面深化农村改革要抓住重点"、"我国新型农业经营主体的培育与发展"、"学习三中全会精神、全面深化农村改革"、"政策影响评估方法及其应用"和"我国农产品流通体系建设与发展"的主题报告。同时本次学术年会根据会议投稿入选的 23 篇学术论文评选出了"周诚经济学奖"。

（25）2013 年 12 月 7 日，由北京林业大学承办第四届全国农林高校哲学社会科学发展研讨会在北京召开。本届研讨会以"加强综合改革，推进农林院校哲学社会科学创新体系建设"为主题，旨在深入学习贯彻中共十八大和十八届三中全会精神，探索农林高校改革发展的新思路、新举措，推动农林高校哲学社会科学繁荣发展，提升创新能力和服务水平。来自全国 30 多所涉农高校的 200 多位专家教授、科研管理工作者围绕会议主题及"农林绿色发展与制度创新"、"美丽乡村与生态文明"、"科研管理制度体制机制创新"等议题进行了热烈讨论。

（26）2013 年 12 月 14 日，2013 年教育部高等学校农业经济管理类专业教学指导委员会（简称"农经教指委"）第二次工作会议在北京林业大学举行。会上，与会专家代表就《全国高等学校农业经济管理类专业教学质量国家标准（征求意见稿）》、《全国高等学校农林经济管理本科专业课程设置分析与建议（初稿）》、《教育部高等学校农业经济管理类教学指导委员会 2013～2017 年工作规划（草案）》，以及农经教指委 2014 年工作计划安排等事宜进行了充分讨论和商议。会议决定，将提交的文稿在进一步征询教指委委员意见和建议的基础上，由秘书处协助各工作组做进一步修改完善。会议提出，为了切实提升农业经济管理类专业青年教师的教学能力，农经教指委今后将适时启动教改项目申报、教育教学经验交流等重要学术活动。

（27）2013 年 12 月 16 日，由华南农业大学和《中国农村经济》杂志社主办的中国农村基本经营制度学术研讨会在华南农业大学召开。本次研讨会全面回顾中国农村 30 年风雨历程，审视农村经济变化与发展，总结过去在农村发展实践中的经验和成果，以期可进一步完善农村经济发展，推进农村城镇化、企业化和轻型化。同时分会场还进行了"农地制度与农业组织化"和"农业现代化与农产品安全"的专题报告。

（28）2013 年 12 月 16 日，教育部下发《关于公布 2012 年度长江学者特聘教授、讲座教授名单的通知》，南京农业大学经济管理学院朱晶教授获批 2012 年度"长江学者奖励计划"特聘教授，成为农经界第三位长江学者。朱晶教授主要研究领域为农产品贸易和粮食安全，在农产品贸易自由化对中国农业生产结构和竞争力以及农民福利的影响、如何利用世界资源以保障中国粮食安全等方向开展了一系列具有创新性的学术和政策研究，相关成果在国际刊物和国际学术会议发表并产生了较大的国际影响，部分成果得到国家有关部门领导批示。朱晶教授先后担任世界银行咨询专家、联合国粮农组织咨询专家、国际农业经济学家大会最佳书面报告评审委员会委员、农业部农产品贸易政策研究咨询专家，为扩大和提升中国学者在相关领域的学术影响力和话语权做出了重要贡献。

（29）2013 年 12 月 23～24 日，中央农村工作会议在北京举行。此次会议为深入贯彻中共十八大和十八届三中全会精神，从粮食安全、农村基本经营制度、农产品质量和食品安全、农业经营主体、农村社会管理等角度分析"三农"工作面临的形势和任务，研究全面深化农村改革、加快农业现代化步伐的重要政策，部署 2014 年和今后一个时期的农业农村工作。习近平从我国经济社会长远发展大局出发，阐述了推进农村改革发展若干具有方向性和战略性的重大问题，同时提出明确要求。李克强深入分析了农业和农村工作形势，并就依靠改革创新推进农业现代化、更好履行政府"三农"工作职责等重点任务做出具体部署。同时大会还讨论了《中共中央、国务院关于全面深化农村改革加快推进农业现代化的若干意见（讨论稿）》。

（30）2013 年 12 月 25 日，全国农业工作会议在北京举行。会议深入贯彻中共十八届三中全会及中央经济工作会议、中央城镇化工作会议、中央农村工作会议精神，认真学习习近平总书记、李克强总理重要讲话精神，总结 2013 年农业农村经济工作，研究深化农村改革重点举措，部署 2014 年农业工作。农业部部长韩长赋总结并肯定了 2013 年我国农业发展所取得的不易成就，并同时指出，2014 年是改革之年，应深刻领会中央精神，全面把握农业和农村改革发展形势和任务，抓好全面深化农村改革重点工作，扎实做好 2014 年农业农村经济工作。会议强调，2014 年农业农村经济稳发展、保供给、强产能、提质量、转方式、增效益的任务很重，要突出抓好八项重点任务：毫不松懈地抓好粮食生产，提升"菜篮子"产品供应保障能力，抓好农业科技创新与推广，切实加强农产品质量安全监管，大力推进农业信息化建设，强化农业物质装备条件和政策支撑，大力发展资源节约型、生态友好型农业，广辟农民增收渠道。

第二节　国外大事记

（1）2013 年 2 月 5～8 日，第 57 届澳大利亚农业与资源经济学会年会（57th AARES Conference）于澳大利亚新南威尔士州（New South Wales，Australia）的悉尼会展中心举行。本次大会正式召开前还举办了四场研讨会，主题分别为：适应及转变气候变化的经济工具、海洋生物多样性（CSIRO）、为国际农业研究提供资金的决定性作用以及影响评估分析，和碳汇市场和温室气体排放政策的农户层面影响。本次大会邀请了美国农业经济协会（AAEA）时任主席 Rich Sexton 教授、澳大利亚农经学会（AARES）主席 Malcolm Wegener 教授、农业与农村发展方面的权威学者 Peter Timmer、世界银行农业和农村发展研究部门组长 Will Martin、国际粮食政策研究所（IFPRI）环境和生产技术主任 Mark Rosegrant、农业营销和业务合作主席 Ellen Goddard 教授等多名农业经济及环境领域的知名研究者与会发言，发言主题涉及气候变化与粮食安全、环境资源管理、新能源的使用与分配等农经研究领域最前沿、最热点的研究成果。除此之外，会议还邀请了政界、商界专家演讲，如新南威尔士州州长 Marie Bashir，巴布亚新几内亚可持续发展计划有限公司主席 Ross Garnaut，克劳福德基金会主席 John Kerin 等，为会议添加了各行各业的声音。

Ross Garnaut 获得澳大利亚农经学会杰出终生成就称号（AARES Distinguished Life Member）。1976 年起，澳大利亚农经学会（AARES）开始设立杰出终生成就奖，目的是为了纪念那些为 AARES 的农业和资源经济学的发展、制度建设以及澳大利亚农业和资源经济学学科建设做出长久杰出贡献的成员。2013 年，墨尔本大学副校长兼经济学教授 Ross Garnaut 获得了该奖项。Ross Garnaut 致力于分析经济政策的实施效果，在国际经济学、公共财政和经济发展的学术期刊和书籍发表了众多有影响力的文章。除此之外，他还在企业、澳大利亚政府和各类国际机构中担任重要角色。

Chris O' Donnell 和 Bill Malcolm 获得澳大利亚农经学会杰出成就奖（AARES Distinguished Fellow）。2013 年，澳大利亚农经学会杰出会员奖颁发给了 Chris O' Donnell 和 Bill Malcolm。Chris O' Donnell 是昆士兰大学的计量经济学教授，他专注于分析农业生产效率领域；Bill Malcolm 曾是 AARES 的前任主席（2008～2009），为 AARES 的发展做出了杰出的贡献，他在农场管理经济领域也拥有突出成绩，共发表了 150 多篇相关期刊、会议论文、咨询报告。

（2）2013 年 6 月 26～28 日，2013 年西部农业经济学年会于美国加利福尼亚州蒙特雷（Monterey，California）举行。2013 年 6 月 27 日上午，Gregory M. Perry 致欢迎词，农业经济学者 James W. Richardson 发表了主席报告，科罗拉多州立大学教授 John B. Loomis 发表了主题演讲。随后，不同会议室开始同步举行各个主题的研讨会议，其中重要的四项议题分别是：农场的转变对于生产者和行业的阻碍与机遇、西部乳业的未来、西部农民的建设和涉农产业本科课程的设计。其他会议涉及农业金融、消费者选择和零售商行为、自然资源管理、可再生能源与不可再生能源的影响和土地价值与利用等主题。2013 年 6 月 28 日，举行了西部农业经济学年会颁奖典礼。明尼苏达大学食品工业中心主任 Michael Boland 和加州大学戴维斯分校农业与资源经济学系主任 Richard J. Sexton 被评为年度杰出学者。Michael Boland 在产业组织和涉农产业管理方面的研究十分突出，他对合作社的研究在学术界备受认可；Richard J. Sexton 是第一批将新产业组织法应用到农产品市场的经济学家，也是第一批研究农产品市场空间维度竞争影响的农业经济学家，他的研究成果已经多次发表在经济学和农业经济学权威期刊上。

（3）2013 年 8 月 4～6 日，加拿大农业经济学协会（CAES）和美国农业与应用经济学协会（AAEA）的联合年会在华盛顿特区举行。本次由 AAEA 携手 CAES 共同举办的学术会议，邀请了多位农经领域的知名研究者进行大会发言，比如加拿大农业信贷机构（FCC）的首席农业经济学家 Jean‒Philippe Gervais，萨省大学（University of Saskatchewan）教授 Richard Gray，哈佛大学经济系教授 Sendhil Mullainathan，加利福尼亚大学伯克利分校教授 David Zilberman 等多位农经领域专家学者，发言涉及农经领域科研经费体系的构建、基于行为经济学角度的稀缺性分析、气候变化中经济学面临的困境等多个主题，给 AAEA 成员、CAES 成员和其他学者提供了宝贵的互动交流机会。本次年会共有 150 多场教育会议和 200 多次海报展出，涉及国际发展、气候变化、生物燃料、食品和健康之间的联系、农业法案、土地和水资源利用问题、区域经济学、商业和行为经济学等多项研究课题。

8 月 3 日举行了会前研讨会，会议主题为美国农业部新型食品研究——健康与营养援助政策。2013 年 8 月 4 日，加拿大农业信贷局（Farm Credit Canada）首席农业经济学家 Jean – Philippe Gervais 发表了加拿大农业经济学会主席报告（CAES Presidential Address），主题为农业的日益复杂性；加拿大粮食政策主席、萨斯喀彻温大学教授 Richard Gray 发表了加拿大农业经济学会报告，主题为农业研究的资金体系；哈佛大学经济学教授、ideas42 创始人 Sendhil Mullainathan 发表了主题为稀缺性行为经济学的主题演讲。

8 月 5 日，马萨诸塞大学阿默斯特分校教授 Julie Caswell 发表了农业和应用经济学协会主席报告，主题为审查应用经济学的质量。2013 年 8 月 6 日，加州大学伯克利分校农业和资源经济系主席 David Zilberman 发表了题为"可持续发展对应用经济学的影响"的报告；在农业和应用经济学加尔布雷思论坛上，哈佛大学教授 Martin L. Weitzman 发表了题为"为什么气候变化经济学的发展如此艰难并且备受争议"的报告。2013 年 8 月 7 日举行了会后研讨会，会议涉及的主题有美国农业部食品与农业研究所项目的最佳做法、如何获取并充分利用联邦统计局微观数据、经济分析与食品安全和跨太平洋伙伴关系对农业贸易的影响。

Bruce Babcock、Jeffrey H. Dorfman、Scott H. Irwin 及 Keijiro Otsuka 获得 2013 年度美国农经协会终身成就奖（AAEA Fellows）。AAEA 终身成就奖是 AAEA 协会授予的最高荣誉，该奖项授予为农业经济学或者农业应用经济学做出持久杰出贡献的学者。颁给这 4 位学者的主要原因是：Bruce Babcock 在农户风险及应对策略分析、农作物保险分级等方面有杰出贡献；Jeffrey H. Dorfman 在生产效率分析、市场预测、区域经济和资源环境经济等领域均有很深的造诣；国际农经权威期刊 AJAE 副编委 Scott H. Irwin 及日本东京政策研究大学院大学教授 Keijiro Otsuka 在各自研究领域亦有重要贡献。

由美国马里兰大学的 Marc Nerlove 和瑞士弗里堡大学的 Pietro Balestra 合著的论文"Pooling Cross Section and Time Series Data in the Estimation of a Dynamic Model：The Demand for Natural Gas"（Econometrica. Jul66，Vol. 34 Issue 3，p585 – 612. 28p.）获得 2013 年度 AAEA 优秀论文奖（Publication of Enduring Quality Award）。

第五章　农业经济学学科 2013 年文献索引

第一节　中文文献索引

[1] 蔡海龙，刘艺卓．跨太平洋伙伴关系协议（TPP）对中国农业的影响 [J]．农业技术经济，2013（9）：13 – 19.

[2] 曹亮，蒋洪斌，黄羽．中国农产品进口的贸易创造与贸易转移效应——基于 CAFTA 框架的评估 [J]．农业经济问题，2013（11）：19 – 26，110.

[3] 曾福生，曾小溪．基本公共服务减贫实证研究——以湖南省为例 [J]．农业技术经济，2013（22008）：4 – 11.

[4] 常芳，史耀疆，李凡，岳爱，杨斌，杨矗．信息干预对留守儿童身体健康的影响——来自陕西省的随机干预试验 [J]．农业技术经济，2013（4）：117 – 125.

[5] 陈斌开，林毅夫．发展战略、城市化与中国城乡收入差距 [J]．中国社会科学，2013（20804）：81 – 102，206.

[6] 陈超，石成玉，展进涛，吕新业．转基因食品陈述性偏好与购买行为的偏差分析——以城市居民食用油消费为例 [J]．农业经济问题，2013，34（40206）：82 – 88，112.

[7] 陈华帅，曾毅．"新农保"使谁受益：老人还是子女？ [J]．经济研究，2013（8）：55 – 67，160.

[8] 陈萌山．农产品地理标志产业发展研究的有益探索——《农产品地理标志保护利用与产业发展研究》评介 [J]．农业经济问题，2013（3）：4 – 5.

[9] 陈卫洪，谢晓英．扶贫资金投入对农户家庭收入的影响分析——基于贵州省 1990～2010 年扶贫数据的实证检验 [J]．农业技术经济，2013（21604）：35 – 42.

[10] 陈卫平．社区支持农业情境下生产者建立消费者食品信任的策略——以四川安龙村高家农户为例 [J]．中国农村经济，2013（33802）：48 – 60.

[11] 陈锡文．构建新型农业经营体系加快发展现代农业步伐 [J]．经济研究，2013（2）：4 – 6.

［12］陈锡文．当前我国农村改革发展面临的几个重大问题［J］．农业经济问题，2013（34）（39701）：4－6，110.

［13］陈新建，谭砚文．基于食品安全的农民专业合作社服务功能及其影响因素——以广东省水果生产合作社为例［J］．农业技术经济，2013（21301）：120－128.

［14］陈宗胜，沈扬扬，周云波．中国农村贫困状况的绝对与相对变动——兼论相对贫困线的设定［J］．管理世界，2013（23201）：67－75，77，76，187－188.

［15］程令国，张晔，刘志彪．"新农保"改变了中国农村居民的养老模式吗？［J］．经济研究，2013（8）：42－54.

［16］仇焕广，蔡亚庆，白军飞，孙顶强．我国农村户用沼气补贴政策的实施效果研究［J］．农业经济问题，2013（2）：85－92，112.

［17］邓正华，张俊飚，许志祥，杨新荣．农村生活环境整治中农户认知与行为响应研究——以洞庭湖湿地保护区水稻主产区为例［J］．农业技术经济，2013（2）：72－79.

［18］方劲．乡村发展干预中的内源性能力建设——一项西南贫困村庄的行动研究［J］．中国农村观察，2013（11204）：31－41，95.

［19］方黎明．新型农村合作医疗和农村医疗救助制度对农村贫困居民就医经济负担的影响［J］．中国农村观察，2013（2）：80－92.

［20］方伟，梁俊芬，林伟君，万忠．食品企业质量控制动机及"优质优价"实现状态分析——基于300家国家级农业龙头企业调研［J］．农业技术经济，2013（21402）：112－120.

［21］冯林，王家传，蔡超．金融资源配置差异视角的城乡二元解释［J］．农业经济问题，2013（1）：34－38，110－111.

［22］冯逃，李冬梅，高蜀晋．农业产业形成及可持续发展的实证分析——基于一个村庄的实践案例［J］．农业经济问题，2013，34（40307）：56－61.

［23］付洪垒，仪秀琴，胡胜德．黑龙江省新农保资金筹集制度完善研究——基于农民保险金收入替代率的视角［J］．农业技术经济，2013（6）：48－54.

［24］高颖，田维明，张宁宁．扩大农产品市场开放对中国农业生产和粮食安全的影响［J］．中国农村经济，2013（9）：4－17.

［25］龚强，张一林，余建宇．激励、信息与食品安全规制［J］．经济研究，2013，48（54403）：135－147.

［26］顾宁，余孟阳．农业现代化进程中的金融支持路径识别［J］．农业经济问题，2013（9）：58－64.

［27］郭建伟，徐宝林．建设金融包容的社会：中国的理想与现实——基于新型农村金融政策的视角分析［J］．农业经济问题，2013（4）：29－35，110.

［28］韩俊．中国"三农"问题的症结与政策展望［J］．中国农村经济，2013（1）：4－7.

［29］侯成琪，龚六堂．食品价格、核心通货膨胀与货币政策目标［J］．经济研究，

2013，48（55211）：27-42.

　　［30］胡振华，陈恒智.农村金融发展、城镇化与城乡居民收入差距实证分析［J］.经济问题探索，2013（6）：63-68.

　　［31］黄承伟，覃志敏.贫困地区统筹城乡发展与产业化扶贫机制创新——基于重庆市农民创业园产业化扶贫案例的分析［J］.农业经济问题，2013，34（40105）：51-55.

　　［32］黄春燕，蒋乃华.食品价格上涨、生活水平下降与政策方案选择［J］.农业经济问题，2013，34（40812）：65-71，111.

　　［33］惠献波.农户土地承包经营权抵押贷款潜在需求及其影响因素研究——基于河南省四个试点县的实证分析［J］.农业经济问题，2013（2）：9-15，110.

　　［34］冀县卿，黄季焜.改革三十年农地使用权演变：国家政策与实际执行的对比分析［J］.农业经济问题，2013（5）：27-32，110-111.

　　［35］姜百臣，朱桥艳，欧晓明.优质食用农产品的消费者支付意愿及其溢价的实验经济学分析——来自供港猪肉的问卷调查［J］.中国农村经济，2013（33802）：23-34.

　　［36］孔德斌，刘祖云.社区与村民：一种理解乡村治理的新框架［J］.农业经济问题，2013，34；（39903）：40-47，110-111.

　　［37］兰庆高，惠献波，于丽红，王春平.农村土地经营权抵押贷款意愿及其影响因素研究——基于农村信贷员的调查分析［J］.农业经济问题，2013（7）：78-84，112.

　　［38］李华，俞卫.政府卫生支出对中国农村居民健康的影响［J］.中国社会科学，2013（10）：41-60，205.

　　［39］李建平，王吉鹏，周振亚，李俊杰.农产品产销对接模式和机制创新研究［J］.农业经济问题，2013（11）：31-35，110.

　　［40］李金亚，李秉龙.贫困村互助资金瞄准贫困户了吗——来自全国互助资金试点的农户抽样调查证据［J］.农业技术经济，2013（21806）：96-105.

　　［41］李静，谭清香.农民健康状况及其影响因素——基于三省调查数据的经验分析［J］.中国农村经济，2013（12）：15-27.

　　［42］李静，谢丽君，李红.农民培训工程的政策效果评估——基于宁夏农户固定观察点数据的实证检验［J］.农业技术经济，2013（3）：26-35.

　　［43］李世杰，朱雪兰，洪潇伟，韦开蕾.农户认知、农药补贴与农户安全农产品生产用药意愿——基于对海南省冬季瓜菜种植农户的问卷调查［J］.中国农村观察，2013（11305）：55-69，97.

　　［44］李显刚.现代农机专业合作社是创新农业经营主体的成功探索［J］.农业经济问题，2013（9）：25-29.

　　［45］李宪宝，高强.行为逻辑、分化结果与发展前景——对1978年以来我国农户分化行为的考察［J］.农业经济问题，2013，34（39802）：56-65，111.

　　［46］李岩，赵翠霞，兰庆高.农户正规供给型信贷约束现状及影响因素——基于农

村信用社实证数据分析 [J]. 农业经济问题, 2013 (10): 41-48.

[47] 李燕凌, 刘远风. 城乡差距的内生机制: 基于公共服务资本化的一个分析框架 [J]. 农业经济问题, 2013, 34 (40004): 15-23, 110.

[48] 李玉勤, 张蕙杰. 消费者杂粮消费意愿及影响因素分析——以武汉市消费者为例 [J]. 农业技术经济, 2013 (7): 100-109.

[49] 李周. 中国农村发展的成就与挑战 [J]. 中国农村经济, 2013 (34408): 4-14.

[50] 廖翼, 周发明. 我国生猪价格调控政策分析 [J]. 农业技术经济, 2013 (9): 26-34.

[51] 林光华, 汪斯洁. 家禽保险对养殖户疫病防控要素投入的影响研究 [J]. 农业技术经济, 2013 (12): 94-102.

[52] 刘红梅, 邓光耀, 王克强. 中国农产品虚拟水消费的影响因素分析——基于省级数据的动态空间面板 STIRPAT 模型 [J]. 中国农村经济, 2013 (8): 15-28.

[53] 刘华, 胡雪枝. 中国城镇居民收入增长对营养需求的影响研究 [J]. 农业技术经济, 2013 (2): 95-103.

[54] 刘华军, 鲍振, 杨骞. 中国农业碳排放的地区差距及其分布动态演进——基于 Dagum 基尼系数分解与非参数估计方法的实证研究 [J]. 农业技术经济, 2013 (3): 72-81.

[55] 刘灵芝, 黄悦怡, 王雅鹏. 基于收入分层视角的农村教育投资与教育回报研究——兼对湖北省农村家庭的实证检验 [J]. 农业技术经济, 2013 (22412): 33-42.

[56] 刘美秀, 杨艳红. 我国粮食对外贸易政策变迁与粮食进出口贸易的发展 [J]. 农业经济问题, 2013 (7): 84-88.

[57] 刘庆宝, 陈杭, 吴海涛, 霍增辉. 农村外出务工劳动力就业行业选择行为分析 [J]. 农业技术经济, 2013 (22008): 52-60.

[58] 刘天军, 胡华平, 朱玉春, 霍学喜. 我国农产品现代流通体系机制创新研究 [J]. 农业经济问题, 2013 (8): 20-25, 110.

[59] 刘雪娇. 中国与金砖国家农产品产业内贸易及影响因素 [J]. 国际贸易问题, 2013 (12): 87-95.

[60] 刘轶芳, 罗文博. 1989~2009 年我国农村贫困演变及指数分解研究 [J]. 农业技术经济, 2013 (22210): 4-15.

[61] 刘莹, 黄季焜. 农村环境可持续发展的实证分析: 以农户有机垃圾还田为例 [J]. 农业技术经济, 2013 (7): 4-10.

[62] 刘宇翔. 消费者对有机粮食溢价支付行为分析——以河南省为例 [J]. 农业技术经济, 2013 (12): 43-53.

[63] 刘玉春, 修长柏. 农村金融发展、农业科技进步与农民收入增长 [J]. 农业技术经济, 2013 (9): 92-100.

［64］罗小娟，冯淑怡，Reidsma Pytrik，石晓平，曲福田．基于农户生物—经济模型的农业与环境政策响应模拟——以太湖流域为例［J］．中国农村经济，2013（11）：72 - 85.

［65］马志雄，丁士军．基于农户理论的农户类型划分方法及其应用［J］．中国农村经济，2013（34004）：28 - 38.

［66］毛伟，李超，居占杰．经济增长、收入不平等和政府干预减贫的空间效应与门槛特征［J］．农业技术经济，2013（22210）：16 - 27.

［67］聂英，王守臣．农地后备资源开发整理效益评价及分析——以吉林省西部土地开发整理重大项目为例［J］．农业技术经济，2013（4）：108 - 116.

［68］牛建林．人口流动对中国城乡居民健康差异的影响［J］．中国社会科学，2013（2）：46 - 63，205.

［69］农业部农村经济体制与经营管理司调研组．浙江省农村集体产权制度改革调研报告［J］．农业经济问题，2013，34（40610）：4 - 9.

［70］倪洪兴，于孔燕，徐宏源．农业部农业贸易促进中心课题组，开放视角下中国大豆产业发展定位及启示［J］．中国农村经济，2013（8）：40 - 48.

［71］农业部农业贸易促进中心课题组．农业贸易政策选择要注意把握的若干问题［J］．农业经济问题，2013（8）：4 - 9，110.

［72］欧阳小迅，黄福华．入世对我国农村农产品流通效率的影响［J］．农业技术经济，2013（1）：68 - 76.

［73］潘海英，顾超超，黄梓薇，郭瑞．长三角区域农村金融系统协调性的测度：1995～2011［J］．农业技术经济，2013（3）：36 - 43.

［74］潘杰，雷晓燕，刘国恩．医疗保险促进健康吗？——基于中国城镇居民基本医疗保险的实证分析［J］．经济研究，2013（4）：130 - 142，156.

［75］彭长生．城市化进程中农民迁居选择行为研究——基于多元 Logistic 模型的实证研究［J］．农业技术经济，2013（21503）：15 - 25.

［76］彭支伟，张伯伟．TPP 和亚太自由贸易区的经济效应及中国的对策［J］．国际贸易问题，2013（4）：83 - 95.

［77］钱忠好，牟燕．中国土地市场化改革：制度变迁及其特征分析［J］．农业经济问题，2013（5）：20 - 26，110.

［78］秦愚．中国农业合作社股份合作化发展道路的反思［J］．农业经济问题，2013（6）：19 - 29，110.

［79］秦臻，倪艳．WTO 成立以来技术性贸易措施对中国农产品出口影响研究——基于多边贸易阻力的两阶段引力模型［J］．国际经贸探索，2013（1）：35 - 47.

［80］曲小刚，池建宇，罗剑朝．正规借贷与民间借贷对农户生产的影响［J］．农业技术经济，2013（9）：86 - 91.

［81］全世文，曾寅初．消费者对食品安全信息的搜寻行为研究——基于北京市消费

者的研究 [J]．农业技术经济，2013 (4)：43 - 52.

[82] 石智雷，邹蔚然．库区农户的多维贫困及致贫机理分析 [J]．农业经济问题，2013，34 (40206)：61 - 69，111.

[83] 宋海英．中国—拉美农产品贸易的影响因素：基于引力模型的实证分析 [J]．农业经济问题，2013 (3)：74 - 78，112.

[84] 宋燕平，费玲玲．我国农业环境政策演变及脆弱性分析 [J]．农业经济问题，2013 (10)：9 - 14，110.

[85] 苏静，胡宗义，唐李伟，肖攀．农村非正规金融发展减贫效应的门槛特征与地区差异——基于面板平滑转换模型的分析 [J]．中国农村经济，2013 (7)：58 - 71.

[86] 孙林，倪卡卡．东盟贸易便利化对中国农产品出口影响及国际比较——基于面板数据模型的实证分析 [J]．国际贸易问题，2013 (4)：139 - 147.

[87] 孙颖，林万龙．市场化进程中社会资本对农户融资的影响——来自 CHIPS 的证据 [J]．农业技术经济，2013 (4)：26 - 34.

[88] 谭晶荣，刘莉，王瑞，叶婷婷．中越农产品出口增长的二元边际分析 [J]．农业经济问题，2013 (10)：56 - 63，111.

[89] 田剑英，黄春旭．民间资本金融深化与农村经济发展的实证研究——基于浙江省小额贷款公司的试点 [J]．管理世界，2013 (8)：167 - 168.

[90] 田维明，高颖，张宁宁．入世以来我国农业和农产品贸易发展情况及存在的突出问题分析 [J]．农业经济问题，2013 (11)：13 - 18.

[91] 田先红，陈玲．地租怎样确定？——土地流转价格形成机制的社会学分析 [J]．中国农村观察，2013 (6)：2 - 12，92.

[92] 童元保．农村信用社改革模式选择影响机制研究 [J]．农业经济问题，2013 (6)：37 - 42，111.

[93] 庹国柱．中国政策性农业保险的发展导向——学习中央"一号文件"关于农业保险的指导意见 [J]．中国农村经济，2013 (7)：4 - 12.

[94] 王芳，王宁，隋明姜，钱永忠．合作社实施农业标准化分析——基于河北、吉林、陕西、浙江四省份调查 [J]．农业技术经济，2013 (9)：67 - 75.

[95] 王菁．食品生产企业分类体系构建与实证研究 [J]．农业技术经济，2013 (22210)：120 - 126.

[96] 王景新，余勇亮．民族自治地区村级集体经济发展——广西农村调查报告 [J]．农业经济问题，2013，34 (39802)：93 - 98，112.

[97] 王士海，李先德．中国政策性粮食竞价销售对市场价格有影响吗？——以小麦为例 [J]．中国农村经济，2013 (2)：61 - 70，95.

[98] 王曙光，董香书．农民健康与民主参与——来自 12 省 88 村的微观数据 [J]．农业经济问题，2013 (12)：50 - 57，111.

[99] 王文智，武拉平．城镇居民对猪肉的质量安全属性的支付意愿研究——基于选

择实验（ChoiceExperiments）的分析［J］．农业技术经济，2013（11）：24－31．

［100］王夏阳，傅科．企业承诺、消费者选择与产品质量水平的均衡分析［J］．经济研究，2013，48（54908）：94－106．

［101］王玉峰，蒋远胜．我国新农村建设投融资系统协同发展研究［J］．农业技术经济，2013（5）：69－77．

［102］吴柏海，曾以禹．林业补贴政策比较研究——基于部分发达国家林业补贴政策工具的比较分析［J］．农业经济问题，2013（7）：95－102．

［103］吴彬，徐旭初．合作社的状态特性对治理结构类型的影响研究——基于中国3省80县266家农民专业合作社的调查［J］．农业技术经济，2013（1）：107－119．

［104］吴晨．不同模式的农民合作社效率比较分析——基于2012年粤皖两省440个样本农户的调查［J］．农业经济问题，2013（3）：79－86．

［105］吴国华．进一步完善中国农村普惠金融体系［J］．经济社会体制比较，2013（4）：32－45．

［106］吴国松，朱晶，林大燕．中国不同类别农业保护支持政策的贸易保护效应［J］．中国农村经济，2013（12）：39－50．

［107］吴林海，钟颖琦，山丽杰．公众食品添加剂风险感知的影响因素分析［J］．中国农村经济，2013（34105）：45－57．

［108］吴韡．农村金融生态环境的评估及优化——以湖北省为例［J］．农业经济问题，2013（9）：51－57．

［109］肖卫东，张宝辉，贺畅，杜志雄．公共财政补贴农业保险：国际经验与中国实践［J］．中国农村经济，2013（7）：13－23．

［110］熊学萍，何劲，陶建平．农村金融生态环境与影响因素分析［J］．统计与政策，2013（2）：100－103．

［111］熊远，蒋远胜．中国农业银行三农金融事业部改革成效及问题分析——以四川省为例［J］．农业经济问题，2013（2）：16－21．

［112］徐立成，周立，潘素梅．"一家两制"：食品安全威胁下的社会自我保护［J］．中国农村经济，2013（34105）：32－44．

［113］徐莉萍，凌彬，谭天瑜．我国农村扶贫利益共同体综合绩效评价模式研究［J］．农业经济问题，2013（12）：58－64，111．

［114］徐勇．中国家户制传统与农村发展道路——以俄国、印度的村社传统为参照［J］．中国社会科学，2013（21208）：102－123，206－207．

［115］许朗，刘金金．农户节水灌溉技术选择行为的影响因素分析——基于山东省蒙阴县的调查数据［J］．中国农村观察，2013（6）：45－51，93．

［116］薛桂霞，孙炜琳．对农民专业合作社开展信用合作的思考［J］．农业经济问题，2013（4）：76－80．

［117］闫小欢，霍学喜．农民就业、农村社会保障和土地流转——基于河南省479

个农户调查的分析 [J]. 农业技术经济, 2013 (7): 34-44.

[118] 杨继瑞, 杨博维, 马永坤. 回归农民职业属性的探析与思考 [J]. 中国农村经济, 2013 (33701): 40-45, 66.

[119] 杨继生, 徐娟, 吴相俊. 经济增长与环境和社会健康成本 [J]. 经济研究, 2013 (12): 17-29.

[120] 杨军, 张龙耀, 姜岩. 社区金融资源、家庭融资与农户创业——基于 CHARLS 调查数据 [J]. 农业技术经济, 2013 (11): 71-79.

[121] 杨伊侬, 何浏. 有机食品感知风险的实证研究: 基于城镇居民的调查 [J]. 农业技术经济, 2013 (22008): 82-89.

[122] 易小燕, 陈印军, 刘时东. 土地整理政策 (下集) 中居住对农户生活负担的影响——基于双重倍差模型的实证分析 [J]. 农业技术经济, 2013 (10): 100-105.

[123] 尹宗成, 田甜. 中国农产品出口竞争力变迁及国际比较——基于出口技术复杂度的分析 [J]. 农业技术经济, 2013 (1): 77-85.

[124] 于左, 高建凯. 中国玉米价格竞争力缺失的形成机制与政策 [J]. 农业经济问题, 2013 (8): 10-19, 110.

[125] 余洋. 基于保障水平的农业保险保费补贴差异化政策研究——美国的经验与中国的选择 [J]. 农业经济问题, 2013 (10): 29-35, 110.

[126] 虞祎, 刘俊杰. 农业产业整体减排实现路径研究——以长三角及周边地区猪肉生产流通为例 [J]. 农业经济问题, 2013 (10): 15-21, 110.

[127] 袁红清, 李荔波. 农村大学生就业质量分析——基于浙江省1514名农村大学毕业生的调查 [J]. 农业经济问题, 2013, 34 (40711): 65-70.

[128] 翟研宁. 农村土地承包经营权流转价格问题研究 [J]. 农业经济问题, 2013 (11): 82-86.

[129] 张彬斌. 新时期政策扶贫: 目标选择和农民增收 [J]. 经济学 (季刊), 2013 (3): 959-982.

[130] 张兵, 刘丹, 郑斌. 农村金融发展缓解了农村居民内部收入差距吗?——基于中国省级数据的面板门槛回归模型分析 [J]. 中国农村观察, 2013 (3): 19-29, 90-91.

[131] 张成玉. 农村土地流转中意愿价格问题研究——以河南省为例 [J]. 农业技术经济, 2013 (12): 64-72.

[132] 张龙耀, 杨军, 张海宁. 金融发展、家庭创业与城乡居民收入——基于微观视角的经验分析 [J]. 中国农村经济, 2013 (7): 47-57, 84.

[133] 张三峰, 王非, 贾愚. 信用评级对农户融资渠道选择意愿的影响——基于10省 (区) 农户信贷调查数据的分析 [J]. 中国农村经济, 2013 (7): 72-84.

[134] 张伟宾, 汪三贵. 扶贫政策、收入分配与中国农村减贫 [J]. 农业经济问题, 2013, 34 (39802): 66-75, 111.

［135］张文胜．消费者食品安全风险认知与食品安全政策有效性分析——以天津市为例［J］．农业技术经济，2013（21503）：89－97．

［136］张宇青，周应恒，易中懿．农村金融发展、农业经济增长与农民增收——基于空间计量模型的实证分析［J］．农业技术经济，2013（11）：50－56．

［137］张振，乔娟，黄圣男．基于异质性的消费者食品安全属性偏好行为研究［J］．农业技术经济，2013（21705）：95－104．

［138］章元，万广华，史清华．暂时性贫困与慢性贫困的度量、分解和决定因素分析［J］．经济研究，2013，48（54504）：119－129．

［139］赵丙奇，杨丽娜．村镇银行绩效评价研究——以浙江省长兴联合村镇银行为例［J］．农业经济问题，2013（8）：56－61，111．

［140］赵绍阳，臧文斌，傅十和，刘国恩．强制医保制度下无保险人群的健康状况研究［J］．经济研究，2013（7）：118－131．

［141］钟文晶，罗必良．禀赋效应、产权强度与农地流转抑制——基于广东省的实证分析［J］．农业经济问题，2013（3）：6－16，110．

［142］钟涨宝，聂建亮．新农保制度的可持续性探讨——基于农民参保行为选择的视角［J］．中国农村观察，2013（6）：60－70，94．

［143］周润书，程守红．功能视角下城镇化进程中农村集体经济收不抵支的思考——以东莞市为例［J］．农业经济问题，2013，34（40105）：56－62，111．

［144］周友梅．金砖五国合作机制下中印农产品贸易救济及应对［J］．农业经济问题，2013（11）：26－30，110．

［145］周月书，李桂安，杨军．农村金融机构类型与中小企业信贷可获性分析［J］．农业技术经济，2013（8）：121－128．

［146］周月书，李扬．农村小额贷款公司对农村小微企业正规信贷配给的影响分析——基于苏北农村小微企业的调查［J］．中国农村经济，2013（7）：85－96．

［147］朱红根，康兰媛．金融环境、政策支持与农民创业意愿［J］．中国农村观察，2013（5）：24－33，95－96．

［148］朱华友，谢恩奇．区域农产品流通模式研究——基于浙江省金华市的实地调查［J］．农业经济问题，2013（10）：63－68．

［149］朱玲．藏区农牧家庭的儿童营养和健康［J］．管理世界，2013（12）：52－62．

［150］朱玲．排除农牧民发展障碍——康藏农牧区发展政策实施状况调查［J］．中国社会科学，2013（9）：126－146，207．

［151］朱乾宇，马九杰．参与式自组织制度安排与社区发展基金有效运行——对陕西省白水县 CDF 项目的案例分析［J］．中国农村观察，2013（4）：42－51，59，95．

［152］祝华军，田志宏．稻农采用低碳技术措施意愿分析——基于南方水稻产区的调查［J］．农业技术经济，2013（3）：62－71．

第二节 英文文献索引

［1］ Abebaw D. , M. G. Haile. The Impact of Cooperatives on Agricultural Technology A-doption: Empirical Evidence From Ethiopia ［J］. Food Policy, 2013 (38): 82 - 91.

［2］ Abebe G. K. , J. Bijman R. Kemp O. Omta A. Tsegaye. Contract Farming Configura-tion: Smallholders' Preferences For Contract Design Attributes ［J］. Food Policy, 2013 (40): 14 - 24.

［3］ Adamowicz W. L. , J. D. Swait. Are Food Choices Really Habitual? Integrating Habits, Variety - Seeking, and Compensatory Choice in A Utility - Maximizing Framework ［J］. Ameri-can Journal of Agricultural Economics, 2013 (95): 17 - 41.

［4］ Alarcon S. , M. Sanchez. External and Internal R&D, Capital investment and Business Performance in the Spanish Agri - Food Industry ［J］. Journal of Agricultural Economics, 2013 (64): 654 - 675.

［5］ Anriquez G. , S. Daidone E. Mane. Rising Food Prices and Undernourishment: A Cross - Country Inquiry ［J］. Food Policy, 2013 (38): 190 - 202.

［6］ Asche F. , A. Oglend and S. Tveteras. Regime Shifts in the Fish Meal/Soybean Meal Price Ratio ［J］. Journal of Agricultural Economics, 2013 (64): 97 - 111.

［7］ Aubry C. , L. Kebir. Shortening Food Supply Chains: A Means for Maintaining Agri-culture Close to Urban Areas? The Case of the French Metropolitan Area of Paris ［J］. Food Pol-icy, 2013 (41): 85 - 93.

［8］ Awotide B. A. , A. Karimov A. Diagne T. Nakelse. The Impact of Seed Vouchers on Poverty Reduction Among Smallholder Rice Farmers in Nigeria ［J］. Agricultural Economics, 2013 (44): 647 - 658.

［9］ Bai J. , C. Zhang, J. Jiang. The Role of Certificate Issuer on Consumers' Willingness - To - Pay for Milk Traceability in China ［J］. Agricultural Economics, 2013 (44): 537 - 544.

［10］ Bellemare M. F. , C. B. Barrett D. R. Just. The Welfare Impacts of Commodity Price Volatility: Evidence From Rural Ethiopia ［J］. American Journal of Agricultural Economics, 2013 (95): 877 - 899.

［11］ Benson T. , N. Minot J. Pender M. Robles, J. Von Braun. Information to Guide Policy Responses to Higher Global Food Prices: the Data and Analyses Required ［J］. Food Policy, 2013 (38): 47 - 58.

［12］ Berazneva J. , D. R. Lee. Explaining the African Food Riots of 2007 - 2008: An Em-pirical Analysis ［J］. Food Policy, 2013 (39): 28 - 39.

［13］Bett H. K. , K. J. Peters, U. M. Nwankwo W. Bokelmann. Estimating Consumer Preferences and Willingness to Pay for the Underutilised Indigenous Chicken Products ［J］. Food Policy, 2013 (41): 218 – 225.

［14］Bialkova S. , K. G. Grunert H. Van Trijp. Standing out in the Crowd: the Effect of information Clutter on Consumer Attention for Front – of – Pack Nutrition Labels ［J］. Food Policy, 2013 (41): 65 – 74.

［15］Bonnet C. , V. Requillart. Impact of Cost Shocks on Consumer Prices in Vertically – Related Markets: The Case of the French Soft Drink Market ［J］. American Journal of Agricultural Economics, 2013 (95): 1088 – 1108.

［16］Boucekkine R. , A. Pommeret, F. Prieur. Technological Vs. Ecological Switch and the Environmental Kuznets Curve ［J］. American Journal of Agricultural Economics, 2013 (95): 252 – 260.

［17］Bradbear C. , S. Friel. Integrating Climate Change, Food Prices and Population Health ［J］. Food Policy, 2013 (43): 56 – 66.

［18］Brink L. , D. Orden G. Datz. BRIC Agricultural Policies Through a WTO Lens ［J］. Journal of Agricultural Economics, 2013 (64): 197 – 216.

［19］Brodt S. , K. J. Kramer A. Kendall G. Feenstra. Comparing Environmental Impacts of Regional and National – Scale Food Supply Chains: A Case Study of Processed Tomatoes ［J］. Food Policy, 2013 (42): 106 – 114.

［20］Caputo V. , R. M. Nayga, R. Scarpa. Food Miles or Carbon Emissions? Exploring Labelling Preference for Food Transport Footprint With a Stated Choice Study ［J］. Australian Journal of Agricultural and Resource Economics, 2013 (57): 465 – 482.

［21］Carlucci D. , A. Stasi, G. Nardone, A. Seccia. Explaining Price Variability in the Italian Yogurt Market: A Hedonic Analysis ［J］. Agribusiness, 2013 (29): 194 – 206.

［22］Cechin A. , J. Bijman, S. Pascucci, O. Omta. Decomposing the Member Relationship in Agricultural Cooperatives: Implications for Commitment ［J］. Agribusiness, 2013 (29): 39 – 61.

［23］Chaddad F. , C. Iliopoulos. Control Rights, Governance, and the Costs of Ownership in Agricultural Cooperatives ［J］. Agribusiness, 2013 (29): 3 – 22.

［24］Chakravorty U. , M. – H. Hubert. Global Impacts of the Biofuel Mandate Under A Carbon Tax ［J］. American Journal of Agricultural Economics, 2013 (95): 282 – 288.

［25］Chen W. The Effects of Different Types of Trust on Consumer Perceptions of Food Safety An Empirical Study of Consumers in Beijing Municipality, China ［J］. China Agricultural Economic Review, 2013 (5): 43 – 65.

［26］Chen X. , M. Khanna. Food Vs. Fuel: The Effect of Biofuel Policies ［J］. American Journal of Agricultural Economics, 2013 (95): 289 – 295.

［27］ Christiaensen L. , J. De Weerdt, Y. Todo. Urbanization and Poverty Reduction: The Role of Rural Diversification and Secondary Towns ［J］. Agricultural Economics, 2013 (44): 435 - 447.

［28］ Coble K. H. , B. J. Barnett. Why Do We Subsidize Crop insurance? ［J］. American Journal of Agricultural Economics, 2013 (95): 498 - 504.

［29］ De Gorter H. , D. Drabik, D. R. Just E. M. Kliauga. The Impact of OECD Biofuels Policies on Developing Countries ［J］. Agricultural Economics, 2013 (44): 477 - 486.

［30］ De - Magistris T. , A. Gracia R. M. Nayga Jr. On the Use of Honesty Priming Tasks to Mitigate Hypothetical Bias in Choice Experiments ［J］. American Journal of Agricultural Economics, 2013 (95): 1136 - 1154.

［31］ Deininger K. Global Land investments in the Bio - Economy: Evidence and Policy Implications ［J］. Agricultural Economics, 2013 (44): 115 - 127.

［32］ Dey M. M. , D. J. Spielman, A. B. M. M. Haque, M. S. Rahman, R. Valmonte - Santos. Change and Diversity in Smallholder Rice - Fish Systems: Recent Evidence and Policy Lessons From Bangladesh ［J］. Food Policy, 2013 (43): 108 - 117.

［33］ Dixon J. , B. Isaacs. Why Sustainable and ' Nutritionally Correct ' Food Is Not on the Agenda: Western Sydney, the Moral Arts of Everyday Life and Public Policy ［J］. Food Policy, 2013 (43): 67 - 76.

［34］ Doole G. J. , D. J. Pannell. A Process for the Development and Application of Simulation Models in Applied Economics ［J］. Australian Journal of Agricultural and Resource Economics, 2013 (57): 79 - 103.

［35］ Doole G. J. , O. Vigiak, D. J. Pannell, A. M. Roberts. Cost - Effective Strategies To Mitigate Multiple Pollutants in an Agricultural Catchment in North Central Victoria, Australia ［J］. Australian Journal of Agricultural and Resource Economics, 2013 (57): 441 - 460.

［36］ Dorosh P. A. , S. Rashid. Trade Subsidies, Export Bans and Price Stabilization: Lessons of Bangladesh - india Rice Trade in the 2000s ［J］. Food Policy, 2013 (41): 103 - 111.

［37］ Dorward A.. Agricultural Labour Productivity, Food Prices and Sustainable Develop Ment Impacts and Indicators ［J］. Food Policy, 2013 (39): 40 - 50.

［38］ Dupraz C. L. , A. Postolle. Food Sovereignty and Agricultural Trade Policy Commitments: How Much Leeway Do West African Nations Have? ［J］. Food Policy, 2013 (38): 115 - 125.

［39］ Edjabou L. D. , S. Smed. The Effect of Using Consumption Taxes on Foods to Promote Climate Friendly Diets - the Case of Denmark ［J］. Food Policy, 2013 (39): 84 - 96.

［40］ Elabed G. , M. F. Bellemare, M. R. Carter, C. Guirkinger. Managing Basis Risk With Multiscale Index Insurance ［J］. Agricultural Economics, 2013 (44): 419 - 431.

〔41〕Esposti R. , G. Listorti. Agricultural Price Transmission Across Space and Commodities During Price Bubbles 〔J〕. Agricultural Economics, 2013 (44): 125 – 139.

〔42〕Ferreira F. H. G. , A. Fruttero, P. G. Leite L. R. Lucchetti. Rising Food Prices and Household Welfare: Evidence From Brazil in 2008 〔J〕. Journal of Agricultural Economics, 2013 (64): 151 – 176.

〔43〕Gitonga Z. M. , H. De Groote, M. Kassie T. Tefera. Impact of Metal Silos on Households' Maize Storage, Storage Losses and Food Security: An Application of A Propensity Score Matching 〔J〕. Food Policy, 2013 (43): 44 – 55.

〔44〕Glauber, J. W.. The Growth of the Federal Crop insurance Program, 1990 – 2011 〔J〕. American Journal of Agricultural Economics, 2013 (95): 482 – 488.

〔45〕Glebe T. W. Conservation Auctions: Should information About Environmental Benefits Be Made Public? 〔J〕. American Journal of Agricultural Economics, 2013 (95): 590 – 605.

〔46〕Glenk K. , S. Colombo. Modelling Outcome – Related Risk in Choice Experiments 〔J〕. Australian Journal of Agricultural and Resource Economics, 2013 (57): 559 – 578.

〔47〕Gocht A. , W. Britz, P. Ciaian, S. Gomez Y Paloma. Farm Type Effects of an EU – Wide Direct Payment Harmonisation 〔J〕. Journal of Agricultural Economics, 2013 (64): 1 – 32.

〔48〕Goetz L. , T. Glauben, B. Bruemmer. Wheat Export Restrictions and Domestic Market Effects in Russia and Ukraine During the Food Crisis 〔J〕. Food Policy, 2013 (38): 214 – 226.

〔49〕Gomez M. I. , C. B. Barrett, T. Raney, P. Pinstrup – andersen, J. Meerman, A. Croppenstedt, B. Carisma, B. Thompson. Post – Green Revolution Food Systems and the Triple Burden of Malnutrition 〔J〕. Food Policy, 2013 (42): 129 – 138.

〔50〕Gomez M. I. , K. D. Ricketts. Food Value Chain Transformations in Developing Countries: Selected Hypotheses on Nutritional Implications 〔J〕. Food Policy, 2013 (42): 139 – 150.

〔51〕Greb F. , S. Von Cramon – Taubadel, T. Krivobokova, A. Munk. The Estimation of Threshold Models in Price Transmission Analysis 〔J〕. American Journal of Agricultural Economics, 2013 (95): 900 – 916.

〔52〕Grebitus C. , B. Steiner, M. Veeman. Personal Values and Decision Making: Evidence From Environmental Footprint Labeling in Canada 〔J〕. American Journal of Agricultural Economics, 2013 (95): 397 – 403.

〔53〕Haddad L. . How Should Nutrition Be Positioned in the Post – 2015 Agenda? 〔J〕. Food Policy, 2013 (43): 341 – 352.

〔54〕Hager T. J. , R. Morawicki. Energy Consumption During Cooking in the Residential Sector of Developed Nations: A Review 〔J〕. Food Policy, 2013 (40): 54 – 63.

〔55〕Handschuch C. , M. Wollni, P. Villalobos. Adoption of Food Safety and Quality

Standards Among Chilean Raspberry Producers – Do Smallholders Benefit? [J]. Food Policy, 2013 (40): 64 – 73.

[56] Harvey D. , C. Hubbard. Reconsidering the Political Economy of Farm Animal Welfare: an Anatomy of Market Failure [J]. Food Policy, 2013 (38): 105 – 114.

[57] Havlik P. , H. Valin, A. Mosnier M. Obersteiner J. S. Baker M. Herrero M. C. Rufino, E. Schmid. Crop Productivity and the Global Livestock Sector: Implications for Land Use Change and Greenhouse Gas Emissions [J]. American Journal of Agricultural Economics, 2013 (95): 442 – 448.

[58] Hazell P. B. R.. Options for African Agriculture in an Era of High Food and Energy Prices [J]. Agricultural Economics, 2013 (44): 19 – 27.

[59] Henseler M. , I. Piot – Lepetit, E. Ferrari, A. Gonzalez Mellado, M. Banse, H. Grethe, C. Parisi, S. Helaine. On the Asynchronous Approvals of GM Crops: Potential Market Impacts of A Trade Disruption of EU Soy Imports [J]. Food Policy, 2013 (41): 166 – 176.

[60] Hernandez M. A. , M. Torero. Market Concentration and Pricing Behavior in the Fertilizer Industry: A Global Approach [J]. Agricultural Economics, 2013 (44): 723 – 734.

[61] Hertel T. , J. Steinbuks, U. Baldos. Competition for Land in the Global Bioeconomy [J]. Agricultural Economics, 2013 (44): 129 – 138.

[62] Huang J. , X. Wang, S. Rozelle. the Subsidization of Farming Households in China's Agriculture [J]. Food Policy, 2013 (41): 124 – 132.

[63] Hubbard L. J. , C. Hubbard. Food Security in the United Kingdom: External Supply Risks [J]. Food Policy, 2013 (43): 142 – 147.

[64] Irwin S. H.. Commodity Index Investment and Food Prices: Does the Masters Hypothesis Explain Recent Price Spikes? [J]. Agricultural Economics, 2013 (44): 29 – 41.

[65] Jayne T. S. , D. Mather, N. Mason, J. Ricker – Gilbert. How Do Fertilizer Subsidy Programs Affect Total Fertilizer Use in Sub – Saharan Africa? Crowding Out, Diversion, and Benefit/Cost Assessments [J]. Agricultural Economics, 2013 (44): 687 – 703.

[66] Jayne T. S. , S. Rashid. Input Subsidy Programs in Sub – Saharan Africa: A Synthesis of Recent Evidence [J]. Agricultural Economics, 2013 (44): 547 – 562.

[67] Jensen J. D. , S. Smed. the Danish Tax on Saturated Fat – Short Run Effects on Consumption, Substitution Patterns and Consumer Prices of Fats [J]. Food Policy, 2013 (42): 18 – 31.

[68] Kalogeras N. , J. M. E. Pennings, T. Benos, M. Doumpos. Which Cooperative Ownership Model Performs Better? a Financial – Decision Aid Approach [J]. Agribusiness, 2013 (29): 80 – 95.

[69] Khanna M. , X. Chen. Economic, Energy Security, and Greenhouse Gas Effects of Biofuels: Implications for Policy [J]. American Journal of Agricultural Economics, 2013

(95): 1325 - 1331.

[70] Kim H. , R. W. Ward. Price Transmission Across the US Food Distribution System [J]. Food Policy, 2013 (41): 226 - 236.

[71] Klerkx L. , R. Nettle. Achievements and Challenges of Innovation Co - Production Support Initiatives in the Australian and Dutch Dairy Sectors: A Comparative Study [J]. Food Policy, 2013 (40): 74 - 89.

[72] Klomp J. , E. Bulte. Climate Change, Weather Shocks, and Violent Conflict: A Critical Look at the Evidence [J]. Agricultural Economics, 2013 (44): 63 - 78.

[73] Klomp J. , J. De Haan. Conditional Election and Partisan Cycles in Government Support to the Agricultural Sector: An Empirical Analysis [J]. American Journal of Agricultural Economics, 2013 (95): 793 - 818.

[74] Kouser S. , M. Qaim. Valuing Financial, Health, and Environmental Benefits of Bt Cotton in Pakistan [J]. Agricultural Economics, 2013 (44): 323 - 335.

[75] Kragt, M. E. Stated and Inferred Attribute Attendance Models: A Comparison with Environmental Choice Experiments [J]. Journal of Agricultural Economics, 2013 (64): 719 - 736.

[76] Kumar N. , A. R. Quisumbing. Gendered Impacts of the 2007 - 2008 Food Price Crisis: Evidence Using Panel Data From Rural Ethiopia [J]. Food Policy, 2013 (38): 11 - 22.

[77] Labarthe P. , C. Laurent. Privatization of Agricultural Extension Services in the EU: Towards a Lack of Adequate Knowledge for Small - Scale Farms? [J]. Food Policy, 2013 (38): 240 - 252.

[78] Lagerkvist C. J. , S. Hess, J. Okello, H. Hansson, N. Karanja. Food Health Risk Perceptions Among Consumers, Farmers, and Traders of Leafy Vegetables in Nairobi [J]. Food Policy, 2013 (38): 92 - 104.

[79] Lang J. T. Elements of Public Trust in the American Food System: Experts, Organizations, and Genetically Modified Food [J]. Food Policy, 2013 (41): 145 - 154.

[80] Li L. , C. Wang, E. Segarra, Z. Nan. Migration, Remittances, and Agricultural Productivity in Small Farming Systems in Northwest China [J]. China Agricultural Economic Review, 2013 (5): 5 - 23.

[81] Lin C. Y. C. , Z. D. Liscow. Endogeneity in the Environmental Kuznets Curve: An instrumental Variables Approach [J]. American Journal of Agricultural Economics, 2013 (95): 268 - 274.

[82] Liverpool - Tasie L. S. O. , H. Takeshima. Input Promotion within a Complex Subsector: Fertilizer in Nigeria [J]. Agricultural Economics, 2013 (44): 581 - 594.

[83] Lunduka R. , J. Ricker - Gilbert, M. Fisher. What are the Farm - Level Impacts of Malawi's Farm Input Subsidy Program? a Critical Review [J]. Agricultural Economics, 2013

(44)： 563 - 579.

[84] Ma X. ， N. Heerink， E. Van Ierland， M. Van Den Berg， X. Shi. Land Tenure Security and Land Investments in Northwest China ［J］. China Agricultural Economic Review， 2013 (5)： 281 - 307.

[85] Maart - Noelck S. C. ， O. Musshoff. Investing Today or Tomorrow？ an Experimental Approach to Farmers' Decision Behaviour ［J］. Journal of Agricultural Economics， 2013 (64)： 295 - 318.

[86] Maertens A. ， C. B. Barrett. Measuring Social Networks' Effects on Agricultural Technology Adoption ［J］. American Journal of Agricultural Economics， 2013 (95)： 353 - 359.

[87] Maertens M. ， E. Verhofstadt. Horticultural Exports， Female Wage Employment and Primary School Enrolment： Theory and Evidence from Senegal ［J］. Food Policy， 2013 (43)： 118 - 131.

[88] Mahmoudi P. ， D. H. Macdonald， N. D. Crossman， D. M. Summers， J. Van Der Hoek. Space Matters： The Importance of Amenity in Planning Metropolitan Growth ［J］. Australian Journal of Agricultural and Resource Economics， 2013 (57)： 38 - 59.

[89] Mason N. M. ， T. S. Jayne. Fertiliser Subsidies and Smallholder Commercial Fertiliser Purchases： Crowding Out， Leakage and Policy Implications for Zambia ［J］. Journal of Agricultural Economics， 2013 (64)： 558 - 582.

[90] Mason N. M. ， T. S. Jayne， R. Mofya - Mukuka. Zambia's Input Subsidy Programs ［J］. Agricultural Economics， 2013 (44)： 613 - 628.

[91] Mason N. M. ， M. Smale. Impacts of Subsidized Hybrid Seed on Indicators of Economic Well - Being Among Smallholder Maize Growers in Zambia ［J］. Agricultural Economics， 2013 (44)： 659 - 670.

[92] Mccarthy M. ， E. Cluzel， K. Dressel， R. Newton. Food and Health Research in Europe： Structures， Gaps and Futures ［J］. Food Policy， 2013 (39)： 64 - 71.

[93] Mcintosh C. ， A. Sarris， F. Papadopoulos. Productivity， Credit， Risk， and the Demand for Weather Index Insurance in Smallholder Agriculture in Ethiopia ［J］. Agricultural Economics， 2013 (44)： 399 - 417.

[94] Menapace L. ， G. Colson， R. Raffaelli. Risk Aversion， Subjective Beliefs， and Farmer Risk Management Strategies ［J］. American Journal of Agricultural Economics， 2013 (95)： 384 - 389.

[95] Michelson H. C. Small Farmers， Ngos， and A Walmart World： Welfare Effects of Supermarkets Operating in Nicaragua ［J］. American Journal of Agricultural Economics， 2013 (95)： 628 - 649.

[96] Miller D. D. ， R. M. Welch. Food System Strategies for Preventing Micronutrient Malnutrition ［J］. Food Policy， 2013 (42)： 115 - 128.

［97］Minten B. , B. Koru, D. Stifel. The Last Mile (S) in Modern Input Distribution: Pricing, Profitability, and Adoption ［J］. Agricultural Economics, 2013 (44): 629 – 646.

［98］Moro D. , P. Sckokai. The Impact of Decoupled Payments on Farm Choices: Conceptual and Methodological Challenges ［J］. Food Policy, 2013 (41): 28 – 38.

［99］Mugera A. W. Measuring Technical Efficiency of Dairy Farms With Imprecise Data: A Fuzzy Data Envelopment Analysis Approach ［J］. Australian Journal of Agricultural and Resource Economics, 2013 (57): 501 – 519.

［100］Mujawamariya G. , M. D'Haese, S. Speelman. Exploring Double Side – Selling in Cooperatives, Case Study of Four Coffee Cooperatives in Rwanda ［J］. Food Policy, 2013 (39): 72 – 83.

［101］Nielsen O. J. , S. Rayamajhi, P. Uberhuaga, H. Meilby, C. Smith – Hall. Quantifying Rural Livelihood Strategies in Developing Countries Using an Activity Choice Approach ［J］. Agricultural Economics, 2013 (44): 57 – 71.

［102］Nielsen T. , A. Keil, M. Zeller. Assessing Farmers' Risk Preferences and Their Determinants in a Marginal Upland Area of Vietnam: A Comparison of Multiple Elicitation Techniques ［J］. Agricultural Economics, 2013 (44): 255 – 273.

［103］Nunez H. M. , H. Oenal, M. Khanna. Land Use and Economic Effects of Alternative Biofuel Policies in Brazil and the United States ［J］. Agricultural Economics, 2013 (44): 487 – 499.

［104］Ogundari K. , A. Abdulai. Examining the Heterogeneity in Calorie – income Elasticities: A Meta – Analysis ［J］. Food Policy, 2013 (40): 119 – 128.

［105］Otsuka, K. Food Insecurity, Income inequality, and the Changing Comparative Advantage in World Agriculture ［J］. Agricultural Economics, 2013 (44): 7 – 18.

［106］Otsuka K. , Y. Liu, F. Yamauchi. Factor Endowments, Wage Growth, and Changing Food Self – Sufficiency: Evidence from Country – Level Panel Data ［J］. American Journal of Agricultural Economics, 2013 (95): 1252 – 1258.

［107］Pardey P. G. , J. M. Alston, C. Chan – Kang. Public Agricultural R&D over the Past Half Century: An Emerging New World Order ［J］. Agricultural Economics, 2013 (44): 103 – 113.

［108］Pieniak Z. , F. Vanhonacker, W. Verbeke. Consumer Knowledge and Use of Information About Fish and Aquaculture ［J］. Food Policy, 2013 (40): 25 – 30.

［109］Poole N. D. , M. Chitundu, R. Msoni. Commercialisation: A Meta – Approach for Agricultural Development Among Smallholder Farmers in Africa? ［J］. Food Policy, 2013 (41): 155 – 165.

［110］Pugliese P. , C. Zanasi, O. Atallah, R. Cosimo. Investigating the Interaction Between Organic and Local Foods in the Mediterranean: The Lebanese Organic Consumer's Perspective [J] . Food Policy, 2013 (39): 1 – 12.

[111] Qureshi M. E. , M. A. Hanjra, J. Ward. Impact of Water Scarcity in Australia on Global Food Security in an Era of Climate Change [J] . Food Policy, 2013 (38): 136 – 145.

[112] Rada N. Assessing Brazil's Cerrado Agricultural Miracle [J] . Food Policy, 2013 (38): 146 – 155.

[113] Rahkovsky I. , B. – H. Lin, C. – T. J. Lin, J. – Y. Lee. Effects of the Guiding Stars Program on Purchases of Ready – To – Eat Cereals With Different Nutritional Attributes [J] . Food Policy, 2013 (43): 100 – 107.

[114] Rao E. J. O. , M. Qaim. Supermarkets and Agricultural Labor Demand in Kenya: A Gendered Perspective [J] . Food Policy, 2013 (38): 165 – 176.

[115] Rashid S. , P. A. Dorosh, M. Malek, S. Lemma. Modern Input Promotion in Sub – Saharan Africa: Insights from Asian Green Revolution [J] . Agricultural Economics, 2013 (44): 705 – 721.

[116] Rashid S. , N. Tefera, N. Minot, G. Ayele. Can Modern Input Use Be Promoted Without Subsidies? an Analysis of Fertilizer in Ethiopia [J] . Agricultural Economics, 2013 (44): 595 – 611.

[117] Reimers M. , S. Klasen. Revisiting the Role of Education for Agricultural Productivity [J] . American Journal of Agricultural Economics, 2013 (95): 131 – 152.

[118] Ricker – Gilbert J. , N. M. Mason, F. A. Darko, S. T. Tembo. What are the Effects of Input Subsidy Programs on Maize Prices? Evidence from Malawi and Zambia [J] . Agricultural Economics, 2013 (44): 671 – 686.

[119] Rizov M. , J. Pokrivcak, P. Ciaian. CAP Subsidies and Productivity of the EU Farms [J] . American Journal of Agricultural Economics, 2013 (64): 537 – 557.

[120] Roberts M. J. , W. Schlenker, J. Eyer. Agronomic Weather Measures in Econometric Models of Crop Yield With Implications for Climate Change [J] . American Journal of Agricultural Economics, 2013 (95): 236 – 243.

[121] Robertson R. , G. Nelson, T. Thomas, M. Rosegrant. Incorporating Process – Based Crop Simulation Models into Global Economic Analyses [J] . American Journal of Agricultural Economics, 2013 (95): 228 – 235.

[122] Rodriguez – Entrena M. , M. Salazar – Ordonez, S. Sayadi. Applying Partial Least Squares to Model Genetically Modified Food Purchase Intentions in Southern Spain Consumers [J] . Food Policy, 2013 (40): 44 – 53.

[123] Rosegrant M. W. , S. Tokgoz, P. Bhandary. The New Normal? A Tighter Global Agricultural Supply and Demand Relation and Its Implications for Food Security [J] . American Journal of Agricultural Economics, 2013 (95): 303 – 309.

[124] Rousseau S. , L. Vranken. Green Market Expansion by Reducing Information Asymme-

tries：Evidence for Labeled Organic Food Products［J］. Food Policy, 2013 (40)：31 -43.

［125］Rutten M. , L. Shutes, G. Meijerink. Sit Down at the Ball Game：How Trade Barriers Make the World Less Food Secure［J］. Food Policy, 2013 (38)：1 - 10.

［126］Saito H. , Y. Saito. Motivations for Local Food Demand By Japanese Consumers：A Conjoint Analysis With Reference – Point Effects［J］. Agribusiness, 2013 (29)：147 - 161.

［127］Scarpa R. , R. Zanoli, V. Bruschi, S. Naspetti. Inferred and Stated Attribute Non – Attendance in Food Choice Experiments［J］. American Journal of Agricultural Economics, 2013 (95)：165 - 180.

［128］Schuster M. , M. Maertens. Do Private Standards Create Exclusive Supply Chains? New Evidence From the Peruvian Asparagus Export Sector［J］. Food Policy, 2013 (43)：291 - 305.

［129］Serra T. Time – Series Econometric Analyses of Biofuel – Related Price Volatility ［J］. Agricultural Economics, 2013 (44)：53 - 62.

［130］Severini S. , A. Tantari. The Impact of Agricultural Policy on Farm Income Concentration：the Case of Regional Implementation of the CAP Direct Payments in Italy［J］. Agricultural Economics, 2013 (44)：275 - 286.

［131］Sexton R. J. Market Power, Misconceptions, Modern Agricultural Markets［J］. American Journal of Agricultural Economics, 2013 (95)：209 - 219.

［132］Sheahan M. , R. Black, T. S. Jayne. Are Kenyan Farmers Under – Utilizing Fertilizer? Implications for Input Intensification Strategies and Research［J］. Food Policy, 2013 (41)：39 - 52.

［133］Shepherd B. , N. L. W. Wilson. Product Standards and Developing Country Agricultural Exports：The Case of the European Union［J］. Food Policy, 2013 (42)：1 - 10.

［134］Sherwood S. , A. Arce, P. Berti, R. Borja, P. Oyarzun, E. Bekkering. Tackling the New Materialities：Modern Food and Counter – Movements in Ecuador［J］. Food Policy, 2013 (41)：1 - 10.

［135］Shimokawa S. When Does Dietary Knowledge Matter to Obesity and Overweight Prevention?［J］. Food Policy, 2013 (38)：35 - 46.

［136］Skevas T. , S. E. Stefanou, A. O. Lansink. Do Farmers Internalise Environmental Spillovers of Pesticides in Production?［J］. Journal of Agricultural Economics, 2013 (64)：624 - 640.

［137］Teklewold H. , M. Kassie, B. Shiferaw. Adoption of Multiple Sustainable Agricultural Practices in Rural Ethiopia［J］. Journal of Agricultural Economics, 2013 (64)：597 - 623.

［138］Thamo T. , R. S. Kingwell, D. J. Pannell. Measurement of Greenhouse Gas Emissions from Agriculture：Economic Implications for Policy and Agricultural Producers［J］. Australian Journal of Agricultural and Resource Economics, 2013 (57): 234 – 252.

[139] Triguero A. , D. Corcoles, M. C. Cuerva. Differences in Innovation Between Food and Manufacturing Firms: An Analysis of Persistence [J]. Agribusiness, 2013 (29): 273 – 292.

[140] Vandeplas A. , B. Minten, J. Swinnen. Multinationals Vs. Cooperatives: The Income and Efficiency Effects of Supply Chain Governance in India [J]. Journal of Agricultural Economics, 2013 (64): 217 – 244.

[141] Vazquez – Rowe I. , P. Villanueva – Rey, M. Teresa Moreira, G. Feijoo. The Role of Consumer Purchase and Post – Purchase Decision – Making in Sustainable Seafood Consumption. A Spanish Case Study Using Carbon Footprinting [J]. Food Policy, 2013 (41): 94 – 102.

[142] Verpoorten M. , A. Arora, N. Stoop, J. Swinnen. Self – Reported Food Insecurity in Africa During the Food Price Crisis [J]. Food Policy, 2013 (39): 51 – 63.

[143] Vigani M. , A. Olper. GMO Standards, Endogenous Policy and the Market for Information [J]. Food Policy, 2013 (43): 32 – 43.

[144] Villoria N. B. , A. Golub, D. Byerlee, J. Stevenson. Will Yield Improvements on the Forest Frontier Reduce Greenhouse Gas Emissions? A Global Analysis of Oil Palm [J]. American Journal of Agricultural Economics, 2013 (95): 1301 – 1308.

[145] Visschers V. H. M. , C. Hartmann, R. Leins – Hess, S. Dohle, M. Siegrist. A Consumer Segmentation of Nutrition Information Use and Its Relation to Food Consumption Behaviour [J]. Food Policy, 2013 (42): 71 – 80.

[146] Volpe R. , A. Okrent, E. Leibtag. the Effect of Supercenter – format Stores on the Healthfulness of Consumers' Grocery Purchases [J]. American Journal of Agricultural Economics, 2013 (95): 568 – 589.

[147] Wang S. L. , P. W. Heisey, W. E. Huffman, K. O. Fuglie. Public R & D, Private R & D, and U. S. Agricultural Productivity Growth: Dynamic and Long – Run Relationships [J]. American Journal of Agricultural Economics, 2013 (95): 1287 – 1293.

[148] Wilde P. E. The New Normal: The Supplemental Nutrition Assistance Program (SNAP) [J]. American Journal of Agricultural Economics, 2013 (95): 325 – 331.

[149] Wittwer G. , J. Dixon. Effective Use of Public Funding in the Murray – Darling Basin: A Comparison of Buybacks and Infrastructure Upgrades [J]. Australian Journal of Agricultural and Resource Economics, 2013 (57): 399 – 421.

[150] Yang J. , Z. Huang, X. Zhang, T. Reardon. The Rapid Rise of Cross – Regional Agricultural Mechanization Services in China [J]. American Journal of Agricultural Economics, 2013 (95): 1245 – 1251.

[151] Zhang L. , H. Yi, R. Luo, C. Liu, S. Rozelle. The Human Capital Roots of the Mid-

dle Income Trap: The Case of China [J] . Agricultural Economics, 2013 (44): 151 –162.

[152] Zhang W. , E. A. Yu, S. Rozelle, J. Yang, S. Msangi. The Impact of Biofuel Growth on Agriculture: Why Is the Range of Estimates So Wide? [J] . Food Policy, 2013 (38): 227 –239.

[153] Zhao L. , H. Gu, C. Yue, D. Ahlstrom. Consumer Welfare and GM Food Labeling: A Simulation Using an Adjusted Kumaraswamy Distribution [J] . Food Policy, 2013 (42): 58 – 70.

[154] Zheng Y. , E. W. Mclaughlin, H. M. Kaiser. Taxing Food and Beverages: Theory, Evidence, and Policy [J] . American Journal of Agricultural Economics, 2013 (95): 705 –723.

[155] Zilberman D. , G. Hochman, D. Rajagopal, S. Sexton, G. Timilsina. The Impact of Biofuels on Commodity Food Prices: Assessment of Findings [J] . American Journal of Agricultural Economics, 2013 (95): 275 –281.

后　记

一部著作的完成需要许多人的默默贡献，闪耀着的是集体的智慧，其中铭刻着许多艰辛的付出，凝结着许多辛勤的劳动和汗水。

本书在编写过程中，借鉴和参考了大量的文献和作品，从中得到了不少启悟，也汲取了其中的智慧菁华，谨向各位专家、学者表示崇高的敬意——因为有了大家的努力，才有了本书的诞生。凡被本书选用的材料，我们都将按相关规定向原作者支付稿费，但因为有的作者通信地址不详或者变更，尚未取得联系。敬请您见到本书后及时函告您的详细信息，我们会尽快办理相关事宜。

由于编写时间仓促以及编者水平有限，书中不足之处在所难免，诚请广大读者指正，特驰惠意。